작문교육론

작문교육론

권순희·김경주·송지언·이영호·이윤빈·이정찬·주재우·변경가 지음

사회평론아카데미

작문교육론

2018년 8월 29일 초판 1쇄 발행
2023년 8월 31일 개정판 1쇄 발행
2024년 6월 14일 개정판 3쇄 발행

지은이 권순희 · 김경주 · 송지언 · 이영호
　　　 이윤빈 · 이정찬 · 주재우 · 변경가

책임편집 정세민
디자인 김진운
본문조판 토비트
마케팅 김현주

펴낸이 윤철호
펴낸곳 ㈜사회평론아카데미
등록번호 2013-000247(2013년 8월 23일)
전화 02-326-1545
팩스 02-326-1626
주소 03993 서울특별시 마포구 월드컵북로6길 56
이메일 academy@sapyoung.com
홈페이지 www.sapyoung.com

ISBN 979-11-6707-124-8 93710

개정판 머리말

이 책을 출간하기 이전, 대학에서 작문교육론 강의를 하면서 마땅한 교재가 없어 고심하던 끝에 작문 교육 전문가 선생님들이 뜻을 같이하여 『작문교육론』을 2018년에 출간하였다. 이 책이 많은 대학의 작문교육론 강의 교재로 채택이 되었고, 임용고시를 준비하는 수험생들이 많이 읽고 있다는 기쁜 소식을 접했다. 많은 관심과 사랑으로 이 책을 아껴 주신 독자분에게 감사드린다. 출간한 지 5년이 지나고, 6쇄 발간을 한 시점에서 개정 작업을 하게 되었다. 사회 변화와 시대적 요구를 반영한 2022 개정 국어과 교육과정이 발표되었고, 국어 교육 환경에 있어서도 많은 변화가 있었다. 이에 변화한 교육과정과 교육 환경을 반영하여 『작문교육론』 개정판을 출간하게 되었다.

개정 내용은 아래와 같다.

첫째, 2022 국어과 교육과정 중 '쓰기' 영역 및 '독서와 작문'에 나타난 성취기준, 제반 내용을 분석 소개하였다. 교육과정이 변화된 배경을 설명하고 각 유형별 쓰기 교육 내용의 변화를 살폈다.

둘째, 인공지능(AI) 기술 발전에 따른 문식 환경의 변화를 추가로 논의하였다. 챗GPT를 이용하여 학습자들이 작문을 할 때 어떻게 협업을 할 것인가뿐만 아니라 챗GPT를 사용하여 정보를 수집할 때 챗GPT가 알맞은 정보를 생성할 수 있도록 올바르게 질문하고, 그중에서 학습자가 올바른 정보를 선택할 수 있는 능력을 키워야 함을 논의하였다.

셋째, 작문 자동 채점 기술의 현황 및 발전 방향을 논의하였다. 작문 자동 채점의 방식으로 기계 학습(machine learning) 알고리즘을 활용하고 있는 경우와 인공신경망을 활용한 딥러닝 기술을 적용한 경우를 소개하였다.

넷째, 학습에서 글쓰기의 역할을 강조한 교육 모델의 하나로 IB(International Baccalaureate) 교육을 소개하였다. 그 밖에 시의성을 반영하여 교재 전반의 자료를 보강하였다.

저자 선생님들의 협력과 사랑으로 개정판 작업을 마무리할 수 있었다. 지면을 빌려 저자분들에게 감사드린다. 사회평론아카데미 권현준 대표와 개정판 편집과 구성에 많은 도움을 준 편집부에도 감사드린다.

2023년 8월 12일
저자를 대표하여 권순희

초판 머리말

　　이 책은 작문 교육에서 꼭 학습해야 할 내용을 13장에 담아 한 학기 강의에 활용하기 쉽도록 구성하였다. 수업에 필요한 작문의 이론적 기초, 작문 교육의 이해와 실제를 모두 다루었고, 특히 실제적인 글쓰기 유형을 개별 장으로 구성하여 학생들이 작문의 기본을 학습할 수 있도록 하였다. 또한 다양한 시각 자료를 추가하여 학생들의 이해도를 높였다. 우리의 교육 현실과 관련된 이론, 학생의 눈높이에 맞춘 사례, 최근의 교육과정과 연구 경향을 중심으로 내용을 구성하여 학습자와 학교 현장의 요구를 반영하였다. 또한 온라인상에서의 쓰기, 인터넷과 SNS로 인한 정보의 생산과 수용 방식의 변화 등 새롭게 나타난 글쓰기 양상을 다룬 최신의 작문 교육 교재라 할 수 있다.

　　대학에서 작문교육론 강의를 하면서 마땅한 교재가 없어 고심하던 끝에 팀을 구성하였다. 대학생을 생각하고 작문 교육의 방향을 논의하는 데 기쁨을 같이하는 환상적인 팀은 2015년 연말 겨울, 매우 추웠던 때 『작문교육론』 집필을 위해 이화여대 ECC에서 첫 회의를 가졌다. 『작문교육론』 집필의 필요성, 대상 독자 결정, 집필 시 주안점 등을 논의하고 전체 방향과 목차에 대한 의견을 나누었다. 그 후 이 환상적인 팀은 서로 협력하며 아름다운 집필 공동체로서의 일을 수행했다. 정기적으로 회의를 할 때마다 장소를 제공해 주신 분도 있었고, 집필 원고를 복사하여 나눠 주고 회의록을 작성해 주신 분도 있었고, 음료를 자비로 준비해 주신 분도 있었고, 좋은 일이 생겼노라고 식사를 대접하며 한턱을 내신 분도 있었고, 장기출장이나 해외여행을 다녀왔노라며 특별식을 제공해 주신 분도 있었다. 한 달에 한두 번씩 정기적으로 모이면서 아름다운 여러 계절이 지나갔으며 새로운 소식과 함께 저자 공동체의 삶이 공유되었다. 함께 즐거워했던 날들이 엊그제 같은데 벌써 2년 수 개월이 지났다. 그동안 저자들의 신변에도 많은 변화가 있었다. 직장이 바뀌어 영전을 하신 분도 있었고, 자녀가 초등학교에 입학하여 학부모가 되신 분도 있었고, 한국교육과정평가원 이전으로 이사를 하신 분도 있었다.

변화를 잘 감지하지 못하지만 어느 날 보면 일상적인 삶이 크게 변화했듯이 작문 교육도 우리의 삶 속에서 크게 변화하고 있다. 여러 국가의 사회·문화적 변화에 크게 기여한 것이 무엇이냐고 물어보면 종교 개혁, 프랑스 대혁명과 같은 시민 혁명, IT 혁명 등을 들 것이다. 이러한 변혁과 혁신 속에는 글이 존재한다. 우리는 작문을 통해 사회와 소통하며 문화를 개혁한다고 해도 과언이 아니다. 문명이 발달한 사회일수록 글쓰기를 강조하고, 체제 유지를 추구하고 폐쇄적인 사회일수록 글쓰기를 막는 것을 보게 된다. 마찬가지로 자아정체성을 찾는 사회일수록 글쓰기가 활성화되고, 그 사회는 건전한 사회가 된다. 사회 변혁뿐만 아니라 개인 삶의 실천을 위해서도 글쓰기가 필요하다.

현대 사회에서는 작문이 단순한 글쓰기를 떠나 복합양식의 쓰기로 개념이 바뀌어 가고 있다. 이제는 한정된 공간에서의 쓰기가 아니라 삶과 밀착되어 있는 공간에서의 쓰기도 등장하고 있다. 학교 현장에서도 현대 사회의 변화를 반영한 작문 교육을 추구해야 할 것이다. 이에 저자들은 작문 교육의 유토피아를 그리며 『작문교육론』을 탈고하게 되었다.

지방에서 서울 회의에 매번 올라와 주신 이영호, 이윤빈, 주재우 선생님의 사랑과 열정에 감사드린다. 회의의 세세한 것까지 챙기며 많은 도움을 주신 이정찬, 변경가 선생님에게 큰 감사를 드린다. 마지막까지 집필에 정성을 기울여 주신 김경주, 송지언 선생님을 비롯하여 모든 저자분께 감사드린다. 집필하는 데 물질적 후원을 해 주신 사회평론아카데미 사장님과 편집과 구성에 많은 도움을 주신 고하영, 정세민 선생님, 그 외 관계자분께도 감사드린다.

2018년 8월 7일
저자를 대표하여 권순희

차 례

1부 작문의 이론적 기초와 문식 환경의 변화

2부   작문 교육의 이해

3부　작문 교육의 실제

작문의 이론적 기초와 문식 환경의 변화

1장 쓰기의 본질 및 쓰기 발달 단계

쓰기를 왜 배워야 할까? 이는 쓰기의 본질과 의의에 대한 근본적인 질문에 해당한다. 대부분의 사람들에게 쓰기는 어려운 과업이며, 사람들은 문서의 흰 여백 앞에서 이 공간을 무엇으로, 어떻게 채워 나가야 하는지를 고민하게 된다. 그래서 여러 자료도 찾아보고, 갖가지 생각들도 떠올려 보지만 글은 내 마음대로 쉽게 써지지 않는다. 이런 어려움을 마주하면 자연스레 우리는 왜 쓰기를 해야 하며, 쓰기는 우리에게 어떤 의미가 있는지에 대한 의문을 품게 된다.

이 장은 이러한 물음에 답하기 위한 내용을 담고 있다. 쓰기란 무엇이고, 쓰기 능력은 어떻게 구성되며, 우리는 쓰기를 통해 무엇을 할 수 있는지 탐구할 것이다. 인간은 스스로의 행위가 지닌 의미에 대해 자각할 때 흥미를 느끼고 학습 동기를 지닐 수 있게 된다. 이 장을 통해 쓰기의 본질과 발달에 대해 공부하고, 쓰기가 인간의 성장에 큰 역할을 하는 의미 있는 도구임을 인식하도록 하자.

1 쓰기란 무엇인가

1) 쓰기의 개념과 특성

(1) 쓰기의 개념

쓰기는 인간의 사고나 감정을 문자로 표현하는 행위라 할 수 있다. 이렇게 보면 사고나 감정은 쓰기의 대상이 되고, 문자는 쓰기의 도구가 되며, 인간은 쓰기의 주체가 된다. 인간은 이성과 감성을 지닌 존재로서 자신의 의사를 타인에게 전달하고 인정받기를 원한다. 또한 인간은 혼자서는 살아가기 힘든 사회적 존재이기에 삶을 영위하기 위해 서로의 생각과 감정을 이해하고 협력을 구축해 나가야 한다. 이렇듯 쓰기는 인간 사회에 필요한 생각과 감정을 상호 소통하게 하는 매개체로서 중요한 역할을 한다.

상호 소통의 매개체로서 쓰기가 지닌 본질적 특성은 문자 언어에서 기인한다. 인간의 소통 욕구와 필요는 여러 가지 수단에 의해서 실현될 수 있다. 인간은 자신의 의사를 전달하기 위해 음성 언어를 사용하거나 표정, 몸짓과 같은 비언어적 요소를 활용할 수 있고, 사물이나 그림, 음악 등을 도입할 수도 있다. 쓰기는 문자 언어를 사용하기 때문에 비언어적 요소나 다른 기호보다 인간의 의사를 좀 더 직접적이고 구체적으로 나타낼 수 있다. 또한 특정 시공간에서 제한적인 정보 교환이 가능한 말하기와 달리, 쓰기는 시공간의 제약 없이 많은 양의 정보를 제시하고 전파할 수 있다. 즉, 문자 언어를 기반으로 하기 때문에 쓰기는 직접적이고 구체적이며 많은 양의 정보를 고정된 형태로 효과적으로 전달할 수 있게 된다.

표 1-1 쓰기와 말하기의 차이

쓰기[1]	말하기
문자 언어 (비언어적·반언어적 표현을 사용하지 않음)	음성 언어 (비언어적·반언어적 표현을 사용함)
독립된 공간에서 필자가 생산	공유된 시공간에서 상호작용
텍스트 자체의 내적 논리에 의한 의미 결정	대화 맥락에 의한 의미 결정
영속적	일시적
제도 교육을 통해 인위적으로 형성	부모와의 상호작용에 의해 자연적으로 형성

(2) 쓰기의 특성

쓰기는 문자 언어가 출현하면서 탄생하였고, 역사가 발전함에 따라 인간의 사고와 관련성을 강화하면서 그 영향력을 확대해 왔다. 여기에서는 쓰기와 사고와의 연관성을 바탕으로, 쓰기가 지닌 특성을 세 가지 측면으로 나누어 살펴보도록 한다.

① 쓰기를 위한 전제 조건: 추상적 사고의 운용

쓰기 능력은 말하기 능력에 비해 6~8년 정도 발달이 지체되는 것으로 알려져 있다. 이는 쓰기가 다음과 같은 특성을 가지고 있기 때문이다. 첫째, 쓰기는 추상적 사고 작용을 기반으로 한다. 말하기가 실제적 상황에서 음성적·표현

----

1   매체 환경의 변화로 쓰기에서도 이모티콘을 사용하여 비언어적인 표현을 하기도 하고, 댓글, 대댓글이나 카카오톡과 같은 쓰기 환경에서는 공유된 시공간에서의 상호작용이 가능하다. 그러나 여기에서는 전통적인 쓰기에 초점을 맞추어 쓰기와 말하기의 차이를 기술하였다.

적 자질과 같은 감각적 측면을 통해 즉각적으로 이루어진다면, 쓰기는 실제와 분리된 상황에서 단어가 지닌 이미지를 사고 작용을 통해 운용함으로써 이루어진다. 둘째, 쓰기는 대화자가 없는 진술을 통해 성립된다. 즉각적인 필요에 의해 상대와 역동적인 대화 교환이 이루어지는 말하기와 달리, 쓰기는 필자 스스로가 상황을 생성하고 이를 자신의 내면에서 서술해 나가는 과정을 밟는다. 셋째, 쓰기는 분석적이고 조직적인 사고를 요구한다. 필자의 머릿속에 떠오른 생각은 자신에게는 이해가 가능하지만, 이를 독자가 이해할 수 있는 글로 산출하기 위해서는 의미를 구체화하고 체계화하는 작업이 필요하다. 즉, 쓰기는 추상적인 수준에서 고도의 의도된 사고 능력과 기능을 요구하기 때문에 쓰기의 발달이 말하기에 비해 지체되는 것이다(Vygotsky/신현정 역, 1985: 100-102).

이처럼 쓰기는 추상적 사고를 다루며 목적에 맞게 운용하는 능력을 기반으로 성립된다. 따라서 쓰기를 원활히 수행하기 위해서는 추상적 사고에 익숙해지는 과정이 필요하다.

② 쓰기 행위의 내재적 특성: 회귀적 수행의 반복

쓰기 행위는 회귀성을 지닌다. 쓰기는 계획하고 쓰고 고치는 과정을 반복하며 수행되며, 단번에 완성된 글을 쓰는 사람은 거의 없다. 『춘향전』과 같은 고전소설에서는 주인공이 과거 시험장에서 일필휘지하여 글을 완성하는 장면이 종종 나타나기도 하지만, 이는 주인공이 지닌 비범성을 강조하기 위한 문학적 장치일 뿐 실제 쓰기 과정을 반영한 것으로 이해해서는 안 된다.

> **용어설명**
>
> 선조성(linearity) 쓰기 과정이 일정한 단계에 따라 순차적으로 진행된 후 결과물을 산출하고 종결된다는 의미이다.
> 회귀성(recursion) 쓰기 과정이 일련의 고정된 순서로 진행되는 것이 아니라 필자의 조정을 통해 순환과 반복의 과정을 거쳐 결과물을 산출해 나간다는 의미이다.

'쓰기 과정'은 일반적으로 '계획하기 – 내용 생성하기 – 내용 조직하기 – 표현하기 – 고쳐쓰기'의 다섯 단계로 설명된다. 그러나 실제의 쓰기는 이 단계를 순차적으로 거쳐 한 번에 완성되는 선조적인 행위로 파악될 수 없다. 쓰기의 실제를 관찰해 보면, 필자는 쓰기 과정에서 자신의 글을 평가하고, 쓰기 행위를 점검·조정하며, 수정하는 작업을 수행한다. 필자는 계획을 세우고 그에 따라 글을 써 나가다가도 새로운 생각이 떠오르면 계획을 수정하여 다시 내용을 생성하기도 하고, 고쳐쓰기를 수행하다가 내용 조직하기 단계로 돌아가 글의 거시적인 구조를 다시 수정하기도 한다. 이처럼 쓰기 행위는 순차적이고 선조적으로 이루어지는 것이 아니라 회귀적이고 반복적인 과정을 거치기 마련이며, 이를 통해 점진적으로 완성된 글의 형태에 접근해 가게 된다. 쓰기는 필자가 자신이 바라는 것을 글로 표현하기 위해 회귀적 수행을 반복하며 처음에 가졌던 아이디어를 보다 구체화하고 정교화한다는 특성을 지닌다.

③ 쓰기에 의한 인간 형성: 구조적 사고의 발달

쓰기는 인간 의사소통의 중요한 수단이다. 그런데 쓰기는 인간의 의사소통을 위해 도구로 활용되기도 하지만, 인간을 변화시키고 새롭게 형성하는 역할도 한다. 매체가 도구의 역할을 뛰어넘어 인간을 새롭게 형성하는 현상을 이해하기 위해 스마트폰을 떠올려 보자. 우리는 일상적으로 스마트폰을 사용하여 타인과 소통하고 정보를 검색한다. 현대 사회에서는 거의 모든 사람이 스마트폰을 소유하게 됨으로써 필요한 정보를 언제든 손쉽게 찾을 수 있는 환경이 조성되었다. 이로 인해 정보는 기억이 아닌 검색의 대상이 되었으며, 지식에 대한 우리의 인식과 사고방식도 급격하게 변화하게 되었다.

이처럼 인간은 언어를 사용하는 주체이기도 하지만, 언어에 의해 인간의 사고 구조가 변화되기도 한다. 말하기와 쓰기의 본질에 따른 인간 형성의 차이는 구술 문화와 문자 문화 사회의 특성을 비교해 보면 잘 드러난다. 말하기가 지배하는 구술 문화 사회와 쓰기가 가능한 문자 문화 사회의 특성을 비교한 연구를 살펴보면, 구술 문화 사회는 집단적·감정이입적·상황의존적·경험적 사고를 하는 데 비해 문자 문화 사회는 객관적·인과적·분석적·구조적인 사고를 하는 것으로 나타났다 (Ong/이기우·임명진 역, 2009). 쓰기는 인간을 분석적이고 구조적인 사고를 할 수 있는 존재로 변화시킨다. 쓰기를 통해 인간은 자신 앞에 놓인 대상과 사태를 즉자적으로 인식하기보다 체계적이고 분석적으로 사고하는 경향을 강화하게 된다. 이러한 과정에서 인간은 세계에 대한 새로운 인식에 도달할 수 있다. 따라서 쓰기는 지식을 생성하고 사고하는 인간을 형성하는 문화적 상징 도구의 역할을 하게 된다.

구술 문화에 속한 사람에게 "눈이 있는 북극 지방에서 곰은 모두 흰 빛깔입니다. A마을은 북극 지방에 있으며 거기에는 언제라도 눈이 있습니다. 그러면 거기 있는 곰은 어떠한 빛깔입니까?"라고 물으면 "글쎄, 잘 모르겠는데요. 까만 곰이라면 본 일이 있습니다만 다른 빛깔을 한 것은 본 일이 없거든요."와 같은 대답을 듣게 된다. 문자 문화에 속한 사람이라면 분석적이고 구조적인 사고를 통해 흰곰이라고 쉽게 대답하겠지만 구술 문화에 속한 사람들은 상황의존적이고 경험적인 사고 경향이 강하기 때문에 이런 대답을 하게 되는 것이다.

(Ong/이기우·임명진 역, 2009:87)

문화적 상징 도구로서의 쓰기의 위상

쓰기는 분석적·구조적 사고를 요구하기 때문에 쓰기 능력은 지적 능력의 증표가 되기도 한다. 이를 잘 드러내는 것이 봉건 사회에서 쓰기 능력이 가졌던 사회적 위상이다. 봉건 사회에서 글을 쓸 안다는 것은 계급을 구분하고 지식 수준을 측정하는 중요한 기준이었다. 17세기 박두세가 지은 『요로원야화기』에 나타난 일화는 이를 잘 보여 준다.

충청도에 사는 한 시골 양반이 어느 날 밤에 객사에 들어 한 젊은 서울 양반과 동숙하게 되었다. 시골 양반의 초라한 행색을 얕잡아 본 서울 양반이 지식을 뽐내며 사람이 글을 알면 공자의 무리요, 글을 모르면 도척(중국의 큰 도둑)의 무리라며 시골 양반을 무시하는 언행을 지속하였다. 서울 양반이 시골 양반을 놀리려고 '내가 시골내기를 보니, 몸가짐을 괴이하게 한다. 언문을 쓸 줄 모르니, 진서(한문)를 못하는 것이 당연하지.'라는 시구를 지었다. 이에 시골 양반이 '내가 서울 것을 보니, 과연 거동이 되구려. 대저 인물 꾼이, 의관으로 꾸민 것에 지나지 않는구나.'고 응수하였다.

그러자 서울 양반이 벌떡 일어나 자신의 잘못을 뉘우치고 무례함을 사과하였다고 한다. 이 일화에서 서울 양반은 시골 양반이 글을 모르는 무식꾼이라 여겨 무시하였지만 시골 양반의 글 솜씨를 알자 그의 진면목을 알아보고 자신의 좁은 소견을 뉘우치게 된 것이다.

(한석수 역주, 2010)

봉건 사회에서의 글쓰기는 중세 보편 문자인 한자를 중심으로 이루어졌다. 한자 중심의 문어는 구어와는 다른 체계였기 때문에 쓰기는 생산 노동에 종사하지 않으면서 글자를 익힐 시간적 여유를 가진 특권 집단의 배타적 권리였다. 그러던 것이 근대로 접어들어 민족국가, 민족문자, 대중교육의 시대가 열리면서 대부분의 사람들이 문맹에서 벗어났으며 글을 쓰는 것이 보편화되었다. 이에 따라 쓰기 능력은 더 이상 특정 계급의 전유물이자 특권을 보장하는 수단이 될 수는 없게 됐지만, 여전히 개인의 교양을 나타내고 지적 능력을 평가하는 척도로 받아들여지고 있다.

2) 쓰기의 변천

쓰기는 문자 언어가 발명된 시기부터 오늘에 이르기까지 다양한 양상을 보여 왔다. 오늘날 우리가 접하는 쓰기의 모습은 어느 한순간에 형성된 것이 아니라 인간 문화의 발전에 따라 서서히 형성되었다. 다음에서는 이러한 쓰기의 변천 과정을 세 단계로 나누어 살펴보도록 한다.

(1) 기억의 수단: 문화 창조의 기반

문자 언어가 탄생하면서 쓰기가 가능해졌고, 문자 언어를 활용한 쓰기는 정보 저장을 가능하게 만들었다. 인간의 기억은 정보를 저장하는 데 한계가 있지만 쓰기는 이를 뛰어넘게 해 준다. 쓰기를 통해 정보는 독립된 사물에 기계적으로 저장되고, 사람들은 언제 어느 곳에서든 그것을 해독하여 필요한 정보를 얻을 수 있다. 정보를 저장하기 위해 고대에는 주로 돌, 나무, 금속, 동물 가죽, 뼈와 같은 물질을 사용하였다. 이후 종이가 발명되면서 쓰기의 활용이 훨씬 더 편리해졌다(Gaur/강동일 역, 1995: 59-77).

동물 뼈에 새겨진 갑골문

파피루스 줄기로 만든 종이에 쓴 글

쓰기를 통해 정보를 저장할 수 있게 되면서 인간의 사고는 확대되었다. 많은 양의 정보를 기억해야 하는 부담을 덜었고, 사고를 더욱 생산적인 부분에서 활용할 수 있었다. 인간은 이처럼 확장된 사고를 바탕으로 새로운 문화를 창조하였다. 그리고 이렇게 창조된 문화는 쓰기를 통해 오랜 시간 동안 보존되고 후대에 전달될 수 있었다. 쓰기가 인간의 문화 창조를 가능하게 했고, 인간은 자신들이 창조한 문화를 기록으로 남겨 후대에 전수했으며, 전수된 기록이 또 다시 새로운 문화 창조의 기반이 되는 선순환이 이루어진 것이다. 즉, 쓰기를 통한 기억의 저장과 정보의 전달은 문화 창조의 중요한 기반이 되었다.

(2) 구술과의 분리: 인간 내면의 형성

서구 문명의 시발점이 된 그리스·로마 시대에 쓰기는 말하기와 대등한 관계가 아니라 종속적인 관계로 여겨졌다. 이때 쓰기는 텍스트 생산자가 구술을 하면 필경사가 내용을 받아 적는 형태로 이루어졌는데, 이는 내용 생성과 기록이 철저히 분리되는 양상을 띠었다. 당시 사람들은 쓰기를 말하기의 확장으로 이해하였고, 따라서 글은 말에 의해 생산된 내용을 보관하는 일종의 저장소 정도로 여겨졌다. 중세에 이르러 구술 받아 적기가 점차 사라진 반면, 경전이나 성인의 말씀을 담은 책을 필사하는 작업은 활발하게 진행되었다. 이때 필경사의 임무는 입말 속에는 잠재해 있으나 문자로 기록될 때는 드러나지 않는 텍스트 단위들을 가시화하는 데 있었다. 이를 위해 필경사들은 사람들이 쉽게 읽을 수 있도록 띄어쓰기, 구두점, 단락과 장의 구분 등을 활용하였다.

구술하는 저자와 기록하는 필경사

중세 후기에 이르면 더 많은 계층이 쓰기의 기술을 익히기 시작했다. 특히 상인은 사업상의 거래를 위해, 관료들은 규정을 집행하기 위해, 학자들은 지식을 교수하기 위해 쓰기에 더욱 의존하게 되었다. 이 과정에서 필자는 한적한 환경에서 매개자의 개입 없이 혼자의 힘으로 쓰기를 수행하게 되었다. 이로 인해 쓰기는 더 이상 말하기의 연장이 아니라, 말하기와 경쟁하는 대상이 되었다.

쓰기 수행의 변화는 쓰기 내용과 관련하여 커다란 변화를 가져왔다. 구술과 필사에 의해 쓰기가 수행되던 시기에는 구술자가 이단적인 생각을 해서 이를 입 밖에 내면, 그 내용이 필경사를 비롯한 여러 사람에게 알려져 독자에게 수용되는 순간까지 반복적으로 수정될 수밖에 없었다. 그런데 개별적인 쓰기를 수행하게 됨으로써 이러한 검열 과정을 탈피하게 되었고, 이로 인해 이단적 사고나 혁명적 사상, 내밀한 자아 문제 등이 쓰기의 대상이 될 수 있었다. 이는 지적 회의나 비판적 사고를 촉진하는 경향을 강화시켰다(Ludwig/이기숙 역, 2013).

중세까지 구술의 보조 수단에 불과하던 쓰기는 독립적인 위상을 확보하면서 인간 내면의 사고를 형성해 가는 수단이 되기 시작했다. 대화자를 의식할 수밖에 없는 말하기와 달리, 사적 공간에서 내면세계에 몰두하며 수행되는 쓰기는 사고의 양상을 근본적으로 변화시켰다. 즉, 사람들은 쓰기를 통해 내면의 생각을 정리하고 이를 표현하면서 개성을 창출하고 창의성을 발휘하는 성향을 강화하게 되었다.

(3) 매체와의 결합: 영향력의 폭발적 증대

쓰기의 영향력은 매체의 발달과 긴밀한 관련성을 지닌다. 쓰기는 매체가 발달하면서 그 영향력이 더욱 커지고 빠르게 확산될 수 있었다. 쓰기의 영향력을 폭발적으로 확산시킨 계기로는 우선 구텐베르크에 의한 인쇄술의 발달을 들 수 있다. 15세기 중엽 인쇄술의 발달은 서적의 제작 기간을 대폭 축소하고 제작 비용을 절감하며 대량 생산을 가능하게 하였다. 이로써 책은 소수의 값비싼 소유물이 아니게 되었고, 서적의 유통은 폭발적으로 증가하였다. 이러한 변화는 지식의 광범위한 보급을 가능하게 했고, 저자와 쓰기의 영향력을 확대시켰다(Ludwig/이기숙 역, 2013).

현대 사회에서 글쓰기는 정보 기술의 발달에 힘입어 또 다른 전환기를 맞고 있다. 현대 사회는 인터넷상에 정보가 넘쳐나고, 소통에 의한 참여와 협동의 네트워킹이 고도로 발달한 환경을 갖추고 있다. 고도화된 네트워킹 기술은 지식의 활발한 전파를 가능하게 하였고, 나아가 누구나 지식의 생산자가 될 수 있는 1인 출판 시대를 열고 있다. 이처럼 변화된 환경 속에서 쓰기는 지식과 정보, 그리고 문화 사이를 넘나들며 새로운 내용을 생성·융합·매개하면서 그 영향력을 유감없이 발휘하고 있다(박인기, 2014). 과거 인쇄술이 인류 문명 발전의 획기적인 계기였다면, 오늘날의 정보 기술은 쓰기의 영향력을 확대하며 인간 사회를 근본적으로 변화시키고 있는 것이다. 이러한 변화된 환경에서 쓰기의 영향력은 앞으로도 계속 증대될 것이다. 따라서 우리는 쓰기를 통해 자신의 능력을 적극적으로 발휘할 수 있도록 대비해야 한다.

3) 쓰기의 본질

그림 1-1 쓰기 상황과 관련된 구성 요소

쓰기는 다층적이고 역동적인 의미 구성 행위로서의 특성을 갖는다. 쓰기는 필자가 생각하는 바를 그대로 문자로 전환하는 행위에 그치는 것이 아니다. 쓰기 행위에는 필자뿐만 아니라 독자, 글, 맥락의 요소가 복합적으로 작용한다. 그림 1-1에 나타난 것처럼 쓰기는 필자가 독자와 맥락을 고려하여 글을 산출하는 행위이다. 쓰기의 본질을 제대로 이해하기 위해서는 이러한 요소들이 글쓰기에 끼치는 영향을 알아야 한다.

(1) 문제 해결 행위

필자는 글을 쓰는 목적과 의도를 가지고 이를 실현하고자 노력한다. 필자의 쓰기 목적이 명확하게 전제되지 않는다면 많은 인지적 부담을 요구하는 글쓰기는 이루어지기 힘들다. 필자는 쓰기 목적을 달성하기 위해 문제 상황을 분석하고, 다양한 자료를 수집하며, 의사를 결정하는 등의 작업을 수행해야 한다. 이처럼 쓰기는 목표지향적인 사고 과정을 동반하고, 필자는 쓰기를 수행하면서 아이디어를 생성하고 정교화하며, 이를 통해 새로운 의미를 구축하게 된다. 즉, 필자의 입장에서 글쓰기는 쓰기 목적을 달성하기 위해 수많은 인지적 문제들을 해결해 나가면서 새로운 의미를 완성하는 과정이다.

(2) 글 산출 행위

글(text)은 쓰기 행위로 산출된 결과물로서 내용적인 통일성, 형식적인 응집성과 같은 텍스트성(textuality)을 갖추어야 한다. 머릿속에 떠오르는 생각을 문자로 옮긴다고 해서 글이 되는 것은 아니며, 이런 글은 제대로 이해될 수도 없다. 다시 말해, 산출된 글이 체계적이고 완결된 내용과 구조를 갖출 때 쓰기는 의미를 획득할 수 있다. 또한 글은 의사소통 목적에 따라 유형화된 장르 규범을 지니고 있다. 설득이면 설득 목적에 부합하는 텍스트 질서가, 친교 형성이면 친교 목적에 맞는 텍스트 질서가 존재한다. 이러한 장르 규범을 고려할 때 효과적인 의사소통이 가능해진다.

> **용어설명**
>
> **통일성(coherence)** 텍스트 내용과 내용 간에 이루어지는 의미적 연관성을 말한다. 통일성에 의해 텍스트는 의미적으로 완결된 단위로 기능하게 된다.
>
> **응집성(cohesion)** 텍스트 단위들 간의 문법적 관계를 나타내는 것으로, 텍스트가 어떻게 의미적 구성물로 구성되는가와 관련을 가진다. 이러한 응집된 관계들이 연쇄를 이루면서 전체적으로 하나의 텍스트가 형성된다.
> * 217쪽 표 6-7 '텍스트 언어학 기반' 참조.

(3) 대화와 협상 행위

독자는 필자가 쓴 글을 읽는 존재이다. 독자는 글을 쓰는 상황에 따라 구체적으로 제한될 수도 있고, 불특정 다수가 될 수도 있다. 쓰기 과정에서 필자는 '누가 이 글을 읽을 것인가', '독자는 무엇을 기대하고 있는가', '이 글에 대해 어떻게 생각할 것인가' 등의 많은 질문과 대답을 주고받는다. 이는 일종의 대화이자 협상의 과정이다. 즉, 의도하는 바를 제대로 전달하기 위해 필자는 예상 독자의 입장이나 요구를 적극적으로 고려하여야 하며, 독자가 쉽게 이해하도록 글의 내용을 조정할 줄 알아야 한다.

(4) 사회·문화적 실천 행위

맥락은 쓰기 행위에 영향을 미치는 배경 요인을 뜻한다. 맥락은 글의 생산 활동에 직접적인 영향을 미치는 상황 맥락과 간접적으로 작용하는 사회·문화적 맥락으로 구분할 수 있다. 쓰기는 일정한 상황을 기반으로 이루어지는 의미 구성 행위이기 때문에 상황을 이해하지 않고는 필자의 의도를 효과적으로 전달하기 힘들다. 따라서 필자는 쓰기를 수행할 때, 시·공간적 상황이나 소통 목적과 같은 상황 맥락을 고려하여 글을 써야 한다. 또한 글쓰기에는 역사적·사회적 상황, 공동체의 가치와 신념 등에 의해 형성된 담화 공동체의 규범이나 관습이 작용한다. 따라서 필자는 이와 같은 사회·문화적 맥락을 고려하여 글을 써야 한다.

입사 지원을 위한 자기소개서를 쓰는 상황을 가정해 보자. 필자는 자신이 회사에 필요한 인재임을 인정받고자 하는 쓰기 목적을 지닌다. 이를 달성하려면 독자인 회사의 인사 담당자가 무엇을 기대하는지에 대한 요구를 분석해야 한다. 또한 지원 경쟁률이 높고, 면접에서 심층 질문이 예상되는 상황 맥락을 고려해야 하며, 다른 경쟁자와 대비되는 자신만의 장점을 부각시키되 타인에 대한 존중과 겸손함을 강조하는 사회·문화적 맥락도 고려해야 한다. 필자는 이런 점을 다각적으로 고려하면서 자기소개서가 요구하는 내용과 형식에 부합하는 완결된 텍스트를 산출해야 한다.

이처럼 쓰기는 표면적으로는 필자가 지닌 생각을 문자 언어로 옮기는 과정처럼 보이지만, 그 이면에는 필자와 독자, 텍스트와 맥락 사이의 긴밀한 관계를 고려하는 복잡한 사고 과정이 수반된다. 다시 말해 쓰기란 문자 언어를 통해 자신의 의사를 전달하는 데에 그치는 것이 아니라 독자의 이해와 수용을 고려해야 한다. 이로 인해 쓰기는 쓰기 상황을 구성하는 요소와 관련된 고도의 인지적 사고 과정을 필요로 한다. 이러한 과정을 통해 필자는 새로운 의미를 창출하고, 자신이 설정한 문제를 해결하며, 독자의 수용을 유도해 나가게 된다.

2 쓰기 능력은 어떻게 발달하는가

쓰기 능력은 한마디로 글을 잘 쓰는 능력을 의미한다. 그렇다면 글을 잘 쓰기 위해서 필자에게 요구되는 능력은 어떤 것일까? 이에 대한 답을 찾는 것은 간단하지 않다. 쓰기 능력은 매우 복합적이며 쓰기를 바라보는 관점에 따라 다르게 인식될 수도 있기 때문이다. 다음에서는 지식, 수행, 태도의 측면에서 쓰기 능력의 구성 요인을 살펴보고 쓰기 능력의 발달 단계에 대해 알아보도록 한다.

1) 쓰기 능력의 구성 요인

(1) 쓰기 지식

어떤 일을 잘하기 위해서는 기본적으로 그 일에 대해 아는 것이 필요하다. 농구를 잘하려면 농구의 규칙과 슛 쏘는 방법 등을 알아야 하고, 피아노를 잘 치려면 악보를 읽는 방법과 연주법 등에 대해 알아야 한다. 이처럼 대상에 대해 아는 것을 지식이라 하는데, 쓰기 지식은 글을 쓰기 위해 알아야 할 지식을 나타낸다. 쓰기 지식은 다양하게 파악될 수 있지만 여기에서는 화제 지식, 언어 지식, 장르 지식을 중심으로 살펴보자.

화제 지식은 필자가 글로 나타내고자 하는 화제와 관련해 알고 있는 지식이다. 직접적인 경험, 매체 등을 통해 획득한 정보, 독서를 통해 얻은 지식 등이 여기에 해당한다. 글의 내용은 필자가 지닌 화제 지식에 많은 영향을 받는데, 필자가 화제 지식을 많이 지닐수록 글이 다양하고 풍부한 내용을 담을 가능성이 커진다. 가령 클래식 음악을 많이 듣고, 관련된 자료를 많이 읽은 필자가 그렇지 않은 필자보다 클래식 음악과 관련해 더 좋은 글을 쓸 확률이 높다. 화제 지식의 형성과 관련해 특히 중요한 역할을 하는 것은 독서이다. 필자는 독서를 통해 내용 형성의 바탕이 되는 풍부하고 질 높은 정보와 아이디어를 축적할 수 있다. 글을 잘 쓰는 방법으로 흔히 언급되는 다독(多讀), 다작(多作), 다상량(多商量)에서 다독이 제일 먼저 강조되는 것은 독서와 쓰기 능력 사이의 밀접한 연관성을 잘 드러내 준다.

언어 지식은 필자의 생각과 느낌을 언어로 표현하는 데 필요한 지식이다. 무용가가 내면의 충동을 몸짓으로 표현하고 음악가가 내면의 정서를 선율로 나타내듯, 필자는 자신의 머릿속에 형성된 의미를 적절한 언어로 전환해야 좋은 글을 생성할 수 있다. 언어 지식에는 사고의 내용을 어휘와 문장 등 글의 구조적 단위로 변환하기 위한 지식과 독자에게 정확한 의미를 전달하기 위한 정서법과 같은 규범적 지식이 있다.

말이나 토는 비슷비슷하여 같은 것이 많이 있다. 그러나 정말 캐고 보면 꼭 같은 말, 꼭 같은 토는 하나도 없다. 쓰는 경우가 비슷하기만 하지 써 놓고 따지면 의미와 정조(情調)의 강약이 서로 다르다. 가령 오이가 덩굴에 열린 것을 보고 '오이가 열리었다' 할 수도 있고 '오이가 달리었다', '오이가 맺히었다', 또 '오이가 늘어졌다' 할 수도 있다. 그러나 모두 뜻이 똑같은 것이 아니다. 이제 새로 열린 것을 '늘어졌다' 해서는 '맺히었다' 하는 말만 못할 것이요, 늙고 큰 오이라야 '달리었다' 또 '늘어졌다' 할 것이다.

(상허학회 편, 2015: 317)

이태준(1904~?): 소설가, 문장가로서 큰 위상을 지니고 있다. 1933년 정지용, 김기림 등과 구인회 활동을 하였고, 1939년 잡지 『문장』을 주관하였다. 해방 이후 조선문학가동맹에서 활동하다가 1946년 월북하였다. 대표작으로 소설 『복덕방』, 『돌다리』 등이 있으며, 글쓰기 지침서인 『문장강화』를 썼다.

제시된 인용문은 일제강점기에 저명한 문장가로 이름을 떨쳤던 상허 이태준이 쓰기에서 의미를 언어화하는 일의 중요성을 강조한 글의 일부분이다. 여기에서 이태준은 언어는 완전히 똑같은 것이란 없어서 의미와 정조를 따지면 그 쓰임새가 다를 수밖에 없다고 주장했다. 이런 관점에서 보면 쓰기에서는 필자가 의도하는 바를 적합한 언어 기호로 나타내는 것이 매우 중요하다. 즉 필자는 어휘에 대한 지식, 문장 구성에 대한 지식 등을 갖추고 있어야 좋은 글을 쓸 수 있다.

장르 지식은 글의 유형이 지니고 있는 형식이나 내용의 특성에 대해 아는 것을 의미한다. 장르는 특정 유형의 글과 관련해 담화 공동체가 관습적으로 형성해 온 언어적 특징의 집약체를 뜻한다. 이를 통해 구성원들은 효율적으로 의사소통을 할 수 있다. 예를 들어 여행 체험을 글로 쓸 때에는 기행문의 구성 요소인 여정, 견문, 감상의 틀을 알고 이에 맞춰 글을 써야 효과적으로 의사를 전달할 수 있다. 그러나 장르가 일정한 패턴을 지니고 있다고 해서 그것이 항상 고정적인 것은 아니다. 장르는 상황 맥락에 따라 유동적이기에 장르 지식은 맥락을 고려하여 적용되어야 한다.

(1) 축하하는 것과 슬퍼하는 것은 상반되는 감정인데, 실컷 축하해 놓고 이내 슬퍼지니 내가 어찌 이상한 줄 모르겠소. 그렇긴 하지만 내가 슬퍼하는 것은 고금의 사람들이 인정에 맞지 않게 구구하게 죽은 사람을 슬퍼하느라 끝내 맺힌 마음을 풀지 못하는 것과는 다르오. 아! 나는 여인들의 일을 기록한 역사서를 많이 보았고, 규문(閨門)의 아름다운 행실을 기록한 것들도 많이 보았지만 어질고 현명한 당신과 견줄 만한 것은 보지 못했소. 당신은 우리 집에 시집온 뒤로 부모님을 지성으로 섬겼소. 작은 일 하나라도 혹 시부모의 마음에 들지 않을까 염려하여 낮이나 밤이나 기색을 살폈고, 행동은 법도에 맞게 하였소. 그러자 부모님들도 늘 "우리 며느리가 참 어질다"고 하셨소.

(유미림 외 역, 2005: 160)

(2) 오호통재라! 당신은 진정 나를 버리고 떠난 거요? 위로는 부모님이 안 계시고 아래로는 자식도 없는데, 나더러 누굴 의지해 살라고 떠나 버린 거요. 이제 너무 늙어 옷도 당신이 입혀 줘야 마음에 들고, 밥도 당신이 해줘야 입에 맞고, 아프거나 종기가 생기면 당신이 돌봐 줘야 조금 편안해지는데, 앞으로 누구를 의지해 살라고 나를 버리고 가 버린 거요. 당신 목소리가 아직 귀에 쟁쟁한데 섬돌에 올라서도 아무것도 들리지 않고, 당신 모습이 눈에 선한데 방에 들면 아무도 보이지 않는구려. 휘장을 거둬 내고 불러 봐도, 관에 기대어 울어 봐도 아무런 대꾸가 없구려. 어젯밤엔 꿈에라도 나타날 것만 같았는데, 어슴푸레할 뿐 끝내 만나 보지 못했다오. 아! 모든 게 끝인가 보오. 진정 당신은 나를 버리고 가 버려 내게 이토록 끝없는 슬픔을 안겨 준단 말이오?

(유미림 외 역, 2005: 213)

위 인용문은 예전에 죽은 이를 추모할 목적으로 쓰였던 제문(祭文) 양식에 속하는 글의 일부분이다. 사람들은 제문을 통해 죽은 이에 대한 기억과 슬픔을 드러내고자 하였다. 이로 인해 제문은 망인에 대한 칭송, 망인과 화자의 관계,

망인의 죽음에 대한 애도의 세 요소를 장르적 특징으로 지니게 되었다. 제시된 제문은 아내의 죽음을 대상으로 하였는데, 두 편의 글은 사뭇 다른 내용을 담고 있다. (1)에서 필자는 아내를 잃은 슬픔보다 그녀가 지녔던 부덕(婦德)을 강조하고 있는 데 비해, (2)의 필자는 아내의 부덕보다 아내를 잃은 슬픈 심정을 곡진히 드러내고 있다. 이는 아내의 죽음과 관련하여 (1)의 필자가 공적 맥락을 우선해 쓰기를 수행한 반면에 (2)의 필자는 사적 맥락에 초점을 맞춰 쓰기를 수행한 결과로서 나타난 현상이다(이영호, 2006: 206-208). 이처럼 글쓰기는 같은 장르라 하더라도 필자가 맥락을 고려하여 자신의 표현 의도를 드러내는 방식에 따라 그 양상이 달리 나타난다. 따라서 필자는 장르 지식을 아는 것에 그치지 말고 맥락에 따라 이를 활용할 수 있는 능력을 갖추고 있어야 한다.

(2) 쓰기 수행

글을 잘 쓰기 위해서는 쓰기 지식이 필요하지만 쓰기 지식이 있다고 해서 저절로 글을 잘 쓰게 되는 것은 아니다. 쓰기는 여러 단계의 언어 수행을 기반으로 하는 활동이기 때문이다. 이를 이해하기 위해 자동차 운전을 생각해 보자. 운전을 하려면 기본적으로 자동차와 교통법규에 대한 지식이 있어야 한다. 그렇지만 운전자가 이러한 지식을 지녔다고 해서 곧바로 운전을 할 수 있는 것은 아니다. 운전을 하기 위해서 운전자는 시동을 걸고 핸들을 조작하는 등의 일련의 활동을 할 수 있어야 하며, 도로 상황에 맞게 차량을 운행하는 능력도 갖추고 있어야 한다. 마찬가지로 필자는 쓰기를 수행하기 위해 내용을 생성하고 조직하며, 표현하고 수정하는 등의 일련의 작업을 능숙하게 할 줄 알아야 한다. 이와 같은 쓰기 수행 과정에 요구되는 요소가 기능(skill)과 전략(strategy)이다.

쓰기 교육에서 기능과 전략이라는 용어는 혼용되어 쓰이는 경향이 있다. 그러나 기능과 전략은 서로 다른 개념으로 보는 것이 일반적이다. 기능은 알고리즘적 연산 규칙이 지배적인 문제 해결의 논리이고, 전략은 애매성을 포함하는 의사 결정의 논리이다. 기능과 전략의 차이를 비교해 보면 기능은 행동성·목적성을 갖는 데 비해, 전략은 행동성·목적성·최적성을 갖는다. 즉 기능과 전략은 목적을 달성하기 위한 행동이라는 점에서 공통점을 갖지만, 기능이 정해진 바에 따르는 자동적이고 일률적인 행동이라면 전략은 최적성을 고려한 행동이라는 점에서 차이가 있다(서울대학교 국어교육연구소, 2010: 663-664).

쓰기를 원활하게 수행하기 위해서는 다양한 기능과 전략이 요구된다. 예를 들어 글자 쓰기나 자료 찾기는 쓰기에 필요한 기본적인 기능이다. 받아쓰기 교육 등을 통해 음성 언어를 문자 언어로 자동적으로 변환하는 기능을 익히고 필요한 정보를 효과적으로 찾아내는 기능을 갖출 때 쓰기가 가능하다. 또한 브레인스토밍이나 개요 짜기는 쓰기에서 활발히 사용되는 대표적인 전략이다. 글에 필요한 내용 생성이 원활하게 이루어지지 않을 때 최대한 많은 아이디어를 쏟아내게 하는 브레인스토밍이나 두서없이 생성된 내용을 정리하고 글의 구조를 체계화하는 개요 짜기는 쓰기 과정에서 부닥치는 문제를 해결하는 최적화된 방법이 된다.

기능과 전략의 차이를 이해하기 위해 수영을 떠올려 보자. 수영을 하기 위해 배우는 발차기, 팔 돌리기, 호흡하기 등은 기능에 해당한다. 이러한 기능들은 물에 떠서 앞으로 나아가기 위해 자동적으로 수행되어야 한다. 그런데 어떤 사람이 단거리 수영 시합에서 호흡을 하지 않고 질주하는 방법을 택해 우승했다고 가정해 보자. 이 경우 우승자는 호흡 참기라는 최적의 방법을 선택함으로써 보다 빠른 속도를 낼 수 있었다. 이와 같이 상황에 맞는 최적의 의사 결정을 내려 목표를 성취하도록 만드는 기제가 전략에 해당한다.

그런데 앞서 언급한 것처럼 쓰기 기능과 전략은 엄밀하게 구분하기 힘든 측면이 있다. 예를 들어 개요 짜기를 생각해 보자. 개요 짜기는 글을 쓰기 위해 수집한 내용들을 중요도에 따라 선택하고 효과적으로 배열하여 글의 질서를 구축하는 선택적 전략의 성격을 갖고 있다. 필자는 글을 쓰는 과정에서 자신의 판단에 따라 필요하지 않다면 개요 짜기를 하지 않고 바로 글을 써 나갈 수도 있다. 그런데 현행 쓰기 교육을 살펴보면 개요 짜기는 글을 쓰는 과정에서 반드시 거쳐야 하는 방법의 하나로 인식되고 있다. 즉, 학생들은 내용을 어느 정도 마련한 다음에 자동적으로 개요 짜기를 수행하도록 교육받고 있다. 이러한 경우 개요 짜기는 선택적 전략이라기보다 자동적 기능의 성격을 나타내는 것으로 이해할 수 있다. 이런 측면에서 쓰기 기능과 전략은 명확한 구분이 힘들다.

쓰기 기능과 전략에 더해 쓰기 수행과 관련해 중요하게 작용하는 요소로 상위인지(metacognition)가 있다. 상위인지는 학습자가 자신의 인지적 상황에 유의하면서 과제 수행을 점검·통제·조절하는 정신적 기제로, 초인지(超認知)라고도 한다. 즉, 상위인지란 자신의 인지 활동에 대해 알고 이를 조정할 줄 아는 능력을 뜻한다(서울대학교 국어교육연구소, 2010: 399). 쓰기와 관련할 때 상위인지는 필자가 쓰기 활동을 수행하면서 쓰기 목적에 비추어 자신의 쓰기 행위를 점검하고 평가하여 이를 조정해 나가는 일과 연관된다. 즉 쓰기 과정에서 활용하고 있는 기능과 전략이 원활하게 작동하지 않을 때, 그 문제를 인식하고 평가하며 새로운 대안을 탐색하고 적용하는 일체의 작업들은 필자의 상위인지에 의해 가능하다. 상위인지는 필자의 쓰기 수행을 관리하는 총체적 능력으로서 중요한 역할을 한다.

(3) 쓰기 태도

일반적으로 쓰기 능력을 인식할 때는 지식이나 기능과 같은 인지적 요인을 중심으로 생각하는 경향이 있다. 이러한 인지적 요인이 쓰기 능력을 형성하는 데 중요한 역할을 하는 것은 분명하지만, 쓰기 태도와 같은 정의적 요인이 뒷받침되지 않는다면 진정한 의미에서의 쓰기 능력은 형성되기 힘들다. 『논어』에 나오는 유명한 경구인 "아는 자가 좋아하는 자만 못하고, 좋아하는 자가 즐거워하는 자만 못하다."(성백효 역주, 2005: 176)는 말처럼, 배움에서는 아는 것보다는 즐기는 태도가 더욱 중요하다. 즉 쓰기에 있어서도 많이 알고 많이 쓰는 것을 넘어서, 쓰기를 좋아하고 즐기는 태도가 갖춰질 때 진정한 쓰기 능력이 형성될 수 있다.

태도는 일반적으로 특정한 대상에 대한 개인의 반응에 영향을 미치는 학습된 내재적 상태로, 대상에 대한 생각과 수반되는 감정, 이에 따르는 행동 의도로 구성된다(서울대학교 교육연구소, 2011: 720). 이를 쓰기 태도와 연관시켜 보면 사람들이 쓰기를 접할 때 생각을 정리하는 데 도움이 된다고 생각하여 쓰기를 선호하는 감정을 갖게 되고, 이로 인해 생각이 떠오를 때 적극적으로 기록하려는 행동을 나타내는 경우에 쓰기에 대해 긍정적인 태도를 지녔다고 평가할 수 있다.

표 1-2는 초·중등 학생들을 대상으로 은유적 표현을 사용하여 쓰기에 대한 인식을 나타내게 한 조사 결과를 압축한 것이다. 표에 잘 드러나듯이 학생들은 쓰기의 목적에 대해서는 대체로 표현의 발산이나 성찰의 거울과 같이 긍정적 인식을 나타낸다. 그런데 쓰기에 대한 가치에 있어서는 암벽 등반과 같이 참고 이겨내야 한다는 인식 또는 두통과 악몽처럼 괴로운 일이라는 부정적 인식을 드러낸다. 즉, 학생들은 쓰기의 교육적 의의에 대해서는 인정하지만 쓰기는 힘

표 1-2 초·중등 학생들의 쓰기에 대한 은유 표현(변경가, 2017: 225)

범주	은유적 주제	빈도(%)	은유 표현의 중복 사례
쓰기 목적	표현의 발산	43 (7.39%)	상상의 세계(3), 자유(3), 그림 그리기(2), 상상(2), 상상력(2)
	생각의 발전	84 (14.43%)	공부(3), 복습하는 과정(2), 생각(2), 숙제(2), 시험(2), 암기(2), 청소(2)
	성찰의 거울	20 (3.44%)	내면의 거울(2), 내 삶을 반성/정리하는 것(2), 마음 치료/돌려놓음(2), 친구와의 대화(2)
쓰기 수행	단순노동	76 (13.06%)	팔 운동/손가락 운동(7), 고문(4), 그림 그리기(3), 노동(3), 일기(3), 바늘(2), 서예(2), 지옥(2)
	도관	81 (13.92%)	기억(2), 나(2), 뇌(2), 우체국(2), 복사기(2), 입(2)
	건축	79 (13.57%)	레고/블록쌓기(6), 건축/집짓기(5), 건물(4), 레고 조립(4), 공장(3), 젠가게임(3), 내진설계(2), 집짓기(2), 퍼즐찾기(2)
	출판	77 (13.23%)	영화(4), 또 다른 나(3), 시험(3), 영화 만들기(3), 책 쓰기(3), 드라마(2), 영화(2), 예술(2), 요리(2)
쓰기에 대한 가치	호흡	10 (1.72%)	심장(3)
	가치 있는 도전	65 (11.17%)	공부(6), 높은 산을 오르는 것/암벽등반(3), 뜨거운 목욕탕(2), 수학(2), 운동(2), 창작의 고통(2)
	감정	47 (8.08%)	두통(3), 고문(2), 공부(2), 숙제(2), 쓰레기(2), 악몽(2), 지옥(2), 한약(2)

든 과정을 참고 해야 하는 것, 하기 싫은 것이라고 인식하는 경향을 보인다. 따라서 학생들의 쓰기 능력 향상을 위해서는 쓰기에 대한 부정적 인식을 개선할 필요가 있다.

쓰기 태도 형성과 관련해 교육에서 고려해야 할 요소로는 쓰기 흥미, 쓰기 동기, 쓰기 효능감을 들 수 있다. 쓰기 흥미는 쓰기에 대해 필자가 가지는 관심과 선호도라 할 수 있는데, 학생들이 쓰기에 흥미를 지니도록 하기 위해서는 학생들의 쓰기 능력을 고려하고 생활 경험을 반영한 실제적 작문 과제를 제시하는 것이 중요하다. 쓰기 동기는 쓰기를 촉발하거나 계속하도록 영향을 미치는 심리적 조건이라 할 수 있다. 쓰기 동기를 지속적으로 형성하기 위해서는 성적 보상과 같은 외재적 요인보다는 쓰기 흥미와 같은 내적 만족을 끌어내려는 노력이 필요하다. 쓰기 효능감은 쓰기를 성공적으로 수행할 수 있다는 필자의 기대와 믿음이라 할 수 있는데, 쓰기 효능감을 형성하는 데에는 쓰기 결과에 대한 성공적인 경험과 교사의 긍정적인 피드백이 중요한 역할을 한다.

쓰기 능력은 쓰기에 대해 긍정적인 태도를 지니고 이를 바탕으로 쓰기를 생활화하는 습관을 형성할 때 온전히 달성될 수 있다. 쓰기에 대해 긍정적인 태도를 기르기 위해서는 쓰기 흥미, 쓰기 동기, 쓰기 효능감을 향상시키려는 노력이 필요하다. 학생들이 쓰기에 대해 흥미를 지니게 되면 쓰기 동기의 형성이 용이하고, 쓰기 동기가 지속되면 쓰기 효능감이 발달할 가능성이 높아진다. 따라서 쓰기 능력 발달을 위해서는 쓰기 흥미와 쓰기 동기, 쓰기 효능감을 연계해서 긍정적인 쓰기 태도를 형성할 수 있는 교육적인 접근이 요구된다.

2) 쓰기 능력의 발달 단계

인간의 언어 능력은 단계를 거쳐 발달한다. 처음 태어났을 때 한마디 말도 못 하던 인간이 돌을 지나면서 몇 단어를 말하기 시작하고, 3~4세 무렵에 어휘의 폭발적 증가를 경험하며, 7~8세 무렵에는 성인의 구어 능력과 비슷한 수준에 이르게 되는 것은 이를 잘 보여 준다. 쓰기 능력 또한 이와 유사하게 단계별로 발달하는 양상을 나타낸다. 다만, 쓰기 능력은 다층적이고 복합적인 요소로 구성되어 있으며 내적 경로를 통해 발달하기 때문에 이를 관찰하는 것은 쉽지 않다. 이런 이유로 쓰기 능력의 발달 단계를 파악하는 데에는 어려움이 있다.

1960년대 인지심리학의 발달로 필자의 쓰기 과정에 대한 관심이 증대되면서 쓰기 수행과 관련한 쓰기 능력의 측면이 부각되기 시작했다. 현대적 관점에서는 쓰기 능력을 필자가 쓰기 목적을 고려하여 자신의 쓰기 과정을 조절하고 적절한 기능과 전략을 활용하는 것으로 인식하는 경향을 보인다. 이는 쓰기를 의사소통 목적을 달성하기 위한 복잡한 인지적 과정으로 바라보는 데 기인한다. 즉, 현대적 관점에서 능숙한 필자는 독자가 필자의 메시지를 수용할 수 있게 자신의 생각을 효율적으로 전개하는 전략가의 형상을 띠고 있다.

이런 측면의 쓰기 능력 발달 단계와 관련하여 가장 영향력 있는 것은 칼 베라이터(Carl Bereiter)의 논의이다. 베라이터는 필자가 구사하는 쓰기 기능의 차이를 반영하여 쓰기 발달 단계를 연상적 쓰기, 수행적 쓰기, 의사소통적 쓰기, 통합적 쓰기, 인식적 쓰기의 5가지로 구분하였다(Bereiter, 1980).

- **연상적 쓰기**(associative writing): 필자는 마음속에 떠오른 생각들을 순서대로 기록하는 쓰기를 수행한다. 이 단계에서는 계획적으로 정보를 처리하기보다 자료에 이끌려 쓰기를 하며, 독자를 고려하지 않는 필자 중심의 쓰기를 한다. 이 단계의 필자는 즉각적인 생각의 흐름을 끌어낼 수 있는 주제는 쉽게 쓰지만, 쓸 거리가 떨어지면 쓰기를 멈추거나 주제와 관련 없는 내용을 쓴다.

- **수행적 쓰기**(performative writing): 연상적 쓰기에 어법, 문체, 장르 관습 측면에서의 능숙성이 더해져 나타나는 단계이다. 이 단계의 필자들은 맞춤법이나 구두법, 특정한 표현의 활용이나 회피에 대해 특별한 주의를 기울이지 않고도 쓰기를 자동적으로 수행할 수 있다.

- **의사소통적 쓰기**(communicative writing): 수행적 쓰기에 사회적 인지가 통합된 것으로 예상 독자의 요구를 의도적으로 고려하는 특성을 나타낸다. 필자에게 있어 드러나지 않는 독자를 고려하는 것은 쉽지 않은 일이며, 미숙한 필자는 연상적이고 수행적인 쓰기 단계의 요소에 몰두하느라 독자를 고려하지 못한다. 의사소통적 쓰기에서 필자는 자신의 생각을 글로 옮기는 것에 그치지 않고, 독자를 고려하여 메시지가 잘 전달될 수 있도록 한다.

- **통합적 쓰기**(unified writing): 예상 독자의 입장을 고려하면서 필자 스스로 독자의 입장이 되어 자신의 글을 비판적으로 평가할 수 있는 단계이다. 여기에서 필자는 자신이 독자가 되어 자기 글을 비판적으로 평가하고, 그 결과를 피드백함으로써 자신의 글을 개선할 수 있다.

- **인식적 쓰기**(epistemic writing): 통합적 쓰기에 반성적 사고가 더해질 때 나타난다. 이 단계에서 필자는 자신의 지식이나 쓰기 과정 등에 대한 반성적 사고를 통해 글을 씀으로써 새로운 인식을 창조할 수 있게 된다. 인식적 쓰기는 쓰기 발달의 정점에 해당하며, 여기서 쓰기는 사고 그 자체에 가까워진다.

그림 1-2는 베라이터의 쓰기 기능 활용 수준에 따른 쓰기 능력 발달 단계를 압축적으로 보여 준다. 떠오르는 생각 위주인 연상적 쓰기에 문법적 규범 기능이 더해지면 수행적 쓰기 단계가 되고, 수행적 쓰기에서 독자를 고려하는 사회적 인지 기능이 합해지면 의사소통적 쓰기가 된다. 또한 의사소통적 쓰기에 자신의 글에 대한 비판적 평가가 가능해지면 통합적 쓰기가 되고, 통합적 쓰기에 쓰기 자체에 대한 반성적 사고가 더해지면 인식적 쓰기가 가능해진다. 베라이

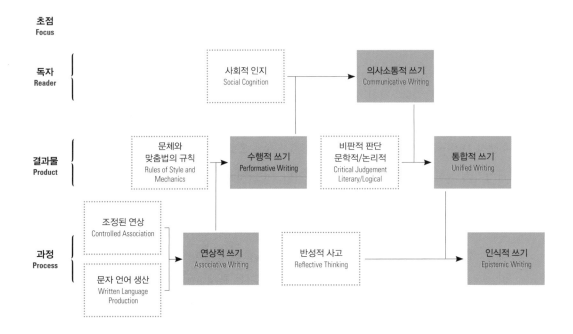

초점 Focus				
독자 Reader		사회적 인지 Social Cognition	의사소통적 쓰기 Communicative Writing	
결과물 Product	문체와 맞춤법의 규칙 Rules of Style and Mechanics	수행적 쓰기 Performative Writing	비판적 판단 문학적/논리적 Critical Judgement Literary/Logical	통합적 쓰기 Unified Writing
과정 Process	조정된 연상 Controlled Association 문자 언어 생산 Written Language Production	연상적 쓰기 Associative Writing	반성적 사고 Reflective Thinking	인식적 쓰기 Epistemic Writing

그림 1-2 베라이터의 쓰기 능력 발달 단계

터의 논의는 실증적인 자료를 바탕으로 도출된 것이 아니라는 한계가 있지만, 쓰기 기능을 중심으로 쓰기 능력의 발달 단계를 체계적으로 보여 준다는 점에서 의의를 지닌다(Bereiter, 1980: 83-88).

국내에서는 베라이터의 쓰기 발달 5단계를 응용하여 학생들의 쓰기 발달 단계를 파악한 연구들이 있다. 서영진(2011)에서는 학생들에게 베라이터의 쓰기 발달 5단계와 관련된 설문 조사를 실시하여 1학년을 연상적 쓰기, 2~5학년을 수행적 쓰기, 6~8학년을 의사소통적 쓰기, 9~10학년을 통합적 쓰기, 11학년 이상을 인식적 쓰기로 나아가는 단계로 파악하고 있다. 가은아(2011)에서는 설명문 쓰기를 대상으로 학생들의 쓰기 능력을 파악하는 연구를 진행하였다. 이에 의하면 3~4학년은 화제와 관련된 두서없는 정보를 나열하는 나열적 쓰기 단계, 5~6학년은 독자에 대한 인식이 뚜렷해지는 소통적 쓰기 단계, 7~10학년은 화제가 다양해지고 초점이 명확해지는 확장적 쓰기 단계, 11~12학년은 글 조직이 체계화되는 통합적 쓰기 단계로 발달한다고 한다. 이 연구에서는 내용을 논리적으로 체계화하고 배열하는 조직 능력이 학생들에게 가장 어려운 쓰기 과업이라는 결과를 보여 주었다.

쓰기 능력의 발달 단계를 파악하는 것은 학습자 중심의 체계적인 쓰기 교육을 위해 중요한 의미가 있다. 쓰기는 그 자체로 학습자들에게 많은 인지적 부담을 초래하는데, 발달 단계를 뛰어넘은 교육을 시행하는 것은 학습의 효과와 쓰기 흥미를 떨어뜨리는 부정적 효과를 유발할 수 있기 때문이다. 따라서 교사는 학생들의 쓰기 능력을 면밀히 파악하고 그에 적합한 교육 내용과 방안을 마련하기 위해 노력할 필요가 있다.

3 쓰기는 어떤 역할을 하는가

1) 의사소통

인간은 살아가기 위해 타인에게 자신의 생각이나 감정을 표현하고, 타인의 사고나 정서를 이해하는 의사소통 활동을 영위해야 한다. 사람들은 구체적인 삶의 맥락에서 타인과 갖가지 의사소통을 하면서 살아가는데, 이때 자신의 의사를 제대로 표현할 수 없다면 당면한 문제에 제대로 대처할 수 없다. 이러한 이유로 사회가 요구하는 기본적인 의사소통 능력을 갖추는 것은 사회적 존재인 인간에게 매우 중요한 발달 과업이다. 쓰기는 주체의 사고나 감정을 타인에게 체계적이고 효과적으로 전달하는 도구로서 의사소통의 핵심적인 수단이다.

언어가 인간 의사소통에서 나타내는 기능과 관련하여 가장 널리 받아들여지고 있는 것은 로만 야콥슨(Roman Jakobson)의 설명이다. 그는 인간 의사소통에 작용하는 요소로 발신자, 수신자, 관련 상황, 메시지, 접촉, 약호 체계의 6가지를 들었다. 이는 언어 행위란 발신자가 수신자에게 메시지를 보내는 것을 기반으로 하며, 메시지가 전달되기 위해서는 그것이 지칭하는 관련 상황과 공통의 약호 체계, 당사자 간에 소통하려는 접촉 의지가 요구된다는 것을 뜻한다. 야콥슨은 여기에 더하여 각 요소 가운데 어느 것이 주도적 역할을 하느냐에 따라 의사소통의 기능을 6가지로 구분하였다(Jakobson/신문수 역, 1989: 54-62).

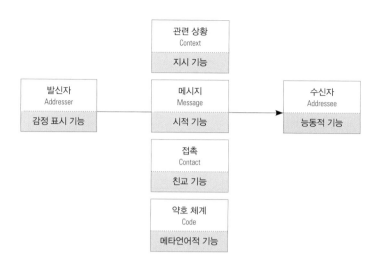

그림 1-3 야콥슨의 의사소통의 6가지 기능

그림 1-3에 나타난 기능 중에서 타인과의 적극적 의사소통이 강조되는 것은 지시 기능, 능동적 기능, 친교 기능이라 할 수 있다. 지시 기능은 관련 상황에 대하여 수신자에게 내용을 알려 주기 위한 정보 전달과 연관이 있다. 우리가 타인과 의사소통하는 기본적인 이유는 세상과 관련된 필요한 정보를 주고받기 위한 실용적 목적에 있다. 능동적 기능은 수신자에게 무엇인가를 요구하는 명령 행위와 연관이 있다. 이는 수신자에게 특정 반응을 불러일으키려는 의도를 지니며 이를 통해 발신자는 원하는 바를 달성하려고 한다. 친교 기능은 발신자와 수신자 간에 인간적 유대를 형성하고자 하는 관계 욕구와 관련이 있다. 인간은 의미를 전하고자 하는 실제적 목적에 의해서만 소통하는 것은 아니며, 상대와 좋은 관계를 맺고자 하는 욕구 또한 삶에서 큰 비중을 차지한다.[2]

야콥슨의 도식에 잘 드러나듯이, 의사소통 도구로서 쓰기는 구체적인 상황 맥락에서 필자가 독자에게 특정한 의도를 전달하려는 목적을 띤다. 즉, 사람들은 독자에게 모르는 정보를 알려 주기 위해 설명문이나 보고서를 작성하고, 자신의 주장을 설득하기 위해 건의문이나 논설문을 쓰기도 하며, 상대와의 원활한 인간관계를 형성하기 위해 감사나 위로의 마음을 담은 편지를 보내기도 한

2 　이밖에 감정 표시 기능은 발신자의 태도를 직접적으로 표현하려는 것이며, 시적 기능은 메시지 자체의 미적 특성을 돋보이게 하려는 것이고, 메타언어적 기능은 동일한 약호 체계를 사용하는지 확인하려는 목적을 지닌다.

다. 이와 같은 쓰기를 통한 의사소통 능력은 사회적 존재로서 인간의 삶을 영위하기 위해 요구되는 기본적인 자질이다.

이러한 측면에서 교육과정의 쓰기 영역은 의사소통 능력을 향상시키기 위한 목표를 중심으로 구성되는 양상을 보인다. 교육과정에서는 의사소통 목적에 따라 다양한 글 유형이 존재하며, 각각의 유형에 따라 쓰기의 초점과 방법이 다르다는 점을 강조하고 있다. 이러한 관점을 토대로 교육과정에서는 학생들이 실제 수행해야 하는 글쓰기의 유형으로 정보를 전달하는 글, 설득하는 글, 친교 및 정서 표현의 글 등을 제시하고 있다. 학생들이 사회의 구성원으로서 쓰기를 통해 타인과 원활한 의사소통을 할 수 있도록 만드는 것은 학생 개인의 성장과 사회의 발전에 매우 중요한 의미를 지닌다.

2) 자기표현

인간은 누구나 자신을 우선시하는 자기중심성을 지니고 있기 때문에 자신에 대한 강한 표현 욕구가 있다. 그러므로 나에 대한 관심과 나의 경험을 진술하고자 하는 욕구에서 쓰기가 시작되는 것이 자연스럽다. 그런데 이제까지 작문 교육은 독자를 고려한 의사소통 중심의 패러다임에 치중해 왔다. '상황 맥락을 파악하고 독자의 입장을 고려한 글을 써야 한다.'는 명제는 의사소통 중심의 글쓰기가 지향하는 바를 잘 드러낸다. 이처럼 타자를 우선시하는 쓰기 행위는 사회적 존재로서 인간의 필요를 충족시키는 데 큰 역할을 하지만, 필자의 내면을 향하는 글쓰기 역시 쓰기의 동기를 자극하고 흥미를 유발하며 자아 정립에 도움을 준다는 점에서 중요한 의미를 갖는다.

특히 청소년기에는 자신을 탐색하고 발견하며 정립해 나가는 일이 중요한 발달 과업이다. 교육의 대상인 학생들이 자기정체성에 대해 고민하고 있는 현실을 고려하면 작문 교육이 이를 적극적으로 수용하는 것은 의미가 있다. 글쓰기가 사고를 정리하고 질서를 부여하며 해결책을 모색하는 것을 본질로 하는 이상, 자기 발견을 위한 학생들의 고민은 그 자체로 훌륭한 쓰기의 대상이 된다. 학생들은 이러한 자기표현적 쓰기 행위를 통해 자아를 성찰하고 정서를 순화하며 바람직한 자아상을 확립하는 계기를 만들어 나갈 수 있다.

자기표현적 쓰기 행위의 의의와 관련해서는 흔히 성찰과 치유의 두 가지 측면이 강조된다. 먼저 자기 성찰을 강조하는 입장에서는 필자가 자기 생활과 체험에 주의를 기울이고 그 의미를 찾아가는 과정에서 전체적인 삶과 연계하여 자신의 정체성을 발견하는 것을 중요시한다. 예를 들어 자서전 쓰기를 통한 자기 성찰 과정을 생각해 보자. 삶이란 시간의 흐름에 따라 그때그때 요구되는 행동의 선택들로 이루어진다. 그런데 주체가 이러한 선택의 의미를 자신의 가치관이나 삶의 지향에 의해 조망하지 않는다면 인생의 의미는 반감되고, 삶은 방향을 잃을 위험에 처할 수 있다. 그러나 자서전 쓰기를 통해 자신을 성찰하고 삶의 의미를 모색할 수 있다면 바람직한 자아를 형성하는 데 큰 도움이 된다. 즉, 쓰기를 통해 필자는 거리를 두고 자신을 성찰함으로써 바람직한 자아를 탐색하는 계기를 마련할 수 있다.

인간은 살아가면서 많은 문제에 부닥치기 마련이고, 그 과정에서 내면에 상처를 입게 되는 경우가 흔하다. 자기표현적 글쓰기에서 치유의 측면을 강조하는 입장에서는 글쓰기가 개인이 지닌 심리적 외상을 정서적으로 치유하는 효과가 있다는 관점을 취한다. 이는 심리적 외상을 경험한 후 그것을 비밀로 간직하고 있는 사람보다 이를 글로 표현하고 타인에게 알린 경우 심리적 안정과 긍정

 ## 글쓰기의 치유 효과

사람들은 살아가면서 많은 스트레스를 겪는다. 이러한 스트레스는 적절히 해소되어야 건강한 삶을 유지할 수 있다. 감정의 치유를 위해 음악 치료나 미술 치료와 같은 다양한 방법이 시도되고 있는데, 글쓰기 또한 그 치유 효과를 인정받고 있다.

365일 하루하루를 지내다 보면 몹시 기분이 안 좋은 날도 있다. 남편과 싸웠거나 아이들이 말을 안 듣는다거나 하면 나는 이제 글을 쓰게 된다. 나는 내성적이어서 다른 사람들과 이야기를 하면서 스트레스를 풀지 못한다. 슬픔은 고요하게 내 마음의 바닥에 내려와 쌓여 간다. 분노는 가슴 속을 날아다니다 가슴을 쥐어 짠다. 나는 불안한 마음을 한마디 한마디 글로 쓴다. 글을 쓰다 보면 마음이 조금씩 가벼워지는 것이 참 신기하다. 글을 쓰다 보면 미웠던 남편 입장도 이해가 가고 장점도 떠올리게 된다. 글을 쓰는 것이 마치 친구와 상담을 하는 것처럼 느껴진다.

(원진숙, 2010: 152)

제시된 사례는 키르기스스탄 출신의 결혼 3년 차 이주 여성이 쓴 글이다. 여기에서 여성은 글쓰기를 통해 심리적 안정과 타자에 대한 이해가 가능했던 경험을 이야기하고 있다. 이처럼 글쓰기를 통해 자신의 감정을 표현하고 주변을 돌아봄으로써 치유 효과를 거둘 수 있다.

적 태도가 형성된다는 결과에 바탕을 둔다(Pennebaker/이봉희 역, 2007: 21-33). 글쓰기를 통한 치유를 구체적으로 실현하는 방법의 하나로 흔히 언급되는 것이 반성적 일기의 형식에 속하는 저널 쓰기이다. 저널 쓰기의 효과로는 주체가 겪는 인생의 문제들과 관련된 혼란과 좌절감 완화, 문제에 대한 통제와 이해력 증가 등이 언급된다(이봉희, 2007: 238-242). 이와 관련해 결혼 이주 여성들을 대상으로 한 자기표현적 글쓰기의 효과를 분석한 연구에서는 글쓰기가 소통과 치유, 긍정적 자아정체성 형성에 기여한다고 보고한다(원진숙, 2010).

자기를 표현하는 글쓰기는 쓰기의 대상을 주체의 내부에서 찾는다는 점에서 쓰기의 동기와 흥미를 진작시킬 수 있는 장점이 있다. 인간은 누구나 자신에 대한 강한 관심을 가지기 마련이며 이러한 성향은 쓰기 행위를 촉발하는 데 유리한 환경을 제공한다. 또한 자기표현적 글쓰기는 필자 내면의 탐구를 통해 성찰과 치유의 효과를 거둘 수 있게 한다. 정신적 상처의 치유를 목적으로 한 글쓰기는 내면 세계에, 성찰의 글쓰기는 외적 세계와 자아와의 관련성에 초점을 맞추는 경향이 있지만, 이러한 구분이 명확하게 이루어지는 것은 아니다. 결국 자기를 표현하는 글쓰기는 자신에 대한 탐구와 발견을 통해 더 나은 자아를 형성해 나갈 수 있게 한다는 점에서 의미를 지닌다.

3) 교과 학습

학습은 일반적으로 '연습이나 경험의 결과로 일어나는 행동의 지속적인 변화'로 규정된다. 학습이 행동의 지속적인 변화로 규정되는 것은 배움의 결과가 일회적인 것이 아니라 학습자에게 구조적인 영향을 미칠 수 있는 것이어야 한다는 의미이다. 학습이 대개 지식을 매개로 이루어지는 것을 고려하면, 학습은 학습자로 하여금 지식을 배우게 하고 그 영향이 학습자의 인지 구조에 지속적인 영향을 미치게 만들려는 시도로 파악할 수 있다.

학습에 대한 이러한 규정은 학습자에 의한 의미 구성을 강조하는 구성주의의 관점과 상통한다. 교육에서 중요한 것은 지식을 얻는 것이 아니라 지식을 재구성하는 과정에서 반성적 사고와 탐구 능력을 습득하고 신장시켜 나가는 데 있다. 이러한 측면은 학습과 글쓰기를 긴밀하게 연관시키는 요인으로 작용한다. 즉, 글쓰기는 복잡한 사고를 정리하고 다양한 자료를 통합하며 새로운 내용을 생성하는 역할을 하기 때문에 글쓰기를 통해 학습자는 지식을 수동적으로 전달받는 것에서 벗어날 수 있다.

글쓰기는 학습자가 교과 학습 내용을 깊이 있게 이해하도록 만드는 역할을 할 수 있다. 일반적인 교수·학습 상황은 교사가 지식을 전달하고, 학생들이 이를 이해함으로써 이루어진다. 수업의 기본적 기능은 지식의 학습에 있으므로 교수·학습을 통한 지식의 전달과 수용이 특별히 문제될 것은 없다. 그러나 지식의 전달과 수용에 기반한 교수·학습 행위가 학습자에게 지식을 단편적으로 이해시키고 제한된 사고를 유발하는 한계를 갖는 것 또한 분명하다. 글쓰기는 바로 이러한 문제점을 극복할 수 있는 수단이 될 수 있다. 학습자들은 글쓰기를 통해 학습된 지식을 깊이 있게 이해하고 창조적으로 적용할 수 있다.

교과 학습과 연관된 쓰기는 학습된 지식에 대한 이해에 기반을 둔다. 이때 학습된 지식은 필자에게 쓰기의 실마리를 제공하고 내용 생성의 원천으로 작용한다. 학습자들은 학습 내용과 관련된 과제에 답하기 위하여 필요한 정보를 탐색하고, 이를 목적에 맞게 조직하며, 쓰기를 통해 구체화하는 과정에서 학습 내용과 관련된 심화된 이해에 도달할 수 있게 된다. 이런 점에서 교과 학습에서 쓰기는 학습자의 사고를 활성화시키고 학습된 내용에 대한 심화된 이해를 가능하게 만드는 학습 도구로서의 위상을 지닌다.

교과 학습에서 쓰기의 활용은 대상이 되는 교과 내용에 영향을 받을 수밖에 없지만, 그렇다고 쓰기의 활용이 개별 교과 내에만 머물 필요는 없다. 오히려 사고를 종합하는 쓰기의 본질을 고려하면 쓰기는 범교과적 통합 학습을 이끄는 훌륭한 도구로서 그 가치를 확대할 수 있다. 쓰기는 학습자의 성장을 목표로 개별 교과 영역을 뛰어넘는 통합적 교과 학습의 매개체로서 그 역할을 수행할 수 있는 것이다.

4) 직업 능력

사람들은 인생의 많은 시간을 직장에서 일을 하며 보낸다. 그렇기에 직장에서의 만족도는 개인의 행복을 결정짓는 중요한 잣대가 된다. 직장은 하나의 체계적인 사회 조직으로서 목표를 달성하기 위하여 구성원들에게 임무를 부여하고 이를 수행하기를 요구한다. 조직의 구성원들은 자신이 맡은 역할을 수행하

표 1-3 기초직업능력 표준에 따른 성취 수준(한국산업인력공단, 2016)

구분		성취 수준
의사 소통 능력	상	직장생활에서 제안서, 기술매뉴얼과 같은 복잡한 내용의 문서를 읽거나 작성함으로써 정보를 종합하고 업무 성과를 발표하는 상황에서 논리적으로 의사를 표현한다.
	중	직장생활에서 메일, 공문과 같은 기본적인 내용의 문서를 읽거나 작성함으로써 정보를 요약하고 회의와 토론과 같은 상황에서 주제에 맞게 의사를 표현한다.
	하	직장생활에서 지시문, 메모와 같은 간단한 내용의 문서를 읽거나 작성함으로써 정보를 이해하고 결과를 보고하는 간단한 상황에서 이해하기 쉽게 의사를 표현한다.
문제 해결 능력	상	업무에서 발생한 문제를 인식하고 처리하기까지 타당한 근거를 바탕으로 새로운 방식을 고안한다.
	중	업무에서 발생한 문제를 인식하고 처리하기까지 기존의 문제 해결방식을 다양하게 응용한다.
	하	업무에서 발생한 문제를 인식하고 처리하기까지 적절한 기존의 문제 해결방식을 이용한다.
정보 능력	상	업무와 관련된 정보를 다양한 매체와 방법을 통해 의미와 가치를 평가하여 활용목적에 따라 신속하게 수집·분석하고 목적에 따라 활용될 수 있도록 DB화하여 조직하며 선택·활용을 용이하게 한다. 이를 컴퓨터가 필요한 모든 부분에서 활용한다.
	중	업무와 관련된 정보를 다양한 매체와 방법을 이용하여 수집하고 활용 목적에 따라 종합·관리하며 적절하게 선택·활용한다. 이러한 과정에서 컴퓨터가 필요한 대부분에서 컴퓨터를 활용한다.
	하	업무와 관련된 정보를 컴퓨터가 필요한 일부분에서 이용하여 수집하고 활용목적에 따라 분석하며 제한된 방법으로 조직하고 필요한 정보를 활용한다. 이러한 과정에서 컴퓨터가 필요한 일부분에서 컴퓨터를 활용한다.

기 위해 업무를 효율적으로 처리하고, 이를 다른 구성원들에게 원활하게 전달할 수 있어야 한다. 이러한 측면에서 쓰기는 매우 중요한 직업 능력이다.

직장에서 요구하는 업무 능력은 다양하다. 이와 관련하여 참고할 만한 자료로 국가직무능력표준(National Competency Standards: NCS)이 있다. 이는 산업현장에서 직무를 수행하기 위해 요구되는 지식·기술·소양 등의 내용을 국가가 산업부문별·수준별로 체계화한 것으로, 산업현장의 직무를 성공적으로 수행하기 위해 필요한 능력(지식, 기술, 태도)을 국가적 차원에서 표준화한 결과물이다. 여기에서는 직종을 불문하고 직업 활동을 수행하는 데 필요한 기초능력으로 10가지를 들고 있다. 이 가운데 쓰기와 긴밀한 관련성이 있는 것으로는 의사소통 능력, 문제 해결 능력, 정보 능력이 있다.[3]

표 1-3에 잘 드러나듯이 직장에서는 제안서나 공문과 같은 문서를 작성하

---

3 10가지 능력은 의사소통 능력, 수리 능력, 문제 해결 능력, 자기개발 능력, 자원 관리 능력, 대인관계 능력, 정보 능력, 기술 능력, 조직 이해 능력, 직업 윤리이다. 자세한 내용은 www.ncs.go.kr 참조.

여 회의 상황에서 이를 효과적으로 전달하는 능력을 요구한다. 이를 위해서는 기존의 해결 방식을 검토하고 적절한 대안을 제시함으로써 주어진 문제를 해결하고자 하는 노력이 필요하다. 이 과정에서 업무 담당자는 과제와 관련된 정보를 수집·분석·평가하여 목적에 맞게 조직하고 활용하는 능력을 갖추어야 한다. 이러한 업무 처리 능력은 문서 산출을 위한 정보 수집과 사고 작용, 표현 행위라는 쓰기 과정을 그대로 반영하고 있다. 즉, 쓰기 능력은 업무 처리 능력과 매우 밀접한 관련성을 갖는다.

직업 능력으로서의 쓰기와 관련된 사회적 요구를 반영하여 2015 개정 국어과 교육과정에서는 진로 선택 과목으로 〈실용 국어〉를 신설하였다. 이는 공통교육과정인 〈국어〉에서 학습한 결과를 바탕으로 취업을 목표로 하는 학생들을 대상으로 하여 직무 능력을 향상시키기 위한 것이다. 여기에서는 업무 수행과 관련된 직무 어휘와 어법, 정보의 해석과 조직, 설득과 협력적 문제 해결 등을 내용 영역으로 설정하고, 업무를 수행하는 의사소통 장면이나 실제 문서 서식을 활용하여 가르칠 것을 제안하고 있다. 이는 직업 세계에서 요구되는 자료나 정보를 이해하고 맥락을 고려하여 의사를 효과적으로 전달하는 업무 능력을 국어교육의 장에 적극적으로 도입하고자 한 결과이다(교육부, 2015).

직업 세계에 요청되는 쓰기 능력은 정보를 분석하고 평가하며 글로 표현하는 기초적인 쓰기 능력에 바탕을 두고 있다. 즉, 업무 능력으로서 요구되는 쓰기 능력은 개별적으로 존재하는 것이 아니라 기초적인 쓰기 능력이 업무 상황에 적합하게 발현된 결과라 할 수 있다. 따라서 직무 수행에 필요한 쓰기 능력을 향상시키기 위해서는 학생들이 기초적인 쓰기 능력을 습득할 수 있도록 교육적 노력을 경주하는 동시에 업무 처리와 직접적 관련이 있는 제안서, 보고서, 공문서 등의 작성 능력을 겸비할 수 있도록 교육의 방향을 설정해야 한다.

1 소설을 원작으로 만들어진 영상을 하나 선택하여 그 내용을 비교해 보자. 이를 통해 문자와 영상에 의한 표현 효과의 차이에 대한 의견을 말해 보자.

> 예 · 소설:『삼포 가는 길』(황석영, 1973)
> · 영상 ①: 영화 〈삼포 가는 길〉(1975)
> · 영상 ②: KBS TV 문학관 〈삼포 가는 길〉(1981)

2 다음 글을 읽고, 쓰기가 지닌 힘에 대해 자신의 생각을 말해 보자.

프레더릭 더글라스(Frederick Douglass, 1818~1895)는 노예제가 공고하던 미국 메릴랜드 주에서 흑인 노예 신분으로 태어났다. 노예제가 공고한 시절에는 젊은 노예에게 일을 시키기 위해 나이 든 노예가 아이를 양육하는 일이 많았다. 프레더릭도 외할머니가 있는 농장에 보내 키워졌다. 프레더릭의 어머니는 아이가 보고 싶으면 밤새 12마일을 걸어 아이를 보고 오곤 했다. 일곱 살 때 어머니가 죽자 그는 볼티모어시로 보내졌는데, 그곳에서 만난 새 주인의 부인이 그에게 글을 가르쳐 주었다. 새 주인은 흑인에게 글을 가르치는 것은 불법이라면서 부인이 더 이상 노예에게 글을 가르치지 못하게 하였다. 글을 어느 정도 알게 된 프레더릭은 배움에 대한 욕구를 주체할 수 없었고, 결국 뉴욕으로 도망치는 데 성공하게 된다.

북부에서 프레더릭은 노예제 폐지에 찬성하는 백인들을 알게 되고 그들과 함께 노예제 폐지 운동에 참여하게 된다. 1845년 프레더릭은 자신이 살아왔던 이야기를 다룬 『미국인 노예 프레더릭 더글라스의 삶의 이야기(Narrative of the Life of Frederick Douglass, an American Slave)』라는 책을 펴내 사회적으로 엄청난 반향을 일으켰고, 이후 『북극성(The North Star)』이라는 반노예운동을 펼치는 신문을 독자적으로 발간하기 시작했다. 1861년 남북 전쟁이 발발하자 그는 링컨 대통령에게 노예제 폐지를 건의했으며, 1863년 노예 해방이 선언되자 흑인의 참전을 촉구하는 운동을 벌여 많은 흑인들이 북부군으로 전쟁에 참여하도록 만들었다.

프레더릭은 노예 폐지론자이자 여성 인권 옹호론자로서 활동했고, 컬럼비아 특별구 경찰서장과 주(駐)아이티 공사 등 미국 정부 고위직을 역임한 최초의 흑인이 되었으며, 19세기에 가장 영향력 있는 연설가이자 문필가로서 이름을 떨쳤다. 프레더릭은 인권 신장을 위해 헌신한 인물로 미국 사회에서 커다란 존경을 받고 있다.

3 다음은 표 1-2의 조사에서 활용한 설문 문항이다. 밑줄 친 부분에 적당한 말을 쓰고, 다른 학생들과 의견을 나누어 보자.

> (1) 나에게 쓰기는 ① _____ 와/과 같다.
>
> (2) 왜냐하면 쓰기란 ② _____ 와/과도 같기 때문이다.
>
> (3) 그래서 나는 쓰기를 할 때, ③ _____ 한다.
>
> (4) 위와 같이 생각하게 된 '쓰기 경험'이나 '쓰기 활동' 작성
>
> _____

4 베라이터의 쓰기 발달 5단계를 바탕으로 나의 쓰기 능력을 점검해 보자. 나의 글쓰기는 베라이터가 강조한 쓰기 기능 가운데 어떤 점에 능숙하고, 어떤 점에 취약한지 이야기해 보고, 이를 개선하기 위한 방안에 대해 의견을 말해 보자.

5 이 장에서는 쓰기의 역할을 의사소통, 자기표현, 교과 학습, 직업 능력의 네 측면에서 설명하였다. 이러한 네 측면 가운데 자신이 체험한 것이 있다면 이야기해 보자. 또는 이 네 측면을 벗어나 자신이 쓰기의 역할로 중요하게 생각하는 것이 있다면 의견을 말해 보자.

참고문헌

가은아(2011), 「쓰기 발달의 양상과 특성 연구」, 한국교원대학교 박사학위 논문.

교육부(2015), 『국어과 교육과정』, 교육부 고시 제2015-74호[별책 5].

박인기(2014), 「글쓰기의 미래적 가치: 글쓰기의 미래적 효능과 글쓰기 교육의 양태」, 『작문연구』 20, 9-36.

변경가(2017), 「초·중등 학습자의 쓰기 개념화 양상 연구: 은유 분석(metaphor analysis)을 중심으로」, 『작문연구』 32, 231-238.

상허학회 편(2015), 『이태준 전집 7: 문장강화 외』, 소명출판.

서영진(2011), 「쓰기 교육 내용 조직의 위계성 연구」, 『새국어교육』 87, 59-83.

서울대학교 교육연구소(2011), 『교육학 용어사전』, 하우동설.

서울대학교 국어교육연구소(2010), 『국어교육학사전』, 대교출판.

성백효 역주(2005), 『논어집주』, 전통문화연구회.

원진숙(2010), 「삶을 주제로 한 자기 표현적 쓰기 경험이 이주 여성의 자아 정체성 형성에 미치는 영향에 관한 한국어 쓰기 사례 교육 연구」, 『작문연구』 11, 137-164.

유미림 외 역(2005), 『빈 방에 달빛 들면: 조선 선비, 아내 잃고 애통한 심사를 적다』, 학고재.

이봉희(2007), 「저널 치료: 새로운 일기 쓰기」, 『새국어교육』 77, 235-264.

이영호(2006), 「관습적 글쓰기와 창의적 글쓰기」, 『작문연구』 2, 191-225.

한국산업인력공단(2016), 「국가직무능력표준(NCS) 기초직업능력프로그램: 교수자용 매뉴얼」.

한석수 역주(2010), 『요로원야화기: 두 길손의 문답』, 박문사.

Bereiter, C.(1980), "Development in writing". In L. W. Gregg & E. R. Steinberg(Eds.), *Cognitive Processes in Writing*, Erlbaum.

Gaur, A., 강동일 역(1995), 『문자의 역사』, 새날.

Jakobson, R., 신문수 편역(1989), 『문학 속의 언어학』, 문학과지성사.

Ludwig, O., 이기숙 역(2013), 『쓰기의 역사』, 연세대학교 대학출판문화원.

Ong, W. J., 이기우·임명진 역(2009), 『구술문화와 문자문화』, 문예출판사.

Pennebaker, J. W., 이봉희 역(2007), 『글쓰기 치료』, 학지사.

Vygotsky, L. S., 신현정 역(1985), 『사고와 언어』, 성원사.

2장 쓰기 이론의 전개

오른쪽 그림은 무얼 표현한 것일까? 누군가는 토끼를, 누군가는 오리를 생각할 수도 있다. 혹은 의도적으로 두 가지 모양으로 보이도록 그린 착시 그림이라고 말할 수도 있다.

　그렇다면 질문을 바꿔 보자. 이 그림의 의미는 어디에 있는 것일까? 그림 자체에 담겨 있을까, 아니면 그림을 관찰하고 있는 관객에게 있을까? 아니면 이러한 그림을 보고 공통적인 생각을 하고 있는 집단에 있을까? 그림의 의미는 고정불변의 것일까? 아니면 상대적인 것일까?

　쓰기 이론을 이야기하기에 앞서 이처럼 그림의 의미가 어디에 있는지 묻는 이유는 이와 같은 '의미의 위치'와 관련하여 쓰기 이론의 흐름이 크게 바뀌어 왔기 때문이다. 누군가는 글의 의미가 텍스트에 고정되어 있다고 보았고, 누군가는 사람마다 의미를 다르게 구성한다고 보았으며, 또 누군가는 의미란 개인이 혼자서 구성하는 것이 아니라 맥락 속에서 또는 공동체의 영향 속에서 구성되는 것이라고 보았다. 의미의 위치가 관점에 따라 달라지는 것처럼 쓰기 이론의 흐름도 변화해 왔다. 이 장에서는 다양한 쓰기 이론에 대해 자세히 알아보면서 쓰기 이론이 작문 교육에 미친 영향을 파악해 볼 것이다.

1 쓰기 이론은 어떻게 전개되어 왔는가

현대의 작문 교육에 영향을 미치고 있는 쓰기 연구는 20세기에 들어서서 북미를 중심으로 시작되었다. 특히 1970년대부터 쓰기 활동에 대한 관찰이나 실험 연구가 활발해지면서 쓰기 연구는 양적·질적으로 큰 발전을 이루었다. 물론 작문 교육의 역사는 그보다 훨씬 오래되었다. 동양에서는 과거제도(科擧制度)와 함께 작문 교육이 발전했고, 서양에서는 고대 그리스 수사학을 계승한 로마 시대의 수사학이 작문 교과로서의 역할을 했다. 그런 점에서 쓰기 이론은 짧게는 50년의 연구사를, 길게는 천 년이 훨씬 넘는 전통을 가지고 있다고 볼 수 있다. 여기에서는 그중 오늘날의 작문 교육에 이론적 토대를 제공하고 있는 주요 작문 이론들에 대해 알아볼 것이다.

쓰기 이론의 전개를 설명하는 데 빼놓을 수 없는 연구가 하나 있다. 바로 니스트랜드 등이 발표한 「작문 연구는 어디에서 유래했는가?: 지적인 역사 (Where did composition studies come from?: An intellectual history)」(Nystrand et al., 1993)라는 논문으로, '지적인 역사'라는 부제에서 알 수 있듯이 쓰기 이론을 시대별로 정리한 연구물이다. 이 논문은 1940년대부터 1990년대 초반까지를 네 개의 시기로 나누고, 각 시기의 지배적인 쓰기 이론을 다음과 같이 정리하였다.

1940년대~1960년대 중반	형식주의(formalism)
1960년대 후반~1980년대 초반	구성주의(constructivism)
1980년대	사회적 구성주의(social constructionism)
1980년대 후반	대화주의(dialogism)

이러한 쓰기 이론의 전개는 국내에서는 박영목의 「의미의 구성에 관한 설명 방식」(1994)에서 소개되면서 확실한 정설로 자리 잡게 되었다. 이 중 구성주의는 국내 연구에서는 대체로 인지주의(cognitivism)로 바뀌어 소개되기도 하였다. 따라서 구성주의와 인지주의는 사실 동일한 쓰기 이론을 가리킨다고 볼 수 있다.

한편 1990년대에는 다양한 사회·문화적 상황들을 반영하면서 쓰기를 사회·문화적 실천으로 보는 쓰기 이론이 발전하는데, 이 시기를 '사회적인 1980년대'와 비교하여 '포스트모던의 1990년대'라고 평가하기도 한다(MacArthur et al./박영민 외 역, 2015). 여기에는 대화주의와 후기 과정주의 쓰기 이론 등이 포함된다. 이러한 쓰기 이론들은 기존의 쓰기 이론들이 노출한 한계를 보완하고 절충하는 다양한 시도들을 담고 있다.

이 장에서는 쓰기 이론의 흐름을 1960년대까지 주로 연구되었던 결과 중심 쓰기 이론과 1970~1980년대의 과정 중심 쓰기 이론, 그리고 1990년대 이후의 대안적 쓰기 이론으로 나누어 살펴보고자 한다. 결과 중심 쓰기 이론에는 수사학과 형식주의, 과정 중심 쓰기 이론에는 인지주의와 사회구성주의 그리고 대안적 쓰기 이론에는 대화주의 쓰기 이론, 장르 중심 쓰기 이론, 후기 과정 쓰기 이론을 다룰 것이다.

2 결과 중심 쓰기 이론

1) 수사학과 쓰기 이론

(1) 이론의 배경과 흐름

쓰기 이론의 출발점은 고대 그리스 수사학으로 거슬러 올라간다. 사람을 설득하는 기술로 발전하기 시작한 수사학은 오랜 기간 서양 문화에서 중요한 교육 내용으로 간주되어 왔다. 고대 그리스에 민주주의가 태동하자 시민들은 법정과 의회에서 중요한 결정에 참여할 뿐만 아니라, 소송에서 직접 변론할 수 있어야 했다. 그리하여 기원전 5세기경 어떤 내용을 어떤 순서로 말해야 사람들을 설득할 수 있는지를 가르치는 최초의 수사학 교사들이 나타났다고 전해진다. 이후 아리스토텔레스(Aristoteles)에 의해 수사학은 체계적인 학문으로 정립되었다. 그가 『수사학(The Art of Rhetoric)』에서 다룬 논의들은 오늘날 쓰기 이론의 기반을 이루었다.

로마 시대에 수사학은 학교에서 가르치는 7개의 '자유 과목(liberal arts)' 중 하나가 되었다. 이와 함께 수사학 교육의 목표는 말을 잘하는 것에서 글을 잘 쓰는 것으로 바뀌었다. 학생들은 정해진 유형의 글을 연습하고 대가의 글을 모방함으로써 수사적 미문(美文)을 쓰는 훈련을 받았는데, 예를 들어 아킬레우스와 헥토르를 비교하는 글, 아가멤논이 파견한 대사들이 아킬레우스를 설득하는 글 등을 쓰는 연습을 했다고 한다(Reboul/박인철 역, 1999: 45-46). 이후로 오랫동안 수사학은 인성을 기르는 교양 교육인 동시에 사회를 이끌 인재를 양성하는 직업 훈련으로 자리 잡았다.

19세기에 이르러 수사학은 쇠퇴한 듯 보였으나, 20세기에 들어서자 논증 이론을 발전시킨 '신(新)수사학'과 광고나 영화를 해석의 대상으로 삼는 '이미지의 수사학'이 등장하면서 한층 발전하는 계기를 맞았다. 수사학은 긴 역사를 거치며 말에 대한 학문에서 글에 대한 학문으로 변모했으며, 다시 미디어에

> **용어 설명**
>
> 신수사학(New rhetorics) 아리스토텔레스의 수사학을 계승하여 논증 이론을 발전시킨 새로운 수사학의 흐름을 뜻한다. 1958년에 기념비적인 두 저서 『새로운 수사: 논증개론』(Perelman & Olbrechts-Tyteca, 1958), 『논증의 사용』(Toulmin, 1958)이 출판되면서 등장하였다. 신수사학은 보편적이고 절대적인 논리를 추구하는 '형식 논리'가 학문의 영역에만 머물러 있고 실제의 언어생활과는 동떨어져 있음을 비판하면서, 보다 실용적인 논증법, 즉 '비형식 논리'를 연구하였다. 형식 논리가 절대적으로 참인 명제를 도출하는 논리를 분석했다면, 신수사학은 일상의 토론에서 사람들을 설득할 수 있는 논리를 체계화하였다.

대한 학문으로 확장되면서 당대에 가장 핵심이 되는 의사소통 수단을 탐구하는 학문으로 지속되고 있다.

이처럼 긴 역사를 지닌 수사학은 오늘날의 작문 교육에도 많은 영향을 미치고 있다. 수사학은 대체로 설득 중심의 수사학과 표현 중심의 수사학으로 구별된다. 설득의 수사학은 설득하는 글쓰기에 관련된 핵심적인 교육 내용을, 표현 중심의 수사학은 문종 분류와 표현 기교에 관련된 전통적인 교육 내용을 제공하였다.

(2) 이론의 주요 개념: 수사적 상황과 독자

로마의 이름난 수사학 교사였던 퀸틸리아누스(Quintilianus)는 "슬픈 장소에 가면서 화려한 진주 목걸이를 하거나 기쁠 때 검은 옷을 걸친다면 얼마나 어색할 것인가. 말 또한 그렇다."라고 말했다. 상황에 맞게 말해야 한다는 것은 고대 수사학이 매우 강조했던 내용이며, 오늘날 쓰기 이론에서도 성공적인 글쓰기를 위해서는 그 글을 둘러싸고 있는 상황을 고려하고 분석하는 것이 중요하다고 본다. 글을 쓸 때 필자가 고려해야 할 상황을 '수사적 상황(rhetorical situation)'이라고 한다.

인지주의 쓰기 이론의 대표적 연구자인 린다 플라워(Linda Flower)는 글쓰기의 첫 번째 전략으로 수사적 상황의 이해를 꼽았다. 그에 따르면 왜 글을 쓰는지, 누가 글을 읽게 될 것인지, 독자가 기대하는 바는 무엇인지, 필자와 독자의 관계는 어떠한지, 써야 할 글의 종류가 어떤 것인지 등을 이해해야 좋은 글을 쓸 수 있다(Flower/원진숙 외 역, 1998: 20-21). 수사적 상황에는 필자, 독자, 주제, 목적, 상황 등이 포함된다. 이 중에서 '상황'은 글이 쓰이고 읽히는 시간적·공간적 배경과 조건을 의미한다. 최근에는 글이 어떤 매체로 전달되는지, 즉 신문에 실리는지, 인터넷에 게시되는지 등도 여기에 포함된다.

여러 가지 수사적 상황 중에서도 '독자'는 수사학 이론을 통해 일찍부터 연구된 주제이다. 수사학은 애초에 연설에 관한 이론이었으므로 어떻게 하면 청중의 마음을 움직일 수 있는지에 대해 연구했기 때문이다. 아리스토텔레스는 청중을 설득하기 위해서는 논리적으로 설득해야 할 뿐

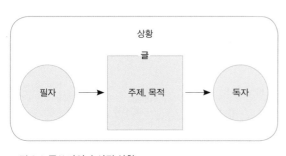

그림 2-1 글쓰기의 수사적 상황

만 아니라, 청중이 어떤 감정을 느끼고 있는지 그리고 그런 청중에게 어떤 감정을 불러일으켜야 하는지 파악하여 정서적으로도 설득해야 한다고 설명했다. 이때의 청중은 연설하는 사람의 눈앞에 있는 가시적인 존재들로, 화자의 말에 호응하거나 비난하는 등의 반응을 직접 보여 주는 존재들이다. 그러나 아리스토텔레스에게 있어 청중은 의사소통 과정에 능동적으로 참여하여 화자에게 영향을 미치는 존재가 아니라, 화자의 말을 듣고 설득의 대상이 되는 수동적인 존재로 간주되었다. 수동적인 정보 수용자로 청중을 인식한 아리스토텔레스의 관점은 이후 수사학의 전통으로 이어져 작문에서도 오랫동안 독자를 필자와 대등한 존재로 보지 못하게 하는 데 영향을 미쳤다(정혜승, 2013: 25).

그런데 독자에 대한 인식은 신수사학에 와서 큰 변화를 보인다. 1960년대에 등장한 신수사학은 연설이 아닌 논증하는 글을, 청중이 아닌 독자를 연구 주제로 삼았다. 독자는 필자가 글을 쓸 때 눈앞에서 반응하는 실제적인 존재가 아니다. 페렐만과 올브레이트-티테카(Perelman & Olbrechts-Tyteca, 1958: 19-45)는 독자를 여전히 'audience'로 표현하기는 했지만, 독자를 '필자가 영향을 미치고자 하는 사람 전체'로 폭넓게 정의하고 독자에 대한 새로운 이해를 제시했다. 이들은 독자가 논증의 방향과 특성을 결정한다고 주장하며, 논증 과정에서 독자가 필자와 동등한 역할을 하는 주체임을 강조했다. 설득에 성공하기 위해서 필자는 독자가 자신의 주장에 동조하는지 반대하는지, 반대한다면 왜 반대하는지 등 독자의 관점을 예상하고 그에 맞추어 논증을 전개해야 하기 때문이다.

나아가 이들은 독자를 세 가지로 분류하였는데, '특정 독자(particular audience)', '보편 독자(universal audience)' 그리고 '독자로서의 자아(self as audience)'가 그것이다. 특정 독자는 실제적 독자로서 필자가 글을 쓸 때 질문하거나 논쟁하거나 아이디어를 제공하는 독자이다. 교실에서는 친구나 교사가 특정 독자의 역할을 하며 학생 필자의 글쓰기에 도움을 줄 수 있다. 그렇지만 글을 쓸 때 늘 특정 독자가 함께하기는 어렵다. 보편 독자는 특정한 개인이 아니라 합리적으로 사고하는 성인으로 가정되는 허구적 독자이다. 필자는 보편 독자가 개인적 편견을 초월하여 합리적으로 내리는 판단을 상상하며 글을 전개해 나가야 한다. 독자로서의 자아는 필자가 스스로 자기 글의 독자가 되는 것을 의미하며, 필자가 보편 독자를 내면화한 것이라 할 수 있다. 말하자면 필자는 특정 독자를 통해서 보편 독자를 상상할 수 있는 능력을 기르고, 독자로서의 자아가 되어 자기 스스로 보편 독자의 역할을 수행할 수 있게 되는 것이다.

수사학의 역사는 한마디로 독자를 수동적인 메시지 수신자에서 능동적인 의사소통 참여자로, 또 논증의 평가자로 재발견하는 과정이었다(정혜승, 2013: 31). 또한 수사학은 작문이 그저 자신의 생각을 종이 위에 옮겨 놓는 고독한 행위가 아니라, 상황을 고려하며 타인과 소통하는 행위임을 분명히 말해 주고 있다.

(3) 작문 교육에 미친 영향

현대에 이르러 수사학은 작문 교육과 화법 교육의 기반 학문으로 간주되었다. 특히 제4차 교육과정기에 국어 교육의 배경 학문으로 언어학, 문학과 함께 수사학이 설정되면서 작문 교육의 내용에 많은 영향을 끼쳤다. 4차 교육과정기의 작문 교육은 기존의 서체 학습이나 문형 학습이 축소되고, 작문의 절차와 표현법 등 실제적인 쓰기 수행에 따른 기능 학습이 부각되기 시작했다. 수사학에서 강조되던 '통일성', '일관성', '강조성'과 같은 개념들이 교육 내용으로 제시되었으며, '미괄식', '두괄식', '양괄식'과 같은 문단 구성 방식이 등장했고, 진술 방식(혹은 내용 전개 방식)으로 '설명', '논증', '서사', '묘사'의 네 가지가 제시되었다(이정찬, 2016: 240). 또한 이 시기 교육과정의 작문 교육 내용은 글의 구성 단위인 문장 쓰기, 문단 쓰기, 글쓰기로 나누어 제시하였다는 점이 특징적이다. 이와 같은 내용들은 19세기에 발전한 표현 중심 수사학의 연구 성과가 반영된 것이다. 표현 중심의 수사학은 대체로 모범적인 글을 구성하고 있는 요소들을 분석하여 기술한 것으로 다음에 살펴볼 형식주의 쓰기 이론과 직접적으로 관련된다.

수사학의 역사에서 보다 큰 비중을 차지하고 있는 설득 중심의 수사학은 표현 중심의 수사학과는 다른 측면에서 작문 교육에 영향을 미치고 있고, 형식주의와도 구별되는 면이 있다. 아리스토텔레스의 수사학과 신수사학의 논증 이론은 특히 설득에 관련된 핵심적인 이론을 제공하고 있다. 대표적으로 2015 개정 교육과정에서 다루고 있는 '설득 전략'과 '논증 방법'이 아리스토텔레스의 수사학에 바탕을 둔 내용이다. 설득 전략과 논증 방법에 대해서는 11장 설득하는 글쓰기에서 자세하게 다룰 것이다.

한편 수사학은 이후에 논의할 장르 중심 쓰기 이론의 형성에도 깊은 영향을 끼쳤다. 장르 중심 쓰기 이론은 수사적 상황에 대한 반응으로 텍스트에 나타나는 언어적 특징들에 주목하였다. 장르 중심 쓰기 이론의 등장은 1970~1980년대를 거치며 쓰기 과정에 대한 탐구로 쏠렸던 쓰기 연구의 관심을 일정 부분 다시 텍스트로 돌려놓음으로써 균형을 회복하려는 흐름이었다고 볼 수 있다. 또한 장르 중심 쓰기 이론은 19세기 표현 중심의 수사학이 텍스트의 유형을 분류하고 구성 요소를 분석함으로써 장르의 고정된 실체를 파악했던 것에 머무르지 않고, 사회·문화적 의미를 실현하는 행위로서 수사적 상황에 따라 역동적으로 변화하는 장르 개념을 새롭게 정립하였다.

(4) 요약

수사학은 말이나 글로 남을 설득하는 기술이라고 정의할 수 있다(Reboul/ 박인철 역, 1999: 12). 그러나 2천 년이 넘는 긴 역사만큼 수사학이라는 이름으로 다양한 논의들이 이루어져 왔다. 수사학은 설득력 있는 말이나 글에 대해서 설명하는 이론이기도 하고, 말을 잘 하거나 글을 잘 쓰는 기술을 가르치는 교육이기도 했다. 따라서 수사학은 작문 교육에 텍스트의 특성을 분석하는 이론을 제공했으며, 설득 전략과 같은 쓰기 방법에 관한 이론을 제공하기도 했다. 특히 수사학이 오래전부터 연구해 온 '수사적 상황'은 이후 인지주의 쓰기 이론, 장르 중심 쓰기 이론, 후기 과정 쓰기 이론 등 다른 쓰기 이론에서도 지속적으로 쓰기의 기본 이론으로 채택되고 있다.

2) 형식주의 쓰기 이론

(1) 이론의 배경

형식주의 쓰기 이론을 이해하기 위해서는 먼저 문학 이론 중 하나인 신비평 (new criticism)을 알 필요가 있다.[1] 문학 영역에서의 신비평이 작문 영역에서 유사한 아이디어를 제공했기 때문이다. 신비평은 문학 작품을 하나의 '자기 충족적 실체'로 인식한다는 점에서 여타의 문학 이론과 구별된다. 문학 작품이 자기 충족적이라는 말은 작품의 의미가 문학 텍스트의 언어 그 자체에 새겨져 있다는 뜻이다. 신비평의 관점에서는 작품의 의미란 작가의 머릿속에 가지고 있던 의도나 독

---

1   신비평은 형식주의 비평이라고 일컬어지기도 한다. 이러한 이유로 니스트랜드 외(1993)는 1940~ 1960년대 중반의 시기를 형식주의 시대로 명명한 것으로 보인다.

자가 작품의 단어들에 부여할 자율적이면서도 개인적인 의미가 아니다. 신비평은 문학 작품을 이해하기 위해서는 작품을 작가와 독자 양측으로부터 떼어 놓아야 하는 자율적인 실체로 인식해야 한다는 점을 분명히 했다(정재찬, 2004: 214-229).

이와 관련한 재미있는 실험이 있다. 영국 케임브리지대학의 문예 비평가 아이버 리처즈(Ivor Richards)는 작가와 제목을 가린 시 작품을 학생들에게 평가해 보도록 했다. 그 결과 유명한 시인의 작품이 혹평을 받거나 무명작가의 작품이 호평을 받는 일이 발생했다고 한다. 이 실험은 작품의 외부적인 요소, 즉 작가나 배경 등이 오히려 작품을 이해하는 데 주관적이고 방해가 될 수 있음을 보여 주었다. 시는 시 작품 자체로 이해되어야 하며, 작가의 생애나 사회·문화적 배경과 같은 외부 정보는 필요하지 않다는 말이다. 심지어 작가의 창작 의도가 완전히 복원될 수 있다 하더라도 그것이 작품의 이해와는 무관할 수 있다고 보았다. 이러한 관점에서 문학 작품의 의미를 아는 것은 오직 텍스트를 '꼼꼼히 읽음(close reading)'으로써 가능함을 제시하였다.

(2) 이론의 주요 개념: 자율적 의미의 구현체

형식주의 쓰기 이론은 신비평에서 아이디어를 얻어 작문 영역에서도 텍스트를 '자율적인 의미의 구현체(autonomous embodiment of meaning)'로 인식하고자 하였다. 글은 말에 비해 맥락으로부터 자유로우며 글 속에는 단일하면서도 견고한 의미가 담겨 있어서, 외부적인 요소를 제외한 글 자체에서 작문 교육 내용을 추출하고 가르칠 수 있다고 보았다. 그리고 이러한 작문 교육 내용, 즉 글 자체에 내재된 공적이고 객관적인 의미는 규범적인 문법이나 수사적 원리 등으로 발견할 수 있다고 보았다. 따라서 이러한 관점에서는 모범적인 글을 제시하여 이러한 글에 담겨져 있는 규범과 원리들을 찾고 가르치는 방향으로 작문을 교육한다.

이러한 형식주의 쓰기 이론을 담고 있는 대표적인 교재들을 통해 형식주의에 대해 더 알아보자. 먼저 존 워리너(John Warriner)의 『영문법과 작문(*English Grammar and Composition*)』(1969)을 들 수 있다. 1946년에 처음 간행되고 1980년대까지 거듭 출판되며 미국에서 오랫동안 중등학교 교재로 사용된 이 책은 '문법'의 중요성을 강조하는 쓰기 지도의 구체적인 내용을 충실하게 제시하였다. 이 책의 기본적인 구상은 다음과 같은 진술에서 잘 나타난다.

좋은 필자는 표준적인 규범에 따라 정확한 단어를 조합하여 매끄러운 문장을 만든다. 또한 이러한 문장들을 조합하여 명료하고 효과적이며 통일된 문단을 만든다. 끝으로 문단을 조합하여 더 큰 작문의 형식, 즉 에세이, 편지, 이야기, 보고서 등을 완성한다(Nystrand et al., 1993:275에서 재인용).

여기에 따르면 글쓰기를 점층적인 단계, 즉 단어를 모아서 문장을 만들고, 이 문장들을 모아 문단을 구성하며, 그리고 이러한 문단을 모아 한 편의 글을 완성하는 것으로 보고 있다. 글쓰기의 출발은 적절하고 효과적인 단어를 선택하는 데서 비롯되며, 매끄러운 문장과 통일성을 갖춘 문단들이 모이면 좋은 글이 완성된다고 보는 것이다. 이러한 논리에 따라 이 책은 문법(grammar), 어법(good usage), 문장 구조(composition: sentence structure), 문단과 글(composition: paragraphs and longer papers), 표기법 및 철자법(mechanics) 등으로 목차를 구성하였다. 이러한 단계에 따라 쓰기 교육이 이루어질 수 있다고 믿는 바탕에는 텍스트의 의미가 단일하고 영속적이라는 신념이 담겨 있다.

그렇다면 무엇을 글쓰기의 표준화된 규범이라고 할 수 있을까? 이러한 규범을 잘 보여 주는 또 하나의 책은 윌리엄 스트렁크(William Strunk)와 엘윈 브룩스 화이트(Elwyn Brooks White)의 『문체의 요소(The Elements of Style)』(1959)이다. 이 책은 철자법, 단어와 문장 사용과 관련하여 18개의 규칙을 제시하고 있는데, 대표적인 것을 소개하면 다음과 같다.

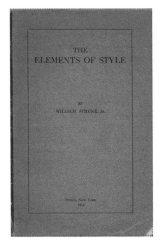

1. 단수 명사의 소유격은 's 형태로 써라.
6. 문장을 둘로 나누지 말라.
9. 작문의 단위로 문단을 만들고, 각 문단마다 중심 주제를 두라.
11. 능동태를 사용하라.

이러한 원칙들은 문법에서 추구하는 정확성과 규범이 글쓰기에도 필요함을 보여 준다. 이를테면 하나의 문장에는 하나의 생각을, 하나의 문단에는 하나의 중심 문장을 담아야 한다

『문체의 요소』는 영문학자 스트렁크가 코넬대학교에서 작문 강의를 하면서 학생들의 반복되는 실수를 고쳐 주기 위해 만든 책으로, 1918년에 나온 초판본의 경우 40쪽 남짓의 작은 책이었다고 한다. 이후 1959년 화이트가 개정·보완한 이 책은 지금까지 천만 부 이상 팔린 스테디셀러가 되었다. 문장의 기본 규칙, 글쓰기의 기본 원리, 형식에 관한 문제, 흔히 잘못 사용하는 단어와 표현 등으로 구성되어, 글쓰기에서 따라야 할 규칙들을 명확하게 제시하고 있다.

는 원칙은 오늘날의 작문에서도 중요한 원칙으로 여겨지고 있다.

(3) 작문 교육에 미친 영향

형식주의 작문 연구자들은 앞서 살펴본 것과 같이 작문과 관련된 객관적 지식을 개발하는 데 관심을 두었다. 나아가 글쓰기의 모범을 찾는 데에도 주목했다. 모범적인 글을 분석하여 모방하도록 하는 것이 쓰기의 핵심 원리라 여겼기 때문이다. 형식주의 쓰기 이론에 따른 작문 교육의 전형적인 모습은 다음과 같다(Emig, 1971). 첫째, 교사는 학생들로 하여금 표준적인 어법에 따라 단어를 결합하여 정확하고 유연한 문장을 만들도록 지도한다. 둘째, 문장과 문장을 결합하여 명료하고 통일성 있으며 체계적으로 조직된 단락을 만들게 한다. 이는 각각 문장 중심 교수법과 단락 중심 교수법으로 구체화되었다.

① 단락 중심 교수법

대표적인 단락 중심 교수법으로는 5단락 쓰기(five-paragraph theme)가 있다. 5단락 쓰기는 말 그대로 5개의 단락으로 구성된 한 편의 글을 완성하는 쓰기 연습 방법으로, 학생들에게 표준적인 단락 구성 방법을 알려 주고 그것을 반

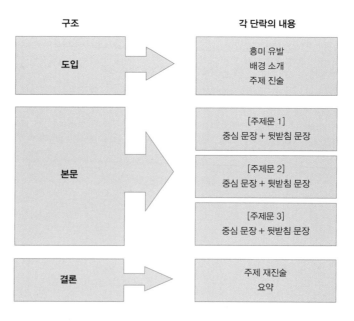

그림 2-2 5단락 쓰기

복적으로 연습하게 한다. 5단락 글쓰기를 충분히 익히면 그보다 긴 글도 짜임새 있게 쓸 수 있을 것으로 기대된다. 표준적인 5단락은 그림 2-2처럼 도입부 하나, 본문 셋, 결론 하나로 구성된다.

5단락 쓰기는 글 전체를 크게 세 부분으로 나누고, 또 본문을 세 부분으로 나누어 글 체제가 전체적으로 삼등분되어 균형을 갖도록 하였다. 이러한 3단 구성은 아리스토텔레스 이래로 매우 이상적인 형태로 인식되어 왔다. 마치 동물도 머리와 몸통, 꼬리로 이루어져 있듯이 글도 처음과 중간, 끝이 적당한 길이로 이루어져야 아름답다고 여겼다(Aristoteles/천병희 역, 2002: 54-55). 본문의 중심 생각이 2개일 경우 너무 적어 보이고, 4개인 경우 너무 많아 보여서 3개가 적절한 것이다. 따라서 하나의 글은 전체를 아우르는 중심 주제 하나와 이를 뒷받침하는 3개의 하위 주제를 제시한 후 결론을 끝맺을 때 모범적인 형태를 띤다고 보았다.

이와 같은 모델은 우리나라의 쓰기 이론서인 서정수의 『작문의 이론과 방법』(1985)에서 확인할 수 있다. 이 책은 본보기가 될 만한 모범적인 글을 직접 분석해 봄으로써 글의 짜임새를 익힐 수 있다고 하면서 그림 2-3과 같은 5단락 쓰기를 예로 제시하였다.

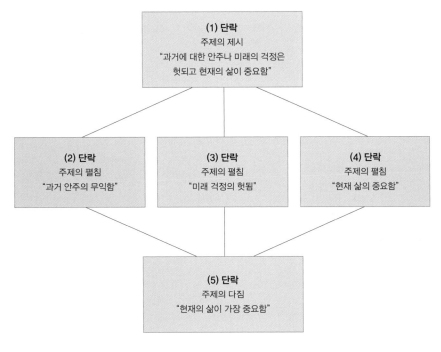

그림 2-3 5단락 쓰기의 예(서정수, 1985: 15)

> **용어 설명**
> **변형생성문법**(transformational generative grammar) 인간이 전에 한 번도 들어 보지 못한 문장을 포함하여 무한한 수의 문장을 생성하고 이해할 수 있다는 점에 착안하여, 인간의 창조적인 언어 능력을 탐구한 문법 이론이다. 종래의 구조주의 언어학이 실제로 사용된 언어만을 분석 대상으로 삼는 것을 비판하며, 있을 수 있는 문장도 연구 대상으로 삼아 문장을 생성해 내는 언어 규칙을 설명하는 것을 목표로 하였다. 인간의 언어 능력은 선천적으로 가지고 태어나는 언어습득장치(Language Acquisition Device: LAD)에 기인한 것이라고 보기도 했다.

② 문장 중심 교수법

형식주의 쓰기 이론이 반영된 작문 교수법 중에서 1960~1970년대에 미국을 중심으로 크게 유행했으나 한국에는 별로 알려지지 않았던 교수법이 문장 중심 교수법이다(Connors, 2000). 전통적인 19세기의 수사학은 문장의 유형을 분류하는 데 초점을 맞추었으나, 노엄 촘스키(Noam Chomsky)의 '변형생성문법'이 등장한 1957년 이후, 학생들에게 문장의 유형 대신에 문장의 생성을 가르쳐야 한다고 생각하는 연구자들이 생겨났다.

문장 중심 교수법의 선구자인 프랜시스 크리스텐슨(Francis Christensen)은 짧은 문장에 점차적으로 수식하는 구와 절들을 붙여 나가는 방식으로 문장을 확장하는 문장 연습 프로그램을 개발하였다. 그는 학생들이 좋은 문장을 쓰는 법을 배움으로써 좋은 필자가 될 수 있다고 보았다. 크리스텐슨의 문장 확장(sentence expansion) 연습 외에 문장 결합(sentence-combining) 연습을 고안한 연구자들도 있었다. 존 멜론(John Mellon)과 프랭크 오헤어(Frank O'Hare)는 각각 핵이 되는 짧은 문장들을 결합하여 보다 길고 복합적인 문장을 만드는 연습을 개발하여 학생들을 가르쳤다.

이러한 문장 중심 교수법이 학생들의 글쓰기 실력을 향상시킨다는 것이 실험을 통해 입증되었고, 당시 미국의 중등학교는 물론 대학교의 작문 교육 프로그램으로도 인기를 끌었다. 그러나 이후 인지주의가 대두함에 따라 작문 연구

> **◎ 다음의 문장들을 결합하여 2개의 문장으로 만들고, 접속 표현을 활용하여 연결해 보자.**
>
> 1. 다시쓰기는 대부분의 필자들이 꼭 해야 한다고 여기는 일이다.
> 2. 그들은 그들이 무엇을 말해야 할지 알아내기 위해서 다시쓰기를 한다.
> 3. 그들은 그들이 어떻게 말해야 할지 알아내기 위해서 다시쓰기를 한다.
> 4. 형식적인 다시쓰기를 거의 하지 않는 필자들도 간혹 있다.
> 5. 그들은 능력과 경험이 있다.
> 6. 그들은 엄청난 양의 초고들을 머릿속에서 만들어 내고 검토할 수 있다.
> 7. 그들은 글을 종이에 옮겨 적기 전에 이 일을 한다.
>
> → (예시답안) 다시쓰기는 대부분의 필자들이 자신이 무엇을 말하고 어떻게 말해야 할지 알아내기 위해서 꼭 해야 한다고 여기는 일이다. **그러나** 형식적인 다시쓰기를 거의 하지 않는 필자들도 간혹 있는데, 그들은 글을 종이에 옮겨 적기 전에 머릿속에서 엄청난 양의 초고들을 만들어 내고 검토할 수 있는 능력과 경험을 가지고 있다.

그림 2-4 문장 결합 연습의 예시

자들의 관심에서 멀어지게 되었고, 제5차 교육과정부터 인지주의 쓰기 이론에 크게 영향을 받은 우리나라에서는 소개될 기회가 거의 없었다. 그러나 최근 외국인을 위한 한국어 교육 분야에서 문장 확장이나 문장 결합 연습이 포함된 쓰기 교재가 나오기 시작하며 재조명되고 있다.

(4) 요약

형식주의 쓰기 이론은 글을 자율적인 의미의 구현체로 본다. 글에는 맥락에서 자유로운 단일하고도 분명한 의미가 담겨 있다고 여기는 것이다. 필자는 이렇게 명확한 의미를 단어 선택과 매끄러운 문장, 통일성을 갖춘 문단을 통해 전달하고, 독자 역시 그 의미를 명확하게 수용할 수 있다. 이러한 관점의 쓰기 교육은 글 자체에 내재해 있는 정확한 문법 규범과 작문의 원칙을 지키는 방향으로 이루어졌다. 특히 모범적인 글을 분석하여 모방함으로써 누구나 좋은 글을 쓸 수 있다고 여겼다. 따라서 작문 연구자들은 이렇게 작은 단위로서 이루어진 작문의 요소들로부터 한 편의 글에 이르기까지 지켜야 할 규칙과 원리를 찾고, 이러한 규칙과 원리를 잘 갖춘 모범적인 글을 통해 작문을 교육하는 데 관심을 가졌다.

3 과정 중심 쓰기 이론

1) 인지주의 쓰기 이론

(1) 이론의 배경

형식주의 쓰기 이론을 대체하는 새로운 이론이 생겨나게 된 데에는 두 가지가 영향을 미쳤다. 하나는 구성주의 철학으로, 구성주의란 지식이 고정된 실체로 외부에 존재하는 것이 아니라 개인의 심리적 처리 과정을 통해 나타난다는 신념을 전제하고 있다. 즉, 한 편의 글에 담겨 있는 의미는 절대적인 지위를 가질 수 없고 사람마다 각각 구성되므로 상대적일 수밖에 없다고 본다. 또 하나는 인지심리학의 발달이다. 인지심리학은 인간의 마음에 대한 연구 중 특히 정보를 받아들이고 지식을 처리하는 부분에 관심을 두었다. 지식을 생성하고 활용하는 방식에 대한 인지심리학의 관심은 사람이 어떻게 글을 읽고 쓰는가에 대한 관심으로도 연결되었는데, 이는 인지주의 쓰기 이론의 토대가 되었다.[2]

형식주의 쓰기 이론이 실제 글을 쓰는 필자나 이를 둘러싼 맥락과 분리된 채 글 자체에 초점을 맞췄다면, 인지주의 쓰기 이론에서는 필자나 맥락으로부터 분리된 연구는 실제 쓰기를 설명해 주지 못한다고 지적하였다. 그래서 텍스트가 아닌 필자, 즉 필자의 사고 과정을 연구의 대상으로 삼아야 한다고 보았다. 필자가 행하는 글쓰기를 직접 관찰하고 이를 분석함으로써 인지주의 쓰기 이론이 마련되었다.

(2) 이론의 주요 개념: 쓰기 과정, 문제 해결 전략

인지주의 쓰기 이론의 대표적인 연구물이라고 할 수 있는 린다 플라워(Linda Flower)와 존 헤이즈(John Hayes)의 「글쓰기의 인지 과정 이론(A cognitive process theory of writing)」(1981)은 이러한 연구 경향을 잘 보여 준다. 두 연구자는 모두 카네기멜론대학 소속이었는데, 플라워는 영문학자였고 헤이즈는 인지심리학자였다. 우리나라로 치면 국어국문학과의 글쓰기 담당 교수가 인간의 정보 처리 능력을 연구하는 심리학과 교수와 공동 작업을 통해 '쓰기의 인지적 과정'을 밝혀낸 것이다. 이 논문이 제시하고 있는 주요 아이디어는 다음과 같다.

1. 쓰기 과정은 작문 과정 중 필자가 조율하거나 조직하는 독특한 사고 과정이라는 의미로 가장 잘 이해된다.
2. 이러한 과정은 주어진 과정에 다른 과정이 포함될 수 있는 계층적이고 고도로 내장된 조직을 포함하고 있다.

----

2 그 외에도 언어학에서는 형식적인 언어 구조에 대한 관심에서 이것을 가능케 하는 인간의 심층 구조에 대한 연구로 옮겨졌다. 니스트랜드 외(1993: 284)에서는 언어학의 초점이 페르디낭 드 소쉬르(Ferdinand De Saussure)의 '언어의 구조(the structure of language)'에서 노엄 촘스키의 '마음의 구조(the structure of mind)'로 전환되었다고 설명하였다.

3. 작문 행위 자체는 목표지향적인 사고 과정이며, 필자 자신의 증가하는 목표 연결망에 의해 안내된다.

4. 필자는 중요한 두 가지 방법으로 목표를 만든다. 첫째, 높은 수준의 목표를 만들고 필자의 목적의식을 구체화하는 하위 목표를 지원하는 방법, 둘째 작문하면서 주요 목표를 바꾸거나 완전히 새로운 목표를 만드는 방법이다.

다시 말해 쓰기 과정은 사고 과정이며, 이러한 사고 과정에 관여하는 다양한 요소(필자의 장기 기억, 수사적 문제, 지금까지 작성한 텍스트 등)가 작용하면서 쓰기의 목적을 달성하도록 활동이 이루어지는데, 이 목적은 쓰기 과정에서 역동적으로 생성되고 변형된다.

그런데 인지심리학은 눈에 보이지 않는 사고 과정을 이해할 수 있도록 설명해야 하기 때문에, 사고 과정을 살펴볼 수 있는 다양한 프로토콜을 활용하였다. 그래서 사고 구술법이나 직후 면담 등을 통해 글을 쓰는 과정을 살펴본 결과, 글쓰기 과정을 계획하기, 작성하기, 검토하기, 조정하기 등 몇 개의 단계로 나눌 수 있으며, 이러한 각 단계가 선조적(linear)이기보다는 회귀적(recursive)이라는 특성을 강조했다. 이전 형식주의 쓰기 이론에서는 올바른 규범에 따라 단어에서 문장으로, 문장에서 문단으로, 문단에서 한 편의 글로 쓰기가 진행된다는 선조적인 관점이 지배적이었다는 점에서 차이가 있다.

인지심리학과 글쓰기 연구가 공동으로 이루어지면서 연구자들은 능숙한 필자(expert)와 미숙한 필자(novice)가 쓰기 과정에서 보이는 차이점에 주목하였다. 이를테면 능숙한 필자는 계획하기 단계에서 수사적 문제를 더 세심하게 고민하고 글을 쓰는 반면, 미숙한 필자는 이에 대한 고려가 부족하였다. 이러한 사례는 형식주의 쓰기 이론을 반박할 수 있게 하였다. 글의 의미는 주어져 있고 이를 발견하는 것이 아니라, 필자의 정신적인 구조에 따라 선택·연결·조직되는 양상이 달라지므로 '의미는 구성되는 것'이라는 관점에 힘을 실어 주었다.

인지주의 쓰기 이론은 쓰기 과정을 사고 과정으로 보는 관점에서 글쓰기가 문제 해결 과정과 동일하다고 보았다. 일상생활에서 접할 수 있는 여행 계획 세우기와 비교해 보면 글쓰기와 문제 해결 과정이 공통점을 지닌다는 점을 알 수

인지주의 쓰기 이론의 대표적 연구자인 린다 플라워가 1981년 쓴 『글쓰기의 문제해결전략(Problem Solving Strategies for Writing)』은 글쓰기를 문제를 해결하는 목표지향적인 사고 과정으로 간주하고 9개의 쓰기 단계마다 적용할 수 있는 전략을 2~5개씩 소개하고 있다.

있다. 여행이라는 목표를 달성하기 위해 계획을 세울 때 여러 가지 문제에 봉착하게 된다. 여행 목적지를 결정하는 문제, 비용을 마련하는 문제, 여정을 짜는 문제 등 해결해야 할 일련의 문제가 있는 것이다. 이것들을 해결하면서 여행 계획이 세워지듯이, 글쓰기도 그 과정 속에 해결해야 할 문제들이 내재되어 있다. 이때 당면한 문제를 해결하기 위해 의도적으로 선택된 최선의 방법을 뜻하는 전략(strategy)이라는 개념이 새롭게 등장한다(자세한 내용은 4장을 참조).

(3) 작문 교육에 미친 영향

앞서 언급한 것처럼 인지심리학의 도움을 받아, 쓰기 연구에서는 능숙한 필자와 미숙한 필자를 비교하는 연구를 수행했다. 그 결과 쓰기의 과정에서 능숙한 필자가 사용하는 전략이 미숙한 필자와 다르다는 사실을 밝혀냈다. 각 쓰기 단계에서 능숙한 필자가 활용하는 전략에 대한 연구는 작문 교육에서 활용할 수 있는 바가 크다. 현재 작문 교육에서는 결과보다는 과정 중심 쓰기 지도가 보편적인데, 각 과정마다 교사가 개입하여 미숙한 학생을 지도하는 교육 내용을 마련해 줄 수 있기 때문이다. 능숙한 필자와 미숙한 필자는 글을 쓰는 단계마다 표 2-1과 같은 서로 다른 특성을 보인다(Flower, 1998).

표 2-1 능숙한 필자와 미숙한 필자의 차이

능숙한 필자	미숙한 필자
• 계획하기 단계에 시간을 충분히 할애하고 전략적으로 사고한다. • 초고를 쓰기 전에 자료를 수집하고, 아이디어를 메모하면서 내용을 구상한다. • 브레인스토밍이나 마인드맵을 활용하여 내용을 생성하고 수정의 가능성을 열어 놓고 개요를 작성한다. • 초고는 전 단계에 준비한 개요와 메모를 바탕으로 글의 흐름에 집중하여 작성한다. • 고쳐쓰기 단계에 충분한 시간을 할애하며, 실제로 글을 개선한다.	• 계획하기 단계에 시간을 거의 할애하지 않는다. • 초고를 쓰기 전에 자료를 수집하거나 개요를 작성하는 등 전략적으로 사고하기보다는, 막연하게 좋은 아이디어가 떠오르기를 기다린다. • 완벽한 초고를 써야 한다는 부담감을 갖고 있어서 글쓰기를 시작하는 데 어려움을 겪고 시간에 쫓기다가 초고를 그냥 제출한다. • 순간순간 떠오르는 생각에 의존해서 글을 쓰고 고쳐쓰기를 거의 하지 않는다.

두 필자의 특성을 발견함으로써 작문 교육의 방향은 능숙한 필자의 행동을 장려하고 미숙한 필자의 행동을 개선하는 것을 지향하게 되었다. 특히 미숙한 필자의 쓰기 능력을 향상시키는 것이 중시되었다. 김혜연(2005)은 중학교

1학년 학생들을 대상으로 쓰기 과정을 관찰하여 미숙한 필자들의 여러 문제를 밝혀내고, 이를 해결하기 위한 전략을 제시하였다. 이 중 몇 가지만 소개하면 표 2-2와 같다.

표 2-2 미숙한 필자의 특징과 해결 전략

미숙한 필자의 특징	해결 전략	전략의 내용
상위인지적 활동에 어려움을 겪는다.	계획 내용의 의도 밝히기 전략	계획 내용에 의도(웹 사례 들기, 요약적 설명 등)를 미리 적어 보도록 한다.
예상 독자에 대한 인식이 잘못되었거나 부재하다.	거리두기 전략	자신의 글과 잘 쓴 글을 비교하여 평가해 보도록 한다.
계획하기의 인지적 과정을 거의 거치지 않는다.	자동화 과정에 대한 간섭 전략	하위 수준의 목표를 무시하고 상위 수준의 목표만 인식하도록 글 전체의 목표 문장을 미리 제시하도록 한다.

(4) 요약

수사적 맥락에서 독립된 텍스트에 대한 연구는 학생들의 실제 쓰기 문제를 해결하지 못하는 한계가 지적되었다. 이에 따라 구성주의, 인지심리학의 영향을 받아 인지주의 쓰기 이론이 생겨났다. 연구자들은 읽기나 쓰기 경험에서 나타나는 사고 과정을 설명하고자 했고, 이러한 연구 성과가 작문 교육과 연결되면서 오늘날 작문 교육의 틀과 내용을 형성하는 데 크게 기여하였다. 쓰기의 각 과정에 따른 능숙한 필자와 미숙한 필자의 비교 연구는 학습자가 쓰기에서 활용할 수 있는 유용한 전략을 제공하였다.

2) 사회구성주의 쓰기 이론

(1) 이론의 배경

1960~1970년대부터 언어학에서는 화행 이론과 사회언어학처럼 실제 상황에서 벌어지는 언어 사용(language use)에 대한 관심이 커졌다. 먼저 영국에서 발전한 화행 이론(speech-act theory)은 고립된 문장을 분석하는 기존 언어학의 한계를 인식하고, 특정한 말이 발화된 사용 맥락에 대한 분석을 강조하였다. 존 설(John Searle), 존 오스틴(John L. Austin) 등의 연구자들은 말과 글을 맥락

속에서 분석한 결과, 언어가 약속, 명령, 칭찬과 같은 기능을 하고 상대방을 기쁘게 하거나 놀라게 하는 효과를 나타내는 등 다양한 언어 행위(speech acts)를 수행하고 있음을 발견하였다. 즉, 동일한 문장이라도 상황에 따라서 전혀 다른 의미와 효과로 실현될 수 있음을 확인한 것이다.

한편 사회언어학자 윌리엄 라보프(William Labov)의 경우 사회의 여러 요인과 화자의 태도에 따라 언어의 모습이 달라짐을 입증하였다. 계층에 따라 발음이 달라질 수 있음을 가정하고 모음 뒤에 오는 'r' 발음을 관찰한 결과, 하층 계급일수록 이 발음이 생략된다는 사실을 밝혀냈다. 그리고 이를 근거로 'r' 발음 여부와 사회 계층 간의 연관 관계가 있음을 주장하였다. 언어란 이상적인 화자의 보편적인 문법으로 설명되는 것이 아니라, 실제 맥락 속에서 '사용되는 언어'를 통해 이해되어야 함을 보인 것이다(김진우, 1985: 315-318).

또 다른 사회언어학자인 델 하임즈(Dell Hymes)도 다원적 사회에서 한결같이 단일한 의미라는 것이 존재하는지 의문을 제기하였다. 그래서 특정 언어 집단, 특히 민족마다 선택하여 사용하는 언어 형식이나 표현의 양태를 체계적으로 기술하였다. 이를 통해 의사소통을 중심으로 한 민족의 이론, 즉 의사소통의 민족지학(ethnography of communication)을 밝히고자 하였다. 그는 언어 공동체에서 추출한 관습적 자원(conventional resources)을 통해 개인적 차원의 언어 능력보다 더 넓은 사회적 차원의 언어 능력에 주목하였다(Nystrand et al., 1993: 286-287).

(2) 이론의 주요 개념: 담화 관습, 사회적 행위

새로운 이론들의 영향을 받아, 쓰기 연구에서도 인지주의적 관점에 대한 도전들이 나타났다. 케네스 브루피(Kenneth A. Bruffee)는 '언어는 사회적 구조물(social construct)'이라는 핵심어를 통해 새로운 쓰기 이론인 사회구성주의 이론을 설명하였다. 인지주의 쓰기 이론에서 필자의 글은 필자의 내면으로부터 나오며, 필자는 자신의 내면을 언어로 표현하여 다른 사람과 사회적 맥락 안에서 의사소통한다고 본다. 반면에 사회구성주의 이론에서는 글이란 개인의 내면이 아닌 그가 속해 있는 공동체에서 기원한다고 본다. 우리가 아직 속하지 않은 공동체에 참여하기 위해, 혹은 우리가 이미 가입한 공동체의 일원으로서 결속력을 강화하기 위해 그 사회의 해당 언어를 습득해야 한다는 것이다. 이러한 관점에서 쓰기를 규정하는 '사회적 행위(social action)'라는 개념이 도출된다(Bruf-fee, 1986: 776-779).

왜 글쓰기를 '개인적 행위'가 아니라 '사회적 행위'로 보아야 할까? 대학생이 되면 필수로 들어야 하는 교양 교과목 중 대학 글쓰기 관련 수업이 있다. 대학에 입학한 학생들이 대체로 이 과목을 제일 먼저 배우게 되는 배경에는 '사회적 행위로서의 글쓰기'라는 인식이 담겨 있다. 이미 초등학교에서부터 고등학교까지 12년 동안 쓰기를 배웠는데, 왜 대학에서도 쓰기를 배워야 하는지 의아할 수도 있다. 대학이라는 담화 공동체에서는 중·고등학교와는 다른 글쓰기 관습과 규범을 공유하고 있고, 이러한 관습과 규범이 대학 신입생에게는 친숙하지 않다. 그렇기 때문에 대학 공동체의 일원이 되기 위해서는 글쓰기를 새로 배워야 하는 것이다. 이러한 관점에서 글쓰기도 사회화 과정의 하나인 사회적 행위라고 할 수 있다.

그레그 마이어스(Greg Myers)의 연구는 이를 조금 더 학술적으로 입증하였다. 마이어스는 글쓰기가 '사회적 구성(social construction)'으로 이루어짐을 보여 주기 위해 저명한 생물학자 두 명의 논문 게재 과정을 연구 대상으로 삼았다. 학술지에 논문을 게재하기 위해서는 편집위원회의 심사를 거쳐야 하는데, 두 과학자의 경우 논문 편집위원으로부터 다섯 번이나 반려 판정을 받았다. 마이어스는 그 과정을 거치면서 논문이 어떠한 방식으로 변화되어 가는지 설명했다. 이 과정은 달리 말하면 두 과학자가 지적인 동료 공동체(community of knowledgeable peers)에 편입되어 가는 과정이다. 즉, 그들은 자신들이 속하고자 하는 담화 공동체의 관습을 수용하는 방향으로 합의를 이루어냄으로써 그 일원이 될 수 있었다(Myers, 1985: 219-245).

여기에서 사회구성주의 쓰기 이론의 핵심 원리인 '합의(consensus)'를 도출해 낼 수 있다. 합의란 사전적으로 '서로 의견이 일치함'을 뜻한다. 개인 필자는 독립적으로 존재하는 것이 아니라 공동체의 일원으로 작문을 수행하므로, 공동체가 요구하는 관습과 규범을 따르는 방향으로 일치를 끌어낸다. 앞서 설명한 대학 신입생의 경우, 대학에서 요구하는 친숙하지 않은 새로운 글 형태나 학술 글쓰기의 관습을 받아들여 익숙해짐으로써 의견의 일치가 이루어진다.

그런데 서로 다른 사람 사이의 의견 일치란 그렇게 단순하지만은 않다. 담화 공동체 내의 담화 관습이란 단일하게 존재하는 것이 아니라 다양하고 잡다

하며, 구성원 사이에서 경쟁이 나타나기도 하기 때문이다. 예를 들어 캐서린 슈라이어(Catherine F. Schryer)는 의학연구실(lab)과 병동(clinic)의 글쓰기 경쟁을 다룬 연구를 진행하였다. 사람들의 질병에 대한 의학적 연구물이라 하더라도 학자들의 연구 논문 형식과 의사들의 임상 실험 논문 형식이 큰 차이를 보인다는 점에 주목했다. 학자들은 전통적인 방식인 '도입 – 연구방법 – 결과 – 토론 – 요약'으로, 의사들은 '문제 중심의 의무 기록 작성법'의 형식으로 대상을 기록한다는 것이다. 학자의 경우 다양한 사례를 자신의 연역적 문제의식 속에서 재정리하고 보편적인 틀 안에서 논의를 전개하여 광범위한 독자층을 겨냥한다. 반면, 의사는 사례별 특수성을 중시하고 문제 해결의 구체적 전략에 초점을 맞추어 특정 독자층을 대상으로 글을 쓴다. 그런데 의과대학 커리큘럼에서는 전자를 제도화하여 전문적인 연구 담론으로 채택하고 있다(Schryer, 1994: 105-124). 연구는 이러한 의과대학 커리큘럼이 학생들에게 자신의 의료 경험을 의미 있게 표현하도록 가르치지 못하고 있다는 점을 비판하였다.

슈라이어의 연구가 보여 주듯이 담화 공동체가 공유하는 담화 관습이나 규범은 단일하지 않고 때로는 서로 경쟁하는 구도가 나타날 수 있다. 이때 합의란 대체로 권력을 가진 쪽으로 기울어지기 마련이기 때문에 이렇게 합의되는 담화 관습과 규범이 정당한가의 문제가 발생한다. 이와 같이 사회구성주의 쓰기 이론은 한 개인의 글쓰기에 관여하는 사회적으로 합의된 담화 관습의 존재를 보여 준다. 그리고 담화 관습의 산물인 텍스트를 살펴보면 그 속에 담겨 있는 시대와 공간의 합의를 파악할 수 있다. 나아가 사회구성주의 쓰기 이론은 그러한 담화 관습을 반복·재생하려는 목적을 넘어서, 그 담화 관습이 담고 있는 권력과 이데올로기를 파악하고 비판한다.

(3) 작문 교육에 미친 영향

사회구성주의 쓰기 이론이 현재 작문 교육에 영향을 미치고 있는 지점은 여러 군데에서 확인할 수 있다. 가장 두드러지는 영향은 국어과 교육과정이 작문을 사회적 행위로 정의하기 시작했다는 점이다. 이러한 시각에서 사회구성주의 이론은 기존의 쓰기 교실에 변화를 가져왔다. 학습자는 문식성 공동체가 가지고 있는 쓰기의 전략과 지식을 자신의 것으로 내면화해야 하는데, 이 공동체의 구성원은 교사와 또래집단이다. 사회구성주의 쓰기 이론은 교사와 또래집단 간

비고츠키의 '내적인 말'

비고츠키는 인간이 진화·발달하는 데에 도구의 사용이 중요하다는 점과 인간이 '말'을 심리적 도구로 사용한다는 점에 주목하였다. 그중 성인에게는 나타나지 않는 아동의 자아중심적인 말을 연구하였는데, 아동의 자아중심적인 말이 바로 '대화의 내면화된 변이형'이라는 결론을 내렸다. 아이는 부모와의 대화를 통해 상호작용하면서 습득한 말('사회적인 말')을 혼자 있을 때에도 사용하다가('자아 중심적인 말'), 나중에는 겉으로 드러나지 않는 내적인 말('속내말')로 변환하여 사용한다고 보았다. 내적인 말(inner speech)은 성인의 내부에서 일어나는 사고 과정을 파악하는 단서가 되며, 이때 내적인 말이 갖는 기능은 개인의 문제 해결 능력과 자기 조절 능력임을 밝혔다. 사회적인 차원에서 이루어지던 대화가 내면화를 거치면서 자기 조절과 문제 해결 능력이라는 기능을 갖는 내적인 말이 된 것이다.

의 상호작용을 강조한다. 사고란 개인의 정신 활동의 결과물이 아니라 '내면화된 대화'라는 레프 비고츠키(Lev Vygotzky)의 관점을 받아들여, 담화 공동체 구성원들과 나누는 대화의 과정을 중시하였다. 이를 쓰기 교실에서 구현하는 방법으로 소집단의 워크숍 활동이 대두되었다. 쓰기가 이루어지는 환경을 하나의 담화 공동체로 창출함으로써 그 속에서 담화 공동체의 사유 방식과 담화 규범을 익히도록 하는 것이다.

그런데 앞에서도 언급했듯이 사회구성주의 쓰기 이론은 글쓰기에 담화 관습이 담겨 있다는 것을 전제하긴 하지만, 그 인식이 관습을 답습하기 위한 것만은 아니다. 사회구성주의 이론은 그 관습에 내재해 있는 이데올로기는 무엇인지, 즉 사회적 작용이 무엇인지 파악하는 데까지 나아간다. 다시 말하면 특정 유형의 텍스트를 설정하고 '어떻게 쓸 것인가' 하는 방법적 효율성만을 문제 삼을 것이 아니라, '왜 그렇게 써야 하는가', '그것은 어떠한 사회 문화적 가치를 지향하는가' 하는 반성적이고 비판적인 질문을 전개하는 것이 사회구성주의 쓰기 이론이 지향하는 또 하나의 방향인 것이다(최인자, 2000: 27-51).

(4) 요약

사회구성주의 쓰기 이론은 글쓰기의 주체가 개인이 아니라 공동체라는 사실과, 그 공동체의 실체를 파악할 수 있는 직접적인 자료가 담화 관습이나 규칙이라는 점에 착안하여 사회에서 통용되는 담화 관습의 유형을 밝히고자 하였다. 그리고 이러한 담화 관습이 단일한 것이 아니라 다양하고 잡다하게 존재하며 서로 경쟁하면서 생성 혹은 소멸되기도 한다는 점에 주목하였다. 현재 작문 교육에서는 쓰기를 사회적 행위로 규정하면서, 작은 담화 공동체인 소집단의 쓰기 워크숍을 통해 이러한 공동체의 관습과 규범을 익히도록 가르치고 있다. 사회구성주의 쓰기 이론은 여기서 더 나아가 무의식적으로 습득하여 사용하고 있는 담화 관습을 인식하고, 왜 그렇게 써야 하는지 비판할 수 있어야 한다고 주장한다.

4   대안적 쓰기 이론

1) 대화주의 쓰기 이론

1980년대에 작문을 사회적이고 상호작용적인 행위로 보는 사회구성주의의 발달에 힘입어, 1990년대에는 쓰기 이론의 사회·문화적 성격이 더욱 강화되었다. 이러한 사회·문화적 이론은 쓰기를 단순한 의사소통 수단으로 보는 것이 아니라, 사회적 행위의 한 양식으로 본다(MacArthur et al./박영민 외 역, 2015: 113).

대화주의 쓰기 이론은 텍스트의 의미 구성이 필자와 독자 사이의 사회적 상호작용을 통해 이루어진다고 설명한다. 이는 의미가 텍스트에 내재한다고 보는 형식주의나 필자에 내재한다고 보는 인지주의와 확연히 다르다. 대화주의는 미하일 바흐친(Mikhail M. Bakhtin)의 이론을 일컫는 개념으로, 이때 '대화'란 서로 다른 주체들이 소통할 뿐만 아니라 서로를 조정함으로써 역동적 관계를 형성하는 행위를 의미한다. 필자는 글을 통해 예상 독자와 대화하는데, 글 속에는 필자 자신의 목소리는 물론 독자의 목소리도 반영되어 있으며, 필자의 목적과 독자의 기대 사이에 균형을 유지하려는 필자의 노력이 포함되어 있다. 따라서 쓰기는 본질적으로 사회적인 활동이자 다성적인 활동(multivoiced activity)이며, 그

의미 또한 글에 고정되어 있는 것이 아니라 맥락에 따라 유동적이다.

대화주의를 사회구성주의와 동궤에 놓는 연구자가 있는가 하면, 둘을 구별하는 연구자도 있다. 의미가 담화 공동체의 합의에 의해 결정된다고 보는 사회구성주의의 입장에 의하면, 학생은 특정한 담화 공동체의 일원이 되기 위해 그 공동체의 담화 관습을 익혀야 한다. 또한 하나의 담화 공동체에 익숙한 학생이라도 새로운 담화 공동체에서는 미숙한 필자가 될 수 있다. 이 경우에 개인과 담화 공동체 사이에서 일어나는 의미 구성은 다소 일방적인 과정으로 평가될 수 있다. 이에 비해서 대화주의는 의미 구성 과정을 합의가 아닌 협상으로 규정하고, 텍스트의 의미 역시 합의에 의해 결정되기보다는 필자와 독자에 따라 역동적으로 형성되는 것으로 본다.

대화주의 쓰기 이론의 핵심을 요약하면 다음과 같다. 첫째, 텍스트의 의미를 구성하는 과정은 특정한 사회·문화적 맥락에서 필자와 독자 사이에 역동적이고 한시적으로 이루어지는 협상 과정이다. 둘째, 텍스트의 의미는 텍스트나 사용자에게 있는 것이 아니라 사용자 사이의 상호작용 현상 속에 내재한다. 셋째, 텍스트는 필자 자신과 타인, 인지 작용과 언어 맥락, 개인과 사회 사이의 상호작용을 연결해 주는 기능을 갖는다(박영목, 1994: 206).

대화주의 쓰기 이론은 학생들이 작문 교육을 통해 다양한 목소리를 지닌 상호작용에 관심을 기울이는 법을 배워야 한다는 점을 시사하였다. 학생이 글을 쓴다는 것은 곧 필자로서 다른 참여자들과 의미를 협상하는 과정에 들어서는 것이기 때문이다. 다른 필자 또는 독자와 자주 상호작용하는 학생들은 대화를 통해 텍스트를 생산하고 변형하고 수정하는 능력을 기를 수 있고, 예상 독자의 관점을 더 잘 이해하고 내면화할 수 있을 것이다(MacArther et al./박영민 외 역, 2015: 113).

대화를 중심에 두는 작문 교수법은 일찍이 '동료 비평(peer criticism)'을 활용한 협동 학습의 형태로 구체화되기도 했다. 이러한 작문 수업은 사회구성주의 작문 연구자인 케네스 브루피(Kenneth Bruffee)에 의해 확립되었다. 동료 비평을 활용한 협동 수업에서 학생들은 짧은 글쓰기 과제를 수행한 다음, 친구들에게 자신의 글을 읽어 주고 서로의 글에 대해 비평하는 글을 쓰는 활동을 한다. 교사는 이 과정에서 능숙한 필자의 글쓰기 능력은 물론이고 훌륭한 비평 능력을 학생들에게 시범 보여야 한다. 이 수업은 학생들을 수많은 대화에 참여시켜서 복잡한 청자들이 존재하는 상황을 경험하게 하는데, 이는 교사만이 유일한 독자 또는 청자 역할을 하는 수업에서는 경험하기 힘든 상황이라는 점에서 의미를 지닌다(Ward/박태호 외 역, 2015: 85). 총 세 단계에 걸쳐 진행되는 이 수업의 절차는 그림 2-5와 같다.

◎ 각 단계마다 반 친구들과 글을 교환해서 읽고 아래 제시된 지시사항에 따라 글을 쓴다. 각 단계마다 2명의 글을 읽고 그에 대한 비평을 각각 쓴다. 다른 사람이 자기를 대해 주기 바라는 방식으로 친구들을 대하자.

● 첫 번째 단계: 친구의 글이 좋은지 나쁜지 평가하지 않고 객관적으로 기술해 보는 단계
　①친구의 글에 대한 기술적 개요*를 작성한다. (글의 요지를 필자의 표현을 사용하여 진술한다. 각 단락을 한 문장으로 요약하고, 각 단락이 글의 요지와 어떻게 연결되는지 설명한다.)
　* 기술적 개요(descriptive outline): 초고를 쓰기 전에 작성하는 일반적인 '개요'와는 구별되는 것으로, 초고를 쓴 후에 자기가 쓰고자 한 것을 정말로 썼는지 확인하는 방법이다(Bruffee, 1985: 97).

● 두 번째 단계: 친구의 글에 사용된 기법(writing technique)에 대해 평가하는 단계
　① 친구의 글에 대한 기술적 개요를 작성하고, 다음 두 가지를 더 기술한다.
　② 글의 장점 또는 잘된 점은 무엇인가?
　③ 글에서 개선할 점은 무엇인가?

친구의 글을 평가할 때 참고할 평가 기준	
통일성(unity)	글의 요지는 분명한가? 글의 모든 요소들이 요지를 뒷받침하는가?
일관성(coherence)	각 단락은 적절한 순서로 배열되어 있는가? 문장들이 한 단락 안에서 적절한 순서로 배열되어 있는가?
전개(development)	글의 요지가 충분히 설명되었는가?
문체(style)	필자의 관점을 명료한 표현으로 나타냈는가? 불필요하거나 거창한 단어를 사용하지는 않았는가? 문장이 너무 길지 않은가?
표기법(mechanics)	맞춤법을 잘 지켰는가? 비문은 없는가? 격식에 맞는 표현을 사용하였나?

* 217쪽 표 6-7의 '수사학 기반' 참조.

● 세 번째 단계: 글의 내용에 대해 의견을 주고받는 단계
　[첫 번째 비평]
　①친구의 글에 대한 기술적 개요를 작성하고, 글에서 잘된 점과 개선할 점에 대해 평가한다.
　②필자의 생각에 동의하는가? 동의하지 않는다면 그 이유를 설명하고, 동의한다면 필자의 생각이 설득력 있게 전개되었는지 설명한다. 글에서 바꾸거나, 더하거나 삭제할 것에 대해 제안한다.
　[필자의 첫 번째 반응]
　①친구의 비평에 대해 평가하고, 비평이 자신에게 미친 영향을 설명한다.
　[두 번째 비평]
　① 첫 번째 비평이 필자에게 도움이 되었는가? 첫 번째 비평에 대한 필자의 반응은 타당한가?
　② 필자의 글을 평가하고, 필자가 글을 수정하는 데 도움이 될 만한 점을 추가로 제안한다.
　[필자의 마지막 반응]
　① 자신의 글을 다시 살펴보고, 동료 비평을 통해 도움받은 점을 쓴다.
　② 동료 비평 활동을 통해 자신이 배운 것에 대해 쓴다.
　③ 동료 비평을 토대로 글을 수정한다.

그림 2-5 동료 비평 활동의 절차(Bruffee, 1985: 121-125)

이 수업은 학생들이 담화 공동체와의 대화에 참여하여, 사회적 행위로서의 글쓰기를 수행할 수 있도록 설계되었다. 그런데 브루피의 협동 학습이 학생들에게 새로운 담화 공동체의 구성원이 되는 것은 강조하는 반면, 공동체의 가치와 규범에 의문을 제기하는 방법은 제시하지 못했다는 비판도 있다(Ward/박태호 외 역, 2015: 93). 이처럼 대화를 작문 수업의 중요한 요소로 인식하는 것은 사회구성주의와 대화주의가 공통적인 지점이지만, 대화를 통해 도달해야 할 목표에 대해서는 관점의 차이를 보이기도 한다.

사회구성주의의 한계를 지적하는 대화주의 관점에서는 교실 밖의 실제 독자를 대상으로 공적인 담화에 참여하는 실제적인 글쓰기 과제를 통해 학생들이 보다 폭넓은 대화적 상호작용에 참여할 것을 강조한다(Ward/박태호 외 역, 2015: 180). 학생들은 내적인 대화, 텍스트와의 대화, 학생 간의 대화, 교사와 학생의 대화, 학생과 공적인 독자의 대화와 같은 다양한 대화를 통해 세계와 관계를 맺고 있는 자신을 발견하게 되며, 이러한 대화적 작문 교실은 학생들이 대화에 생산적으로 참여하는 방법을 스스로 학습하는 장소가 된다(Ward/박태호 외 역, 2015: 178, 200). 이때 "설득력 있는 말의 반은 우리의 것이고 나머지 반은 다른 사람의 것"(Bakhtin, 1981: 345)이라는 바흐친의 말처럼, 텍스트의 의미는 필자 혼자 만들어 내거나 담화 공동체가 결정하는 것이 아니라 대화 참여자들의 강렬한 상호작용을 통해 생성되는 것이다.

표 2-3은 지금까지 설명한 주요 쓰기 이론의 특징을 비교한 것이다.

표 2-3 주요 쓰기 이론 비교표[3]

	형식주의	인지주의	사회구성주의	대화주의
분석의 단위	객체로서의 텍스트	읽기, 쓰기를 하는 개인의 행동	정전, 공동체	담론으로서의 텍스트
텍스트의 개념	자율적인 의미의 단위	필자의 사고를 언어로 바꾸어 놓은 것	언어 공동체의 담화 관습과 규칙의 집합	기호론적 중재
필자의 개념	의미의 전달자	문제 해결자로서의 개인	담화 공동체의 사회화된 구성원	대화 참여자

....

3   니스트랜드 외(1993: 302-303)의 쓰기 이론 비교표를 일부 삭제 및 수정하였다.

	형식주의	인지주의	사회구성주의	대화주의
독자의 개념	의미의 수용자	능동적, 목적적인 해석자	해석 공동체의 사회화된 구성원	대화 참여자
작문의 핵심원리	모방	합리성, 개인의 의도	합의	상호작용, 협상
핵심어	자율적, 명확한	목표지향적, 전략적, 능력	사회 구성, 반영, 공동체	쌍방의, 대화적, 상호텍스트성
의미의 위치	텍스트	개인(필자, 독자)	해석 공동체	필자와 독자의 상호 작용
분석의 방향	형식적 언어 단위에서 글 전체로	생각에서 언어로	집단에서 개인으로	변증적

2) 장르 중심 쓰기 이론

과정 중심 쓰기 이론의 발전은 필자의 인지 과정이나 언어 공동체와의 합의 과정에 대한 발견이라는 성과를 얻었다. 그러나 쓰기 과정의 결과인 텍스트 자체에 대해서는 상대적으로 소홀했다는 비판을 받게 되었다. 이러한 비판은 1980년대 이후, 담화 공동체 구성원들에 의해 의사소통을 실현하는 도구로서 '장르'를 강조하는 쓰기 이론을 부상시켰다(박영민 외, 2016: 69). 장르 중심 쓰기 이론은 과정 중심 작문 이론에서 소홀히 취급되었던 텍스트의 언어적인 측면을 다시 주목함으로써 과정과 결과의 균형 있는 쓰기 교육을 모색할 수 있는 가능성을 열었다(최현섭 외, 2005: 344).

쓰기 연구에서 '장르'에 대한 대표적인 연구로 캐럴린 밀러(Carolyn R. Miller)의 「사회적 행위로서의 장르(Genre as Social Action)」(1984)를 꼽을 수 있다. 이 연구는 제목에서 알 수 있듯이 장르가 '사회적 행위'라는 관점에서, 이를 '반복되는 상황에서 나타나는 유형화된 수사적 행위(typified rhetorical actions based on recurrent situation)'로 규정한다. 인간이 살아가면서 어떤 상황에 반복적으로 처하게 되면 행동 방식에 일정한 패턴이 생기는데, 특정한 상황들에 대한 반응으로 글 속에 패턴이 생겨나는 것을 장르라고 본 것이다. 어떤 사회든 반복되어 나타나는 상황은 존재하고 그 속에서 과업을 수행하는 당사자는 수사적으로 대응하면서 반복되는 질서를 만들어 낸다(Miller, 1984: 151-167).

이러한 장르 이론은 전통적인 장르 이론에 비해 장르를 동적인 개념으로 인식하여 더욱 실제적이면서 미시적인 유형들에 관심을 두었다. 즉, 장르는 고정되어 있지 않고, 사회 구성원에 의해 새롭게 만들어지기도 하고, 변형되기도 하며 때로 소멸되기도 한다. 그리고 인간이 경험하는 반복되는 상황들이 저마다 다른 장르를 만들어 낼 수 있으므로 설득하는 글 중에서도 신문의 사설, 국민신문고에 건의하는 글, 성금을 모집하는 광고 등은 각각의 미시적인 장르를 형성한다. 지면 광고를 통해 지진 피해 이재민을 돕기 위한 성금을 요청하는 글을 예로 들어보자. 이러한 글은 우리에게 익숙한 전형적인 내용과 표현상의 특징을 가지고 있다.

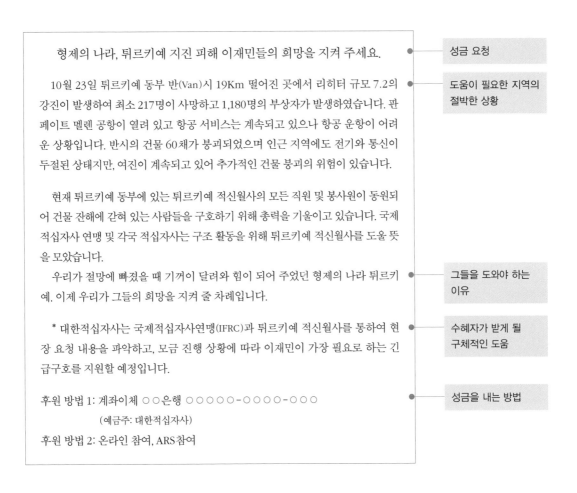

형제의 나라, 튀르키예 지진 피해 이재민들의 희망을 지켜 주세요.

● 성금 요청

10월 23일 튀르키예 동부 반(Van)시 19Km 떨어진 곳에서 리히터 규모 7.2의 강진이 발생하여 최소 217명이 사망하고 1,180명의 부상자가 발생하였습니다. 판페이트 멜렌 공항이 열려 있고 항공 서비스는 계속되고 있으나 항공 운항이 어려운 상황입니다. 반시의 건물 60채가 붕괴되었으며 인근 지역에도 전기와 통신이 두절된 상태지만, 여진이 계속되고 있어 추가적인 건물 붕괴의 위험이 있습니다.

● 도움이 필요한 지역의 절박한 상황

현재 튀르키예 동부에 있는 튀르키예 적신월사의 모든 직원 및 봉사원이 동원되어 건물 잔해에 갇혀 있는 사람들을 구호하기 위해 총력을 기울이고 있습니다. 국제 적십자사 연맹 및 각국 적십자사는 구조 활동을 위해 튀르키예 적신월사를 도울 뜻을 모았습니다.

우리가 절망에 빠졌을 때 기꺼이 달려와 힘이 되어 주었던 형제의 나라 튀르키예. 이제 우리가 그들의 희망을 지켜 줄 차례입니다.

● 그들을 도와야 하는 이유

* 대한적십자사는 국제적십자사연맹(IFRC)과 튀르키예 적신월사를 통하여 현장 요청 내용을 파악하고, 모금 진행 상황에 따라 이재민이 가장 필요로 하는 긴급구호를 지원할 예정입니다.

● 수혜자가 받게 될 구체적인 도움

후원 방법 1: 계좌이체 ○○은행 ○○○○○-○○○○-○○○
　　　　　　　(예금주: 대한적십자사)
후원 방법 2: 온라인 참여, ARS참여

● 성금을 내는 방법

위의 예시는 일상에서 쉽게 접할 수 있는 호소의 글이다. 이 글에는 도움이 필요한 지역의 절박한 상황, 그들을 도와야 하는 이유, 수혜자가 받게 될 구체적인 도움, 성금을 내는 방법 등이 포함되어 있다. 구호 단체가 불특정 개인을 상대로 성금을 모으는 반복적인 상황에서 성금을 모집하는 광고는 일정한 형식과 전형적인 내용이라는 수사적 반응들을 형성함으로써 하나의 장르로 굳어졌다.

이러한 장르에 대한 새로운 관점은 일상적으로 쓰는 편지뿐 아니라 실험 보고서, 사업상 주고받는 문서 등 사회·문화적 맥락에서 존재하는 다양한 텍스트를 장르라는 이름으로 탐구할 수 있는 시각을 제공하였다. 앞서 '사회적 행위로서 장르'를 보는 관점도 이 맥락에서 이해될 수 있다. 장르를 습득한다는 것은 공동체의 활동에 참여할 수 있음을 뜻하며, 이는 사회화 과정이라 볼 수 있다. 그런 점에서 장르 중심 쓰기 이론은 사회구성주의 쓰기 이론의 연장선상에 놓여 있다.

장르에 대한 시각은 장르의 규칙이나 수사적 효과 등을 파악하는 데에 그치지 않고 장르를 실천(practice)으로도 인식할 수 있어야 한다는 데까지 발전한다. 텍스트를 맥락과 관련하여 고려할 때 사회·문화적 상황에서 발현된 모든 가치나 이데올로기를 간과해서는 안 되기 때문이다. 장르는 생성, 성장, 소멸해 가는 역동적인 과정에서 장르와 장르 간의 경쟁을 통해 살아남거나 도태되기도 한다. 이러한 경쟁 과정에서 장르가 만들어 내는 사회·문화적 의미를 파악하고 그것이 정당한지 비판할 수 있어야 한다. 자서전 쓰기를 예로 들면, 학생들의 반성문 형식의 자서전은 부모의 기대와 이에 미치지 못하는 학생들의 전형적인 갈등을 반영하고, 성공담으로서의 자서전은 대중이 선망하는 지위에 어렵사리 도달하는 과정을 담아냄으로써 사회가 요구하는 역할 모델을 공고히 한다는 점을 찾아내고 비판할 수 있다(최인자, 2000: 38).

이러한 장르 이론의 흐름을 사적(史的)으로 고찰하면, 장르 이론의 관심 대상은 '텍스트로서의 장르'에서 '수사학으로서의 장르', 그리고 '실천으로서의 장르'로 변화하였다. 텍스트로서의 장르를 바라보는 관점에서는 한 장르에 속한 텍스트가 어떤 특성을 가지고 있는가를 분석하고 그 장르를 규정짓는 형식을 발견하는 데 관심을 둔다. 수사학으로서의 장르는 텍스트가 상황에 대한 반응에서 출발했다는 관점으로, 텍스트의 특징이 어떠한 상황에서부터 만들어졌는지 분석하여 그 텍스트가 지닌 수사적 선택이 과연 효과적인지 파악하는 데 관심을 가진다. 끝으로 실천으로서의 장르는 장르가 만들어지고 변화되는 과정을 연구함으로써, 장르를 통해 사회·문화적 의미를 만들어 내고 전달하는 행위에 관심을 둔다(Dean, 2008: 20-23).

◀──── 구체적(concrete)		추상적(abstract) ────▶
① 텍스트(text)로서의 장르	② 수사학(rhetoric)으로서의 장르	③ 실천(practice)으로서의 장르

그림 2-6 장르 이론의 변화(Dean, 2008: 21)

형식주의 기반 작문 교육이 형식적, 언어적 기법 익히기에 중점을 두었다면, 장르 중심 쓰기 이론에 바탕을 둔 작문 교육은 단지 장르를 구성하는 규칙을 익히는 것에 머무르지 않는다. 장르 중심 쓰기 이론을 작문 교육에 적용하면, 학생들은 텍스트의 특징을 분석하고 그 텍스트를 만들어 낸 수사적 상황과 그 특징을 연관 지어 파악하는 활동을 하게 된다. 반복되는 상황에 대한 수사적 행위인 장르에서 수사적 패턴을 찾아내는 것이다.

나아가 학생들은 그렇게 발견한 장르의 패턴을 적용하여 그 장르에 해당하는 글을 쓸 수도 있고, 자신의 수사적 상황을 분석하여 기존의 패턴을 변형하고 새로운 패턴을 구축하는 글쓰기를 시도할 수도 있다. 기존의 패턴을 활용하는 글쓰기는 해당 장르가 담고 있는 사회·문화적 의미를 실현하는 활동이 되고, 장르 규칙을 변형시키는 글쓰기는 기존의 사회·문화적 의미에 거리를 두고 새로운 사회·문화적 의미를 추구하는 활동이 된다. 이러한 글쓰기는 곧 사회적 행위로서의 의미를 갖는다. 장르 중심 쓰기 이론을 적용한 작문 교육의 관건은 요컨대 '패턴의 탐구와 실천'(최종윤, 2017: 106)인 것이다.

3) 후기 과정 쓰기 이론

인지주의 쓰기 이론은 쓰기 과정에서 발생하는 문제들을 해결해 나갈 수 있는 효과적인 전략들에 대해 연구하였다. 그러나 1990년대에 절대적인 진리에 대해 회의하고 다양성과 상대성을 중시하는 포스트모더니즘이 확산되던 시대적 배경 속에서 쓰기의 과정을 본질적으로 설명할 수 없다는 회의론이 대두되었다. 쓰기를 과정으로만 설명하려는 것에 한계를 느끼고 대안을 모색하려는 연구자들이 이른바 '후기 과정(post-process)'이라는 개념을 선언하였다(박영민 외, 2016: 70)

후기 과정 쓰기 이론 연구자들은 쓰기를 사회적 상호작용 행위이자, 타인, 상황, 세계에 대한 해석 행위로 보았다. 또한 글은 사회·문화적 맥락에 필연적으로 얽혀 있고, 또한 이데올로기를 반영하고 있음을 강조한다. 따라서 후기 과정 쓰기 이론에 따른 작문 교육은 학생들에게 쓰기 행위에는 이데올로기가 작용하고 있음을 이해시키고, 기존의 권위적인 이데올로기를 비판적으로 보는 글쓰기를 가르치고자 하였다. 이러한 비판적인 글쓰기를 통해서 학생들은 자유로운 의식을 갖게 되고, 세계와 주체적으로 상호작용할 수 있다고 보았기 때문이다. 이런 면에서 후기 과정 쓰기 이론은 비판주의 쓰기 이론으로 분류되기도 한다.

후기 과정 쓰기 이론을 받아들인 부르스 맥코미스키(Bruce McComiskey)는 '사회 과정(social-process)' 작문 교육을 제안하였다. 맥코미스키는 작문 수업에서 사회적인 내용을 배제한 인지주의 쓰기 이론을 비판할 뿐만 아니라, 사회구성주의 쓰기 이론 역시 학생들을 학술적인 담론 공동체에 진입하도록 가르치는 데 그치고 있다고 비판하였다. 사회 과정 작문 교육은 학생들이 사회 제도와 문화적 산물에 대해 의문을 제기할 수 있는 비판적 글쓰기를 강조한다.

대학 안내 책자 프로젝트

[과제 1] 대학 안내 책자의 문화적 · 사회적 가치 비판하기
: 안내 책자에서 장려하는 가치들에 대해 비평하는 비판적 에세이 쓰기
① 안내 책자에 표현되어 있는 이상적인 학생/시민의 정체성에 대해 분석하기
② 안내 책자에 표현되지 않은 대안적인 학생/시민의 정체성 찾기
③ 안내 책자에 표현되어 있는 이상적인 학생/시민의 정체성에 대해 비판하기

[과제 2] 대학 안내 책자에 알맞은 문화적 · 사회적 가치 생산하기
: 자신이 원하는 대학에 대한 시각 자료가 담긴 간략한 안내 책자를 만들기
① 대학에서 장려하기를 바라는 가치와 정체성에 대해 브레인스토밍하기
② 안내 책자 설계하기(각 쪽에 들어갈 글과 사진 배열하기)
③ 안내 책자 초고를 만들어, 상호 평가를 위해 복사하기
④ 완성된 안내 책자 제출하기

맥코미스키는 비판적 담론 분석을 토대로 대안적 담론을 생산하는 글쓰기

과제를 제안하였다. 앞에 소개한 '대학 안내 책자 프로젝트'(McComiskey/김미란 역, 2012: 145-155)는 학생들이 비판적 담론 분석의 방법을 배우고, 자신이 쓸 글의 텍스트적 특징과 수사적 상황에 대한 이해를 바탕으로 새로운 가치를 생산하는 글쓰기를 할 수 있도록 설계되었다.

대학 안내 책자는 예비 학생들의 입학을 설득하는 일종의 광고 텍스트로 해당 대학이 장려하는 가치를 담고 있다. 따라서 이상적인 학생 또는 시민의 정체성을 노출하는 한편, 어떤 정체성은 감추고 배제하는 담론을 토대로 이루어져 있다. 그런데 대학이 제시하는 이상적인 정체성은 특정한 관점에서만 이상적이기 때문에 학생들은 그 정체성에 순응할 것인지, 저항할 것인지, 협상할 것인지를 스스로 결정해야 한다(McComiskey/김미란 역, 2012: 147). 이를 위해 첫 번째 과제에서는 안내 책자의 담론을 분석하고 비판적 글쓰기를 수행한다. 이를 바탕으로, 두 번째 과제에서는 대안적 담론을 생산하는 글을 쓴다. 두 번째 과제를 통해 학생들은 기존의 담론에 대해 비판만 하는 것이 아니라 자신의 가치를 재현하는 텍스트를 생산하는 방법을 배운다(McComiskey/김미란 역, 2012: 155). 비판이 비판으로만 그친다면 현실의 문제를 인식하면서도 그 상황을 바꾸지 못하기 때문에 허무하고 무의미한 일이 되어 버린다. 그러므로 비판적 글쓰기가 대안적 담론의 생산으로 이어지는 것은 매우 중요하다. 한편 두 번째 과제는 내용 생성하기, 내용 조직하기, 초고쓰기, 완성하기의 전형적인 작문 과정에 따라 진행된다. 맥코미스키는 과정 중심 쓰기 이론을 일방적으로 비판하기보다는 충분히 다루어지지 못했던 담론적 접근을 부각시켜 과정 중심 접근의 의미를 확장하고자 하였다.

지금까지 살펴본 세 가지의 대안적 쓰기 이론들은 결과 중심 쓰기 이론과 과정 중심 쓰기 이론의 한계를 극복하기 위한 다양한 시도들을 보여 준다. 대화주의 쓰기 이론, 장르 중심 쓰기 이론, 후기 과정 쓰기 이론 등은 대체로 인지주의를 비판하고 사회구성주의를 보완하려는 관점을 취하고 있으며, 글쓰기의 사회·문화적 배경에 관심을 기울임으로써 보다 실제적인 글쓰기를 작문 교육에 도입하려고 한다. 대화, 장르, 비판 등의 개념이 이미 작문 교육과정에서 사용되고 있지만, 아직까지 대안적 쓰기 이론에 바탕을 둔 작문 수업이 활발하게 이루어지지는 않고 있다. 그러나 작문 교수·학습 방법을 실천하거나 개발할 때 이러한 대안적 쓰기 이론들이 다양한 아이디어를 제시해 줄 수 있을 것이다.

생각해 봅시다

1 다음은 2022 국어과 교육과정의 성취기준 해설 중 일부이다. 아래 내용을 읽고 각각 어떠한 쓰기 이론이 반영된 것인지 설명해 보자.

(가)

쓰기 과정을 지도할 때는 계획하기, 내용 생성하기, 내용 조직하기, 초고 쓰기, 고쳐쓰기와 같은 일련의 과정을 거침으로써 효율적인 글쓰기가 가능해진다는 점을 이해시키되, 이러한 일련의 쓰기 과정이 엄격하게 구별되거나 분절적인 것이 아니며 쓰기 과정에 대한 점검 및 조정을 통해 회귀할 수 있는 특성을 가졌다는 점에 유의하여 지도한다. 내용 생성하기 과정에서는 독자와 매체를 고려하여 내용 생성하기를 지도하되, 브레인스토밍, 마인드맵 등의 방법을 통해 글을 쓰기 위한 내용 생성 전략이나 기능을 익히도록 한다. 고쳐쓰기 과정에서는 띄어쓰기와 맞춤법을 포함하여 지도하되, 본래 의도한 의미가 독자에게 전달될 수 있도록 표현되었는지, 글 전체의 통일성이 확보되었는지 등에 중점을 두어 지도한다.

(나)

쓰기는 사회 문화적 맥락을 고려한 사회적 행위이며, 필자는 쓰기 경험을 통해 언어 공동체의 구성원으로 성장할 수 있어야 한다. 쓰기 과정에서 필자가 고려해야 하는 사회 문화적 맥락으로는 자신이 속한 언어 공동체의 문화, 신념, 가치관 등을 들 수 있다. 자신이 속한 언어 공동체의 구성원이 공유하는 사회 문화적 맥락에 대해 이해하고 필자로서 언어 공동체에 적극적으로 참여하는 경험을 통해 독자와 효과적으로 소통하는 필자로 성장할 수 있도록 지도한다.

— 초등학교 5~6학년 쓰기 영역 성취기준 적용 시 고려 사항

2 '반복되는 상황에서 나타나는 유형화된 수사적 행위'라는 장르의 개념을 주변에서 찾을 수 있는 장르 하나를 택하여 예를 들어 설명해 보자.

3 다음은 계획하기 단계에서 두 학생이 나눈 대화의 일부이다. 이 대화에서 '민영'이 하고 있는 역할에 대해 '독자' 개념을 바탕으로 설명해 보자.

> 민영: 그런데 네가 이 글에서 분명히 하고 싶은 요점은 뭐야?
> 서준: 난 각 과목마다 제각기 다른 글쓰기 스타일을 요구한다는 것을 독자들에게 알려 주고 싶어. 내 생각에 많은 사람이 이런 문제가 있다는 것을 인식하지 못하고 있는 것 같아.
> 민영: 그렇구나. 그런데 누가 이 글을 읽게 되지?
> 서준: 아마 이 글은 대학생들이 읽게 될 것 같아. 고등학교에서 이제 막 대학에 들어온 신입생들은 이 글쓰기 문제로 고민을 할 테니까 말이야.
> (중략)
> 서준: 내 글을 읽게 될 독자들은 아마 많은 사례를 기대할 거야. 각기 다른 글쓰기 스타일이 존재한다는 것을 증명해 줄 수 있는 예를 많이 들어서 글을 쓰면, 독자들은 이 사례들을 통해서 자신의 경험을 서로 연관시킬 수 있을 거야. 그렇게 하면 아마 각기 다른 글쓰기 스타일이 자신들에게 어떤 영향을 미치게 되는지를 알 수 있을 거야.
> 민영: 그런데 어떤 예들을 들 거야? 나한테 그 예를 하나만 들어 볼래?
>
> ― Flower, L./원진숙·황정현 역, 『글쓰기의 문제해결전략』(1998) 중

참고문헌

김진우(1985),『언어 그 이론과 응용』, 탑출판사.

김혜연(2005),「쓰기 미숙성의 원인과 해결 방안에 관한 연구: 7학년을 중심으로」, 서울대학교 석사학위 논문.

박영목(1994),「의미의 구성에 관한 설명 방식」,『선청어문』22(1), 199-219.

박영민 외(2016),『작문 교육론』, 역락.

서정수(1985),『작문의 이론과 방법: 단락과 논술법을 중심으로』, 새문사.

이정찬(2016),「작문 교육과정의 변천 연구 I: 교수요목부터 7차 교육과정까지」,『작문연구』 31, 229-257.

정재찬(2004),『문학교육의 현상과 인식』, 역락.

정혜승(2013),『독자와 대화하는 글쓰기: 대화적 문식성 교육을 위한 작문 과정과 전략 탐구』, 사회평론아카데미.

최인자(2000),「장르의 역동성과 쓰기 교육의 방향성」,『문학교육학』5, 27-52.

최종윤(2017),「신수사학의 작문교육적 함의」,『청람어문교육』62, 95-120.

최현섭 외(2005),『국어교육학개론』, 삼지원.

Aristoteles, 천병희 역(2002),『시학』, 문예출판사.

Bakhtin, M. M.(1981), *The Dialogic Imagination: Four Essays*(C. Emerson, Trans.), University of Texas Press.

Bruffee, K. A.(1985), *A Short Course in Writing: Practical Rhetoric for Teaching Composition through Collaborative Learning*(3rd ed), Little Brown.

Bruffee, K. A.(1986), "Social Construction, Language, and the Authority of KnowledgeL: A Bibliographical Essay", *College English* 48(8), 773-790.

Connors, R. J.(2000), "The Erasure of the Sentence", *College Composition and Communication* 52(1), 96-128.

Dean, D.(2008), *Genre Theory: Teaching, Writing and Being*, NCTE.

Emig, J.(1971), *The Composing Processes of Twelfth Graders*, NCTE.

Flower, L. & Hayes, J. R.(1981), "A Cognitive Process Theory of Writing". *College Composition and Communication* 32(4), 365-387.

Flower, L., 원진숙 외 역(1998),『글쓰기의 문제해결전략』, 동문선.

MacArthur, C. A., Graham, S. & Fitzgerald, J.(Eds.) 박영민 외 역(2015),『작문 교육 연구의 주제와 방법』, 박이정.

McComiskey, B., 김미란 역(2012),『사회 과정 중심 글쓰기: 작문교육 패러다임의 전환』, 경진.

Miller, C. R.(1984), "Genre as Social Action". *Quarterly Journal of Speech* 70, 151-167.

Myers, G.(1985), "The Social Construction of Two Biologists' Proposals". *Written Communication* 2(3), 219-245.

Nystrand, M., Greene, S., & Wiemelt, J.(1993), "Where Did Composition Studies Come from?: An Intellectual History". *Written Communication* 10(3), 267-333.

Perelman, C. & Olbrechts-Tyteca, L.(1958), *Traité de l'argumentation, la nouvelle rhétorique*, Presses universrité de France.

Reboul, O., 박인철 역(1999), 『수사학』, 한길사.

Schryer, C. F.(1994), "The Lab vs. the Clinic: Sites of Competing Genres". In A. Freedman & P. Medway(Eds.), *Genre in the New Rhetoric*, 105-124.

Strunk, W.(1959), *The Elements of Style*, Macmillan.

Ward, I., 박태호 외 역(2015), 『이데올로기와 대화 그리고 작문교육의 새로운 패러다임』, 아카데미프레스.

Warriner, J. E. & Griffith, F. J.(1969), *English Grammar and Composition: complete course (revised edition)*, Harcourt Brace Jovanovich, Inc.

3장 쓰기의 과정

영화 〈파인딩 포레스터(Finding Forrester)〉에서 천재적인 작가인 포레스터는 타자기 앞에 앉자마자 조금의 망설임도 없이 멋진 글을 써낸다. 『춘향전』의 이몽룡도 과거 시험장에서 일필휘지로 급제 답안을 완성한다. 이러한 장면은 백지 앞에서 오래도록 망설이는 평범한 필자들을 주눅 들게 한다. 그러나 포레스터와 이몽룡이 과연 마법사가 모자에서 비둘기를 꺼내 놓듯이 순식간에 한 편의 글을 완성했을까? 그렇지 않다.

모든 글쓰기는 일정한 과정을 거쳐 이루어진다. 전문 필자가 망설임 없이 곧바로 완성도 있는 글을 써내는 것처럼 보일지라도, 그 순간 필자의 머릿속에서는 매우 복잡한 인지 과정이 진행된다. 또한 필자의 인지 과정은 다양한 사회·문화적, 상호텍스트적, 상황적 요인들의 영향을 받아 이루어진다.

이 장에서는 쓰기의 과정을 다룰 것이다. 먼저, 쓰기 과정을 구분하는 다양한 방식, 쓰기 과정의 성격, 쓰기 과정에 영향을 미치는 요인에 대해 알아본다. 다음으로, 눈에 보이지 않는 쓰기 과정을 가시화하여 나타내고자 한 여러 가지 쓰기 과정 모형을 살펴볼 것이다. 각기 다른 이론적 관점의 산물인 쓰기 과정 모형들을 살펴보면서, 쓰기 이론의 전개에 따라 쓰기 과정 및 그 영향 요인을 규정하는 방식이 어떻게 변화해 왔는지 이해해 보자.

1 쓰기는 어떤 과정을 거치는가

1) 쓰기 과정의 구분

쓰기 과정은 일반적으로 '계획하기 – 내용 생성하기 – 내용 조직하기 – 표현하기 – 고쳐쓰기'로 구분된다. 그러나 이는 쓰기 과정을 구분하는 하나의 방식일 뿐 유일한 방식은 아니다. 쓰기 과정은 필자의 머릿속에서 일어나는 복잡하고 추상적인 인지 작용이기에 명확히 구분되는 단계들로 존재하지 않는다. 쓰기 과정을 구분한다는 것은 이 복잡한 현상을 임의적으로 단순화하여 구획한다는 것을 의미한다. 따라서 쓰기 과정은 다양하게 구분될 수 있고, 다양하게 구분되어 왔다.[1]

----

1   쓰기 과정의 구분 방식이 다양한 것처럼 각 쓰기 과정의 명칭 또한 다양하다. 표 3-1을 보면, 동일하거나 유사한 과정을 각기 다른 용어로 지칭하는 경우가 있음을 확인할 수 있다. 예를 들어, '쓰기', '텍스트 생산하기', '작성하기', '표현하기', '초고 쓰기'는 모두 필자가 실제 텍스트를 작성하는 과정을 지칭한다. 이 책에서는 쓰기 과정을 '계획하기', '내용 생성하기', '내용 조직하기', '표

표 3-1 쓰기 과정을 구분하는 다양한 방식

Rohman & Wlecke (1964)	쓰기 전			쓰기		쓰기 후	
박영목 외 (1996)	아이디어 생산하기			텍스트 생산하기		고쳐쓰기	
Flower & Hayes (1981)	계획하기			작성하기		검토하기	
	생성하기	조직하기	목표 설정 하기	작성하기		평가하기	고쳐쓰기
	조정하기						
이재승 (2002)	계획하기	생성하기	조직하기	표현하기		수정하기	
	조정하기						
박영목 (2013)	계획하기	내용 생성하기	조직하기	표현하기		수정하기	
정혜승 (2013)	과제 해석하기		계획하기	작성하기		수정/편집하기	
	조정하기						
Tompkins (2012)	쓰기 전	초고 쓰기	고쳐쓰기	편집하기		출판하기	
박영민 외 (2016)	계획하기	내용 생성하기	내용 조직하기	표현하기	수정하기	작품화하기	
2022 개정 국어과 교육과정	계획하기	내용 생성하기	내용 조직하기	표현하기	고쳐쓰기	공유하기	
	점검과 조정						

쓰기 과정을 구분하는 방식을 크게 두 가지로 나누면, '시간의 흐름'을 기준으로 구분하는 방식과 쓰기 과정에서 '필자가 수행하는 기능'을 기준으로 구분하는 방식이 있다. 시간의 흐름을 기준으로 하는 대표적인 방식으로는 '쓰기 전 – 쓰기 – 쓰기 후' 구분이 있고, 필자가 수행하는 기능을 기준으로 할 때에는 '아이디어 생산하기 – 텍스트 생산하기 – 고쳐쓰기'와 같이 나눌 수 있다. 쓰기 교육의 관점에서는 필자가 수행하는 기능으로 구분하는 방식이 좀 더 적합하다고 볼 수 있다. 필자가 쓰기 과정에서 구체적으로 무엇을 해야 하는지에 대한 정

현하기', '고쳐쓰기'로 구분했고, 4장에서도 해당 과정별 쓰기 전략을 살폈다. 그러나 표 3-1의 연구자들의 논의를 소개할 때에는 각 연구자가 사용한 용어를 그대로 사용하였다.

보를 줄 수 있기 때문이다(이재승, 2002: 263).

필자가 수행하는 기능을 기준으로 쓰기 과정을 구분하는 방식도 다양하게 나뉜다. 먼저 '초고 작성 전'의 활동을 자세히 나누는 방식과 '초고 작성 후'의 활동을 상세히 구분하는 방식으로 나눌 수 있다(최지현 외, 2007: 198). 초고 작성 전의 활동을 나누는 방식은 쓰기 전에 이루어지는 필자의 인지적 사고 과정을 강조하여 '계획하기 – 생성하기 – 조직하기'와 같이 과정을 세분화한다. 표 3-1 에서 이재승(2002), 박영목(2013), 정혜승(2013)의 구분 방식이 여기에 속한다. 반면, 초고 작성 후의 활동을 구분하는 방식은 쓰기 후에 이루어지는 사회·문화적 과정을 강조하여, 완성된 글을 필자가 담화 공동체와 공유하는 활동을 쓰기 과정에 포함시킨다. 톰킨스(Tompkins/이재승 외 역, 2012)가 '고쳐쓰기' 이후 '편집하기 – 출판하기' 과정을 별도로 구분한 것이 대표적 사례이다. 한편 박영민 외(2016)와 2022 개정 국어과 교육과정에서는 초고 작성 전의 활동과 초고 작성 후의 활동을 모두 세분화했다. '작품화하기'가 완성된 글을 학급 게시판에 전시하거나 문집으로 만드는 등의 형태화 활동을 부각한 용어라면, '공유하기' 는 완성된 글을 함께 읽으며 필자와 독자, 독자와 독자가 글에 대한 생각과 느낌, 경험을 나누는 상호작용을 부각한 용어라고 할 수 있다.

다음으로 '조정하기'를 쓰기 과정에 포함시킬 것인가의 문제도 쓰기 과정의 구분을 상이하게 하는 요인이다. 다른 쓰기 과정이 필자가 자신이 쓰는 글을 대상으로 수행하는 것이라면, 조정하기는 필자가 자신의 쓰기 과정 자체를 대상으로 하여, 이를 점검하고 통제하는 것이다. 그래서 인지 과정보다 한 차원 상위에 있다는 의미에서 상위인지 과정이라 불리기도 한다. 플라워와 헤이즈(Flower & Hayes, 1981), 이재승(2002), 정혜승(2013)이 이를 쓰기 과정 안에 포함시켜 논의했고, 2022 개정 국어과 교육과정에서도 쓰기의 과정·기능 범주의 내용 요소로 '점검과 조정'을 포함했다.

> **용어 설명**
>
> 상위인지(metacognition) 개인이 자신의 인지 상황에 유의하면서 과제 수행을 점검·통제·조절하는 정신적 기제. 인지가 어떤 대상이나 목표에 대해 사고하는 것이라면, 상위인지는 그러한 인지를 대상으로 하는 보다 높은 층위에 존재하는 또 다른 인지이다. 자기 점검, 자기 질문, 자기 평가 등을 포함하는 자기 조정(self-regulation)을 수행한다. 초인지(超認知) 또는 메타인지라고도 불린다(서울대학교 국어교육연구소, 1999: 399).

한편 이상의 구분이 모든 필자가 모든 종류의 쓰기를 할 때 거치는 보편적인 쓰기 과정을 염두에 두고 이루어진 것이라면, '필자의 쓰기 수준'이나 '쓰기 과제'와 같은 특정한 상황 요인을 기준으로 쓰기 과정을 구분하는 것도 가능하다. 베라이터와 스카다말리아(Bereiter & Scardamalia, 1987)의 구분이 대표적이다. 이들은 능숙한 필자와 미숙한 필자의 쓰기 과정이 각기 다른 양상으로 진행된다는 사실을 '지식 나열 모형'과 '지식 변형 모형'을 통해 설명한 바 있다. 다음 절에서 상세히 살펴볼 이 과정 모형들은 능숙한 필자가 글을 쓰기 전 내용 생성을 위해 역동적인 지식 변형 과정을 경험하는 반면, 미숙한 필자는 그러한 과정을 거치지 않는다는 것을 보여 준다.

2) 쓰기 과정의 성격

쓰기 과정에 대한 가장 흔한 오해는 쓰기 과정이 선조적인 단계들로 이루어진다는 생각이다. 즉, 계획하기 과정이 끝나면 내용 생성하기 과정이 이루어지고 내용 생성하기 과정을 마쳐야 내용 조직하기 과정이 시작된다는 식이다. 그러나 자신의 글쓰기를 곰곰이 돌이켜 보면 쓰기 과정이 그렇게 단순하지 않다는 사실을 이해할 수 있다. 필자는 내용을 생성하는 동시에 조직하기도 하고, 글을 작성하다 말고 다시 계획하기 과정으로 돌아가기도 한다. 요컨대 쓰기 과정은 동시성과 회귀성을 갖는다. 그러므로 쓰기 과정의 경계 또한 명확하게 구분되는 것이라기보다는, 편의상 설정된 느슨한 것으로 이해해야 한다(정혜승, 2013: 119).

(1) 쓰기 과정의 동시성

쓰기 과정의 동시성이란 필자가 두 가지 이상의 쓰기 과정을 동시적·복합적으로 수행하는 현상을 말한다. 필자는 내용을 생성하는 동시에 내용을 조직하기도 하고, 내용을 조직하는 동시에 이를 글로 작성할 수도 있다.

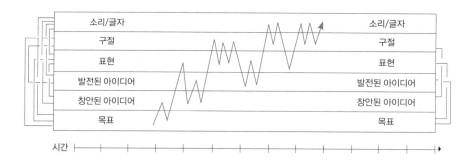

소리/글자		소리/글자
구절		구절
표현		표현
발전된 아이디어		발전된 아이디어
창안된 아이디어		창안된 아이디어
목표		목표

시간

그림 3-1 단계 병행적 상호작용 모형(De Beaugrande, 1984: 106)

그림 3-1은 쓰기 과정에서 시간의 흐름에 따라 어떤 언어적 발생물이 나타나는가를 표현한 것이다. 우리는 흔히 글의 목표를 분명히 세우고 나야 목표 달성을 위한 아이디어를 창안할 수 있고, 아이디어 창안이 끝나야 이를 발전시키고 조직할 수 있다는 식의 오해를 하기 쉽다. 그러나 드보그랑드(De Beaugrande, 1984)는 쓰기 과정에서 언어적 발생물이 순차적인 단계를 통해 나타나는 것이 아니라, 여러 단계들의 병행적 상호작용을 통해 나타나는 것임을 그림 3-1과 같이 나타냈다.

그림 3-1을 보면, 글의 목표, 목표 달성을 위한 아이디어, 보다 발전된 아이디어, (문자 언어로 실체화되기 이전 필자 머릿속에서의 표현을 포함한) 아이디어의 표현, 문자 언어로 실체화된 구절들, 낱낱의 소리/글자를 생산하는 일이 일정한 시간 단위 안에서 병행적으로 나타남을 알 수 있다. 즉, 쓰기 과정의 초기에는 글의 목표 설정, 아이디어의 생산 및 발전이 시간을 나타내는 하나의 눈금 안에서 동시 발생적으로 이루어진다. 그러다가 쓰기 과정의 후반부로 갈수록 실제적인 텍스트를 생산하는 데 집중하게 된다. 이때에도 필자의 머릿속에서 발전된 아이디어를 언어화하여 표현하는 일이 문자 언어로 실체화된 구절이나 소리/글자를 작성하는 일과 별개의 것으로 분리되지 않고 함께 이루어진다. 이처럼 쓰기 과정을 통해 생산되는 언어적 발생물은 순차적이기보다는 동시적이고 복합적인 상호작용을 통해 나타난다.

(2) 쓰기 과정의 회귀성

쓰기 과정의 회귀성은 필자가 하나의 쓰기 과정에서 이후의 과정으로 나아가기도 하지만, 언제든 이전의 과정으로 되돌아가기도 하는 현상을 뜻한다. 예

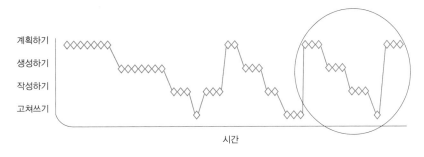

그림 3-2 쓰기 과정의 회귀성(Flower/원진숙·황정현 역, 1998: 115)

를 들어, 필자는 글을 작성하다 말고 개요를 다시 작성하기도 하고, 개요를 작성하다 말고 새로운 내용을 생성하기도 한다.

그림 3-2는 쓰기 과정의 회귀성을 표현한 것이다. 그림에서 원이 그려진 부분을 보면, 필자가 이제까지 쓴 글을 고쳐 쓰다가 다시 계획하기 과정으로 돌아갔음을 확인할 수 있다. 고쳐쓰기 과정에서 글의 내용을 변경하거나 새롭게 작성해야 한다는 문제를 인지하자 앞선 과정으로 되돌아가 새롭게 계획하기, 생성하기, 작성하기 과정을 수행한 것이다. 비단 고쳐쓰기 과정에서뿐만 아니라, 필자는 쓰기의 어떤 과정에서도 문제 상황에 부딪칠 경우 얼마든지 선행 쓰기 과정으로 회귀할 수 있다.

한편, 쓰기 과정의 이러한 회귀성은 필자가 구체적인 쓰기 상황 속에서 끊임없이 자신의 쓰기 과정을 점검하고, 평가하고, 조정하는 상위인지를 가동시키면서 목표지향적으로 쓰기의 문제들을 해결해 가기 때문에 가능한 것이다. 필자는 이러한 문제 해결 과정으로서의 쓰기를 통해 사고를 확장하고 정련하면서 당초에 전달하고자 했던 의미에 접근해 간다고 할 수 있다(최미숙 외, 2014: 252).

이와 같이 쓰기 과정은 컨베이어 벨트에서 물품을 조립하는 것과 같은 일직선적 단계들로 진행되지 않는다. 물론 거시적인 국면에서는 쓰기 전, 쓰기, 쓰기 후의 과정이 순차적으로 일어난다. 그러나 이는 대체적인 경향일 뿐, 쓰기의 미시적인 국면에서 필자들은 편의상 구분된 쓰기 과정의 경계를 자유롭게 넘나들면서 동시적이고 회귀적으로 글을 쓴다.

3) 쓰기 과정의 영향 요인

쓰기 과정은 다양한 요인들의 복합적인 영향을 받아 이루어진다. 쓰기 과정을 표 3-1과 같이 '시간의 흐름' 또는 '필자가 수행하는 기능'을 중심으로 구분했을 때, 이는 마치 쓰기가 무엇에도 영향을 받지 않는 진공 상태에서 이루어지는 활동인 듯한 오해를 불러올 수도 있다. 그러나 필자가 골방에서 홀로 조용히 글을 쓰는 동안에도 필자의 쓰기 과정에는 매우 다양한 요인들이 작용한다.

정혜승(2013)은 쓰기 과정에 영향을 미치는 세 층위의 맥락을 그림 3-3과 같이 규정한 바 있다. 정혜승은 '요인' 대신 '맥락'이라는 용어를 사용했는데,

여기서 맥락이란 "텍스트의 이해와 생산에 관여하는 요인과 힘"을 뜻하므로 이를 '요인'으로 이해해도 무방하다. 각 맥락 및 하위 요인을 살펴보면 그림 3-3과 같다.

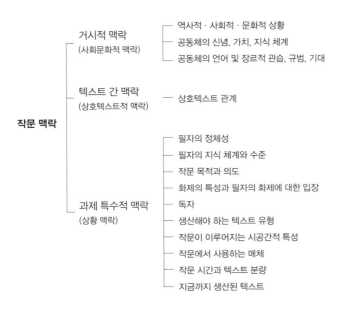

그림 3-3 텍스트 생산에 관여하는 맥락의 범주와 요인(정혜승, 2013: 84)

- **거시적 맥락**: 쓰기 과정 외부에 존재하면서 과정 전체를 통어(統御)하고 조정하는 기반적 요인이라는 점에서 사회문화적 맥락이라고도 불린다. 예를 들어 신문 논설위원이 월드컵 축구 경기 시즌에 '한일(韓日)전에서만큼은 절대 지면 안 된다.'라고 주장하는 사설을 쓰는 상황을 가정해 보자. 그의 쓰기 과정에는 한국과 일본의 역사적 관계 및 우리 국민의 정서가 필연적으로 영향을 미치게 된다.
- **텍스트 간 맥락**: 상호텍스트적 맥락이라고도 하는데, 상호텍스트란 둘 이상의 텍스트 사이의 유기적 관련성을 의미하는 용어이다. 필자는 텍스트를 작성할 때 넓게는 이제까지 읽었던 수많은 텍스트의 영향을 받고, 좁게는 쓰고자 하는 텍스트와 주제적·장르적으로 연결된 선행 텍스트의 영향을 받는다. 텍스트 간 맥락의 영향이 중요하게 작용하는 대표적인 장르는 연구 논문이다. 연구 논문 장르는 '이론적 배경' 또는 '선행 연구 검토'라는 제목하에 해당 논

문과 상호텍스트적 관계에 있는 선행 논문들에 대한 기술을 반드시 포함하게 하고 있다. 예를 들어 '대학생의 쓰기 과정'에 대한 논문을 쓰고자 한다면, 연구자는 동일하거나 유사한 주제를 먼저 다룬 선행 논문들을 검토하여, 그 한계를 극복하고자 하는 방식으로 자신의 논문을 작성한다.

- **과제 특수적 맥락**: 쓰기가 이루어지는 과정 자체에 작동하여 텍스트 생산에 직접적으로 관여하는 맥락, 즉 상황 맥락을 말한다. 거시적 맥락이 쓰기의 전 과정에 전방위적·포괄적으로 작용하여 간접적(때로 직접적) 영향을 미친다면, 과제 특수적 맥락은 쓰기 과정 자체에 국지적·미시적으로 작용한다. 이러한 요인들은 필자가 현재 진행 중인 쓰기 과정에 개입하여 쓰기의 내용과 형식에 가장 직접적인 영향을 미친다.

이처럼 쓰기 과정은 진공 상태에서 단계적으로 이루어지지 않고, 다양하고 복잡한 요인들의 영향을 받아 때로 동시적이고, 때로 회귀적으로 이루어진다. 2장에서 살펴보았듯 쓰기 이론 역시 이를 반영하여 쓰기 과정의 구분을 점차 정교화하고, 쓰기 과정의 동시성과 회귀성에 주목하며, 쓰기 과정에 영향을 미치는 요인을 보다 풍부하게 발견하는 방향으로 진행되어 왔다. 다음 절에서는 이를 염두에 두고, 대표적인 쓰기 과정 모형들이 쓰기 과정 및 영향 요인을 규정해 온 방식을 살펴본다.

2   쓰기 과정 모형에는 어떤 것이 있는가

쓰기 과정에 주목하기 시작한 1960년대 중반 이후로 연구자들은 다양한 방식으로 쓰기 과정을 구분하고, 쓰기 과정에 영향을 미치는 요인들을 규정해 왔다. 그리고 이러한 규정은 주로 쓰기 과정 모형(writing process model)을 통해 이루어졌다. 쓰기 과정 모형이란 인지심리학에서 주로 사용하는 정보 처리 모형의 일종으로, 필자의 인지 내에서 일어나는 의미 구성 과정 및 영향 요인을 도식화하여 그림으로 나타낸 것이다. 쉽게 말해, 글을 쓸 때 필자의 머릿속에서 어떠한 일이 일어나며, 이에 영향을 미치는 요인들에는 무엇이 있는가를 그림으로 단순화하여 나타낸 것이다.

이러한 도식화는 쓰기 과정 및 영향 요인의 본질적인 복잡성을 모두 포착하는 데에는 물론 한계가 있다. 그러나 쓰기 교육의 국면에서 이러한 시도는 상당한 의미를 갖는다. 학생의 쓰기 과정을 '말로 설명하기 어려운 그 무엇'이 아니라 '체계적이고 명확한 것'으로 만들어 주기 때문이다(박영민 외, 2016: 81). 이처럼 쓰기 과정 및 그 영향 요인이 가시화될 때 교사는 학생의 쓰기 과정에 개입할 수 있고, 해당 과정에서의 교육 내용을 설정할 수 있다.

쓰기 과정 모형은 크게 '일반적 쓰기 과정 모형'과 '상황별 쓰기 과정 모형'으로 나눌 수 있다. 일반적 쓰기 과정 모형은 필자의 쓰기 수준이나 쓰기 장르의 특성과 관계없이, 필자가 글을 쓸 때 보편적으로 경험할 것으로 간주되는 쓰기 과정을 나타낸 것이다. 대표적인 모형으로 플라워와 헤이즈(Flower & Hayes, 1981)의 인지적 쓰기 과정 모형을 들 수 있다. 이 모형은 쓰기 이론의 변천에 따라 헤이즈(Hayes, 1996)의 개인과 환경의 상호작용 모형, 그리고 헤이즈(2012)의 통제 – 과정 – 자원 수준 구분 모형으로 지속적으로 수정되어 왔다. 한편, 상황별 쓰기 과정 모형은 필자가 글을 쓰는 상황 요인에 따라 쓰기 과정에 차이가 나타날 수 있음을 강조한 것이다. 앞 절에서 언급한 베라이터와 스카다말리아(Bereiter & Scardamalia, 1987)의 지식 나열 모형 및 지식 변형 모형이 대표적이다. 이 두 모형은 기본적으로 '필자의 쓰기 수준'에 따라 상이한 쓰기 과정을 나타낸 것이지만, '쓰기 과제'에 따라 필자가 선택 가능한 모형으로도 설명된다.

1) 일반적 쓰기 과정 모형

(1) 단계적 쓰기 모형

로만과 블레케가 제안한 단계적 쓰기 모형(Rohman & Wlecke, 1964)은 쓰기 과정을 시간의 흐름을 기준으로 '쓰기 전', '쓰기', '쓰기 후'로 구분한 가장 초기적 형태의 모형이다(그림 3-4). 이 모형은 쓰기 과정을 일방향의 단계로 배열했다는 점에서 본격적인 쓰기 과정 모형으로 보기에는 무리가 있다. 그러나

그림 3-4 단계적 쓰기 모형(Rohman & Wlecke, 1964)

쓰기 결과물이 아닌 쓰기 과정에 관심을 갖고, 쓰기 과정을 체계화하고자 한 초기의 시도를 보여 준다는 점에서 의미를 갖는다(이재승, 1998: 98).

이 모형을 제안한 로만과 블레케는 각 쓰기 단계에서 이루어지는 활동을 교육 내용으로 삼음으로써 학생들의 쓰기 능력을 향상시킬 수 있다고 주장했다. 이들은 특히 '쓰기 전' 단계에서 수행하는 다양한 활동의 중요성을 강조했다. 쓰기 전 단계에는 '주제 탐색하기'와 같이 필자의 머릿속에서 이루어지는 활동뿐 아니라, '개요 짜기'나 '쓰기 일지 작성하기'와 같이 초고 작성을 시작하기 전 수행되는 실제적인 쓰기 활동도 포함된다. 쓰기 단계별 활동을 교육하는 일은 과정 중심 쓰기 교육이 보편화된 지금으로서는 새로울 것이 없어 보이지만, 이 모형이 제안된 1960년대에는 주목할 만한 것이었다. 형식주의 관점을 토대로 한 결과 중심 쓰기 교육이 만연하던 당시에는 학생들이 각자 완성해 낸 결과물로서의 글을 지도할 뿐, 쓰기 과정에 개입하여 과정별 수행을 지도하는 시도가 거의 이루어지지 않았기 때문이다. 로만과 블레케는 단계적 쓰기 모형을 제안함으로써 과정 중심 쓰기 교육이 발전할 수 있는 하나의 토대를 마련했다.

이처럼 단계적 쓰기 모형은 쓰기의 과정에 대한 연구적·교육적 관심을 환기했다는 점에서 의의를 갖는다. 그러나 이 모형은 쓰기 과정의 동시성이나 회귀성을 전제하지 않은 채 쓰기 과정을 일방향의 단계들로 설정했다는 점에서 후대 연구자들로부터 많은 비판을 받았다. 또한 쓰기에 영향을 미치는 다양한 요인에 대해서도 관심을 두지 않았다는 한계도 존재한다. 본격적인 쓰기 과정 모형은 1980년대 이후 플라워와 헤이즈(1980; 1981)를 비롯한 인지주의 이론가들에 의해 활발히 제안되기 시작했다.

(2) 인지적 쓰기 과정 모형

쓰기 과정 모형으로 국내외에서 가장 널리 알려진 것은 인지적 쓰기 과정 모형(Flower & Hayes, 1981)이다(그림 3-5). 이 모형은 헤이즈와 플라워(Hayes & Flower, 1980)에서 처음 제안한 모형을 좀 더 다듬은 것으로, 이후 쓰기 과정 연구에 매우 큰 영향을 미쳤다.

인지주의 관점을 토대로 한 이 모형은 앞서 살펴본 단계적 쓰기 모형과는 두 가지 주요한 차이점을 갖는다. 첫 번째는 쓰기 과정의 동시성과 회귀성을 강조한 것이다. 그림 3-5의 모형 중심에 있는 '쓰기 과정' 부문을 보면 '계획하기', '작성하기', '검토하기'의 세 과정이 일방향적으로 이어지는 것이 아니라, 각 과정이 '조정하기'와 양방향의 화살표로 연결되어 있음을 확인할 수 있다. 이는 쓰기 과정들이 동시적으로 나타날 수 있다는 점, 그리고 필자가 자신의 글쓰기를 점검 및 통제하는 '조정하기'를 통해 언제든 자신에게 필요한 과정으로 회귀할 수 있다는 점을 보여 준다.

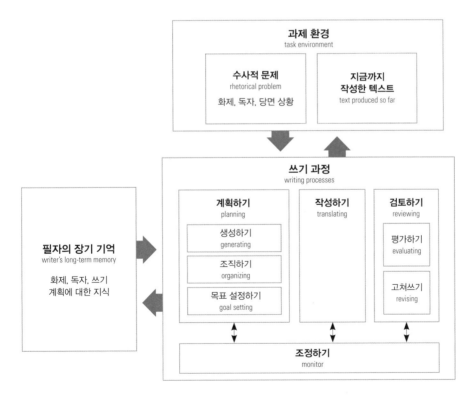

그림 3-5 인지적 쓰기 과정 모형(Flower & Hayes, 1981)

두 번째는 쓰기 과정에 영향을 미치는 요인들을 규정한 것이다. 이 모형은 '쓰기 과정'에 영향을 미치는 요인으로 '과제 환경'과 '필자의 장기 기억'을 설정하고 이들 사이의 관계를 나타냈다. 쓰기가 필자 내부 및 외부의 다양한 요인과 영향을 주고받으며 진행되는 행위임을 강조한 것이다.

모형을 구성하는 세 가지 요인을 자세히 살펴보면 다음과 같다.

① 쓰기 과정

모형의 핵심으로, 필자 외부의 '과제 환경' 및 필자 내부의 '장기 기억' 요인과 영향을 주고받으며 전개된다. 크게 '계획하기', '작성하기', '검토하기'로 이루어진다. 또한 '조정하기'가 쓰기 전 과정과 관계를 맺으며 이를 점검하고 통제하는 것으로 나타나 있다.

- **계획하기**: 필자가 자신이 작성할 글에 대한 내적 표상(internal representation)을 구성하는 행위로 정의된다(Flower & Hayes, 1981: 371). 여기서 내적 표상이란 필자가 쓰기 과정을 통해 실체화할 글의 내용 및 형식 전반에 대해 떠올린 형상을 의미한다. 이는 명시적인 언어로도 표현되지만, 아직 언어화되지 않은 추상적인 이미지의 형태로도 구성될 수 있다. 또한 쓰기 과정이 진행되면서 점차 변화하고 발전한다. 이때 내적 표상이 쓰기 과정을 통해 변화·발전한다는 것은 계획하기가 쓰기 과정 전반에서 이루어질 수 있다는 사실을 뜻한다. '계획하기'는 다시 '목표 설정하기', '생성하기', '조직하기'의 세 가지 하위 과정으로 구분된다.
  - **목표 설정하기**: 필자가 쓰기 과정에서 달성하고자 하는 크고 작은 목표들을 수립하는 행위로, 쓰기 과정 전반을 이끄는 원동력으로 작용한다. 목표는 글을 쓰는 절차와 관련된 것(**예** "첫 문장에서 질문을 던지고, 이에 답하는 방식으로 글을 작성해야지.")일 수도 있고, 글의 구체적 내용 및 효과와 관련된 것(**예** "대기 오염이 청소년의 삶에 미치는 실제적인 영향력을 강조함으로써 고등학생 독자가 환경 문제의 중요성을 자신의 삶 속에서 이해할 수 있게 해야겠다.")일 수도 있다. 쓰기 과정은 필자가 다양한 층위의 목표를 수립하고, 변화·발전시키며, 달성하는 과정이라고 할 수 있다.
  - **생성하기**: 글의 내용을 만들어 내는 행위이다. 필자의 장기 기억에서 관련

된 지식을 불러오거나 필요한 외부 자료를 탐색하는 방식으로 이루어진다. 그런데 이때 생성된 내용은 잘 정리된 것일 수도 있지만, 연결되지 않은 단편적인 것일 때도 많다. 이는 '조직하기'를 통해 연결된다.

- 조직하기: 생성된 내용에 의미 있는 구조를 부여하는 행위이다. 조직하기를 통해 필자는 생성된 내용을 범주화하고, 중심 내용과 종속된 내용을 분류한다. 또한 이 과정에서 더 생성되어야 할 내용이 무엇인지도 드러난다. 예를 들어 사형제도 찬반론에 대한 내용을 대조 구조로 조직하는 과정에서, 필자는 찬성 견해에 비하여 반대 견해의 내용이 충분히 수집되지 않았다는 사실을 인지하고 관련 내용을 좀 더 생성할 수 있다.

• **작성하기**: 계획하기 과정을 통해 구성된 내적 표상을 언어화하여 실제 글로 표현하는 행위이다. 플라워와 헤이즈는 내적 표상을 문자 언어로 옮긴다는 의미를 강조하기 위해 'translating(옮기기)'이라는 용어를 사용하였다. 계획하기를 통해 생성되고 조직된 내용이 언제나 명시적인 언어의 형태로 작성하기 과정으로 넘어오는 것은 아니다. 아직 언어화되지 않은 추상적인 생각이나 이미지의 수준일 수도 있다. 예를 들어 필자는 '환경 문제의 심각성'과 관련하여 지구가 병들고 동식물이 고통받는 이미지를 떠올릴 수 있고, 이는 그림이나 무용, 음악과 같은 다른 양식을 통해 표현될 가능성도 있다. 작성하기는 이러한 내적 표상을 실체화된 문자 언어 양식으로 바꾸어 표현하는 행위이다.

• **검토하기**: '평가하기'와 '고쳐쓰기'라는 두 하위 과정으로 나뉜다. 필자가 계획하거나 작성한 내용이 적절한지 평가하고, 필요한 경우 고쳐 쓰는 행위이다. 검토하기는 대체로 초고 완성 후 이를 평가자의 시각에서 읽고 고쳐 쓰는 과정으로 진행되지만, 계획하기 또는 작성하기 과정에서 현재 계획 및 작성 중인 내용을 대상으로 이루어지기도 한다.

• **조정하기**: 쓰기 과정을 점검하고 통제하는 행위로, 필자가 하나의 과정에서 다른 과정으로 이동할 시기가 언제인지 결정한다. 계획하기, 작성하기, 검토하기가 필자가 쓰고자 하는 글을 대상으로 진행되는 과정이라면, 조정하기는 필자의 쓰기 과정 자체를 대상으로 하는 일종의 쓰기 감독관이자 상위인지로 기능한다. 한편, 조정하기는 필자 개개인의 쓰기 습관이나 목표의 영향을 받는다. 어떤 필자는 계획하기에 충분한 시간을 들인 다음에야 작성하기로

넘어가는 반면, 다른 필자는 가능한 한 빨리 초고를 작성한 뒤 검토하기에 오랜 시간을 들이기도 한다. 능숙한 필자일수록 쓰기 상황이나 자신의 쓰기 습관에 적합하고 효율적인 방식으로 쓰기 과정을 조정하고 운용할 수 있다.

② 과제 환경

쓰기 과정에 영향을 미치는 필자 외적 요인이다. '수사적 문제'와 '지금까지 작성한 텍스트'로 분류된다.

- **수사적 문제**: 쓰기 과정에서 필자는 다양한 수사적 문제의 영향을 받는다. 외부에서 부과되었거나 혹은 스스로 설정한 '화제'가 무엇인지, 글을 읽는 '독자'가 누구인지, 어떠한 '당면 상황'에서 글을 쓰는지와 같은 다양한 문제가 쓰기 과정에서 필자의 세부적인 선택에 영향을 미치는 제약으로 작용한다. 이때 '당면 상황'이란 필자가 쓰기 과정에서 부딪치는 다양한 층위의 문제 상황들을 포괄하는 표현이다. 예를 들어, 필자가 제한된 시간 안에 시험 답안을 쓰는 상황인지 또는 자유롭게 일기를 쓰는 상황인지와 같은 거시적 문제부터 독자의 수준에 맞는 어휘를 선택하는 미시적 문제에 이르기까지 쓰기 상황에서 나타나는 다양한 문제들이 포함된다.
- **지금까지 작성한 텍스트**: 제목이 글의 내용을 제약하고 주제 문장이 문단의 구성에 영향을 미치듯이, 텍스트를 전개할 때 앞서 작성한 단어나 문장들이 다음에 어떤 단어나 문장을 작성할지에 대한 필자의 선택을 결정하고 제한한다. 만약 글의 서두에서 "대학 상대평가 제도의 문제점을 세 가지 측면에서 살펴보겠다."는 문장을 썼다면, 이 문장은 이어지는 글의 내용과 형식을 제약하는 강력한 영향 요인으로 작용하게 된다.

③ 필자의 장기 기억

쓰기 과정에 영향을 미치는 필자 내적 요인이다. 장기 기억은 쓰기 과정에서 필자가 활용할 수 있는 각종 지식의 저장소라고 할 수 있다. 필자는 이 기억 저장소로부터 화제, 독자, 쓰기 계획에 대한 다양한 지식을 끌어내어 선택하고 활용한다. 예를 들어 필자는 고등학교 1학년 학생에게 대기 오염의 심각성에 대해 설명하는 글을 써야 한다는 수사적 문제를 해결하기 위해, 대기 오염이라는 화제, 고등학교 1학년 학생의 지적 수준 및 관심사, 설명하는 글의 형식적·문체적 특성 등에 대해 자신이 알고 있는 지식을 쓰기 과정에서 지속적으로 상기하여 사용한다. 물론 현재의 쓰기 과정을 통해 필자가 새롭게 생성한 지식 또한 장기 기억에 저장될 수 있다.

플라워와 헤이즈(1981)의 인지적 쓰기 과정 모형은 역동적인 의미 구성 행위로서 쓰기 과정 및 이에 영향을 미치는 요인들에 본격적으로 주목하게 했다는 점에서 의의가 있다. 이 모형에서 쓰기는 '과제 환경' 및 '필자의 장기 기억'과의 활발한 상호작용 속에서 여러 '쓰기 과정'이 동시적·회귀적으로 진행되는 의미 구성 행위로 규정된다.

또한 이 모형은 쓰기를 필자의 인지 내에서 이루어지는 지속적인 문제 해결 과정으로 파악함으로써 쓰기 전략에 대한 관심을 환기했다는 의의도 갖는다. 그림 3-5에서 쓰기 과정은 '수사적 문제'를 인지하면서부터 시작되어, 필자가 자신이 해결해야 할 '문제'를 계획하기 과정에서 '목표'로 전환하면서부터 작동한다. 이때 글쓰기는 본질적으로 문제 해결 과정이며, 문제 해결이란 목표에 도달하고자 하는 사고 과정이다. 또한 앞서 당면 상황의 문제들이 다양한 층위의 것이었듯이, 필자는 문제 해결을 위해 다양한 목표를 위계적으로 설정하게 된다. 독자와 효과적으로 의사소통해야 한다는 가장 포괄적인 최상위 목표를 설정하고, 이를 달성하기 위한 상위 및 하위 목표들을 설정하는 것이다. 그리고 각 목표에 도달하기 위한 최적의 방법으로서 전략을 모색하게 된다. 그러므로 문제 해결자로서의 필자는 전략적 필자이기도 하다.

한편, 이 모형은 쓰기 과정의 영향 요인을 부분적으로만 규명했다는 한계도 보인다. 인지주의 관점을 토대로 한 이 모형은 그림 3-3에서 살펴본 세 층위의 영향 요인(맥락)을 기준으로 하면, 쓰기 과정에 직접적으로 영향을 미치는 일부의 과제 특수적 영향 요인에만 관심을 두었다. 이러한 이유로 1980년대 이후 본격화된 사회구성주의 관점의 연구자들로부터 비판을 받았다. 또한 이 모형은 필자의 정의적 측면에 대해서도 조명하지 않았다는 한계가 있다. 쓰기의 인지적 과정은 이를 작동하게 하고 지속적으로 구동하게 하는 쓰기 동기, 쓰기 효능감, 쓰기 신념, 쓰기 태도와 같은 정의적 요인들의 영향을 받는데도, 이에 대해서는 관심을 두지 않았다.

사고 구술법: 소리 내어 생각하기

'인지적 쓰기 과정 모형'은 플라워와 헤이즈가 임의로 그려낸 것이 아니라, 쓰기 과정 동안 필자의 머릿속에서 진행된 의미 구성 행위를 관찰·분석하여 구성한 것이다. 이들은 '사고 구술법(think aloud method)'을 사용하여 필자의 쓰기 과정을 고찰한 결과, 필자가 다양한 요인의 영향을 받으며 회귀적으로 쓰기 과정을 진행한다는 사실을 발견하고 이 모형을 구성했다.

사고 구술법이란 언어 사용자가 글을 읽거나 쓰는 동안 머릿속에 떠오르는 생각을 모두 소리 내어 말해 보게 하는 방법으로, '소리 내어 생각하기 기법'이라고도 부른다. 또한 사고 구술법을 통해 피험자가 자신의 사고행위를 구술한 것을 기록한 언어 자료를 '사고 구술 프로토콜(think aloud protocol)'이라고 한다. 다음은 한 학생의 사고 구술 프로토콜 사례이다.

오늘 글을 써야 할 과제는 '출산율 증가의 원인'이군. 선생님께서 이번엔 어려운 과제를 주셨어. 근데, 우리나라가 출산율이 증가했나? 얼마 전까지만 해도 출산율이 계속 떨어진다고 했었는데, 내가 잘못 알고 있었나? 작문 과제에 나온 출산율 증가 원인이 바로 주제가 되겠는걸. 선생님께서 뭘 의도하시고 이런 것을……. 선생님께선 이 내용을 잘 알고 있으실 텐데. 선생님께서 나눠 주신 자료를 읽어 봐야겠어. (자료글 읽기) 이 글에는 원인이 두 가지만 나온 것 같은데? (작문 과제를 보며) 작문 과제 원인을 세 가지로 쓰라고 했으니 원인 한 가지를 더 생각해야 하네? 뭐가 더 있을까? 음……. 과제에서 출산율이 증가한 원인을 밝히

라고 했으니까 글은 정보를 전달하는 설명문으로 해야겠어. 원인을 밝히는 것인데 설득하는 글로 쓰는 것은 아니겠지. (메모하기) 자료에서는 정부의 정책과 사회의 변화에서 증가의 원인을 찾았으니……. 나는 개인적 차원으로 내용을 전개하는 것이 좋겠군. 선생님께 강한 인상을 남기려면 첫 문장은 속담을 인용하면 좋겠어. 다른 글에서 보니 인상이 강하게 남던데. (작문 과제를 살피며) 선생님께서는 나머지 한 원인을 정부나 사회와 유사한 수준에서 기대하시겠지만……. 결국 출산은 개인 문제니까 난 개인적 차원이 더 중요하다고 봐. 그러면 글에 있는 것 두 가지와 개인적 차원의 원인을 더해서 써야겠군. 새로운 걸 더 찾는 건 어려움이 있으니까, 메모를 더 해두고. (하략)

— 학생의 사고 구술 프로토콜 사례
(2009학년도 1차 국어 중등교사 임용시험 5~6번
문제 지문을 일부 활용 제시함)

사고 구술 프로토콜을 분석하면 필자의 인지 과정을 가시화하여 관찰할 수 있다. 그래서 이 방법은 1970년대 이후 쓰기 연구의 방법으로 활발히 사용되어 왔다. 또한 사고 구술법은 교육도구이자 평가도구로도 이용되고 있다. 예를 들어, 교사는 학생들에게 자신의 사고 과정을 소리 내어 시연함으로써 능숙한 필자가 사용하는 쓰기 전략과 방법을 효과적으로 교육할 수 있다. 또한 학생의 사고 구술 과정을 실시간으로 관찰하거나 수집된 프로토콜을 분석함으로써 그가 효과적으로 쓰기 과정을 진행하는지, 어느 지점에서 어떠한 어려움을 겪는지 등의 문제를 추론하여 평가할 수 있다.

(3) 개인과 환경의 상호작용 모형

개인과 환경의 상호작용 모형(Hayes, 1996)은 인지적 쓰기 과정 모형을 제안한 연구자 중 하나인 헤이즈가 앞선 모형이 갖는 한계에 대한 인식을 토대로

새롭게 구성한 모형이다(그림 3-6). 이 모형은 1980년대 이후 발전된 사회구성주의 관점의 이론을 수용하는 동시에 인지심리학의 축적된 연구 성과도 함께 반영했다. 인지적 쓰기 과정 모형의 중심을 이루었던 필자의 인지적 쓰기 과정을 단순화한 대신, 여기에 영향을 미치는 다양한 필자의 외적·내적 요인을 부각했다.

이 모형은 쓰기가 개인 필자와 과제 환경과의 상호작용 속에서 이루어지며, 개인 필자 내부에서도 인지 과정, 동기/정서, 기억이 활발한 영향을 주고받는다는 사실을 강조했다. 인지적 쓰기 과정 모형과 비교할 때 이 모형이 갖는 주요한 특징은 다음과 같다.

① 과제 환경

이 모형은 '과제 환경'을 '사회적 환경'과 '물리적 환경' 요인으로 구분하고 새로운 개념들을 추가하여 쓰기의 환경적 측면에 대한 관심을 확대했다.

- **사회적 환경**: '독자' 외에 '협조자' 개념을 포함했다. 협조자는 쓰기 과정에서 필자와 상호작용하며 필자의 글쓰기를 조력하는 사람을 총칭한다. 학교나 직장에서 필자와 함께 협력적 글쓰기를 수행하는 동료일 수도 있고, 필자의 쓰기를 직간접적으로 조력하는 교사나 부모가 될 수도 있다.
- **물리적 환경**: '지금까지 작성한 텍스트'에 '쓰기 도구'를 포함하여, 쓰기 도구가 필자의 글쓰기에 미치는 영향력을 강조했다. 예를 들어, 워드 프로세서를 사용하여 글을 쓰는 것은 펜과 종이를 사용하여 글을 쓸 때에 비하여 쓰기 과정의 일부를 용이하게 할 수 있다. 하나의 문단을 다른 위치로 손쉽게 이동하거나 맞춤법을 자동 점검하는 등의 기능이 쓰기 과정에서 필자의 인지에 미치는 부담을 줄이기 때문이다. 또한 손글씨에 자신이 없는 학생 필자의 경우, 워드 프로세서를 사용하여 글을 쓸 때 긍정적인 동기와 정서를 경험할 수 있다.

② 개인

이 모형은 개인 필자 내부에서 쓰기에 영향을 미치는 다양한 요인을 강조했다. 1981년 모형에서는 분리하여 제시했던 필자의 '장기 기억'과 '인지 과정' 요인을 '개인' 안에 포함하고, 새롭게 '동기/정서'와 '작업 기억' 요인을 추가했다.

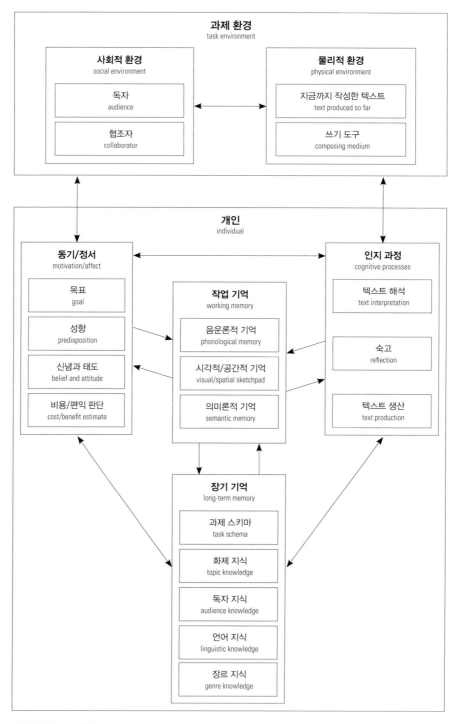

그림 3-6 개인과 환경의 상호 작용 모형(Hayes, 1996)

이를 통해 필자의 의미 구성이 단지 인지적 차원에서만 이루어지는 것이 아니라, 필자의 동기/정서, 인지 과정, 작업 기억 및 장기 기억 요인 간의 활발한 상호작용을 통해 이루어진다는 사실을 강조했다.

- **인지 과정**: 인지적 쓰기 과정 모형에서 중심에 위치했던 '인지 과정'은 '텍스트 해석', '숙고', '텍스트 생산'으로 재구성되었다. 각각 앞선 모형의 검토하기, 계획하기, 작성하기에 대응하는 개념이나, 그 함의에는 일부 차이가 있다.
  - 텍스트 해석: 필자가 쓰기를 위해 수행하는 다양한 읽기 활동을 뜻한다. 여기에는 자신의 글을 작성하기 위해 자료를 읽는 것과 자신이 작성 중이거나 작성 완료한 글을 읽는 것이 모두 포함된다. 단, 앞선 모형에서 검토하기의 하위 요인이었던 '고쳐쓰기'는 이 개념에 포함되지 않는다. 헤이즈(1996)는 '고쳐쓰기'가 '텍스트 해석', '숙고', '텍스트 생산' 과정 모두에서 발생할 수 있다고 강조했다.
  - 숙고: 쓰기를 위해 이루어지는 다양한 문제 해결적 사고 활동을 포함하는 광범위한 개념이다. 문자 언어로 표현되기 전 필자가 쓰기를 계획하고 목표 달성을 위한 전략들을 선택하는 인지적 사고 활동을 모두 포괄한다.
  - 텍스트 생산: 텍스트 해석 및 숙고 과정을 통해 구성된 의미를 명시적인 문자 언어로 산출해 내는 행위이다.
- **동기/정서**: 필자의 정의적 측면인 '동기/정서'를 이루는 하위 요인으로 쓰기 목표, 필자의 성향, 신념과 태도, 쓰기에 할애되는 비용 및 그로 인해 얻게 되는 편익에 대한 판단을 포함시켰다. 이때 비용/편익 판단이란 쓰기 과정에서 얼마나 많은 인지적 노력을 들일 것인가를 그로 인해 얻을 편익에 의거하여 판단하는 것을 말한다. 필자가 언제나 최선을 다해 글을 쓰는 것은 아니다. 예를 들어 대학생 필자가 보고서를 쓸 때 자신이 더 자료를 조사하여 사례를 풍부히 제시하면 글의 질이 나아지리라는 사실을 인지했더라도, 그만큼의 노력(비용)을 들여 향상될 점수(편익)가 크지 않다고 판단하면 노력을 하지 않을 수 있다. 이러한 정의적 요인들은 쓰기의 인지 과정에 매우 큰 영향을 미치지만, 이제까지 상대적으로 소홀하게 취급된 경향이 있었다.
- **작업 기억**: 모형의 중심에 '작업 기억'을 두어 그 중요성을 강조했다. 작업 기억이란 특정 작업을 수행하는 중에 정보를 일시적으로 보유하는 작업장으로

서의 기억을 말한다. 필자가 당면한 글쓰기를 수행하는 동안에만 해당 글의 의미적·언어적·시각/공간적 요인과 관련하여 작동한다. 예를 들어 필자는 글을 쓰는 동안 앞 문단에서 전개된 내용 및 사용된 언어, 시각/공간적 요인 (표나 그래프, 문단 구성의 형태 등)에 대한 기억을 보유하는데, 이것이 작업 기억이다. 단기 기억(short-term memory)이라고도 하나, 단기 기억이 기억 시간이 짧다는 것을 강조한 용어라면, 작업 기억은 현재 사용 중인 기억이라는 의미를 강조한 용어이다.

- **장기 기억**: 필자가 쓰기 과정에서 활용할 수 있는 각종 지식의 저장소인 '장기 기억'의 하위 요인을 상세화했다. 앞선 모형에서 다소 광범위하게 제시된 '쓰기 계획에 대한 지식' 항목을 삭제하고, '과제 스키마', '화제 지식', '독자 지식', '언어 지식', '장르 지식'으로 항목을 세분화했다. 이때 '과제 스키마'란 당면한 과제를 수행하는 과정 및 방법과 관련하여 필자의 장기 기억에 저장되어 있는 구조화된 지식을 말한다. 특정 과제를 수행하면서 필자가 과제 수행의 과정 및 방법에 대해 습득한 지식은 장기 기억에 축적 및 구조화되어 이후 유사한 과제를 수행할 때 사용된다. 예를 들어, 필자가 살아오면서 '웃어른에게 편지 쓰기' 과제를 수행한 다양한 경험을 통해 습득한 지식은 그가 '직장 상사에게 이메일 쓰기' 과제를 어떻게 수행할지를 결정할 때 활용된다.

개인과 환경의 상호작용 모형은 쓰기를 개인과 과제 환경 간의 상호작용을 통해 이루어지는 행위로 전제하고, 쓰기 과정에 영향을 미치는 다양한 개인적·환경적 요인을 상세하게 제시했다는 의의를 갖는다. 그럼으로써 쓰기를 개인 필자의 인지적 행위로 고찰했던 인지적 쓰기 과정 모형에서 한 걸음 나아갔다고 볼 수 있다.

그러나 이 모형은 어디까지나 인지주의 관점에서 사회적 환경에 대한 고려를 포함한 모형이라고 할 수 있다. 여전히 이 모형에는 그림 3-3에서 살펴본 다양한 층위의 사회문화적 맥락, 상호텍스트적 맥락, 상황 맥락에 대한 고려가 충분히 포함되어 있다고 보기 어렵다. 헤이즈 자신도 이 모형이 사회구성주의 관점의 모형이 아닌, 인지주의 관점을 토대로 한 개인적 환경 모형임을 분명히 하고 있다. 이러한 경향은 가장 최근에 수정된 통제−과정−자원 수준 구분 모형에서도 지속된다(모형은 이 책의 112쪽을 참고).

스키마: 기억 속에 저장된 구조화된 지식

필자는 글을 쓸 때 자료를 찾아보기도 하고, 교사와 같은 협조자로부터 쓰기 방법을 안내받기도 한다. 그러나 그에 앞서 필자는 그동안 축적해 온 자신의 경험과 지식을 우선적으로 활용한다. 이때 필자의 기억에 저장되어 있는 구조화된 지식의 총체를 스키마(schema, 배경지식 또는 사전 지식)라고 한다.

스키마 이론은 1970년대 이후 독서 연구 분야에서 본격적으로 발전되었다. 스키마 이론에 의하면 독서는 '독자가 적절한 스키마를 활용하여 글과 상호작용하면서 의미를 구성하는 과정'으로 볼 수 있다. 모든 글에는 많은 세부 정보가 누락되어 있는데, 독자는 자신이 가지고 있는 스키마를 활용하여 이 정보들을 추론하고 또 적절히 메워 가면서 글을 읽어 나간다. 그래서 스키마가 절대적으로 부족한 상황에서 전문 분야의 글을 읽으면 독해가 불가능할 수 있다(이순영 외, 2015: 29).

스키마는 경험의 소산이기 때문에 사람마다 다른 스키마를 가지고 있으며, 새로운 정보가 수용되면 재구조화되면서 계속적으로 변화한다. 언어 이해와 표현 과정에서 사용되는 주된 스키마에는 내용 스키마(글의 화제와 내용에 대한 지식)와 구조 스키마(글의 관습적 구조에 대한 지식)가 있다. 필자 또는 독자가 풍부한 내용 스키마와 구조 스키마를 가지고, 쓰기 및 읽기 상황에서 적절한 스키마를 선별하여 활용한다면 보다 성공적으로 수행할 가능성이 높아진다.

2) 상황별 쓰기 과정 모형

앞서 살펴본 일반적 쓰기 과정 모형은 모든 상황에서 보편적으로 작동하는 쓰기 과정을 표현하고자 하였다. 그러나 모든 필자가 언제나 동일한 쓰기 과정을 경험하는 것은 아니다. 쓰기 과정은 상황에 따라 다르게 운용된다.

쓰기 과정 운용을 다양하게 하는 요인 중 하나는 '필자의 쓰기 습관'이다. 글을 계획하는 데 시간과 노력을 많이 들이는 반면, 고쳐쓰기에는 거의 공을 들이지 않는 필자가 있다. 반대로, 계획은 거의 세우지 않고 일단 초고를 쓴 다음 고쳐쓰기에 집중하는 필자도 있다. 또한 '필자의 쓰기 수준'에 따라서도 쓰기 과정은 다르게 운용된다. 동일한 화제에 대해 글을 쓰더라도 창의적인 내용 생성의 과정을 풍부하게 거치는 필자가 있는가 하면, 이 과정을 거의 수행하지 못한 채 선행 지식을 나열하는 방식으로 글을 작성하는 필자도 존재한다. 한편, '쓰기 과제'도 쓰기 과정이 다양하게 운용되는 요인으로 작용한다. 통화 내용을 간략히 메모하는 글쓰기와 연구 보고서 쓰기의 과정은 상이할 수밖에 없다. 이 외에도 쓰기 수행에 주어진 시간이나 쓰기 도구, 필자의 동기/정서와 같은 요인들이 쓰기 과정이 다양하게 운용되는 상황적 요인으로 작용할 수 있다.

상황에 따라 쓰기 과정이 다르게 나타날 수 있다는 데 주목한 대표적인 쓰기 과정 모형으로 베라이터와 스카다말리아(1987)의 지식 나열 모형과 지식 변형 모형이 있다. 이 두 모형은 기본적으로 미숙한 필자와 능숙한 필자의 쓰기 과정 차이를 잘 보여 준다.

(1) 지식 나열 모형

지식 나열 모형(knowledge-telling model)은 필자가 쓰기 과제와 관련하여 이미 가지고 있는 지식을 단순 나열하는 방식의 쓰기 과정을 나타낸 것이다(그림 3-7). 여기에는 지식 변형 모형에서 볼 수 있는 것과 같은 창조적 내용 생성의 과정이 포함되어 있지 않다. 이는 문자 언어를 습득한 필자라면 누구나 운용할 수 있는 쓰기 과정으로서 미숙한 필자의 글쓰기에서 자주 나타난다.

이 모형에서 쓰기 과정은 '과제에 대한 정신적 표상(과제 표상)'에서 출발한다. 과제 표상이란 주어진 과제가 무엇을 요구하며, 어떠한 방식으로 과제를 수행해야 할지에 대해 필자가 구성한 이미지를 말한다. 과제 표상이 충분히 구성되었을 때 필자는 그림 3-8의 지식 변형 모형에서 볼 수 있듯이, 쓰기 과정에서 필자가 해결해야 할 문제 및 달성해야 할 세부 목표를 설정할 수 있다. 그러나 그림 3-7의 지식 나열 모형에서는 그러한 과정 없이 글의 화제 및 장르만을 식별하여 곧바로 기억을 탐색한다. 예를 들어, 필자가 표상한 과제가 "우리 대학교에 대해 설명하는 것"이라면, '우리 대학교'라는 화제 및 '설명문'이라는 장르를 확인하고, 이와 관련하여 자신의 머릿속에 있는 내용 지식과 담화 지식을 검색하는 것이다.

필자의 기억에서 화제·장르와 관련된 내용 지식 및 담화 지식을 검색한 이후에는 검색한 지식의 적절성 여부를 점검한다. 적절하다면 곧바로 쓰기 과정을 진행하고, 적절하지 않다고 판단하면 기억 탐색 과정으로 돌아가 새로운 지식을 검색한다. 예를 들어 "우리 대학교는 1977년에 개교했다."라는 내용이 적절하다고 판단하면 바로 문장으로 옮기지만, "우리 대학교는 현재 재정 위기를 겪고 있다."는 문장이 글에 포함하기에 부적절하다고 판단하면 이를 폐기하고 또 다른 지식을 검색하는 것

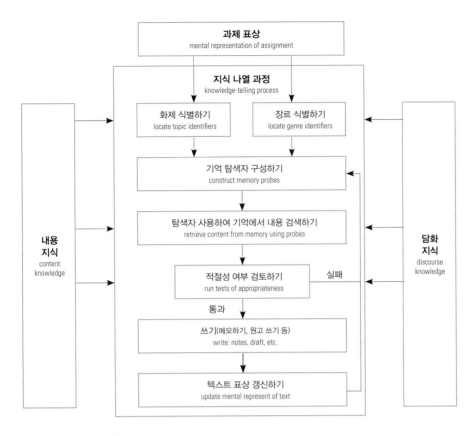

그림 3-7 지식 나열 모형(Bereiter & Scardamalia, 1987: 8)

이다. 기억에서 인출한 지식이 적절성 검사를 통과하여 성공적으로 문장이 작성되면, 필자가 작성 중인 텍스트에 대한 표상이 갱신된다. 그리고 필자는 다음 문장을 쓰기 위해 다시 기억을 검색한다.

 이처럼 지식 나열 모형은 필자의 선행 지식을 단순 나열하는 방식의 쓰기 과정을 보여 준다. 이 모형은 쓰기 과정에서 새롭게 내용이 생성되거나 발전하는 계기를 포함하고 있지 않다. 필자가 이미 가지고 있는 선행 지식을 그대로 이용함으로써 비교적 손쉽게 글을 쓰는 것이다. 반면, 곧이어 살펴볼 지식 변형 모형은 모형 안에 지식 나열 모형을 포함하며, 지식 나열 과정이 일어나기 전에 더 복잡하고 창조적인 지식 생성 및 발전의 과정이 이루어질 수 있음을 강조한다.

(2) 지식 변형 모형

 지식 변형 모형(knowledge-transforming model)은 필자가 내용 문제 공간

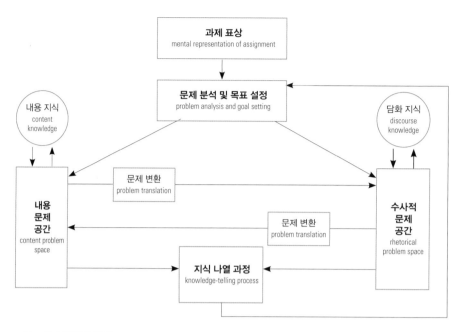

그림 3-8 지식 변형 모형(Bereiter & Scardamalia, 1987: 12)

과 수사적 문제 공간 사이에서의 지속적인 반성적 사고(reflective thinking)를 통해 내용을 생성 및 발전시키는 방식의 쓰기 과정을 나타낸 것이다(그림 3-8). 이는 능숙한 필자의 쓰기 과정을 잘 보여 준다.

지식 나열 모형과 마찬가지로, 이 모형에서도 쓰기 과정은 '과제 표상'으로부터 출발한다. 그러나 지식 변형 방식의 글쓰기를 하는 필자는 과제 표상의 결과로서 자신이 해결해야 할 쓰기 문제를 분석하고, 이를 구체적인 목표들로 변환하여 설정한다. 그리고 이때의 목표들은 내용 문제 공간에서 처리되어야 할 것(예 "우리 대학교의 특성에 대해 쓴다.")과 수사적 문제 공간에서 처리해야 할 것(예 "대학 입시를 앞둔 고등학생 독자들이 흥미를 갖도록 쓴다.")으로 분산된다. 이때 내용 문제 공간과 수사적 문제 공간은 필자의 머릿속에서 글의 각기 다른 부문에 대한 사고가 진행되는 것을 비유적으로 지칭한 것이다. 내용 문제 공간에서는 필자가 화제와 관련하여 알고 있는 내용 지식을, 수사적 문제 공간에서는 언어 체계 및 언어 표현 맥락과 관련된 담화 지식을 쓰기 목표와 관련하여 다루게 된다.

예를 들어 필자가 "우리 대학교는 RC교육이 유명하다."라는 내용 지식을 내용 문제 공간으로 불러왔다면, 이는 지식 나열 모형에서처럼 적절성 여부를 검증하여 곧바로 문자 언어로 옮겨지는 대신 수사적 문제 공간으로 넘어간다.

그리고 "대학 입시를 앞둔 고등학생 독자들이 흥미를 갖도록 쓴다."는 목표가 설정된 수사적 문제 공간에서는 이와 관련한 하위 문제를 생성한다. "고등학생 독자에게 친숙하지 않은 용어인 RC교육의 의미를 서술한다.", "고등학생 독자들이 꿈꾸는 대학생활이 RC교육을 통해 어떻게 이루어질 수 있는지 설명한다." 와 같은 하위 문제가 설정될 수 있다. 수사적 문제 공간에서 설정된 하위 문제는 다시 내용 문제 공간으로 넘어가 처리된다. 내용 문제 공간에서는 수사적 하위 문제를 해결할 수 있는 방식으로 기존 내용을 수정·발전시키거나 새로운 내용을 생성한다. 그리고 이러한 지속적인 반성적 사고를 통해 충분히 내용이 정교화되었을 때 해당 내용은 지식 나열 과정으로 넘어가게 된다.

이처럼 지식 변형 모형은 필자가 "무엇을 말할 것인가"(내용 문제)와 "어떻게 말할 것인가"(수사적 문제)라는 두 종류의 문제를 상호 유기적으로 고려하며 기존 지식을 변형하고, 새로운 지식을 생성하는 과정을 잘 보여 준다.

지식 나열 모형과 지식 변형 모형은 매우 단순한 쓰기 방식과 고도의 인지적 작용이 일어나는 쓰기 방식을 보여 준다. 그래서 각각 미숙한 필자와 능숙한 필자의 쓰기 과정을 설명하는 모형으로 사용된다. 그러나 베라이터와 스카다말리아(1987)는 두 가지 모형이 언제나 미숙한 필자와 능숙한 필자의 쓰기 과정에 일대일 대응하는 것은 아님을 분명히 했다. 미숙한 필자가 지식 변형의 과정을 수행하는 데는 어려움이 있으나, 능숙한 필자는 쓰기 과제에 따라 지식 나열 방식의 글쓰기를 수행할 수 있기 때문이다. 예를 들어 능숙한 필자라고 할지라도 전화 통화 내용을 간략히 메모하는 것과 같이 지식 변형을 요구하지 않는 글쓰기를 할 때에는 지식 나열 방식으로 글을 쓸 수 있다. 요컨대 '지식 변형 과정'이 능숙한 필자가 창의적 내용 생성이 필요한 쓰기 과제를 수행할 때 경험하는 쓰기 과정이라면, '지식 나열 과정'은 미숙한 필자가 모든 종류의 쓰기 과제를 수행할 때 및 능숙한 필자가 간단한 쓰기 과제를 수행할 때 경험하는 쓰기 과정이라고 할 수 있다. 미숙한 필자의 경우에는 쓰기 과제에 따라 쓰기 방식을 자유롭게 조절할 수 없기에, 지식 변형 방식의 글쓰기 능력을 함양할 수 있는 훈련이 필요하다.

한편, 지식 나열 모형과 지식 변형 모형은 필자의 쓰기 수준 또는 쓰기 과제에 따라 필자의 선행 지식이 다루어지는 방식의 차이를 드러내는 데 초점을 맞추었다. 그래서 필자가 내용을 조직 또는 수정하는 과정이나 쓰기에 영향을 미치는 다양한 요인에 대한 고려는 포함하고 있지 않다. 그러나 이 두 모형은 모든 필자가 언제나 동일한 쓰기 과정을 거치는 것은 아니며, 상황에 따라 각기 다른 방식으로 쓰기 과정이 운용될 수 있음을 강조했다는 의의를 갖는다.

생각해 봅시다

1 나의 쓰기 과정을 점검해 보자. '국어 교사가 되려는 고등학교 후배들에게 조언하는 글'을 1,000자 내외로 작성하되, 사고 구술법을 사용하여 쓰기 과정에서 떠오르는 생각을 모두 소리 내어 말해 보자. 그리고 수집된 사고 구술 프로토콜 내용을 검토하여 나의 쓰기 과정을 어떻게 구분할 수 있는지, 쓰기 과정의 특성은 무엇인지, 쓰기 과정에 영향을 미친 요인에는 무엇이 있는지 분석해 보자.

2 쓰기 도구는 필자의 쓰기 과정에 상당한 영향을 미친다. 먹을 갈아 붓으로 글을 쓸 때와 연필로 글을 쓸 때, 컴퓨터 워드 프로세서를 사용하여 글을 쓸 때의 쓰기 과정은 동일하지 않다. 다음 글을 읽고, 쓰기 도구에 따라 쓰기 과정이 어떻게 달라지는지에 대한 생각을 말해 보자. 또한 아직 세상에 존재하지 않지만 쓰기 과정을 크게 변화시킬 수 있는 새로운 쓰기 도구를 상상해 보자.

> 내가 생각해 낸 말인지 아니면 어디서 들은 말인지는 분명치 않지만, 내게 너무 적절한 말이어서 늘 내 말처럼 하고 다니는 말이 있다. 내 뇌는 (머리를 두드리며) 여기가 아니라 손가락 끝에 있어. 키보드에 올려놓아야 비로소 돌아가기 시작하거든.
>
> 나는 컴퓨터가 없던 시절에도 타자기로 일기와 편지를 썼다. 타고난 악필을 감춰 보려고 시작한 일이 어느새 뇌의 위치까지 바꿔 버렸다.
>
> — 김영하, 「키보드」(2002) 중

3 다음은 헤이즈가 2012년에 새롭게 제안한 통제-과정-자원 수준 구분 모형이다. 헤이즈는 3장에서 살펴본 '인지적 쓰기 과정 모형'(Hayes & Flower, 1980; Flower & Hayes, 1981)을 '개인과 환경의 상호작용 모형'(Hayes, 1996)으로, 그리고 다시 이 모형으로 변화시켰다. 앞선 모형과 비교할 때 이 모형의 특성은 무엇인지 분석해 보자. 그리고 이러한 변화가 나타난 원인을 추론해 보자.

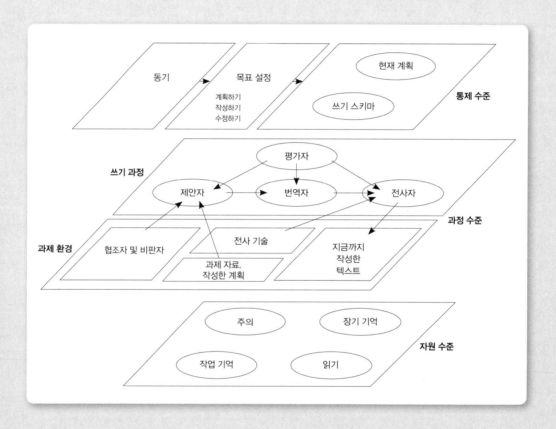

4 쓰기 과정 모형은 다양하게 구성될 수 있다. 이 장에서 살펴본 대표적인 쓰기 과정 모형들의 장단점을 비교해 보고, 또 다른 쓰기 과정 모형을 찾아보자. 그리고 조별로 새로운 쓰기 과정 모형을 구성하여 소개해 보자.

참고문헌

교육부(2022), 『국어과 교육과정』, 교육부 고시 제2022-33호[별책 5].

김영하(2002), 「키보드」, 『포스트잇: 김영하 산문집』, 현대문학.

박영목 외(1996), 『국어교육학 원론』, 박이정.

박영목(2013), 『작문의 원리와 전략』, 강현출판사.

박영민 외(2016), 『작문 교육론』, 역락.

서울대학교 국어교육연구소(1999), 『국어교육학사전』, 대교출판.

서수현(2006), 「글쓰기에서의 내용 지식에 대한 개념 규정」, 『국어교육』 121, 107-128.

이순영 외(2015), 『독서교육론』, 사회평론아카데미.

이재승(1998), 「쓰기 과정 연구의 전개 양상과 지향점」, 『새국어교육』 56, 93-110.

이재승(2002), 『글쓰기 교육의 원리와 방법: 과정 중심 접근』, 교육과학사.

정혜승(2013), 『독자와 대화하는 글쓰기: 대화적 문식성 교육을 위한 작문 과정과 전략 탐구』, 사회평론아카데미.

최미숙 외(2014), 『국어 교육의 이해』, 사회평론아카데미.

최지현 외(2007), 『국어과 교수·학습 방법』, 역락.

한국교육평가학회 편(2004), 『교육평가용어사전』, 학지사.

Bereiter, C. & Scardamalia, M.(1987), *The Psychology of Written Composition*, Routledge.

De Beaugrande, R.(1984), *Text Production: Toward a Science of Composition*, Ablex.

Flower, L. & Hayes, J. R.(1981), A cognitive process theory of writing, *College Composition and Communication* 32(4), 365-387.

Flower, L., 원진숙·황정현 역(1998), 『글쓰기의 문제해결전략』, 동문선.

Hayes, J. R.(1996), "A New Framework for Understanding Cognition and Affect in Writing". In C. M. Levy & S. E. Ransdell(Eds.), *The Science of Writing: Theories, Methods, Individual Differences, and Applications*, Lawrence Erlbaum Associates, Inc.

Hayes, J. R.(2012), "Modeling and Remodeling Writing", *Written Communication* 29(3), 369-388.

Hayes, J. R. & Flower, L. S.(1980), "Identifying the Organization of Writing Processes". In L. W. Gregg & E. R. Steinberg(Eds.), *Cognitive Processes in Writing*, Eribaum.

Tompkins, G. E., 이재승 외 역(2012), 『글쓰기 어떻게 가르칠 것인가』, 박이정.

Rohman, D. G. & Wlecke, A. O.(1964), *Pre-Writing: The Construction and Application of Models for Concept Formation in Writing*, Michigan State University Press.

4장 쓰기의 전략

이순신 장군은 명량대첩에서 12척의 배로 일본 군함 133척을 대파(大破)했다. 어떻게 이런 일이 가능했을까? 그 이유는 이순신 장군이 판옥선과 좁은 급조류의 울돌목을 절묘하게 운용한 뛰어난 전략가였기 때문이다.

글쓰기에서도 전략은 필요하다. 눈앞의 백지가 정복하기 어려운 적처럼 느껴지더라도, 쓰기 과정에서 필요한 전략들을 차근차근 수행해 나가다 보면 어느새 글 한 편이 완성되어 있는 경험을 할 수 있다. 거대한 적은 분산시키면 보다 상대하기 쉬운 적이 되기 마련이다.

결과 중심 쓰기 교육이 과정 중심 쓰기 교육으로 전환된 이유 또한 이와 무관하지 않다. 교사가 학생들이 제출한 글에 '주제를 더 구체화해 보라.'든지 '글의 구성을 달리해 보라.'는 식의 사후적 조언을 하는 것만으로는 쓰기 능력을 근본적으로 증진시키기 어렵다는 회의가 과정 중심 쓰기 교육을 태동시켰다. 학생들의 쓰기 과정에 개입하여 이들이 능숙한 필자가 사용하는 것과 같은 전략을 사용하여 글을 쓰도록 돕고자 하는 것이 과정 중심 쓰기 교육의 요체이다.

이 장에서는 과정 중심 쓰기 교육의 핵심 내용인 쓰기 전략에 대해 학습하고자 한다. 쓰기 전략의 의미와 중요성을 확인한 뒤, 쓰기 과정 계획하기, 내용 생성하기, 내용 조직하기, 표현하기, 고쳐쓰기로 나누어 각 과정에서 사용되는 대표적인 전략을 살펴보기로 한다.

1 쓰기 전략이란 무엇인가

글쓰기 과정에서는 다양한 쓰기 전략(writing strategy)이 사용된다. 본래 인지과학 분야에서 사용해 온 전략(strategy)이라는 용어는 '특정의 군사 목표에 도달하기 위해 조직화된 군사 행동'을 뜻하는 그리스어 'strategia'에서 유래하였다. 복합적이고 목표지향적인 인간의 사회적 행위를 다루는 정치학이나 사회학 등의 학문 분야에서는 이 용어를 '어떤 목표를 효율적으로 달성하기 위한 방법'이라는 의미로 사용하고 있다(박영목, 2008: 233).

쓰기 교육에서 사용되는 쓰기 전략은 '필자가 쓰기 과정에서 특정한 목표를 달성하기 위해 의식적으로 선택하는 최적의 방법'을 뜻한다. 여기서 쓰기 전략이 '목표를 달성'하기 위해 선택된다는 것은, 이 용어가 문제 해결로서의 쓰기 과정을 전제하고 있음을 보여 준다. 필자가 쓰기 과정에서 부딪치는 다양한 문제를 해결하기 위해 선택하는 것이 바로 전략이다.[1]

....

1   쓰기 전략은 흔히 쓰기 기능과 혼동되곤 한다. 쓰기 기능은 특정한 수행을 할 수 있는 필자의 인

능숙한 필자와 미숙한 필자의 차이는 쓰기 과정에서 그가 얼마나 다양한 전략을 적재적소에서 사용할 수 있는가의 여부에 달려 있다(Tompkins/이재승 외 역, 2012: 55). 미숙한 필자는 쓰기 과정이 순차적으로 일어나는 고정된 것이라고 생각한다. 이들이 사용하는 전략은 매우 한정적이며, 상황에 맞게 전략을 사용하기보다는 그때그때 떠오르는 생각을 나열하는 데 그친다. 또한 생소한 전략의 사용을 꺼리고, 자신이 상황에 맞는 전략을 사용하고 있는지 점검하지 못하는 경우가 많다. 반면, 능숙한 필자는 쓰기 과정을 자유롭게 운용하며, 쓰기 과정에 맞는 다양한 전략을 사용할 수 있다. 쓰기 교육의 주요 목적 중 하나는 학생들로 하여금 쓰기 상황에 맞는 다양한 전략을 자유롭게 사용할 수 있도록 조력하는 데 있다.

이 장에서는 쓰기 과정에서 자주 사용되는 대표적인 전략들을 알아본다. 쓰기 과정은 3장에서 살펴본 것과 같이 여러 가지로 분류되지만, 여기서는 가장 일반적인 구분 방식에 따라 계획하기, 내용 생성하기, 내용 조직하기, 표현하기, 고쳐쓰기 과정으로 구분하여 각각의 과정별로 주요 전략의 개념과 사용 사례 등을 검토할 것이다.

2 계획하기 전략에는 어떤 것이 있는가

계획하기 과정에서는 글을 쓰기에 앞서 글을 쓰기 위한 다양한 준비를 한다. 그림을 그릴 때 밑그림을 충실하게 잘 그릴수록 그리기 과정이 수월해지고 완성된 그림의 질이 좋아진다. 마찬가지로, 필자가 계획하기 과정에 충분한 시간을 들여 구체적인 계획을 세울수록 쓰기 과정이 좀 더 원활하게 이루어지고

지적 능력 자체를 의미하며, 대체로 필자가 별도의 사고 없이 자동적으로 수행하는 것이다. 반면 쓰기 전략은 필자가 당면한 문제를 해결하기 위해 가장 효율적이라고 생각하는 최적의 방법을 선택한 것으로, 의도적으로 수행된다. 그러므로 쓰기 전략은 쓰기 기능에 비해 맥락 특수적 개념이라고 할 수 있다. (자세한 내용은 1장 참조).

완성된 글의 질도 높아지는 경향이 있다. 일반적으로 능숙한 필자는 계획하기에 충분한 시간을 들이는 반면, 미숙한 필자는 계획 없이 곧바로 글을 시작하여 시행착오를 많이 경험하곤 한다. 그래서 교육 현장에서 계획하기 과정 전략을 지도하는 일은 학생들이 보다 효과적으로 쓰기 과정을 수행하게 하기 위해 매우 중요하다.

계획하기 과정에서 사용되는 대표적인 전략에는 두 가지가 있다. 하나는 필자가 과제를 수행하는 상황 맥락을 분석하는 것이고, 다른 하나는 필자가 쓸 글의 구체적인 화제, 주제, 독자, 목적을 설정하는 것이다. 이 두 가지는 전략이라고 불리기는 하지만, 사실상 필자가 상황에 따라 취사선택하는 전략이라기보다는 글을 쓰는 과정에서 반드시 수행해야 할 필수적인 활동으로 보는 것이 더 적합하다.

1) 과제 맥락 분석하기 전략

'과제 맥락 분석하기'는 필자에게 쓰기 과제가 주어졌을 때, 세부적인 계획을 세우기 전에 수행할 전략이다. 특히 학교에서 교사가 부과한 과제를 학생 필자가 수행할 경우에는 이를 분석하는 일이 필수적이다. 아무리 참신한 주제를 설정하여 구성과 표현이 훌륭한 글을 작성했다고 할지라도, 과제가 주어진 맥락에 부합하지 않는다면 좋은 글로 평가받을 수 없기 때문이다. 따라서 필자는 글의 화제, 주제, 독자, 목적 등과 관련된 세부 계획을 수립하기에 앞서, 먼저 과제를 수행하는 상황 맥락을 분석하고 이해할 필요가 있다.

과제 맥락에는 다양한 요인이 있다. 글의 형식과 요구 분량, 마감 기한, 예상 소요 시간, 참고 자료 사용이나 과제 수행 절차 등과 관련하여 교사가 특별히 요구하는 사항, 교사가 과제를 부과하는 목적 및 평가하는 기준, 필자의 경험과 수준, 쓰기 과정에서 제약으로 작용하는 요인 등이 그것이다. 필자는 과제를 수행하기에 앞서 이러한 상황 맥락적 요인들을 꼼꼼하게 분석하고 이해해야 한다.

다음은 설득하는 글쓰기 과제를 수행해야 하는 학생이 활동지를 사용하여 과제 맥락을 분석한 사례이다.

번호	질문	분석 내용
1	과제가 요구한 글의 형식은 무엇인가?	설득하는 글이다. '셧다운제'에 대한 내 주장을 논리적으로 제시해서 독자를 설득하는 글을 써야 한다.
2	과제의 요구 분량은 얼마나 되는가?	1,200자다. 1,000자~1,400자까지 허용된다.
3	과제를 언제까지 완성해야 하는가?	일주일 뒤인 다음 주 목요일까지 제출해야 한다.
4	과제를 수행하는 데 얼마나 시간이 걸릴 것으로 예상하는가?	나는 글을 늦게 쓰는 편이므로 자료를 찾아 읽고 정리하는 데 다섯 시간 이상, 글을 쓰는 데 세 시간 이상은 잡아야 할 것이다.
5	과제를 수행할 때 염두에 두어야 할 특정한 조건이 있는가?	워드 프로그램을 사용하여 작성해야 하고, 제목을 써야 한다. 또한 내가 찾은 자료와 선생님께서 나누어 주신 자료를 함께 이용해야 한다.
6	과제를 부과하고, 내가 쓴 글을 평가하는 사람은 누구인가? 그 사람이 기대하는 글은 어떤 글인가?	국어 선생님이다. 설득하는 글을 쓸 때 내 주장만을 일방적으로 제시하는 데 그치지 않고, 독자가 제기할 것으로 예상되는 반론과 그에 대한 재반론을 글에 포함할 것을 강조하셨다.
7	과제를 원활히 수행하기 위해 내게 필요한 사항은 무엇인가? 누구의 도움을 받거나 어떤 자료를 찾아야 하는가?	나는 '셧다운제'에 대한 지식이 충분하지 않으므로 내 주장을 갖기 위해서는 일단 관련 자료를 찾아 읽어 보는 것이 필요하다. 도서관 사서 선생님의 도움을 받아 관련 서적과 최근의 신문기사를 찾아볼 생각이다.
8	그밖에 과제를 수행할 때 문제가 되는 사항이 있는가? 있다면 그 문제를 어떻게 해결할 것인가?	집에 있는 컴퓨터가 고장 나서 워드 프로그램으로 글을 작성하기가 어렵다. 노트에 대략적인 초고를 작성하고, 방과 후에 학교 컴퓨터실을 이용할 생각이다.

▷ 절차와 방법

① 교사의 과제 설명을 경청하여 듣는다. 확실히 이해되지 않거나 혼동되는 사항이 있으면 질문하여 확인한다.

② 과제 맥락 분석을 위한 활동지를 활용하여 항목별로 자신이 알고 있는

사항을 정리한다. 활동지에는 글의 형식, 요구 분량, 마감 기한, 예상 소요 시간, 기타 요구 조건, 교사의 과제 부과 목적 및 평가 기준, 필자의 경험과 수준, 해결이 필요한 문제점 등이 포함된다.

③ 작성한 활동지를 토대로 동료와 각자 이해한 과제 내용을 비교해 보는 것도 효과적이다.

2) 세부 계획 수립하기 전략

주어진 과제를 이해한 다음에는 '세부 계획 수립하기' 전략이 필요하다. 이는 필자가 쓸 글의 구체적인 밑그림을 그리는 것으로, 글의 화제, 주제, 독자, 목적 등을 설정하는 것이다. 이때 글의 화제(topic)는 필자가 글에서 다루는 주된 소재나 제재를 말하고, 주제(theme)는 필자가 글을 통해 독자에게 전달하고자 하는 메시지를 의미한다. 화제가 단어나 어구로 표현된다면, 주제는 화제에 대한 진술이 결합된 문장의 형식으로 표현된다. 예를 들어 글의 화제가 '셧다운제'라면, 주제는 '셧다운제를 폐지해야 한다.'와 같이 기술된다. 또한 글을 읽을 독자가 누구인지 설정하고 독자의 특성을 분석해야 한다. 독자의 나이, 지적 수준, 화제에 대한 흥미 및 친밀도, 주제에 대한 입장 등이 모두 고려 대상이 된다.

마지막으로 글의 목적을 분명히 할 필요가 있다. 정보를 전달하는 데 목적을 둘 것인지, 설득을 하는 데 목적을 둘 것인지, 또는 정서를 표현하거나 친교를 하기 위한 목적으로 쓰는 글인지 생각해야 한다. 또한 글의 목적을 명확히 하는 일은 독자에 대한 필자의 수사적 입장(rhetorical stance)(Booth, 1963)을 설정하는 일이기도 하다. 예를 들어 필자의 입장을 '특정 정보를 알지 못해 생활에 불편을 겪는 독자에게 유용한 정보를 설명하는 사람'으로 설정할 수도 있고, '특정 안건에 대해 필자와 반대 입장에 있는 독자가 미처 생각하지 못한 점들을 지적하고, 그가 생각을 바꾸도록 설득하는 사람'으로 설정할 수도 있다. 어떤 독자를 대상으로 어떤 목적을 성취하고자 하는 사람으로 필자의 역할을 설정하는가에 따라, 글의 내용 및 표현 방식이 달라진다.

▷ 사용 사례

다음은 설득하는 글쓰기 과제를 수행해야 하는 학생이 활동지를 사용하여
세부 계획을 수립한 사례이다.

번호	질문	분석 내용
1	나는 무엇(화제)에 대해 글을 쓰는가?	'셧다운제'이다. 16세 미만의 청소년에게 심야시간의 인터넷 게임 제공을 제한하는 제도를 말한다.
2	내가 글을 통해 독자에게 전달하고 싶은 메시지(주제)는 무엇인가?	'셧다운제를 폐지해야 한다.'는 것이다.
3	내 글의 독자는 누구인가? 그 독자는 어떤 특성을 가졌는가?	내 글을 실제로 읽을 독자는 국어 선생님이다. 하지만 국어 선생님께서 내 주장과 반대되는 주장을 가진 예상 독자를 상정하고 글을 쓰라고 하셨으므로, 내 글의 예상 독자는 셧다운제가 꼭 필요하다고 생각하시는 부모님들이다. 인터넷 게임에 대체로 익숙하지 않다는 특성이 있다.
4	내가 글을 쓰는 목적은 무엇인가? 독자에 대해 나는 어떤 역할을 하는가?	나는 셧다운제가 필요하다고 생각하는 독자들을 설득해서 셧다운제를 폐지해야 한다는 인식을 갖게 하기 위해 글을 쓸 것이다. 나는 인터넷 게임에 친숙한 세대로서, 셧다운제의 실효성을 믿는 독자들에게 그것이 청소년 게임 중독 문제의 근본적인 해결책이 될 수 없음을 이해하게 하는 역할을 할 것이다.

▷ 절차와 방법

① 글의 화제가 미리 주어지지 않았을 경우, 화제를 설정한다. 과제 맥락에
적합한지, 내가 충분히 다룰 수 있는지, 독자가 흥미로워할지 등에 대해
고려한다.

② 글의 주제, 독자, 목적을 설정한다. 주제, 독자, 목적은 상호 관련되어 있
으므로 순차적이기보다는 동시적으로 설정하게 된다. 주제, 독자, 목적
을 설정할 때에는 각각 다음 사항에 유의한다.

- **주제 설정 시 유의 사항**
  - 화제에 대한 필자의 생각이나 입장을 분명하고 구체적으로 표현한다. 주제문에는 모호하거나 비유적인 진술(**예**"김치는 우리 민족의 젖줄이다.")을 사용하지 않는다.
  - 글의 목적에 따라 주제문의 성격이 달라진다는 것에 유의한다. 예를 들어 정보 전달을 목적으로 하는 글의 주제문은 '사실'을 기술하고, 설득을 목적으로 하는 글의 주제문은 '주장/견해'를 기술해야 한다.

- **독자 설정 시 유의 사항**
  - 독자가 글의 맥락에 이미 존재하는 경우에는 독자의 특성(나이, 직업, 관심사, 화제에 대한 태도 및 배경지식의 정도, 나와의 관계 등)을 분석한다. 이에 따라 글의 내용, 어조, 조직 방식 등이 달라질 수 있으므로 꼼꼼히 점검한다.
  - 독자를 스스로 설정해야 할 경우에는 글의 주제와 목적을 고려하여 설정한다. 만약 설득을 목적으로 '사형제도를 폐지해야 한다.'는 주제를 전달하고자 한다면, 사형제도 폐지에 반대하는 독자를 설정하는 것이 좋다. 독자를 구체화한 이후에는 독자의 특성을 분석한다.

- **목적 설정 시 유의 사항**
  - 글의 목적을 광범위하게 설정한다. 광범위한 목적에는 정보 전달, 설득, 친교 · 정서 표현이 있다.
  - 글의 목적을 주제 및 독자와의 관계에서 보다 구체화한다. 설득을 광범위한 목적으로 설정했다면, 주제에 대해 어떤 태도를 갖고 있는 독자를 왜 설득하고자 하는지, 그럼으로써 필자가 독자에게 어떤 역할을 하고자 하는지 상세히 설정한다.

3 내용 생성하기 전략에는 어떤 것이 있는가

내용 생성하기 과정에서는 글을 쓰기 위한 아이디어를 떠올리거나 수집한다. 일반적으로 글의 화제 및 주제를 설정한 후 이와 관련된 창의적인 아이디어를 최대한 많이 수집하는 것이 목적이다. 필자는 특별한 자료를 동원하지 않고 자신의 머릿속에서 아이디어를 꺼낼 수도 있고, 도서관이나 인터넷을 통해 자료를 수집할 수도 있으며, 다른 사람과 이야기를 나누는 과정에서 새로운 아이디어를 창출할 수도 있다. 교사는 학생들이 다양한 전략을 익혀 상황에 따라 적합한 전략을 사용할 수 있도록 조력해야 한다. 내용 생성하기 과정에서 사용되는 대표적인 전략으로는 브레인스토밍, 생각 그물 만들기, 대화하기, 자료 읽기, 목록 만들기, 관찰하기, 그림 그리기, 역할극하기 등이 있다. 여기에서는 브레인스토밍, 생각 그물 만들기, 대화하기, 자료 읽기 전략을 살펴본다.

1) 브레인스토밍 전략

'브레인스토밍(brainstorming)'은 특정한 화제나 문제와 관련하여 필자의 머릿속에 있는 생각들을 있는 대로 떠올리는 전략이다. '얼른 떠올리기' 전략이라고도 부른다. 이 전략은 미국의 광고회사 사장이었던 알렉스 오스본(Alex F. Osborn)이 창시했다. 그는 여러 사람이 모여 브레인스토밍을 하면 두뇌(brain) 속에 폭풍을 일으킨 것(storming)과 같이 짧은 시간 동안 자유롭게 많은 아이디어를 생성할 수 있다고 강조했다. 일정한 시간을 정해 놓고 집중하여 화제나 문제와 관련된 생각을 떠올리되, 생각의 질보다는 양을 추구하여 자기 검열 없이 최대한 많은 아이디어를 모으는 것이 전략의 핵심이다.

브레인스토밍 전략은 개별적으로 사용할 수도 있고, 모둠별로 사용할 수도 있다. 또한 브레인스토밍 전략을 통해 아이디어를 생성한 뒤에는 다발 짓기 전략을 사용하여 생성된 아이디어를 정리하는 것이 효과적이다. 이때에는 불필요한 항목은 삭제하고, 관련성 있는 항목들을 다발로 묶으면 된다.

▷ 사용 사례

다음은 '저출산[2] 문제'에 대해 브레인스토밍 전략을 사용하여 내용을 생성한 사례이다.

저출산 문제

초등학생 수 급감, 초등학교 폐교, 고령화 사회 도래, 실버산업의 발전, 경기 침체, 여성 사회 활동 증가, 결혼 연령 상승, 비혼족 증가, 열악한 보육 환경, 가족 기능 약화, 고독사 증가, 노년 부양비 증가, 국가 경쟁력 감소, 출산 육아비 지원, 일자리 문제 해결, 보육 시설 확충 …

---

2 '저출산'이라는 용어는 여성이 '아이를 적게 낳음'이라는 뜻으로, 인구 감소의 책임이 여성에게 있는 것으로 오인하게 할 수 있다는 지적이 있어 왔다. 이에 따라, '아이가 적게 태어남'이라는

▷ 절차와 방법

● 개별 브레인스토밍

① 일정한 시간을 정해 놓고, 주어진 화제나 문제에 집중하여 머릿속에 떠오르는 생각을 자유롭게 종이 위에 쓴다. 시간은 5분 내외가 적당하다.

② 브레인스토밍을 하는 동안 자신이 적어 놓은 생각을 평가하거나, 다듬거나, 순서에 맞게 조정하는 데 시간을 허비하지 않는다. 단, 브레인스토밍은 목표지향적인 사고 전략이므로, 자신의 생각이 화제나 문제와 관련된 것이어야 한다는 점에 주의한다.

③ 정해진 시간이 되면 생성된 생각을 검토하고 정리한다.

● 모둠별 브레인스토밍

① 모둠을 구성하고 기록자 1인을 정한다. 여러 색상의 접착식 메모지를 준비하면 효율적이다.

② 일정한 시간을 정해 놓고 주어진 화제와 문제에 대해 브레인스토밍을 실시한다. 구성원들이 자유롭게 생각을 꺼내 놓으면, 기록자는 이를 동일한 색상의 메모지 한 장에 하나씩 기록한다.

③ 브레인스토밍을 하는 동안 자신 혹은 구성원의 생각을 평가하거나, 다듬거나, 순서에 맞게 조정하지 않는다. 단, 구성원이 제시한 생각으로부터 또 다른 생각을 끌어내는 것은 좋다.

④ 정해진 시간이 되면 구성원이 다 함께 메모지에 적힌 아이디어를 검토한다.

⑤ [전략 연계: 다발 짓기] 불필요한 것은 버리고, 관련 있는 것끼리 묶어 한데 붙인다. 묶어서 붙인 메모지들의 상단에 다른 색상의 메모지를 사용하여 범주의 이름을 붙인다.

················

의미의 '저출생'으로 용어를 변경해야 한다는 사회적 요구가 커지고 있다. 현행법과 정책에서는 '저출산' 용어를 사용하나, 이를 '저출생'으로 바꾸는 법안이 2023년에 발의된 적이 있다.

브레인스토밍 활동지: 환경 문제

1 '환경 문제'에 대한 글을 쓰기 위해 브레인스토밍 전략을 사용해 봅시다. 화제와 관련하여 떠오르는 생각을 5분 동안 자유롭게 써 봅시다.

유의 사항
❶ 자기 검열 없이 자유롭게 작성하세요. 작성한 생각을 평가하거나, 다듬거나, 순서를 조정하지 않습니다.
❷ 자유롭게 생각하되 '환경 문제'라는 화제에 집중하여 생각을 떠올립니다.

환경 문제

2 5분이 지나면 생각을 멈추고, 생성된 생각을 검토해 봅시다. 불필요한 항목은 삭제하고, 서로 연관된 항목들을 다발로 묶은 뒤 각 다발의 연관성을 제목으로 붙여 봅시다. (☞ 다발 짓기 전략 참조)

시각적 브레인스토밍 전략

시각적 브레인스토밍 전략은 필자가 일정한 내용 전개 구조 안에서 생각을 떠올릴 수 있도록 시각적인 도식(圖式)을 마련한 상태에서 브레인스토밍을 수행하는 것이다. 브레인스토밍 전략이 필자가 자유롭고 창의적으로 내용을 생성하기 위한 목적으로 사용된다면, 시각적 브레인스토밍 전략은 도식을 통해 창의적 내용 생성이 더욱 체계적으로 이루어지도록 하기 위한 목적으로 사용된다. 생각이 발전되어 가면서 도형과 선을 추가적으로 그리는 생각 그물 만들기 전략과는 달리, 시각적 브레인스토밍 전략은 처음 시작할 때부터 일정한 도식을 사용하여 생각을 전개해 나간다.

시각적 브레인스토밍의 도식은 글의 종류나 성격에 따라 다양하게 구성될 수 있다. 아래 그림은 '기-승-전-결'의 형식으로 4개의 소주제를 설정하고 생각을 떠올릴 수 있도록 구안된 도식이다. 도식 안에는 떠오르는 생각을 글로 적을 수도 있지만, 떠오르는 인상적인 이미지를 스케치할 수도 있다.

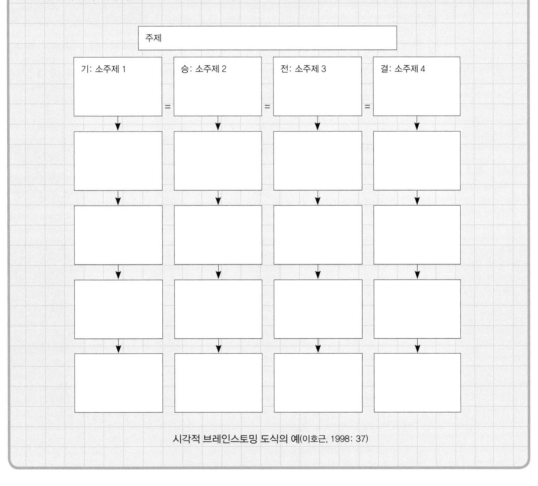

시각적 브레인스토밍 도식의 예(이호근, 1998: 37)

2) 생각 그물 만들기 전략

'생각 그물 만들기(mind-mapping)'는 중심 개념으로부터 관련된 아이디어를 시각적으로 표시해 나가면서 생각을 확장하는 전략이다. 영국의 심리학자 토니 부잔(Tony Buzan)과 동생 배리 부잔(Barry Buzan)이 창의적인 사고 방법을 제시하기 위해 창안한 것으로, '마인드맵(mind-mapping)' 전략이라고도 부른다. 브레인스토밍이 화제와 관련하여 떠오른 아이디어를 자유롭게 나열하는 방법으로 생각을 생성한다면, 생각 그물 만들기는 도형과 선을 사용하여 중심 개념으로부터 파생되는 아이디어들의 관계를 표현하면서 내용을 생성한다.

생각 그물은 아래 사용 사례처럼 수레바퀴 형태로 만드는 경우가 가장 많지만, 화제에 따라 나무, 문어 다리, 기차와 같은 다양한 형태로 만들 수도 있다. 예를 들어, '공룡의 진화 과정'을 화제로 생각 그물을 만든다면, 시간의 흐름에 따라 주된 아이디어를 일렬로 배열한 뒤 세부 가지를 쳐 나가는 기차 형태의 그물을 만드는 것도 가능하다(이재승, 2005: 349).

▷ 사용 사례

다음은 '저출산 문제'에 대해, 생각 그물 만들기 전략을 사용하여 내용을 생성한 사례이다.

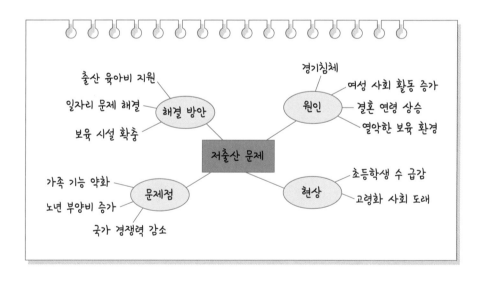

▷ 절차와 방법(수레바퀴 형태)

① 종이의 중앙에 네모를 그리고 중심 개념이 되는 화제나 문제를 적는다.

② ①에서 그린 네모에 수레바퀴 형태로 방사선을 긋고 여러 개의 동그라미를 그린 후, 그 안에 중심 개념과 관련하여 떠오르는 생각을 첨가한다.

③ ②에서 그린 동그라미에 다시 세부 가지들을 그리고, 동그라미 안에 첨가한 생각과 관련하여 떠오르는 생각을 적는 방식으로 그물을 확장시켜 나간다.

▷ 지도를 위한 수업 자료 예시

생각 그물 만들기 활동지

1　'대학 입시 제도의 문제점'에 대한 글을 쓰기 위해 생각 그물 만들기 전략을 사용하여 내용을 생성해 봅시다. 필요하다면 중앙의 도형에서 더 많은 선을 그려도 좋습니다.

2　'내가 살아온 인생'에 대한 글을 쓰기 위해 생각 그물 만들기 전략을 사용하여 내용을 생성해 봅시다. 필요하다면 도형을 추가하고, 더 많은 선을 그려도 좋습니다.

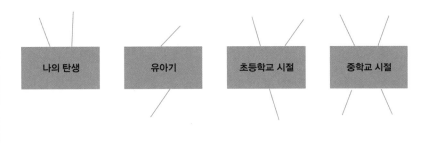

3) 대화하기 전략

'대화하기'는 필자가 쓰고자 하는 글의 화제나 문제에 대하여 이야기를 나눔으로써 새로운 아이디어를 생성하거나 구체화하는 전략이다. '이야기 나누기' 전략이라고도 부르며, 글로 써 보고 싶은 대상과 이야기하는 '인터뷰하기'도 이 전략의 하나이다.

필자는 동료 학생이나 교사, 부모님과 같은 협조자 또는 글로 써 보고 싶은 대상과 함께 대화하는 동안 배경지식을 확장하고, 미처 생각하지 못했던 새로운 관점을 가질 수 있다. 또한 브레인스토밍 전략이나 생각 그물 만들기 전략 등을 통해 먼저 아이디어를 생성한 뒤 이에 대한 대화를 나눔으로써 생성한 아이디어를 정교화할 수도 있다.

대화하기는 여러 형태로 이루어질 수 있다. 교실에서는 동료나 모둠 구성원과 함께 자신이 쓸 글에 대해 이야기를 나누며 아이디어를 생성할 수 있다. 좀 더 형식을 갖추어 토론이나 토의를 하는 과정에서 필자의 생각을 정련하는 것도 좋다. 대화하기 전략의 일종인 인터뷰하기는 실존하는 인물(가족, 닮고 싶은 인물, 특정한 직업을 가진 사람 등)을 대상으로 할 수도 있고, 작품 속 등장인물을 대상으로 한 가상의 대화 형태로 이루어질 수도 있다.

▷ 절차와 방법

● 협조자와 대화하기

① 협조자에게 자신이 쓸 글에 대해 설명한다. 단지 글의 내용만을 소개하기보다는 글의 목적, 요점, 독자, 글의 형식과 같은 다양한 수사적 측면에 대해서도 함께 설명하는 것이 좋다.

② 협조자는 필자의 말을 들으면서 궁금한 점에 대해 질문하거나 논평한다.

③ 필자는 협조자의 질문에 답하거나 협조자의 논평에 반응하면서 자신의 생각을 정리하고 보완한다. 또한 대화의 주요 내용을 기록해 둔다.

● 작품 속 등장인물과 인터뷰하기

① 작품을 읽으며 흥미롭거나 좀 더 자세히 탐구하고 싶은 인물을 선정한다.

② 선정한 인물에게 궁금한 사항을 질문하는 목록을 만든다.

③ 자신이 그 인물이 되었다고 생각하고, 질문에 대해 인물의 입장에서 답
해 본다. 또는 동료와 역할을 정하여 서로가 작성한 질문에 대해 답해
본다.

▷ 지도를 위한 수업 자료 예시

동료와 대화하기 활동지

1 내가 쓸 글에 대하여, 〈보기〉를 중심으로 동료에게 설명해 봅시다.

〈보기〉

• 내 글에서 다루려는 주된 대상은 무엇인가?
• 내 글에서 전달하려는 메시지를 한 문장으로 표현하면 어떻게 될까?
• 내 글의 주제를 전달하기 위해 나는 어떤 구체적인 내용을 전개할
것인가?
• 내 글의 내용은 어떻게 조직될 것인가?
• 독자는 내 글에 대해 무엇을 기대하고, 어떻게 반응할 것이라고 예
상하는가?

2 동료와 나눈 대화의 주요 내용을 기록해 봅시다. 동료가 한 질문과 논평,
그에 대한 나의 반응, 그 과정에서 생성 및 변화한 생각을 표에 정리해 봅
시다.

번호	동료의 질문 및 논평	나의 반응	생성 및 변화된 생각

협조자의 역할

협조자는 필자와 대화하는 과정에서 다음의 세 가지 역할을 수행할 수 있다.

1. 질문하고 반영(反影)하는 역할: 필자가 아이디어를 끄집어낼 수 있도록 도우면서 필자 나름의 생각을 비추어 주는 거울로서의 역할. "좋아. 지금 말한 것은 바로 이런 의미지?"(협조자는 자신이 들은 말을 나름대로 이해하고 정리해서 다시 한 번 진술해 준다.) 또는 "이 글에서 네가 정말 목적으로 하는 것은 이런 거야?"와 같은 코멘트를 해 주면서 필자의 생각을 반영적으로 비추어 주는 역할을 한다.

2. 문제를 발견하는 역할: 협조자는 필자의 이야기를 주의 깊게 경청하여 여러 가지 문제점들 (논증의 오류, 이해할 수 없는 부분, 문제의 여지가 많은 주장 등)을 발견하는 역할을 한다. 필자가 미처 고려하지 못한 다른 목표들이나, 독자들에게서 나올 수 있는 부정적인 반응을 생각하게 함으로써 필자가 쓰기 과제를 새로운 방식으로 파악할 수 있게 하는 역할을 한다.

3. 협력자로서의 역할: 협조자는 필자를 도와 과제를 해석하고, 계획을 발전시키고, 대안에 대해 생각해 보고, 문제를 예측해 보고, 선택 가능성을 평가하는 역할을 한다. 이 과정에서 새로운 아이디어를 제안하거나 글의 형식이나 부분들을 조직하는 데 도움을 줄 수 있다.

(Flower/원진숙·황정현 역, 1998: 192-193)

4) 자료 읽기 전략: 다양한 관점에서 읽기

'자료 읽기'는 글의 내용과 관련된 자료를 찾아 읽는 전략이다. 자료 읽기 전략은 두 가지 차원에서 사용할 수 있다. 먼저, 자료에 나타난 객관적인 지식과 정보를 수집하기 위한 목적으로 사용할 수 있다. 특히 정보 전달이나 설득을 목적으로 하는 글을 쓸 경우에는 문헌 검색을 통해 객관적인 사실 정보를 충분히 수집하는 일이 반드시 필요하다. 이 경우 저자와 출처가 분명하고 공신력 있는 자료를 찾아야 하며, 자료에서 수집한 정보를 글에 포함시킬 때는 인용 방법에 맞게 자료의 출처를 밝혀야 한다.

한편, 창의적인 내용을 생성하기 위한 목적에서 자료 읽기 전략을 사용할 수도 있다. 자료를 읽으면서 새롭게 알게 된 정보에 반응하거나 자료를 다양한 관점에서 읽어 보면서 아이디어를 떠올리는 것이다.

여기에서는 자료 읽기 전략 중 '다양한 관점에서 읽기'를 살펴본다. 이는 의도적으로 다양한 입장에 서서 자료들을 읽음으로써 필자인 나의 관점에서 벗어나 대상을 새로운 시각에서 바라보게 하는 전략이다. 예를 들어, '환경 보호'를 화제로 글을 쓰는 경우 많은 필자들은 환경 보호의 필요성을 당위적 수준에서 추상적으로 진술하고, 환경을 보호하기 위해 해야 할 일을 나열하는 방식으로 글을 쓰곤 한다. 그러나 '다양한 관점에서 읽기' 전략을 사용하여 환경오염과 관련된 자료를 읽게 한다면, 오염되는 땅의 입장이나 바다의 입장, 바다 물고기의 입장에서 환경오염의 폐해를 생각해 보고, 보다 독창적인 아이디어를 생성하여 글을 쓸 수 있다(정혜승, 2003: 39).

▷ 사용 사례

다음은 다양한 관점에서 읽기 전략을 사용한 사례이다(Buehl/노명완·정혜승 역, 2002: 80). 미국 역사 교과서에 실린 '대륙횡단 철도'라는 글을 '들소'의 입장에서 읽으며 생각을 정리한 것이다.

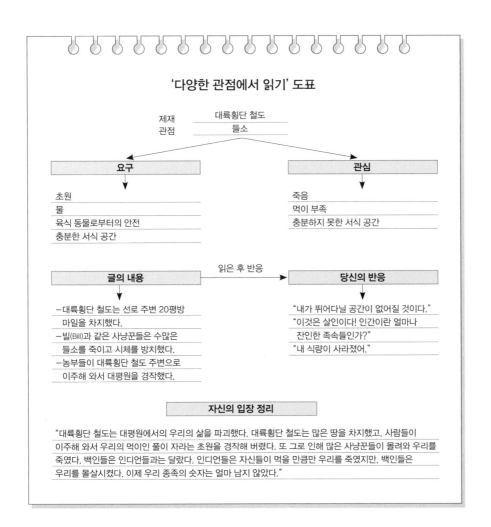

▷ 절차와 방법

① 자신이 쓸 글과 관련된 자료를 찾아 자신의 관점에서 읽는다.

② 자료의 주제나 중요한 개념과 관련 있는 인물 또는 사물을 정하여, 그 (것)의 관점에서 자료를 다시 읽는다. 선택한 관점과 관련된 쟁점이나 사건에 주목하여 자료의 내용에 대해 다시 생각한다.

③ 선택한 인물 또는 사물의 관점에서 자료의 내용을 정리한다. 그 과정에서 내가 새롭게 발견한 사항이 무엇인지 확인한다.

▷ 지도를 위한 수업 자료 예시

다양한 관점에서 자료 읽기 활동지: 『춘향전』

1 모둠을 구성하여 『춘향전』을 읽고, 구성원별로 각기 다른 등장인물을 선택하여 그의 관점에서 『춘향전』을 다시 읽어 봅시다.

2 선택한 인물의 관점에서 『춘향전』의 주요 사건과 그 의미에 대해 돌아가며 이야기해 봅시다. 한 구성원이 자신이 선택한 인물의 관점에서 주요 사건이 무엇이고 그 의미가 어떠한지 이야기하면, 다른 구성원이 차례로 해당 사건의 의미를 또 다른 관점에서 이야기합니다. 그리고 각자가 선택한 주요 사건 및 등장인물의 관점에 따른 의미를 아래 표에 정리해 봅시다.

주요 사건 〳 인물의 반응	예 월매			
예 이몽룡이 자신의 정체를 숨기고 춘향의 절개를 시험함.				

4 내용 조직하기 전략에는 어떤 것이 있는가

내용 조직하기 과정에서는 생성한 아이디어들 간의 관계를 파악하고, 글에 포함할 아이디어들을 선택하여 체계화한다. 이 과정은 크게 두 가지로 분류된다(최현섭 외, 2000: 90). 하나는 생성한 아이디어들을 일정한 기준에 따라 범주화하는 것으로, '다발 짓기'가 대표적이다. 다른 하나는 선택한 아이디어들을 글의 성격에 맞게 체계적으로 배열하는 것으로, '개요 짜기'가 대표적이다.

한편, 생성된 아이디어들을 범주화하고 배열하기 위해서는 글의 구조에 대한 지식이 필요하다. 일반적으로 학생들은 처음 – 중간 – 끝의 3단 구조만을 생각하기 쉽다. 그러나 이는 형식적인 구분일 뿐, 글에 포함된 구체적인 내용 사이의 관계에 따라 다양한 구조가 존재할 수 있다. 이러한 구조에는 나열 구조, 순서 구조, 원인과 결과 구조, 비교·대조 구조, 문제 해결 구조 등이 있다.[3]

- **나열 구조**: 서로 대등한 관계에 있는 여러 가지 정보를 순차적으로 제시하는 구조. 대상의 특성이나 속성을 나타낼 때 주로 사용된다. '첫째, 둘째, 셋째'와 같은 표현을 사용하여 정보를 병렬적으로 나열한다.
- **순서 구조**: 시간의 흐름이나 공간의 변화에 따라 정보를 제시하는 구조. 사건의 경과나 현상의 변화 과정을 설명할 때는 시간 순서에 따라, 대상의 모습을 묘사할 때는 공간 순서에 따라 정보를 기술한다.
- **원인과 결과 구조**: 사건이나 현상의 원인과 결과를 제시하는 구조. 결과를 먼저 제시하고 원인을 제시할 수도 있다. 하나의 원인에 대한 여러 결과를 제시할 수도 있고, 여러 원인에 대한 하나의 결과를 제시할 수도 있다.
- **비교·대조 구조**: 대상들 사이의 공통점과 차이점을 제시하는 구조. 둘 또는 그 이상의 대상이 가진 속성들을 일정한 기준을 사용하여 견주어 나타낸다.
- **문제 해결 구조**: 특정 문제와 그 해결 방안을 제시하는 구조. 문제의 내용을 구체적으로 밝히고, 해결 방안이 문제 발생의 원인과 호응하도록 기술한다.

....

3 각 구조를 사용하여 내용을 조직한 사례는 다발 짓기 전략의 사용 사례 참조.

이상의 구조는 모든 유형의 글에서 사용될 수 있지만, 글의 유형에 따라 자주 사용되는 구조도 존재한다. 논설문을 쓸 때는 문제 해결 구조가, 자서전을 쓸 때는 시간의 흐름에 따른 순서 구조가, 기행문을 쓸 때는 공간의 변화에 따른 순서 구조가 빈번히 사용된다.

또한 이상의 구조는 글 전체를 통괄하는 것으로도 사용될 수 있고, 여러 구조가 결합되어 사용될 수도 있다. 예를 들어, '오징어와 문어'를 설명하는 글 전체는 비교·대조의 구조로 조직하되, 오징어와 문어의 공통점과 차이점을 밝히는 내용은 나열 구조로 조직할 수 있다. 또한 '미세먼지의 원인과 해결 방안'에 대한 글을 쓸 때 현상의 원인을 밝히고 그에 대한 해결 방안을 제시하는 방식으로, 원인과 결과 구조 및 문제 해결 구조를 변형하여 사용할 수도 있다.

교사는 학생들이 글의 유형과 내용 간의 관계에 맞게 생성된 내용을 정리하고 분류하고 체계화할 수 있도록 조력해야 한다.

1) 다발 짓기 전략

'다발 짓기(clustering)'는 생성한 아이디어를 정리하여 관련 있는 것끼리 묶어, 그 관계를 시각적으로 나타내는 전략이다. 내용 생성하기 과정에서 생성한 항목들을 필요에 따라 추가 또는 삭제하고, 남은 항목들을 유사성에 따라 묶은 뒤 범주 간의 관계를 시각적으로 나타내는 것이다.

'다발 짓기' 전략은 '생각 그물 만들기' 전략과 자주 혼동된다. 실제로 두 전략을 수행한 결과물은 상당히 유사해 보인다. 그러나 생각 그물 만들기 전략은 아이디어 생성을 목적으로 머릿속의 생각을 가시적으로 표현해 나가는 것으로, 정보 배열의 순서도 비교적 자유롭다. 반면, 다발 짓기 전략은 이미 생성된 아이디어들을 분류 및 구조화하는 것이 목적이다. 따라서 아이디어들이 상호 연계성을 가지며, 정보 배열에 있어 상위 개념과 하위 개념이 일관성을 가진다. 또한 글 구조에 대한 개념을 가지고 수행된다(최현섭 외, 2001: 121). 다만 전략 사용이 자동화된 능숙한 필자의 경우, 두 전략 모두를 내용 생성과 내용 조직을 동시에 수행하는 데 활용하는 것도 가능하다.

▷ 사용 사례

다음은 다발 짓기 전략을 사용하여 내용을 구조화한 다양한 사례이다. 각 사례에 나타난 다발의 형태는 필요에 따라 다양하게 변형하여 사용할 수 있다.

● 나열 구조로 다발 짓기

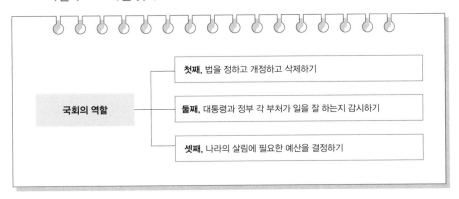

● 순서 구조로 다발 짓기(최현섭 외, 2001: 126 참조)

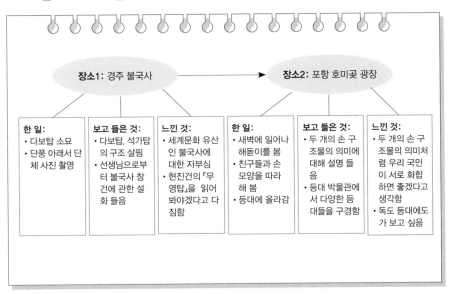

• 원인과 결과 구조로 다발 짓기

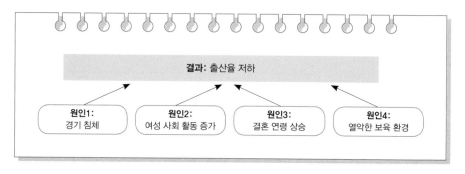

• 비교·대조 구조로 다발 짓기(이재승, 2002: 297)

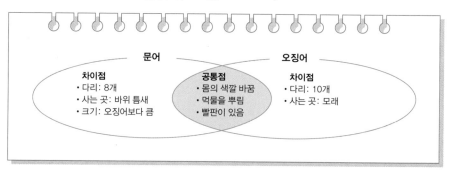

• 문제 해결 구조로 다발 짓기

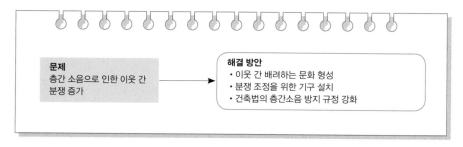

▷ 절차와 방법

① 내용 생성하기 과정에서 만들어 낸 항목들을 검토한다. 필요한 항목을 추가하거나 불필요한 항목을 삭제한다.

② 항목들을 유사성에 따라 도형 안에 묶는다.

③ 글의 전체적인 구조를 생각하며 도형 간의 관계를 체계화한다. 의미적으로 대등한 층위의 도형은 나란히 배치하고, 선이나 화살표 등을 사용하여 도형 간의 관계를 표시한다.

다발 짓기 활동지

1   〈보기〉의 화제 중 하나를 골라, 5분 동안 브레인스토밍을 해 봅시다. (☞ 브레인스토밍 전략 참조)

〈보기〉

우리 학교   대기 오염   노키즈 존   나의 인생   수학여행

2   브레인스토밍을 통해 생성한 항목들을 검토하고, 유사한 항목들끼리 묶어 도형 안에 넣어
봅시다. 도형 위에는 함께 묶은 항목들을 포괄할 수 있는 이름을 붙여 보세요. 필요하다면
도형을 추가·삭제하거나 크기 및 형태를 변형해도 좋습니다.

글의 화제:

항목 1 _____   항목 2 _____   항목 3 _____

3   내가 쓸 글의 구조에 적합하도록, 아래와 같이 도형들을 체계적으로 다시 배열해 봅시다. 도
형들의 관계는 도형의 위치 및 선이나 화살표로 표현합니다.

글의 화제: 제주도 여행

항목 1 볼 거리 _____
섭지코지, 글라스하우스,
우도 잠수함, 돌마을
공원, 이중섭거리,
대포주상절리대, 용두암

항목 2 즐길 거리 _____
수월봉 전기자전거 타기,
말 타기, 동문 재래시장
구경, 감귤농장 체험,
올레길 산책

항목 3 먹을 거리 _____
흙돼지, 갈치조림,
고기국수, 몸국, 돔베고기,
옥돔, 전복김밥, 한라봉,
오메기떡

2) 개요 짜기 전략

'개요 짜기(outlining)'는 글을 쓰기 전, 글의 전체적인 구조를 간략하게 정리해 보는 전략이다. 글에서 전개할 핵심적인 내용을 체계적으로 배열하여 글의 설계도를 마련하는 것이다. 건물을 지을 때 설계도의 완성도가 높으면 건축 과정이 수월하고 결과물의 질도 높아진다. 마찬가지로 체계적인 개요를 마련하면 글의 전체적인 흐름을 명확히 숙지하고 글을 작성할 수 있어 표현하기 과정이 더욱 수월해진다. 또한 꼭 필요한 내용이 누락되거나, 불필요한 내용이 들어가거나, 유사한 내용이 중복되는 것을 막을 수 있어 글의 일관성과 통일성, 체계성을 확보하기에 용이하다.

개요에는 '화제 개요'와 '문장 개요'가 있다. 화제 개요는 글의 각 부분에서 다룰 핵심적인 대상을 단어나 어구의 형식(⑩ 소년법 개정의 장점)으로 나타내어 배열한 것이다. 반면, 문장 개요는 글의 각 부분에서 다룰 소주제를 문장 형식(⑩ "소년법을 개정하면 학교 폭력을 완화할 수 있다.")으로 표현하여 배열한 것을 뜻한다.

화제 개요는 문장 개요에 비해 빠르고 쉽게 작성할 수 있다. 그러나 구체적인 내용을 포함하고 있지 않아 개요를 바로 글에 적용할 수 없다는 단점이 있다. 이에 비해 문장 개요는 완결된 문장의 형식으로 써야 하므로 화제 개요에 비해 작성하는 데 오래 걸리지만, 글의 구체적인 내용을 바로 파악할 수 있으며 개요의 항목을 바로 글에 반영할 수 있다는 장점이 있다. 만약 각 문단의 수대로 개요 항목을 작성한다면, 개요 항목이 곧 문단의 소주제문이 되기에 쓰기 과정이 더 수월해질 수 있다. 필자는 쓰기 상황에 따라 화제 개요와 문장 개요 중 하나를 선택하여 개요를 짤 수도 있고, 먼저 화제 개요를 짠 후 이를 문장 개요로 확장할 수도 있다.

▷ 사용 사례

다음은 '미세 먼지 문제의 원인과 해결 방안'에 대해, 개요 짜기 전략을 사용하여 문단별 화제 개요 및 문장 개요를 작성한 사례이다.

	화제 개요	문장 개요
1문단	미세먼지 문제의 심각성	미세먼지 농도가 높은 날이 증가하여 전 국민이 고통 받고 있다.
2문단	미세먼지 발생의 원인1: 국내	미세먼지는 화학물질 연소 및 자동차 배기가스를 통해 발생한다.
3문단	미세먼지 발생의 원인2: 국외	중국에서 발생한 고농도 미세먼지가 우리나라로 이동한다.
4문단	미세먼지 문제의 해결 방안1: 국내적	산업시설과 자동차의 매연을 줄이기 위한 정책을 실시해야 한다.
5문단	미세먼지 문제의 해결 방안2: 대외적	중국이 미세먼지를 저감하게 할 수 있는 외교적 노력이 필요하다.
6문단	미세먼지 문제의 해결 필요성 강조	전 국민의 '숨 쉴 권리'를 위해 미세먼지 문제의 빠른 해결이 필요하다.

▷ 절차와 방법

① 내용 생성하기 과정에서 만들어 낸 항목들을 검토한다. 항목들 간의 논리적 관계를 따져 본다.

② 글의 구조를 염두에 두고, 항목들의 배열 순서를 결정한다. 단어나 어구 식(화제 개요)으로 배열해도 좋고, 문장 형식(문장 개요)으로 배열해도 좋다. 배열 과정에서 필요에 따라 항목을 추가, 삭제, 변경할 수 있다.

③ 배열한 개요를 다음 기준에 따라 점검해 본다.

- 글의 목적, 예상 독자에 부합하도록 주제가 전개되는가?
- 글의 흐름이 일관되고 논리적인가?
- 사용된 어휘들은 각 단계별 주제를 표현하는 데 적절한가?

개요 짜기 활동지: 우리 사회 문제의 개선 방안

1 TV 뉴스를 보고 우리 사회의 문제 중 개선 방안을 제시하고 싶은 사안을 골라, 관련 자료를 조사하여 쓸 내용을 생성해 봅시다.

2 내가 쓸 글의 주제, 목적, 독자를 구체화하고, 글의 분량과 대략적인 문단 수를 정해 봅시다.

주제		분량	
목적		문단 수	
독자			

3 글의 구조를 염두에 두고, 각 문단별로 들어갈 핵심 내용을 아래 표에 적어 봅시다. 좌측에는 핵심 단어나 어구의 형식으로, 우측에는 이를 확장한 문장의 형식으로 작성해 봅시다. (필요에 따라 문단 수를 조정하세요.)

	화제 개요	문장 개요
1문단		
2문단		
3문단		
4문단		
5문단		

4 위 표의 우측에 있는 문장 개요를 각 문단의 소주제문으로 삼아, 뒷받침 문장들을 작성하여 한 편의 글을 완성해 봅시다.

5 표현하기 전략에는 어떤 것이 있는가

표현하기 과정에서는 초고를 작성한다. 초고 작성은 기본적으로 앞서 생성하고 조직한 내용을 바탕으로 수행하는 것이지만, 표현 과정에서 이를 변형하거나 새로운 내용을 생성하고 조직하는 경우도 빈번하다. 글쓰기는 기계적인 조립 행위가 아닌 역동적인 의미 구성 행위이기 때문에 이는 당연하고도 필요한 현상이다.

표현하기 과정을 지도할 때 유의할 점은 학생들이 처음부터 완벽한 글을 써야 한다는 부담 없이 일단 초고를 완성할 수 있도록 조력하는 것이다. 초고를 쓰면서 글씨나 맞춤법과 같은 기계적인 요소에 치중하다 보면 생각의 흐름을 방해받게 되고, 오히려 글의 전체적인 흐름을 놓칠 수 있다. 또한 처음부터 완전무결한 글을 쓰려고 하면 글을 이어 나가는 데 인지적 부담을 갖게 되고, 글쓰기에 흥미를 잃게 될 수도 있다. 따라서 초고는 초고일 뿐이며, 고쳐쓰기 과정을 통해 얼마든지 개선할 수 있음을 강조할 필요가 있다(이재승, 2002: 306).

표현하기 과정에서 사용되는 대표적인 전략으로는 '말로 쓰기'와 '내리 쓰기'가 있다. 두 전략 모두 필자의 인지적 부담을 최소화하고, 신속하게 초고를 완성하기 위해 사용된다.

1) 말로 쓰기 전략

'말로 쓰기(oral writing)'는 필자가 생성하고 조직한 내용을 문자 언어로 표현하기 전에 일단 말로 표현해 보는 전략이다. '구두 작문'이라고도 불리며, 본격적인 초고를 쓰기 직전에 사용하기에 유용하다.

말로 쓰기는 내용 조직하기 과정에서 생성한 다발 짓기나 개요 짜기의 결과물을 보면서 하는 것이 일반적이다. 이들 결과물에는 글의 논리적 구조가 압축적으로 나타나 있으므로, 이를 보면서 말로 풀어내는 연습을 함으로써 자신이 쓸 글의 전체적인 상(像)을 그려 볼 수 있다.

말로 쓰기 전략의 장점은 문자 언어를 사용할 때 느끼는 인지적 부담을 덜어 주어 학생들이 자유로운 상태에서 글의 내용 전개에 집중할 수 있다는 데 있다. 글쓰기와 달리 말하기는 학생들이 일상적으로 잘할 수 있다고 느끼는 것이기에, 쓰기 상황에서 보다 자신 있고 유창하게 쓰고자 하는 내용을 언어화하는 경험을 할 수 있다. 말로 쓰기는 여러 사람 앞에서 발표하는 형식으로 할 수도 있고, 파트너를 정해 쓸 내용을 서로에게 설명해 주는 형식으로 할 수도 있다. 또한 혼자 독백하듯이 내용을 전개해 볼 수도 있다. 중요한 것은 쓰고자 하는 내용을 실제적인 언어로 표현하는 경험을 하는 데 있다.

▷ 사용 사례

다음은 교사가 '김치를 설명하는 글'을 쓰기에 앞서 말로 쓰기 전략을 사용하는 시범을 보인 사례이다(가은아, 2013: 19).

뭐에 대해 말해야 하지? 김치에 대한 설명이지. 독자는 누구냐 하면? 김치에 대해 잘 모르는 사람이니까 쉽게 설명해야겠어. 처음 시작은 어떻게 하면 좋을까? 관심을 끌 수 있도록 질문으로 하면 어떨까. 여러분은 김치에 대해 알고 있나요? 음, 김치를 좋아하시나요? 김치는 우리나라 전통 음식입니다. 김치는 주된 재료에 따라 배추김치, 무김치, 파김치, 고들빼기 김치, 오이김치 등으로 나눌 수 있습니다. 이들 김치는 주재료는 다르지만 기본적인 양념은 거의 같습니다. 배추김치의 경우 배추, 무, 고춧가루, 소금, 파, 갓, 마늘, 생강, 젓갈 등의 재료가 필요합니다. 그 다음 얘기할 건? 방법! 김치를 담그는 방법은 우선 배추 뿌리 쪽을 기준으로 2조각, 배추가 클 경우 4조각으로 자른 후 소금물에 절여 놓습니다. 음 음, 배추를 절이는 동안에 속을 만듭니다. 속을 만드는 방법도 말할까? 그래, 그러자. 너무 길어지면 빼야지. 배추김치에 들어가는 속을 만들기 위해 무는 채를 썰고 파와 갓은 어슷하게 썰어 놓습니다. 썰어 놓은 채소와 고춧가루, 준비한 양념을 넣고 버무리면 속이 완성됩니다. 배추가 적당히 절여지면 꺼내어 잘 씻은 후 물기를 빼 줍니다. 그런 다음 배춧잎을 한 장씩 들어가면서 속을 골고루 발라주면 김치가 완성됩니다. 잘하고 있나? 그래! 음 그 다음엔, 이제 김치에 대해 더 말할 건 뭐지? 김치가 건강에 좋다는 것을 말하면 되겠다. 김치는 또한 건강에 좋습니다. 김치는 발효하면서 젓산균이 많이

생기는데 이 젖산균이 장을 튼튼하게 하고 소화를 도와줍니다. **고춧가루의 효**
능에 대해 더 쓰고 싶은데 정확히 모르겠네. 어떻게 하지? 이건 백과사전에서 찾아보자.
(하략)

▷ 절차와 방법

① 내용 조직하기 과정에서 생성한 다발 짓기나 개요 짜기의 결과물을 살펴
보면서 어떤 내용을 어떤 순서로 표현할지 생각한다. 결과물의 내용을 그
대로 읽는 것이 아니라, 이를 조합하고 덧붙인 완결된 내용을 떠올린다.

② 자신이 쓸 글을 말로 표현해 본다. 유창하게 말하지 않아도 되며, 잘 생각
나지 않을 때는 '어…', '음…'과 같은 표현을 사용해도 된다. 다만, 서술
어는 "~(어)요."보다는 "~(이)다.", "~입니다."로 끝내는 것이 좋다.

③ 필요에 따라 ②의 과정을 녹음하여 글로 옮긴 뒤, 이를 초고로 삼아 고쳐
쓰기를 실시한다.

▷ 지도를 위한 수업 자료 예시

말로 쓰기 활동지: 외국인에게 소개하고 싶은 우리 음식

1 선생님의 시범을 보고 '말로 쓰기' 전략의 방법을 이해해 봅시다.

2 내용 조직하기 과정에서 내가 작성한 다발이나 개요를 옮겨 써 봅시다.
5분 동안 이를 보면서 내가 쓸 글의 내용을 생각해 봅시다.

3 다음 사항에 유의하여 '외국인에게 소개하고 싶은 우리 음식'에 대해 내
가 쓸 글을 말로 표현해 봅시다.

유의 사항
❶ 다발이나 개요의 내용을 그대로 읽지 말고, 내용을 풍부하게 덧붙여서 말해 봅시다.
❷ 문법 규칙을 정확히 지키려고 노력하기보다는 말로 글 한 편을 완성해 본다는 생각으로
내용의 전개에 집중합니다.
❸ 구어체가 아닌 문어체 형식으로 표현해 봅시다. "~(어)요."가 아닌, "~입니다.",
"~(이)다."와 같은 종결어미를 사용해 봅시다.

---

2) 내리 쓰기 전략

'내리 쓰기(free writing)'는 쓰고자 하는 내용을 글의 형식과 어법에 구애받지 않고 신속하게 써 내려가는 전략이다. '내리'라는 말은 위에서 아래로 한꺼번에 쭉 내려온다는 의미이다. '얼른 쓰기', '빨리 쓰기', '자유 쓰기'라고도 불린다.

내리 쓰기 전략 사용의 목적은 자기 검열 없이 빠른 시간 내에 필자가 쓰고자 하는 내용을 한 편의 글로 완성하는 데 있다. 그래서 일정한 시간을 정해 놓고 그 시간 동안 글을 쓰되, 글을 전개하는 과정에서 막히는 부분이 있으면 해당 부분은 공백으로 남겨 놓거나 물음표 등의 표시를 한 뒤 다음 내용으로 넘어간다.

내리 쓰기 전략은 처음부터 완벽한 글을 쓰려는 부담 때문에 글을 쓰다 중도에 포기하거나 좌절하는 필자들에게 효과적이다. 쓰기는 고도의 인지적 노력을 필요로 하기 때문에 글의 모든 부문에서 완벽한 글을 일필휘지로 써내기는 어렵다. 그럼에도 많은 학생 필자들은 처음부터 세부적인 표현까지 완벽한 글을 쓰려고 하다가 정작 글의 내용 전개에 어려움을 겪어 좌절하거나 글쓰기를 포기하는 경우가 많다. 내리 쓰기 전략은 이러한 필자들이 초고를 일단 완성한다는 목표에 집중할 수 있게 한다. 내리 쓰기 전략을 통해 초고를 완성하여 성취감을 느낀 뒤 고쳐쓰기 과정을 통해 글의 완성도를 높이는 것이 좋다.

내리 쓰기 전략은 말로 쓰기 전략과 마찬가지로, 내용 조직하기 과정에서 생성한 다발 짓기나 개요 짜기의 결과물을 보면서 하는 것이 일반적이다. 그러나 이러한 결과물이 없는 경우라도 내리 쓰기를 통해 내용을 생성하고 조직하며 글을 써 내려갈 수도 있다. 또한 내용 조직하기 과정 이후 말로 쓰기 전략을 통해 일단 음성 언어로 개략적인 내용을 표현해 본 뒤, 내리 쓰기 전략을 사용하여 이를 완성된 문자 언어로 표현하는 단계적인 수행을 하는 것도 효과적이다.

▷ 절차와 방법

① 일정한 시간(일반적으로 5~10분 내외)을 정해 놓고, 집중적으로 아이디어를 생각하여 멈추지 않고 글을 써 내려 간다.

② 글의 형식이나 어법에 대해서는 생각하지 않으며, 생각이 잘 떠오르지 않을 때는 공백으로 남겨 놓거나 물음표 등의 표시를 하고 넘어간다.

③ 한 편의 글을 완성하면, 혼자 혹은 여럿이 검토한다. 글씨, 맞춤법, 띄어

쓰기, 글의 형식에 대해서는 평가하지 않으며, 내용의 전개를 중심으로 점검한다.

▷ 지도를 위한 수업 자료 예시(최현섭 외, 2001: 231-234)

내리 쓰기 활동지: 이상한 꿈

1   자신이 꾸었던 꿈에 대한 경험을 떠올려 봅시다.

> • 어떤 꿈들을 꾸었나요?
> • 가장 이상한 꿈은 어떤 꿈이었나요?
> • 꿈에 어떤 인물들이 나왔나요?
> • 꿈의 내용은 어떻게 전개되었나요?

2   떠올린 생각을 바탕으로 글의 구조에 맞게 생각을 묶어 봅시다.

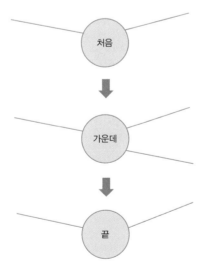

3 떠올린 생각을 바탕으로 이상한 꿈에 대한 내용을 글로 빠르게 옮겨 써 봅시다.

유의 사항
❶ 맞춤법이나 글씨, 형식은 중요하지 않습니다.
❷ 시간은 5분으로 제한합니다.
❸ 자신이 떠올렸던 생각이 멈추지 않도록 최대한 빠르게 글로 바꾸어 써 봅시다.

4 친구들과 쓴 글을 바꾸어 보며 서로 이야기해 봅시다.

이렇게 합시다
❶ 먼저 4~5명씩 모둠을 만듭니다.
❷ 잘 썼다고 생각되는 부분에는 ☆표를 해 줍니다.
❸ 친구가 쓴 내용에 대해 덧붙일 부분이나 고칠 부분이 있다고 생각되면 여백에 써 줍니다.
❹ 다 읽고 난 후에는 친구의 점검표에 기록해 줍니다.

5 친구가 쓴 글에 대해 잘 되었는지 점검표에 기록해 봅시다.

이름	점검 내용	평가		
	• 내용을 이해하기 쉽게 썼나요?	잘함	보통	부족
	• 등장인물과 장소가 드러나게 썼나요?	잘함	보통	부족
	• 이야기가 실감나도록 썼나요?	잘함	보통	부족

고쳐쓰기 과정에서는 작성된 글을 점검하여 문제점을 발견하고, 이를 개선하여 더 나은 글을 만든다. 고쳐쓰기는 주로 완성된 초고를 대상으로 하지만, 초고가 작성되는 과정에서도 작성 중인 글을 대상으로 하여 이루어질 수 있다. 여기에서는 완성된 초고를 대상으로 한 고쳐쓰기에 대해 다룬다.

고쳐쓰기 과정을 지도할 때는 다음 사항을 강조할 필요가 있다. 첫째, 고쳐쓰기는 일회적인 과정이 아니며 여러 차례에 걸쳐 고쳐쓰기를 할수록 최종고의 질이 높아진다. 둘째, 고쳐쓰기를 할 때는 글에 나타난 거시적인 문제부터 살피고, 점차 미시적인 문제를 살피는 방식으로 체계적으로 나아가야 한다. 즉, 먼저 글 전체 수준에 나타난 주제 및 내용, 구성상의 문제를 살피고, 점차 문단 수준의 문제와 문장 및 어휘 수준의 문제들을 살피는 것이 좋다. 셋째, 고쳐쓰기를 할 때는 첨가, 삭제, 대체, 재배열의 방법을 사용한다. 첨가는 설명이 부족하여 주제가 충분히 부각되지 못했거나 논리적 비약이 있는 곳에 새로운 내용을 덧붙이는 것이다. 삭제는 글의 일관성을 해치거나 불필요한 내용을 제거하는 것이고, 대체는 이를 대신하는 내용으로 교체하는 것이다. 재배열은 글의 논리 전개 순서가 잘못되었을 때 이를 다시 배치하는 것을 말한다. 넷째, 고쳐쓰기를 할 때는 필자의 자기중심성에서 벗어나는 것이 중요하다. 이를 위해, 초고를 완성한 후 자신의 글을 객관적으로 바라볼 수 있는 최소한의 시간을 가진 뒤 글을 점검하는 것이 좋다. 또한 동료나 교사 등 타인에게 글을 보여 준 뒤 글의 문제를 점검받는 것도 효과적이다.

고쳐쓰기 과정에서 사용되는 대표적인 전략으로는 훑어 읽기, 돌려 읽기, 편집하기 등이 있다. 여기에서는 훑어 읽기와 돌려 읽기 전략을 살펴보기로 한다.

> **용어 설명**
>
> **필자의 자기중심성(egocentrism)** 필자가 독자의 관점이나 입장을 고려하지 않고 독자 역시 자신과 같은 시각에서 글을 읽을 것이라고 오해하는 특성. 쇼네시(Shaunghnessy, 1977)는 미숙한 학생 필자의 글에 나타나는 오류의 대다수는 독자에 대한 인식이 부족한 자기중심성에 기인하는 것이라고 보았다. 예를 들어 자기중심성에 함몰된 필자는 자신의 머릿속에만 있는 정보가 글에 생략되어 있어 독자가 글의 논리를 따라갈 수 없는 경우에도 이 사실을 인지하지 못한다.

1) 훑어 읽기 전략

'훑어 읽기(survey)'는 필자가 완성된 글을 처음부터 끝까지 단숨에 읽으며 고쳐 쓸 부분을 발견하는 전략이다. 이 전략은 본격적인 고쳐쓰기가 이루어지기 전, 글의 문제를 발견하기 위해 사용된다. 훑어 읽기 과정에서 문제를 발견하여 원고에 메모를 하거나 즉각적인 수정을 한 뒤, 이를 반영하여 고쳐쓰기를 하면 된다.

학생들이 고쳐쓰기를 할 때 자주 저지르는 실수는 맞춤법이나 띄어쓰기 오류와 같이 글의 지엽적인 문제를 고치는 데에만 집중하여, 내용이나 구성상의 중요한 문제를 간과하는 것이다. 훑어 읽기 전략은 글을 전체적으로 파악하게 함으로써 학생들이 글의 주요한 문제에 먼저 집중하고, 점차적으로 세부적인 문제들에 관심을 갖도록 유도한다. 훑어 읽기는 일회적으로 실시하기보다는 여러 차례에 걸쳐 실시하는 것이 좋다. 글을 처음 훑어 읽을 때는 글의 거시적인 문제에 집중하고, 점차 세부적인 문제를 검토하는 것이 효과적이다.

▷ 사용 사례

다음은 '시장님께 드리는 건의문'을 작성한 뒤 훑어 읽기 전략을 사용하여 문제를 발견하고, 고쳐 쓸 사항을 메모한 사례이다.

① 첫 번째 훑어 읽기: 글 전체 수준의 주제·구성에 집중하기

○○시장님께

시장님, 안녕하세요? 한가지 사항을 건의드리고자 편지를 씁니다.

저희 희망고등학교의 많은 학생들이 시내에서 버스를 타고 등하교를 하고 있습니다. 그런데 희망고등학교 앞에 정차하는 버스 노선이 01번 하나 뿐이고, 01번 버스의 배차 간격이 30분 이상이어서 학생들이 등하교에 어려움을 겪고 있습니다. 학교에서 스쿨버스를 운행해 주면 좋겠지만, 재정 상태가 좋지 않다고 언제나 미루기만 합니다. 작년에는 어느 정도 시행될 것 같았는데, 역시 무산되어

> 주제와 직접적인 상관이 없는 내용이므로 삭제할

벼려 학생들의 불만이 이만저만이 아니었습니다. 희망고등학교 앞에 정차하는

문제 제기와 구분되는 해결책이므로 여기서 문단 나누기

버스 노선이 늘어나고, 01번 버스의 배차 시간이 단축된다면, 등하교 시간의 혼란이 상당히 줄어들 수 있을 것입니다. 버스 노선의 증가가 어렵다면, 01번 버스의 배차 간격을 등하교 시간만이라도 줄여 주시기를 부탁드립니다.

V

김우리

글을 마무리하고 끝인사를 하는 문단 넣기
: 저희 희망고등학교 학생들이 편안히 학업에 열중할 수 있도록 이 문제를 살펴봐 주시면 좋겠습니다. 언제나 건강하시기를 바랍니다. 감사합니다.

② 두 번째 훑어 읽기: 문단 수준의 문제에 집중하기

○○시장님께

나를 소개하고, 먼저 감사를 표시하기
: 저는 희망고등학교 3학년 1반 김우리입니다. 언제나 ○○시민의 복지를 위해 애써 주셔서 감사합니다.

이유가 나타나 있지 않으므로 이유를 추가하기
: 저희 희망고등학교는 ○○시의 외곽에 위치하고 있어서, 많은 학생들이…

시장님, 안녕하세요? V 한 가지 사항을 건의드리고자 편지를 씁니다.

저희 희망고등학교의 많은 학생들이 시내에서 버스를 타고 등하교를 하고 있습니다. 그런데 희망고등학교 앞에 정차하는 버스 노선이 01번 하나 뿐이고, 01번 버스의 배차 간격이 30분 이상이어서 학생들이 등하교에 어려움을 겪고 있습니다. 학교에서 스쿨버스를 운행해 주면 좋겠지만, 재정 상태가 좋지 않다고 언제나 미루기만 합니다. 작년에는 어느 정도 시행될 것 같았는데, 역시 무산되어 버려 학생들의 불만이 이만저만이 아니었습니다. 희망고등학교 앞에 정차하는 버스 노선이 늘어나고, 01번 버스의 배차 시간이 단축된다면, 등하교 시간의 혼란이 상당히 줄어들 수 있을 것입니다. 버스 노선의 증가가 어렵다면, 01번 버스의 배차 간격을 등하교 시간만이라도 줄여 주시기를 부탁드립니다.

저희 희망고등학교 학생들이 편안히 학업에 열중할 수 있도록 이 문제를 살펴봐 주시면 좋겠습니다. 언제나 건강하시기를 바랍니다. 감사합니다.

김우리

③ 세 번째 훑어 읽기: 문장·어휘 수준의 문제에 집중하기

○○시장님께

시장님, 안녕하세요? 저는 희망고등학교 3학년 1반 김우리입니다. 언제나 ○○시민의 복지를 위해 애써 주셔서 감사합니다. 한가지 사항을 건의드리고자 편지를 씁니다.
~~드립니다.~~

저희 희망고등학교는 ○○시의 외곽에 위치하고 있어서, 많은 학생들이 시내에서 버스를 타고 등하교를 하고 있습니다. 그런데 희망고등학교 앞에 정차하는 버스 노선이 01번 하나 뿐이고, 01번 버스의 배차 간격이 30분 이상이어서 학생들이 등하교에 어려움을 겪고 있습니다. 학교에서 스쿨버스를 운행해 주면 좋겠지만, 재정 상태가 좋지 않다고 언제나 미루기만 합니다. 작년에는 어느 정도 시행될 것 같았는데, 역시 무산되어 버려 학생들의 불만이 이만저만이 아니었습니다. 희망고등학교 앞에 정차하는 버스 노선이 늘어나고, 01번 버스의 배차 시간이 단축된다면, 등하교 시간의 혼란이 상당히 줄어들 수 있을 것입니다. 버스 노선의 증가가 어렵다면, 01번 버스의 배차 간격을 등하교 시간만이라도 줄여 주시기를 부탁드립니다.
(즐펴이)   (간곡히)

저희 희망고등학교 학생들이 편안히 학업에 열중할 수 있도록 이 문제를 살펴봐 주시면 좋겠습니다. 언제나 건강하시기를 바랍니다. 감사합니다.

20△△년 9월 6일

김우리 올림

④ 훑어 읽기에서 메모한 내용을 반영하여 고쳐 쓴 결과

○○시장님께

시장님, 안녕하세요? 저는 희망고등학교 3학년 1반 김우리입니다. 언제나 ○○시민의 복지를 위해 애써 주셔서 감사합니다. 한 가지 사항을 건의드리고자 편지를 드립니다.

저희 희망고등학교는 ○○시의 외곽에 위치하고 있어서, 많은 학생들이 시내에서 버스를 타고 등하교를 하고 있습니다. 그런데 희망고등학교 앞에 정차하는 버스 노선이 01번 하나뿐이고, 01번 버스의 배차 간격이 30분 이상이어서 학생들이 등하교에 어려움을 겪고 있습니다.

희망고등학교 앞에 정차하는 버스 노선이 늘어나고, 01번 버스의 배차 시간이 단축된다면, 등하교 시간의 혼란이 상당히 줄어들 수 있을 것입니다. 버스 노선의 증편이 어렵다면, 01번 버스의 배차 간격을 등하교 시간만이라도 줄여 주시기를 간곡히 부탁드립니다.

저희 희망고등학교 학생들이 편안히 학업에 열중할 수 있도록 이 문제를 살펴봐 주시면 좋겠습니다. 언제나 건강하시기를 바랍니다. 감사합니다.

20△△년 9월 6일
김우리 올림

▷ 절차와 방법

① 초고를 완성한 뒤 훑어 읽기를 하기 전에 적어도 30분 이상의 시간을 갖는다. 충분한 시간을 가질수록 자신의 글을 객관적으로 바라볼 수 있다.

② 글의 주제, 목적, 독자를 생각하며 글을 처음부터 끝까지 단숨에 읽는다. 글 전체 수준에서 주제가 잘 구현되었는지, 내용이 올바른지, 구성이 적합한지 등의 문제를 점검한다. 문제가 발견되면 원고에 메모 또는 표시를 하되 고쳐쓰기 위해 긴 시간을 할애하지 않는다. 글 전체 수준의 문제가 충분히 발견되었다고 생각될 때까지 훑어 읽기를 반복한다.

③ 문단 수준에서의 문제 발견에 집중하며 훑어 읽기를 한다. 문단 수준에서 소주제가 잘 구현되었는지, 내용이 올바른지, 구성이 적합한지 등의 문제를 점검한다. 문제가 발견되면 원고에 메모 또는 표시를 하되, 고쳐쓰기 위해 긴 시간을 할애하지는 않는다. 문단 수준의 문제가 충분히 발견되었다고 생각될 때까지 훑어 읽기를 반복한다.

④ 문장 및 어휘 수준에서의 문제 발견에 집중하며 훑어 읽기를 한다. 고쳐 쓸 필요가 있는 표현에 표시를 하거나 고쳐 쓸 내용을 메모한다.

⑤ 훑어 읽기 과정에서 표시 및 메모한 사항을 바탕으로 고쳐쓰기를 한다.

▷ 지도를 위한 수업 자료 예시

● 훑어 읽기 과정에서 CDO 카드 사용하기

필자가 글을 쓸 때 그의 머릿속에는 아직 완성되지 않은, 자신이 쓰고자 하는 글에 대한 이상적인 이미지가 존재한다. 그런데 완성된 글과 의도한 이미지가 언제나 일치하지는 않는다. 능숙한 필자는 완성된 글을 훑어 읽으면서 자신이 의도한 글과 실제로 작성한 글을 비교하고, 그 차이를 진단하고, 진단에 부합하는 세부적인 조치를 실행할 수 있다. 이를 CDO(Compare, Diagnosis, Operate:

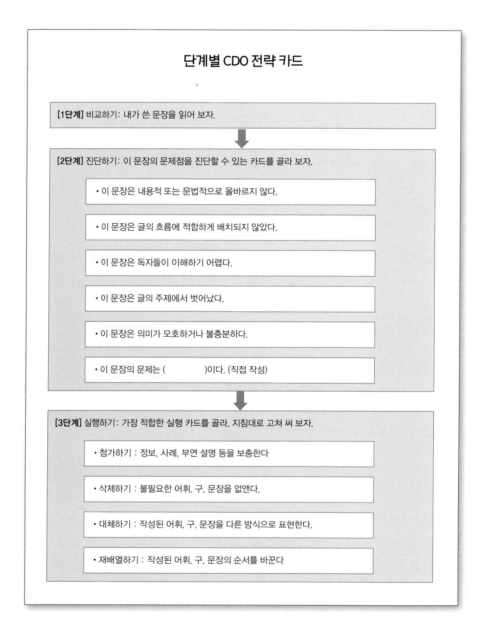

단계별 CDO 전략 카드

[1단계] 비교하기: 내가 쓴 문장을 읽어 보자.

[2단계] 진단하기: 이 문장의 문제점을 진단할 수 있는 카드를 골라 보자.

- 이 문장은 내용적 또는 문법적으로 올바르지 않다.
- 이 문장은 글의 흐름에 적합하게 배치되지 않았다.
- 이 문장은 독자들이 이해하기 어렵다.
- 이 문장은 글의 주제에서 벗어났다.
- 이 문장은 의미가 모호하거나 불충분하다.
- 이 문장의 문제는 (   )이다. (직접 작성)

[3단계] 실행하기: 가장 적합한 실행 카드를 골라, 지침대로 고쳐 써 보자.

- 첨가하기 : 정보, 사례, 부연 설명 등을 보충한다
- 삭제하기 : 불필요한 어휘, 구, 문장을 없앤다.
- 대체하기 : 작성된 어휘, 구, 문장을 다른 방식으로 표현한다.
- 재배열하기 : 작성된 어휘, 구, 문장의 순서를 바꾼다

비교·진단·실행하기) 전략이라고 부른다. CDO 전략은 능숙한 필자들이 훑어 읽기 전략을 사용할 때 자동적으로 함께 사용하는 전략이다.

그러나 CDO 전략의 사용이 자동화되어 있지 않은 미숙한 필자들에게는 보조 도구를 사용하게 함으로써 이를 습득하게 하는 것이 효과적이다. 왼쪽은 교실 현장에서 사용할 수 있는 단계별 CDO 전략 카드의 사례(Harris et al., 2008: 299)이다.

1단계에서 필자는 자신이 작성한 글을 읽으며, 이를 그가 쓰고자 했던 글과 비교한다. 만약 "이 문장은 문제가 없다."라는 진단을 한다면 다음 문장으로 넘어가면 되지만, 그렇지 않다면 2단계에서 해당 글의 문제에 적합한 진단 카드를 선택한다. 3단계에서는 진단 카드의 문제를 해결할 수 있는 실행 카드를 선택하여 해당 내용대로 글을 고쳐 쓴다. 예를 들어, "이 문장은 글의 주제에서 벗어났다."라는 진단 카드를 선택했다면, 이에 부합하는 "삭제하기" 카드를 선택하여 해당 문장을 삭제하는 방식으로 글을 고쳐 쓰는 것이다. 이러한 단계를 거쳐 CDO 전략을 학습한 필자들은 점차 전략 카드의 도움을 받지 않고도 상황에 맞게 비교·진단·실행이 자동화된 고쳐쓰기를 할 수 있게 된다.

● **훑어 읽기 과정에서 점검 질문 사용하기**

점검 질문 사용하기 전략은 필자가 글의 영역별 점검 사항에 대한 질문에 답함으로써 글의 완성도를 점검하고 고쳐 쓸 사항을 확인하는 것이다. CDO 전략이 필자가 의도한 글과 완성된 글을 비교하며 사용하는 것이라면, 이 전략은 글에서 살펴야 할 일반적인 점검 사항들을 필자의 글에 적용하는 것이다.

점검 질문 사용하기 전략은 학생들로 하여금 완성된 글의 성취 수준을 파악할 수 있는 일정한 기준을 제공하고, 자신의 수행에 대한 자기성찰의 기회를 부여한다. 또한 학생들은 점검 질문의 내용을 내재화함으로써 향후 글쓰기 과정에서 보다 나은 수행을 할 수 있는 지침으로 사용할 수 있다.

점검 질문은 글의 유형이나 점검 부문에 따라 다양하게 구성할 수 있다. 다음은 박영목(2013: 210-212)이 제시한 질문 목록이다. 앞서 살펴보았듯이 1회로 점검을 종료하기보다는 글 전체 수준 점검을 위한 질문들로부터 점차 문단과 문장 수준 점검을 위한 질문, 어휘 및 표기 수준 점검을 위한 질문들을 사용하여 점검을 구체화해 나가는 것이 좋다.

글 점검을 위한 질문 목록

• 글 전체 수준 점검을 위한 질문

점검 부문	점검 질문
글 전체	• 글 전체가 명료하게 짜여 있는가? 필요한 세부 내용을 적절히 제시하고 있는가? • 글 전체를 통하여 일관된 입장을 유지하고 있는가? • 적절한 제목을 사용하였는가? • 글의 첫 문장은 독자의 관심을 끌 수 있도록 주의해서 만들었는가?
서론	• 글의 서론이 적합한가? 그 서론이 흥미롭고도 적절한가? • 명료하게 진술된 주제문을 포함하고 있는가? • 글의 서론이 글 전체의 전개 계획을 명백하게 제시하고 있는가?
본론	• 글의 본론이 일정한 계획에 따라 배열되어 있는가? 독자가 그 단계를 쉽게 알아차리고 그 단계에 따라 읽을 수 있게 되어 있는가? • 글의 본론에서 일반적인 생각을 보충하기 위한 수단으로서 세부 내용들을 적절하게 보충하고 있는가?
결론	• 글의 본론에서 사용된 증거들은 적절한 것이며, 논리 전개는 합리적인가? 주장에 대한 가능한 대안들을 고려하였는가? • 글의 결론은 지금까지 밟아 온 글의 논리로부터 빗나간 것은 아닌가? 결론에서 새로운 내용이나 본문과 상관없는 내용들을 제시하지는 않았는가? • 글의 결론은 예상되는 독자에게 적절한 것인가?

• 문단과 문장 수준 점검을 위한 질문

점검 부문	점검 질문
문단	• 각 문단들은 논리적으로 전개되어 있는가? • 각각의 문단은 글 전체에 대하여 적절한 기능을 수행하고 있는가? • 각 문단은 글의 통일성과 일관성의 규칙에 위배되지는 않는가? 각 문단에는 하나의 중심 문장이 있는가? • 문단이 시작되는 곳에서 들여쓰기를 하였는가? • 문법적인 문장, 적합한 문장들을 사용하여 문단을 구성했는가?
문장	• 문장 형식들이 다양하게 사용되었는가? • 각 문장들이 명백하게 진술되었으며, 또한 문법적으로도 완결된 것인가? • 수식어와 피수식어는 바르게 연결되었는가? • 주어와 서술어 사이의 호응은 적절한가? • 중심적인 생각과 종속적인 생각이 문법적으로 적절하게 연결되었는가? • 문장 부호는 적절하게 사용되었는가? • 문장들 중에서 보다 간결하게 표현될 수 있는 문장은 없는가? • 각 문장들은 논리적으로 연결되어 있는가?

• 어휘 및 표기 점검을 위한 질문

점검 부문	점검 질문
단어	• 단어 사용은 명료하고 정확한가? • 글의 문맥과 관련하여 단어 사용이 적절한가? • 국어 어법에 맞게 단어를 사용하였는가? • 불명확하거나 지나치게 일반화된 의미를 지닌 단어들을 사용하지는 않았는가? • 보다 적절한 단어들로 대치할 수 있는 단어는 없는가?
표기	• 모든 단어들은 맞춤법에 맞게 표기하였는가? • 마침표 및 쉼표의 사용은 적절한가? • 인용 부호의 사용은 적절한가? • 글씨는 깨끗하게 쓰였는가? • 글 전체에 대하여 필자로서 최선을 다한 흔적이 나타나고 있는가?

2) 돌려 읽기 전략

'돌려 읽기(reading around)'는 필자들이 모둠을 형성하여 서로의 글을 읽고 조언해 줌으로써 상호 도움을 얻는 전략이다. 훑어 읽기가 필자 스스로 글을 점검하는 전략이라면, 돌려 읽기는 다양한 독자의 시각에서 필자의 글을 점검하는 전략이다. 필자들은 대체로 자기중심성을 가지고 있어서, 독자가 글을 이해하기 위해 꼭 필요한 정보가 생략되어 있는 경우에도 자신은 그 정보를 알고 있기에 문제점을 인지하지 못하는 경우가 많다. 돌려 읽기는 독자의 시각에서 글의 어떤 부분이 좋게 느껴지는지 혹은 문제로 여겨지는지에 대한 정보를 필자에게 줌으로써 필자가 자기중심적 글쓰기에서 독자지향적 글쓰기로 전환할 수 있는 계기를 부여한다.

돌려 읽기를 할 때에는 점검 질문(체크리스트)을 사용하여 항목별로 조언할 수도 있고, 글에서 좋았던 점, 개선했으면 하는 점, 글에 대해 더 조언하고 싶은 점 등에 대해 좀 더 자유롭게 이야기할 수도 있다. 그러나 자유롭게 이야기를 할 때에도 무엇을 중심으로 글을 읽어야 할지를 학생들이나 교사가 미리 설정하는 것이 좀 더 생산적이다.

▷ 절차와 방법

① 돌려 읽기를 수행할 모둠을 형성한다. 모둠은 4명 내외가 적당하고, 서로 마주 보도록 원형으로 책상을 붙이고 둘러앉는 것이 좋다.

② 돌려 읽기의 방법과 절차를 정한다. 동료의 원고에 직접 반응을 쓸 것인지, 활동지를 사용하여 일정한 점검 항목별로 반응을 쓸 것인지, 또는 원고에 표시를 하여 돌려 읽기가 끝난 후 말로 반응을 할 것인지 정한다. 또한 돌려 읽기를 할 때 살펴볼 점검 항목을 정한다.

③ 글을 시계 방향으로 돌리며, 정해진 방법과 절차에 따라 동료의 글에 반응한다. 반응이 끝난 글은 다시 옆 자리 친구에게 넘겨주고, 자신의 글을 받을 때까지 이 과정을 반복한다.

④ 자신의 글을 돌려받은 후 동료들이 반응해 준 사항을 염두에 두고 고쳐쓰기를 수행한다.

▷ 지도를 위한 수업 자료 예시

돌려 읽기 활동지

1   3~4명씩 모둠을 만들어 친구들의 글을 차례로 읽고, 친구의 글이 보다 나아질 수 있도록 조언할 사항을 생각해 봅시다. 친구의 글을 읽을 때는 아래 원칙을 기억하세요.

친구의 글을 읽을 때 지켜야 할 원칙(이재승, 2005: 357)
- 친구의 글에 대해 최대한 많은 의견을 말해 준다.
- 친구의 글을 성실하게 읽고 반응을 보여 준다.
- 부정적인 면보다는 긍정적인 면에 초점을 둔다.
- 친구에 대한 감정(우호, 적대)에 치우치지 않는다.
- '비판'보다는 '제언'에 무게를 둔다. 대안이 있으면 말해 준다.
- 거짓되지 않고 정직하게 말해 준다. 그렇다고 너무 직선적, 비판적이 되지 않도록 한다.

2   친구들의 글을 읽으며, 다음의 표에 이야기할 사항을 메모해 둡시다. 그리고 모든 친구의 글에 대해 돌려 읽기가 끝났을 때, 작성한 표의 내용을 참조해서 차례로 조언해 주세요.

친구 이름	구분	번호	부문(○표 하기)	친구에게 조언할 내용
	좋은 점	1	주제　내용　구성　표현	
		2	주제　내용　구성　표현	
		3	주제　내용　구성　표현	
	개선할 점	1	주제　내용　구성　표현	
		2	주제　내용　구성　표현	
		3	주제　내용　구성　표현	

3 자신의 글에 대한 친구들의 조언 내용을 들으며 아래 표에 메모해 보세요. 그리고 해당 사항을 고쳐쓰기를 할 때 반영할 것인지 아닌지 결정해서 '반영, 미반영, 유보' 중 하나에 ○표시를 한 뒤 그 이유를 써 봅시다.

번호	친구가 조언한 내용	고쳐쓰기 반영 여부	반영/미반영/유보 이유
1		반영　미반영　유보	
2		반영　미반영　유보	
3		반영　미반영　유보	

4 친구들의 조언 및 이를 반영할 것인가에 대한 나의 판단을 토대로 고쳐쓰기를 해 봅시다.

생각해 봅시다

1 이 장에서 다룬 과정별 쓰기 전략은 반드시 해당 과정에서만 고정적으로 사용해야 하는 것
   은 아니다. 예를 들어 '내리 쓰기' 전략은 표현하기 과정에서 한 편의 완결된 글을 작성하기
   위해 주로 사용되지만, 내용 생성하기 과정에서 필자가 쓰고자 하는 내용을 발견하기 위한
   전략으로도 사용할 수 있다. 또한 전략을 변용(變容)하여 사용할 수도 있다. 초고 완성 후 완
   성된 초고로부터 개요를 추출하는 '역(逆)개요 짜기' 전략을 수행하여, 완성된 글의 구성을
   점검해 볼 수 있다.

     이 장에서 소개된 과정별 전략 중 여러 과정에서 사용할 수 있는 전략이 있는지 찾아보자.
   또한 이 장에서 소개한 방식과 다르게 변용하여 사용할 수 있는 전략이 있는지, 있다면 어떻
   게 변용하여 사용할 수 있을지 생각해 보자.

2 이 장에서 다룬 쓰기 전략 외에도, 전문 필자들이 사용하는 다양한 쓰기 전략이 존재한다. 예
   를 들어, 『나의 문화유산답사기』의 저자인 유홍준 교수는 "쓸 내용을 미리 말로 리허설해 보
   고, 쓰기 시작하면 한 호흡으로 앉은 자리에서 초고를 완성한다."는 일필휘지 전략을 자신의
   글쓰기 비법의 하나로 소개한 바 있다. 다양한 전문 필자들이 사용하는 쓰기 전략을 조사해
   보고, 자신의 쓰기 습관에 적합한 전략을 골라 실제로 사용해 보자.

3 나는 어떻게 글을 쓰는지, 쓰기 과정의 특성은 무엇이고, 어떤 쓰기 전략들을 주로 사용하는
   지를 중심으로 '나의 쓰기 서사'를 발표해 보자. (※ 3장 '생각해 봅시다'의 활동 1을 통해 생
   산한 사고 구술 프로토콜의 내용을 검토하여, 나의 쓰기 전략 목록을 정리한 뒤 수행할 것.)

4 쓰기 과정과 전략은 필자에 따라 다양하게 운용된다. 위의 활동 2와 활동 3을 통해 나타난
   전문 필자, 나, 학우들의 쓰기 운용 방식을 비교해 보고, 각 방식의 장단점에 대해 분석해 보
   자. 또한 이를 바탕으로 나의 쓰기 개선 방안을 구상해 보자.

참고문헌

가은아(2013),「자기 질문 전략을 활용한 구두 작문의 효과 탐색」,『작문연구』17, 9-36.

박영목(2008),『작문 교육론』, 역락.

박영목(2013),『작문의 원리와 전략』, 강현출판사.

이재승(2002),『글쓰기 교육의 원리와 방법: 과정 중심 접근』, 교육과학사.

이재승(2005),『좋은 국어 수업 어떻게 할 것인가?: 수업 방법 19가지』, 교학사.

이호근(1998),「사전 쓰기 지도 방법 연구」, 한국교원대학교 석사학위 논문.

정혜승(2003),「수업과 작문 능력 향상을 위한 글쓰기 전략」,『교육연구』23(4), 36-42.

최현섭 외(2000),『구성주의 작문 교수·학습론』, 박이정.

최현섭 외(2001),『창의적인 쓰기 수업 어떻게 할까?』, 박이정.

Booth, W. C.(1963), "The Rhetorical Stance", *College Composition and Communication* 14(3), 139-145.

Buehl, D., 노명완·정혜승 역(2002),『협동적 학습을 위한 45가지 교실 수업 전략』, 박이정.

Flower, L., 원진숙·황정현 역(1998),『글쓰기의 문제해결전략』, 동문선.

Harris, K. R., Graham, S., Mason, L. H. & Friedlander, B.(2008), *Powerful Writing Strategies for All Students*, Paul H. Brookes Publishing Co.

Shaughnessy, M.(1977), "Some Needed Research on Writing, *College Composition and Communication* 28(4), 317-320.

Tompkins, G. E., 이재승 외 역(2012),『글쓰기 어떻게 가르칠 것인가』, 박이정.

김 교사는 통신 언어를 과다하게 사용하면서 맞춤법도 지키지 않는 학생들의 글을 이해하기 어렵다고 느낀다. 학생들은 학교에서 배우는 작문 교육 방식대로 친구끼리 사용하는 SNS에 글을 올리면 왕따를 당한다고 말한다. 김 교사는 학생들의 문식 환경이 변화하면서 온라인상에서 글을 쓰는 사례가 증가하고 있으나 학교에서의 작문 교육은 이를 반영하지 못하는 것 같아 안타깝다. 문식 환경이 변화했으니 작문 교육 양상도 달라져야 한다는 인식은 하고 있으나 어떻게 문식 환경의 변화를 반영하여 작문 교육을 해야 할지 모르겠다.

문식 환경의 변화에 따라 의사소통의 양상이 다양해지고 있다. 얼굴과 얼굴을 마주 보고 말하는 것과 문자를 통해 의사소통을 할 때 나타나는 특징이 다르듯이, 인터넷상에서도 의사소통 유형에 따라 의사소통 양상이 다르다. 이 장에서는 문식 환경의 변화와 이에 따른 작문 교육의 방향을 모색하고자 한다.

1 문식 환경은 어떻게 변화하고 있는가

현대의 디지털 기술은 사회, 경제, 문화, 예술 등 생활 전반에 영향을 미치고 있을 뿐만 아니라, 우리 삶의 방식에도 큰 변화를 주고 있다. 사물 인터넷, 증강 현실이라는 용어가 등장하는 것도 디지털 기술의 발전 결과이다. 특히 디지털 미디어는 문식 환경과 소통 방식의 변화를 가져왔다. '디지털 미디어(digital media)'란 텍스트, 영상, 음성, 데이터 등 다양한 디지털 콘텐츠의 정보를 통합적으로 처리하고 전송하며 표시하는 미디어를 일컫는다. 이러한 디지털 미디어는 기존의 미디어를 대체·보완·확장하거나 새로운 영역을 생성하는 등 가변적이며 유연한 미디어로 발전하고 있다. 그 결과 표현 방식만 달라진 것이 아니라 수용 방식에서도 변화를 가져왔으며, 미디어 사용 공동체 차원에서 소통 방식, 정보 공유 및 정보 파급 방식의 변화를 가져왔다.

1) 수직적 소통 방식에서 수평적 소통 방식으로의 변화

디지털 미디어가 나타나기 이전, 초기 신문에서는 필자와 독자가 구분되었다. 일부 특권층이나 전문 기자만이 필자가 되고 대다수는 독자인 소통 구조였다. 그 후 독자의 의견을 투고할 수 있는 코너가 생기면서 필자와 독자가 소통하는 공간이 일부 만들어지기도 하였다. 그러나 이것은 한정된 변화 양상이고, 대부분은 필자와 독자가 구분되어 마치 생산자 – 소비자의 관계와 유사한 모습이었다. 그러다가 디지털 미디어의 발전으로 기존의 생산자 – 소비자 관계가 무너지고 생산 – 소비의 동일체로서 '생비자(prosumer)'의 관계가 형성되었다. 수직적 소통 방식에서 수평적 소통 방식으로 변화가 생긴 것이다. 1990년대 후반 이론적 접근에서 논의되었던 생비자 개념은 최근 누리꾼들이 기사를 리드하는 현상까지 등장하면서 실제적 접근이 가능해지고 있다. 특권층만의 목소리가 아니라 대중의 목소리, 일반인의 목소리가 여론을 이끌 수 있는 구조가 되어 보다 수평적인 소통이 가능하게 되었다.

이에 따라 국어 교육에서도 학습자를 문화적 교양의 대상이라기보다는 '디지털 민중', 즉 능동적인 문화 생산자로 인정하고 국어 수업이 문화 창조의 장이 될 수 있도록 해야 한다는 주장(김창원, 2002: 20)이 공론화되고 있다. 학교 교육에서 미디어 교육을 강조하는 것도 학습자의 삶에 적합성을 지녀야 한다는 상황 학습 이론(Lave & Wenger, 1991; 정현선, 2004: 6)에 근거한 것이다. 변화하는 작문 환경에 맞추어, 현재 이슈가 되고 있는 사회문화, 언어문화 현상을 해석하고 비판하며 문화를 생산하고 소비하는 생비자로서의 역할을 교육에서 다루어야 한다는 것이다.

정현선(2004)에서는 디지털 미디어에 의해 생산된 텍스트의 비판적 · 창의적 수용과 생산 능력을 뜻하는 디지털 리터러시의 국어 교육적 함의를 보다 구체적으로 탐색할 것을 주장하고 있다. 김윤경 외(2017)에서는 문식 환경의 변화에 따른 뉴스 기사 및 댓글, 댓글에 대한 댓글(대댓글) 분석을 통해 구조 문식성을 밝혔다. 또 구의역 사건 이후 사건 현장에 포스트잇을 붙이고, 비정규직 법안의 개선을 끌어낸 네티즌들의 현상을 예로 들면서 실천적 미디어 리터러시 교육이 필요함을 주장하고 있다. 이제는 필자가 생산한 텍스트를 독자가 소비하는 하향식(top-down)이 아니라 독자가 직접 사회 여론 형성에 참여하는 상향식(bottom-up) 소통 방식으로 변화하였다. 이는 곧 수평적 소통 방식이 확산되는 변화 속에서 작문 교육 역시 수평적 소통 방식을 다루어야 함을 시사한다.

2) 일방적 소통 방식에서 상호작용적 소통 방식으로의 변화

디지털 미디어의 특징으로는 여러 종류의 디지털 콘텐츠가 하나의 미디어 시스템에서 수렴되고 표현되는 복합성, 이용자가 디지털 미디어의 이용 방식과 내용을 선택하고 제어할 수 있는 선택성과 통제성, 이용자가 디지털 콘텐츠를 조작할 수 있는 조작가능성, 그리고 전자적 네트워크를 통해 이용자 간의 연결을 증가시키는 상호연결성이 있다. 이러한 특징들은 '상호작용성'이라는 특성에 통합될 수 있다(정선희·서지은, 2016: 374).

이때 디지털 미디어의 상호작용이란 이용자의 입력에 대하여 디지털 미디어가 반응하고, 그 반응에 대한 출력을 통해 다시금 이용자의 반응이 발생하는 순환적 과정을 의미한다. 즉, 이용자가 직접 참여하여 디지털 미디어와 영향을 주고받는 이용자의 체험이 집중적으로 포함된 작업을 의미한다. 자신이 읽은 글을 페이스북 친구들과 공유하는 과정에서 새로운 글을 생성하기도 하는 사례가 여기에 속한다. 디지털 미디어의 상호작용성에 기반하여 디지털 미디어와 이용자는 수용자가 되기도 하고 제공자가 되기도 하는 것이다.

작문 교육에서도 필자가 글쓰기를 수행하는 차원을 넘어 개별 독자, 집단적 독자의 반응을 수용하면서 상호작용하는 글쓰기에 주목하는 이유가 여기에 있다. 독자들이 SNS에 단 댓글이나 대댓글이 기사를 만들어 내기도 하고, 드라마 작가의 생각을 변화시켜 이야기의 흐름을 바꾸기도 하는 사례는 이제 비일비재한 일이 되었다.

3) 글쓰기 공간의 확장

디지털 미디어의 발달은 글쓰기 공간을 확장시키고 있다. 누리꾼들은 뉴스 기사를 읽고 인터넷상에 댓글을 달거나 글을 쓰는 차원을 뛰어넘은 지 오래이다. 인터넷 환경을 넘어 사건이 일어난 장소를 직접 찾아가서 포스트잇을 붙이는 방식과 같이 생태 환경에서의 글쓰기가 이루어지고 있다. 2016년 강남역 살인 사건,[1] 구의역 스크린도어 사망 사고,[2] 이화여자대학교 미래라이프대학 설립 반대 시위[3]에서 사건이 일어난 장소에 포스트잇을 붙이는 행위는 글쓰기 공간이 실천의 공간으로 확장되었음을 보여 준다.

정선희·서지은(2016)에서는 공공장소에서 경험하는 설치 예술로서의 디지털 미디어를 논하고 있는데, 시대의 변화에 따른 이러한 양상은 작문에서도 동일하게 나타나고 있다. 과거에는 글쓰기가 건축물이나 시설물과 분리된 형태였다면, 최근에는 그 일부로서 적용되고 있다. LED 간판을 통해 간단한 홍보를 하는 것에서부터 명시(名詩)가 지하철 스크린도어나 벽면에 붙어 있는 경우, 명구(名句)가 계단의 일부를 이루고 있는 경우, 문화재에 대해 설명하는 안내판의 문구, 서사적 글쓰기가 있는 박물관이나 미술관의

서사적 글쓰기가 있는 미술관의 대표적인 사례인 네덜란드 암스테르담의 고흐 박물관
(www.vangoghmuseum.nl)

---

1   2016년 5월 17일 새벽 서울 서초동의 노래방 화장실에서 34세 남성 김 모 씨가 23세 여성을 살해한 사건. 피해 여성에 대한 추모와 함께, 불특정 여성을 대상으로 한 '묻지마 범죄'라는 점에서 여성 혐오 범죄에 대한 각성을 촉구하는 사회적 논의가 확산되었다.

2   2016년 5월 28일 서울 지하철 2호선 구의역 9-4 승강장에서 스크린도어를 혼자 수리하던 외주업체 직원 김 모 씨가 출발하던 전동열차에 치어 사망한 사고. 비정규직의 저임금과 열악한 작업환경이 사고의 원인으로 지적되면서 사람들의 안타까움과 분노를 샀다.

3   2016년 7월부터 이화여대가 평생교육 단과대학(미래라이프대학) 지원 사업을 일방적으로 추진하자, 이화여대 학생들이 사업 추진 중단을 요구하며 시작한 점거 시위. 시위를 진압하기 위해 학교 측에서는 1,600명의 경찰을 투입하였고, 이후 이화여대 문제가 언론과 국회 국정감사에서 크게 다뤄졌다. 이 과정에서 당시 국정농단 의혹을 받던 최순실의 딸 정유라의 부정 입학 및 특혜 지원 혐의가 불거지면서, 국정농단을 대중적으로 알리는 계기가 되었다.

뉴욕과 파리의 '포스트잇 전쟁'

2016년 5월 미국 뉴욕에서 한 회사원은 여러 장의 포스트잇으로 'HI(안녕)'라는 글자를 만들어 창문에 붙였다. 이를 본 맞은편 빌딩의 회사원이 창문에 'SUP'(what's up의 줄임말)이라는 문구를 포스트잇으로 붙여 반응했다.

이후 뉴욕의 여러 빌딩에서 창문에 포스트잇으로 다양한 메시지를 만들어 전하기 시작했다. 사람들은 이 모습을 '포스트잇 전쟁(post-it war)'이라고 부르며 흥미롭게 지켜보았다.

'포스트잇 전쟁'은 2011년 프랑스 파리가 시초인 듯하다. 파리의 한 게임 업체 직원이 창문에 포스트잇으로 게임 캐릭터인 '팩맨'을 만들어 붙이자 맞은편 회사의 직원이 포스트잇 작품을 만들어 붙이면서 '전쟁'이 시작되었다.

'포스트잇 전쟁'에서는 글자만이 아니라 모양을 만들어 메시지를 전하기도 했다. 이는 생태 환경에서 일어나는 새로운 글쓰기의 양상이다.

전시 등은 글쓰기가 생태 환경과 밀접하게 관련되면서 글쓰기의 공간이 확장된 사례에 속한다. 글쓰기 따로, 환경 따로가 아니라 글쓰기와 환경이 어우러져 또 다른 메시지를 전달하는 형태의 글쓰기 공간이 생긴 것이다.

그런데 생태 환경을 고려한 글쓰기가 제대로 이루어지지 않으면 문제가 발생한다. 예를 들면, 학부모와 초등학생이 주로 방문하는 식물원에서 어려운 학명이나 전문적인 지식 위주로 식물에 대한 안내판을 구성했다면, 혹은 주변 환경과 어울리지 않는 글자색이나 안내판 모양을 사용했다면, 생태 환경을 고려하지 못한 경우가 될 것이다. 식당의 메뉴판을 음식 이름만 소개하는 방식이 아니라 음식명과 사진을 함께 넣는 방식으로 만드는 것도 역시 최근 증가하고 있는 외국인 관광객을 고려한 것이다. 그동안 학교 현장에서 생태 환경을 고려하여 글을 쓰도록 지도하는 사례가 드물었으나 이제는 이를 지도해야 한다. 종이에다 쓰는 글쓰기, 사이버 공간에서의 글쓰기를 뛰어넘어 생태 환경에서의 글쓰기에 대한 교육을 논할 필요가 절실해졌다.

4) 제3의 구술성 등장

디지털 미디어의 발달은 표현 방식에도 변화를 가져왔다. 지금까지 학교에서 다루는 작문 교육에서는 학술적인 표현이나 문어적인 표현에 익숙하도록 학생을 지도해 왔다. 그런데 디지털 미디어가 발달함에 따라 새로운 언어 표현을 사용하게 되면서 온라인상에서 글을 쓰는 것과 오프라인상에서 글을 쓰는 것을 구별하여 지도할 필요성이 대두되었다. 온라인 글쓰기에서는 종래의 글쓰기와는 달리 구술성이 크게 나타나기 때문이다. 기존의 구술성과는 성격이 다른 이러한 구술성을 '제3의 구술성'이라 명명하기도 한다.

월터 옹(Walter J. Ong)은 1982년 출간한 『구술문화와 문자문화(Orality and Literacy)』에서 시대적 흐름과 문화의 흐름을 고려해 볼 때 언어 문화는 구술 문화에서 문자 문화, 다시 구술 문화로 변하고 있다고 보았다. 1차적 구술 문화가 쓰거나 인쇄하는 것을 전혀 알지 못하던 사람들의 구술성에 기반한 것이라면, 2차적 구술 문화는 전화, 라디오, 텔레비전 그밖의 전자 장치에 의해서 뒷받침되는 구술성에 기반한 것이라 할 수 있다(Ong/이기우·임명진 역, 2009: 22). 1차적 구술 문화와 2차적 구술 문화 사이에 문자 문화가 존재한다. 그런데 최근 매체 변화에 따른 문자 문화는 또 다른 양상을 보인다. 대표적인 사례가 현재성과 동시성이다. 면 대 면으로 모여서 이야기를 나눌 때 가능한 현재성과 동시성은 구술 문화의 특징으로 인식되어 왔다. 그러나 이제는 카카오톡 등을 통해 문자로써 면 대 면과 같은 현재성과 동시성을 구현하게 된 것이다. 문자는 기록으로 남아 있기 때문에 동시적으로 반응하지 않더라도[4] 시간을 초월하여 반응할 수 있게 되는 이점(利點)까지 있어 구술 문화의 특장점과 문자 문화의 특장점을 동시에 포함하게 되었다.

옹에 기초해 이동후(2010)는 제3의 구술성을 제안하고 있다. 그에 따르면 웹상에서의 이용자는 단순히 정보의 소비자가 아닌 정보의 생산 및 공유에 참여하는 존재이며, 이들이 사용하는 문화는 매우 복합적인 성격을 지니기 때문에 제2의 구술성으로 설명하기 어려운 제3의 구술성이 나타나게 된다. 다음은 이동후(2010)에서 제시하고 있는 구술성 비교표이다.

표 5-1 제1의 구술성, 제2의 구술성, 제3의 구술성 비교(이동후, 2010: 65)

구분	제1의 구술성	제2의 구술성	제3의 구술성
표현의 매개 방식	소리	소리, 영상, 문자	소리, 영상, 문자, 멀티미디어
감각 체계	청각적	시청각적	시청각적
텍스트의 특징	• 주제 중심의 정형화된 표현 • 구연, 치환성	• 의도적 상용 표현 • 집단적 서사	• 하이퍼텍스트성 • 유동성/다변성 • 연결성/영속성 • 개인적/집단적 서사
시간성	• 지금—여기 집중 • 상황성, 동시성 • 불가역성	• 현재에 집중 • 동시성	• 동시성/비동시성 • 가역성

이상에서 살펴본 구술성의 분류를 문자성에도 응용할 수 있다.

----

4 카카오톡 메시지에 즉각적인 반응을 하지 않고 지연할 경우 이를 해당 사안에 관심이 없거나 무시한다는 또 하나의 메시지로 받아들인다. 이는 시간성을 메시지로 받아들이게 되었음을 의미한다. 글쓰기는 그동안 시간을 초월한 표현으로 논의되었으나 이제는 글쓰기에 시간성을 포함하여 논의해야 할 시점이 된 것이다.

표 5-2 제1의 문자성, 제2의 문자성, 제3의 문자성 비교

구분	제1의 문자성	제2의 문자성	제3의 문자성
표현의 매개 방식	문자	표, 그림, 문자	소리, 영상, 문자, 멀티미디어
감각 체계	시각적	시각적	시청각적
텍스트의 특징	• 주제 중심의 정형화된 표현 • 구연의 치환성	• 의도적 상용 표현 • 집단적 서사	• 하이퍼텍스트성 • 유동성/다변성 • 연결성/영속성 • 개인적/집단적 서사
시간성	• 지금, 여기 집중 • 보존성 • 비동시성 • 불가역성	• 현재에 집중 • 유통성 • 동시성 • 불가역성	• 시간 개념의 넘나듦 • 유통성 • 동시성/비동시성 • 가역성

제1의 문자성은 구술을 문자로 치환하는 단계에서 책이 보급되기 시작했던 단계를 말하며, 제2의 문자성은 신문과 같이 대중에게 정보가 보급되면서 시의성을 가지는 문자성을 의미한다. 제3의 문자성은 디지털 미디어의 등장으로 시간을 초월한 정보의 소통이 이루어지는 단계이다. 이 분류는 임의적인 것이다. 현실적으로는 각 단계가 연속선상으로 이어져 있고, 또한 동시에 존재하기도 한다.

이제는 글쓰기가 문자뿐만 아니라 다양한 매체를 활용하여 이루어지게 되었다는 것도 위와 같은 제3의 문자성의 변화와 맥을 같이 한다. 매체 변화에 따른 구술성, 문자성의 변화는 고스란히 글쓰기에도 적용된다. SNS 메신저에서 다수의 청소년들은 글과 말을 혼합한 형태의 표현을 사용한다. 시공간의 제약 없이 대화로 이루어졌던 전화 통화를 SNS라는 새로운 매체를 통해 글로 대신하여 소통할 수 있게 되면서, 구어와 문어가 결합한 새로운 방식으로 표현하는 문화를 만들어 낸 것이다. 이러한 SNS 메신저에서의 표현 양상은 제3의 문자성을 띠는 말글(입말적 글) 표현 문화로 볼 수 있다. 기존에는 글을 통해 문자성이, 말을 통해 구술성이 나타난다고 설명했다면, 다양한 매체를 통해 글쓰기가 이루어지는 요즘에는 글말, 말글, 입말적 글이라는 용어를 만든다든지 문자성이나 구술성 이외의 제3의 범주를 새롭게 설정하여 이를 설명해야 하는 상황이다.

5) 인공지능(AI) 글쓰기 도구와 협업 환경

앞에서 인터넷, SNS 기반의 문식 환경의 변화를 논의하였다면, 이번에는 인공지능(AI) 기반의 문식 환경의 변화를 논의하고자 한다. 인공지능에 대한 관심이 높아지고 있으며 인공지능 글쓰기 도구 또한 여러 가지가 개발되었다. 대표적인 도구로는 챗GPT, 뤼튼 AI, 뤼튼 트레이닝(wrtn Training), Bing, bard 등이 있다. 그중에서 단연 관심을 가질 만한 것이 챗GPT이다.

챗GPT는 OpenAI에서 개발한 자연어 처리 인공지능 언어 모델을 사용한 대화형 인공지능 서비스이다. 챗(Chat)이란 대화형 인공지능을 의미하며, GPT는 Generative Pre-Trained Transformer의 약자로 사전 학습을 거친 생성형 인공지능임을 뜻한다. 챗GPT의 기술적 특징은 자연어 처리를 위한 트랜스포머 기반 모델이라는 점이다. 챗GPT는 딥러닝 기술 중 하나인 트랜스포머 모델을 사용하여 자연어 처리를 수행한다. 기존에 주로 썼던 순환 신경망이나 합성곱 신경망 대신 어텐션 메커니즘과 멀티헤드 어텐션을 사용하여 시퀀스 데이터를 처리하는 것으로 자연어 처리 분야에서 이전까지 사용되었던 모델에 비해 매우 효과적인 모델로 인정받고 있다. 대규모 데이터셋을 사용한 사전 학습과 인간이 직접 해 주는 피드백인 강화 학습이 챗GPT의 성능 향상에 기여한 것으로 보고 있다. 2022년 11월 30일 첫 출시된 이후 2023년 3월 14일 GPT-4버전이 출시되어 그 기능이 매우 향상되었다. 기개발된 챗봇이 입력된 내용으로 반응하였던 것과는 달리 챗GPT는 질문에 적합한 반응을 생성적으로 제공한다는 점이 가장 큰 특징이다. 기존 챗봇은 규칙 기반 시스템으로서 제한된 범위의 질문에서만 답변할 수 있지만, 챗GPT는 문맥을 이해하여 자연스러운 대화를 생성한다. 또한 기존 구글이나 네이버와 같은 플랫폼에 검색어를 넣어 주면 검색어와 관련된 여러 자료를 찾아 열거형으로 제시해 주었던 방식과는 달리 챗GPT는 질문에 가장 적합한 응답을 생성하여 반응한다는 점이 차별화된 특징이다.

전통적인 검색 엔진과 챗GPT 기반 검색 엔진의 차이를 보면 다음과 같다.

표 5-3 검색 엔진과 챗GPT 기반 검색 엔진의 차이(「검색 패러다임의 변화」, AI타임스, 2023. 5. 2.)

항목	전통적인 검색 엔진	챗GPT 기반 검색 엔진
인공지능 기술	키워드 검색을 통한 정보 제공 알고리즘	사용자 질문에 답변하는 언어 모델
상호작용	사용자와 상호작용 없음	사용자와 상호작용해 검색 결과 제공
문맥 이해도	키워드 검색을 통한 정보 제공	자연어 처리 기술을 통해 질문 의도 이해
정보 연관성	각 검색마다 독립적으로 정보 제공	이전 질문을 기억해 연관성을 고려한 정보 제공
개인화	키워드와 연관된 링크 정보 제공	질문 의도를 이해해 맞춤형 정보 제공

생성형 인공지능의 등장으로 작문 교육에서 다루어야 할 교육 요소가 새롭게 등장하였다. 챗GPT에서 질문을 넣어 주는 난을 '프롬프터'라고 하는데 질문 방식에 따라 찾아지는 정보가 다르기 때문에 질문 방법에 대한 교육의 중요성이 강조되고 있다. 챗GPT는 수차례의 후속 질문을 통해 질문을 정교화하면 할수록 내용이 풍부하고 구조화된 정보를 제공한다. 이에 따라 작문 교육에서 생성형 인공지능을 활용하여 자료 수집 및 글쓰기 도움을 받을 수 있도록 세부적 질문 방법에 대한 탐구가 필요하다.

다음으로 교육에서 인공지능 도구와 협업하는 방식의 중요성이 강조되고 있다. 그 결과 미래 교육에서는 학습자의 주체성이 더욱 요구된다고 본다. 정제영 외(2023)는 챗GPT의 주인이 되는 여섯 가지 역량으로 ① 개념적 지식 기반의 판단력, ② 커뮤니케이션 역량 강화, ③ 실제 문제 해결 능력 육성, ④ 창의성과 인문학적 상상력 함양, ⑤ 기본적인 디지털 리터러시, ⑥ 자기주도적 학습 역량 신장을 제안하고 있다. 챗GPT를 보다 효율적으로 사용하기 위해서는 학습자가 기초 지식과 기능을 갖춰야 한다는 의미를 포함한 개념이다.

실제 작문 교육에서 챗GPT를 활용해 보면, 학생들은 챗GPT가 제시한 내용을 바탕으로 글을 작성하여 창의성이나 글쓰기 기술을 개선할 수 있다. 다음은 챗GPT를 활용한 글쓰기 사례이다.

순희 챗GPT를 활용한 글쓰기 교육의 장점과 위험성을 논하는 글을 쓰세요.

인공지능 언어모델인 GPT-3.5을 기반으로 한 챗GPT는 인공지능과 자연어 처리 기술의 발전으로, 새로운 글쓰기 교육 방법으로 떠오르고 있습니다. 이번 글에서는 챗GPT를 활용한 글쓰기 교육의 장점과 위험성을 논해보겠습니다.

먼저 챗GPT를 활용한 글쓰기 교육의 장점으로는 다음과 같은 것들이 있습니다.

1. 챗GPT는 다양한 분야와 장르에 대한 정보를 학습하고 있기 때문에, 학습자들이 다양한 주제와 형식의 글쓰기를 배울 수 있습니다.
2. 챗GPT를 이용하면, 학습자들은 즉각적인 피드백을 받을 수 있습니다. 챗GPT는 문장의 문법, 맞춤법, 표현력 등을 분석하여 피드백을 제공하므로, 학습자들은 실시간으로 자신의 글쓰기를 개선할 수 있습니다.
3. 챗GPT를 이용하면, 학습자들은 자신이 쓰는 글에 대한 자신감을 키울 수 있습니다. 챗GPT가 제공하는 피드백을 통해, 학습자들은 자신의 글쓰기 실력을 높이고, 스스로 글을 쓰는 능력을 향상시킬 수 있습니다.

하지만 챗GPT를 이용한 글쓰기 교육의 위험성도 있습니다.

1. 챗GPT는 학습에 사용된 데이터셋에 기반하여 작동하기 때문에, 기존의 성찰적 글쓰기 교육과 같이 글쓰기에 대한 개인적인 경험과 생각을 다루는 교육과는 차이가 있을 수 있습니다.
2. 챗GPT는 데이터셋에 포함된 편향성과 오류를 학습할 수 있습니다. 따라서 챗GPT를 이용한 글쓰기 교육에서는 학습된 모델의 편향성을 염두에 두고, 학습 데이터셋을 검증하는 등 추가적인 작업이 필요합니다.
3. 챗GPT를 이용한 글쓰기 교육에서는 인공지능이 제공하는 피드백에 과도하게 의존하게 될 수 있습니다.

챗GPT는 서론, 본론, 결론의 3단 체제로 답변을 제공한다. 위 사례와 같이 질문의 핵심어를 주어로 삼아 기술하는 것이 특징이다. 한 문장 안에서 앞에 오는 단어의 맥락을 고려해 다음 단어를 예측하도록 학습(김대식 외, 2023: 22)되었기 때문에 언어의 의미와 구조를 이해하고 학습된 텍스트와 유사한 텍스트를 생성하는 것이다.

그런데 챗GPT가 작성한 글의 사실 여부는 알기 어렵다. 학습된 데이터에 근거하여 텍스트를 생성하지만 가장 유사한 정보를 활용하여 자체적으로 생성하기 때문이다. 대표적인 사례가 인용문의 서지사항을 알려 달라고 했을 때 실존하지 않는 참고문헌까지 생성하여 보여 주는 것이다. 유사 근거 자료를 이용하여 답변을 하기 때문에 내용상 오류가 발생하기도 한다.

챗GPT가 작성해 준 글의 진위 문제를 판단하는 것은 챗GPT 사용자의 몫이며 그 책임 또한 챗GPT 사용자의 몫이다. 인공지능 기술은 저작물의 생성, 수정, 복제 등 다양한 작업에 사용될 수 있기 때문에 저작권 문제가 발생할 수 있다. 또한 인공지능이 창작한 생성물에 대한 저작권이 누구에게 있는지가 명확하지 않다. 챗GPT의 경우는 사용자에게 저작권이 있으며, 저작물에 대한 책임도 사용자가 져야 한다고 밝히고 있으나 아직 법률 제정이 안 된 상황이어서 법적 차원의 논의가 진행 중이다.

학습자들이 작문을 하기 위해서 챗GPT와 어떻게 협업을 할 것인가? 학습자가 챗GPT를 사용하여 정보를 수집할 때 챗GPT가 알맞은 정보를 생성할 수 있도록 올바르게 질문하고, 그중에서 학습자가 올바른 정보를 선택할 수 있는 능력을 키워야 하겠다.

챗GPT는 질문에 대한 답변으로 서론-본론-결론의 형식으로 완성된 에세이를 제시한다는 점, 인공지능 기술에 포함된 방대한 양의 기존 컨텐츠와 일관성, 정합성을 갖춘 자연어 처리 과정을 통해 필자의 실제 작문 능력과는 관계없이 높은 수준의 내용 지식, 담화 지식을 담게 되어 지식 변형, 지식 창출을 통한 학습자의 온전한 작문 실력을 평가하기 어렵다는 점, 마지막으로 딥러닝 기술을 기반으로 한 텍스트 생성 과정에서 잘못된 정보를 조합하거나 재생산하기도 하여, 작문의 출처에 대한 의심 없이 잘못된 정보를 양산하는 위험성이 존재한다는 점에서 작문 교육에 있어 이전과는 다른 어려움이 따르고 있다.

교육 내 챗GPT 및 생성형 인공지능 기술 활용 여부에 대한 견해는 크게 부정적인 견해와 긍정적인 견해로 분류할 수 있다. 첫째, 챗GPT를 교육에 활용하는 것은 부적절하다는 부정적인 견해를 보자. 김은수(2023)는 학습자들이 인공지능 알고리즘의 사용에 익숙해질 경우, 어떠한 문제와 마주했을 때 그것을 스스로 해결하기보다는 인공지능에 의존할 것이라고 우려한다. 인공지능 기술이 어디까지 발전하든 언어 활동이 사고의 근간을 이룬다는 것에는 변함이 없다는 점을 근거로 들어, 교육 현장은 글쓰기를 통해 종합적 사고 역량을 훈련할 수 있어야 한다고 지적했다. 이들은 기초적인 능력조차 개발하지 못한 학습자들에게 챗GPT와 같은 인공지능 시스템을 활용하게 하는 것은, 도구를 바르게 활용할 능력을 기르기도 전에 해당 도구를 제공하는 것과 다르지 않다고 보는 듯하다. 사고와 글쓰기가 밀접한 관계를 맺고 있는 만큼, 작문 교육에서 이러한 문제를 등한시하는 것은 교육적으로도 윤리적으로도 옳지 못하다는 견해이다. 이외에도 챗GPT가 기존 텍스트 데이터를 바탕으로 언어를 생성하는 만큼, 입력 데이터에 내재된 편향성이 반영될 수 있다는 점, 부정행위, 표절, 저작권 등 글의 책임과 관련된 법적·윤리적 문제에 대해 충분한 사회적 합의가 이루어지지 않았다는 점도 문제로 제기되고 있다.

둘째, 발달하는 기술을 외면하고, 그 사용을 금지하거나 전통적인 교육 방안을 고수하는 것만이 능사는 아니라는 견해가 존재한다. 워들(Wardle, 2009)은 실제 문식 환경에서의 변화를 고려하지 않을 경우, 작문 교육은 실제적 쓰기와 괴리된 가상의 글쓰기를 가르치는 것에 불과하다고 지적한다. 장성민(2023) 역시 생성 인공지능 기술에 대한 면밀한 분석 아래, 학습자들이 이를 적절하게 사용하는 방법을 가르치는 것이 더욱 타당한 교육적 접근이라고 역설한다. 해당 연구는 교육과 평가의 국면에서 교사 또는 평가자가 의도한 목적에 따라 작문 수행의 맥락이 다양화되리라 예측하며, 질문 생성 능력, 글의 중간 산출물에 대한 메타적 읽기 능력, 출처 확인 및 보강 능력 등을 강조하는 새로운 패러다임이 대두할 것임을 암시한다.

더 나아가 작문 교육에서 챗GPT를 비롯한 생성형 인공지능 기술을 받아들인다고 할 때, 이를 어떻게 받아들일 것인가에 대한 논의는 크게 두 가지 성격으로 나뉜다. 첫째, 인공지능이 수행하지 못하는 새로운 능력을 개발하는 방향으로 작문 교육의 성격을 새롭게 규정해야 한다는 것, 둘째, 교육의 성격을 유지하되 발전된 인공지능 기술을 교육과 작문의 도구로서 활용해야 한다는 것이 바로 그것이다.

기술의 변화에 따라 교육 환경 역시 새로운 국면을 맞이할 것이다. 챗GPT가 새로운 작문 도구로 대두되었다면, 이를 활용하는 데 필요한 구체적인 능력과 함양 방안, 교육 현장 내 새로운 도구의 도입에 따른 문제점과 해결 방안에 대한 충분한 논의가 필요하다.

장성민(2023)은 챗GPT를 활용한 작문 교육에서 중점을 두어야 할 것으로 '질문 생성 능력'과 '글의 중간 산출물에 대한 메타적 읽기 능력', '출처 확인 및 보강 능력' 등 세 가지 역량을 제안하고 있다.

첫째, '질문 생성 능력'은 글을 통해 필자가 달성하고자 하는 목표를 명료히 세우고, 이후 작문 과정에서 일관성 있는 관점으로 질문을 만들어 내는 능력이다. 장성민(2023: 12)에서는 질문 생성을 위한 지침으로 주제, 목적, 독자, 방법,

필자 등 작문 과제의 수사적 맥락을 고려할 수 있다고 제안하고 있다.

둘째, '글의 중간 산출물에 대한 메타적 읽기 능력'은 챗GPT에서 생성된 초고를 그대로 최종 글로 활용하는 것이 아니라, 학습자가 자신의 이해에 따라 챗GPT에서 생성된 초고를 메타적으로 읽고 점검, 조정하는 능력이다. 교수자는 학습자가 일차적으로 챗GPT를 통해 얻은 초고를 메타적으로 분석하여, 과제에서 요구하는 목표에 도달하였는지를 파악하도록 도울 수 있다.

셋째, '출처 확인 및 보강 능력'이다. 출처 확인은 저자, 출판 시기, 유통 매체 등을 이용하여 출처의 정확성과 신뢰성, 공정성을 점검하는 능력이다. 교수자는 학습자가 챗GPT를 통해 얻은 초고가 딥러닝 방식에 의해 잘못 조합되거나 거짓 정보를 포함한 컨텐츠를 기반으로 창조되었을 가능성이 있음을 심도 있게 살펴볼 필요가 있다. 사전 지식이나 자료 검색, 전문가 면담, 동료 학습자와의 대화 등을 다양하게 활용하여 챗GPT를 통해 얻은 초고에 나오는 정보의 출처를 재확인한 글을 작성할 수 있도록 교수자는 안내할 수 있다. 수업에서는 챗GPT를 자료 탐색 부분에서 활용하여, 챗GPT를 활용해 토론과 작문에 필요한 기본 입장에 대한 자료를 생성한다. 이후 생성된 다양한 자료를 학습자의 입장에 맞는 정보로 메타적으로 종합하고, 자료에 기반한 출처를 디지털 리터러시를 통해 재검증하여, 학습자의 입장을 논리적으로 뒷받침하는 글을 작성하도록 이끄는 것이 필요하다.

기존 작문 교육은 학습자 개개인의 작문 능력을 향상하는 데 초점을 맞추어 왔다. 그러나 다양한 인공지능 작문 도구가 개발되고 상용화됨에 따라, 학습자 개인의 능력에만 치중하는 교육은 현실과 괴리된 가상의 글쓰기를 가르치는 것에 불과하다는 지적이 대두되고 있다. 또한 인지가 각 개인의 내부는 물론 주변의 다른 개인들, 인공물, 그리고 도구들에 분산되어 있다는 분산인지 관점이 대두되고 있다. 이에 따라 실제 문식 환경에서의 변화를 고려하여, 다양한 맥락에서 도구 활용 및 협업 능력이 새로운 교육 내용으로 제시될 필요가 있다. 그러므로 챗GPT를 새로운 작문 도구 혹은 협업 대상으로 간주해야 한다는 관점을 제안한다.

용어 설명

분산인지 분산인지는 전통적인 정보처리이론이 개인의 머릿속의 인지적 과정을 탈맥락적으로 이해하려는 것에 대한 한계를 인정하면서 나온 대안 이론이다. 분산인지는 체제로서의 인지 및 인지적 과정에 관심을 갖게 되면서 나온 개념으로, 인지적 체제에서 인지는 개인의 내면에 있는 것이 아닌 사람, 인공물(기계를 포함), 환경에 분산되어 있으며, 인지적 과정은 이들 간에 외적인 정보나 지식의 표상이 공유, 변형 및 조정되는 과정에 있다고 보는 견해이다(김현진 외, 2015: 362 참조)

2 문식 환경 변화에 따른 표현 양상의 실제는 어떠한가

1) 사회적 여론 형성

다음은 미디어 전문가 토마스 백달(Thomas Baekdal)이 시대에 따른 뉴스 미디어의 변화를 시각적으로 나타낸 다이어그램이다.

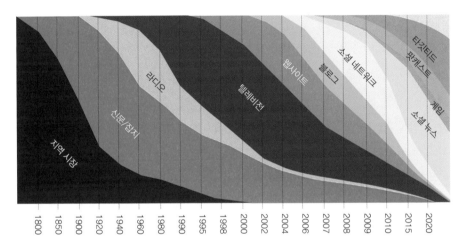

그림 5-1 토마스 백달의 뉴스 미디어 변화 다이어그램

(www.baekdal.com)

신문이나 잡지가 없던 시절에 새로운 소식이 공유될 수 있었던 곳은 시장 (marketplace)이었다. 시장에 모인 사람들은 서로 자신들이 알고 있는 소식을 주고받았고, 그 소식은 사람과 사람의 접촉을 통해 널리 퍼져 나가 뉴스가 되었다. 19세기 초중반에 이러한 소식을 한데 모아 종이에 인쇄하여 배포한 것이 신문과 잡지였다. 새로운 뉴스 매체의 등장으로 인해 사람들은 공간의 공유, 인적 교류가 없어도 모두 같은 시간에 하루 동안 있었던 일을 알 수 있게 되었다. 약 150년가량 전성기를 누려 오던 신문과 잡지는 뉴스의 생산·유통 기능을 라디오와 텔레비전 같은 새로운 매체와 공유하게 된다. 이때까지만 해도 뉴스라는 것은 전문직인 기자가 취재를 하고, 정형화된 형식에 맞게 기사를 써서 게이트

키핑(gate keeping)에 의해 걸러지는, 즉 뉴스 미디어가 일방적으로 취사선택하여 제공하는 정보였다. 뉴스 매체에 대한 접근 장벽이 높았기 때문에 독자들은 뉴스의 생산과 유통에 참여하지 못하고 신문사나 방송사가 제공하는 것을 찾아서 보는 수용자 입장이었다.

하지만 인터넷이 발달하면서 뉴스의 생산 체제는 혁신적으로 바뀌었다. 이제 인터넷만 연결되어 있다면 누구나 매체에 접근할 수 있을 만큼 그 문턱이 낮아진 것이다. 2004년 소셜 미디어로서 첫 모습을 드러낸 블로그(blog)는 인터넷상에 개인을 위한 공간을 제공하여, 누구라도 별다른 기술 없이 자신의 이야기를 전달할 수 있는 하나의 장을 제공하였다. 매체의 발달로 인해 대중은 말하고 쓰는 소통 욕구를 충족할 수 있게 되었고, 이러한 움직임은 뉴스 생산에도 영향을 미쳤다. 대중은 뉴스를 바라보는 수동적인 수용자 입장에서 벗어나, 직접 자신들의 이야기를 풀어 나가기 위해 생산자로서 뉴스에 참여하게 되었다. 특정한 분야의 전문가가 쓰는 '기사'라는 형식적인 글이 아니더라도, 글을 잘 쓰는 사람들은 기꺼이 자신들의 이야기를 들려주기 위해 한정된 지면과 정형화된 형식이 존재하지 않는 새로운 뉴스 미디어로 몰려들었다. 인터넷이라는 보이지 않는 네트워크와 스마트 기기의 발달이 맞물려, 일반 대중도 기자와 다를 바 없이 기사를 생산할 수 있게 되었다. 그 결과 참여 언론, 참여 저널리즘에 대한 고찰이 이루어지고 있다.

또한 인터넷의 발달로 인해 뉴스의 소비 체제도 혁신적으로 바뀌었다. SNS 이전의 웹상에서의 소통은 특정 정보가 제시되면, 수용자가 직접 그 정보를 찾아야만 접근할 수 있었다. 그 정보에 대해 수용자가 할 수 있는 가장 적극적인 반응은 댓글을 달거나 그 내용을 복사하여(혹은 웹 주소를 링크하여) 다른 웹상에 올리는 것이었는데, 그렇게 하더라도 그 내용을 보기를 원하는 제3자 역시 해당 정보를 찾아야만 접근 가능한 한계가 있었다. 그러나 SNS라는 매체(여기서는 페이스북만을 살펴보자)가 등장하면서 나의 페이스북 계정에 내가 원하는, 나의 취향에 가까운 기사들을 뉴스피드에 올려 주는 커뮤니티 페이지를 미리 구독 신청해 두면, 굳이 정보를 찾지 않아도 내 커뮤니티 페이지가 전달해 주는 기사, 혹은 나와 친구 관계를 맺고 있는 지인들이 공유한 기사들이 SNS의 뉴스피드에 쏟아진다(권순희 외, 2016: 317).

다음은 언론사의 보도 자료가 포털사이트와 페이스북을 통해 확산되면서 재해석되는 사례를 보여 주고 있다. 한 신문 기사(자료 1)를 읽은 네티즌들은 댓글을 통해 새롭게 메시지를 생성했다(자료 2).

· 자료 1 분석 대상 자료(뉴스 기사)

'수원 삼성맨' 주말에는 반바지입고 편하게 출근한다

시범 적용 후 반응에 따라 확대 여부 결정

머니투데이 장시복 기자 | 입력: 2014.07.15 10:51

삼성전자 수원사업장에서 근무하는 임직원들은 주말이나 공휴일에 근무할 때 반바지를 입고 나와도 된다.

15일 삼성전자에 따르면 수원사업장은 오는 19일부터 정장과 면 소재로 된 반바지 착용을 허용키로 했다.

일단 수원사업장에서만 시범 적용한 뒤, 반응을 살펴보고 내년부터 다른 사업장으로 확대할지 여부를 정할 계획이다.

삼성전자는 그동안 이른바 '쿨 비즈'(노타이·노재킷·반팔상의) 복장을 권장해 왔지만, 반바지까지 입을 수 있게 한 것은 이번이 처음이다.

(중략)

삼성전자 관계자는 "에너지 절약 동참 차원도 있지만, 직원들이 보다 유연하고 창의적인 분위기에서 일할 수 있도록 하는데 의미가 있다"고 말했다.

("'수원 삼성맨' 주말에는 반바지 입고 편하게 출근한다」, 머니투데이, 2014. 7. 15.)

· 자료 2 페이스북 커뮤니티 페이지 성격 및 기사 확산 양상[5]

커뮤니티 페이지	구독자 수	페이지 성격	생성 메시지	공유 수
사회적 기업 포럼	55,848명	뉴스 커뮤니티	뭔가 뒷맛이 개운치 않지요?	공유 24개 좋아요 107건
ㅍㅍㅅㅅ	51,757명	뉴스/미디어 웹사이트	주말에는 출근하지 않는 게 정상입니다.	공유 365개 좋아요 6767건
URBANUS JEANS	18,487명	스노보드 관련 커뮤니티	아놔, 원래 재밌는 글만 올리려고 했었는데, 삼성 얘네 뭐임? 주말, 공휴일에는 반바지 출근 가능하다고 발표했네요. 주말, 공휴일에 대채 왜 출근하라는 거에요? 갑자기 열받네.	공유 없음 좋아요 6건
딩가딩	82명	부천 청소년 대표 즐겨찾기	물마시다가 빵터진 기사! 어디에 포커스를 두고 읽느냐가 포인트!	공유 없음 좋아요 없음

....

5   맞춤법에 맞지 않은 표현이더라도 원문 그대로 표기함.

1차로 올린 뉴스 기사보다는 댓글을 생성한 누리꾼의 반응이 더 공론화되면서 기사를 제보한 삼성전자, 기자, 신문사 편집국의 의도와는 다른 방향으로 기사가 유통되는 양상을 보이고 있다. 이상의 현상을 확산 경로를 포함하여 도식화하면 다음과 같다.

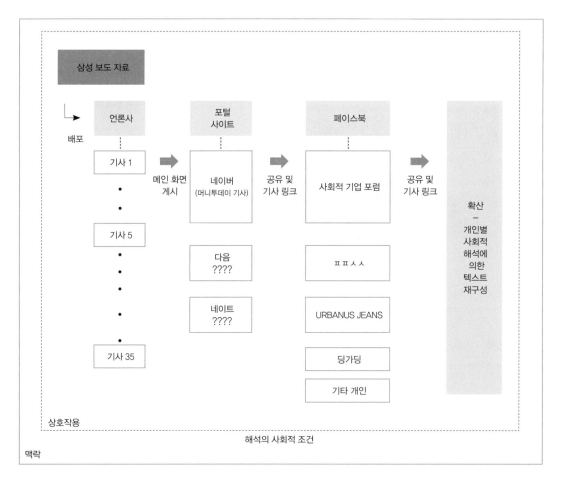

그림 5-2 페이스북을 통한 기사의 공유 확산의 구조(권순희 외, 2016: 321)

삼성에서 제공한 보도자료는 1차적으로 언론사에 배포되어 기사화되었다. 이후 포털사이트 화면에 게시된 기사는 다시 페이스북을 통해 공유되고 확산되었다. 이때 기사는 원텍스트 그대로 공유되는 것이 아니라 재해석·재구성된다. 이처럼 기사가 공유·확산되는 구조를 생각해 보면, 공간학적이고 생태학적인 소통 구조에서의 글쓰기를 작문 교육에서 다루어야 함을 알 수 있다.

2) 행동적 글쓰기 및 실천

최근에는 사이버상에 댓글을 다는 것에서 나아가 행동적 글쓰기 및 실천 (praxis)[6]이 나타나고 있다. 포스트잇 쓰기를 통해 현장 참여 행동을 한 포스트 잇 추모가 대표적인 사례이다. 사람들은 사건이 있었던 장소에 자신의 의견과 감정을 담은 포스트잇을 붙였고, 이들이 하나둘 모여 집단 의사로 표현되었다.

그림 5-3 강남역 10번 출구 포스트잇 추모

그림 5-4 구의역 9-4 승강장 스크린도어 포스트잇 추모

(연합뉴스)

2016년 강남역 인근에서 발생한 묻지마 살인 사건과 며칠 뒤 구의역 스크 린도어 사망 사고가 발생한 이후, 사람들은 이들의 안타까운 죽음에 대한 추모 메시지를 담은 포스트잇을 현장에 하나둘 붙이기 시작했다. 그러고는 마치 SNS 에서 댓글 달기가 이뤄지는 것처럼 메시지를 쓴 포스트잇이 늘어나더니 며칠 사이에 현장을 가득 덮게 되었다. SNS와 같은 온라인상의 소통 방식이 포스트 잇을 통해 현장성을 띠게 된 것이다. 포스트잇은 오프라인에서의 사회 참여를

---

6   'praxis'는 파울루 프레이리(Paulo Freire)가 교육학에서 사용한 용어로, 하나의 개념으로 번역하 기 어려운 면이 있다. 성찰적 사고와 실천의 합 정도로 볼 수 있는데, 편의상 실천으로 번역하였 다. 프레이리는 비판 교육을 언급하면서 억압된 사고와 순응하는 태도를 극복하는 것이 보다 복 잡한 문제라는 데 주목한다. 그러면서 그는 사고의 변화와 실천의 변화가 함께 이루어져야 한다 고 주장한다. 프레이리(Freire, 1970: 48)에 의하면 사고와 실천은 동전의 양면과 같은 것이며, 따 라서 비판은 행위를 동반해야 한다. 비판의식(critical consciousness)은 지적인 노력에 의해서가 아니라 성찰과 실천이라는 'praxis'를 통해 길러진다. 즉, 비판적 의식은 성찰과 행동, 해석과 변 화라는 'praxis'를 통해 길러진다(Burbules & Berk, 1999: 52).

가능하게 했으며, 사회적 약자의 목소리를 내는 창구 역할을 했다. 두 사건의 포스트잇에 나타난 표현을 대략 분석해 보면 추모 메시지라는 공통점 외에 크게 애도와 분노로 나눌 수 있다. 애도는 공감과 슬픔, 미안함과 죄책감, 위로, 체념 등으로, 분노는 울분과 저항, 비판, 환멸, 호소 등으로 나타난다. 후자의 경우 여성 혐오 범죄의 피해와 비정규직 문제에 대해 울분을 토로하고, 사회적 약자에 대한 관심을 촉구한다. 이들 사건이 한 개인의 문제가 아니라 우리 모두의 문제라는 공감대가 형성되면서 사회적 변화를 촉구하는 추모형 집단 소통이 포스트잇 글쓰기를 통해 나타난 것이다.

물론 포스트잇 추모와 같은 소통 방식은 과거에도 충분히 등장할 수 있었고 실제로 등장했었다고 볼 수도 있다. 예를 들면 대학 사회의 대자보를 들 수 있으나, 과거의 대자보는 주축이 되는 몇몇 사람들이 의견을 내는 방식이었다. 하지만 최근에는 많은 대중의 참여가 이루어지는 방식으로 변화하였다. 2013년 '안녕들 하십니까' 대자보가 반향을 일으켜 여러 대학으로 번지고, 2015년 고등학생들이 국정교과서에 반대하는 대자보를 학교에 붙여 항의했던 것을 생각하면, 대자보 역시 글을 통한 현장 참여 사례로 제시할 수도 있다. 그러나 대자보에 비해 포스트잇은 더 쉽고 간편하게 소통에 참여할 수 있는 도구이다.

대학내일20대연구소는 사이버 세계와 현실 세계에 미치는 20대의 파급력을 논하면서, 이러한 20대의 새로운 연대를 다음과 같이 평가하고 있다.

> 대학내일20대연구소 김영기 수석연구원은 "20대들이 온라인에서 의견을 모은 후 실제 광장에서 모이는 식으로, 새로운 형태의 연대, 새로운 소셜 민주주의를 탄생시켰다. 이 사례들이 실제로 사회에 파급력을 가져왔고 모두가 의사결정권자로서 참여의식을 가지며 진정한 풀뿌리 민주주의를 구현했다는 점에서 의의가 있다"며 "온라인은 더 이상 단절된 공간이 아니다. 20대들이 바라는 세상을 만들기 위해 모이는 '광장'이다. 이곳에서 전보다 훨씬 유연하고 평등하며 창조적인 연대가 탄생할 것이다"고 전했다.
>
> 「20대 '新소셜 민주주의'를 이끄는 팬텀세대」, 대학내일20대연구소, 2016. 12. 30.)

이러한 분석은 20대들이 온라인상에서 의견 교환을 하는 글쓰기가 행동적 글쓰기 및 실천으로 변모하고 있음을 나타내는 것이다. 2016년에 있었던 강남

팬텀세대

요즘 20대를 설명하는 단어로 '팬텀세대'가 있다. 20대가 자신의 의견을 솔직하게 표현하고 타인 또는 사회와 자유롭게 소통하려는 욕구를 실현하는 방법으로 익명 활동을 택하기 때문에 붙여진 이름이다.

미래라이프 단과대학 설립에 반대하는 이화여대 졸업생과 재학생들 (연합뉴스)

'팬텀세대'는 팬텀(유령)과 세대를 합친 단어다. 강력한 목소리를 내지만 흔적은 남기지 않는 뮤지컬 〈오페라의 유령〉 속 팬텀처럼 소통을 나누

는 20대를 의미한다. (중략) 지난 7월 '평생교육 단과대학 미래라이프대학 사업' 추진을 두고 발생했던 이화여대 학생 시위는 익명의 개인들이 모여 목소리를 낸 대표적인 예다. 이화여대생들은 선글라스와 마스크 등으로 얼굴을 가렸고, 이름·학번 등 개인정보는 서로 묻지 않았다. 그저 서로를 '벗'이라고 불렀을 뿐이다. 의견 개진도 익명으로 이뤄졌다. 이화여대 온라인 커뮤니티 '이화이언' 안에 있는 익명게시판 '비밀의 화원'에서 학교 점거농성 계획 등을 토론하고 구체화시켰다. 물품지원, 모금 등도 이곳에서 이뤄졌다. 당시 점거농성에 참여했던 한 이화여대생은 "지난 여름 진행했던 시위는 평범한 학생들이 다 같이 목소리 냈다는 게 중요한 점이다."라며 "게시판에 혹여 작성자 ID라도 있으면 누군가 주동하기 마련이고, 이게 총학생회가 진작 발을 뺀 이유다. 익명으로 의견을 낼 때는 모두에게 발언권이 동등하게 돌아간다."라고 말했다. (하략)

(「사회 참여 주도자로 변신…얼굴 없는 '팬텀세대'」, 아시아경제, 2016.12.28.)

역 살인 사건, 구의역 사망 사고 등의 추모 시위에서부터 이화여대 미래라이프 대학 설립 반대 시위, 최순실 – 박근혜 게이트 관련 촛불 시위까지 20대들은 온라인에서 결정하고 오프라인에서 행동하였다.

온라인에서의 의견 교환과 오프라인에서의 행동은 2018년 미투 운동에서도 드러난다. 여기에는 20대뿐만 아니라 다양한 연령대가 참여했다. 미투 운동(Me Too movement)은 2017년 미국에서 영화제작자 하비 와인스틴(Harvey Weinstein)의 성폭력 및 성희롱 행위를 고발하기 위해 소셜 미디어 게시물에 '#MeToo'라는 해시태그를 달면서 시작되었다. 한국에서는 현직 검사가 방송에 출연하여 검찰 내의 성폭력 실상을 고발하면서 사회 전 영역으로 확대되었다. 이와 같이 온라인에서의 글쓰기나 방송 출연이 행동적 소통, 실천으로 이어

지고 있다.

또한 텔레비전 방송 현장에서도 시청자들의 댓글 의견을 반영하여 생방송 진행에 유연성 있게 대처하여 변화를 주는 일이 있을 정도로 온라인－오프라인 연계적 소통 양상을 드러내는 일이 빈번해지고 있다.

3) 익명 집단 의사소통

익명 집단 의사소통의 대표적인 사례에는 카카오톡 기반의 익명 채팅 시스템인 오픈카톡이 있다. 오픈카톡은 휴대전화번호나 카카오톡 ID로 친구 등록을 한 후 이용할 수 있는 기존 카카오톡 시스템과 달리, 익명으로 채팅에 참여할 수 있으며 링크를 통해 채팅방으로 접속한다. 랜덤채팅처럼 서로를 알지 못하는 상태로 이용할 수도 있으나, 채팅에 참여할 몇몇 사람들과만 링크를 공유하는 형태로 폐쇄성을 설정하여 사용할 수도 있다. 두 방법 모두 사용자의 개인정보를 요구하지 않는 익명 시스템이다.

최근 대학생들은 온라인 스터디, 온라인 공동구매, 타 담화를 위한 자료 등의 목적으로 오픈카톡을 이용하고 있다. 모두 익명성을 유지하기 위해 오픈카톡을 사용하지만 온라인 스터디와 온라인 공동구매의 경우 온라인 대화에 한정되는 면모를 보이는 반면, 타 담화를 위한 자료로 쓰이는 경우에는 오픈카톡에서의 대화가 오프라인 담화에도 영향을 미친다. 후자의 경우 온라인 담화와 오프라인 담화가 상호보완적인 역할을 수행하는 것이다.

예를 들어, 대학교 학과 오리엔테이션이라는 오프라인 담화를 위해 오픈카톡을 사용할 수 있다. 학과 구성원들은 오프라인에서 서로를 알고 있다. 그러나 오리엔테이션에 참석하는 모든 구성원이 적극적으로 참여하고 자유롭게 질문하도록 하기 위해 익명 채팅인 오픈카톡을 개설하여 의견을 수합할 수 있다.

오리엔테이션을 하면서 참석자들에게 링크를 공유하면, 참석자들은 익명으로 채팅방에 입장하여 자유롭게 질문을 한다. 이때 자신의 신분이 드러나지 않는 익명으로 참여하기 때문에 보다 솔직하게 의견을 표명할 수 있다. 그리고 채팅방에 올라오는 질문들에 대해 교수, 대학원생, 학부 재학생이 오프라인에서 실시간으로 답변을 해 준다. 오픈카톡이라는 온라인 담화가 오프라인 담화의 자료로 사용되며, 오프라인 대화에 영향을 미치게 되는 것이다.

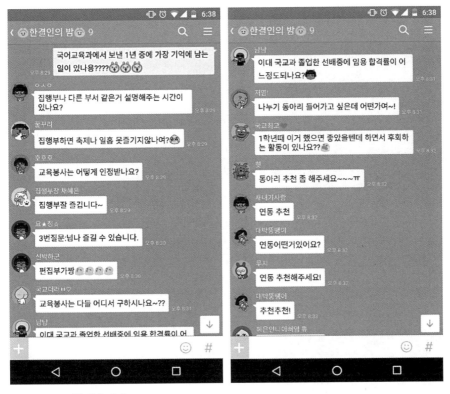

그림 5-5 오픈카톡 활용 사례

4) 온라인 문학 소통

인터넷을 통한 가상공간에서 이루어지는 제반 문학을 '인터넷 문학' 혹은 '사이버 문학'이라고 한다. 이는 과거처럼 지면을 통해 소통되는 문학이 아니라 인터넷이라는 사이버 공간을 통해 문자, 이미지, 소리 등 복합적인 양식으로 창작된 문학 작품을 발표하고 감상하는 현상을 보여 주고 있다(박기범, 2014: 386).[7] 사이버 문학은 시공간의 제약에서 벗어나 누구나 자유롭게 자신이 나름대로 창작한 작품을 가상 공동체의 독자들에게 선보일 수 있고, 독자의 반응을 즉각적으로 확인할 수 있다는 특징이 있다. 기존에는 작가가 혼자 고독하게 작품을 쓰거나 여

---

7   사이버 문학은 통신망에서 이루어지는 문학과 하이퍼텍스트의 속성을 이용한 문학으로 특징지어
     진다(최혜실, 1999: 240-246). 이 책에서 다루는 사이버 문학은 통신망에서 이루어지는 문학 활동
     을 대상으로 하였으며, 인터넷 문학 혹은 사이버 문학이라 불리는 가상공간 제반의 문학을 사이
     버 문학으로 통칭하였다.

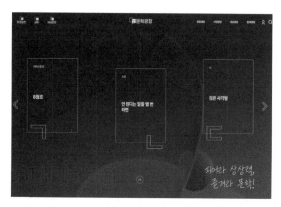

그림 5-6 '문장' 사이트

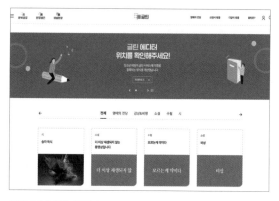

그림 5-7 '글틴' 사이트

러 작가들이 오프라인 문학 동호회에 나가 의견을 주고받았다면, 문식 환경의 변화로 요즘에는 사이버상에서 합평을 통해 문학적 글쓰기를 하고 집단 지성(collective intelligence)을 이용하여 작품을 완성해 가는 진행형의 작문이 이루어지고 있다.

사이버 공간에서 문학의 활성화를 위해 만들어진 사이트로는 '문장'이 있다. '문장'은 2005년 6월, 우리 문학의 침체와 위기를 몰고 온 원인의 하나로 지목된 인터넷을 오히려 문학 창작과 향유의 기회로 활용한다는 취지로 조성된 인터넷 문학 사이트이다. 같은 사이트에서 운영하는 청소년 대상 문학 커뮤니티인 '글틴'은 사이버 문학의 특징을 잘 보여 준다.

'글틴'은 '쓰면서 뒹굴'이라는 작품 공모 서비스를 운영하는데, 이를 통해 회원으로 가입한 청소년들은 누구나 자발적으로 자신이 작성한 문학 텍스트를 공개할 수 있다. 또한 다른 사람의 문학 텍스트에 대한 감상과 비평을 자유롭게 남길 수 있으며, 전문 작가들 역시 청소년 회원과 동일한 방식으로 댓글을 남길 수 있다. '글틴'은 독자들의 조회수와 전문 작가의 심사에 근거하여 주(週)장원, 월(月)장원, 연(年)장원을 선정한다.

'글틴' 내에서는 창작자인 청소년 작가와 전문가인 기성 작가의 소통도 이루어진다. 기성 작가는 청소년 작가의 문학성을 공인하는 등단 경험을 제시하기도 하는데, 이 경험은 주로 수평적 소통을 통해 이루어지고 있다. 장용호와 공병훈(2012)에서도 이러한 소통 과정에 주목하여 표 5-4와 같이 전통적 창작 학습과 유저 커뮤니티의 창작 학습을 비교하고 있다.

표 5-4 전통적 창작 학습과 유저 커뮤니티의 창작 학습(장용호·공병훈, 2012: 192-193)

	전통적 창작 학습	유저 커뮤니티의 창작 학습
조직 형태	• 작가 지망생의 오프라인 문학 동아리, 동인 또는 소규모 집단 • 작가와 지망생의 구성원 간 위계적 구조 중심의 강한 유대 공동체의 특성, 집단 내 동질성이 강함	• 작가 지망생과 문학 애호가의 온라인 커뮤니티 • 작가와 지망생의 위계적 구조가 있지만 수평적 구조 중심의 약한 유대 공동체의 특성, 집단 내 다양성이 강함
학습 방식	• 합평 방식과 개인적, 도제적 학습 • 창작 지식은 커뮤니티 내부에서만 공유 • 문학 창작 관련 학과의 전문적 교육과 합평	• 공모전 응모와 게시판 게시 그리고 온라인과 SNS의 개방된 참여에 의한 평가와 토론 • 창작 지식이 커뮤니티 안팎으로 공유, 확산됨

또한 장용호와 공병훈(2012)에서는 '문장'과 '글틴'에서의 창조적 작품 공유 과정에서 일어나는 상호작용 패턴과 자기조직화의 핵심을 그림 5-8과 같이 시각적으로 도식화하고 있다.

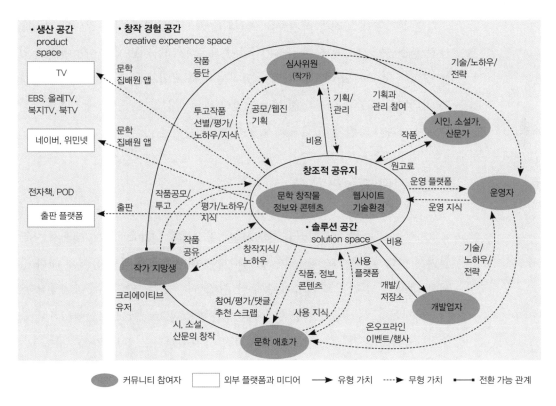

그림 5-8 크리에이티브 유저 커뮤니티의 집합적 창작 생태계(장용호·공병훈, 2012: 202)

'집합적 창작 생태계'란 커뮤니티에서의 집합적 창작 학습 과정을 의미한다. 다시 말해 작가들과 작가 지망생들이 창작에 도움을 주고받으면서 소통하는 환경을 뜻한다.

샬럿 헤스(Charlott Hess) 등은 디지털과 인터넷 기술이 공유 정신을 형성하고 함양시킴에 따라 기존의 공유자원 개념에 디지털 공유자원이라는 새로운 의미가 더해졌으며, 이러한 시각에서 지식 역시 공유자원으로 기능하는 복합적인 지식 생태계로 이해해야 한다고 설명한다(Hess & Ostrom/김민주·송희령 역, 2010; 장용호·공병훈, 2012: 182). 작문 교육도 복합적인 지식 생태계에 대한 인식을 바탕으로 이를 잘 활용할 수 있는 방안에 대해 교육해야 할 것이다.

집단 지성은 지식이 지속적으로 재평가되고 실시간으로 조정되는 공간 내에서 구성원들이 맺는 유동적인 관계를 통해 가치가 부여되는 지성이라고 할 수 있다. '글틴' 내에서 이루어지는 다양한 소통은 청소년 집단 내에서 집단 지성이 형성되어 가는 과정을 방증하는 사례가 될 수 있다. 특히 가상공간이 아니었다면 불가능했을 전문 작가들의 조언과 지도, 또 문학에 대한 열의와 관심을 가진 청소년들 간의 공감과 유대가 '글틴'과 같은 커뮤니티에서 이루어지고 있는 것이다. 전국에 또래 참여자들이 있다는 것을 확인시켜 주고, 그들이 대면성과 비대면성이 함께 어우러진 독특한 공동체를 형성한 것 등은 이 가상공간의 뚜렷한 성과라고 할 수 있다(김정우, 2014: 94-95).

5) 집단 지식의 생산

사람들이 참여하여 지식을 생산하는 '위키백과(wikipedia)'에 대해서는 잘 알려져 있다. 온라인 백과사전인 위키백과는 네티즌들이 직접 용어에 대한 정의를 내리고, 그 정의를 자유롭게 수정·편집할 수 있는 것이 특징인 오픈소스 백과사전이다. 여기에서는 위키백과와 유사한 방식으로 학교 현장에서 사용할 수 있는 '위키쓰기'를 소개한다. A대학교 사이버캠퍼스의 '위키쓰기'는 집단 지성을 이용하여 이어 쓰기를 하고 편집을 자유롭게 할 수 있는 시스템이다. 이와 같이 여러 사람이 참여하여 지식을 생산하거나 공동 작업을 할 수 있는 시스템이 개발되고 있다. 교사와 학습자가 이 시스템을 어떻게 활용하느냐에 따라 지식 생산뿐만 아니라 서사(문학), 기사 등 다양한 산출물을 생산할 수 있다.

그림 5-9는 소집단별로 논제를 정해 자료를 검색하고 토론을 거친 후 위키쓰기를 한 사례이다. 글의 소재는 '간송 이야기'로 정하였다. 간송 탄생 100주년을 기념하는 해에 나왔던 간송과 관련된 신문 기사를 읽고, 관련 자료를 인터넷에서 찾은 다음, 조사한 사실을 나누면서 집단 토론을 통해 서사를 구성한다. 그리고 글의 개요만을 작성한 후 각자 여유 있는 시간에 '위키쓰기'에 들어가서 자유롭게 글을 남긴다. '위키쓰기'를 하는 사람은 앞 사람이 남긴 이야기를 읽어 보고 이어서 이야기를 써 내려간다. 필요하다면 앞 사람이 쓴 글을 편집할 수도 있다.

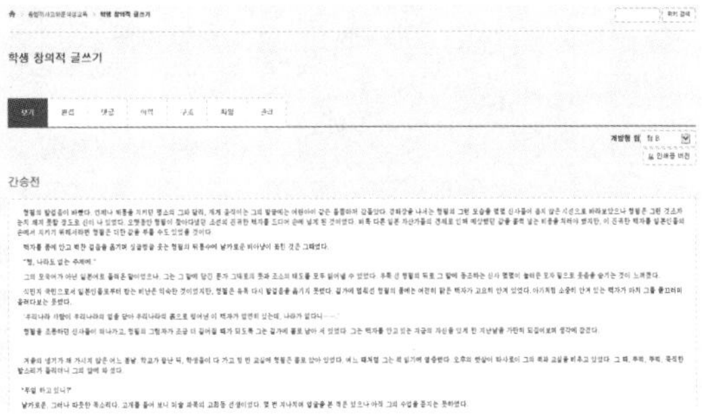

그림 5-9 '위키쓰기'의 초기 화면 일부

이와 같이 '위키쓰기' 시스템을 통해 다른 사람이 쓴 글에 가감을 하거나 댓글을 달면서 집단 지성을 이용하여 협력적 글쓰기를 할 수 있다. 또한 그림 5-10처럼 '위키쓰기'에는 조원들이 글쓰기 작업을 한 시간대를 알아볼 수 있는 이력 코너도 있다.

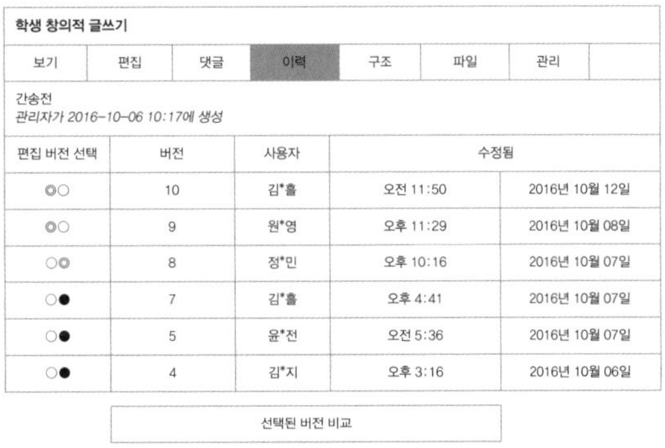

학생 창의적 글쓰기

보기 | 편집 | 댓글 | 이력 | 구조 | 파일 | 관리

간송전
관리자가 2016-10-06 10:17에 생성

편집 버전 선택	버전	사용자	수정됨	
◎○	10	김*흘	오전 11:50	2016년 10월 12일
◎○	9	원*영	오후 11:29	2016년 10월 08일
○◎	8	정*민	오후 10:16	2016년 10월 07일
○●	7	김*흘	오후 4:41	2016년 10월 07일
○●	5	윤*전	오전 5:36	2016년 10월 07일
○●	4	김*지	오후 3:16	2016년 10월 06일

선택된 버전 비교

그림 5-10 '위키쓰기'의 이력 코너

챗GPT와 같은 생성형 AI의 등장으로 인하여 집단 지식의 생산이 사람과 사람간의 협업에 한정하지 않고, 인공지능 도구와의 협업이 자유로운 시대가 되었다. 다음은 서적이나 기사와 같이 문자 기록물에서 자료를 찾던 시대, 검색 엔진 서비스를 이용하여 키워드를 사용하여 관련 자료를 검색하던 시대, 질문에 대한 맞춤형 답변을 요구하는 생성형 AI 시대의 변화 흐름도를 보여 주는 표이다(양지훈·윤상혁, 2023: 63).

표 5-5 정보 검색(Search)의 진화 과정(양지훈·윤상혁, 2023: 63)

구분	검색(Search) 1.0	검색(Search) 2.0	검색(Search) 3.0
시기	1990년대 이전 (인터넷 보급 이전)	1990년대부터 2010년대 (디지털 검색이 보편화되고 대중화되는 시기)	2020년대 이후 (챗GPT 보급 이후)

구분	검색(Search) 1.0	검색(Search) 2.0	검색(Search) 3.0
정보 취득자	물리적 장소 (도서관이나 서점 등)	검색 엔진 서비스 (구글, 네이버 등)	생성 AI 서비스 (챗GPT 등)
한계	정보를 찾기 위해 물리적으로 방문해야 하고, 책과 기사를 수동으로 선별해야 하므로 비용과 시간이 많이 듦	유효 정보를 찾기 위해 키워드를 잘 개발해야 하고 검색 결과를 정렬하고 정리해야 함	사실 확인 필요. 시의적 내용이나 개인마다 의견이 다른 내용에 대해서는 답이 어려움
검색 범위	상대적으로 적은 정보 원본에 대해서만 검색이 가능	정보의 범위를 크게 확장하였지만 여전히 인간 검색자가 이용하는 검색 엔진과 연결된 정보로 한정됨	자연어 처리와 기계를 이용한 AI 지원 학습 알고리즘을 통해 광범위한 검색, 사용자 피드백과 기타 데이터를 기반으로 검색 기준을 지속적으로 개선
필요 인프라	도서관, 서점 등 물리적 접근 필요	디지털 기기 및 인터넷에 연결 필요	디지털 기기 및 인터넷 연결뿐 아니라 강력한 컴퓨팅 리소스 및 AI 플랫폼 접근 필요
검색자의 역할	유효 정보 자료를 선별하는 데 검색자의 노력과 전문성이 필요	검색 키워드를 주제에 맞게 체계적으로 구성. 검색 결과 중 유효한 정보만 정리	기계 학습 알고리즘을 통해 도출된 결과를 검색자가 해석하고 확인

세 가지 검색 방법이 동시적으로 사용되고 있는 것이 현실이지만 이 흐름도는 문식 환경 변화 양상을 잘 보여 주고 있다.

3 작문 교육 변화의 방향은 어떠해야 하는가

교사는 과거의 작문을 가르치고 학생 필자는 현재의 작문을 수행한다면 이는 결코 좋은 학습 결과를 보장하지 못한다. 종이 및 인쇄 기반 교육, 전문 필자를 모델로 제시하는 교육, 수능이나 대입 논술 등 평가 위주의 교육, 실생활의 쓰기와 유리된 학문 중심적 교육이 과거 작문 교육의 특징이라고 한다면, 앞으로는 작문 교육에서 필자와 독자가 협력하여 대규모로 소통하는 구조를 인식하는 것이 중요해질 것이다.

21세기에는 디지털 미디어가 발달하면서 작문 맥락에서도 온라인 기반 매체와 키보드 쓰기가 대중화되었다. 따라서 비판적 문해력을 인식하고, 작문 평가의 양적·질적 확대를 통해 자신의 작문 능력에 대한 평가를 지속적으로 축적하며(이지원, 2016: 242), SNS 및 협업 도구 등을 통해 공동체 구성원으로서의 필자 및 독자의 상호작용을 인식하고, 학업 및 직업적 성공을 강조하였던 교육적 패러다임을 바꿔 작문 교육의 초점을 공동체 문화 개혁에 맞출 필요가 있다.

21세기 사회에서 요구되는 작문 능력은 자신이 속한 사회문화 공동체 내에서 성공적으로 역할을 수행할 수 있도록 언어를 사용할 수 있는 능력이다(박영목, 2008: 385). 이와 같은 맥락에서 사회구성주의 이론과 작문 워크숍, 협력적 글쓰기가 작문 교육에서 더욱 강조되어야 한다. SNS의 필자는 자신이 사용하는 사회적 관계망의 공동체에 소속된 주체로서 스스로를 인식하고 구성원들과 활발하게 상호작용을 한다. 이 과정에서 사회구성주의에서 강조하는 '예상 독자의 실제화'가 더 빠르게 구현되고 있다. '예상 독자의 실제화'란 작성한 글을 실제로 읽고 반응하는 독자를 설정하는 것이다. 전통적인 교육 환경에서 글을 쓰는 학생은 단지 예상 독자의 반응을 예측할 뿐, 예상 독자의 실제적인 반응을 기대하기는 어려웠다. 국어 교사가 독자로 역할을 한다고 해도 그 반응을 돌려받기까지는 긴 시간이 필요했다. 예측한 예상 독자의 반응은 모호해서 미숙한 필자인 학생들에게는 예상 독자를 구체화하는 데 도움이 되지 못했다. 이에 비해 스마트 교육 환경에서는 학생이 작성한 글을 곧바로 인터넷 카페나 블로그, 클라우드 시스템 등에 탑재하여 동료들의 반응을 구할 수 있으며, SNS로 공유하여 동료들의 반응을 얻을 수 있게 되었다(박영민, 2014: 61). 그 결과 과거의 작문 교육에서는 학습자에게 막연히 예상 독자를 설정하라고 했다면, 이제는 자신의 의견이나 관심을 공유하는 공동체의 독자로 구체화되고 현실화된 독자를 설정하라고 안내할 필요가 높아졌다. SNS에서의 독자는 댓글이나 대댓글을 달면서 상호작용하는 독자이기 때문에 실존하는 독자로 인식해야 한다.

또한 최근에는 필자와 독자가 따로 구분되는 것이 아니라, 독자이자 필자로서 함께 글을 만들어 가는 협업 도구를 쉽게 이용할 수 있게 되었다. 이에 따라 이러한 도구를 통해 작문 활동에 적극적으로 참여하여 집단 지성을 실현하는 협력적 글쓰기 교육에 대한 필요성이 증대되었다. 작문 환경의 변화를 받아들여 다양한 협력적 글쓰기 교육 방법을 모색해야 한다. 작문 교육은 필자의 단편적인 작문 능력 향상을 목표로 하는 것은 기본이고, 이제는 필자와 독자가 협력하여 대규모적 소통이 이루어지는 구조를 인식해야 하는 쪽으로 변모하고 있다.

이와 관련하여 메타 언어 인식, 구조 문식성이 새롭게 논의되고 있다. 종이 위에서, 평면 위에서의 글쓰기에서도 전체 구조에 대한 흐름을 고민하였다. 이제는 여기서 더 나아가 변화된 문식 환경, 하이퍼링크와 같은 입체적 글쓰기 환경 등으로 인하여 더욱 복잡한 글의 구조와 흐름을 구상하여 글을 쓰거나 창작해야 하는 시대가 되었다. 이러한 흐름과 맞물려 과학에서 컴퓨팅 사고력이라고 소개되는 새로운 개념을 작문 교육에서는 구조적 사고력이라는 개념으로 도입하는 것도 검토할 필요가 있다. 컴퓨터 시스템의 다차원적인 구조를 설계하는 데 필요한 사고력처럼, 이제는 전체 구조를 바라보고 설계하는 사고력이 필요하기 때문이다. 다음과 같이 인터랙티브 뉴스가 보편화되는 상황에서 전체 구조를 통찰하며 글을 쓰는 능력이 필요하게 된 것이다.

'인터랙티브 뉴스(interactive news)'는 사이버 공간에 게재되는 온라인 뉴스로, 텍스트 위주의 기존 온라인 뉴스의 한계를 벗어나고자 그래픽, 사진, 동영상 등을 포함시켜 통합적으로 편집하고, 스크롤, 클릭, 링크 등을 활용해 독자의 행위에 반응하도록 웹 페이지를 구현한 새로운 형식의 뉴스이다.[8] 보는 뉴스가 아니라 체험하는 뉴스라는 점에서 뉴스 형식의 변화가 두드러진다. 이와 같은 뉴스를 작성하기 위해서는 기존 기사 원칙과 함께 보다 다양한 멀티미디어 요소를 검색하고 활용하는 능력이 필요하다.

이상에서 살펴본 바와 같이 지식 자체의 습득을 중시하던 사회에서 이제는 지식의 융합과 창의적 활용을 지향하는 사회로 바뀌었고, 글쓰기 작업이 주로 개인적으로 이루어지던 사회에서 자신이 속한 공동체 안에서 협력적 글쓰기를 해야 하는 사회로 변모하였으며, 집단 지성의 구현체인 빅데이터를 이용·변형·취사선택해야 하는 시대로 변화하였다. 이렇듯 매체 환경이 변화함에 따라 새로운 작문 교육의 방향을 모색해야 한다.

필자와 독자의 소통 방식의 변화, 복합 텍스트 사용이 용이한 매체 환경으로의 변화, 온라인을 넘어 실천적인 생산과 수용을 추구하는 사회로의 변화 등

---

8   지면으로는 인터랙티브 뉴스의 다양한 기능 체험을 설명하는 데 한계가 있기에, '인터랙티브 뉴스를 수업에 활용하기'에 관련 사이트를 제시해 두었다.

은 필자–독자의 위상을 바꾸어 놓았다. 기존의 필자와 독자는 그 구분이 명확했으나, 이제 둘 사이의 경계가 모호해지고 대등하고 협력적인 관계가 형성되었으며, 공동체에 대한 참여적 성격이 강화되었다. 이는 작문 교육에서 공동체 글쓰기, 실천적 글쓰기, 통합적 글쓰기를 강화해야 한다는 것을 시사한다.

인터랙티브 뉴스를 수업에 활용하기

학생들이 모여 하나의 주제를 정하고 인터랙티브 뉴스를 제작하는 글쓰기 수업은 뉴스와 보도에 대한 흥미도, 매체의 활용도, 뉴스의 이해도를 향상시킬 수 있을 것이다. 텍스트 기사와 함께 그래픽, 사진, 동영상 등을 활용한 인터랙티브 뉴스의 예로 중앙일보의 「2016 대한민국 검사의 초상」(2016. 9. 20)을 들 수 있다.

◎ **참고할 만한 인터랙티브 뉴스**

● 중앙일보 디지털 스페셜

● 경향신문 인터랙티브 뉴스

● 부산일보, 「석면 쇼크, 부산이 아프다」, 2014. 10.

● 시사IN, 「대림동에서 보낸 서른 번의 밤」, 2019. 2.

● 아시아경제, 「그 섬, 파고다」, 2013. 11.

● 2012년 눈사태 사고에 관한 뉴욕 타임스의 인터랙티브 뉴스 「스노 폴(Snow Fall)」, 퓰리처 상을 수상했다.

● 2013년 호주의 한 섬에서 화재를 겪은 일가족의 이야기를 다룬 가디언의 「파이어스톰(firestorm)」

생각해 봅시다

1 TV나 신문 등의 매스미디어에서 뉴스를 생산하고 유통하는 데는 많은 자본이 필요하다. 더욱 광범위한 정보를 다루는 인터랙티브 뉴스의 생산·유통 역시 많은 자본이 필요하다. 인터랙티브 뉴스 제작 규모에 따라, 필요한 자본이 많을 경우 기업이나 자본가의 후원을 받을 수도 있다. 이 경우 투자자에게 불리한 뉴스를 제작하지 않을 수도 있다. 자본의 폐해로 이루어지는 뉴스 유통의 사회적 문제를 찾아 논의하고 건전한 해결 방안을 토의해 보자.

2 인터넷상에서 가짜 뉴스가 유통되고, 익명성을 이용하여 인격을 모독하는 네티즌의 잘못된 행동이 사회적 문제가 되고 있다. 사이버 공간도 하나의 사회 공간처럼 되었기 때문에 남을 배려하는 윤리와 법을 지켜야 사이버 공동체가 건전하게 유지될 수 있다. 이 점을 작문 교육에서 어떻게 다루어야 할지 구체적인 교육 방안을 논의해 보자.

3 작문 환경의 변화 사례와 이에 따라 중등 작문 교육에서 변화해야 할 사항을 제시해 보자.

4 한국인이 카카오톡을 많이 사용하는 데 비해 중국인은 위챗을 사용한다. 한국인은 카카오톡을 사용할 때 문자로 메시지를 전달하는 경우가 더 많지만, 중국인은 위챗을 사용할 때 음성 녹음으로 메시지를 전달하는 경우가 더 많다. 그 이유를 알아보자.

5 요즘 '음성을 인식하여 문자로 표현하는 기능을 가진 기기'가 많이 나오고 있다. 문자와 음성의 전환 기술[예 크롬(Chrome)으로 활성화하여 접근하는 구글 독스(Google Docs)의 음성 타이핑 기능]의 발달로 다양해진 표현 방식을 찾아보자.

참고문헌

권순희 외(2016), 『사이버 의사소통과 국어교육』, 박이정.

김대식 · 챗GPT, 김민정 외 역(2023), 『챗GPT에게 묻는 인류의 미래: 김대식 교수와 생성인공지능의 대화』, 동아시아.

김윤경 외(2017), 「실천적 미디어 리터러시 교육을 위한 인터넷 포털 뉴스의 담화구조 분석: '구의역 사건'을 중심으로」, 『독서연구』 42, 133-171.

김은수(2023), 「인공지능 글쓰기의 초등 도덕교육적 활용 가능성 연구」, 『윤리교육연구』 68, 213-240.

김재규(2004), 「상황학습이론에 따른 함수단원 수업이 학업성취도와 학습태도에 미치는 효과」, 강원대학교 석사학위 논문.

김정우(2014), 「스마트 교육 시대의 문학교육」, 『국어교육학연구』 49(1), 78-105.

김창원(2002), 「국어교육과 문화론: '국어 문화창조'의 이념은 정당한가」, 『한국초등국어교육』 20, 1-23.

김현진 · 남광우 · 한정혜 · 윤옥경(2015), 「모바일기기 활용 초등학교 협력적 현장학습에서 분산인지 기반 학습과정 분석」, 『교육정보미디어연구』 21(3), 361-387.

박기범(2014), 한국문학교육학회 편, 『문학교육개론 I: 이론편』, 역락.

박영목(2008), 『작문 교육론』, 역락.

박영민(2014), 「스마트 교육 환경에 따른 쓰기 지도 방법의 전환」, 『국어교육학연구』 49(1), 51-76.

양지훈 · 윤상혁(2023), 「ChatGPT를 넘어 생성형(Generative) AI 시대로: 미디어 · 콘텐츠 생성형 AI 서비스 사례와 경쟁력 확보 방안」, 『MEDIA ISSUE & TREND』 55, 62-70.

이동후(2010), 「제3의 구술성: '뉴 뉴미디어' 시대 말의 현존 및 이용 양식」, 『언론정보연구』 47(1), 43-76.

이지원(2016), 「21세기의 필자와 쓰기 교육: 작문 맥락의 변화와 새로운 쓰기」, 『작문연구』 28, 213-247.

장성민(2023), 「챗GPT가 바꾸어 놓은 작문교육의 미래: 인공지능 시대, 작문교육의 대응을 중심으로」, 『작문연구』 56, 7-34

장용호 · 공병훈(2012), 「문학 커뮤니티의 집합적 창작(collective creation) 과정에 대한 생태 계적 모형 연구: 온라인 커뮤니티 문장(Munjang)을 중심으로」, 『사이버커뮤니케이션학보』 29(3), 163-218.

정선희 · 서지은(2016), 「공공공간에서 상호관계적 디지털미디어의 표현 방법 및 특성」, 『한국디자인문화학회지』 22(1), 371-385.

정제영 · 조현명 · 황재운 · 문명현 · 김인재(2023), 『챗GPT 교육혁명』, 포르체.

정현선(2004), 「디지털 리터러시의 국어교육적 고찰」, 『국어교육학연구』 21, 5-42.

최혜실(1999), 『디지털 시대의 문화 예술: 통합의 가능성을 꿈꾸는 KAIST 사람들』, 문학과
　　지성사.

Bransford, J. D., Franks, J. J., Vye, N. J. & Sherwood, R. D.(1989), "New Approaches to
　　Instruction: Because Wisdom Can't be Told". In S. Vosniadou & A. Ortony(Eds.),
　　Similarity and analogical reasoning, Cambridge University Press.

Brown, A. L. & Palincsar, A. S.(1989), "Guided, Cooperative Learning and Individual
　　Knowledge Acquisition". In L. B. Resnick (Ed.), *Knowing, Learning, and
　　Instruction: Essays in Honor of Robert Glaser*, Lawrence Erlbaum Associates, Inc.

Brown, J. S., Collins A. & Duguid, P.(1989), "Situated Cognition and the Culture of
　　Learning", *Educational Researcher* 18(1), 32-42.

Burbules, N. C. & Berk, R.(1999), "Critical Thinking and Critical Pedagogy: Relations,
　　Differences, and Limits". In T. Popkewitz & L. Fendler(Eds.), *Critical Theories in
　　Education: Changing Terrains of Knowledge and Politics*, Routledge.

CTGV(Cognition and Technology Group at Vanderbilt)(1992), "The Jasper
　　Experiment: An Exploration of Issues in Learning and Instructional Design",
　　Educational Technology Research and Development 40, 65-80.

Freire, P.(1970), *Cultural Action for Freedom*, Harvard Educational Review.

Hess, C. & Ostrom, E., 김민주·송희령 역(2010), 『지식의 공유』, 타임북스.

Lave, J. & Wenger, E.(1991), *Situated Learning: Legitimate Peripheral Participation*,
　　Cambridge University Press.

Ong, W. J., 이기우·임명진 역(2009), 『구술문화와 문자문화』, 문예출판사.

Wardle, E. (2009). ""Mutt genres" and the Goal of FYC: Can We Help Students Write
　　the Genres of the University?" *College Composition and Communication* 60(4),
　　765-789.

• 기사 자료

AI타임스, 「검색 패러다임의 변화」, 2023년 5월 2일.

대학내일20대연구소, 「'新소셜 민주주의'를 이끄는 팬텀(Phantom)세대」, 2016년 12월 30일.

머니투데이, 「'수원 삼성맨' 주말에는 반바지 입고 편하게 출근한다」, 2014년 7월 15일.

아시아경제, 「사회 참여 주도자로 변신…얼굴 없는 '팬텀세대'」, 2016년 12월 28일.

중앙일보, 「2016 대한민국 검사의 초상」, 2016년 9월 20일.

• 그림/사진 자료

고흐 박물관: www.vangoghmuseum.nl

토머스 백달 홈페이지: www.baekdal.com

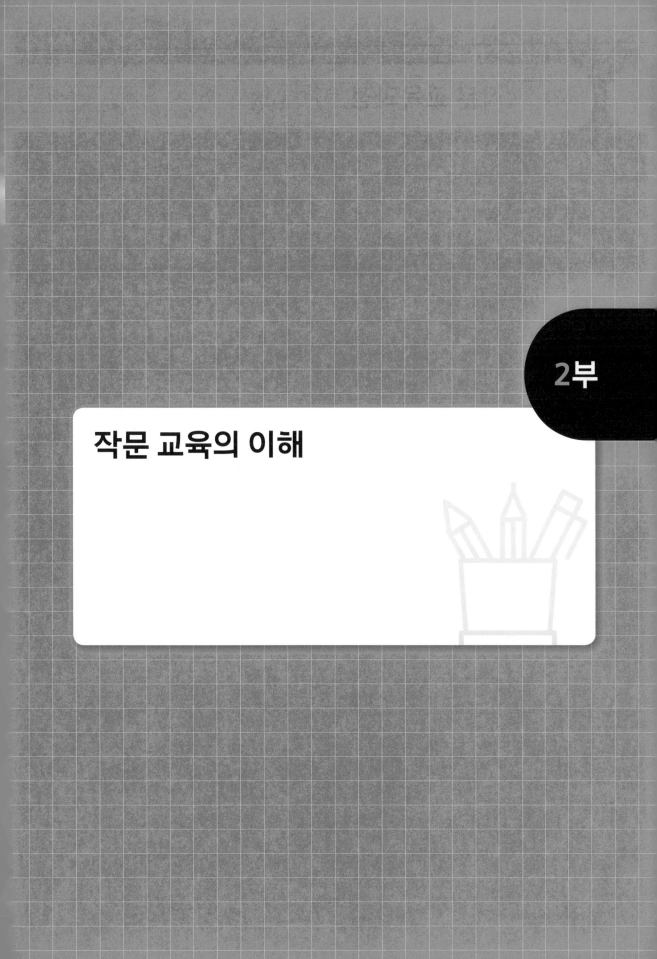

2부

작문 교육의 이해

30대 홍길동 교사, 40대 조웅 교사 그리고 50대 양소유 교사는 모두 고등학교에서 작문 수업을 담당하고 있다. 세 교사는 각각 2000년대, 1990년대, 1980년대에 중·고등학교를 다녔고 지금은 같은 학교에서 동일 학년의 작문 수업을 진행하고 있다. 하지만 세 교사가 가지고 있는 '좋은 작문 수업'에 대한 생각은 약간씩 차이가 있다. 특히 작문에 도움이 되는 기능들을 잘 가르치는 것이 중요하다고 여기는 홍길동 교사와 글이 지닌 형식과 특징을 명시적으로 가르치는 것이 중요하다고 여기는 양소유 교사는 수업 방향의 설정에서부터 시험 출제에서도 종종 난상 토론을 벌이곤 한다. 물론 교육과정이 바뀔 때마다 그에 대한 연수도 받고, 새로운 교과서에 대해 동료 교사 간에 협의와 검토도 거치지만 무엇이 학생들의 작문 능력 신장에 도움이 될 것인가에 대해서는 좀처럼 의견 차이를 좁힐 수가 없다.

　　과연 이러한 의견 불일치 현상은 단순히 개인적인 견해 차이에서 비롯된 것일까? 여기 1980년대 중·고등학교를 다녔던 양소유 교사가 어떤 작문 수업을 받았는지, 그리고 2000년대 홍길동 교사는 또 어떤 작문 수업을 받았는지 그 흔적들을 추적할 수 있는 단서들이 있다. 이를 통해 우리나라의 작문 교육이 어떤 흐름 속에서 변해 왔는지, 나아가 지금 이 시대 우리에게 적합한 작문 교육이란 과연 무엇인지에 대해 생각해 보자.

1 작문 교육과정은 어떻게 변화되어 왔는가

해방 이후 우리나라의 교육과정은 1946년 미 군정청 학무국에서 제정한 교수요목에서부터 2022년에 발표한 개정 국어과 교육과정(교육부 고시 제2022-33호)에 이르기까지 크게 열두 차례 개편 및 개정되었다. 이러한 일련의 과정을 교육학 일반에서는 경험 중심 교육과정기(제1차~제2차), 학문 중심 교육과정기(제3차), 인간 중심 교육과정기(제4차 이후) 등으로 구분해 왔다(박휴용, 2012: 65). 하지만 국어 교육 연구자 중에서는 제1차~제3차를 경험 중심 교육과정기로, 제4차를 학문 중심 교육과정기로, 제5차~제7차를 인간 중심 교육과정기로 구분하기도 한다(최미숙 외, 2008: 29-36). 반면 국어과 교육과정을 태동기(교수요목), 신생기(제1차~제3차), 발전기(제4차~제5차), 성숙기(제6차)로 구분하는 경우도 있다(정준섭, 1996). 이처럼 시기 구분이 일정하지 않은 것은 교과목의 특수성은 물론, 교육과정의 변천을 바라보는 관점의 차이가 존재하기 때문이다.

문학 및 문법 교육과정 등과 마찬가지로 작문 교육과정 역시 시기별 국어과 교육과정의 목표와 체계 그리고 작문 및 작문 교육 이론의 변화에 많은 영향을 받으며 지금에 이르렀다. 특히 그 변화의 중심에는 작문을 무엇으로 규정할 것인가, 그에 따라 작문의 구성 요소를 어떻게 설정할 것인가, 이를 교수 체계로 재구성할 때 어떤 관점을 취할 것인가 등의 문제가 존재했다. 특히 이러한 사항들은 각 시기별 작문 교육과정을 주도한 배경 학문과도 밀접한 관련이 있다. 따라서 이 장에서는 작문 교육과정의 변천을 위와 같은 측면에서 살펴보고 시기별 특징을 고찰해 보고자 한다.[1]

2 교수요목 ~ 제3차 교육과정 — 경필 시대의 작문 교육과정

1) 배경과 특징

정준섭(1996)은 국어과 교육과정에 대해 1945년부터 1955년까지를 '태동기'로, 1955년부터 1981년까지를 '신생기'로 구분하였다. 이는 국어과 교육과정이 다른 교과와 마찬가지로 아직 체계화되지 않은 채 여러 학문의 논의들을 부분적으로 수용하였기 때문이다.

교수요목부터 제3차 교육과정(1973)까지 작문은 '필기구를 활용한 문자 언어 중심의 표현 행위'로 인식되었다. 특히 필기구의 활용과 서식류(신고서, 사유서, 이력서 등) 작성은 작문 교육과정에서 큰 부분을 차지하였다. 이러한 일련의 작문 환경을 이 책에서는 경필(硬筆)로 통칭하고자 한다.[2]

....

1 이 장의 논의는 다음의 선행 연구를 참고하였음을 밝힌다. 먼저 국어과 교육과정의 변천에 대해서는 정준섭(1996), 박붕배(1997a; 1997b), 박영목(2012), 손영애(2014), 박영민 외(2016), 최미숙 외(2017)의 논의를 참고하였다. 특히 박붕배의 저서는 교수요목기부터 제5차 교육과정기까지의 변화를 1,800여 쪽에 이르는 방대하고도 상세한 연구를 통해 자세히 밝혀 이 시기의 변화와 쟁점 등을 이해하는 데 많은 도움이 되었다. 제7차 교육과정과 2007 개정 교육과정에 대한 논의는 박영목과 손영애의 저서를, 2009 개정 교육과정은 최미숙 외의 저서를 주로 참고하였다. 끝으로 국어과 교육과정의 기초 자료는 교육부(2000)를 참고하였다.

(三) 교수 사항

4 짓기   제 속에서 일어나는 생각과 밖에서 겪은 일을 글로 적어 나타내게
하되, 헛됨과 거짓이 없이 참되고 이쁘게 짓도록 힘쓸 것이다. 글은 아무쪼록
깨끗하고 시원하며 조리가 밝아서 아무나 다 환하게 읽을 수 있고, 그 뜻을
선뜻 알아낼 수 있도록 쓰게 할 것이다. (하략)
5 쓰기   연필이나 철필을 가지고 국문 글씨를 쓰게 하되, 자획의 먼저와 나
중을 알게 하며, 글자 모양을 바르고 아름답게 쓰도록 가르칠 것이다.

국민학교[3] 교수요목 교수 사항

제3차 교육과정까지 필기구 사용과 각종 서식류 작성 등(경필)이 작문 교육에서 중요하게 다뤄졌던 것은 당대 문필 생활과 밀접한 관련이 있다. 당시 학교는 물론 사회 일반에서의 작문이란 기본적으로 펜과 종이라는 매개물을 통해 이루어졌다. 또한 관공서 및 회사 등에서 요구하는 각종 서식은 개인과 집단의 생활 방식 및 역할, 기능, 관계 등을 제도화 및 공식화하는 수단으로 활용되었다. 즉, 누구든 아이가 태어나면 반드시 출생 신고서를 제출해야 하고, 병원에 입원할 때도 물품을 구매할 때도 개개인이 집을 사고팔 때에도 모두 정해진 양식에 따라 필요한 서류를 작성해야 했다. 이는 그 자체로서 사회적 제도를 의미하며 해방 이후 새로운 국가가 건설되고 국가의 행정력이 개개인의 삶의 저

각종 서식 및 문서를 대필해 주던 대서소

....

2   제1차~제3차 교육과정까지 작문 교육에는 수사학 이론이 단편적으로 적용되었을 뿐 특정한 배
      경 학문이 존재하지 않았다. 따라서 이 시기를 통칭하여 '경필 시대'로 명명하고자 한다.
3   '국민학교'는 1941년 일제가 발표한 국민학교령에 따라 초등교육기관의 명칭으로 사용되었고,
      이는 해방 이후에도 계속 이어졌다. 1995년 8월 11일 교육부가 일제의 잔재를 청산하기 위해 국
      민학교에서 초등학교로 명칭을 변경할 것을 발표하고, 이후 교육법을 개정하면서 1996년 3월 1일
      부로 초등학교로 명칭이 바뀌었다. 이 책에서는 원문을 직접 인용할 때에는 '국민학교'를, 본문
      중에 초등교육기관을 언급할 때에는 '초등학교'를 사용하였다.

변에까지 이르게 되었음을 나타내는 지표이기도 했다. 따라서 사회 일반에서는 이러한 복잡하고 다양한 서식을 능숙하게 다룰 수 있는 사람, 나아가 아직 그러한 문필 행위에 익숙하지 못한 사람을 계도하고 그들에게 영향력을 행사할 수 있는 사람에 대한 요구가 증가하였다.

이 시기의 서식 작성은 대체로 사람의 '손'에 의해서 이루어지는 것이 일반적이었다. 규격화된 양식에 따라 필요한 내용을 직접 손으로 적는 것이 당시 문필 생활의 중요한 부분을 차지했던 것이다. 이때 '손으로 적는 행위'는 그 내용보다는 누구나 알아볼 수 있도록 빠르고 정교하게 쓰는 필기 행위 자체가 중시되었음을 의미한다. 그리고 이러한 현상은 글씨 자체에서 긍정적인 인상을 심어 줄 수 있는 서체(書體)에 대한 요구로까지 이어졌다.

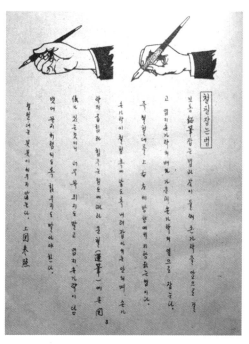

경필 문화를 대변하던 펜글씨 교본 『응용 펜 모필 서체 보전』(1957)

작문에 대한 이러한 사회적 요구는 제1차 교육과정(1955)에서 국어 교육의 목표로 '간단한 서식을 쓴다.', '글씨를 바르고 고르게 쓴다.' 등을 제시하는 것은 물론, 학습 지도 사항으로 '서사(書寫: 글씨를 베낌)'와 '서식'을 강조하는 것으로 나타났다. 이때 서식의 구체적인 예로는 초등학교의 경우 신청서, 소개장, 전보문 등이었으며, 중·고등학교에서는 규약, 게시, 공고, 이력서, 신고서, 증서 등이었다.

이러한 추세는 제2차 교육과정(1963)에도 이어져 '신청서, 소개장, 인사, 초대, 전보 등의 서식을 쓸 줄 알도록 한다.', '철필 글씨를 쓸 줄 알도록 한다.', '글씨를 바르고 아름답게 빨리 쓸 수 있도록 한다.'(초등학교 5학년 쓰기 영역 목표), '펜글씨를 용지에 맞춰 아름답게 쓸 줄 알도록 한다.'(중학교 2학년 쓰기 영역 목표), '이력서, 신고서, 증서, 규약 등', '주문, 재촉 문의 등'을 '익숙하게 쓸 수 있도록 한다.', '철필, 모필 등으로 효과적인 글씨를 써서 실용에 적응할 수 있도록 한다.'(중학교 3학년 쓰기 영역 목표), '학생의 현재의 필요와 사회적인 요구를 충족시킬 수 있는 정도로 손쉽게 빨리 읽기 쉬운 글씨를 쓰는 기능을 가일층 높일 수 있도록 한다.'(고등학교 〈국어 I〉 쓰기 영역 목표) 등의 교육과정상의 기술에서도 확인할 수 있다.

이러한 사항들이 작문 교육의 상당 부분을 차지했기에 이 시기의 작문 교수 방법은 주로 글씨 쓰기 등을 반복적으로 훈련하고 서식 작성을 모방하는 데 치우쳐 있었다.

다만 제3차 교육과정(1973)에서는 초등학교의 경우 문장 단위를 중심으로 한 문형 학습(文型 學習: 기본 문장을 중심으로 일부 문장 성분들을 바꾸거나 종결 방식을 변형하는 식으로 이루어지는 언어 학습)이, 초등학교 고학년과 중학교에서는 문단을 중심으로 한 작문 수업이 교육의 중요 사항으로 등장한 것이 이전과 다른 차이점이라 할 수 있다.[4] 그러나 여전히 이 시기에도 중학교 전 과정에서 '글씨를 바르고 깨끗하게 쓰기'는 공통된 목표로 등장한다.

제3차 교육과정에서 특히 주목할 점은 고등학교의 경우 〈국어 I〉 쓰기 영역 지도 사항으로 '주제의 설정과 소재, 재료, 자료 등의 선택', '쓸 내용의 효과적인 구성', '효과적인 표현 방법', '퇴고', '편집'이라는 작문 단계에 따른 지도 사항들을 제시하고 있다는 점이다. 이는 기존의 서식 및 경필 중심의 지도에서 벗어나 '글을 작성하는 방법'에 대한 관심이 교육과정에 일부 반영된 것이라 볼 수 있다. 이러한 변화는 교육과정 일반 목표 제1항을 참고하면 그 의도를 확인할 수 있다. 제1항에는 중학교의 목표를 '일상생활에 필요한 국어 사용의 기능 신장'으로, 고등학교의 목표를 '교양 있는 생활에 필요한 국어 사용의 기능 신장'으로 제시하였다. 즉, 글씨 쓰기나 서식 작성 등의 단편적인 기능에서 벗어나 한 편의 글을 작성할 수 있는 능력을 '교양'으로 간주하여 고등학교의 목표로 제시함으로써 중학교와는 질적으로 다른 내용으로 쓰기 지도 사항을 구성하고자 했던 것이다.

---

4 이 시기 문장 중심의 문형 학습과 문단 중심의 작문을 강조했던 것은 국어를 '지식 교과'로 규정한 교육과정 개편과 관련이 있다. 이 시기 지식 교과로는 국어, 과학, 사회 등이, 가치 교과로는 윤리, 미술, 음악 등이, 기능 교과로는 체육과 기술 등이 배정되었다. 특히 국어는 수학과 함께 상징 능력을 함양할 수 있는 지식 교과로 규정되었다. 따라서 작문 교육과정에서도 기존의 경필 관련 학습에서 상징성을 강화할 수 있는 문장 – 문단 학습을 보완하였다. 자세한 사항은 박붕배(1997a: 658-659) 참조.

2) 세부 내용

(1) 영역

교수요목부터 제3차 교육과정까지 국어과 교육과정은 주로 말하기, 듣기, 읽기, 쓰기를 중심으로 구성되었다. 다만 교수요목기에는 쓰기가 짓기(작문)와 쓰기(습자 및 경필)로 구분되었지만 제1차 교육과정부터는 이 둘을 합쳐 쓰기로 명명했을 뿐이다.

표 6-1 교수요목기~제3차 국어과 교육과정 영역 구분

교수요목기	제1차 교육과정	제2차 교육과정	제3차 교육과정
읽기 말하기 듣기 **짓기** **쓰기**	말하기 듣기 읽기 **쓰기**	말하기 듣기 읽기 **쓰기**	말하기 듣기 읽기 **쓰기**

(2) 내용 체계

교수요목과 제1차 교육과정까지는 내용 체계에 있어 명확한 구분을 하지 않은 채 교육 목표와 내용 요소들을 나열하는 방식으로 되어 있었다. 그러나 제2차 교육과정부터는 (명시적인 용어를 사용하여 구분하지는 않았지만) '이해', '기능', '태도', '노력점'으로 초등부터 중등과정까지 적용하고자 하는 시도가 나타났다(박붕배, 1997a: 306-307). 이는 국어과 교육과정에 체계를 부여하고자 하는 것으로, 제2차 교육과정에서는 교육 목표를 진술함에 있어 이해에 해당하는 부분은 '~을 알도록 한다.', 기능에 해당하는 부분은 '~할 수 있도록 한다.', 태도에 해당하는 부분은 '~하도록 한다.', 노력점에 해당하는 부분은 '~하는 데 힘쓰도록 한다.'로 각기 다른 방식을 취하였다. 이때 태도와 노력점은 본질적으로 큰 차이가 없다는 지적과 내용 요소들을 체계적으로 배치하지 않고 나열했다는 한계가 있지만, 교육 목표를 분류함에 있어 이해, 기능, 태도, 노력점으로 구분하고자 했던 점은 분명 의미 있는 변화라 할 수 있다.

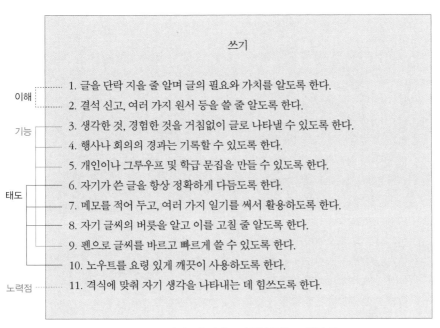

쓰기

이해
1. 글을 단락 지을 줄 알며 글의 필요와 가치를 알도록 한다.
2. 결석 신고, 여러 가지 원서 등을 쓸 줄 알도록 한다.

기능
3. 생각한 것, 경험한 것을 거침없이 글로 나타낼 수 있도록 한다.
4. 행사나 회의의 경과는 기록할 수 있도록 한다.
5. 개인이나 그루우프 및 학급 문집을 만들 수 있도록 한다.

태도
6. 자기가 쓴 글을 항상 정확하게 다듬도록 한다.
7. 메모를 적어 두고, 여러 가지 일기를 써서 활용하도록 한다.
8. 자기 글씨의 버릇을 알고 이를 고칠 줄 알도록 한다.
9. 펜으로 글씨를 바르고 빠르게 쓸 수 있도록 한다.
10. 노우트를 요령 있게 깨끗이 사용하도록 한다.

노력점
11. 격식에 맞춰 자기 생각을 나타내는 데 힘쓰도록 한다.

제2차 국어과 교육과정 쓰기 영역 중학교 1학년 목표

이러한 변화는 제3차 교육과정에서도 이어졌다. 이 시기에도 명시적으로 내용 체계를 구분하여 제시하지는 않았지만, 기존의 태도와 노력점을 '태도'로 통합하고 작문의 특수성을 고려하여 기능을 '표현'으로 수정하여 재구성하였다. 또한 교육목표를 제시함에 있어서도 '지도 사항'에 태도, 이해, 표현을, '주요 형식'에 다양한 양식의 글을 제시하여, 작문에 대한 학습이 각종 글 양식(주로 서식들)에 통합·적용될 수 있도록 기획했다는 점은 유의미한 변화라고 할 수 있다. 끝으로 제2차 교육과정까지는 문학이 주로 읽기에 포함되어 있었던 반면, 제3차 교육과정에서는 작문 교과에 문학 일부가 포함되어 초등학교부터 고등학교까지 시(동시, 시조)와 극(주로 각색)이 반복적으로 제시되었다는 점도 창작 교육이 작문 교육에 포함되었음을 의미하는 주요한 변화라 할 수 있다.

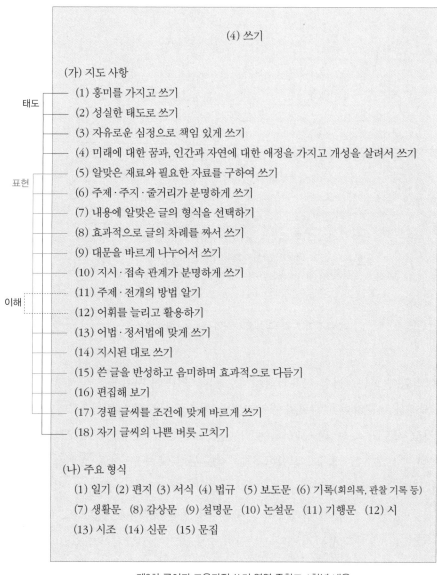

(4) 쓰기

(가) 지도 사항

태도
- (1) 흥미를 가지고 쓰기
- (2) 성실한 태도로 쓰기
- (3) 자유로운 심정으로 책임 있게 쓰기
- (4) 미래에 대한 꿈과, 인간과 자연에 대한 애정을 가지고 개성을 살려서 쓰기

표현
- (5) 알맞은 재료와 필요한 자료를 구하여 쓰기
- (6) 주제·주지·줄거리가 분명하게 쓰기
- (7) 내용에 알맞은 글의 형식을 선택하기
- (8) 효과적으로 글의 차례를 짜서 쓰기
- (9) 대문을 바르게 나누어서 쓰기
- (10) 지시·접속 관계가 분명하게 쓰기

이해
- (11) 주제·전개의 방법 알기
- (12) 어휘를 늘리고 활용하기
- (13) 어법·정서법에 맞게 쓰기
- (14) 지시된 대로 쓰기
- (15) 쓴 글을 반성하고 음미하며 효과적으로 다듬기
- (16) 편집해 보기
- (17) 경필 글씨를 조건에 맞게 바르게 쓰기
- (18) 자기 글씨의 나쁜 버릇 고치기

(나) 주요 형식

(1) 일기 (2) 편지 (3) 서식 (4) 법규 (5) 보도문 (6) 기록(회의록, 관찰 기록 등)
(7) 생활문 (8) 감상문 (9) 설명문 (10) 논설문 (11) 기행문 (12) 시
(13) 시조 (14) 신문 (15) 문집

제3차 국어과 교육과정 쓰기 영역 중학교 1학년 내용

(3) 용어

이 시기의 작문 교육은 여러 변화들을 모색하였기에 일부 용어에서도 달라진 점들이 있다. 가령 '문단(paragraph)'의 경우 제1차에서는 '단락'으로, 제2차에서는 단락을 쓰되 부분적으로 '대문(大文)'이라는 표현을 혼용했으며, 제3차에서는 '대문'만을 단독으로 사용하였다. '문장(sentence)'의 경우에도 제1차, 제2차 교육과정까지는 '문장'으로, 제3차에서는 '글월'로 명명했다. 그러나 이 용어들은 제4차 교육과정 이후 '문단'과 '문장'으로 통일되어 지금에 이르고 있다.

3 제4차 교육과정
― 수사학 이론으로 재구성된 작문 교육과정

1) 배경과 특징

제4차 교육과정(1981)에서 나타난 가장 큰 변화는 기능 중심의 교육원리를 유지하되 학문적 배경을 갖춘 교육과정을 추구하고자 했다는 점이다(박붕배, 1997b: 219). 이에 작문 교육에서는 배경 학문으로 '수사학'[5]을 선택했는데, 이는 서구의 화법 및 작문 이론들이 수사학을 토대로 발전하였기 때문이다.

이 당시 작문 교육에 영향을 끼친 서구의 수사학자로는 포터 게일 페린(Porter Gale Perrin), 클린스 브룩스(Cleanth Brooks)와 로버트 펜 워런(Robert Penn Warren) 그리고 휴론 윌리스(Hulon Willis) 등이 있다. 특히 브룩스와 워런은 제4차 교육과정 이후 현재까지 작문 교육의 주요 개념과 내용을 구성하는 데 많은 영향을 끼쳤다(이정찬, 2013: 17-20).

휴론 윌리스, 『구조, 문제 그리고 용법
(Structure, Style, and Usage)』

클린스 브룩스, 로버트 펜 워런, 『현대 수사학
(Modern Rhetoric)』

작문 교육 전반에 많은 영향을 끼쳤던 수사학 서적들

---

5 고대 그리스와 로마에서 대중을 설득하기 위한 연설이나 법정의 변론을 위한 화법을 연구한 데서 기원한 학문이다. 현재는 의사소통과 관련된 다양한 현상을 연구하는 것으로 그 영역을 확장하고 있다.

2) 세부 내용

(1) 영역

제4차 교육과정에서는 기존의 말하기, 듣기, 읽기, 쓰기의 구분을 표현·이해, 언어, 문학으로 재설정하고(고등학교 〈국어 II〉에서만 '작문'이 독립됨), 각각에 대한 배경 학문으로 수사학, 언어학(문법), 문학을 설정하였다(국어 교육미래열기, 2009: 59-60). 이 시기 작문 교육은 수사학을 배경 학문으로 한 표현 영역에 포함되었던 것이다.

표 6-2 제4차 국어과 교육과정 영역 구분

교수요목기	제1차 교육과정	제2차 교육과정	제3차 교육과정	제4차 교육과정
읽기 말하기 듣기 **짓기** 쓰기	말하기 듣기 읽기 **쓰기**	말하기 듣기 읽기 **쓰기**	말하기 듣기 읽기 **쓰기**	**표현·이해** 언어 문학

(2) 내용 체계

수사학이 배경 학문이 되어 교육 내용을 체계화함으로써 작문 교육에서는 기존과는 질적으로 다른 변화들이 나타났다. 이전 교육과정에서 강조했던 서체 학습이나 제3차 교육과정에서 강조했던 문형 학습 등은 상당 부분 축소되었고, 대신 작문의 절차, 표현법 등 제3차 교육과정 중 주로 고등학교 과정에서 제시했던 내용들이 초등 교육과정부터 교육 내용으로 자리 잡게 되었다.

이 중에서 특히 작문의 절차는 구상 절차(주제 선정, 소재 선택, 개요 작성)와 집필 절차(서두 쓰기, 중간 쓰기, 결말 쓰기, 퇴고)와 같은 실제적인 쓰기 수행과 그에 따른 기능 등이 학년의 위계에 따라 배치되었다. 또한 수사학에서 강조하는 통일성(unity), 일관성(coherence),[6] 강조성(emphasis)과 같은 개념, 미괄식·두

---

6   제4차 교육과정에서의 일관성(coherence)이란 특정한 순서로 내용 요소들을 '배치'하는 것을 뜻한다. 가령 설득을 목적으로 하는 글의 경우 '주의 환기 – 사안 설명 – 논증 – 마무리'와 같이 설득을 위해 인위적으로 내용 요소들을 배치하거나, 시간 및 공간에 따라 의미가 자연스럽게 연결될 수 있도록 내용 요소들을 배열하는 것을 의미한다. 이것은 수사학의 5가지 기능(techne)인 창안, 배열, 표현, 암기, 연기 중 '배열'에서 유래한 것이다.

괄식·양괄식 등과 같은 문단 구성 방식이 주요 내용으로 등장하였다. 아울러 표현법에 있어서는 설명(exposition), 서사(narration), 묘사(description), 논증 (argument)과 같은 서술 방식(혹은 내용 전개 방식)과 비유·강조·변화의 수사법 이 강조되었다.

-쓰기-

(1) 사실과 감상, 경험과 상상을 소재로 글을 짓는다.
(2) 주제에 맞는 소재를 찾아 글을 짓는다.
(3) 부분과 전체가 어울리는 글을 짓는다.
(4) 문단을 바르게 구성하여 글을 짓는다.
(5) 생각과 느낌이 바르게 전달되도록 문장을 구성한다.
(6) 비유를 사용하여 글을 짓는다.
(7) 어법과 맞춤법에 맞게 글을 쓴다.
(8) 글씨를 바르게 쓴다.
(9) 지면과 격식에 맞게 글자를 쓴다.

제4차 국어과 교육과정 표현·이해 영역 중 '쓰기' 국민학교 5학년 내용

-쓰기-

(1) 체험이나 상상을 소재로 하여 정서적인 글을 짓는다.
(2) 사실을 소재로 하여 논리적인 글을 짓는다.
(3) 주제에 맞는 소재를 찾아 글을 짓는다.
(4) 짜임이 균형 있는 글을 짓는다.
(5) 문단을 바르게 구성하여 글을 짓는다.
(6) 논리와 정서가 바르게 전달되도록 글을 짓는다.
(7) 여러 가지 표현법을 사용하여 글을 짓는다.
(8) 어법에 맞고 통일성 있게 글을 짓는다.
(9) 반흘림 글씨를 바르게 쓴다.

제4차 국어과 교육과정 표현·이해 영역 중 '쓰기' 중학교 2학년 내용

제4차 교육과정 '쓰기' 내용에서 각 학년의 (1)(간혹 (2)까지)은 문종과 관련된 사항이다. 앞서 살펴보았듯이 제3차 교육과정까지 문종은 주로 일상생활에 필요한 서식들이었으며 이것들을 특정한 기준으로 범주화하는 등의 시도는 나타나지 않았다. 그러나 제4차 교육과정에서는 문종을 정서적인 글과 논리적인 글로 구분하여 제시하는데, 이는 서구의 수사학에서 사용한 방식(감정이 주를 이루는 글/이성이 주를 이루는 글)이 적용된 것이다(Bizzell & Herzberg, 2001: 1018-1020).

(2), (3)은 주제와 소재, (4)는 문단 구성, (5)와 (6)은 표현, (7)은 표현 및 고쳐쓰기에 해당하는 내용이다. 이는 초등학교부터 고등학교까지 모두 동일한 방식으로 배치되었다. 이 중 중학교 2학년 쓰기 (8)에서 '통일성'이라는 용어가 등장한다는 점에 유의할 필요가 있다. 기존에는 '주제에 맞게 글을 쓴다.' 정도의 언급만 있었지만, 이 시기부터는 주제를 효과적으로 전달할 수 있도록 모든 내용 요소들이 의미적으로 주제를 지향하도록 유지하는 특성을 통일성으로 규정하고, 이를 제재의 선정에서부터 고쳐쓰기에 이르기까지 작문 교육 전반의 중요한 개념으로 다루기 시작했다. 이상 살펴본 제4차 국어과 교육과정 '쓰기'의 내용 요소를 표로 정리하면 다음과 같다.

문종	정서적인 글, 논리적인 글
주제 및 소재	목적, 의도, 소재 찾기 등
개요 작성	통일성, 일관성, 강조성
문단 구성	두괄식, 미괄식, 양괄식 등
표현	비유 · 강조 · 변화(수사법), 설명 · 서사 · 묘사 · 논증(진술 방식)
고쳐쓰기	정서법 및 통일성, 일관성 등

제4차 교육과정에서는 수사학의 영향을 받아 작문을 '의도와 목적에 따라 한 편의 글을 완성하는 행위'로 간주하였다. 따라서 완성해야 하는 글의 성격(감성/이성)과 그 글을 완성하기까지 거쳐야 하는 구상 절차(주제와 소재 선정 등)와 집필 절차(서두-중간-결말 등)를 제시하는 방식으로 교육과정을 체계화하였던 것이다.

(3) 용어

제4차 교육과정에는 현행 작문 교육의 핵심을 이루는 용어들이 상당수 등장한다.

---

2) 작문

가) 한 편의 글에는 하나의 중심 생각이 있어야 함을 알고, 이것을 한 개의 주제문으로 진술한다.

나) 한 편의 글은 여러 개의 문단으로 이루어져야 함을 알고, 각 문단의 중심 생각을 한 개의 문장으로 진술한다.

다) 주제문에 따라 문장으로 진술한다.

라) 개요에 따라 제목, 소재, 주제 사이의 관계가 일관성 있게 통일된 한 편의 글을 짓는다.

(중략)

아) 산문의 구성 방식에는 시간적 질서, 공간적 질서, 인과 관계, 분류와 구분, 비교와 대조, 연역과 귀납, 예시와 예증, 개념 정의 등이 있음을 알고, 이에 따라 한 개의 문단이나 한 편의 글을 짓는다.

자) 산문의 진술 방식에는 설명, 논증, 묘사, 서사 등이 있음을 알고, 이에 따라 한 개의 문단이나 한 편의 글을 짓는다.

(하략)

제4차 국어과 교육과정 고등학교 선택 과목 〈국어 II〉 중 작문 영역 내용

위의 내용에서와 같이 가), 나), 다)는 글이 갖추어야 할 일반적인 특징을, 라)는 통일성과 일관성을, 아)는 구성 방식을, 자)는 서술(혹은 진술) 방식을 설명하고 있다. 대체로 이러한 개념 및 용어 등은 현행 교육과정까지도 상당 부분 사용되는 것들이지만, 아), 자)를 통해 확인할 수 있듯이 구성 방식과 진술 방식(혹은 내용 전개 방식)은 현재까지도 다소 불분명하게 그 용어와 개념을 사용하고 있다.[7]

---

7 이는 수사학 이론(제4차 교육과정)에 텍스트 언어학 및 인지주의에 기반한 작문 이론(제5차 교육과정)이 더해지면서 생겨난 현상이다. 즉, 작문 교육과정의 일부 용어 및 개념들을 여러 이론에서 차용함에 따라 그들 간의 관계 및 의미를 명확하게 규정하지 않았기에 나타난 현상인 것이다. 특히 조직(하기)/구성(하기), 구성 방식/진술 방식, 내용 전개 방식/서술 방식 등 유사한 듯 보이면서도 다른 듯한 여러 용어들이 명확한 개념 규정 없이 쓰이면서 교육과정은 물론 교과서에서도 여러 혼란이 지속되고 있다.

제5차 ~ 제7차 교육과정
— 인지주의 이론을 도입한 작문 교육과정

1) 배경과 특징

제5차 교육과정부터는 소위 인간 중심 교육과정기로 학습자의 언어 사용 능력의 신장에 중점을 두고 교육 내용과 방법을 구성하였다(최미숙 외, 2017:37). 특히 작문 교육에서는 인지주의 이론이 많은 영향을 주었다.

제5차 교육과정(1987)에서는 학생 중심, 과정 중심의 국어 교육관을 도입하고 문식성(literacy), 스키마(schema) 등의 개념들을 전면에 제시하였다(국어교육미래열기, 2009: 59). 특히 작문 교육과정의 경우 이때 처음으로 인지주의 작문 이론을 수용하여 회귀적 상호작용 모형을 교육과정에 적용하였다.

제5차 교육과정에 나타난 작문 교육의 중요한 변화는 기존의 글 중심에서 학습자 중심, 수행의 과정 중심으로 작문 교육의 전환을 시도했다는 것이다(박봉배, 1997b: 531). 이러한 변화의 배경에는 인지주의 작문 이론이 있었다. 이 시기의 작문 교육은 바로 학습자의 행위를 유발하는 사고 작용에 교육적 처치를

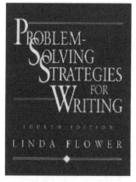

린다 플라워, 「글쓰기의 문제해결전략
(Problem Solving Strategies for Writing)」

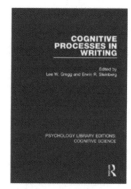

리 그레그, 어윈 스타인버그 편저, 「글쓰기의
인지적 과정(Cognitive Processes in Writing)」

제5차 교육과정 이후 작문 교육에 영향을 끼쳤던 대표적인 서적들

제공하여 작문 수행 능력을 향상시키는 것에 중점을 두었다. 따라서 교육과정의 진술에서도 기존과는 다른 방식을 택하였다.

> (1) 사실과 감상, 경험과 상상을 소재로 글을 짓는다.

제4차 국어과 교육과정 표현 · 이해 영역 중 '쓰기' 국민학교 5학년 내용

> 나) 학교 행사, 학습 활동 등에 대하여 찬성과 반대의 토론을 하고, 그 내용을 글로 쓴다.

제5차 국어과 교육과정 쓰기 영역 국민학교 5학년 내용

제4차에서는 학습자가 도달해야 할 목표를 포괄적인 진술 방식('특정 화제에 대해 글을 쓴다.')으로 제시했다면, 제5차에서는 학습자가 수행해야 할 구체적 '행위'('특정 행위를 통해 글을 쓴다.')로 제시한다는 점에서 차이가 있다. 즉, 구체적인 수행 과정에 중점을 둔 것이 제5차 작문 교육과정의 특징인 것이다.

2) 세부 내용

(1) 영역

국어과 영역 구분에 있어서 제4차 교육과정에서는 표현 · 이해로 통합되었던 것이 다시 말하기, 듣기, 읽기, 쓰기로 분화되었고, 언어(문법)와 문학이 함께 제시되어 6영역 체계를 구축하였다.

표 6-3 제5차~제7차 국어과 교육과정 영역 구분

교수요목	제1차 교육과정	제2차 교육과정	제3차 교육과정	제4차 교육과정	제5차 교육과정	제6차 교육과정	제7차 교육과정
읽기 말하기 듣기 **짓기** **쓰기**	말하기 듣기 읽기 **쓰기**	말하기 듣기 읽기 **쓰기**	말하기 듣기 읽기 **쓰기**	**표현 · 이해** 언어 문학	말하기 듣기 읽기 **쓰기** 언어 문학	말하기 듣기 읽기 **쓰기** 언어 문학	말하기 듣기 읽기 **쓰기** 국어 지식 문학

(2) 내용 체계

　제5차 교육과정은 크게 '작문의 특성', '작문의 원리', '작문의 실제'로 내용 체계를 구성하였다. 인지주의 작문 이론의 영향을 받아 지식에 해당하는 작문의 특성 부분은 그 내용이 '사고와 표현과의 관계', '작문 행위의 특성과 그 과정' 등으로 재편되었고, 기능에 해당하는 작문의 원리는 내용 선정, 내용 조직, 표현, 수정 및 보완으로 구성되었다. 작문의 실제 부분은 작문의 원리에 대한 학습을 '수행(practice)'하는 것으로 다음과 같이 그 층위를 다르게 진술하고 있다.

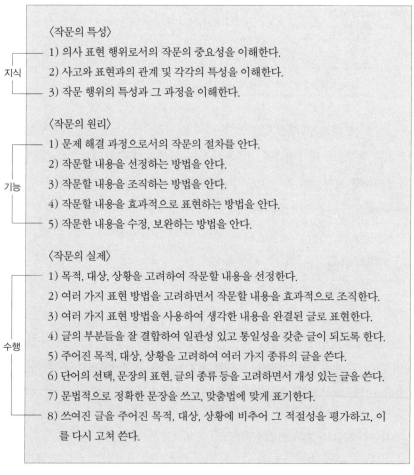

　　〈작문의 특성〉
지식
　　1) 의사 표현 행위로서의 작문의 중요성을 이해한다.
　　2) 사고와 표현과의 관계 및 각각의 특성을 이해한다.
　　3) 작문 행위의 특성과 그 과정을 이해한다.

　　〈작문의 원리〉
기능
　　1) 문제 해결 과정으로서의 작문의 절차를 안다.
　　2) 작문할 내용을 선정하는 방법을 안다.
　　3) 작문할 내용을 조직하는 방법을 안다.
　　4) 작문할 내용을 효과적으로 표현하는 방법을 안다.
　　5) 작문한 내용을 수정, 보완하는 방법을 안다.

　　〈작문의 실제〉
수행
　　1) 목적, 대상, 상황을 고려하여 작문할 내용을 선정한다.
　　2) 여러 가지 표현 방법을 고려하면서 작문할 내용을 효과적으로 조직한다.
　　3) 여러 가지 표현 방법을 사용하여 생각한 내용을 완결된 글로 표현한다.
　　4) 글의 부분들을 잘 결합하여 일관성 있고 통일성을 갖춘 글이 되도록 한다.
　　5) 주어진 목적, 대상, 상황을 고려하여 여러 가지 종류의 글을 쓴다.
　　6) 단어의 선택, 문장의 표현, 글의 종류 등을 고려하면서 개성 있는 글을 쓴다.
　　7) 문법적으로 정확한 문장을 쓰고, 맞춤법에 맞게 표기한다.
　　8) 쓰여진 글을 주어진 목적, 대상, 상황에 비추어 그 적절성을 평가하고, 이를 다시 고쳐 쓴다.

제5차 국어과 교육과정 고등학교 선택 과목 〈작문〉 내용

　제5차 교육과정 당시 '원리'와 '실제'는 중복된 부분이 일부 있으며 그 경계도 명확하지 않았다. 이에 따라 제6차 교육과정부터는 본질(지식), 원리(기능), 실제(문종)로 구분하고 그중 실제는 의사소통의 목적에 따라 정보 전달, 설득,

친교, 정서 표현, 태도 및 습관으로 제시하였다.

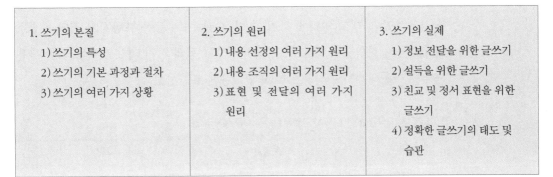

1. 쓰기의 본질	2. 쓰기의 원리	3. 쓰기의 실제
1) 쓰기의 특성 2) 쓰기의 기본 과정과 절차 3) 쓰기의 여러 가지 상황	1) 내용 선정의 여러 가지 원리 2) 내용 조직의 여러 가지 원리 3) 표현 및 전달의 여러 가지 원리	1) 정보 전달을 위한 글쓰기 2) 설득을 위한 글쓰기 3) 친교 및 정서 표현을 위한 글쓰기 4) 정확한 글쓰기의 태도 및 습관

제6차 국어과 교육과정 쓰기 영역 중학교 내용 체계

그러나 '3. 쓰기의 실제'에 태도 및 습관을 배치하다 보니 문종과 태도라는 이질적 요소가 함께 제시되는 현상이 나타났다. 즉, 의사소통의 목적에 따른 문종 분류인 1)~3)과 이와는 무관한 정의적 요소인 4)가 실제에 포함된 것이다. 이는 제7차 교육과정에서 실제와 태도를 분리하여 '본질', '원리', '태도', '실제'로 내용 체계를 재구성하는 결과로 이어졌다.

표 6-4 제5차~제7차 교육과정까지의 작문 교육과정 내용 체계

제5차 교육과정	제6차 교육과정	제7차 교육과정
특성 원리 실제	본질 원리 실제	본질 원리 태도 실제

제6차 교육과정에서는 '작문의 원리'를 제5차와 마찬가지로 내용 선정, 내용 조직, 표현, 고쳐쓰기(수정 및 보완)로 구분하였다. '작문의 실제'에서는 정보 전달의 경우 보고서, 기사문, 설명문 등이, 설득의 경우 연설문, 논설문 등이, 친교 및 정서 표현의 경우 일기, 편지, 감상문 등이 제시되었다.

제7차 교육과정에서는 제6차의 내용을 수정·보완하여 태도 부분을 신설하고, 원리를 계획, 내용 생성, 내용 조직, 표현, 재고 및 조정으로 제시하여 (내용의) 선정보다 '생성'의 측면을 보다 강조하였다. 이로 인해 아이디어의 생성 및 조정 등이 작문 교육에서 중요한 개념으로 부각되었으며, 브레인스토밍과 같은

구체적 활동이 작문 교육 전반에 폭넓게 활용되는 계기를 마련하였다. 또한 고쳐쓰기 대신 재고 및 조정이라는 용어를 사용하여 작문의 회귀적인 특성을 더욱 강조하였고, 태도 영역에 동기, 흥미, 습관, 가치 등을 포함시켜 정의적 요소를 보다 상세화하였다. 끝으로 그림이나 도표 등의 시각 자료 및 컴퓨터를 활용한 글쓰기에 대해서도 처음으로 교육 내용에 포함시켰다.

표 6-5 제4차 교육과정부터 제7차 교육과정까지 작문 절차의 변천

	작문 절차	특징
제4차 교육과정	주제 선정-개요 작성-표현-퇴고	전통적인 선형 모형(linear model)
제5차 교육과정	내용 선정-내용 조직-내용 표현-내용 수정 및 보완	회귀적 모형 적용
제6차 교육과정	내용 선정-내용 조직과 전개-표현-고쳐쓰기	제5차 교육과정의 작문 절차를 부분적으로 수정
제7차 교육과정	작문 과정에 대한 계획-내용 생성-내용 조직-내용 표현-작문 과정에 대한 재고 및 조정	문제 해결 중심, 회귀성 강조

(3) 문종 분류

앞서 살펴보았듯이 제3차 교육과정까지는 특정한 문종 분류 방식을 적용하지 않았다. 이후 제4차 교육과정에서야 비로소 수사학에 근거하여 '논리를 위주로 하는 글'과 '감정을 위주로 하는 글'로 문종을 분류하였다. 제5차 교육과정에서는 설명, 서술(혹은 서사), 묘사, 논증으로 구분하고 있는데, 이는 제4차 교육과정에서 제시한 '서술 방식'과 동일하다.

사) 하나의 주제나 소재에 대하여 각각 설명하는 글, 묘사, 서술하는 글, 주장하는 글을 쓰고, 내용의 선정, 전개 방법, 결론의 도출 방법 등의 차이를 논의하기

자) 하나의 주제나 소재에 대하여 각각 설명하는 글, 묘사, 서술하는 글, 주장하는 글을 쓰고, 내용의 선정, 표현 및 전개, 결론의 도출 방법 등의 차이를 논의하기

제5차 국어과 교육과정 '쓰기' 영역 중학교 2학년 내용 사), 중학교 3학년 내용 자)

그렇다면 설명, 서사, 묘사, 논증은 문종인가 아니면 진술 방식인가? 19세

기 영국의 수사학자인 알렉산더 베인(Alexander Bain)은 『영어 작문과 수사학(English Composition and Rhetoric)』(1890)에서 언어 사용의 목적과 그에 따른 심리적 작용, 문종 및 문체 등 작문과 관련된 전반적인 사항에 대한 이론화 작업을 진행하였다. 그리고 그의 이론은 오늘날까지 많은 수사학 및 작문 이론 연구에 영향을 끼치고 있다. 아래 표는 베인(1890: 1-35)의 수사학 이론을 요약·정리한 것이다.

언어 사용의 목적	전달하기(to inform)	설득하기(to persuade)	즐겁게 하기(to please)
심리적 작용 영역	이해(지성: understanding)	의지(will)	감정(감성: feeling)
담화 방식	설명(exposition)	설득(persuasion)	묘사(description) 서사(narrative) 시(poetry)
문체	명료함(clearness), 평이함(simplicity)		인상적임(impressiveness), 생생함(picturesque)
문의 구성단위	단어(word)—문장(sentence)—단락(paragraph)—글(speech)		

　책의 제목에서도 알 수 있듯이 베인은 한 편의 글이 어떤 방식으로 구성되어 있는지, 그리고 그것이 인간의 심리적 작용과는 어떤 관련성이 있는지를 수사학적 측면에서 규명하고자 하였다. 위 표에서처럼 그는 언어 사용의 목적과 심리적 작용, 담화 방식은 모두 깊은 연관성을 가지고 있다고 보았다. 예를 들어 (정보의) 전달을 목적으로 하는 담화의 방식은 설명이며, 이는 평이하면서도 명료한 특성(문체)을 지니고 있고, 이렇게 전달된 언어는 독자로 하여금 무언가를 '이해'(지성에 호소)하도록 유도한다. 즉, 의사소통의 목적에 주목하면 문종 분류의 기준으로 '(정보) 전달하기, 설득하기, 즐겁게 하기'가 사용되고, 담화의 방식에 주목하면 '설명, 설득, 묘사, 서사, 시'가 사용된다는 것이다. 물론 담화 방식은 작문(혹은 화법)의 특수성을 반영하여 '진술 방식' 혹은 '서술 방식' 등으로 달리 명명되기도 한다. 다만 우리나라의 경우 제4차 교육과정과 제5차 교육과정에서 설명, 서사, 묘사, 논증의 개념을 도입하면서도 그와 관련된 이론적 설명을 명확히 밝히지 않아 일부 개념적 혼란을 유발한 측면이 있었다. 그러나 제6차 교육과정부터는 정보 전달, 설득, 친교, 정서 표현이라는 의사소통의 목적에 따른 분류 방식을 도입하였고, 이것이 2022 개정 교육과정까지 일반적인 분류 방식으로 통용되고 있다.

표 6-6 교수요목기~제7차 교육과정까지의 문종 분류 방식

제1차 교육과정	제2차 교육과정	제3차 교육과정	제4차 교육과정	제5차 교육과정	제6차 교육과정	제7차 교육과정
다양한 양식 및 형식의 글을 나열	다양한 양식 및 형식의 글을 나열	다양한 양식 및 형식의 글을 나열	정서적인 글/ 논리적인 글	설명/묘사/ 서술/주장	정보 전달/ 설득/친교 및 정서 표현	정보 전달/ 설득/친교 및 정서 표현

(4) 용어

제4차 교육과정에서 '통일성', '일관성' 등의 용어가 새롭게 등장했듯이, 제5차 교육과정부터는 '응집성', '연결성', '결속성'이라는 용어가 새롭게 등장하였다.

> 마) 통일성, 응집성, 연결성이 결여된 부분을 찾고, 이를 바르게 고치기
> … 통일성(unity)은 문단 또는 글의 내용이 하나의 중요한 메시지를 중심으로 구성되어야 함을 뜻한다. … 응집성(coherence)은 통일성 중 특별히 내용의 구성이 밀착되어야 함을 뜻한다. 필요한 내용은 반드시 포함되어야 하고, 필요 없는 내용은 또한 반드시 빠져야 한다. 연결성(혹은 결속성; cohesion)은 글 내용보다는 글 자체의 결속을 뜻한다. …

제5차 국어과 교육과정 쓰기 영역 중학교 2학년 내용 및 해설

앞에서도 언급했듯이 제5차부터 읽기 교육과정에 텍스트 언어학 이론이 적용되면서 그와 관련된 주요 개념들이 교육과정에 등장하였다(박붕배, 1997b: 531-532). 예를 들면 중학교 2학년 읽기 영역의 '문장과 문장, 또는 문단과 문단과의 연관 관계를 파악하기'와 같이, 연결성(혹은 결속성)에 대한 개념이 독서 교육과정에 도입됨에 따라 작문 교육과정에도 관련 내용이 등장하게 된 것이다.

그 과정에서 제4차 교육과정에서 사용했던 '일관성' 대신 제5차 교육과정에서는 '응집성'이라는 용어를 사용하였다. 그러나 수사학에 기반을 둔 '일관성(coherence)'과 텍스트 언어학에 기반한 '응집성(coherence)'은 개념적으로 차이가 있다. 제4차 교육과정에서의 'coherence'는 내용 요소의 배치 및 배열을 일관성으로 명명한 것이다. 그러나 제5차에서의 'coherence'는 통일성(unity)과 그 의미가 유사하지만 내용의 구성에 좀 더 밀착한 것으로서 응집성으로 명명하였다.

표 6-7 통일성, 응집성에 대한 개념 이해

제4차 교육과정	제5차 교육과정	제7차 교육과정 이후
수사학 기반	수사학과 텍스트 언어학 절충	텍스트 언어학 기반
• 통일성(unity): 내용 요소들이 주제와 긴밀히 연결되는 것 • 일관성(coherence): 특정한 순서로 내용 요소들을 배치하는 것	• 통일성(unity): 내용이 주제를 중심으로 구성되어 있는 것 • 응집성(coherence): 내용의 구성이 밀착되어 있는 것 • 연결성/결속성(cohesion): 문장과 문장, 문단과 문단이 연결되어 있는 것	• 통일성(coherence): 내용 요소들 간의 의미적인 연결 관계 • 응집성(cohesion): 내용 요소들 간의 표면적인 연결 관계 • 일관성: 교육과정에 등장하지만 독서와 작문이 각각 다른 의미로 사용하고 있음

또한 제5차 교육과정에서부터 작문 교육과정에 '독자'에 대한 언급이 매우 구체적으로 등장하기 시작했다는 점도 주목할 필요가 있다.

> 아) 하나의 주제나 소재에 대하여 여러 층의 독자를 대상으로 글을 써 보고, 독자의 배경, 지식, 요구 등이 잘 고려되었는지 토의하기

제5차 국어과 교육과정 쓰기 영역 중학교 2학년 내용

'독자'는 작문에 있어 전제된 대상이지만 이를 어떤 구체적 행위(수행적 차원)의 측면에서 논의하기에는 다소 모호한 개념이기도 하다. 모든 예상 독자는 단지 필자가 상정한 '가상의 독자'에 불과하다는 한계를 지니고 있기에 독자에 대한 언급은 상당 부분 '선언적' 차원에 머물 가능성이 높다. 그럼에도 불구하고 쓰기 행위의 상위인지 기제로서 독자만큼 유용한 것도 없다.[8] 인용문에서처럼 여러 층의 (예상) 독자를 고려하는 순간 필자는 비판적 독자의 입장이 되어 자신의 쓰기 결과물을 평가할 수 있고, 쓰기 행위 전반을 점검 및 조정하는 등의 상위 인지적 기제를 활성화할 수 있기 때문이다. 따라서 인지주의의 관점에서 '독자'란 매우 역동적인 인지 작용을 보여 주는 주요 요인이라고 할 수 있다.

----

8   인지적 관점에서의 '독자'에 대한 연구는 정희모(2008)의 연구를, 상위인지 기제로서의 독자에 대해서는 이아라(2008)의 연구를 참조.

5 2007과 2009·2011 개정 교육과정[9]
― 사회구성주의 이론과의 통합을 모색한 작문 교육과정

1) 배경과 특징

앞에서 살펴본 바와 같이 제5차에서부터 제7차에 이르기까지 인지주의 이론과 그에 기초한 과정 중심의 교수·학습이 작문 교육과정의 중심적인 부분을 차지하고 있었다. 하지만 인지주의 이론이 작문 현상을 개인적인 측면에서 바라본다는 비판이 제기되었다. 또한 작문을 포함한 국어 교육 전반에서 '맥락'도 의사소통에서는 중요한 요소이기에 이를 교육에 포함시켜야 한다는 주장도 제기되었다. 이에 2007 개정 교육과정부터는 맥락을 강조한 사회구성주의 이론을 적용하여 제7차와는 다른 질적인 변화를 모색하였다.

사회구성주의 작문 이론에서는 쓰기를 객관화된 지식을 구현하는 과정도, 개인적인 차원에서의 의미 구성 과정도 아닌, 담화 공동체 구성원들과의 상호작용을 통해 의미를 구성해 가는 과정이라고 본다. 따라서 이런 관점에서는 필자란 사회·문화적 상황 맥락 안에서 담화 공동체 구성원들과 상호작용을 통해 글을 생산하는 존재이며, 이렇게 생산된 글은 결국 필자 개인의 결과라기보다는 담화 공동체 안에서 의미 협상을 통한 상호작용의 결과라고 간주한다. 즉, 사회구성주의 작문 이론은 작문 수행의 개인적 측면보다는 담화 공동체와의 소통과 상호작용을 중시한 이론이라고 할 수 있다. 이러한 배경 학문을 기반으로 한 2007 개정 교육과정은 기존의 국어과 내용 체계(제7차의 경우 본질, 원리, 태도, 실제)에 '맥락'을 추가하는 변화를 시행하였다. 즉, 맥락'을 추가함으로써 지식, 기능, 태도라는 교육학 이론에 기초한 전통적인 틀에서 벗어나, 언어를 기반으로

---

9 2007 개정 교육과정부터는 수시개편 체제로 변경되어 제6차, 제7차와 같은 명칭 대신 총론이 처음 발표된 시점을 기준으로 명명하고 있다. 본서에서도 총론이 발표된 시점을 기준으로 '2007, 2009·2011 개정 교육과정'으로 명명한다. 다만 2011 개정은 2009 개정을 기반으로 하여 창의·인성 교육 측면이 강화되고, 고등학교 선택 과목이 재조정되는 등의 제한적인 변화만 있었기에 두 시기를 묶어 2009·2011 개정 교육과정으로 명명하고자 한다.

한 국어 교과만의 새로운 내용 체계를 제안하였던 것이다.

쓰기의 본질	쓰기의 원리	쓰기의 태도
쓰기의 실제		

제7차 국어과 교육과정 쓰기 영역 내용 체계

쓰기의 실제	
지식	기능
맥락	

2007 개정 국어과 교육과정 쓰기 영역 내용 체계

하지만 2007 개정 교육과정이 교육 현장에 온전히 시행되기도 전에 교육과정의 개정에 대한 논의가 제기되었고, 여러 복잡한 상황 속에서 2009 개정 교육과정이 공포되었다. 2009 개정 교육과정에서는 기존의 공통교육과정 기간(1~10학년)을 1~9학년으로 조정하고, 학년별 성취기준 제시 방식을 학년군별 제시 방식으로 전환하여 초등학교의 경우 1~2학년군, 3~4학년군, 5~6학년군으로, 중학교는 1~3학년군으로 통합하였다. 이는 영국, 호주 등에서 적용하고 있는 학년군 모델을 수용한 것으로 변화하는 교육 현실을 반영하고자 하는 의도에서였다(최미숙 외, 2008). 끝으로 고등학교 선택 과목에서 영역 간 통합이 이루어져 이때부터 〈화법과 작문 I〉·〈화법과 작문 II〉라는 교과가 출현하게 되었다.

2011 개정 교육과정은 2009 개정 교육과정을 유지하되 창의·인성 교육을 강화한다는 취지에서 일부 제한적인 개편을 단행하였다. 특히 국어과에 있어 개편의 방향은 크게 영역 통합, 고등학교 선택 과목 조정으로 모아져 2009에서의 선택 과목이었던 〈화법과 작문 I〉·〈화법과 작문 II〉를 〈화법과 작문〉 단일 과목으로 통합하고, 〈고전〉 교과를 신설하는 등의 변화가 나타났다. 즉, 2011 개정 교육과정은 2009 개정 교육과정 체계에서 제한적인 변화를 도모했던 것이다. 이에 연구자에 따라서는 2009 개정과 2011 개정을 묶어서 논하기도 하고, 이 둘을 각각 구분하여 논하기도 한다.

이처럼 2009·2011 개정 교육과정은 짧은 시간에 개정이 이루어졌기에 이전 교육과정과는 달리 새로운 작문 이론이나 작문 교육이론을 수용 및 반영하는 데 제한이 있었으며, 그로 인해 질적인 변화를 모색하는 데 일부 한계가 있었다.

2) 세부 내용

(1) 영역

2007 개정 교육과정을 논의하는 과정에서 국어과의 경우에는 주로 영역 설정에 대한 사항들이 중점적으로 검토되었다. 기존의 6영역(말하기, 듣기, 읽기, 쓰기, 문법, 문학)을 고수할 것인가, 아니면 2영역(대표적으로 일상, 예술), 3영역(대표적으로 본질, 사용, 예술), 4영역(대표적으로 말하기, 듣기, 읽기, 쓰기), 5영역(대표적으로 말하기·듣기, 읽기, 쓰기, 문법, 문학) 등 새로운 방식을 시도할 것인가 등 여러 논의가 제기되었다. 이로 인해 국어 교육의 본질과 역할은 무엇인가에 대한 근본적인 성찰과 함께 다양한 배경 학문들의 논의를 국어 교육에 폭넓게 적용하는 계기를 마련하였다. 2007 개정 교육과정에서는 기존의 방식을 따르는 선에서 절충이 이루어졌고, 이후 2009·2011 개정 교육과정에서는 기존의 방식을 고수하되 듣기와 말하기는 함께 이루어진다는 언어 현상의 현실적 측면을 고려하여 이 둘을 통합하는 선에서 영역이 설정되었다.

표 6-8 2007 개정, 2009·2011 개정 국어과 교육과정 영역 구분

2007 개정 교육과정(6영역)	2009 · 2011 개정 교육과정(5영역)
말하기 듣기 읽기 **쓰기** 문법 문학	듣기·말하기 읽기 **쓰기** 문법 문학

이외에도 고등학교 선택 과목의 설정에서 2007 개정은 제7차의 방식을 따르되 변화된 언어 현상을 반영하여 〈매체 언어〉라는 교과를 신설하였다. 그러나 2009 개정 교육과정에서는 영역 간 통합을 시도하여 〈화법과 작문 I〉·〈화법과 작문 II〉, 〈독서와 문법 I〉·〈독서와 문법 II〉와 같이 일부 과목을 재조정하였고, 2011 개정에서는 I·II로 나누어진 과목을 하나로 묶고, 고전 과목을 신설하였다.

표 6-9 2007 개정, 2009·2011 개정 국어과 교육과정 고등학교 선택 과목

2007 개정 교육과정	2009 개정 교육과정	2011 개정 교육과정
화법	화법과 작문 I	국어 I
독서	화법과 작문 II	국어 II
작문	독서와 문법 I	화법과 작문
문법	독서와 문법 II	독서와 문법
문학	문학 I	문학
매체 언어	문학 II	고전

(2) 내용 체계

사회구성주의 이론을 수용한 2007 개정 교육과정은 작문의 성격을 '사회·문화적 실천 행위'로 규정하고, 글의 생산과 수용 활동에 작용하는 상황 맥락과 사회·문화적 맥락을 강조하였다.

(1) 지식

(가) 작문의 성격
③ 사회·문화적 실천 행위로서의 작문의 중요성을 이해한다.

(다) 작문의 맥락
① 작문의 상황 맥락이 작문에 미치는 영향을 이해한다.
② 작문의 사회·문화적 맥락이 글의 내용 선정, 조직과 전개, 표현에 미치는 영향을 이해한다.
③ 사회·문화적 상황이 공동체의 담화 관습과 장르의 형성에 미치는 영향을 이해한다.

2007 개정 국어과 교육과정 고등학교 선택 과목 〈작문〉 세부 내용

아울러 영역 체계의 명칭도 기존의 '본질'이 '지식'으로, '원리'가 '기능'으로 대체되었으며 '태도' 대신 사회구성주의 이론에서 중시하는 '맥락'이 새로운 범주로 제시되었다.[10]

----

10   교육과정에서의 맥락은 '담화와 글의 수용·생산 활동에서 고려해야 할 사회·문화적 배경'을 의미하며 그 하위 요소에는 상황 맥락, 사회·문화적 맥락이 있다. 2007 교육과정에서 맥락을 강조한 것은 언어 활동에 역사성, 사회성, 윤리성을 부여하고 언어 활동이 갖는 관계성, 소통성, 대화

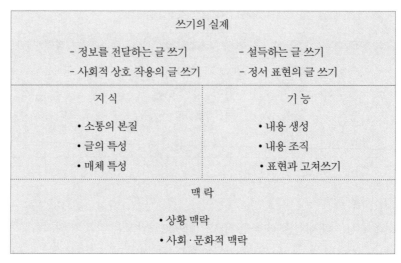

쓰기의 실제
- 정보를 전달하는 글 쓰기   - 설득하는 글 쓰기 - 사회적 상호 작용의 글 쓰기   - 정서 표현의 글 쓰기

지 식	기 능
• 소통의 본질 • 글의 특성 • 매체 특성	• 내용 생성 • 내용 조직 • 표현과 고쳐쓰기

맥 락

• 상황 맥락

• 사회·문화적 맥락

2007 개정 국어과 교육과정 쓰기 영역 내용 체계

위의 내용 체계에서 확인할 수 있듯이 '실제' 부분에 적용된 문종 분류 방식은 제7차의 그것을 수용하되, '친교'만 '사회적 상호작용'으로 그 명칭을 변경하였다. 또한 기존에는 지식(본질)과 원리(기능)를 상위에 두고 그 아래 실제를 배치하여 지식과 원리를 습득한 후 이를 실제에 적용하는 방식으로 내용 체계를 구성하였다면, 2007 개정 교육과정에서는 실제를 상위에 두고 지식과 기능을 그 아래에 배치하여 실제를 통해 지식과 기능을 학습하는 방식으로의 전환을 도모하였다. 즉, 지식과 기능 중심에서 실제적인 언어생활을 중시하는 방향으로 작문 교육이 변화한 것이다. 또한 새롭게 등장한 맥락에는 글을 생산하는 데 직접적으로 작용하는 필자와 독자, 쓰기 목적 등의 측면(상황 맥락)과 글을 생산하는 데 간접적으로 작용하는 역사적 상황, 이데올로기, 공동체의 가치와 신념 등의 측면(사회·문화적 맥락)으로 구분하여 제시하였다. 끝으로 변화하는 언어생활을 반영하기 위해 지식의 하위 요소로 '매체 특성'을 포함시켰다. 이처럼 2007 개정 교육과정은 제7차 교육과정과는 질적으로 다른 변화를 도모하였다.

이러한 내용 체계를 근간으로 하여 2007 개정 교육과정에서는 '글의 수준과 범위', '성취기준', '내용 요소의 예'를 중심으로 세부 내용을 구체화하였다.

....

성을 환기시킴으로써 비판적·성찰적인 언어 학습자를 형성하는 데 목적이 있으며, 언어 활동을 역사적·사회적 맥락에서 성찰할 수 있는 계기를 마련하고자 하는 의의를 가진다.

이때 성취기준이란 실제 쓰기 수업에서 무엇을 가르쳐야 하는가에 대한 지침으로, 학습자가 쓰기 수업을 통해 도달해야 할 쓰기 능력의 내적·외적 특성을 의미한다. 다만 개별적인 지식, 기능, 맥락의 요소보다는 한 편의 글을 생산하는 데 필요한 실제적인 수행 요소를 중심으로 성취기준을 기술하였다는 점은 유의할 필요가 있다. 즉, '분석을 안다.' 가 아닌 '분석의 방법으로 내용을 전개하여 설명문을 쓴다.'와 같이 글에서 기능이 어떻게 작용하는지를 구체적으로 제시하였던 것이다. 이처럼 각각의 성취기준에는 지식, 기능, 맥락 등 여러 가지 내용 요소들이 포함되어 있어 이를 구체적으로 안내한 것이 '내용 요소의 예'이다. 여기에는 성취기준에 포함된 대표적인 내용 요소들이 제시되어 있으며, 그 외에도 다양한 내용 요소가 추가될 수 있어 '예'라는 표현을 사용하였다.

학년	글의 수준과 범위	성취기준	내용 요소의 예
8	사회적 쟁점에 대하여 의견을 제시하는 글	(3) 사회적 쟁점에 대한 자신의 의견을 응집성 있게 쓴다.	• 독자 투고문 등의 의견을 제시하는 글의 기능과 특성 이해하기 • 쟁점과 관련된 다양한 의견 분석하기 • 쟁점에 대한 자신의 의견을 응집성 있게 전개하기 • 독자의 사고, 가치를 형성한 사회·문화적 맥락 이해하기

2007 개정 국어과 교육과정 쓰기 영역 8학년 학년별 내용 중 일부

기존에는 주장, 근거 등등의 개념을 이해하고 이를 토대로 설득하는 글을 작성하도록 하였다면, 2007 개정 교육과정에서는 학생 수준에 맞는 주장하는 글("사회적 쟁점에 대하여 의견을 제시하는 글")이 무엇인지를 구체적으로 제시하고, 이러한 글에서 학생이 도달해야 하는 성취기준("사회적 쟁점에 대한 자신의 의견을 응집성 있게 쓴다.")을 명료화한 후, 여기에 필요한 쓰기 교육의 대표적인 내용 요소들을 제시하는 방식으로 쓰기 교육과정을 구안하였다. 다만, 1~10학년까지 다양한 글을 중심으로 교육과정을 편성하는 과정에서 온라인 대화, 문자 메시지, 영상물 등이 제시되기도 하고, 성취기준과 내용 요소 간에 긴밀성이 부족한 경우도 일부 나타나게 되었다.

2007 개정 교육과정이 교육 현장에 온전히 적용되기도 전에 공포된 2009 개정 교육과정은 큰 틀에서는 2007 개정 교육과정을 계승하되 이전과는 다른 체계를 구안하였다. 먼저 2007 개정에서 새롭게 등장했던 '맥락'을 '지식'의 일부로 통합하고, 삭제되었던 '태도'를 다시금 내용 체계로 제시하였다.

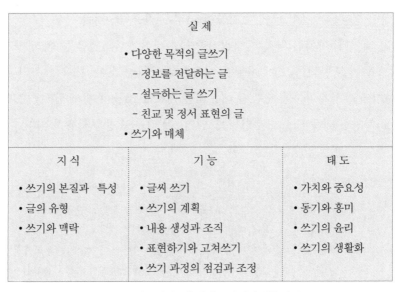

실 제
• 다양한 목적의 글쓰기 - 정보를 전달하는 글 - 설득하는 글 쓰기 - 친교 및 정서 표현의 글 • 쓰기와 매체

지 식	기 능	태 도
• 쓰기의 본질과 특성 • 글의 유형 • 쓰기와 맥락	• 글씨 쓰기 • 쓰기의 계획 • 내용 생성과 조직 • 표현하기와 고쳐쓰기 • 쓰기 과정의 점검과 조정	• 가치와 중요성 • 동기와 흥미 • 쓰기의 윤리 • 쓰기의 생활화

2009 개정 국어과 교육과정 쓰기 영역 내용 체계

내용 체계에서 '태도'가 다시 신설된 것은 여전히 쓰기 교육에서 동기, 흥미 등의 정의적 측면이 중요하다는 인식에서였지만 이외에도 저작권 개념이나 표절 등과 같은 쓰기 윤리에 대한 교육이 필요하다는 인식이 반영되었기 때문이다. 2009 개정 교육과정에는 2007 개정과 마찬가지로 '실제'를 작문 지도의 중심에 놓음으로써 "다양한 장르의 텍스트 생산 경험을 강조"(최미숙 외, 2008)하였다. 이때 '장르'란 독자 및 구성원(담화 공동체)과의 합의된 소통 방식을 통해 필자의 관념이 구체화된 글 혹은 텍스트로 산출되었을 때, 이 산출된 글을 일반화하여 지칭하는 개념이다. 가령, 특정한 사태를 독자로 하여금 이해시키고자 하는 목적에서 신문 지면에 표제 – 전문 – 본문 등과 같은 방식으로 내용을 구성하여 표현한 글이 바로 '기사문'이란 장르인 것이다.

이처럼 2009 개정 교육과정에서도 사회구성주의 이론에서 강조하는 장르 개념을 반영하여 특정 장르의 글을 생산하는 데 필요한 지식, 기능을 내용 요소로 제시하였으며, 이로 인해 '사회적 의사소통 행위', '담화 관습' 등의 개념 및 용어들이 등장하고 의사소통의 목적에 맞게 하위 항목들을 재조정하였다.

(3) 문종 분류

2007 개정 교육과정에서는 기존의 방식을 수용하되, '쓰기'(1~10학년)와 〈작문〉(선택 과목)에서 각각 다른 방식을 택하였다. '쓰기'에서는 기존과 동일하게 글의 목적에 따라 '정보 전달/설득/사회적 상호작용/정서 표현'의 방식을 택하였지만, 〈작문〉에서는 고등학교 학습자의 특성을 반영하여 '정보 전달/설득/사회적 상호작용'과 함께 '자기 성찰, 학습'을 추가하였다.

2009 개정 교육과정에서도 2007 개정과 마찬가지로 '쓰기'(1~9학년)와 〈화법과 작문〉(선택 과목)에서 다른 분류 문종 방식을 택하였다. '쓰기'에서는 '정보 전달/설득/친교 및 정서 표현'으로 제시한 반면 〈화법과 작문〉에서는 '정보 전달/설득/사회적 상호작용/자기 성찰/학습'이 제시되었다. 2011 개정 교육과정에서는 '쓰기'의 경우 2007 개정과 동일하되 〈화법과 작문〉에서만 정서 표현 대신 자기표현을 제시하였다. 이때 자기표현은 어떤 대상에 대해 의견을 떠올리거나 세상에 대한 자신만의 반응을 표출하는 글을 뜻한다. 하지만 이러한 용어 선택은 문종이나 진술 방식 등 작문 교육의 다른 내용 요소들과의 관련성을 고려하여 제시한 범주라기보다는, 교육적 의도와 사회적 요구 등에 따라 '선택'된 측면이 있어 이론적 정합성이나 체계성이 다소 부족한 한계를 드러냈다.

표 6-10 2007 개정, 2009·2011 개정 국어과 교육과정에서의 문종 분류 방식

	2007 개정 교육과정	2009 개정 교육과정	2011 개정 교육과정
쓰기	정보 전달/설득/사회적 상호작용/정서 표현	정보 전달/설득/친교 및 정서 표현	정보 전달/설득/친교 및 정서 표현
〈작문〉 혹은 〈화법과 작문〉	정보 전달/설득/사회적 상호작용/자기 성찰/학습 (양식: 설명/논증/서사/묘사)	정보 전달/설득/사회적 상호작용/자기 성찰/학습	정보 전달/설득/자기표현과 사회적 상호작용

6 2015와 2022 개정 교육과정
— 핵심 역량으로 재편된 작문 교육과정

1) 2015 개정 교육과정의 배경과 특징

2015 개정 교육과정은 창의·융합형 인재 양성을 목표로 각 교과의 내용을 포함한 학교 교육의 전 과정을 통해 중점적으로 기르고자 하는 '핵심 역량[11]'을 설정하여 이를 중심으로 교육 내용을 재편하였다는 점에서 이전 교육과정들과 차별점이 있다. 이러한 변화의 배경에는 'DeSeCo(Definition and Selection of Competencies) 프로젝트[12]'가 있는데, 이 프로젝트에서는 미래 사회에서 요구하는 핵심 역량을 발표하였다. 이를 계기로 우리나라의 교육과정 또한 '역량' 중심으로 개편하는 작업이 시작되었던 것이다.

2015 개정 교육과정에서 제시한 역량은 '자기관리 역량, 지식정보처리 역량, 창의적 사고 역량, 심미적 감성 역량, 의사소통 역량, 공동체 역량'으로 각각은 공통 과목 및 선택 과목의 특수성에 맞게 선택 및 배치되었다. 〈화법과 작문〉 교과에서 추구하는 역량은 비판적·창의적 사고 역량, 자료·정보 활용 역량, 의사소통 역량, 공동체·대인 관계 역량, 문화 향유 역량, 자기 성찰·계발 역량이다. 세부적인 내용은 다음과 같다(교육부, 2015: 75-76).

---

11 OECD가 제안한 역량이란 '개인의 성공적인 삶을 영위하거나 잘 기능하는 사회를 건설하기 위해 개인적 차원이나 사회적 차원에서 가치 있는 결과물을 산출할 수 있는 능력'으로서 '특정 맥락의 복잡한 요구를 성공적으로 충족시키기 위해 태도, 감정, 가치, 동기 등과 같은 사회적·행동적 요소뿐만 아니라 인지적·실천적 기술을 가동시키는 능력'을 의미한다. OECD는 역량을 크게 3가지로 범주화(① 도구의 상호작용적 이용, ② 이질적인 집단 내에서의 상호작용, ③ 자율적으로 행동)하고 각각에 필요한 능력들을 제시하였다. 자세한 사항은 한국교육과정평가원(2013) 참조.

12 1998년부터 2002년까지 OECD 지원하에 4년간 진행된 'DeSeCo 프로젝트'는 생애 능력으로서 핵심 능력이 무엇인지에 대한 개념적, 이론적 기초를 마련하였다. 이 프로젝트에 참여했던 대부분의 OECD 국가들은 사회적 능력, 의사소통, 문해력, 평생학습, 개인적 능력 및 정치, 시민생활에서의 참여를 중요한 것으로 보았다(한국교육과정평가원, 2015: 62).

- **비판적·창의적 사고 역량**: 다양한 상황이나 자료, 담화, 글을 주체적인 관점에서 해석하고 평가하여 새롭고 독창적인 의미를 부여하거나 만드는 능력.
- **자료·정보 활용 역량**: 필요한 자료나 정보를 수집·분석·평가하고 이를 효과적으로 활용하여 의사를 결정하거나 문제를 해결하는 능력.
- **의사소통 역량**: 음성 언어, 문자 언어, 기호와 매체 등을 활용하여 생각과 느낌, 경험을 표현하거나 이해하면서 의미를 구성하고자 자아와 타인, 세계의 관계를 점검·조정하는 능력.
- **공동체·대인 관계 역량**: 공동체의 가치와 공동체 구성원의 다양성을 존중하고 상호 협력하며 관계를 맺고 갈등을 조정하는 능력.
- **문화 향유 역량**: 국어로 형성·계승되는 다양한 문화를 이해하고 그 아름다움과 가치를 내면화하여 수준 높은 문화를 향유·생산하는 능력.
- **자기 성찰·계발 역량**: 삶의 가치와 의미를 끊임없이 반성하고 탐색하며 변화하는 사회에서 필요한 재능과 자질을 계발하고 관리하는 능력.

2015 개정 교육과정에서는 학습자로 하여금 이러한 역량을 함양할 수 있도록 내용 체계를 '핵심 개념'과 '일반화된 지식'을 바탕으로 '학년(군)별 내용 요소'를 선정하여 제시하였다.

표 6-11 2007, 2009·2011, 2015 개정 교육과정 중 공통교육과정 구분

	2007 개정 교육과정	**2009·2011 개정 교육과정**	**2015 개정 교육과정**
공통교육과정	1~10학년	1~9학년	1~10학년
구분 방식	학년별	학년군별 4단계 (1~2, 3~4, 5~6, 7~9)	학년군별 5단계 (1~2, 3~4, 5~6, 7~9, 10)

2) 2015 개정 교육과정의 세부 내용

(1) 영역

2015 개정 교육과정은 특정 배경 학문이나 이론보다는 '역량 중심'의 개편을 중시하였기에 영역 설정에 있어서는 이전 시기의 듣기·말하기, 읽기, 쓰기,

문법, 문학의 5영역 방식을 그대로 수용하였다(표 6-8 참고).

그러나 고등학교 선택 과목에서는 기존의 통합 형태를 유지하되 2007 개정에서 등장했던 〈매체 언어〉가 〈문법〉과 통합되어 〈언어와 매체〉란 과목으로 신설되었고, 〈독서〉가 〈문학〉과 함께 단일 과목으로 개편되었다. 또한 '학습자의 직무 능력 향상'을 위한 진로 선택에 〈실용 국어〉, 〈심화 국어〉가 신설되었다.

표 6-12 2007 개정, 2009·2011 개정, 2015 개정 국어과 교육과정 고등학교 선택 과목

2007 개정 교육과정	2009 개정 교육과정	2011 개정 교육과정	2015 개정 교육과정	
화법 독서 작문 문법 문학 매체 언어	화법과 작문 I 화법과 작문 II 독서와 문법 I 독서와 문법 II 문학 I 문학 II	국어 I 국어 II 화법과 작문 독서와 문법 문학 고전	일반 선택	화법과 작문 독서 언어와 매체 문학
			진로 선택	실용 국어 심화 국어 고전 읽기

(2) 내용 체계

이전 시기의 교육과정까지는 내용 체계를 구성함에 있어 각 영역의 특성이 중시되었다. 즉, 화법·독서·작문, 문학, 문법은 각각 독자적인 내용 체계 방식을 전유(專有)하였다. 그러나 2015 개정 교육과정에서는 역량을 중심으로 국어과의 모든 과목이 '핵심 개념, 일반화된 지식, 내용 요소, 기능'으로 구획된 내용 체계를 공유하도록 바뀌었다. 따라서 개별 과목의 특성은 위 4가지 항목에 맞게 배치되었고, 쓰기 또한 이에 맞게 재구성되었다.

'핵심 개념, 일반화된 지식, 내용 요소, 기능'에 대한 설명은 다음과 같다.

- **핵심 개념**: 영역을 대표할 수 있는 주요 개념이나 가치, 내용. 쓰기 영역의 경우 본질, 유형 및 매체, 구성 요소 및 과정, 전략, 태도로 구성되어 있다.
- **일반화된 지식**: 핵심 개념과 학년(군)별 내용 요소를 연결해 주는 가교 역할을 하는 지식. 지도해야 할 주요 내용이 무엇인지를 명시적으로 제시해 주고 있다. 쓰기의 경우 핵심 개념(본질, 유형 및 매체, 구성 요소 및 과정, 전략, 태도)과 대응하도록 제시하고 있다.
- **학년(군)별 내용 요소**: 학년(군)별로 학습해야 할 중요한 내용.

2015 개정 국어과 교육과정 쓰기 영역 내용 체계

| 핵심 개념 | 일반화된 지식 | 학년(군)별 내용 요소 ||||| 기능 |
| | | 초등학교 |||| 고등학교 1학년 | |
		1~2학년	3~4학년	5~6학년	중학교 1~3학년		
▲ 쓰기의 본질	• 쓰기는 쓰기 과정에서의 문제를 해결하며 의미를 구성하고 사회적으로 소통하는 행위이다.			• 의미 구성 과정	• 문제 해결 과정	• 사회적 상호작용	• 맥락 이해하기 • 독자 분석하기 • 아이디어 생산하기 • 글 구성하기 • 자료·매체 활용하기 • 표현하기 • 고쳐쓰기 • 독자와 교류하기 • 점검·조정하기
▲ 목적에 따른 글의 유형 • 정보 전달 • 설득 • 친교·정서 표현 ▲ 쓰기와 매체	• 의사소통의 목적, 매체 등에 따라 다양한 글 유형이 있으며, 유형에 따라 쓰기의 초점과 방법이 다르다.	• 주변 소재에 대한 글 • 겪은 일을 표현하는 글	• 의견을 표현하는 글 • 마음을 표현하는 글	• 설명하는 글[목적과 대상, 형식과 자료] • 주장하는 글[적절한 근거와 표현] • 체험에 대한 감상을 표현한 글	• 보고하는 글 • 설명하는 글[대상의 특성] • 주장하는 글[타당한 근거와 주제] • 감동이나 즐거움을 주는 글 • 매체의 특성	• 설득하는 글 • 정서를 표현하는 글	
▲ 쓰기의 구성 요소 • 필자·글·맥락 ▲ 쓰기의 과정 ▲ 쓰기의 전략 • 과정별 전략 • 상위인지 전략	• 필자는 다양한 쓰기 맥락에서 쓰기 과정에 따라 적절한 전략을 사용하여 글을 쓴다.	• 글자 쓰기 • 문장 쓰기	• 문단 쓰기 • 시간의 흐름에 따른 조직 • 독자 고려	• 목적·주제를 고려한 내용과 매체 선정	• 내용의 통일성 • 표현의 다양성 • 대상의 특성을 고려한 설명 • 고쳐쓰기[일반 원리]	• 쓰기 맥락 • 고쳐쓰기[쓰기 과정의 점검]	
▲ 쓰기의 태도 • 쓰기 흥미 • 쓰기 윤리 • 쓰기의 생활화	• 쓰기의 가치를 인식하고 쓰기 윤리를 지키며 즐겨 쓸 때 쓰기를 효과적으로 수행할 수 있다.	• 쓰기에 대한 흥미	• 쓰기에 대한 자신감	• 독자의 존중과 배려	• 쓰기 윤리	• 책임감 있게 쓰기	

- **기능**: '일반화된 지식'을 가지고 할 수 있어야 할, 또는 할 수 있기를 기대하는 구체적 수행 능력. 쓰기에서는 맥락 이해하기, 독자 분석하기, 아이디어 생산하기, 글 구성하기, 자료·매체 활용하기, 표현하기, 고쳐쓰기, 독자와 교류하기, 점검·조정하기로 설정하였다.

(3) 문종 분류

2015 개정 교육과정은 내용 체계에 있어서는 기존과 다른 혁신적인 변화를 시도하였지만, 새로운 배경 학문의 적용이나 내용 요소의 변화 등에 있어서는 이전 시기의 그것을 상당 부분 차용하였고 문종 분류 방식도 2009·2011 개정의 방식을 절충하여 제시하였다.

표 6-13 2007 개정, 2009·2011 개정, 2015 개정 국어과 교육과정에서의 문종 분류 방식

	2007 개정 교육과정	2009 개정 교육과정	2011 개정 교육과정	2015 개정 교육과정
쓰기	정보 전달/설득/사회적 상호작용/정서 표현	정보 전달/설득/친교 및 정서 표현	정보 전달/설득/친교 및 정서 표현	정보 전달/설득/친교·정서 표현
〈작문〉 혹은 〈화법과 작문〉	정보 전달/설득/사회적 상호작용/자기 성찰/학습 (양식: 설명/논증/서사/묘사)	정보 전달/설득/사회적 상호작용/자기 성찰/학습	정보 전달/설득/자기표현/사회적 상호작용	정보 전달/설득/자기표현/친교/정서 표현/자기 성찰

2015 개정 〈화법과 작문〉 교육과정에서는 2007 개정에서 제시했던 자기 성찰이 다시 등장하였고, 2011 개정에서의 자기표현도 함께 제시되고 있다. 또한, 사회적 상호작용 대신 친교라는 명칭이 '쓰기'와 〈화법과 작문〉 모두에서 동일하게 사용되고 있다. 다만, 이러한 일련의 변화들이 이론적 검증이나 교육적 효과의 확인 등을 통해 이루어진 것이 아니기에 그것의 적절성을 판단하기에는 무리가 있다.

3) 2022 개정 교육과정의 배경과 특징

2022 개정 교육과정은 2015 개정 교육과정에서 강조했던 '핵심 역량'을 계승하되 디지털 기초 소양 및 매체 교육을 강화하고 2025년부터 전면 도입될 고교학점제를 제도적으로 뒷받침하는 방향으로 개정 논의가 진행되었다.

국어과 역량의 경우 디지털 기초 소양과 매체 교육을 강화하는 측면에서 2015의 '자료·정보 활용 역량'을 '디지털·미디어 역량'으로 수정하고 나머지 역량은 그대로 유지하였다.

4) 2022 개정 교육과정의 세부 내용

표 6-14 2015 개정 및 2022 개정 교육과정의 국어과 역량 비교

2015 개정 교육과정 국어과 역량	2022 개정 교육과정 국어과 역량
• 비판적·창의적 사고 역량 • 자료·정보 활용 역량 • 의사소통 역량 • 공동체·대인 관계 역량 • 문화 향유 역량 • 자기 성찰·계발 역량	• 비판적·창의적 사고 역량 • 디지털·미디어 역량 • 의사소통 역량 • 공동체·대인 관계 역량 • 문화 향유 역량 • 자기 성찰·계발 역량

(1) 영역

2022 개정 교육과정은 2015 개정 교육과정의 영역을 계승하되 디지털·미디어 역량을 함양하기 위해 매체 영역을 신설하였다. 그에 따라 고등학교 선택 과목 중 일부를 조정하고, 융합 선택 과목을 신설하면서 고교학점제의 제도적 지원 및 학습자의 주도성 강화를 지향하였다. 작문의 경우 2009 개정 이후 화법과 통합 과목(〈화법과 작문〉)으로 설정되었던 것에서 새롭게 독서와 통합되어 〈독서와 작문〉, 〈독서 토론과 글쓰기〉로 조정되었다.

표 6-15 2015 개정 및 2022 개정 교육과정의 국어과 영역 및 고등학교 선택 과목 비교

	2015 개정 교육과정	2015 개정 교육과정		2015 개정 교육과정		2022 개정 교육과정		
	듣기·말하기 읽기 쓰기 문법 문학	듣기·말하기 읽기 쓰기 문법 문학 매체		일반 선택	진로 선택	일반 선택	진로 선택	융합 선택
영역			고등학교 선택 과목	화법과 작문 독서 언어와 매체 문학	실용 국어 심화 국어 고전 읽기	화법과 언어 독서와 작문 문학	주제 탐구 독서 문학과 영상 직무 의사소통	독서 토론과 글쓰기 매체 의사소통 언어생활 탐구

작문이 화법과 통합 과목이 되었던 것은 '수사학'이란 공통된 배경 학문의

논리로 통합과 연계가 용이하다는 이유에서였다. 하지만 2022 개정에서는 '독서와 작문이 문자 언어에 기반을 둔 문어 의사소통 행위로서, 의미를 구성하는 과정에서 인지적으로 문제를 해결해 가는 행위이자 사회·문화적 맥락 속에서 소통하는 행위라는 공통점을 바탕으로 통합'(교육부, 2022: 123)하였다고 명시하고 있다. 즉, 〈화법과 작문〉의 통합이 배경 학문의 논리 체계에 근거했다면 〈독서와 작문〉은 의사소통 행위의 공통점에 근거한 것이라 할 수 있다.

(2) 내용 체계

2022 개정 교육과정의 내용 체계는 2015 개정과 비교할 때 많은 변화가 나타났는데, 2022 개정에서는 '핵심 아이디어'를 중심으로 학년별 내용 요소를 '지식·이해', '과정·기능', '가치·태도'로 제시하였다. 즉, 기존 2015 개정에서의 '핵심 개념-일반화된 지식-학년(군)별 내용 요소-기능'의 체계에서 핵심 아이디어를 중심으로 내용 요소를 세분화하여 제시하는 방식으로 재구성한 것이다.

핵심 아이디어	• 쓰기는 언어를 비롯한 다양한 기호나 매체를 활용하여 인간의 생각과 감정을 글로 표현함으로써 의미를 구성하는 행위이다. • 필자는 상황 맥락 및 사회·문화적 맥락 속에서 자신의 의사소통 목적을 달성하기 위하여 다양한 유형의 글을 쓴다. • 필자는 쓰기 과정에서 부딪히는 문제를 해결하기 위하여 적절한 쓰기 전략을 사용하여 글을 쓴다. • 필자는 쓰기 경험을 통해 언어 공동체의 구성원으로 성장하고, 쓰기 윤리를 갖추어 독자와 소통함으로써 바람직한 의사소통 문화를 만들어 간다.			
범주	**내용 요소**			
	초등학교			중학교
	1~2학년	3~4학년	5~6학년	1~3학년
지식·이해 / 쓰기 맥락		• 상황 맥락	• 상황 맥락 • 사회·문화적 맥락	
지식·이해 / 글의 유형	• 주변 소재에 대해 소개하는 글	• 절차와 결과를 보고하는 글	• 대상의 특성이 나타나게 설명하는 글	• 복수의 자료를 활용하여 다양한 형식으로 쓴 글

지식·이해	글의 유형	• 겪은 일을 표현하는 글	• 이유를 들어 의견을 제시하는 글 • 독자에게 마음을 전하는 글	• 적절한 근거를 들어 주장하는 글 • 체험에 대한 감상을 나타내는 글	• 대상에 적합한 설명 방법을 사용하여 쓴 글 • 타당한 근거를 들어 주장하는 글 • 의견 차이가 있는 사안에 대해 주장하는 글 • 자신의 정서를 표현하는 글
과정·기능	쓰기의 기초	• 글자 쓰기 • 단어 쓰기 • 문장 쓰기	• 문단 쓰기		
	계획하기		• 목적, 주제 고려하기	• 독자, 매체 고려하기	• 언어 공동체 고려하기
	내용 생성하기	• 일상을 소재로 내용 생성하기	• 목적, 주제에 따라 내용 생성하기	• 독자, 매체를 고려하여 내용 생성하기	• 복합양식 자료를 활용하여 내용 생성하기
	내용 조직하기		• 절차와 결과에 따라 내용 조직하기	• 통일성을 고려하여 내용 조직하기	• 글 유형을 고려하여 내용 조직하기
	표현하기	• 자유롭게 표현하기	• 정확하게 표현하기	• 독자를 고려하여 표현하기	• 다양하게 표현하기
	고쳐쓰기		• 문장, 문단 수준에서 고쳐쓰기	• 글 수준에서 고쳐쓰기	• 독자를 고려하여 고쳐쓰기
	공유하기	• 쓴 글을 함께 읽고 반응하기			
	점검과 조정	• 쓰기 과정과 전략에 대해 점검·조정하기			
가치·태도		• 쓰기에 대한 흥미	• 쓰기 효능감	• 쓰기에 적극적 참여 • 쓰기 윤리 준수	• 쓰기에 대한 성찰 • 윤리적 소통 문화 형성

2022 개정 국어과 교육과정 '쓰기' 영역 내용 체계

'핵심 아이디어'는 2015 개정에서의 '일반화된 지식'과 유사한 개념으로 영역[13]을 아우르면서 해당 영역의 학습을 통해 일반화할 수 있는 내용을 핵심적으로 진술한 것이다. '내용 요소'는 교과에서 배워야 할 필수 학습 내용으로, 그 중 '지식·이해'는 해당 영역에서 알고 이해해야 할 내용을, '과정·기능'은 해당 영역의 고유한 사고 및 탐구 과정 혹은 기능을, '가치·태도'는 교과 활동을 통해 기를 수 있는 고유한 가치와 태도를 각각 의미한다. 특히 '핵심 아이디어'의 첫 번째 항목은 전체를 통어하는 내용으로, 두 번째 항목은 '지식·이해', 세 번

---

13 국어과의 경우 영역은 듣기·말하기, 읽기, 쓰기, 문법, 문학, 매체의 여섯 개 영역을 의미한다.

핵심 아이디어	• 독서와 작문은 문자 언어를 중심으로 의미를 구성하는 사고 행위이자 사회·문화적 맥락 속에서 소통하는 문어 의사소통 행위이다. • 독자와 필자는 자신의 목적을 달성하기 위해 적절한 전략을 사용하여 다양한 분야 및 유형의 글과 자료를 읽고 쓴다. • 독자와 필자는 주도성과 책임감을 가지고 문어 의사소통을 실천함으로써 바람직한 언어 공동체의 문화와 담론을 형성하는 데 기여한다.
범주	**내용 요소**
지식·이해	• 문어 의사소통의 방법 • 문어 의사소통의 구성 요소
과정·기능	• 문어 의사소통의 목적과 맥락을 고려한 글과 자료의 탐색 및 선별하기 • 내용 확인 및 추론하기 • 평가 및 종합하기 • 내용 생성 및 조직하기 • 표현 전략을 고려한 표현과 작문 맥락을 고려한 고쳐쓰기 • 문어 의사소통 과정의 점검 및 조정하기 • 인문·예술, 사회·문화, 과학·기술의 분야별 독서와 작문 수행하기 • 정보 전달, 논증, 정서 표현 및 자기 성찰의 유형별 작문과 독서 수행하기 • 주제 통합적 독서와 학습을 위한 작문 수행하기 • 매체의 유형과 특성을 고려한 독서와 작문 수행하기
가치·태도	• 독서와 작문의 주도적 계획 및 실천 • 공동체의 소통 문화 및 담론 형성에의 참여 • 문어 의사소통 생활에 대한 성찰 및 책임감

2022 개정 교육과정 국어과 고등학교 선택 과목 〈독서와 작문〉 내용 체계

째 항목은 '과정·기능', 네 번째 항목은 '가치·태도'와 관련이 있도록 구성되어 있다. 이처럼 2022 개정의 내용 체계는 2015 개정의 그것을 계승하되 핵심 아이디어를 중심으로 내용 요소를 지식·이해, 과정·기능, 가치·태도로 세분화하고 학년군별로 각각을 명시적으로 제시하고 있다는 점에서 중요한 의미를 갖는다.

이러한 내용 체계는 〈독서와 작문〉 교육과정을 이해하는 데 전제가 된다. 앞서 언급했듯이 〈독서와 작문〉은 문어 의사소통이라는 공통점에 기초하되 독서, 작문 각각의 고유한 내용 요소를 포함할 수 있도록 구성되어 있다.

핵심 아이디어의 첫 번째 항목은 〈독서와 작문〉 전체를 개관하는 내용이고, 두 번째 항목은 지식·이해, 과정·기능과 관련된 내용이며, 세 번째 항목은 가치·태도와 관련된 내용이다. 또한 '지식·이해', '가치·태도'는 〈독서와 작문〉

의 공통적·통합적 성격을 가진 내용 요소를 제시하고 있으며, '과정·기능'은 〈독서와 작문〉 각각의 고유한 내용 요소가 드러날 수 있도록 구성되었다.

끝으로 쓰기 영역과 고등학교 선택 과목 〈독서와 작문〉 내용 체계에서 확인할 수 있듯이 문종 분류에 있어 2022 개정에서는 기존의 사회적 상호작용 혹은 친교가 제외되었고, 설득이 논증으로 교체되었으며 자기표현이 제외되는 등 전체적으로 글의 종류가 간소화된 것이 특징이라 하겠다.

생각해 봅시다

1   각 시기별 작문 교육과정에서 작문을 무엇으로 규정했는지를 찾고, 그것이 함의하는 작문 교육의 특징을 정리해 보자.

2   작문 교육과정은 배경 학문의 변화와 밀접한 관련이 있다. 각 시기별 작문 교육과정은 어떤 배경 학문과 관련되어 있는지, 이와 관련된 주요 용어들에는 어떤 것들이 있는지를 정리해 보자.

3   내용 체계, 문종 분류 방식을 중심으로 각 시기별 작문 교육과정을 정리하고 그 특징에 대해 논의해 보자.

4   '역량'을 중심으로 새롭게 재편된 2015·2022 개정 교육과정의 특징을 작문을 중심으로 정리하고, 그 의의에 대해 적어 보자.

5   첨단 기술의 발전과 지능정보 사회로의 변화 등을 고려하여 작문 교육과정에 추가되어야 할 새로운 내용 요소와 성취기준을 구안해 보자.

참고문헌

교육부(2000), 『초·중·고등학교 국어과·한문과 교육과정 기준』(1946~1997), 교육부.

교육부(2015), 『국어과 교육과정』, 교육부 고시 제2015-74호[별책 5].

교육부(2022), 『국어과 교육과정』, 교육부 고시 제2022-33호[별책 5].

국어교육미래열기(2009), 『국어 교육학개론』, 삼지원.

박붕배(1997a), 『한국국어교육전사(중)』, 대한교과서주식회사.

박붕배(1997b), 『한국국어교육전사(하)』, 대한교과서주식회사.

박영목(2012), 『국어과 교육과정론』, 강현출판사.

박영민 외(2016), 『작문 교육론』, 역락.

박휴용(2012), 『교육과정』, 학지사.

손영애(2014), 『국어과 교육과정과 교과서: 과거와 현재, 그리고 미래』, 박이정.

이아라(2008), 「글쓰기 과정의 '숨은 독자(Hidden Reader)': 글쓰기 과정에서 독자의 작용에 관한 새로운 이해」, 『국어교육학연구』 31, 393-435.

이정찬(2013), 「설명적 글쓰기 내용 구성 연구: 설명 목적과 내용 구성 원리를 중심으로」, 서울대학교 박사학위 논문.

정준섭(1996), 『국어과 교육과정의 변천』, 대한교과서주식회사.

정희모(2008), 「글쓰기에서 독자의 의미와 기능」, 『새국어교육』 79, 393-417.

최미숙 외(2017), 『국어 교육의 이해』(개정4판), 사회평론아카데미.

한국교육과정평가원(2013), 『미래 사회 대비 국가 수준 교육과정 방향 탐색: 국어』(연구보고 CRC 2013-19).

한국교육과정평가원(2015), 『2015 개정 교과 교육과정 시안 개발 연구: 국어과 교육과정』(연구보고 CRC 2015-14).

한국교육과정평가원(2022), 『2022 개정 국어과 교육과정 시안 개발 연구』(연구보고 CRC 2022-2).

Bain, A.(1890), *English Composition and Rhetoric Part 1: Intellectual Elements of Style*, D. Appleton and Company.

Bizzell, P. & Herzberg, B.(2001), *The Rhetoric Tradition: Readings from Classical Times to the Present*, ST. Martin's Boston.

7장 　작문 교과서

　학생들이 직접 교과서를 만들어 보면 교과서의 중요성을 깨닫게 될 거라고 생각해 본 적이 있다. 그만큼 교과서 만드는 작업이 쉽지 않기 때문이다. 학습자의 흥미를 반영하는 교육 내용으로 구성하면서도 가장 효율적인 교육 방법을 구현하려는 교과서 개발자의 의도와 수고가 교과서에 숨어 있다. 또한 교과서에는 여러 학자들이 개발한 이론이 바탕을 이루고 있다.

　　예를 들어 글쓰기를 학습자의 사고력을 키우는 데 초점을 두는 행위로 보는 이론에 근거한다면, 글을 쓰며 겪는 인지 과정에 주안점을 두어 교과서를 구성할 것이다. 반면 글쓰기를 사회 구성원들의 합리적인 의견을 받아들여 최선의 문제 해결을 하는 행위로 보는 이론에 근거한다면, 쟁점이 되는 사안에 대해 토론을 통해 여러 사람의 의견을 들어 보거나 다른 의견을 담은 자료를 수집하여 읽어 본 후 글을 쓰게 하는 내용으로 교과서를 구성할 것이다. 이 장에서는 교과서에 숨겨진 작문 이론을 살펴봄으로써 바람직한 교과서 개발 방향을 탐구해 보자.

1 작문 교과서는 어떻게 구성되는가

'교과서'란 교육과정에 따라 편찬한 학교 교육의 주된 교재로서 가르치는 데 사용되는 학생용 또는 교사용 도서를 말한다(서울대학교 교육연구소, 1995). 국어 교과서는 여러 개의 단원으로 구성되어 있다. 단원이 어떻게 구성되어 있느냐에 따라 전통적으로 문종 중심, 주제 중심, 목표 중심의 구성 방식으로 분류할 수 있다(정혜승, 2002: 78). 이 세 가지에 박영민 외(2016)에서는 작문 교과서의 단원 구성 원리로 목적 중심의 구성 방식을 덧붙여 제안하고 있다. 어떤 방식으로 단원을 구성할 것인가는 집필 초기에 교과서의 통일성, 기반이 되고 있는 국어 교육의 이론, 집필자의 의도, 교사 및 학생의 선호도 등 다양한 요인을 검토한 후 결정된다.[1]

---

1 이외에도 창의적 융합 구성 방식이나 학습자 중심 구성 방식 등 새로운 구성 방식을 창안하여 새롭게 이론화할 수 있다. 예를 들면 학습자의 발달 단계, 학습자의 흥미도, 학습자의 작문 태도 등 학습자의 필요를 조사한 후, 이를 반영하여 학습자 중심 구성 방식으로 단원을 구성해 볼 수 있을 것이다.

- **문종 중심 단원 구성**: 글의 종류(텍스트 유형)별로 단원을 조직하는 것.
- **주제 중심 단원 구성**: 학습자가 관심을 가질 만한 주제나 시의성 있는 주제를 선정하여, 주제를 중심으로 다양한 작문 활동으로 단원을 조직하는 것. 단원을 응집성 있게 만드는 기제와 단원 간의 구분을 가능하게 하는 기준으로 주제를 드러내는 방식.
- **목표 중심 단원 구성**: 작문 전략이나 작문 과정을 중심으로 학습자가 성취해야 할 목표를 중심으로 단원을 조직하는 것. 하나의 지식이나 기능, 전략에 초점을 맞추어 단원을 조직하는 방식.
- **목적 중심 단원 구성**: 정보 전달, 설득, 친교 및 정서 표현 등 언어 활동의 목적을 중심으로 단원을 조직하는 것.

현행 교과서가 어떤 구성 방식을 따르고 있느냐의 문제는 한마디로 규정하기 어려운 면이 있다. 그러나 대체로 국어과 교육과정에서 제시하는 성취기준을 학습 목표로 삼아 단원을 조직하고 있기 때문에, 목표 중심 구성 방식을 따르고 있다고 평가할 수 있다. 학습 목표 중심으로 단원을 구성하다 보니 작문 교육을 총체적으로 접근하지 못하고 분절적으로 접근하는 현상이 나타나기도 한다.

현재 중학교 작문 교과서는 따로 존재하지 않고 국어 교과서 단원 내에 '쓰기' 영역으로 제시되어 있다. 2009 개정 국어과 교육과정 쓰기 영역 성취기준 중에서 "주제, 목적, 독자를 고려하여 쓰기 과정을 계획하고 점검하고 조정한다."라는 성취기준이 구현된 2017년도판 중학교 1학년 국어 교과서를 살펴보면 표 7-1과 같이 14종에서 해당 단원을 확인할 수 있다.

표 7-1 교과서 쓰기 단원의 영역 간 연계 구성 현황

교과서 출판사	교과서	단원	연계된 영역
교학사(남)	국어 ①	5. 경험과 글쓰기	쓰기 단독 대단원
동아출판(이)	국어 ①	3. 쓰기를 잘하려면	쓰기 단독 대단원
동아출판(전)	국어 ①	4. 요약하며 읽기, 조정하며 쓰기	읽기, 쓰기
미래엔(윤)	국어 ②	3. 능동적인 읽기와 쓰기	읽기, 쓰기
비상교육(김)	국어 ①	2. 읽기랑 쓰기랑	읽기, 쓰기
비상교육(한)	국어 ①	1. 내 얘기 좀 들어볼래?	듣기, 말하기, 쓰기

비상교과서(이)	국어 ①	3. 계획과 점검	듣기, 말하기, 쓰기
신사고(우)	국어 ①	2. 능동적인 읽기와 쓰기	읽기, 쓰기
신사고(민)	국어 ①	2. 읽고 쓰는 즐거움	읽기, 쓰기
지학사(방)	국어 ②	2. 세상의 안과 밖	듣기, 말하기, 쓰기
창비(이)	국어 ①	2. 말과 글로 세상과 소통하기	듣기, 말하기, 쓰기
천재교육(노)	국어 ①	4. 글과의 만남	읽기, 쓰기
천재교과서(김)	국어 ①	4. 읽는 즐거움 쓰는 기쁨	읽기, 쓰기
천재교육(박)	국어 ①	1. 마음을 담은 언어	듣기, 말하기, 쓰기

표 7-1을 보면 2종의 교과서만 해당 성취기준을 쓰기 단독 대단원으로 구성하고 있다. 나머지 12종의 교과서는 읽기, 쓰기로 구성된 소단원을 묶거나 듣기, 말하기, 쓰기로 구성된 소단원을 묶어 대단원으로 구성하였다. 대부분의 교과서가 쓰기 영역을 다른 영역과 통합하여 학습할 수 있도록 구성하고 있는 것이다.

단원의 구성 방식 또한 교육의 가치와 이론을 반영한다. 비교할 만한 단원 구성 흐름도를 제시하면 표 7-2와 같다.

표 7-2 중학교 국어 교과서 단원 구성 흐름도 비교

교과서	단원 구성		
동아출판(전)	• 생각 열기	• 본문	• 활동 다지기(내용 학습, 목표 학습, 적용 학습) • 창의 (또는 인성) • 쑥쑥 어휘 · 어법 • 단원의 마무리(스스로 하는 단원 정리, 스스로 하는 단원 평가)
미래엔(윤)	• 대단원 들어가기 (학습 목표)	• 본문	• 이해 활동 • 적용 활동 • 재미 있는 국어 생활(수행 활동) • 대단원 마무리하기(정리, 점검) • 신나는 어휘 놀이
신사고(우)	• 단원 한눈에 보기 • 배우기 전에	• 본문	• 학습 활동 • 실제로 해 보는 생생 학습(과정1~6) • 어휘력 높이기
천재교육(노)	• 학습 목표 • 생각 깨우기 • 활동 전에	• 본문	• 학습 활동 • 생각 모으기 • 시야 넓히기(직업 소개) • 스스로 점검하기 • 선택 학습 • 창의 활동 • 사고력 키우기, 여럿이 함께하기 • 어휘력 키우기

표 7-2의 단원 구성 흐름도를 보면 현재 교육 체제에서 중요하게 여기는 가치와 이론이 드러난다. 천재교육(노)에서는 '시야 넓히기'를 통해 직업 교육의 중요성을 강조하고, 단원 주제와 관련하여 깊이 있는 사고를 유도하고 있다. 학습자들이 배우는 지식과 직업과의 상관관계를 살펴보는 것은 학습자가 미래에 대한 희망과 계획을 생각해 볼 동기를 부여한다. 그리고 사고의 심화를 유도하는 것은 창의 융합 학습과도 연결될 수 있다. 신사고(우)에서는 '실제로 해 보는 생생 학습'을 통해 학습 과정을 중시하는 관점으로 교육 내용을 전개하고 있다. 동아출판(전)은 창의 및 인성 교육과 어휘 확장의 중요성을 교과서에 실현하였다. 내용 학습, 목표 학습, 적용 학습, 창의 등의 일련의 과정은 미래엔(윤)에서 다루고 있는 이해 활동 – 적용 활동 – 수행 활동 등의 과정과 유사하나 더 세분화되었다. 또한 스스로 점검하는 평가의 방식으로 구성된 교과서는 자기 관리 능력의 중요성을 강조하는 시대의 흐름을 반영한 것이며, 상호 평가의 방식으로 구성된 교과서는 동료 간의 의사소통의 중요성을 강조한 것이라고 해석할 수 있다. 이와 같이 교과서의 구성은 교육의 가치와 교육 이론을 반영한다. 예를 들면, 교육 공동체를 강조하는 교육의 가치는 협력 학습이나 학생 활동 중심 학습으로 구현되기도 한다.

2 교과서에 작문 이론은 어떻게 반영되어 있는가

우리나라 학교 현장에서는 국가 수준의 교육과정이 절대적인 영향을 미친다. 국가 수준의 교육과정을 충실히 반영하여 만들어진 학습 자료인 교과서로 거의 모든 수업이 진행된다고 해도 과언이 아니다.[2] 이는 교과서 검정 제도를 채택하여 20여 종이 넘는 다양한 교과서가 출판되는 현실에서 교육계 전문가들

---

2 중학교에서는 주로 교과서 '를' 가르치고, 고등학교에서는 입시 지도라는 명목 아래 교과서를 무시하고 EBS 교재로 수업을 하는 것이 현실이다.

이 '교과서를 통해' 가르쳐야 하는 것이지 '교과서를' 가르쳐서는 안 된다고 제안하고 있는 것과는 대조적인 현상이다. 교과서를 무비판적으로 수용하는 현재의 교육 체제에서는 교실에서의 작문 활동이 작문 교육의 전부라고 보아도 무방하다.

작문 교육의 중요성이 강조되고 있는 시대에 기존 작문 교과서에 대한 적극적인 검토와 대안이 필요하다. 이에 따라 작문 교육의 내용과 학습 활동에 적용된 작문 이론을 중심으로 국어 교과서의 쓰기 단원이나 선택 교육과정의 작문 관련 교과서를 분석하고자 한다. 교육 내용과 구성을 종합적으로 분석하여 실제 교실에서 이루어지는 작문 활동의 문제점과 한계를 밝히고, 이를 토대로 작문 교육이 추구해야 할 교육 이론을 탐구한다면 더 나은 작문 교육으로 나아갈 수 있을 것이다.

최근 20여 년 동안 형식주의 작문 이론, 인지주의 작문 이론, 사회구성주의 작문 이론, 표현주의 작문 이론, 장르 중심 작문 이론, 대화주의 작문 이론, 후기 과정 작문 이론 등 작문에 대한 다양한 관점이 제기되어 왔다. 이러한 작문 이론들을 분류하는 방식이나 기준은 학자들마다 다양하다. 다만 이 장에서는 니스트랜드 등(Nystrand et al., 1993)이 작문 이론을 형식주의, 인지적 구성주의, 사회적 구성주의, 대화주의로 분류한 것을 토대로 논의할 것이다.

- **형식주의 작문 이론**: 1960년대 중반까지 지배적인 작문 이론이었다. 형식주의 관점은 문학에서의 신비평 이론과 관련이 있는데, 신비평에서는 텍스트 자체를 강조했기 때문에 작가, 독자 혹은 사회적 배경에 대해서는 상대적으로 무관심했다. 이러한 흐름이 작문에서는 규범 문법, 수사학적 원리 등에 기초하여 모방과 연습을 통하여 텍스트 생산 능력이 신장된다고 보는 이론으로 나타났다.
- **인지적 구성주의 작문 이론**: 1960년대 후반부터 1980년대까지 주류를 이루었던 작문 이론으로서 작문을 '의미를 구성하는 행위'로 파악한다. 인지주의 관점은 1960년대 후반 즈음부터 기존의 형식주의적 관점에서 벗어나 텍스트 자체보다는 텍스트를 생성하는 과정에 초점을 맞추어야 할 필요성을 강조하며 대두되었다. 에믹(Emig, 1971)은 글의 핵심 요소를 이해하고 학생들의 글에 나타나는 오류를 해소하는 것이 작문 교육의 목적이 아니며, 올바른 작문

교육을 위해서는 학생들의 작문 과정에 주목해야 한다고 주장하였다. 그 이외에 플라워와 헤이즈(Flower & Hayes, 1981)는 '사고 구술법(think-aloud)'을 통해 작문 과정을 탐색해 보고자 했다. 그들은 사고 구술법을 통해 작문은 일종의 문제 해결의 과정이며 계획 – 변환 – 검토 등의 단계를 거쳐 이루어진다는 것을 발견하였다.

- **사회적 구성주의 작문 이론과 대화주의 작문 이론**: 1980년대에 등장했고 1990년대부터 주목을 받은 이론으로, 두 이론 모두 작문에서 사회적·문화적·역사적 맥락을 강조하는 사회적 관점을 취한다. 형식주의 관점은 텍스트에서, 인지주의 관점은 필자에게서 작문의 의미를 찾았다면, 사회적 관점에서는 사회 구성원들 간의 상호작용을 통한 작문 형성에서 의미를 찾는다. 사회적 관점은 인지주의 관점에서의 텍스트 생성 과정에도 관심을 두지만 텍스트가 수용, 소통되는 것에 조금 더 초점을 맞추고 있다는 점에서 차이가 있다. 이를 통해 '담화 공동체'라는 개념이 등장한다. 브루피(Bruffee, 1986) 등은 사회적 구성주의라는 용어를 활용하여 의미 구성에서의 사회적 맥락을 강조하고 작문의 사회적·역사적 본질을 설명하였다. 대화주의에서의 대화는 다소 은유적인 개념이다. 이때의 대화는 독자와 필자 사이의 대화, 필자와 필자 사이의 대화, 사회·문화적 관습과의 대화일 수도 있다. 일반적으로 대화주의는 사회적 구성주의에서 더 나아가 사회 구성원들 간의 대화를 통한 협상 및 교섭 행위를 강조한다.

1) 형식주의 반영 교과서

형식주의가 반영된 작문 교과서의 전형적인 형태는 모방할 수 있는 모범 텍스트를 보여 주고 이와 비슷한 글을 써 보게 하는 활동으로 구성된다. 다음 사례는 명나라 화가인 팔대 산인(八大 山人)의 물고기 그림을 보고 느낀 점을 쓴 글을 모범 텍스트로 보여 준 뒤, 클로드 모네(Claude Monet)의 그림을 보고 자신의 삶과 관련지어 감상문을 써 보게 하는 활동을 제시한 것이다.

(박영목 외, 화법과 작문, 2016: 264-265)

또한 모범이 되는 글을 제시하고 그 글의 내용이나 형식을 분석하게 한 후, 모범 글을 모방하여 글을 쓰게 하는 활동으로 구성하기도 한다. 두 개의 모범적인 글을 읽은 후 분석 활동을 하고, 이를 모방하여 작문 활동을 하도록 구성된 오른쪽 사례는 변형된 형식주의적 관점의 작문 단원 구성을 보여 준다.

해당 단원은 "의견의 차이가 드러나는 문제에 대해 타당한 근거를 들어 주장하는 글을 쓴다."라는 학습 목표를 구현한 단원으로, 읽기와 쓰기를 혼합한 활동을 제시하였다. '채식이 세상을 바꾼다.'와 '고기를 먹어야 오래 살 수 있다.'는 상반된 주장을 하는 두 가지 글을 읽은 후, 주장과 근거를 분석해 보고 두 글

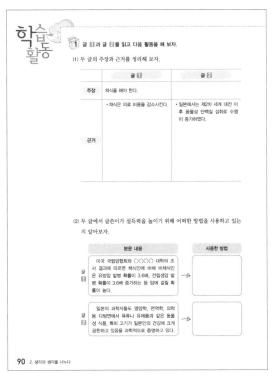

(민현식 외, 중학교 국어 ⑥, 2013: 90)

에 나타난 설득 방법을 살펴봄으로써 내용과 전략을 단계별로 익히도록 하였다. 이는 글을 쓰기에 앞서 모범 텍스트를 분석함으로써 작문을 익히는 방식이므로 형식주의 작문 이론이 반영된 사례에 해당한다.

읽기와 쓰기의 통합은 형식주의 작문 이론을 구현하기 좋은 방법 중 하나이다. 글을 쓰기 전에 모범이 되는 예시글을 읽고 그 글에 사용된 표현 전략을 찾아보게 함으로써 작문 전략을 익혀 실제적인 작문 활동을 할 수 있기 때문이다.

형식주의 작문 이론에서 텍스트는 분해 가능한 객관적인 요소가 체계적으로 결합된 구성물로, 자족적이고 자율적인 체제로 인식된다. 텍스트는 객관적 구조물이므로 정확하고 엄밀하기만 하다면 분석의 주체가 누구이든지 동일한 요소로 분석되며, 동일한 의미로 이해될 수 있다고 본다(정혜승, 2013: 32). 형식주의 작문 이론에서는 필자나 독자, 사회·문화적 맥락, 상황 맥락보다는 텍스트의 구현에 초점이 맞춰져 있다. 따라서 필자와 독자의 상호작용으로서의 글쓰기나 사회·문화적 맥락 안에서의 문제 해결로서의 글쓰기보다는 텍스트의 정확성을 중시하는 작문 교육으로 방향이 정해질 가능성이 높다.

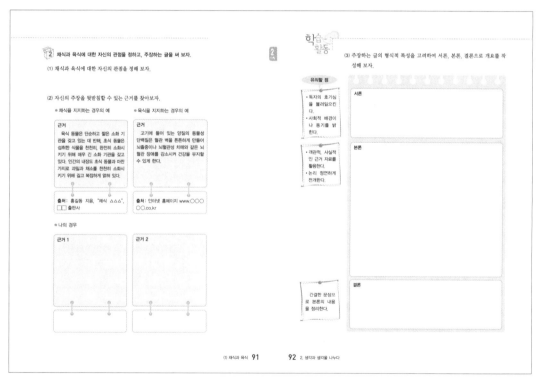

(민현식 외, 중학교 국어 ⑥, 2013: 91–92)

그 결과 앞의 그림과 같이 자신의 주장과 근거의 핵심을 정리하고, '주장하는 글의 형식을 고려하여 서론, 본론, 결론의 개요를 작성해 보자.'는 학습 활동을 제시하게 된다. 그 후 완성된 글 한 편을 쓰게 하는 구성으로 이루어져 있다.

작문에 능숙하지 않은 학습자에게는 모범 글을 제시하고 이를 모방하게 하는 방식이 도움이 되지만, 한편으로는 글쓰기에 대한 학습자의 흥미를 저하시킬 수도 있다.

2) 인지적 구성주의 반영 교과서

인지적 구성주의 관점에서는 필자의 사고와 작문 과정을 중시하기 때문에, 글을 쓸 때 머릿속에서 발생하는 사고 과정을 포착한 인지 과정 모형을 제안한다. 따라서 인지적 구성주의를 반영한 교과서는 미숙한 필자의 인지 과정을 관찰하고 지도할 목적으로 작문 과정을 중심으로 내용을 구성한다. 아래 활동은 인지적 구성주의 작문 이론을 반영한 교과서의 대표적인 사례로서 '환경 보호

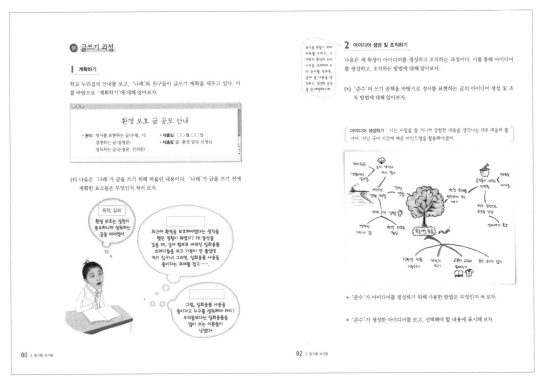

(김태철 외, 중학교 국어 ①, 2013: 80, 82)

글 공모'라는 과제를 수행하기 위해 '계획하기 – 내용 생성하기 – 내용 구성하기'를 하도록 제시하고 있다.

　　이러한 교과서는 필자의 인지 능력을 향상하는 것이 글쓰기의 질을 높인다는 관점에서 '계획하기 – 내용 생성하기 – 내용 조직하기 – 표현하기 – 고쳐쓰기' 등의 단계별 글쓰기 활동을 구성한다. 이를 위해 마인드맵, 브레인스토밍 등을 활용하는 활동을 제시한다.

3) 사회적 구성주의 반영 교과서

　　다음은 사회적 구성주의 이론이 반영된 작문 교과서의 일부이다. 학습 활동 3은 사회적 구호와 사회·문화적 배경과의 관계를 조사하여 구호에 담긴 사회적 담론을 파악하는 사례이다.

　　또한 학습 활동 4는 사회적 담론을 형성하는 작문의 기능을 인식하도록 구성되었다. 자신의 주장을 하는 것뿐 아니라 상대편의 반박을 예측하고 재반박

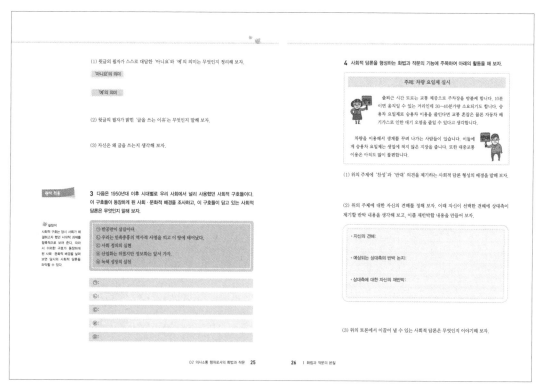

(이삼형 외, 화법과 작문, 2016: 25-26)

하는 연습은 독자를 예상하면서 글을 쓰는 방식, 사회적 흐름을 간파하면서 글을 쓰는 방식에 관심을 갖게 한다.

주장하는 글을 쓰기 위해 모둠별로 사회적 쟁점을 찾아보는 방식과 개인의 생각에 따라 주제를 정하는 방식은 차이가 있다. 모둠별로 사회적 쟁점을 찾다 보면 여러 사람의 의견을 접하게 되어 생각의 폭이 넓어지며, 예상 독자의 의견을 상상할 수 있다. 그렇기에 사회적 구성주의를 반영한 교과서에서는 개별 활동보다는 모둠별 활동을 통해 연습하도록 내용을 구성하는 것이 바람직하다.

작문을 수행하는 과정에서 가상의 독자를 설정하고 이를 고려하면서 글을 써 보게 하는 활동으로 구성된 교과서는 사회적 구성주의 관점에 가깝다. 작문을 통해 사회적 담론에 참여함으로써 사회 구조를 변화시키거나 사회적 문제를 해결하는 예시를 보여 주는 교과서 역시 사회적 구성주의 관점이 반영된 것이다. 다음은 국립중앙박물관장에게 편지 형식으로 쓴 건의문과 그 결과 건의가 받아들여져 박물관의 시설 이용이 달라졌다는 기사 내용을 제시함으로써 작문이 사회적 영향을 줄 수 있음을 보여 주고 있다.

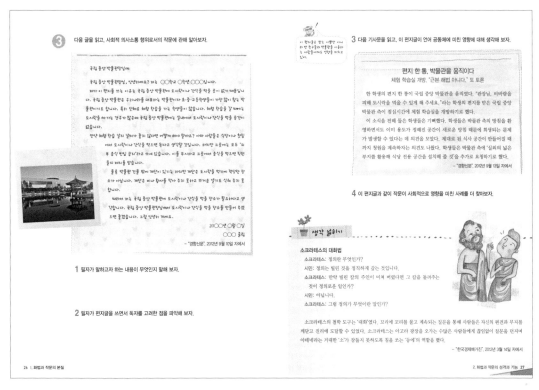

(박영목 외, 화법과 작문, 2016: 26-27)

필자는 글을 씀으로써 어떤 문제가 사회 구성원들 사이에서 공론화되도록 할 수 있다. 또한 독자는 이를 수용, 거부, 대체함으로써 공론화에 참여한다. 글은 사회 구성원들에게 유통되기도 하고, 내용 일부가 변형되기도 하고, 다른 필자에 의해 재구성되는 과정을 거치기도 하면서 사회적인 힘을 얻는다. 이를 통해 사회를 변화시키기도 하고, 사회 구성원들의 의식을 바꾸기도 하고, 없던 제도를 만들어 내기도 한다. 이렇듯 쓰기를 사회적 실천으로 보고 이것의 사회적 파급 효과를 반영하는 교과서가 사회적 구성주의 이론에 기반한 교과서인 것이다.

3 교과서에 반영된 작문 이론을 어떻게 분석할 수 있는가

이 절에서는 교과서에 작문 이론이 어떻게 반영되어 있는지를 분석하기 위해 형식주의 작문 이론과 인지적 구성주의 작문 이론, 사회적 구성주의 작문 이론, 대화주의 작문 이론을 적용하고 있는 교과서를 비교·분석해 보았다. 분석 대상은 두 종의 교과서이며, 모두 2009 개정 교육과정에 따른 중학교 국어의 '주장하는 글쓰기' 단원이다.

고등학교 교과서는 작문 교과서가 선택 교육과정의 심화 작문 과목으로 더욱 전문화되어 있으나, 우리나라는 의무교육이 중학교까지로 한정되어 있고 입시 위주의 교육이 이루어지는 고등학교 현장에서는 선택 교육과정의 심화 작문 과목 수업 시수가 매우 적거나 거의 없다는 점을 고려하여 중학교 국어 교과서로 선정하였다. 또한 중학교 쓰기 영역의 성취기준인 문제 해결 과정으로서의 글쓰기를 가장 잘 담고 있다고 보이는 주장하는 글쓰기 단원을 선택하였다. 여러 국어 교과서 중에서 형식주의 작문 이론을 반영한 전형적인 쓰기 교과서(우한용 외, 중학교 국어 ⑥, 2016)와 기존 교과서와 다르게 좀 더 적극적인 독자를 상정하고 인지적 구성주의와 사회적 구성주의 작문 이론을 일부 반영한 교과서(노미숙 외, 중학교 국어 ⑤, 2016)를 비교 대상으로 선택했다.

1) 본문 활동에 적용된 작문 이론과 독자

작문 교과서의 단원은 크게 본문 활동과 학생들의 실제 작문 활동으로 구분할 수 있다. 그리고 본문 활동은 다시 예시 자료와 예시 자료를 통한 학습 활동으로 나눌 수 있다. 먼저 각 교과서의 본문 활동을 분석해 보면 우한용 외(2016) 교과서는 읽기 교육 위주로, 노미숙 외(2016) 교과서는 작문 교육 절차 위주로 본문 활동을 구성하였다. 일반적으로 본문 활동의 예시 자료 텍스트는 성취기준을 반영하기에 가장 적합한 것으로 선택된다. 예시 자료로 선택되는 텍스트는 크게 모범 텍스트와 결여 텍스트로 양분할 수 있다.

(1) 모범 텍스트 제시 유형

모방을 전제로 한 형식주의 이론이 반영된 교과서에서는 모범 텍스트를 사용한다. 우한용 외(2016) 교과서는 전문 작가가 쓴 모범 텍스트를 제시하여 그 글의 중심 내용을 파악하고, 근거와 설득 효과를 찾아보는 활동을 한 후 근거를 들어 주장하는 글쓰기의 실제를 제시하는 방식으로 교과서를 구성하였다.

우한용 외(2016) 교과서	
단원 학습 목표: 의견의 차이가 드러나는 문제에 대해 타당한 근거를 들어 주장하는 글을 쓸 수 있다.	
예시 자료	학습 활동
예시 자료 ① '저작권 보호의 길' 저작권 보호의 길 최봉현 사람들이 창조한 모든 저작물의 이용은 그것을 만든 저작자에게 권리가 있다. (하략)	1. 이 글에 나타난 사회적 문제 상황과 그에 대한 중심 내용을 파악해 보자. (1) 이 글의 전개 방식에 따라 중심 내용을 정리해 보자. 　－ 문제 제기: 저작물에 대한 불법적인 사용이 계속되어 사회적인 문제가 되고 있다. 　－ 문제적 상황 분석: 　－ 해결책 제시: 　－ 요약 및 강조: (2) 저작권을 보호하는 데 어려움이 따르는 이유를 다음의 두 가지 측면에서 정리해 보자. 저작물의 특성과 관련하여 ＿＿＿＿＿＿＿＿＿ 디지털 산업 특성과 관련히여 ＿＿＿＿＿＿＿＿

2. 이 글의 글쓴이가 저작권 보호에 대한 자신의 주장을 뒷받침하기 위해 든 자세한 근거를 다음과 같이 정리해 보자.

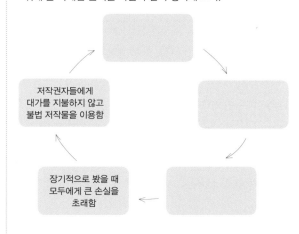

저작권자들에게 대가를 지불하지 않고 불법 저작물을 이용함

장기적으로 봤을 때 모두에게 큰 손실을 초래함

3. 이 글에서 다음에 제시된 설득의 효과를 높이기 위한 방법이 사용된 부분을 찾아보자.

저작권 침해 정도를 저작권 보호 센터가 발표한 자료를 들어 뒷받침하였다.		
	객관적 자료 활용	대조를 통한 강조
	구체적 사례 제시	인과관계 설명

다음 글에서 알 수 있는 저작권 보호와 관련된 다양한 의견을 분석하고 그에 대한 자신의 입장을 정해 보자.

> 오늘의 이야기: 저작권 보호에 대한 당신의 생각을 알려 주세요.
> 댓글 00개
> → 강경이) 이용자에 대한 계도와 교육…
>
> → 조상원) 정책을 마련하는 것도 중요하지만 …
>
> → 이한결) 저작물에 대한 이용을 …

4. 다음 글에서 알 수 있는 저작권 보호와 관련된 다양한 의견들을 분석하고, 그에 대한 자신의 의견을 함께 정해 보자.

	주장	근거
강경이		
조상원		
이한결		
나의 입장		

5. 사회에서 쟁점이 되는 문제에는 어떤 것들이 있는지 다양한 방면에서 찾아보자.
   - 신문기사
   - 인터넷 토론장
   - 텔레비전 뉴스
   - 주변 사례

완성된 모범 텍스트를 예시 자료로 활용하는 것은 학습 자료의 수준을 담보할 수 있다는 점에서 장점이 있다. 그러나 학습자의 흥미와 수준에 적합한지, 작문 능력 향상에 유의미한 도움을 줄 수 있는지에 대한 고민이 뒷받침되어야 한다. '저작권 보호의 길'이라는 예시 자료는 학습 자료로서의 수준을 충족하는 모범 텍스트이지만, 학생들의 흥미와 수준을 고려하기보다는 학생들에게 정보를 제공하는 데 더 초점을 둔 글이다. 글의 소재인 저작권 보호는 학생들이 먼 미래의 문제라거나 자신과는 상관없는 사회적 쟁점이라고 받아들일 가능성이 높다. 그 결과 학생들은 저작권을 보호하는 글쓰기의 필요성을 느끼기 어려울 수 있다. 또한 학습 활동을 보면, 예시 자료의 활용이 다양하지 않고 학생들이 글쓰기에 대한 부담을 느낄 만한 과제가 많다.

우한용 외(2016) 교과서의 예시 자료는 글을 쓰는 과정보다는 완성된 글을 먼저 배치하는 결과 중심적인 구성이라는 점, 오류가 없는 완벽한 내용의 모범적인 글을 제시했다는 점에서 형식주의가 적용되었다고 볼 수 있다. 또한 학습 활동에서도 전형적인 형식주의 작문 이론을 바탕으로 하고 있다. 모범 텍스트의 중심 내용을 파악하고 어떤 형식으로 글이 구성되었는지 정리하게 하는 '활동 1', 필자가 사용한 근거와 전략을 학생들에게 찾도록 요구하는 '활동 2'와 '활동 3'은 텍스트 내부에 의미가 있다고 보는 형식주의 작문 이론이 반영된 것이다.

이러한 학습 활동 구성은 독자를 매우 수동적인 수신자로 인식하여 학습자의 역할을 필자가 생산한 텍스트를 정확하게 분석하는 것으로 한정하는 한계를 보여 준다. 학습자는 필자의 글을 단순히 평가하는 수동적 역할보다 비판적으로 접근하는 능동적 역할을 수행할 때 더욱 효과적으로 글쓰기를 익힐 수 있다. 단순히 교과서를 따라 자료를 분석하는 활동에서 나아가 예시 자료를 비판해 보거나, 친구와 논의하며 제시된 자료의 미흡한 부분을 직접 수정해 보는 적극적인 활동을 할 때 학습자의 글쓰기 능력은 더욱 향상될 수 있는 것이다.

또한 앞의 사례는 전문 문필가가 사용한 전략이 적용되어 있는 텍스트를 학습자들이 분석하도록 해 전략이 어떻게 텍스트에 적용될 수 있는지를 생각해 보도록 유도하는 '유도하기식' 구성으로 전략을 익히도록 하고 있다. 이러한 구성 방식에서는 학생들이 완성된 글에서 전략을 분석할 수는 있어도 실제로 글을 쓰는 과정에서 사용되는 과정적 전략을 학습하기는 어렵다는 한계를 가진다.

(2) 결여 텍스트 제시 유형

다음은 학생들이 쓴 결여 텍스트를 제시하여 글쓰기 과정을 보여 주는 교과서 사례이다. 이 사례는 과정 중심적 글쓰기 이론을 적용하였고 글을 쓰는 과정에서 이루어지는 인지적인 단계를 보여 주기 때문에 인지적 구성주의 이론을 반영했다고 볼 수 있다.

노미숙 외(2016) 교과서

단원 학습 목표: 의견의 차이가 드러나는 문제에 대해 타당한 근거를 들어 주장하는 글을 쓸 수 있다.

예시 자료	학습 활동
예시 자료① 청소년의 팬클럽 활동, 과연 문제인가? 민서: 나는 청소년 팬클럽 활동이 좋다고 생각하는데, 신문 기사를 보면 팬클럽 활동에 대해 부정적으로 생각하는 경우가 많은 것 같아. 너희 생각은 어때? 지선: 난 팬클럽 활동이 청소년기에 필요한 것 같아. … 호진: 맞아. 미래는 불안하고 멋진 사람이 되고 싶지만 … 명수: 내 생각은 달라. 요즘 인터넷을 통해 … 우림: 맞아 요즘에는 연예 기획사들이 … 정아: 팬클럽을 그렇게 나쁘게 볼 필요가 있을까? … 민서: 너희 이야기를 들어 보니 팬클럽 활동에는 …	1. 민서가 사회적 쟁점을 분석하는 과정을 살펴보자. (1) 민서와 친구들이 나눈 대화의 쟁점을 말해 보자. (2) 청소년 팬클럽 활동에 대한 친구들의 다양한 의견을 다음과 같이 정리해 보자. <table><tr><th>긍정적인 면</th><th>부정적인 면</th></tr><tr><td>• • •</td><td>• • •</td></tr></table> (3) 민서가 쓸 글의 주제는 무엇인지 적어 보자.

[가] 스타 따라 나눔 기부하는 팬클럽들(기사문)
연예인들의 선행이 팬클럽 회원들의 선행으로 이어지고 …

[나] 청소년 팬덤 활동의 실태
(연구자료)
좋아하는 연예인이나 운동선 선수가 있는 학생: 73.8%
팬덤 활동 빈도:
1위 홈페이지 방문
2위 팬클럽 카페 가입
…

2. 민서가 주장하는 글을 쓰기 위해 찾은 자료를 찾아보자.
   (1) 민서가 찾은 자료가 주장을 뒷받침하는 데 도움이 되는지 생각해 보고, 그 이유를 이야기해 보자.
   (2) 이 밖에 민서가 글을 쓸 때 근거로 활용할 수 있는 자료를 더 찾아보자.

제목: 청소년의 팬클럽 활동, 과연 문제인가?	
처음	• 청소년 팬클럽 활동에 대한 부정적 인식

중간	• 주장1: 팬클럽 활동은 청소년에게 정서적 안정감과 삶의 활력을 준다.
	  − 세대 차이를 …
	  − 대리 만족을 통해 …
	  − 공감대를 형성해 …
	• 주장2: 팬클럽 활동은 청소년이 사회에 참여 기회를 제공한다.
	  − 사람들에게 다양한 대중문화를 …
	  − 봉사와 기부 문화를 …
	  − 응원 문화를 …

끝	• 청소년이 성장하는 데 도움을 주는 팬클럽 활동

3. 민서가 주장하는 글을 쓰기 위해 만든 개요를 살펴보자.
   (1) 처음 부분에서 청소년의 팬클럽 활동에 대한 부정적인 인식에 대해 설명하려는 이유를 생각해 보자.
   (2) 중간 부분에서 적절하지 않은 근거를 찾아보자.
   (3) 끝 부분이 글 전체에 어떤 역할을 하는지 이야기해 보자.

예시 자료④

[가] 한 조사 연구에 따르면, 대부분의 청소년은 좋아하는 연예인이나 운동선수가 있는 것으로 나타났다. 좋아하는 연예인이나 운동선수가 있는 청소년(→앞에 있는 말을 반복하고 있으니 '그'로 고쳐야겠어) 중에는…

[나] 우선 팬클럽 활동은…

[다] 또한, 팬클럽 활동은…. ○○사랑 팬클럽 회원으로 활동하는 내 친구도 얼마 전 ○○과 함께 봉사활동을 다녀와 친구들의 부러움을 샀다. …

[라] 앞에서 살펴보았듯이…

4. 민서가 주장하는 글을 고쳐 쓰는 과정을 살펴보자.
   (1) [가]에서 민서가 고쳐 쓴 문장을 보고, 고쳐 쓴 이유를 말해 보자.
   (2) [나]의 괄호 안에 알맞은 접속사를 적어 보자.
   (3) [다]의 밑줄 친 부분에 드러난 문제점이 무엇인지 생각해 보자.
   (4) 이 글의 주장이 사회·문화적 맥락에 비추어 받아들일 만한지 생각해 보자.

예시 자료⑤

청소년의 팬클럽 활동, 과연 문제인가?

한 조사 연구에 따르면…

(중략)

…더 성숙한 사회를 만들어 나갈 것이다.

5. 민서가 완성한 글을 읽고 평가해 보자.
   (1) 다음 기준에 따라 민서의 글을 평가해 보자.
   (2) 팬클럽 활동에 대한 자신의 생각을 적어 보자.

평가 기준	별점
주장이 명확하게 드러나는가?	☆ ☆ ☆ ☆ ☆
근거는 타당하고 신뢰할 수 있는가?	☆ ☆ ☆ ☆ ☆
표현이 간결하고 명료한가?	☆ ☆ ☆ ☆ ☆
주장이 사회·문화적 맥락에서 받아들일 만한가?	☆ ☆ ☆ ☆ ☆

노미숙 외(2016) 교과서에 실린 예시 자료는 가상의 또래 학습자가 글을 쓰기 위해 준비하는 단계부터 한 편의 글을 완성하기까지 일련의 과정을 보여 주고 있다. 이러한 성격의 예시 자료는 학습자가 참고할 만한 글쓰기의 전략과 과정을 순차적으로 보여 주어 글의 구조와 작문 전략을 익히는 데 도움을 준다. 또한 이 예시 자료는 청소년들이 공감할 수 있는 주제라는 점에서 학습자의 흥미를 충분히 고려하여 텍스트의 소재를 선택했다고 볼 수 있다. 이렇듯 청소년들이 직접 대면하고 있는 사회적 쟁점을 소재로 한 텍스트를 사용할 때 청소년인 학습자들은 실제 생활에서 글쓰기의 필요성을 체감할 수 있다.

노미숙 외(2016) 교과서에서는 처음부터 완성된 모범 글로 예시 자료를 제시하지 않고 가상의 필자인 '민서'가 글을 완성해 가는 과정을 제시하고 있다. 이는 인지적 구성주의 작문 이론이 적용된 것이다. 또한 예시 자료의 형식을 보면 첫 번째 예시 자료는 '민서'가 청소년 팬클럽 활동에 대해 친구들과 의견을 나누는 담화 텍스트로 구성되었다는 점에서 사회·문화적 맥락의 측면과 담화 공동체를 강조하는 사회적 구성주의 작문 이론이 일부 적용된 것으로 볼 수 있다.

노미숙 외(2016) 교과서에서는 예시 자료의 내용과 구성에 인지적 구성주의, 사회적 구성주의 작문 이론을 반영하고 있지만, 학습 활동에는 형식주의 작문 이론을 일부 반영하고 있다. 학습자에게 예시 자료를 텍스트로 삼아 이를 분석하게 하고, 학습 활동 옆 여백에 날개를 달아 주장하는 글쓰기의 형식과 요소들을 계속해서 강조하고 있기 때문이다. 예를 들어 "주장하는 글을 쓸 때에는 처음 부분에서 문제를 제기하고, 중간 부분에서 주장과 근거를 구체적으로 드러내며, 끝 부분에서 자신의 주장을 강조하거나 요약하는 것이 좋아.", "주장하는 글은 설득을 목적으로 하므로 주장은 명료하고 근거는 타당성과 신뢰성이 있어야 해." 등을 날개에 제시하고 있다.

노미숙 외(2016) 교과서는 '활동 4' 고쳐쓰기 단계의 (4)번 항목과 '활동 5' 평가하기 단계에서 필자인 민서가 쓴 글의 주장이 사회·문화적 맥락을 고려하고 있는지 생각해 보게 하는 활동을 넣었다. 이는 작문에서 독자와 담화 공동체를 어느 정도 고려하고 있는 것으로, 사회적 구성주의가 적용되어 있다고 볼 수 있다.

노미숙 외(2016) 교과서는 가상의 학습자이자 필자가 글을 쓰는 과정을 보여 주며 각 과정마다 어떠한 전략을 사용했는지 날개를 달아 설명하는 방식으로 전략을 안내하고 있다. 이러한 '보여 주기식' 구성은 결국 글의 유형에 따른 형식과 글쓰기 방법을 중시하는 형식주의적인 측면이 강하다. 그러나 학습자들로 하여금 글쓰기의 어느 단계에서 어느 전략을 사용해야 효과적으로 글을 구성할 수 있는지를 명시적으로 알려줌으로써 실제 생활에서 글을 쓸 때 도움을 줄 수 있는 비계의 역할을 수행할 수 있다. 이는 학습자들이 실제 작문 활동에서 다양한 글쓰기 전략을 실천하는 데 적절한 예시가 되고 이를 실제 적용하는 데에도 도움이 된다.

> **용어설명**
>
> 비계(飛階) 도움을 주는 발판을 뜻한다. 원래는 건축에서 유래한 용어인데 교육 분야에서도 사용하게 되었다. 건설 및 보수 공사를 할 때 또는 건물이나 기계를 청소할 때 작업 인부와 자재를 들어 올리고 받쳐 주기 위해 쓰는 가설물을 말한다. 작업장의 인부가 비계에 의지해서 작업을 하듯이 학습자도 교사나 동료 학습자의 도움을 통해서 과제를 해결할 수 있게 됨을 일컬을 때, 비계라는 용어를 사용한다.

2) 실제 작문 활동에 적용된 성취기준과 작문 이론

실제 작문 활동은 본문 학습에서 학습한 내용을 작문의 각 단계에 따라 자신의 작문 활동에 적용해 보는 활동이다. 실제 작문 활동은 학생들이 주도적으로 한 편의 글을 완성할 수 있는 기회를 제공하기 때문에 학습자의 작문 능력 향상에 가장 핵심적인 역할을 한다. 국어 교과서의 쓰기 단원에 대한 더 나은 방향을 제시하기 위해서는 현 교과서의 실제 작문 활동을 면밀하게 살펴보고 각 교과서가 어떤 문제점을 가지고 있는지 분석할 필요가 있다.

표 7-3은 우한용 외(2016) 교과서와 노미숙 외(2016) 교과서의 '주장하는 글쓰기' 단원에서 실제 작문 활동이 어떻게 차이 나는지 살펴보기 위해 과정 및 단계 구성을 정리한 것이다.

표 7-3 주장하는 글쓰기 단원의 실제 작문 학습 활동

실제 작문 활동			
우한용 외(2016) 교과서		노미숙 외(2016) 교과서	
과정 1	[자료 수집하기] 1. 학교 운동장 개방 문제에 대한 다양한 자료를 수집해 보자. • 자료1 – 학교 운동장 개방 논란 기사문 • 자료2 – • 자료3 –	1 단계	[사회적 쟁점 찾기] 1. 주장하는 글로 쓰고 싶은 사회적 쟁점을 찾아보자. • 개발이 우선인가 환경 보존이 우선인가? • 교내 휴대 전화 소지는 바람직한가? • •
과정 2	[입장 정하기] 2. 문제 상황을 분석하고, 그에 대한 자신의 입장을 정해 보자. (1) 1에서 수집한 자료를 통해 알 수 있는 문제 상황은 무엇인지 정리해 보자. (2) 학교 운동장 개방의 장점과 단점을 이야기해 보자. (3) 학교 운동장 개방 문제에 대한 자신의 입장을 정해 보자.	2 단계	[쟁점 분석하기] 2. 쟁점에 대한 여러 사람의 생각이나 자료를 분석하고, 자신의 의견을 정리해 보자. • 쟁점에 대한 여러 사람의 생각 　－ 의견1 　－ 의견2 　－ 의견3 • 쟁점에 대한 자료: 나의 의견
과정 3	[근거 마련하기] 3. 자신의 입장을 뒷받침할 수 있는 근거를 마련해 보자. • 근거 　－ 　－ • 예상 반박　→　• 대응책		

[내용 조직하기]

과정 4

4. 앞서 마련한 내용을 바탕으로 주장하는 글의 짜임에 맞게 개요를 짜 보자.

서론: 문제를 제기하고 글을 쓰는 동기나 목적을 밝힌다.
본론: 주장과 그에 대한 근거를 구체적으로 제시한다.
결론: 본론을 … 마무리한다.

제목: _____

구성	중심 내용
서론	
본론	
결론	

주제: _____

[개요 작성하기]

3 단계

3. 자신의 의견을 바탕으로 개요를 작성해 보자.

처음	
중간	
끝	

[주장하는 글쓰기]

과정 5

5. 개요를 바탕으로 글을 써 보자.

제목: _____

_____
_____
_____
_____
_____

[주장하는 글쓰기]

4 단계

4. 타당한 근거를 들어 주장하는 글을 써 보자.

[글 다듬기]

과정 6

6. 점검표에 따라 자신이 쓴 글을 평가한 후 고쳐 써 보자.

평가표	예	아니요
주장하고자 하는 바가 무엇인지 분명한가?		
사회·문화적 맥락에서 객관적이고 타당한 근거를 제시하였는가?		
간결하고 명료한 문제로 각 문단을 통일성 있게 구성하였는가?		
적절하지 않거나 잘못된 표현은 없는가?		

[평가하기]

5 단계

5. 자신과 친구들이 쓴 글을 읽고 다음의 기준에 따라 평가해 보자.

평가 기준	별점
주장이 명확하게 드러나는가?	☆ ☆ ☆ ☆ ☆
근거는 타당하고 신뢰할 수 있는가?	☆ ☆ ☆ ☆ ☆
표현이 간결하고 명료한가?	☆ ☆ ☆ ☆ ☆
주장이 사회·문화적 맥락에서 받아들일 만한가?	☆ ☆ ☆ ☆ ☆

(1) 실제 작문 활동에 적용된 성취기준

두 교과서에서 구현하고 있는 중학교 국어과 교육과정의 쓰기 영역 내용 성취기준을 소개하면 다음과 같다.

(4) 의견의 차이가 드러나는 문제에 대해 타당한 근거를 들어 주장하는 글을 쓴다.

사회적 쟁점에 대해서 문제를 분석하고, 구체적이고 타당한 근거를 들어 설득력 있게 자신의 주장을 펼칠 수 있는 글쓰기 능력은 오늘날 민주 시민으로 꼭 갖추어야 할 능력이다. 주장하는 글쓰기는 문제가 되는 쟁점과 관련된 다양한 의견을 분석해 자신의 관점을 정리하고, 자신의 주장이 사회 문화적 맥락 안에서 수용될 수 있도록 논리적이고 타당한 근거를 들어 글을 쓰도록 지도한다. 또한 주장하는 글의 형식적, 문체적 특성에 맞게 자신의 의견을 논리적이고 설득적인 문장으로 펼칠 수 있도록 지도한다.

두 교과서 모두 단원의 학습 목표를 "의견의 차이가 드러나는 문제에 대해 타당한 근거를 들어 주장하는 글을 쓸 수 있다."고 밝히고 있다. 교육과정의 성취기준을 문자 그대로 단원의 학습 목표로 설정한 것이다. 교과서 검정을 심의하는 기준 중의 하나가 '교과서에 국가 수준의 국어과 교육과정이 잘 반영되어 있는가?'이기 때문에 대부분의 교과서에서는 국어과 교육과정에 나타난 성취기준의 문구를 그대로 사용하고 단원 내용도 성취기준에 맞게 구성한다.

두 교과서 모두 주장하는 글쓰기를 잘 가르치기 위해 글 구성하기, 점검·조정하기, 고쳐쓰기 기능을 중심으로 내용을 구성하고 있다. 두 교과서는 인지적 구성주의 작문 이론을 바탕으로, 필자가 입장을 정하고 내용을 조직하고 글을 완성하기까지의 과정에 따라 활동을 순차적으로 나열하고 있다. 이처럼 두 교과서는 전체 구성은 비슷하나 세부적으로는 차이가 있다. 우한용 외(2016) 교과서에서는 '자료 수집하기 → 입장 정하기 → 근거 마련하기 → 내용 조직하기 → 주장하는 글쓰기 → 글 다듬기'와 같이 6단계로 작문 단계를 구성하였고, 노미숙 외(2016) 교과서에서는 '사회적 쟁점 찾기 → 쟁점 분석하기 → 개요 작성하기 → 주장하는 글쓰기 → 평가하기'의 5단계로 작문 단계를 구성하였다.[3] 또

......

3 노미숙 외(2016) 교과서는 5단계 안에 '근거 마련하기' 단계를 생략하였다. 성취기준에 근거한 단

한 두 교과서 모두 작문의 본질을 문제 해결 과정으로 본 국어과 교육과정 내용 성취기준 "[9국03-01] 쓰기는 주제, 목적, 매체 등을 고려한 문제 해결 과정임을 이해하고 글을 쓴다."를 간접적으로 반영한 것이라 볼 수 있다.

(2) 실제 작문 활동에 반영된 작문 이론

두 교과서는 모두 활동 구성에서 인지적 구성주의 작문 이론을 적용하고 있어 매우 유사해 보인다. 하지만 각 활동을 자세히 살펴보면 두 교과서의 바탕이 되는 작문 이론이 서로 다르다는 것을 알 수 있다. 실제 작문 활동에 나타나는 두 교과서의 가장 큰 차이는 바로 협력적 글쓰기 활동의 유무이다. 우한용 외(2016) 교과서의 실제 작문 활동에는 동료와의 협력적 글쓰기 없이 '과정1: 자료 수집하기'부터 마지막 '과정6: 글다듬기'까지 독자적인 활동으로만 구성되어 있다. 이는 글쓰기 과정을 개인의 문제 해결 과정으로 보는 전형적인 필자 중심의 인지주의 작문 이론을 반영하고 있는 것이다. 반면 노미숙 외(2016) 교과서는 '2단계: 쟁점 분석하기'에서 동료와 의견 비교, '5단계: 평가하기'에서 상호 평가 등 협력적 글쓰기 활동을 구성하고 있다. 작문을 개인의 문제 해결 과정이 아닌 담화 공동체 안에서 만들어진 상호작용 행위라고 보고 있는 것이다. 이는 담화 공동체 내 상호작용을 고려했다는 점에서 사회적 요인이 추가되었기 때문에 사회적 인지주의 작문 이론의 접근이라 할 수 있다. 이러한 활동을 통해 학습자는 글쓰기가 개인적 행위라기보다 사회적 관계 안에서의 행위라고 인식하게 되고, 독자를 고려하여 글을 쓸 수 있다.

그러나 두 교과서는 대화주의 작문 이론에서처럼 독자가 필자와 작문의 처음부터 마지막 과정까지 동등한 주체로서 대화하는 활동까지는 미치지 못하고 있다. 글쓰기는 독자와의 역동적인 상호작용으로 완성되었을 때 더 큰 의미를 가지기 때문에 교과서 구성에서 대화주의 작문 이론을 더 적극적으로 반영할 필요가 있다.

....

원의 학습 목표를 고려한다면 근거 마련하기 단계가 있는 편이 더 바람직하다. 다만 이 교과서는 '주장하는 글쓰기' 단계에서 근거를 들어 주장하는 글을 쓰도록 활동을 제시함으로써 이를 보완하고 있다.

바흐친의 대화주의 작문 이론

미하일 미하일로비치 바흐친(Mikhail Mikhailovich Bakhtin, 1895~1975): 러시아의 사상가이자 이론가로 문학 이론, 윤리학, 언어 철학 등 다양한 주제에 관한 저서를 남겼다.

바흐친은 『도스토예프스키 예술의 문제점(Problems of Dostoevsky's poetics)』(1929)에서 대화주의 작문 이론의 이론적 기반이 된 '대화주의(dialogism)'라는 용어를 처음 사용하였다. 바흐친의 대화주의 이론은 원래 소설을 분석하는 데 이용되었으나, 1990년대에 마틴 니스트랜드(Martin Nystrand) 등이 이를 작문 이론에 적용하면서 대화주의 작문 이론이 등장하게 되었다. 기존의 형식주의 작문 이론이 글의 결과와 수사학적 측면만을, 개인적 구성주의 이론이 개인의 인지만을, 사회적 구성주의가 사회적인 맥락만을 중시했다면, 대화주의 작문 이론은 내적·외적 대화를 통한 개인적 인지와 사회적 맥락의 상호작용을 모두 중시한다고 할 수 있다(김현정, 2010: 9). 대화주의 작문 이론에서는 작문을 필자와 그를 둘러싼 다양한 타자와의 대화적 상호작용의 행위, 즉 필자가 사회적 맥락과 타자들 간에 상호작용을 하면서 의미를 형성하는 것으로 이해한다. 이러한 다양한 상호작용이 내적·외적 대화를 통해 이루어진다는 것이 대화주의 작문 이론의 핵심이다.

3) 고쳐쓰기 사례

고쳐쓰기의 중요성에도 불구하고 현행 교과서에서는 고쳐쓰기를 비중 있게 다루고 있지 않다. 대개 목표 중심의 교과서 구성 방식을 취하고 있기 때문에 고쳐쓰기와 관련된 학습 목표가 있는 단원에서만 이를 다루는 경향이 있다. 그러나 실제 작문 과정을 생각해 본다면 어느 단원에서나 고쳐쓰기를 필수적으로 다루어야 한다. 형식주의 이론에 근거한 다음의 고쳐쓰기 학습 활동 사례를 살펴보자.

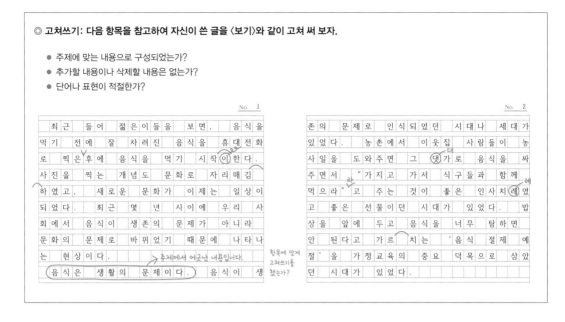

◎ **고쳐쓰기: 다음 항목을 참고하여 자신이 쓴 글을 〈보기〉와 같이 고쳐 써 보자.**

- 주제에 맞는 내용으로 구성되었는가?
- 추가할 내용이나 삭제할 내용은 없는가?
- 단어나 표현이 적절한가?

이 사례에서는 고쳐쓰기를 할 때 내용의 통일성, 내용의 풍부성, 단어나 표현의 적절성 등 글 자체의 완성도와 관련된 부분만을 고려하도록 하고 있다. 또한 원고지에서 학생이 고쳐 쓴 듯한 〈보기〉에서도 주제에서 벗어난 내용, 어법에서 오류가 있는 문장 위주로 고쳐쓰기를 진행하고 있다. 이는 형식주의 작문이론을 반영한 고쳐쓰기를 보여 주는 것으로 요즘 작문 이론에서 제기되는 독자와의 대화를 강조하는 대화주의적 요소가 전혀 반영되어 있지 않다. 이 사례와 비슷한 학습활동이 교과서에 제시되고 있는 게 일반적이다. 그런데 해당 단원의 학습 목표가 "주제, 목적, 독자를 고려하여 쓸 수 있다."일 경우 독자 요인을 넣어 고쳐쓰기를 하도록 학습 활동을 구성할 필요가 있다.

다음은 위 단원과 같은 학습 목표를 구현한 단원으로, 독자 요인을 고쳐쓰기에 포함한 사례이다.

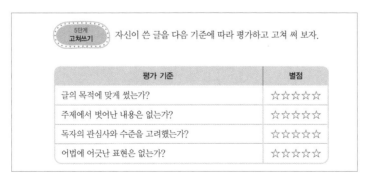

(노미숙 외, 중학교 국어 ①, 2013: 173)

"독자의 관심사와 수준을 고려했는가?", "독자를 고려한 글쓰기가 되었는가?", "독자의 흥미와 관심을 불러 일으켰는가?", "독자가 대상을 잘 이해하는 데 도움을 주었는가?" 등 다양한 방식으로 독자 요인을 고쳐쓰기에 포함할 수 있다. 다음 사례 역시 독자 요인을 고려하여 고쳐쓰기를 하도록 제시한 것이다.

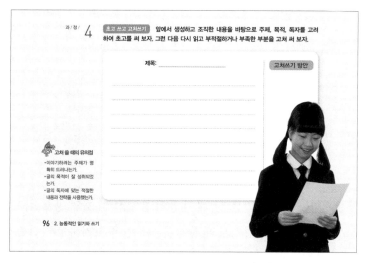

(우한용 외, 중학교 국어 ①, 2016: 96)

이러한 사례들은 예상 독자를 고려한 고쳐쓰기를 제시하고 있지만, 예상 독자에 맞는 적절한 내용과 전략을 사용했는지 묻는 데 그친다. 필자의 관점에서 예상 독자를 생각해 보게 할 뿐 직접적으로 필자와 독자가 서로 상호작용하고 있지 않다는 점에서 인지적 구성주의 작문 이론에 해당하는 활동이라고 할 수 있다.

다음은 주장하는 글쓰기의 장르적 특성을 고쳐쓰기에 반영하여 제시한 사례이다.

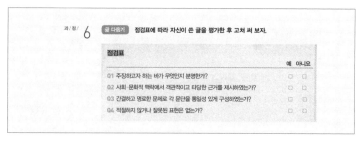

(우한용 외, 중학교 국어 ⑥, 2016: 86)

주장하고자 하는 바가 분명한지를 검토하고, 사회·문화적 맥락에서 객관적이고 타당한 근거를 제시하였는지를 고쳐쓰기 항목으로 제시하고 있다. 그러나 독자와의 사회적 상호작용에 대한 항목이나 세계 시민과의 대화를 통한 언어문화 이해 및 인식에 대한 항목은 포함되어 있지 않다.

앞의 사례가 자기 점검 차원에서의 평가 기준이라고 한다면, 다음은 자기와 동료 학생과의 상호작용을 통해 점검해 보게 하는 상호 점검 차원에서의 평가 기준이다. 다만 아쉬운 점은 자신과 친구들이 쓴 글을 읽고 평가하는 것으로 마무리하고, 고쳐쓰기 단계를 생략하고 있다는 점이다.

5단계 평가하기 자신과 친구들이 쓴 글을 읽고, 다음 기준에 따라 평가해 보자.

평가 기준	별점
주장이 분명하게 드러나는가?	☆ ☆ ☆ ☆ ☆
근거는 타당하고 신뢰할 수 있는가?	☆ ☆ ☆ ☆ ☆
표현이 간결하고 명료한가?	☆ ☆ ☆ ☆ ☆
주장이 사회·문화적 맥락에서 받아들일 만한가?	☆ ☆ ☆ ☆ ☆

(노미숙 외, 중학교 국어 ⑤, 2016: 99)

현행 교과서의 고쳐쓰기 단원에서는 교정이나 윤문 차원에서의 고쳐쓰기, 자기 점검 또는 자기 평기 후 고쳐쓰기, 학습자 상호 평가 등으로 구성되어 있다. 반면 독자와 필자의 상호작용을 통한 담화 공동체적 차원의 고쳐쓰기 활동이 미약한 편이다. 독자와 필자의 상호작용이 직접적으로 드러나는 온라인상의 글쓰기와 같이, 달라진 쓰기 문화를 반영하여 고쳐쓰기 단원을 구성하는 작업과 필자와 독자와의 상호작용을 반영한 깊이 있는 고쳐쓰기 학습 활동의 개발이 필요하다. 작문의 실제성을 반영하는 고쳐쓰기 단원의 개발은 학습자의 쓰기 문화 형성에 기여할 것이다.

4 실제성을 높이는 작문 교과서는 어떠한가

작문 학습 활동은 학습자들의 실제 작문 활동을 반영해야 한다. 즉, 작문을 둘러싸고 있는 작문 현상의 국면을 포괄해야 하며, 이는 곧 작문의 주제, 목적, 예상 독자 요소를 작문 학습 활동에 구체적으로 구현해야 한다는 것을 의미한다. 또한 작문 학습 활동은 학습자들이 작문 능력을 향상시킬 수 있는 연습의 기회를 제공해야 한다(이보영, 2014: 91). 이 장에서는 실제성, 예상 독자, 피드백과 고쳐쓰기 활동을 중점적으로 실제성 있는 작문 교육을 위한 교과서 집필 방안을 제안하고자 한다.

1) 실제성

우리가 실제 생활에서 글을 쓸 때에는 타인이나 사회의 요구에 의해 글감이 정해지는 경우도 있지만, 대부분 글의 소재를 직접 찾아 나서야 한다. 또한 학습자 스스로 쓸 글의 주제와 방향을 결정하고 아이디어를 조직하는 단계의 중요성을 인식하는 것은 실제 작문 상황에서 학습자들이 능숙한 필자로 거듭나게 하는 데에 중요한 요소로 작용한다.

그러나 우한용 외(2016) 교과서에서 작문의 첫 단계로 "학교 운동장 개방 문제에 대한 다양한 자료들을 수집해 보자."를 제시하였듯이, 많은 교과서가 학생들이 써야 할 글의 소재를 정해 주고 이에 대한 자료를 수집하도록 하는 활동을 설정하고 있다. 실제적인 작문 상황 맥락을 교과서에서 제시하지 못하고 있는 것이다.

반면 노미숙 외(2016) 교과서는 글쓰기 단계의 첫 시작을 '사회적 쟁점 찾기'라고 하여 학생들에게 직접 주장하는 글로 쓰고 싶은 사회적 쟁점을 찾아보게 하고 있다. 이렇게 학생들이 직접 사회적 쟁점을 찾아보게 하는 단계를 글쓰기 과정에 포함하는 것은 실제 글쓰기 상황 맥락을 반영하는 것이며, 자연스럽게 사회 공동체가 공유하고 있는 문제를 글감으로 선정하게 함으로써 사회적 맥락을 반영한 작문을 유도한다고 볼 수 있다.

그러나 두 교과서 모두 실제 작문 과정이 가지는 회귀적인 속성을 안내하는 데까지는 나아가지 못하고 있다. 실제 한 편의 글을 쓰는 과정을 생각해 보면 일련의 과정을 순서대로만 거치는 것이 아니라 글을 쓰는 중간에도 이전 단계로 돌아가 수정하고 보완하는 작업을 거친다. 그러므로 작문 활동을 구성할 때에도 점검하고 조정하는 과정을 두어 글쓰기의 전(全) 단계에서 조정이 이루어진다는 점을 학습자가 인식하고 이를 수행할 수 있도록 해야 한다. 또한 초고를 평가하는 단계에서 단원을 그칠 것이 아니라, 학습자가 다면적인 피드백을 바탕으로 자신의 개요와 초고를 여러 차례 수정할 수 있도록 활동을 구성해야 실제성을 반영한 교과서가 될 것이다.

2) 예상 독자

교과서 활동에서 예상 독자를 구체화하도록 유도하고 있는지를 점검해 보아야 한다. 주장하는 글쓰기와 같은 작문 유형의 핵심은 독자를 설득하기 위해 의견을 논리적으로 전개하는 것이다. 즉, 주장하는 글쓰기의 궁극적 목적은 독자를 설득하는 일이다. 그럼에도 우한용 외(2016) 교과서와 노미숙 외(2016) 교과서는 필자의 주장을 논리적으로 전개하는 방법에만 초점을 둘 뿐, 예상 독자를 구체적으로 상정하지는 않는다. 노미숙 외(2016) 교과서의 경우에는 '2단계: 쟁점 분석하기'와 '5단계: 평가하기'에서 담화 공동체와의 상호작용을 유도하고 있지만 학습자에게 구체적인 예상 독자를 상정하도록 하는 활동은 없다. 특히 '3단계: 개요 작성하기'와 '4단계: 주장하는 글쓰기'에서는 독자를 설득하는 방법보다는 필자의 입장에서 자신의 의견을 어떻게 논설문 형식에 맞게 논리적으로 전달할 것인가에 대해서만 집중하는 한계를 보인다. 따라서 독자이자 동료인 주변 학습자들이 단순히 완성된 글을 검토할 뿐 아니라, 글을 구성하는 과정에도 적극적으로 참여할 수 있는 소집단 활동을 포함하는 등 학습자가 예상 독자를 염두에 두고 글을 쓸 수 있도록 유도하는 교과서를 구성할 필요가 있다.

3) 피드백과 고쳐쓰기

피드백과 고쳐쓰기는 교과서가 학습자들의 작문 능력을 향상시킬 수 있도록 충분한 연습의 기회를 마련하고 있는가와 관련된다. 실제 글을 쓰는 상황에서 한 번 만에 완벽하게 글을 쓰는 사람은 없다. 자기 평가를 넘어 다면적인 피드백을 통해 계속해서 수정하고 보완하는 작업을 거치고 난 후에야 완성도 높은 글을 생산해 낼 수 있다. 또한 동료의 글을 평가하는 활동을 통해 학생들은 타인의 글은 물론 자신의 글을 평가하는 상위인지 능력을 키울 수 있다.

그러나 현행 작문 교과서는 작문 과정에서 점검하고 고쳐 쓰는 작업을 매우 빈약하게 다루고 있다. 우한용 외(2016) 교과서의 마지막 평가하기 단계인 '과정6: 글 다듬기'를 보면, 자기 평가로만 점검하기 활동을 구성하고 있고, 평가 응답지도 '예', '아니요'를 선택하도록 되어 있다. 이는 글쓰기 능력 향상에 결정적인 영향을 줄 수 있는 독자 피드백의 기회를 제한한다. 그 결과 자신의 글쓰기를 점검하는 학습자가 구체적인 문제점을 파악하고 이를 수정에 반영하기 어렵다. 노미숙 외(2016) 교과서는 '5단계: 평가하기'에서 친구와의 상호 평가와 자기 평가를 모두 수행하도록 하고 있으며, '예', '아니요'라는 단순한 응답지 대신 별표 개수로 잘함과 못함 정도를 표시하게 하고 있다. 이는 필자가 자신의 글이 어느 부분에서 얼마나 부족했는지를 확인할 수 있도록 구성했다는 점에서 우한용 외(2016) 교과서보다는 구체적인 평가가 가능할 것으로 보인다. 그러나 이러한 활동도 섬세한 상호 피드백을 제한한다는 한계를 가진다. 따라서 상호 피드백의 공간을 더 넓게 할당하고, 서로에게 구체적인 코멘트를 달 수 있도록 상호 점검표를 보완하는 것이 바람직하다. 온라인에서 댓글, 대댓글을 다는 방식을 활용하는 것도 하나의 방법이 될 것이다.

교과서 작문 활동에서 피드백을 강조하는 이유는 피드백이 학습자가 자신의 글을 고쳐쓰고 개선하기 위해 필요한 과정이자 도구이기 때문이다. 따라서 동료 학습자들과 상호 평가 후 바로 작문 활동이 마무리된다면 상호 평가는 아무 의미가 없는 활동이 되는 셈이다. 그런데 노미숙 외(2016) 교과서는 고쳐쓰기 단계를 아예 활동에 포함하지 않고 있다. 우한용 외(2016) 교과서도 고쳐쓰기 활동이 일회성에 그치고 있는데, 교사의 지도 아래 일회적으로 오류를 교정하는 것만으로는 학생의 작문 능력을 충분히 향상시키기 어렵다. 또한 교과서에 고쳐쓰기를 할 만한 충분한 공간이 없기 때문에 실제 수업에서 고쳐쓰기가 무시될 확률이 매우 높다.

학생들이 교사와 동료의 피드백, 자기 평가를 바탕으로 자신의 글을 반복해서 읽어 보고 여러 차례 수정하는 과정을 통해 진정한 성취감을 느낄 수 있을 때, 작문 교육은 미숙한 필자에 머물러 있는 학습자를 능동적이고 능숙한 필자로 성장시킬 수 있다. 따라서 작문 교과서에서는 고쳐쓰기 활동을 필수적으로 다뤄야 하고, 학습자가 하나의 글을 여러 번 고쳐 쓰는 과정을 거치면서 완성도 높은 작품을 생산하는 경험을 할 수 있도록 구성해야 한다.

생각해 봅시다

1   쓰기 단원을 구성할 때 고려해야 할 요소를 세 가지 써 보자.

2   형식주의, 인지적 구성주의, 사회적 구성주의, 대화주의 작문 이론의 특징을 써 보자.

3   여러분이 바람직하다고 생각하는 작문 이론에 근거하여 쓰기 단원을 구성해 보자.

4   고쳐쓰기의 중요성을 강조하는 작문 교육의 사례를 제시해 보자.

5   과거의 교과서에 나타난 쓰기 단원과 현행 교과서에 나타난 쓰기 단원의 구성 방식을 비교해 보자.

참고문헌

교육부(2015),『국어과 교육과정』, 교육부 고시 제2015-74호[별책 5].

김태철 외(2013),『중학교 국어 ①』(2009 개정), 비상교육.

김현정(2010),「대화주의 글쓰기 방법론 연구: 문학 비평 글쓰기를 중심으로」, 전남대학교 박사학위 논문.

노미숙 외(2013),『중학교 국어 ①』(2009 개정), 천재교육.

노미숙 외(2016),『중학교 국어 ⑤』(2009 개정), 천재교육.

민현식 외(2013),『중학교 국어 ⑥』(2009 개정), 신사고.

박영목 외(2016),『고등학교 화법과 작문』(2009 개정), 천재교육.

박영민 외(2016),『고등학교 화법과 작문』(2009 개정), 비상교육.

서울대학교 교육연구소 편(1995),『교육학 용어사전』, 하우.

우한용 외(2016a),『중학교 국어 ①』(2009 개정), 신사고.

우한용 외(2016b),『중학교 국어 ⑥』(2009 개정), 신사고.

이보영(2014),「중학교 국어 교과서 쓰기 학습 활동의 구현 양상과 개선 방안」, 부산대학교 교육대학원 석사학위 논문.

이삼형 외(2016),『고등학교 화법과 작문』(2009 개정), 지학사.

정혜승(2002),『국어과 교육과정 실행 연구』, 박이정.

정혜승(2013),『독자와 대화하는 글쓰기: 대화적 문식성 교육을 위한 작문 과정과 전략 탐구』, 사회평론아카데미.

Bruffee, K. A.(1986), "Social Construction, Language, and the Authority of Knowledge: A Bibliographical Essay", *College English* 48(8), 773-790.

Emig, J.(1971), *The Composing Processes of Twelfth Graders*, National Council of Teachers of English.

Flower, L. & Hayes, J. R.(1981), "A Cognitive Process Theory of Writing", *College Composition and Communication* 32, 365-387.

Nystrand, M., Greene, S. & Wiemelt, J.(1993), "Where did Composition Studies Come from?: An Intellectual History", *Written Communication* 10(3), 267-333.

8장   작문 교수·학습 방법

이미나 선생님은 작문을 잘하려면 직접 작문을 해 보는 것이 중요하다고 생각한다. 그런데 실제 학생들은 작문을 제대로 해 본 경험도 없고, 작문 활동도 어렵다고 생각해 작문 수업을 부담스러워한다. 어떤 학생들은 "어차피 원래 잘 못 써요."라고 말하며 시도도 하지 않으려고 해서 선생님을 안타깝게 한다.

그래서 이 선생님은 부담 없이 학생들이 작문 활동에 적극적으로 참여하게 하는 방법을 찾아보기로 하고, 대학에서 배웠던 작문 이론과 작문 전략, 작문 교수·학습 모형 등도 다시 찾아서 공부도 해 보았다. 그런데 지식이나 이론을 이해하고 정리하는 것은 익숙하게 할 수 있었는데 이를 실제 수업에 효과적으로 적용하는 것은 쉽지가 않았다. 요약하며 쓰기, 베껴 쓰기, 작품집 만들기, 포트폴리오 만들기와 같이 다양한 활동을 계획하여 수업에 적용하면 학생들의 참여도도 높아지고 수업 자체도 활기 있게 변화할 것 같은데 세부적인 내용이나 방법을 알 수가 없었다. 이러다 보니 재미있는 수업을 해서 학생들이 작문을 즐겁게 할 수 있었으면 좋겠다는 자신의 바람이 이루어질 수 있을지 막막하다.

이 장에서는 작문 교육과 관련하여 작문 교수·학습의 원리, 작문 교수·학습 방법, 작문 교수·학습의 실행을 다룬다. 특히 작문 교수·학습 모형을 실제 수업에 적용하고, 교사 나름의 방식으로 발전시키는 과정도 보여 주고자 하였다.

1 작문 교수·학습의 원리에는 어떤 것이 있는가

작문 교수·학습의 원리에서는 작문 이론을 바탕으로 작문 교수·학습의 방향을 제시하고자 한다. 이를 위해 실제 작문 상황에 교수법 또는 교수 이론의 기본적인 원리를 적용하는 과정을 보이면서 이때의 유의점 등을 다룰 것이다.

작문 지도도 교육적 행위이기 때문에 대부분의 작문 교수·학습 원리는 학습자 중심의 관점, 동기 유발을 위한 안내, 점진적 이행의 강조, 훈련과 연습의 방법 등 교수법의 일반적인 원리를 바탕으로 한다.

박영목(2008: 272-279)의 작문 교수·학습의 원리는 인지주의 입장에서 구체적인 전략을 중심으로 작문을 지도하고, 그 과정에서 문제 해결을 위한 의미 협상과 협동을 중시한다. 또한 작문 학습을 통하여 학생들이 작문에 관한 기본적인 지식과 기능을 심화할 수 있어야 할 뿐만 아니라, 다른 교과의 학습 활동을 강화시킬 수 있어야 한다고 본다. 작문이 다른 교과 학습 활동에 적용될 수 있다는 작문 기능의 범교과적 활용 능력은 학습자의 학교 교육을 성공적으로 이끄는 데 기여한다. 따라서 앞으로의 작문 지도는 단순히 작문 기능의 신장에만 초점을 둘 것이 아니라 창의적이고도 통합적인 학습 능력과 직결되는 문제 해결 능력, 의사소통 능력, 새로운 정보 기술의 이용 능력, 협동 작업 능력, 연결 짓기 능력 등의 신장을 지향해야 한다. 이러한 관점은 교과 지도가 교과 내부에서만 제시되는 데서 그치지 않고 실제 상황이나 다른 교과와 연계되면서 학생의 핵심 역량을 제고하는 데 초점을 맞추어야 한다는 최근의 논의와도 상통한다.

박영목(2008)의 작문 교수·학습에서 다루어야 할 원리, 즉 작문 교수·학습의 방향 여섯 가지 측면을 정리하면 다음과 같다.

- 작문 지도의 방향 (박영목, 2008: 272-279)
    (1) 구체적인 작문 전략 중심의 작문 지도
    (2) 실제적인 사회 문화적 상황에 기초한 작문 활동 중심의 작문 지도
    (3) 문제 해결을 위한 의미 협상과 협동을 중시하는 작문 지도
    (4) 작문 능력 발달 단계에 적합한 작문 지도
    (5) 기능적 문식성과 비판적 문식성 신장을 위한 범교과적 작문 지도
    (6) 새로운 정보 기술을 활용한 작문 지도

박영목(2008)에서 언급한 구체적 전략 중심의 지도를 강조하는 것, 실제 상황에서 활동할 수 있게 하는 것, 문제 해결을 강조하고 협상과 협동을 중시하는 것, 학생의 작문 발달 단계를 고려하여 이에 맞는 작문 지도가 제공되어야 한다는 것 등은 학습 과정의 인지적 특성을 고려하여 지도한다는 뜻이다. 이는 이 원리가 교수·학습 과정의 인지적 특성, 특히 학생들의 인지적 특성에 주의하는 인지주의적 입장을 취하고 있음을 보여 주며, 대부분의 작문 교수·학습의 기본 방향과도 일치한다.

최미숙 외(2008)가 제시하는 5가지 작문 교수·학습의 원리도 학생의 학습 과정, 경험, 적절한 피드백과 같이 학생의 인지적 특성을 중시한다는 점에서 박영목(2008)과 유사하다. 특히 단계적인 작문 과정을 중심으로 교수·학습을 제시하고, 여러 유형의 피드백을 제공하고 있다는 점은 이 원리가 학생의 학습 과정에 대한 이해를 기반으로 하고 있음을 보여 준다.

- 작문 교수·학습의 원리(최미숙 외, 2008: 264-265)

  (1) 생태학적 교수·학습 환경의 구성 원리

  (2) 다양한 접점에서의 글쓰기 경험 원리

  (3) 과정과 결과의 균형성 원리

  (4) 단계적 책임 이양 원리

  (5) 다면적 피드백 원리

그러나 교사와 학생의 관계, 학생 개개인의 학습 등에서 실제적인 활동을 기반으로 작문 교수·학습을 제공해야 한다는 생태학적 교수·학습의 원리는 교실 작문 수업을 전제로 작문의 과정을 모형화하고 각 과정에 대한 교수·학습에 집중하고 있는 박영목(2008)과는 다른 점이다. 특히 '생태학적 교수·학습 환경의 구성 원리'는 작문 지도가 이루어지는 교실 환경을 학교 밖의 현실 세계처럼 실제로 다양한 자료를 읽고 쓸 수 있을 뿐만 아니라, 자신들에게 의미 있는 과제를 중심으로 적극적으로 참여하고 활동할 수 있는 하나의 생태계로 만들어야 한다는 것을 전제한다.

이 외에도 '다양한 접점에서의 글쓰기 경험 원리'는 작문 교육이 다양한 글쓰기 경험을 제공해야 한다는 뜻이다. 교사는 학습자들이 자신이 쓴 글에 대해 다양한 독자들의 반응을 경험함으로써 성숙한 필자로 성장할 수 있도록 도와야 한다. '과정과 결과의 균형성의 원리'는 작문의 과정뿐만 아니라 결과도 중요시되어야 한다는 의미이다. 교수·학습 과정에서 전개하는 다양한 활동들은 반드시 바람직한 결과로 연계되어야 한다. '단계적 책임 이양 원리'는 수업에서의 주도권을 점차 학생에게 이양하면서 학생들이 독자적으로 과제를 수행할 수 있도록 하는 것이다. '다면적 피드백 원리'는 교사나 동료 학습자들로부터 적극적인 지원을 받되 반성적 시각에서 여러 가지 작문 문제를 해결하게 함으로써, 자기 주도적 작문 능력을 신장시키고 독자를 인식하게 하는 사회 인지 능력을 기르게 하는 것이다.

최미숙 외(2008)의 교수·학습의 원리가 박영목(2008)의 교수·학습의 원리와 다르게 다양성, 균형성을 강조하는 것은 여러 생명체들이 서로 밀접하게 관계를 맺으면서 복잡하게 어울려 살며 다양한 방식과 유형의 상호작용이 일어나는 생태계와 실제 세상이 같음을 전제하기 때문이다. 이러한 관점에서 작문 교수·학습은 작문에 대한 학습에서 종결되는 것이 아니라, 학습자가 작문을 실제 세상에서 유의미한 도구로 사용하는 것을 지향한다.

2 작문 교수·학습의 방법은 어떠한가

작문 교수·학습의 이론은 작문 이론과 밀접한 관련이 있다. 작문 행위를 어떻게 보는가에 따라 작문을 지도하기 위한 관점과 방법을 다르게 선택하기 때문이다. 작문 교수·학습 이론은 대체로 결과 중심 이론과 과정 중심 이론으로 나눌 수 있다.

결과 중심 작문 이론의 입장에서는 작문을 지도할 때에도 결과물인 글의 수준을 높이는 방법을 강조한다. 그에 비해 과정 중심 작문 이론의 입장을 가지면 학생들이 글을 쓰는 과정에서 어떤 행동을 하는지, 그 행동을 개선할 방법이 있는지 등을 살펴보고 그에 따라 지도한다. 그리고 장르 중심 이론의 입장을 가지면 작문 과정을 강조하면서 특정 유형의 글을 쓰게 하는 방법으로 학습자들을 지도한다. 이와 같이 작문 이론에 따라 작문 교수·학습 방법의 선택도 달라질 수 있다.

여기에서는 여러 가지 작문의 교수·학습 이론이 실제 적용되는 방법으로 작문 교수·학습 모형을 다루고자 한다. 작문 교수·학습의 모형은 작문을 지도하는 동안 일어나는 복잡한 사고 과정의 절차 혹은 단계를 제시하여 작문 교수·학습 행위를 직관적으로 보여 주므로, 작문 교수·학습 이론이 적용되는 방법, 절차 등을 잘 이해할 수 있도록 해 준다.

1) 결과 중심 작문 교수·학습 방법

결과 중심 작문 이론은 작문의 결과물인 '글'을 강조한다. 이 이론에서는 필자가 내용을 생각하고, 생각한 내용을 글로 쓰고, 마지막으로 맞춤법 등을 수정하여 정리하는 것과 같은 일련의 과정을 성공적으로 수행하면 글이 생산될 수 있다고 본다. 따라서 최종적인 결과물로서의 글의 질을 향상시키기 위해 글쓰기 각 과정 또는 각 단계에서 적절한 훈련이 필요하다고 본다.

이 이론에서 일련의 작문 과정은 분절적이면서도 연속적인 단계와 절차로 이루어진다. 한 단계가 끝나면 다음 단계로 이행하지만 이전 단계로 거슬러가지는 않는다. 따라서 각 단계는 그 단계의 요구를 충족시키면서 종결되어야 한다. 이런 이유로 결과 중심 작문 이론은 작문 행위가 진행되는 과정을 선조적인 것으로 생각한다.

선조적 과정으로서의 작문 행위는 앞으로 나아갈 뿐이므로 학생들이 작문의 각 단계 혹은 과정에서 완결지어야 할 요구를 수행하면 작문의 결과는 만족스러울 수 있다. 따라서 작문을 지도하는 것은 각 단계에서 학생들이 해야 할 일을 이해하고 이를 제대로 이행할 수 있게 하는 것이다. 결과 중심 작문 교수·학습 이론에서는 작문의 각 단계마다 학생들이 수행해야 할 과제를 개발하려고 하는데, 이 과제가 곧 작문 교수·학습의 주요 내용이 된다.

결과 중심 작문 교수·학습 이론은 '결과물로서의 글'을 강조하기 때문에 '모범 글'을 확정하는 것이 매우 중요하다. 모범 글을 통해 학생들이 얻어야 할 결과물이 어떤 특성을 가지고 있는지 보여 줄 수 있고, 학생들에게 그 글을 모방하도록 가르칠 수 있기 때문이다. 모범 글의 조건으로는 언어 규범을 정확하게 지키는 것, 논리적이고 안정적인 글 구조를 지니는 것 등이 있으며, 이러한 조건을 중요한 교수·학습의 내용으로 삼게 된다. 따라서 학생들은 작문 교수·학습을 통해 규범을 잘 지킨 글을 쓸 수 있도록 문법적 오류를 이해하고 교정할 수 있어야 하며, 논리적이고 안정적인 개요를 갖춘 글을 작성할 수 있어야 한다.

그런데 이와 같은 완성된 결과물로서 '모범 글'을 강조하면 학생들은 좋은 글 또는 자신이 써야 하는 글이 규범 문법과 어법상의 규칙을 준수하고, 모범 글과 같은 구조와 표현을 지녀야 한다고 생각할 수 있다. 이는 결과적으로 작문에 대한 부담감을 키울 가능성이 높다. 그리고 작문 능력은 일상적인 능력이 아닌 매우 전문적인 능력 혹은 예술적 재능이 필요한 능력이라고 오해할 수 있다.

이렇듯 작문을 과도하게 전문적인 것으로 보는 것은 다양한 방식으로 활발하게 의사소통하기를 기대하는 현대 사회에는 적합하지 않다. 현대 사회는 시간적, 공간적 거리를 넘나들면서 다양한 매체를 통해 글, 말 등 다양한 방식으로 활발하게 소통해야 한다. 그리고 개인들은 원활한 소통을 통해 자신의 개인적·사회적 삶을 성공적으로 영위하여야 한다. 따라서 문자 의사소통 행위라고 할 수 있는 작문을 수월하고 효율적으로 수행할 수 있을 때 개인들의 삶의 만족도 역시 높아질 수 있다.

(1) 결과 중심 작문 교수·학습의 모형

'과제 제시-오류 점검형 교수·학습 모형'은 결과 중심 작문 교수·학습 이론을 구체화한 전형적인 교수·학습 모형이다. 작문의 결과물인 글은 완벽하고 오류가 없어야 하므로 주어진 글에서 오류를 찾아내고 이를 수정함으로써 완벽한 글을 만들어야 한다. 주어진 과제에서 오류를 찾고 수정하는 연습의 과정을 설명하는 것이 이 모형이다.

이성영(1996; 박영민 외, 2016: 237에서 재인용)이 설명하는 '과제 제시-오류 점검형 교수·학습 모형'의 절차를 도식화하면 그림 8-1과 같다.

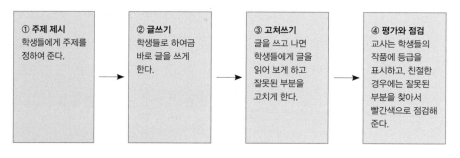

그림 8-1 과제 제시-오류 점검형 교수·학습 모형

이 모형에서는 주제 제시, 글쓰기, 고쳐쓰기, 평가하기와 같은 작문의 각 단계에서 학생이 해결해야 할 작문 과제를 제시하는 교수·학습을 상정하고 있다. 학생들은 단계별로 과제 해결의 결과를 확인하고 연습함으로써 작문을 익힌다. 이 모형은 로만과 블레케(Rohman & Wlecke, 1964)가 제시한 '쓰기 전-쓰기-쓰기 후'로 진행되는 단계적 작문 모형을 기반으로 하고 있다.

정동화 외(1984: 345)에서도 로만과 블레케의 모형을 받아들여 작문을 '주제 설정 – 제재 선택 – 개요 작성 – 집필 – 퇴고'의 단계로 나누고, 교사는 각 단계마다 제시된 과제를 학생이 오류 없이 수행하는지 확인하는 것을 통해 작문을 가르친다. 그리고 좋은 글을 쓰는 능력은 관련 지식의 습득과 계속적인 연습을 통하여 신장되는 것이라고 설명한다. 단계적인 작문 모형에서는 훌륭한 텍스트를 완성하기 위해 작문 지식의 습득이 필수적이라고 보기 때문에, 교사는 학습자에게 관련 지식을 잘 전달하고 학생들이 이를 제대로 받아들였는지 파악해야 한다. 또한 학습자가 과제를 계속 연습하게 하기 위해 지시를 내리고, 학습자의 결과에서 발견되는 오류를 처치해 주는 활동이 주류를 이루게 된다(박영민 외, 2016: 236).

(2) 결과 중심 작문 교수·학습의 실제

과제 제시 – 오류 점검형 교수·학습 모형(이성영, 1996), '주제 설정 – 제재 선택 – 개요 작성 – 집필 – 퇴고'의 단계를 따르는 정동화 외의 모형(1984)을 활용하여 결과 중심 작문 교수·학습의 수업 지도안을 제시하면 다음과 같다.

학습 목표			자신의 경험이나 생각을 수필로 쓸 수 있다.
쓰기 과제			피천득의 '플루트 연주자'를 이해하고 자신의 경험을 살려 수필 쓰기
교수·학습 활동	[도입]	주요 교수·학습 내용	• 모범 글 제시 모범 글의 구조적, 문체적, 내용적 특징을 설명한다. ┌ 구조적 특징: 글의 전개 방식상의 특징 ├ 문체적 특징: 필자의 개성이 드러나는 문장 표현 └ 내용적 특징: 소재에 대한 지식과 경험과 필자의 주장 (의견)의 연관성 • 텍스트의 오류 수정 방법 지도 제목, 문장, 단어 등의 오류 찾아내고 적절하게 수정하는 방법을 설명한다.
	[전개]	쓰기 전	• 내용 생각하기
		쓰기	• 모범 글의 특징을 모방하여 글쓰기
		쓰기 후	• 오류 등을 고치고 완성하기
	[정리]	발표와 평가	• 완성된 글을 발표하고 평가하기

이들 모형은 실제 수업의 전개 단계에 해당하는 작문의 교수·학습 행위만을 다루고 있으므로, 수업 전체를 계획하기 위해 교사는 도입과 정리 단계의 활동을 계획할 필요가 있다. 먼저 도입 단계에서는 전개 단계에 학생들이 수행할 과제를 제시해야 한다. 학생들이 어떤 '수필'을 써야 하는지를 모범 글로 보여

주는 것이다. 이때 교사는 그 글이 왜 이번 교수·학습 시간에 써야 하는 수필의 모범이 되는지를 알려 주기 위해 모범 글의 구조적, 문체적, 내용적 특징을 설명하고 글을 쓰고 난 뒤 오류 등을 발견하면 어떻게 수정해야 하는지도 알려 준다.

도입의 지도에 따라 학생들이 직접 글을 쓰는 전개 단계를 마친 후, 정리 단계에서 교사는 해당 수업을 통해 학생들이 과제를 제대로 수행하였는지를 확인하고 평가해야 한다. 학생들이 글을 발표하게 하고, 적절한 피드백을 주어 글을 수정·보완하게 하여 글의 완성도를 높이게 한다.

이러한 활동에서 교사는 학생의 글쓰기 과정에 관여하기보다는 글쓰기의 결과물을 강조한다. 학생이 완성한 글이 교사가 기대한 모범 글의 특징을 제대로 지니고 있는지를 평가하는 것이다. 이처럼 작문의 결과물을 강조하기 때문에 이를 결과 중심의 작문 교수·학습 방법이라고 한다.

결과 중심의 교수·학습 방법은 실제 학생들이 글을 쓰는 과정에 대해서는 언급하지 않는다. 따라서 학생들이 교사가 기대하는 글을 쓰는 것은 쉽지가 않다. 무엇이 좋은지, 무엇이 잘못되어 있는지를 이해하고 수정할 수 있는 것과 실제 글을 쓰는 과정에서 여러 가지 생각을 선별하고, 단어를 선택하여 문장과 문단을 완성하는 것은 서로 다른 활동이기 때문이다. 아래는 결과 중심 작문 교수·학습 방법을 실행하는 과정에 나타나는 여러 교사 활동의 특징을 간추린 것이다.

교사의 평가 활동	• 교사는 모범 글의 특징을 파악할 때 참고하였던 요소(구조적, 문체적, 내용적 특징)에 따라 학생이 발표한 글을 평가하고, 잘못 쓰거나 부족한 부분을 수정·보완할 수 있도록 설명한다.
교사 설명의 유의 사항	• 모범 글을 잘 분석하여, 학생들이 구조적, 문체적, 내용적 측면에서 그 글이 어떤 좋은 점을 지니고 있는지 이해할 수 있도록 한다. • 글을 수정·보완할 수 있는 여러 가지 방법을 충분히 제시한다. • 다양한 글 수정 방법을 분류하고 내용을 명시적으로 설명하여, 학생들이 이를 실제 고쳐쓰기 과정에 활용할 수 있도록 한다.
장점	• 모범 글을 분석하고, 그 특징을 인식할 수 있다. • 글의 분석 요소와 수정 방법 등에 대한 명료한 지식을 학습할 수 있다.
단점	• 모범 글을 잘 모방하여 그와 유사한 글을 쓰는 것은 가능하지만, 독창적인 글을 쓰는 데에는 이르지 못할 수 있다. • 모범 글에 대한 분석이 실제 글쓰기로 연결되지 않을 수 있다. • 써 놓은 글을 수정하기 위한 지식은 학습할 수 있으나, 글 자체를 잘 쓰는 것에 대해서는 이해하지 못할 수 있다. • 실제 쓰기 과정에서 학생은 교사의 조력을 받지 못할 수 있다.

2) 과정 중심 작문 교수·학습 방법

결과 중심 작문 교수·학습 이론에서는 글 자체의 완결성을 강조하고, 작문 단계별로 설정되어 있는 작문 과제를 통해 글을 완성하게 한다. 단계별 목표를 달성하는 것으로 학생들의 작문 능력을 기르고자 하는 것이다. 그러나 과정 중심 작문 교수·학습 이론에서는 작문 행위를 일종의 문제 해결 행위로 보고 아이디어를 생성, 조직, 표현, 수정하는 일련의 작문 과정에서 학생들이 겪는 다양한 사고와 경험을 강조한다.

작문을 일정한 단계나 절차로 나눠서 파악하고 각 단계에 따른 문제 해결을 요구한다는 점에서 과정 중심 이론은 결과 중심 이론과 유사해 보인다. 그러나 결과 중심 이론이 중시하는 것은 학생의 작문 결과인 글이고, 그 글이 학생이 학습해야 할 모범 글의 여러 특징을 얼마나 잘 갖추고 있는가이다. 즉, 모범 글과 같은 높은 수준의 형식과 내용을 갖추는 것을 지향하며 그러한 글을 쓰도록 훈련하고자 한다.

결과물로서의 글은 그 글이 어떤 지점에서 시작하여 어떤 변화를 거쳐서 최종적인 결과물에 이르게 되었는지에 대해서는 알려 주는 바가 없다. 그러나 글을 쓴다는 것은 단어와 문장이 계속 이어지는 과정이므로, 이 과정을 제대로 수행하는 방법을 알지 못하면 바람직한 결과물에 이르지 못할 수 있다. 과정 중심 이론은 글을 완성해 가는 바로 이 과정에서 학생이 겪는 경험을 강조한다.

과정 중심 이론은 학생의 작문 경험을 통해 작문 수행 능력을 신장시켜 높은 수준의 글을 쓰는 것을 지향하지만, 결과 중심 이론에서 강조한 '모범 글', '완벽한 글'을 목표로 하지는 않는다. 그보다는 작문 과정을 통해 학습자의 사고 발달을 촉진하는 데 주목한다. 완벽한 글이 아니어도 글쓰기를 어려워하지 않고 소통의 맥락을 고려하여 능동적으로 작문을 할 수 있는 일상적인 필자를 길러 내는 작문 교육을 지향하는 것이다. 과정 중심 접근은 작문 교육의 목적을 한 편의 글을 잘 쓰게 하는 데에만 두지 않고, 작문 교육이 학생의 사고력을 키우고 내용 교과에서의 학습을 촉진하는 수단임을 부각시킨다. 이것은 곧 '범교과적 작문'을 강조하는 것으로, 작문 교육이 사고력 교육으로 확장되어 인지적 사고와 상위인지적 사고의 발달에 영향을 미친다는 것을 의미한다(이재승, 2002: 98-99).

이러한 관점에서 과정 중심 작문 교수·학습은 작문의 회귀성을 강조한다.

작문 과정이 회귀성을 갖는다는 것은 필자가 지금까지 한 작문 수행과 결과물을 계속 점검하면서 부족한 부분을 수정할 수 있을 뿐만 아니라, 이미 수정한 결과에 대해서도 다시 수정할 수 있음을 의미한다. 학생들은 필자로서 자신이 쓴 글에 대하여 계속 검토하여 문제를 발견하고, 이를 해결하기 위해 다양한 전략적 행동을 선택한다. 나아가 그 선택에 대해서도 다시 평가함으로써 이후 더 나은 선택을 할 수 있다. 이처럼 글쓰기를 통해 지금까지 써 놓은 부분과 앞으로 쓰게 될 부분을 스스로 인식하고 조정하는 상위인지 활동을 통해 학생은 독립적이고 자기 주도적인 필자로 성장할 수 있다. 과정 중심 작문 지도 모형에서는 학생들이 실제 작문 과정에서 이전 과정으로 회귀할 수 있다는 것을 이해하고 다양한 방식으로 이전 과정을 확인하여 수정·보완하는 전략을 제시하고 있다.

작문 과정을 문제 해결 행위로 보는 과정 중심 교수·학습 이론에서는 학생들이 문제를 해결하는 과정에서 친구들과 함께하거나 교사의 도움을 받아도 된다. 학생이 문제를 혼자 해결하는 것보다는 토의나 토론과 같은 동료와의 협동을 강조하고, 공동 작품을 완성하는 것을 선호한다. 작문 과정을 통해 문제에 대한 다양한 해결 경험을 얻으면서 서로 소통하는 것이 학습자에게 유익하다고 보는 것이다. 결과 중심 접근에서 교사가 평가자로 개입하였다면 과정 중심 접근에서는 참여자가 되어 일련의 작문 과정에 역동적으로 개입하며, 필요에 따라서는 그들을 적절히 안내함으로써 학생들의 글쓰기 활동을 촉진한다(이재승, 2002: 15).

(1) 과정 중심 작문 교수·학습의 모형

여기에서는 과정 중심 작문 교수·학습 원리를 잘 보여 주는 박영목(2008)의 '작문 능력의 효과적인 신장을 위한 과정 중심 일반 모형'과 경인초등국어교육학회(1995)의 '과정 중심 작문 지도 모형'을 살펴보고자 한다.

① 작문 능력의 효과적인 신장을 위한 과정 중심 일반 모형

이 모형은 일반 모형이라는 이름에서 알 수 있듯이 전형적인 작문 교수·학습 과정을 보여 준다. 작문 교수·학습도 학교 수업의 일환이므로, 본격적인 수업 활동을 위한 준비, 수업 활동, 수업 활동에 대한 정리의 과정으로 나눌 수 있다. 각 과정에서 교사가 수행하는 교수·학습 활동은 일반적인 수업 활동과 크게 다르지 않다.

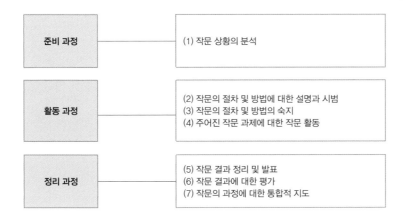

준비 과정	(1) 작문 상황의 분석
활동 과정	(2) 작문의 절차 및 방법에 대한 설명과 시범 (3) 작문의 절차 및 방법의 숙지 (4) 주어진 작문 과제에 대한 작문 활동
정리 과정	(5) 작문 결과 정리 및 발표 (6) 작문 결과에 대한 평가 (7) 작문의 과정에 대한 통합적 지도

그림 8-2 작문 능력의 효과적인 신장을 위한 과정 중심 일반 모형(박영목, 2008)

이 모형에서 준비 과정은 작문 활동의 상황적 맥락을 형성하는 과정이다. 교사는 단원 목표, 차시 학습 목표 등과 관련하여 적절한 작문 과제를 결정하여 학생들에게 구체적으로 제시해야 한다. 활동 과정은 주어진 작문 과제에 대하여 실제로 작문 활동을 하는 과정으로, 대개 직접 교수법의 원리에 따라 진행된다. 교사가 설명과 시범을 통해 과제를 해결하는 모습을 보여 주는 직접 교수법의 원리는 학생들에게 일련의 작문 과정을 보여 주는 것이기도 하지만, 필자가 작문 과정에서 어떤 사고를 하고, 그 결과에 따라 어떤 선택을 하는지를 보여 준다는 점에서 학생들이 실제 글쓰기 과정에서 부딪힐 수 있는 여러 문제 상황을 예측하고 해결하는 방법을 학습하도록 돕는다. 정리 과정에서는 학생이 작문 결과물을 발표하고, 이를 교사가 설명한 작문의 절차 및 방법에 관한 원리를 기준으로 평가한다. 정리 과정은 최종적으로 학생이 학습한 작문의 절차와 방법에 대한 원리의 적용을 정착시켜 주는 과정이다(박영목, 2008: 287).

② 과정 중심 작문 지도 모형

경인초등국어교육학회(1995)에서 제시하는 '과정 중심 작문 지도 모형'도 작문 과정을 나누고 각 과정에서 일어나는 행위들을 구체적으로 보여 준다는 점에서 전형적인 과정 중심 작문 교수·학습 모형이다. 또 이 모형은 작문 과정을 원형으로 나타내어 작문의 단계들이 순환적임을 직관적으로 보여 준다.

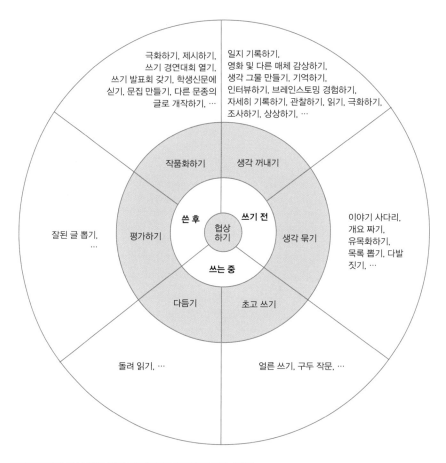

그림 8-3 과정 중심 작문 지도 모형(경인초등국어교육학회, 1995)

이 모형은 작문 과정을 크게 3단계로, 세부적으로 6단계로 나누어 실제 작문 단계와 교실 상황에서 작문을 지도하는 과정을 함께 보여 주고 있다. 쓰기 전(생각 꺼내기, 생각 묶기) – 쓰는 중(초고 쓰기, 다듬기) – 쓴 후(평가하기, 작품화하기)의 세 단계는 글을 쓰기 전에 여러 아이디어를 떠올리고 조직한 다음, 초고를 쓰고 이를 고친 후, 그 결과물을 교사나 친구들에게 보여 주고 평가를 받아 최종적인 결과물로 완성하는 일련의 작문 과정에 해당한다. 그리고 이 세 단계를 다시 더 세부적인 단계로 나누면서 각각의 단계에서 학생들이 사용할 수 있는 다양한 작문 전략을 함께 제시하고 있다. 이를 통해 교사는 작문 교수·학습을 진행하면서 작문 수업의 각 단계에서 학생들이 어떤 작문 전략을 다루어야 하며, 각각을 어떻게 지도할지에 대해 생각할 수 있다.

(2) 과정 중심 작문 교수·학습의 실제

박영목(2008)의 과정 중심 일반 모형을 작문 수업에 적용한 과정 중심 작문 교수·학습의 수업 지도안을 제시하면 다음과 같다.

학습 목표	자신의 경험이나 생각을 수필로 쓸 수 있다.		
쓰기 과제	작문의 절차에 따라 자신의 경험을 살려 수필 쓰기		

교수·학습 활동	[도입]	주요 내용 설명	• 작문 과정과 주요 활동 이해하기
			  – 작문의 절차: 작문 상황 분석 → 계획하기 → 내용 생성하기 → 구성하기 → 글쓰기 → 고쳐쓰기
			• 작문 과정의 특징 이해하기
			  – 단계성/절차성: 일련의 단계가 연속되면서 글이 완성되는 것
			  – 회귀성: 각 단계는 서로 넘나들 수 있는 것
			  – 소통성: 글을 통해 자신의 경험이나 생각을 타인에게 전달하는 것

	[전개]	준비 과정	• 작문 상황 분석하기 작문의 과제, 독자, 목적 등의 의미를 알고, 이를 실제 적용하는 연습을 한다.
		활동 과정 (1)	• 작문의 절차와 방법에 대한 설명과 시범 작문 상황 분석을 고려하여 작문의 절차와 방법을 학생들에게 시범 보이고, 학생이 겪을 수 있는 문제와 해결 방안을 제시한다.
		활동 과정 (2)	• 학생의 작문 활동과 교사의 지원 학생들이 실제로 작문 과제를 분석하고, 학습한 절차에 따라 작문을 수행하게 한다. 학생이 아직 미숙하므로 작문 과정 수행 중에 나타나는 문제를 구체적으로 설명하여 해결할 수 있도록 지원한다.
	[정리]	수업 활동 정리	• 결과를 정리하고 발표하기 • 평가하기 및 작문 과정에 대한 통합적 지도하기

이 지도안에서 도입 단계의 설명은 작문 과정에 대해 이론적으로 설명하는 부분이다. 실제 수업 상황에서는 이 단계를 거치치 않고 전개 단계의 '준비 과정'에서 직접 구체적인 예를 활용하여 설명할 수 있다.

과정 중심 작문 교수·학습도 학생의 인지적 특성을 고려하여 학습 요소를 단계화하여 설명하는 인지적 모형을 근간으로 하기 때문에, 기본적인 수업의 이행 과정은 결과 중심 교수·학습 이론과 유사하다. 다만 결과 중심 이론이 작문의 결과물을 설명하고, 모방하기를 강조한다면 과정 중심이론은 결과물이 나오는 과정을 제시하고, 그 과정에서 학생들이 해결해야 할 과제에 집중한다.

과정 중심 작문 교수·학습에서 교사는 작문 과정에서 학생들이 부딪히는 문제를 해결할 수 있는 작문 단계별 방법적 지식을 다양하게 알려 주고, 학생들이 이를 활용하도록 지원한다. 학생들에게 작문 과정에서 일어나는 문제를 해결할 방법을 지도하는 것이다.[1]

과정 중심의 작문 교수·학습 방법에서 교사가 학생의 활동을 평가할 때의 강조점, 활동을 위해 필요한 지식을 설명할 때의 유의점 등을 정리하면 아래와 같다.

교사의 평가 활동	• 글보다는 학생 활동 과정을 관찰하고, 그 과정을 어떻게 수행하였는지를 평가한다. • 작문 과정에서 학생들이 서로 협상·협동하여 문제를 해결하는 것을 강조한다.
교사 설명의 유의 사항	• 과정 중심 작문 교수·학습에서 글의 향상은 활동의 목적이 아니라 자연스러운 교수·학습의 산물이다. • 학생들이 작문 과정을 능숙하게 수행할 수 있으면 학생의 작문 능력은 자연스럽게 신장된다. 따라서 교사의 지도나 지원도 작문의 결과인 글보다는 작문 과정에서 학생이 수행한 행동의 변화에 초점을 맞춘다.
장점	• 결과 중심 교수·학습보다 작문에 대한 학생들의 부담을 줄일 수 있다. • 결과물에 대한 평가보다는 과정에서의 활동을 강조하므로, 학생이 자신감을 가지고 적극적으로 참여할 수 있다.
단점	• 작문 과정을 단계적으로 수행하더라도 실제 글이 향상되는 것과는 무관할 수 있다. • 작문 과정에서 겪는 문제를 협상·협동을 통해 해결하게 함으로써 개인의 글쓰기 능력의 변화에 미치는 영향은 크지 않을 수 있다.

과정 중심 작문 교수·학습 방법은 작문을 하는 과정을 다룬다는 점에서 결과 중심의 작문 교수·학습 방법보다 실제적인 방법이라고 할 수 있다. 그리고 학생들이 동료와 서로 소통하면서 작문을 수행하기 때문에, 작문이 공동체 내에서의 의사소통 활동이며 실제 생활에 유익한 행위라는 점을 이해하는 데 도움이 될 수 있다.

....

1   앞에서 언급한 그림 8-3의 과정 중심 작문 지도 모형은 작문 과정에서 학생들이 부딪히는 문제를 해결할 다양한 방법을 보여 준다. 예를 들어 생각 꺼내기(즉 작문의 내용 구상하기) 단계라면 학생들이 작문 과제와 관련된 생각을 마련할 수 있는 '일지 기록하기', '영화 및 다른 매체 감상하기' 등의 방법을 써 보도록 지도할 수 있다. 그리고 학생들이 시도해 본 방법으로부터 어떤 내용을 구상할지는 참여하는 학생들이 서로 이야기를 나누는 협상이나 토론을 통해 결정할 수 있다.

그러나 작문 활동의 주도권이 교사가 아닌 학생들에게 있기 때문에 실제 작문 활동이 심화되지 못할 수 있으며, 개인의 글쓰기에 미치는 영향 역시 크지 않을 수 있다. 또 작문 수업이 학생 개인의 글쓰기 능력보다는 사고력에 초점을 맞추는 것 역시, 작문 지도의 궁극적 목적이 무엇이어야 하는가라는 측면에서 고려할 부분이다. 아울러 과정 중심 작문 교수·학습에서는 한 번의 작문 지도 과정에 비교적 많은 시간이 요구된다. 따라서 작문 활동 시간이 한정되어 있는 경우라면 학생들이 다양한 유형의 글을 쓰는 작문 활동을 하지 못할 우려도 있다.

3) 장르 중심 작문 교수·학습 방법

과정 중심 접근에서 작문 지도는 학생들의 작문 결과보다는 작문을 수행하는 사고 과정에 초점을 맞춘다. 이러한 관점은 작문 수업의 목표가 작문 능력의 신장보다는 사고력의 신장으로 간주될 수 있다는 모호함을 야기한다. 또 학생들이 작문 수업에 흥미를 느끼게는 되었지만 수업을 통해 작문에 대해 무엇을 배웠는지는 인식하지 못하기도 한다. 또 각각의 작문 과정에서의 문제는 해결할 수 있지만 그 해결이 무엇을 지향하여 어떤 결과물로 귀결되어야 하는지를 설명하지 못하는 경우도 있다. 이와 같은 과정 중심 작문 지도가 지니는 목표의 모호성은 작문의 결과물인 글을 강조하는 장르 중심 작문 교수·학습 방법이 대두되는 배경이 되었다.

장르 중심 작문 교수·학습 방법은 작문을 통해 어떤 글을 완성해야 하는지를 분명하게 제시한다. 즉 작문을 통해 써야 하는 글의 장르적 특징을 반영한다. 필자가 어떤 장르의 글을 쓴다는 것은 그 장르가 생산, 수용되는 사회 문화적 요구를 이해하고 있을 뿐만 아니라 그 요구에 부응하는 내용과 형식으로 적절한 글을 쓸 수 있다는 것을 의미한다.

대부분의 장르는 사회·문화적 요구가 반영된 결과물로서의 관습화된 글의 종류, 유형이다. 그러므로 특정 장르의 글을 쓰는 작문 활동은 해당 장르의 형식적 특징과 함께 그 장르에 대한 사회·문화적 맥락의 요구도 함께 이해하여 그에 맞게 글을 쓰는 과정이라 할 수 있다.

'사설(社說)'이라는 장르의 글을 쓰게 하는 교수·학습 활동을 생각해 보자. '사설'은 '신문이나 잡지 등에서 그 회사(會社)의 주장을 게재하는 논설'이다.

그러므로 '사설'에는 해당 신문사나 잡지사의 입장이 드러날 수밖에 없으며, 그 입장은 다른 신문사나 잡지사의 입장과 다를 수 있다. 따라서 학생들에게 어떤 사안에 대한 '사설'을 쓰게 하려면 먼저 어떤 입장에서 그 사안을 다룰지 논의하게 해야 한다. 마찬가지로 동일한 사안을 다른 입장에서 다루는 경우도 함께 생각해 보게 함으로써 자신이 쓰려고 하는 주장이 지니는 약점이나 편향성을 미리 성찰하고 그에 대한 대비를 하게 해야 한다.

또 사설을 싣는 신문이나 잡지와 같은 대중매체는 지면의 한계가 있다. 따라서 일정한 분량 내에서 필자 또는 회사의 입장을 논증하고 설득해야 하므로 명료한 제목과 본문 구조를 취할 필요가 있다. 글의 분량이나 형식 구조를 정형화하는 경우도 있으므로 사설이 가지는 형식적인 특징을 이해하고 작문 교수·학습 과정에서 이를 연습하도록 격려하는 것도 필요하다.

사설과 같이 높은 수준의 사회·문화적 인식을 드러내야 하는 장르가 아닌 경우에도 이와 같은 특성은 달라지지 않는다. 학생 필자가 문제의 해결을 제안하기 위해 건의문을 쓸 때에도 일련의 사회·문화적 맥락에서 내용적·형식적 특성을 갖추어야 한다. 필자는 자신이 문제 삼고 있는 상황에 대한 인식, 이 문제로부터 일어나는 피해와 이 피해를 막기 위해 필요한 실현 가능한 방법, 또 그러한 방법을 통해 문제가 해결되었을 때의 효과를 함께 제시하여, 건의하기라는 사회적 행위의 측면에서 건의문을 써야 한다.

보고서, 건의문, 기사문, 서평, 기행문, 일기 등 우리가 흔하게 접하는 글들은 그 글이 요구되는 맥락에 따라 거기에 담긴 관습적인 형식을 지니고 있으며, 필자는 가능한 한 이러한 형식에 유의하면서 글을 쓴다. 장르라는 틀은 사회가 관습적으로 형성한 맥락 속에서 형식화된 것이라는 점에서 장르 중심의 작문 지도는 사회적 구성주의와 맥을 같이 한다. 장르는 사회·문화적 전통이자 공동체의 가치를 내면화한 결과물이기 때문이다. 필자는 장르가 가지는 의미를 인식하면서 자신이 속한 사회·문화적 공동체가 수용할 수 있는 방식으로 글을 쓸 필요가 있다.

장르 중심 작문 교수·학습 모형은 학생들이 이와 같은 장르적 특성을 지닌 글을 쓰도록 교육해야 한다고 강조하는 이론이다. 이 장르는 학생이 창조하는 것이 아니라 우리 사회에서 관습화되어 있는 것이므로, 쓰기 과제가 요구하는 특정 장르의 글을 쓴다는 것은 그 장르에 대한 우리 사회의 관습을 알고 있다는 것을 의미한다. 그러나 작문 수업을 통해 모든 장르 지식을 학습한다는 것은 불가능하기도 하고, 학생들이 모든 장르의 글을 쓸 수 있어야 하는 것도 아니다. 따라서 장르 중심 작문 교수·학습에서는 우리가 주변에서 보는 익숙한 장르의 글을 통해 그 글이 가지는 특성과 그 글에 드러나 있는 사회적 요구 등을 이해하고, 이를 구체적인 장르의 글쓰기에 활용할 수 있음을 강조한다.

(1) 장르 중심 작문 교수·학습의 모형

장르 중심 작문 교수·학습 이론을 잘 반영하고 있는 모형으로는 '장르 중심 작문 교수·학습 모형'(박태호, 2000)과 '장르 기반 환경적 쓰기 교수·학습 모형'(원진숙 외, 2011)이 있다.

① 장르 중심 작문 교수·학습 모형

'장르 중심 작문 교수·학습 모형'은 거시 장르와 미시 장르를 맥락으로 설정하고, 이들 장르의 영향하에서 텍스트가 가져야 할 구조, 글을 쓰는 데 필요한 문법 규칙을 일련의 작문 과정에 적용하게 한다. 거시 장르는 설명문, 논설문과 같이 상위 범주의 장르를 말하며, 미시 장르는 '도로 안내문', '사용 설명서'와 같은 구체적인 상황에서 사용되는 글의 종류를 말한다. 장르 중심 작문 교수·학습 모형에서는 학생이 어떤 글을 쓸 때, 막연하게 설명문을 쓰는 것이 아니라 '청소기 사용 설명서'와 같이 매우 구체적인 상황에서 요구되는 글을 쓴다는 것을 강조한다. 그리고 이런 구체성 때문에 사용 설명서라는 구체적인 글의 종류가 요구하는 주요 내용과 형식을 학습할 수 있게 된다. 청소기 사용 설명서라면 청소기의 구조, 부품에 대한 설명, 청소기를 사용하는 방법에 대한 설명, 청소기가 고장 났을 때의 처치 방법 등에 대한 설명 등이 필수적임을 알 수 있다.

이렇게 자신이 써야 할 텍스트의 특성, 즉 장르적 특성을 구체화하는 과정에서 학생은 교사, 동료, 자기 자신과 계속 협의를 하게 된다. 이를 통해 학생은 텍스트가 해결해야 하는 상황을 분석하고 과제가 요구하는 글의 특성을 추출하는 방법을 익힐 수 있다. 그리고 궁극적으로 학생들의 힘으로 독자적인 텍스트 구성이 가능하게 되므로, 학생은 상황을 해결하기에 적절한 글의 형식을 설정하고, 필요한 내용을 완성할 수 있는 독립적인 필자로 성장하게 된다.

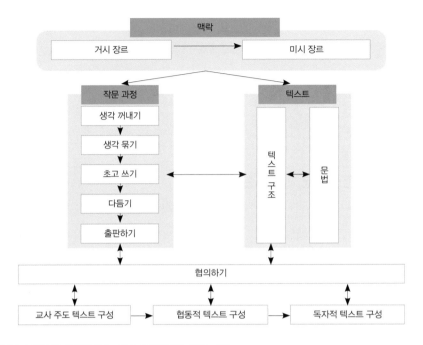

그림 8-4 장르 중심 작문 교수 · 학습 모형(박태호, 2000: 222)

② 장르 기반 환경적 쓰기 교수·학습 모형

특정 장르의 글을 생산할 수 있도록 지도하는 장르 중심 작문 교수법은 교실 상황이 가지는 한계로 인하여 장르의 특성을 제대로 보여 주지 못할 수 있고, 주어진 예시글의 모방을 강조하면서 판에 박힌 글을 쓰게 할 수 있다. 또 장르를 형식적인 틀로 오해하게 하고, 교수·학습 과정에서 교사의 역할이 지나치게 강조될 경우 학생들에게는 수동적인 글쓰기 경험을 하게 할 수 있다(원진숙 외, 2011: 151). 장르 중심 작문 지도 방법의 이러한 한계를 '환경적 교수법'으로 극복하고자 한 것이 '장르 기반 환경적 글쓰기 교수·학습 모형'이다.

'장르 기반 환경적 글쓰기 모형'은 환경적 교수법을 접목하여 교실 상황의 한계를 극복하려 하였다. 작문의 과정을 중시하면서도 작문 지식과 기능의 결과물인 텍스트와 작문의 실제 상황 맥락을 모두 강조하는 모형으로 발전시킨 것이다. 특히 이 모형은 아직 장르에 대한 인식과 독자 의식이 미약한 수준에 머물러 있는 초등학생들의 작문 능력 신장을 목적으로 한다. 학생들의 근접 발달 영역 안에서 교사의 비계 지원을 통해 장르에 대한 지식과 함께 작문 과정에 대한 지식을 함께 교육함으로써 실제 작문 수행으로 연계될 수 있도록 개발되었다.

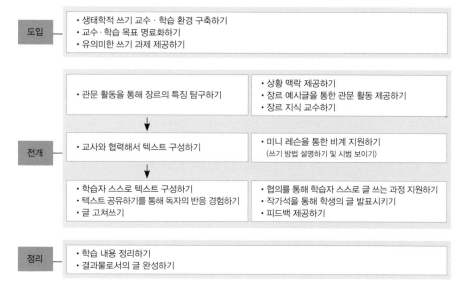

도입	• 생태학적 쓰기 교수 · 학습 환경 구축하기 • 교수 · 학습 목표 명료화하기 • 유의미한 쓰기 과제 제공하기	
전개	• 관문 활동을 통해 장르의 특징 탐구하기	• 상황 맥락 제공하기 • 장르 예시글을 통한 관문 활동 제공하기 • 장르 지식 교수하기
	• 교사와 협력해서 텍스트 구성하기	• 미니 레슨을 통한 비계 지원하기 (쓰기 방법 설명하기 및 시범 보이기)
	• 학습자 스스로 텍스트 구성하기 • 텍스트 공유하기를 통해 독자의 반응 경험하기 • 글 고쳐쓰기	• 협의를 통해 학습자 스스로 글 쓰는 과정 지원하기 • 작가석을 통해 학생의 글 발표시키기 • 피드백 제공하기
정리	• 학습 내용 정리하기 • 결과물로서의 글 완성하기	

그림 8-5 장르 기반 환경적 쓰기 교수 · 학습 모형(원진숙 외, 2011)

(2) 장르 중심 작문 교수·학습의 실제

원진숙 외(2011)의 장르 기반 환경적 쓰기 교수·학습 모형을 작문 수업에 활용한 작문 교수·학습의 수업 지도안을 제시하면 다음과 같다.

이 지도안에서 생태학적 학습 환경이란 실제 학생들이 생활하는 시간과 공간에서 일어날 수 있는, 그래서 그 결과물에 학생들이 공감할 수 있도록 글쓰기를 할 수 있는 환경을 의미한다. 그리고 유의미한 과제 역시 실제 학생들이 써 봄 직한 학습 과제를 제시하는 것을 의미한다.

장르 중심 작문 교수·학습의 가장 큰 단점은 필자의 역량에 따라 글의 완성도가 달라질 수밖에 없다는 점이다. 필자의 역량이 부족할 경우, 작문을 시작하기도 어려울 수 있다. 따라서 초등학생 등의 저학년에서는 이 모형이 적절하지 않을 수 있다. 또 장르 지식이 관습적이라고는 하여도 이에 대한 체계적인 학습이 어느 정도 필요한데, 각각의 미시 장르에 대한 지식을 수업에서 어디까지 다뤄야 하는가 하는 문제도 제기될 수 있다. 또 최근 다양한 전자 매체가 나타나고 있는 상황에서는 장르 지식이 고정되어 있다고 보기 어렵다. 인터넷이나 SNS 등에서 나타나는 글쓰기의 영향이 점차 커지고 있는데, 이때 고유의 장르 특성을 교실의 작문 수업이 어떻게 수용해야 할지도 논의가 필요한 것이다.

학습 목표			자신의 경험이나 생각을 표현할 수 있다.
쓰기 과제			친구에게 학년이 바뀌면서 일어난 자기 생활의 변화를 들려주는 안부 편지 쓰기
교수·학습 활동	[도입]	주요 내용 설명	[생태학적 학습 환경 구축] • 유의미한 학습 과제 제공: 친구에게 안부 전하기 • 실제적 주제(구체적인 맥락, 장르가 명시된 쓰기 과제): 학년이 바뀌면서 일어난 자기 생활의 변화를 들려주는 안부 편지 쓰기
	[전개]	탐구하기	• 장르 특성 탐구하기 – 장르 특성(구조, 표현, 맥락): 편지글의 형식, 늘 함께 지내고 있지 않은 친구에게 쓰는 표현, 학년이 바뀌었음 • 교사의 장르 지식 교수: 편지글의 형식, 표현 관습 등 • 장르 예시글을 다루는 활동: 안부 편지 사례 제시 및 설명하기

		텍스트 구성하기	• 교사와 협력하여 텍스트 구성하기
			  교사는 미니 레슨을 통해 간단하게 편지 쓰는 과정을 설명하고 시범을 보인다. 모든 과정을 하나씩 전달하는 것이 아니라 대략적인 과정을 학생들이 꼭 알아야 하는 부분을 중심으로 간단하게 전달한다.
			• 학습자 스스로 텍스트 구성하기
			• 협의를 통한 학습자 지원
			  교사는 학생과 협의를 통해 글쓰기를 도와줄 수 있어야 한다.

		텍스트 공유 / 고쳐쓰기	• 텍스트 공유를 통한 독자 반응 경험하기
			  완성된 글을 발표하고, 독자의 감상과 평가를 이해한다.
			• 고쳐쓰기
			  독자의 반응을 고려하여 글을 고쳐 쓴다.

	[정리]	정리와 완성	• 학습 내용을 정리하기 • 결과물로서 글 완성하기

다음은 장르 중심 작문 교수·학습 방법을 도입할 때 고려할 부분들을 정리한 것이다.

교사의 평가 활동	• 교사는 학생의 결과물에 대해 생태학적 평가를 해야 한다. (독자 반응에 따라 글에 대한 평가가 달라진다.)
교사 설명의 유의 사항	• 특정 유형의 글(장르)의 맥락을 충분히 설명하도록 한다. • 실제 생활 속에서 쓰기를 통해 독자와 소통한다는 것을 명시하여 생태학적 소통을 강조해야 한다.
장점	• 실제적인 글쓰기를 할 수 있다. • 학생 스스로 장르에 대한 탐구, 장르의 소통에 대한 이해를 할 수 있다. • 독자의 반응을 고려하여 글을 쓰거나 고쳐쓸 수 있어 작문의 소통력을 키울 수 있다.
단점	• 하나의 장르에 관여되는 모든 요소를 다룰 수 없다. • 독자의 반응을 중시하나 독자의 반응의 타당성을 확보할 수 없다. • 장르 지식, 독자 반응 예상 등이 모두 필자의 경험을 근거로 하므로 글의 완성도를 담보할 수 없다.

4) 그 외 작문 교수·학습 방법

작문에 대해 일관된 관점을 가지고 작문 행위를 설명하는 작문 이론과 달리, 작문 교수·학습 이론은 교실에서 작문을 가르쳐야 하므로 작문 지도에 도움이 되는 여러 이론을 통합하거나 변형하기도 한다. 실제 교실에서 교사와 학생은 다양한 방식으로 상호작용하면서 글을 쓰는데, 이러한 글쓰기 과정은 결과 중심이나 과정 중심, 장르 중심과 같은 특정 이론에 정확하게 부합하기보다는 교실이 존재하는 맥락에 의존하게 된다. 따라서 실제 작문이 일어나는 작문 교실을 상정하면, 작문 교수·학습은 특정 이론에 한정되기보다는 학생들의 실제적인 요구를 고려하는 것이 우선이다.

교사는 작문 수업을 준비하면서 수업의 목적을 달성하기 위해 여러 이론을 연결하고 기존의 모형을 수업 상황에 맞게 변형한다. 실제 교수·학습 단계에서는 이 모형을 또 다시 다양한 방식으로 변주한다. 이 때문에 작문 연구자들이 다루는 일반 모형들은 실제 작문 지도가 이루어지는 교실에서 전혀 다른 양상으로 구현되기도 한다. 여기에서 다룰 '작문 전략 지도를 위한 현시적 교수 모형', '워크숍 중심 쓰기 교수·학습 모형' 등은 지금까지 살펴본 세 가지 유형의 일반 모형을 교실 상황을 고려하여 구체화하려는 시도를 반영한 것이다.

① 작문 전략 지도를 위한 현시적 교수 모형

'작문 전략 지도를 위한 현시적 교수 모형'(박영목, 2008: 284)은 한 편의 글을 완성하는 일련의 작문 과정을 수행하는 것보다는 작문 과정에서 일어나는 문제를 해결하는 방법을 강조한다. 따라서 문제를 해결하기 위한 작문 전략을 선택하고 이를 실제 작문 과정에 적용하여 글쓰기에 구현하는 교수·학습 과정을 보여 준다. 이 모형은 직접 교수법의 틀을 가지고 있으나 전략 활용이라는 보이지 않는 필자의 사고 과정을 학생들에게 설명하기 위해 이를 교사의 말로 설명하는 방식을 택한다. 이 때문에 이 모형은 직접 교수 모형이 변형된 현시적 교수 모형을 끌어와 사용한다.

이 모형에서 교사는 학생들이 작문 과정에서 일어나는 문제에 대하여 어떤 방식의 사고를 해야 하는지를 교수·학습 활동을 통해 구체적으로 설명함으로써 학생들이 이를 이해하고 자신의 글쓰기 상황에 적용하기를 기대한다. 이 모형의 지도 단계별 교수·학습 활동을 정리하면 표 8-1과 같다.

표 8-1 작문 전략 지도를 위한 현시적 교수 모형(박영목, 2008: 284)

지도 단계	교수 · 학습 활동
1. 교사의 설명과 시범	① 작문 전략에 대한 교사의 설명 ② 작문 전략의 성공적인 적용 방법에 관한 교사의 시범 ③ 작문의 심리적 과정을 드러내기 위한 사고 구술
2. 교사 안내 중심 작문 활동	① 작문 과제의 수행을 위한 학생들의 책임을 점진적으로 증대 ② 교사와 학생이 함께 작문 전략의 적용을 위한 연습 활동 ③ 학생들의 활동을 위해 교사는 기본적인 바탕을 마련해 주고, 학생들의 사고 활동을 지원하며, 질문과 토론의 과정에서 적절한 피드백 제공 ④ 학생들은 소집단 혹은 전체 집단 활동의 과정에서 사고 과정 공유
3. 개별 학생 중심 독립적 작문 활동	① 학생 개인별로 작문 전략의 적용을 위한 연습 활동 ② 개별 학생들에 대한 교사 또는 동료 학생의 주기적인 피드백 제공
4. 실제 작문 상황에서의 작문 전략 적용 활동	① 새로운 장르 혹은 구조의 글에 대한 작문 전략의 적용 활동 ② 더욱 난해한 글에 대한 작문 전략의 효과적인 사용 방법에 대한 학생들의 발표 활동

② 워크숍 중심 쓰기 교수·학습 모형

'워크숍 중심 쓰기 교수·학습 모형'(원진숙, 2001)은 작문 수업을, 워크숍처럼 학습자 전원이 참여하여 다양한 상호작용 방식이 일어나는 장면으로 꾸며 글쓰기 활동을 한다는 점이 특징적이다. 교사가 글쓰기 워크숍을 개최하면 교사의 지도와 안내에 따라 학습자 전원이 모둠 활동 등을 통해서 작문 활동에 참여한다. 학생들이 실제 작문 수행을 중심으로 하는 글쓰기 과정에 적극적으로 참여하여 결과물로서의 글을 생산해 내는 일련의 교수·학습 과정이 마치 '워크숍'처럼 진행되는 것이다. 이 과정은 도입부에서 교사가 설명하고 시범 보이는 작문 방법이나 원리에 따라, 학습자가 쓰기 전 단계, 초고 쓰기 단계, 고쳐쓰기 단계, 편집하기 단계, 출판하기 단계 등의 작문 과정을 수행한다. 그리고 이 과정에서 학생들은 실제적인 작문 경험을 하면서 글을 작품화해서 생산해 낸다(원진숙, 2001: 301).

생태학적 쓰기 교수 · 학습 환경

| 도입 단계 | • 교수 · 학습 목표 확인 |
| | • 쓰기 과제 결정 |

| 전개 단계 | 워크숍 중심의 쓰기 과정 | | 워크숍 중심의 쓰기 지도 방법 |

	쓰기 전 단계	협의 · 공유하기	쓰기 방법 설명 및 시범
	초고 쓰기 단계		책임 이양 및 비계 지원
	고쳐쓰기 단계		공유하기 및 피드백 제공
	편집하기 단계		편집 시범
정리 단계	출판하기 단계		평가하기

그림 8-6 워크숍 중심의 쓰기 교수 · 학습 모형(원진숙, 2001)

여러 사람이 모여 다양한 방식으로 상호작용하는 '워크숍'의 개념을 도입한 이 모형은 '생태학적 교수 · 학습 환경의 구성 원리'를 강조한다. 작문 수행이 이루어지는 교실 환경을 학교 밖의 실제 세계처럼 학습자들이 실제로 다양한 자료를 읽고 쓸 수 있을 뿐만 아니라, 자신들에게 의미 있는 과제를 중심으로 적극적으로 참여하고 활동할 수 있는 하나의 생태계로 창출해 내려고 하였다. 교사가 정해진 단계나 과정에 따라 한두 가지 활동을 중심으로 순차적으로 진행하는 방식이 아니라, '생태학적 교수 · 학습 환경'이 구현된 교실 내에서 학생들은 다양한 글을 읽으면서 소재를 찾기도 하고, 동료에게 자유롭게 자신의 글에 대한 조언을 얻기도 하는 등 다양한 작문 목적과 주제, 형식을 경험하면서 자기 주도적이고 목표지향적인 작문 활동에 참여하게 된다.

교사가 이 모형을 작문 교수 · 학습 상황에 성공적으로 활용하기 위해서는 교사 스스로 다양한 역할을 수행할 수 있어야 하기 때문에 이 모형에서는 교사의 역량이 매우 중요하다. 이 모형에서 교사는 학습자와 작문 과정에 대해 전문적인 안목과 식견을 가지고 생태학적 작문 교실 환경을 조성하는 학습 환경 조성자의 역할, 워크숍의 도입부에서 교수 · 학습 목표를 인식시키고 작문 학습에 필요한 원리와 방법을 제공해 주는 명시적 교수자로서의 역할, 학습자의 실제적인 글쓰기 경험을 격려하고 적절한 비계를 제공해 주는 촉진자로서의 역할, 워크숍 쓰기 교수·학습 과정 중에 이루어지는 학습자의 개별적인 발달적 수행을 마음의 눈으로 관찰하고 평가하는 평가자로서의 역할을 수행해야 한다(원진숙, 2001: 305).

3 작문 교수·학습은 어떻게 실행되어야 하는가

이론적 연구의 성과물로 교재나 논문에 소개되는 교수·학습 모형은 이론이 지향하는 바를 구체적이고 직관적인 형태로 보여 준다는 점에서 의미가 있다. 그러나 이를 실제 수업에 적용하려면 자신이 선택한 모형을 통해 무엇을, 어떻게 가르쳐야 할지를 생각해 보아야 한다. 선택한 모형이 다른 모형과는 어떤 점에서 다른지, 무엇을 강조하고 있는지에 대한 대략적인 상을 그리고, 그것을 수업에서 적절하게 구현할 수 있는 방법을 생각해 보아야 한다.

앞에서 살펴본 바와 같이 작문의 이론, 작문의 교수·학습 원리는 작문 교수·학습 모형으로 도식화된다. 대부분의 작문 교수·학습 모형들은 작문을 지도하는 절차를 구분하고 절차별로 교사들이 가르칠 내용을 분명하게 보여 준다. 그러나 실제 수업에 모형을 도입하여 이론 또는 모형의 장점을 살리는 수업을 하기 위해서는 모형을 실제 수업에 맞게 구체화, 상세화하는 과정이 필요하다. 교사가 모형을 기계적으로 적용하면 기대한 효과를 얻기 어렵다. 교사는 계획된 수업 절차를 밟는 것 못지않게, 절차별로 강조되었던 요소들이 실제 학생들의 학습에 반영되고 있는지를 살펴볼 필요가 있다.

여기에서는 작문 교수·학습 모형을 실제 교실 수업에 적용하는 과정을 다루고자 한다. 그리고 교사들이 이 과정을 발전시켜 자신만의 작문 교수·학습 장면을 형성하는 것에 대해서도 살펴볼 것이다. 이를 위해 박영목(2008)의 '작문 능력의 효과적 신장을 위한 과정 중심 일반 모형'(이하 과정 중심 일반 모형)을 활용하였다(그림 8-2 참조). 대부분의 작문 수업은 이 모형의 절차와 구조로 설명될 수 있고 교수·학습 적용에서의 유의 사항 등이 잘 드러나, 작문 수업에서의 교사의 행위와 그 지향점을 쉽게 파악할 수 있을 뿐만 아니라, 전형적인 수업 진행 과정을 보여 줄 수 있어 작문 수업에서의 모형 적용 장면을 파악하기가 용이하기 때문이다.

1) 교수·학습 모형의 적용 1단계: 모형에 대한 이해

작문 수업은 작문의 절차 및 방법에 대한 여러 지식과 원리에 대한 설명과 실제 작문 활동을 연결함으로써 실제적인 작문 능력의 체계적인 신장을 추구한다.

1절에서 다룬 작문 지도의 원리를 실제 작문 교실에서 구현하기 위해 교사는 수업 내용 또는 주제로 삼을 작문 전략을 선택하고, 이 전략이 적용되는 구체적인 사회·문화적 맥락을 구성하여야 한다. 이때 전략이 잘 구현된 글을 이해하는 것이 아니라 학생이 실제 그런 글을 쓸 수 있도록 수업 과정을 구성해야 하며, 이 과정에서 학생이 동료 또는 교사와 토론을 통해 작문 수행에 따르는 문제를 해결할 수 있도록 수업을 진행하는 것이 바람직하다. 또한 이 과정은 학생의 인지 발달 단계 및 작문 능력 발달 단계에 적합해야 한다. 최근의 시류에 맞춰 인터넷, 컴퓨터 등을 적극 활용함으로써 현대 사회가 요구하는 작문 행위를 익힐 수 있도록 계획하는 것도 중요하다. 이처럼 교사의 작문 지도가 실제 학생의 작문 활동으로 연결될 때, 학생은 여러 가지 소재와 표현을 사용하고 다양한 상호작용을 통해 독자의 공감을 얻을 수 있는 글을 쓸 수 있다.

교사가 자신의 교실 상황에 맞게 구체적인 작문 교수·학습의 내용과 과정을 설계하는 과정을 생각해 보자. 대개의 작문 수업은 교사가 가르치고자 하는 내용(작문의 구체적인 전략, 구체적인 유형의 글)을 단계화하고, 각 단계에서 학생이 하게 될 경험을 계획하는 데서 시작한다.

교사가 작문 수업을 과정으로 나누고 각 과정에서 해야 할 일들을 설계하려고 할 때, 과정 중심 작문 모형은 교사가 예측하는 작문 상황에 가장 적절한 모형으로 선택되는 경우가 많다. 이 모형을 구체적인 작문 장면에 적용하여 작문 수업으로 구체화하려면 각 단계에서 어떤 활동을 강조하고 있는지, 또 그러한 활동이 최종적인 작문 결과물 또는 작문 수업의 성과와 어떻게 연결될 수 있는지를 분명하게 상상할 수 있어야 한다. 이는 작문 수업의 각 단계에서 제시할 과제, 과제 해결에서 교사의 역할과 유의점 등을 이해하고 수업을 계획할 수 있어야 한다는 것을 의미한다. 교사의 의도대로 수업을 수행하여 기대한 효과를 얻기 위해서는 각 단계에서 강조하고 있는 것들을 정확하게 이해한 바탕 위에 이를 자신의 방식으로 구체화해야 하는 것이다. 따라서 모형 적용의 첫 단계는 모형에 대한 '정확한 이해'이다.

2) 교수·학습 모형의 적용 2단계: 작문 상황과 작문 과제의 결정, 교수·학습 지도안 작성

수업 단계별로 교사가 무엇을 해야 하는지에 대해 충분히 알게 되었다면 실제 작문 지도 상황을 구안해 볼 수 있다. 여기에서는 과정 중심 일반 모형을 토대로 '자기소개서 쓰기'를 위한 실제 교수·학습 지도안을 작성하는 방법을 다룰 것이다.

'자기소개서'는 글의 형식이 관습화되어 있으며, 독자와 글의 목적, 글을 요구하는 사회적 장면 등이 뚜렷하기 때문에 작문 수업에서 실제적인 글쓰기로 다루기 좋은 유형이다. 특히 학습자가 고등학생이라면 대학 입시나 취업과 같이 자기소개서를 요구하는 현실적인 맥락을 더 실감나게 이해할 수 있을 것이므로 작문 활동의 실제성을 더할 수 있다.

교사는 자기소개서 쓰기를 지도하기 위해 자기소개서에 대한 지식을 정리하고, 작문 과정에서 부딪힐 수 있는 문제 상황들을 예측하고, 이를 해결하기 위해 필요한 작문 전략들을 교실 상황을 고려하여 준비할 수 있다. 또한 학생들도 머지않은 미래에 실제 자기소개서를 써야 하는 상황이 있음을 알고 있으므로 작문 수업에 적극적으로 참여할 동기를 지닐 수 있다.

(1) 수업 전개 계획의 수립

먼저 작문 수업에서는 하나의 과제를 충분히 해결하기 위해 여러 차시가 필요한 경우가 많다. 따라서 하나의 작문 과제 해결에 필요한 차시를 결정하고 전체 수업 과정을 계획하는 것이 필요하다. 대부분의 작문 교수·학습 모형들은 하나의 쓰기 과제를 해결하는 것을 상정하고 있으므로 '자기소개서 쓰기' 과제는 적절한 과제가 될 수 있다.

　우선 교사는 일반 모형이 요구하는 준비 과정, 활동 과정, 정리 과정을 고려하여 수업 전개 계획을 구성해야 한다. 실제 수업은 활동 과정과 정리 과정으로, 이를 위해 수업 전에 교사가 수업을 준비하는 단계를 준비 과정으로 설정할 수 있다. 여기에서는 준비 과정, 활동 과정, 정리 과정을 각각 수업 전, 1~3차시, 4~5차시로 나누었다.

　수업 전 준비 과정에서 교사는 학생들에게 무엇을 어떻게 가르칠 것인가를 결정하고, 학습 자료(활동지) 등을 개발한다. 교사가 중점을 둔 요소는 학습 자료에 드러나고 이를 중심으로 수업을 진행하면서 그 요소들은 더욱 부각된다. 따라서 준비 과정에서 교사는 학생들에게 어떤 점을 강조해야 할지, 어떤 과정으로 그 강조점에 접근할 것인지 등에 대해 충분히 생각하고 준비해야 한다.

▷ '자기소개서 쓰기' 작문 교수·학습 계획

차시	주제	주요 내용 및 활동 (자기소개서 쓰기)	작문 수업 과정 (일반 모형)
수업 전	(1) 작문 상황의 분석	• 자기소개서의 특성 정리: 예시문의 발굴과 분석 • 자기소개서가 요구되는 상황 정리: 자기소개서의 목적, 특성, 독자 고려 • 활동지 개발, 예시문 정리, 작문 맥락 조성	준비 과정
1	(2) 작문의 절차 및 방법에 대한 설명과 시범 (3) 작문의 절차 및 방법의 숙지	• 자기소개서의 특징, 자기소개서의 맥락의 이해 • 맥락(목적, 독자)을 고려한 내용 선정, 장르적 특성을 고려한 개요 작성 • 표현 효과, 전달 효과 등 자기소개서의 목적을 고려한 쓰기 안내 및 시범 • 활동 과정에서의 유의점, 동료, 교사와의 협동적 문제 해결 방법(토의, 질문 등) 안내 • 작문 활동에 대한 과정 평가 안내	활동 과정
		• 내용 생성하기 및 초고 쓰기 활동	
2~3	(4) 주어진 작문 과제에 대한 작문 활동	• 토의, 토론을 통한 문제 해결 활동	
4~5	(5) 작문 결과 정리 및 발표 (6) 작문 결과에 대한 평가 (7) 작문의 과정에 대한 통합적 지도	• 발표 • 평가(맥락의 강조, 과정 이행, 결과 효과) • 정리	정리 과정

(2) 차시별 지도안의 작성과 수업 실행

'자기소개서 쓰기' 교수·학습 과정에 대한 계획을 수립할 때 교사가 가장 주의를 기울여 준비해야 하는 부분은 1차시이다. 이 시간에 교사는 학생에게 과제 해결에 필요한 지식이나 기능 등을 설명할 뿐만 아니라, 이 과정에서 일어날 수 있는 다양한 문제 상황을 안내해야 한다.

302쪽에 있는 표는 1차시 수업에 대한 대략적인 지도안을 작성한 것이다. 1차시에서 5차시 전체에 걸쳐 학생들이 할 수업 내용을 설명하고, 초고 쓰기도 하는 것으로 계획을 수립하였기 때문에 1차시는 다른 차시보다 더 체계적으로 계획할 필요가 있다. 보통 지도안을 약안으로 쓰는 경우에는 앞에 제시한 표가 보여 주는 정도로 수업의 큰 방향을 보여 주는 데 그치지만, 실제 수업을 수행하려면 이를 구체적인 장면과 연결하여 준비할 필요가 있다. 지도안의 세부 내용에 연결된 설명들이 실제 교사가 수업을 계획하면서 준비해야 할 내용들이다. 실제 예시글에 대한 분석과 강조할 부분 등을 구체적으로 준비하고, 작문 교수·학습 활동이 지향하는 지점과 연결될 수 있도록 세심하게 준비할 필요가 있다.

3) 교수·학습 모형의 적용 3단계: 작문 교수·학습의 변형, 확장

302쪽~303쪽 지도안의 '자기소개서 쓰기' 수업은 초보 교사(혹은 예비 교사)가 처음으로 자신의 수업에서 '자기소개서 쓰기'를 계획하여 가르치는 과정이라고 할 수 있다. 교사가 되어 1, 2년 정도 여러 영역과 제재에 대한 수업을 경험하며 다양한 시행착오를 겪다 보면 자신만의 시각과 방법으로 나름의 수업을 할 수 있게 된다. 그때에는 '자기소개서 쓰기' 수업을 다시 하더라도 최초의 수업과는 다른 방식, 다른 강조점으로 수업을 진행하게 되는 것이다.

다음은 '자기소개서 쓰기'를 여러 해 반복적으로 수업하고 있는 '김쓰기(가명)' 교사의 인터뷰 사례이다. 김쓰기 교사는 일반계 고등학교에서 이 수업을 몇 해째 계속하면서 다양한 확장을 시도하고 있다.

"저는 이 자기소개서 쓰기를 몇 해째 장기 계획을 세워 학생들과 활동하고 있습니다. 연초에 자기소개서 쓰기 활동을 위한 모둠을 구성한 후, 모둠장들이 자기 모둠의 활동을 주도하게 하면서, 활동의 지속성을 확보합니다."

김 교사는 이 과제를 모둠 활동으로 수행하고 있다고 한다. 김 교사가 실행하는 '자기소개서 쓰기'의 전체적인 과정은 302쪽~303쪽 지도안의 '작문 수업'과 다르지 않다. 다만 모둠 활동에서는 교사가 직접 가르치기보다는 모둠장을 중심으로 모둠 구성원들이 토론을 통해 자기소개서 내용을 구성하고 작성하게 하는 방식을 활용하고 있다.

그런데 이 작문 수업을 여러 해 반복적으로 하다 보니 학생들의 작문 결과물이 누적되어 다양한 예시를 가지게 되었다고 한다. 그리고 선배들이 작성한 자기소개서 예시들은 실제 대학 입시 등에서 활용되었기 때문에 이 자기소개서가 활용된 실제 사례와 짝을 이루게 되었다고 한다. 선배들의 자기소개서가 실제 대학 입시에서 어떤 효과를 나타냈는지를 구체적으로 설명할 수 있게 되었기 때문에 김 교사의 '자기소개서 쓰기' 작문 지도는 또 다른 가능성을 가지게 되었다.

" 특히 내용을 선정하고 조직하는 과정에서 각각의 에피소드가 가지는 효과 등을 토론하게 하고, 적절한 방식으로 이를 수정, 보완하게도 합니다. 이 과정에서도 모둠장들의 다양한 활동이 있습니다. 그런데 이 활동이 사장되는 것은 아닙니다. 이 모둠장들이 나중에 대학 입시를 위해 '자기소개서'를 쓸 때, 모둠 활동에서 겪은 여러 경험을 자기 성장의 예로 활용하도록 지도하기도 하였습니다. 지금까지는 그렇게 한 결과가 좋아서 학생들이 작문 활동에 적극 참여하는 동기가 됩니다."

특히 여러 해 유사한 방식으로 '자기소개서 쓰기' 수업을 하다 보니 '자기소개서'를 잘 써서 대학 입시에 성공한 케이스들이 생겨나고, 작문 수업 시간에 이를 소개함으로써 학생들이 수업에 적극 참여할 수 있는 계기를 마련해 준다는 것이다. 김 교사는 모둠장들이 작문 과정에서 주도적 역할을 하면서 보여 주는 인지적·정의적 변화를 관찰하였다고 한다. 그리고 이를 실제 입시를 위한 '자기소개서' 쓰기에 반영할 수 있도록 지도하였다고 한다. 이는 '자기소개서

▷ '자기소개서 쓰기' 1차시 지도안

단원명		자기소개서 쓰기		차시	1/5
학습 목표		• 자기소개서의 특징(목적, 필자와 독자, 글의 구조 및 표현상의 특징 등)을 설명할 수 있다. • 자기소개서의 특징이 드러나도록 내용을 생성하여 글을 쓸 수 있다. • 자기소개서를 발표하여 평가받은 후, 고쳐 쓸 수 있다.			
학습 단계		교수·학습 활동		자료 및 유의점	시간 (분)
		교사	학생		
도입	인사 및 출석 확인	• 인사 나누기 및 출석 확인	• 인사 나누기		3
	동기 유발	• 동기 유발하기			
	학습 목표 제시	• 본시 학습 목표 제시하기	• 본시 학습 목표 인지하기		
전개 1	자기 소개서 쓰기 설명하기	**자기소개서의 의미** • 자기소개서에 대해 설명하고 예를 보여 준다. 　– 자기소개서 예시 보여 주기● 　– 예시 자기소개서의 목적, 구조, 표현상의 특징 확인	• 설명을 이해하며 필요한 경우 질문한다.	– 자기소개서 　예시 자료 – 판서	18
		자기소개서의 맥락 • 자기소개서의 맥락을 설명한다. 　– 자기소개서의 목적 　– 필자, 독자의 입장			
		자기소개서 쓰기의 과정 안내 • 나눠 준 활동지를 활용하여 자기소개서의 작문과정을 설명한다. 　– 과정별 주요 활동 ● 　– 활동 수행 시 유의 사항 ●		– 작문 단계별 　활동지	
		결과 발표와 평가 • 작문 결과물을 발표하는 방법과 평가에 대해 설명한다. 　– 완성 형식에 대한 안내 ● 　– 평가 방법			
		활동 방식과 유의점 안내 • 작문 단계별 주요 활동에서 강조해야 할 부분을 설명한다. • 평가를 고려하여 결과물을 산출하는 과정에서 유의할 점을 설명한다.			
전개 2	자기 소개서 쓰기	**내용 생성하기** • 활동지를 이용하여 자기소개서에 쓸 내용을 찾을 수 있도록 지도한다. • 자기소개서를 쓰기 위한 개요를 완성하도록 지도한다. • 내용 생성을 위한 쓰기 전략을 적절●하게 활용할 수 있도록 지도한다. • 활동 상황을 점검하면서 학생들의 개별적인 질문에 답한다.	• 활동지를 이용하여 내용 생성하기 　– 주요 내용과 세부 내용으로 구별하여 정리한다. • 내용 구성하기 　– 자기소개서의 개요 완성 　– 주요 단계에서 강조할 부분을 선정 　– 효과적인 표현 구상하기 • 필요할 경우 교사나 동료와 협의한다.		10
		초고 쓰기 • 내용 생성과 구성하기의 진행 과정을 살펴보고 초고 쓰기를 시작할 수 있도록 지도한다. • 자기소개서의 맥락 등을 고려하면서 쓸 수 있도록 지도한다. ●	• 개요에 따라 자기소개서의 초고를 쓴다.		15
정리	학습 내용 정리	• 자기소개서 쓰기의 주요 내용을 정리한다.	• 내용 확인하기		3
	차시 예고	• 차시 예고하기	• 차시 확인하기		2

[예시문 제시] 실제 자기소개서를 보여 주면서, 맥락과 장르적 특징, 필자가 의도한 효과 등을 함께 설명한다. 전형적인 자기소개서를 통해 장르적 특성을 이해하도록 한다. 또한 독자 등을 고려하여 전형적이지 않은 표현이나 구성이 의외의 효과를 줄 수 있다는 점도 예와 함께 설명한다.

[내용 선정] 자기소개서에 들어갈 내용에 맞춰 자신의 삶으로부터 에피소드(내용)를 생성한다. 에피소드를 생성하는 방식은 브레인스토밍, 다발 짓기 등을 통해 해결할 수 있다. 예시 자료에서 자신만의 에피소드를 찾는 것이 필요하다. 찾은 에피소드는 적절한 방식으로 가공되어야 한다. 자기소개서의 전체적인 방향, 독자에게 주고자 하는 효과 등을 고려하여 다양한 방식으로 에피소드를 다루는 방법과 효과에 대해 함께 이야기하고 변형해 본다.
[내용 조직] 에피소드의 초점과 그것을 다루는 방식이 정해졌다면 이를 어떻게 구조화할 것인지 설명한다. 분량 등도 여기에서 결정한다.
[쓰기와 고쳐쓰기] 계획한 대로 에피소드를 기술한다. 에피소드를 다루기로 한 방식, 표현 효과를 고려하여 전체적인 내용을 계속 조절한다.
[최종 단계의 고쳐쓰기] 내용을 구조적으로 완성한 후, 띄어쓰기, 맞춤법 교정, 윤문 등을 통해 글을 매끄럽게 수정한다.

[내용 선정과 조직 단계의 유의점] 자기소개서의 맥락적 특성을 고려해야 한다. 대부분 대학 입시에서 자기소개서를 사용하는 경우가 많으므로, 대학 입시의 맥락을 충분히 반영하고 최대의 효과를 얻을 수 있도록 독자와 목적을 고려한 내용 선정과 조직이 이루어져야 한다.
[작문 단계의 유의점] 내용 선정과 조직에서 결정한 방향을 유지할 수 있도록 주의를 기울여야 한다. 표현 과정에서 맥락(독자, 상황)의 인지가 중요하다는 것을 이해하고, 이 맥락에서의 의사소통 방식과 효과에 집중할 수 있어야 한다.

[쓰기 수업의 결과물 산출에 대한 안내, 수행 평가 등에 대한 설명] 추후 결과물 제출 방식, 또 모둠 학습을 할 경우 각 모둠원의 역할과 역할에 대한 교사의 관찰 초점, 평가 초점 등을 설명하여 자연스럽게 과정 평가가 일어날 수 있도록 설명한다.

[내용 생성하기의 유의점] 학생들이 자신의 여러 가지 경험 중에서 독자의 기대를 충족시킬 수 있는 내용을 선택할 수 있도록 한다. 실제 자기소개서 작성 과정에서 강조할 부분, 사용할 수 있는 적절한 표현법 등을 함께 고려한 표현의 효과, 다른 자기소개서들과의 차별성까지도 예상해 볼 수 있도록 지도한다.

[초고 쓰기의 유의점] 학생들이 초고 쓰기 직후, 맞춤법, 띄어쓰기와 같은 지엽적인 잘못을 찾기보다는 자기가 자기소개서에서 강조하려던 부분이 자신의 의도에 맞게 표현되었는가를 중심으로 판단할 수 있게 한다. 초고 쓰기 이후의 수정 과정에서도 독자에게 전달하고자 하는 부분이 제대로 표현되었는지, 독자가 기대한 방향으로 반응할지 등을 고려하여 자기소개서의 전체적인 효과에 집중할 수 있도록 지도한다.
[교사, 동료와의 협의 시 유의점] 초고에 대한 평가는 자기소개서의 목적, 효과 등을 우선적으로 고려하도록 한다. 가능하다면 초고의 내용과 학생이 표현하고자 한 내용이 일치하는지를 추가적인 질문을 통해 확인할 필요가 있다. 수정에 대한 논의는 필자의 기대에 부응할 수 있게 하는 것이 중요하겠지만 실제 글로 표현되었을 때의 전달 효과를 함께 고려하여 가장 효과적인 방향을 모색할 필요가 있다. 초고에서 강조된 내용, 내용 제시 방법, 글로 표현된 결과 등을 다각도로 검토하여 수정하여야 한다.

쓰기 활동을 통한 학생 필자의 변화와 성장'이라는 점에서 의미 있는 활동이라고 할 수 있다.

김 교사가 구현하고 있는 이 '자기소개서 쓰기' 수업은 '쓰기 워크숍'이나 '장르 기반 환경적 쓰기 교수·학습 모형'의 특성도 가지고 있다. 교실 환경을 실제적이고 구체적인 상황으로 구성하여 학생들이 주도적으로 토론, 토의를 통해 글쓰기를 수행하고 있으며, 교사는 그 과정에서 학생들이 얻게 되는 경험과 성장에 주목하고 있기 때문이다.

김 교사가 실행하는 수업의 기본적인 틀은 구체적인 글 한 편을 쓰는 것, 글쓰기 과정에서 부딪히는 문제를 해결하기 위해 다양한 작문 전략을 소개하고 익히도록 도와주는 것, 또 학생이 동료와 함께 글을 쓰게 하는 것, 결과물을 발표하고 서로 평가하면서 개선하도록 하는 것 등을 통해 작문 지도의 다양한 원리를 구현하고 있다. 여기에 비록 입시라는 특수한 여건이긴 하지만 '자기소개서 쓰기'라는 작문 과제를 현실적 요구와 연결시키고 학생들이 작문 수업의 실제적 효용을 인식하도록 함으로써 김 교사는 이 작문 수업을 매년 반복하면서도 매년 발전할 수 있는 요소를 확보하고 있다.

생각해 봅시다

1 작문 교과서는 학생들이 작문 과정을 연습해 볼 수 있도록 다양한 방식으로 과제를 제시하고 있다. 다음 작문 교과서의 내용을 살펴보고, 이 내용으로 작문 교수·학습 지도안을 작성해 보자. 이 지도안에 어떤 작문 교수·학습 모형이 적용되었는지를 구체적으로 설명하고, 그 모형이 작문 수업에 미칠 효과에 대해 토의해 보자.

(윤여탁 외, 고등학교 국어 ①, 2014: 238-239)

2 작문 교수·학습을 설명할 때 '책임 이양의 원리', '직접 교수법', '현시적 교수법'과 같은 개념이 포함되어 있는 경우가 있다. 교실에서 이뤄지는 구체적인 작문 지도 행위를 제시하고, 여기에서 이들 개념이 어떻게 나타나고 있는지를 설명해 보자. 작문 교육의 효과적 실행을 위해 이 개념들을 활용할 수 있는 방법에 대해서 논의해 보자.

3 정보 기술의 발달로 챗GPT(ChatGPT)로 대표되는 대화형 인공지능(AI: Artificial Intelligence) 서비스가 보편화되면서 다양한 분야의 작문 활동에서 이를 활용하는 경우가 있다. 작문 교사로서 작문 교수·학습 과정에서 대화형 인공지능의 역할과 한계에 대해서 논의해 보자. 특히 학생들의 작문 활동에 인공지능 활용을 어느 정도 허용할 것인지에 대해 생각해 보자.

참고문헌

경인초등국어교육학회(1995), 「과정중심 글쓰기 교육 워크숍」, 제5회 경인초등 국어교육학회 연구 발표 자료집.

김창원 외(2005), 『국어과 수업 모형』, 삼지원.

박영목(2008), 『작문 교육론』, 역락.

박영민 외(2016), 『작문 교육론』, 역락.

박태호(2000), 『장르 중심 작문 교수 학습론』, 박이정.

박태호·최민영(2016), 「PCK에 기반한 국어과 쓰기 수업 설계 방안 연구」, 『작문연구』 17, 155-192.

서울대학교 국어교육연구소(1999), 『국어교육학사전』, 대교출판.

서혁(2005), 「국어과 교수 학습 방법의 구성과 원리」, 『국어교육학연구』 24, 297-324.

원진숙(2001), 「초등 국어과 교수 학습 모형 개발 연구: 쓰기 영역을 중심으로」, 『국어교육학연구』 12, 287-316.

원진숙 외(2011), 「장르 기반 환경적 쓰기 교수·학습 모형 개발 연구」, 『한국초등교육』 22(2), 147-165.

윤여탁 외(2014), 『고등학교 국어 ①』, 미래엔.

이성영(1996), 「직접 교수법에 대한 비판적 고찰」, 『한국초등국어교육』 12, 123-147.

이재승(2002), 『글쓰기 교육의 원리와 방법: 과정 중심 접근』, 교육과학사.

정동화 외(1984), 『국어과 교육론』, 선일문화사.

정혜승(2013), 『독자와 대화하는 글쓰기: 대화적 문식성 교육을 위한 작문 과정과 전략 탐구』, 사회평론아카데미.

최미숙 외(2008), 『국어 교육의 이해』, 사회평론아카데미.

Rohman, D. G. & Wlecke, A. O.(1964), *Pre-Writing: The Construction and Application of Models for Concept Formation in Writing*, Michigan State University Press.

9장 작문의 평가

김 교사는 이번 학기 작문 수업에서는 수업의 목적을 고려하여 중간 및 기말 지필 고사의 비중을 적게 하고 대신 작문 수행 과제의 비중을 높이고자 하였다. 그리고 학생들에게는 교육과정에 제시된 설명문, 논설문, 자기소개서 등의 수행 과제를 각각 제시하였다. 그러나 막상 학생들이 쓴 설명문과 논설문을 받고 난 다음부터는 '설명문과 논설문을 어떤 기준에서 평가해야 할까?', '만약 각각 다른 기준을 적용한다면 어떤 것이 객관적이면서도 타당한 평가 기준이 될 수 있을까?'와 같은 고민이 생겼다. 김 교사는 작문 수업에서 실제 작문 과제를 가지고 평가하는 것이 적합하다는 생각은 갖고 있었지만, 이를 구체화할 만한 평가 방안은 갖고 있지 못했던 것이다.

이 장에서는 김 교사의 문제를 해결할 수 있는 여러 단서들을 제공하고자 한다. 이를 위해 기존에 제안된 여러 평가 방법들을 유형화하여 정리하고, 그 구체적인 적용 방법들을 기술하였다. 물론 이 방법들은 다양한 방식으로 수정 및 응용될 수 있음을 전제로 한다. 끝으로 최근 활발히 논의되고 있는 작문 자동 채점 관련 현황에 대해서도 소개하고자 한다.

1 작문 평가란 무엇인가

작문 평가는 작문 교육 전반에 유의미한 정보를 수집하고 교육적인 진단과 처방을 하는 체계적인 과정이라 할 수 있다. 이러한 관점에서 작문 평가는 작문 교수·학습 과정의 질적인 개선을 도모하는 한편, 학습자 개개인의 작문 능력 향상을 돕는 데 목적을 둔다. 즉, 단순히 미숙한 필자와 능숙한 필자를 구별하여 이를 차등하거나 서열화하기 위해서가 아니라, 학생 개개인의 작문 능력에 대한 유의미한 정보를 제공함으로써 궁극적으로는 의사소통 능력의 향상에 기여하기 위해 작문 평가를 실시해야 하는 것이다. 따라서 작문 평가의 방법은 교수·학습의 결과뿐만 아니라 그 과정까지도 함께 평가할 수 있도록 계획할 필요가 있다.

아울러 작문 평가는 학습 능력이나 관심사, 성장 배경, 취향, 동기 등에서 학습자마다 차이가 있다는 점을 인정하고, 개개인의 차이에 부합하는 보다 다양한 평가 방법을 구안하고 적용함으로써 학습자의 성장과 발달을 도모하는 것에 최우선적인 가치를 두어야 한다. 이를 위해서는 일회적이거나 제한적인 작문 평가 대신 다양한 화제를 통해 지속적으로 작문 평가가 이루어지도록 기획하는 것이 바람직하다. 또한 학습자들이 교수·학습의 과정에서 보여 주는 다양한 작문 수행의 양상들을 세밀히 관찰하고 분석하여 이를 평가에 활용하는 것이 효과적이다. 또한 평가의 주체 역시 교사에 의해 일방적으로 이루어지기보다는 학생 상호 간 평가, 또는 학습자 스스로의 자기 평가의 방식 등을 활용하여 작문 수업 및 결과에 대한 책무성을 고양시키는 것이 중요하다.

2 작문 평가에서 중요한 요소에는 어떤 것이 있는가

다른 과목에서의 평가와 마찬가지로 작문 평가 또한 타당도와 신뢰도를 중시한다. 타당도(validity)란 검사 도구가 측정하고자 하는 것을 얼마나 충실히 측정하는가를 의미한다(성태제, 2009: 316). 즉, 측정하고자 하는 요소들이 검사 도구 안에 모두 포함되어 있는지, 혹은 측정하고자 하는 요소 외에 다른 요소는 없는지 등이 타당도를 결정한다고 할 수 있다. 반면 신뢰도(reliability)란 측정하려는 것을 얼마나 안정적으로 일관성 있게 측정하는가를 뜻한다. 동일한 검사를 반복 시행할 경우 그 결과가 얼마나 유사한가가 신뢰도를 결정한다고 할 수 있다(성태제, 2009: 342).

교육 평가 일반에서 타당도와 신뢰도는 모든 검사 도구가 갖추어야 할 핵심 요소이다. 따라서 작문 평가에서도 이 두 가지 요소는 반드시 고려되어야 한다. 다만 작문에 대한 여러 이론이 존재하고 각각의 이론에서 중시하는 부분이 다르기 때문에 어떤 목적에서, 무엇을 기준으로, 어떤 방법으로 학습자의 작문 능력이나 태도를 측정할 것인지에 따라 타당도와 신뢰도를 확보하는 구체적인 방안은 매우 다양할 수 있다.

작문 평가에 관한 초기 연구 중 주요한 위치를 차지하는 연구로는 미국의 디드리히(Diederich, 1974)를 들 수 있다. 이 연구는 작문 평가자 사이의 불일치가 얼마나 심각한지를 극명하게 보여 주었다. 디드리히는 60명의 평가자에게 대학 1학년 학생들이 작성한 300여 편의 글을 평가하도록 하였다. 평가자들은 영문학, 사회학, 자연 과학, 언론, 법률 등 각 분야당 10명씩으로 구성된 전문가 집단이었다. 모든 평가자는 300편의 글을 9개의 등급으로 분류하여 평가하였는데, 그 결과 282편의 글이 7등급에 걸쳐 각각 다른 등급을 받았다. 결국 60명의 평가자 사이의 신뢰도는 .31에 불과하였다(박영목, 2008: 28-29). 이러한 실험 결과는 작문 평가의 전문가라 할지라도 글에 대한 관점이나 평가 기준이 매우 다를 수 있다는 사실을 뒷받침해 준다.

따라서 작문 평가 연구자들은 평가의 타당도와 신뢰도를 확보하기 위해 실제 평가에 앞서 사전 검사(파일럿 테스트)를 실시하거나 전문가 집단의 자문을 통해 검사 도구(작문 과제, 설문 문항 등)를 보완하고, 복수의 평가자로 하여금 동일한 과제를 평가하도록 하는 등의 다양한 방법들을 제안한다. 하지만 이러한 시도들은 타당도와 신뢰도를 보완하는 여러 가지 방법 중 하나이다. 중요한 것은 평가자가 평가의 목적을 평가 전(全) 과정에서 일관되게 유지하고 있는가, 검사 도구와 평가 목적이 체계적이며 논리적인 정합성을 갖추고 있는가 등이다. 결국 작문 평가의 목적과 내용, 방법이 체계적이며 유기적으로 결합될 때에만 작문 평가의 타당도와 신뢰도가 확보될 수 있는 것이다.

3 작문 평가에는 어떤 유형들이 있는가

작문에 대한 여러 이론이 존재하고 측정 이론 또한 다양하기 때문에, 작문 평가의 유형 역시 매우 다양하다. 작문 평가의 이러한 특성에 대해 베히자데와 엥겔하드(Behizadeh & Engelhard: 2011)는 그림 9-1과 같은 모형을 통해 설명하였다.

여기서 작문 이론은 앞서 살펴보았던 작문에 대한 다양한 이론 체계들을 말한다. 그리고 측정 이론은 검사 및 결과 도출(test-score), 평가의 기준 설정(scaling)과 관련된 이론 체계이다. 끝으로 맥락 요소는 작문 평가 전반에 영향을 미치는 것으로 교육과정, 교과서, 학습자, 교수자 등을 의미한다. 특히 맥락 요소는

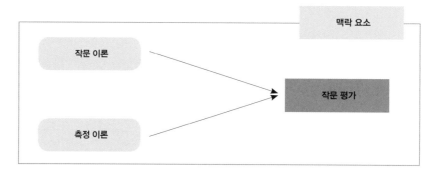

그림 9-1 작문 평가와 관련 이론의 영향 관계(Behizadeh & Engelhard, 2011: 191)

다양하면서도 이질적인 요소들이 공존하고 그 영향력 또한 균질하지 않기 때문에 작문 평가에 있어 종종 간과되는 경향이 있다.

이 장에서는 이러한 논의를 바탕으로 여러 작문 평가의 유형을 평가 주체, 평가 대상, 평가 방법, 평가 시기로 구분하여 제시하고자 한다. 각각은 상호 배타적인 것이 아니며 다양한 방식으로 조합하여 적용할 수 있다.

1) 누가 평가할 것인가

작문 평가와 관련해서 평가 주체에 대한 관심과 연구는 비교적 최근에 나타났다. 전통적으로 교육에서의 평가 주체는 교수자를 의미하였다. 특히 작문 평가가 주로 어법 및 규범, 장르 관습(격식) 등을 대상으로 이루어질 경우 교수자에 의한 평가는 당연한 것으로 여겨졌다. 하지만 학습자의 능동적인 작문 활동을 강조하고, 지식이나 수행뿐만 아니라 효능감, 동기와 같은 작문에 대한 다양한 요소를 평가 대상으로 삼으면서 동료(또래 학습자)는 물론, 학습자 자신도 교수자와 함께 평가 주체가 될 수 있다는 것이 최근 작문 평가의 경향이다.

(1) 교수자 평가

교수자에 의한 작문 평가의 대표적인 유형으로는 '첨삭 지도'를 들 수 있다. 첨삭 지도는 대체로 작문 결과에 대해 수정 및 개선 지점들을 지적해 주고, 이를 토대로 결과물을 평가하는 방식이다. 물론 첨삭이 반드시 결과물에 대해서만 이루어지는 것은 아니다. 필요에 따라 자료철(포트폴리오)을 활용한 작문 수행

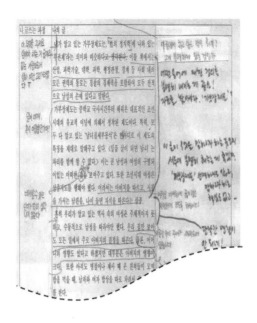

그림 9-2 작문 결과물에 대한 교사의 첨삭 지도 사례(이은자, 2009)

과정에서도 이루어질 수 있다.

다만, 첨삭 평가는 교수자 1인에 의해 이루어지는 것이 대부분이므로 신뢰도 측면에서 의문을 제기하는 경우가 많았다. 동일한 혹은 유사한 작문 수행 및 과제에 대해 평가자가 얼마나 일관된 기준을 적용하고 있는지, 그리고 그 결과는 믿을 수 있는 것인지에 대한 지적이 있었던 것이다. 이에 연구자들은 평가자의 신뢰도를 높이기 위한 방안으로 다음 세 가지를 제안하였다(박영목, 2008: 29).

첫째, 사회적으로나 문화적으로 공인받을 수 있는 평가 기준을 토대로 할 것.

둘째, 한 명의 평가자보다는 복수의 평가자들이 평가의 기준, 절차, 방법 등에 관한 공통의 인식을 갖추고 평가를 진행할 것. 필요한 경우 사전 연수를 통해 평가자들 사이에 충분한 합의가 이루어진 다음에 평가를 진행할 것.

셋째, 두 사람 이상의 평가자가 평가한 결과를 합산하여 평가 점수를 부여할 것.

이 세 가지 사항은 공인된 평가 기준[1]을 토대로 복수의 평가자들이 합의된 기준과 절차를 사용하여 평가를 하는 것이 한 사람이 진행하는 평가보다는 더 신뢰할 수 있다는 것을 의미한다.[2]

하지만 학습자를 강조하는 구성주의가 교육의 중요한 화두로 부각되고 작문 교육에서도 학습자의 자율성과 담화 공동체의 역할 등이 중시되면서, 작문 평가에서도 기존의 방식에 대한 인식을 근본적으로 전환할 필요성이 제기되었다. 여기에는 의미 구성의 주체로서 개인을 강조하는 인지주의 이론과 담화 공동체를 강조하는 사회구성주의 이론의 영향이 있었다. 그리고 작문에 대한 지식이나 수행 능력 등의 전통적인 영역뿐만 아니라, 작문 동기나 효능감처럼 그동안 상대적으로 소홀히 다루어 왔던 대상에 대한 관심이 높아진 것과도 관련이 있다. 더욱이 협동 작문 등이 새롭게 작문 교육의 중요한 부분을 차지한 것 등도 평가 주체에 대한 인식 전환을 요구하게 된 계기라 할 수 있다. 이로 인해 기존의 전통적인 교수자 평가 대신 동료 평가, 자기 평가 등이 새롭게 부각되었다.

(2) 동료 평가

동료(혹은 또래) 평가는 동료 간의 협력을 통해 교육적 처방을 도모한다는 점에서 기존의 교수자 평가와는 차이가 있다. 특히 동료 평가는 평가자와 평가 대상자의 역할이 유동적임을 전제로 하기 때문에 서로의 경험을 공유하고 공동의 문제를 해결하기 위해 협력할 수 있다는 장점이 있다. 동료 평가를 통해 학습자는 평가자와 평가 대상자 역할을 수행함으로써 필자와 독자의 입장을 모두 경험할 수 있고, 동료의 작문 수행 과정을 평가하는 과정에서 비판적 사고를 훈련할 수 있으며, 동료에게 받은 피드백을 통해 자신의 작문 수행 과정을 반성적으로 성찰할 수 있다.[3]

동료 평가에 대한 여러 연구들은 대부분 동료 평가가 학습자들로 하여금 작문에 대한 긍정적인 인식을 형성하거나 효능감을 갖도록 하는 데 효과적이라고

---

1 공인된 평가 기준에는 여러 가지가 있지만 국내에 소개된 것으로는 퍼브스(Purves, 1984)나 국제 교육성취도평가학회(1988, 박영목(1999)에서 재인용) 등이 있으며, 이외에도 박영목(1999)이나 박영민·김승희(2007), 서수현(2008) 등도 사용되고 있다.
2 이러한 방식은 대학 입시 논술 평가는 물론, 학교의 서술형 문항 평가 등에서도 권장되고 있다.
3 작문 교육에서 동료 평가를 적용한 국내 연구 사례로는 한철우 외(2003)를 들 수 있다.

6단계 작성한 자기소개서를 모둠원들과 바꿔 읽고, 각자의 자기소개서에서 잘한
점과 개선해야 할 점을 정리해 보자.

잘한 점	개선해야 할 점
• 경험 위주로 이해하기 쉽게 서술했다.	• 자기소개서에 어울리지 않는 어휘를 사용했다.

4~5명 정도로 모둠을 구성하고, 자기소개서를 모둠원들과 바꿔 읽어 보자. 이를 통해 자신의 자기소개서를 객관적인 시각으로 평가할 수 있어.

그림 9-3 동료 평가의 예(박영목 외, 2014: 275)

한다(Bandura, 1997). 하지만 문법 기능에 대해서는 효과가 거의 미비하다는 연구도 있다(임택균, 2014).

(3) 자기 평가

자기 평가는 말 그대로 학습자가 자신의 작문 활동이나 결과물에 대해 평가하는 것을 말한다. 자기 평가는 교수자에 의해 일괄적으로 이루어지는 표준화된 평가 방식에 대한 비판과 함께 그 대안으로 등장하였다. 쿠즈닉과 핀리(Kusnic & Finley, 1993)는 '학생들의 자기반성 능력을 향상시키고 학생들이 공부하는 내용을 좀 더 유의미하게 수용하고 적극적으로 참여할 수 있도록 해 주는 일종의 전략'으로 자기 평가를 주장하였다. 임천택(2005)은 '자기 평가는 상위인지, 자아 개념, 자기 주도성, 창의적 사고 등을 강화함으로써 학습자 자신의 작문 과정 및 작문의 결과에 대해 평가하고 조정하는 등의 활동을 촉진한다'고 주장하였다. 이상의 논의를 종합하면 자기 평가는 학습자 스스로 능동적이며 지속적으로 작문 활동을 향유하는 방안이 될 수 있다.

김종백·우은실(2005)의 연구에 따르면 초등학교 4, 6학년 학생들의 주장하는 글쓰기에서 자기 평가를 실시한 집단은 그렇지 않은 집단보다 전체적인 글쓰기 능력이 향상되었다. 즉, 자기 평가 중심의 작문 학습이 작문 효능감은 물론 작문 수행 능력의 향상에도 기여할 수 있다는 것이다.[4]

---

4   다만 부분적으로 다른 결론에 도달하는 연구도 있기에 자기 평가가 교수자에 의한 평가나 동료 평가보다 모든 면에서 효과적인 것이라고 단정할 수는 없다.

표 9-1 자기 평가의 예(김종백·우은실, 2005)

자 기 평 가 지			
	6 학년　　반　　번　　이름 :		
수업 날짜	년　　월　　일　　요일		
평가 목표	의견과 근거가 분명하게 드러나도록 글을 쓸 수 있는가?		
자기 평가 항목			자기 평가
글의 내용	상	글의 주제가 분명하고 주장에 대한 근거가 타당하고 다양하다.	3
	중	글의 주제가 분명한 편이고 주장에 대한 타당한 근거가 있다.	2
	하	글의 주제가 잘 드러나지 않고 주장에 대한 근거가 부족하다.	1
글의 조직	상	서론, 본론, 결론이 분명하고 문단을 적절하게 구분하며 문단의 내용과 형식이 일치한다.	3
	중	서론, 본론, 결론으로 나누지만 분명하지 않고 문단의 형식과 내용이 일치하지 않는 곳이 있다.	2
	하	서론, 본론, 결론으로 나누지 못하고 문단의 구분이 안 된다.	1
글의 표현	상	설득력 있고 문장이 다양하며 풍부하고 적절한 어휘를 사용한다.	3
	중	설득력이 있으나 문장이 단순하고 효과적인 어휘가 아닌 것이 있다.	2
	하	설득력이 없고 어휘가 다양하지 못하고 부적절하다.	1
맞춤법 및 태도	상	맞춤법에 거의 맞게 글을 썼으며 글쓰기에 즐겁게 참여한다.	3
	중	맞춤법에 안 맞는 곳이 약간 있으나 흥미를 갖고 글쓰기를 한다.	2
	하	맞춤법에 잘 맞지 않고 글쓰기에 흥미가 없다.	1

이상으로 교수자, 동료, 학습자 자신이 각각 주체가 되어 이루어지는 작문 평가에 대해 살펴보았다. 물론 작문 평가가 반드시 어느 한 주체에 의해서만 이루어지는 것은 아니다. 최근에는 수업 목적과 의도에 따라 교수자는 물론 학습자 자신과 동료들이 모두 작문 과정에서 평가자가 되어 작문 교육의 효과를 극대화하는 방안도 모색하고 있다. 정희모와 이재성(2009)은 작문에 대한 평가에서 자기 평가, 동료 평가, 교수자 평가와 같은 다양한 방법 중 특정 방법이 항상 우월하다고 볼 수는 없다고 주장하였다. 평가의 효과는 작문과 관련된 다양한 맥락과 밀접한 연관이 있기 때문이다. 즉, 과제의 종류와 성격, 수업 상황, 평가를 수용하는 학생의 태도 등 수많은 맥락에 따라 평가의 효과가 상이할 수 있다. 이는 그림 9-1의 도식에서와 같이 특정한 평가 방식의 효과 및 적절성 등이 언제

학습자-동료-교수자의 협력적 평가 모형

단계	교수·학습 활동			지도 전략
	첨삭 피드백		고쳐쓰기	
	주체	방법		
1단계	학생 필자 자기 첨삭 피드백	공개 첨삭	글 중심 고쳐쓰기 ↓ 1차 수정본	• SQ2R 독법을 활용하여 두 단계로 첨삭 피드백한다. • 공개 첨삭 직후 자기 첨삭을 한다. • 학생 필자가 의도한 텍스트와 실제 작성된 텍스트 간의 불일치를 해결한다. • 필자 내면의 숨은 독자를 일깨우는 데 주력한다.
2단계	동료 동료 첨삭 피드백	협력 첨삭	독자 중심 고쳐쓰기 ↓ 2차 수정본	• SQ2R 독법을 활용하여 두 단계로 첨삭 피드백한다. • 동료들과 돌려 읽으며 첨삭한다. • 학생 필자와 동료 독자 간의 불일치를 해결한다. • 동료 독자를 통한 예상 독자의 반응에 주목한다.
3단계	교수 첨삭 피드백과 평가		종합적 고쳐쓰기 ↓ 3차 수정본	• SQ2R 독법을 활용하여 두 단계로 첨삭 피드백한다. • 글뿐 아니라 학습자의 글쓰기 과정에 대해 종합적으로 피드백한다. • 교수의 첨삭 피드백의 원리와 방법을 준수한다. • 학생 필자의 글쓰기 종합 진단과 평가 및 격려에 주력한다.

(이은자, 2010)

위의 표는 학습자-동료-교수자의 협력적 평가 모형을 제시한 사례이다(이은자, 2010). 수정 및 평가를 3단계로 나누어 '1단계: 자기 평가', '2단계: 동료 평가', '3단계: 교수자 평가'로 설계하여 수업 환경에서 모든 주체들이 평가에 참여하는 방안을 구안하였다. 이처럼 작문 평가는 다양한 주체들의 참여 방안도 설계할 수 있다. 표에서의 'SQ2R'은 '훑어보기(Survey), 질문하기(Question), 자세히 읽기(Read), 고쳐쓰기(Revision)'를 의미한다.

나 균질적인 것은 아니며 평가가 이루어지는 맥락에 따라 달라질 수 있음을 의미한다.

2) 무엇을 평가할 것인가

(1) 작문 능력

글을 쓴다는 것은 단어와 문장을 엮어 가는 행위 이상의 것이다. 작문이란 자신의 생각과 감정, 경험에서 주제에 적합한 내용을 선정하고 이를 한 편의 글로 조직하는 행위이며, 따라서 복잡한 사고 과정을 요구한다. 이런 의미에서 글을 쓰는 행위는 문제 해결 과정을 수행하는 고등정신 능력을 필요로 한다.

작문에서의 사고 행위는 주어진 상황적, 사회·문화적 맥락에서 독자를 대상으로 특정한 목적을 달성하기 위해 이루어진다. 이때 사고란 아이디어의 생성, 아이디어의 조직, 적합한 언어를 사용한 표현 등을 포함한다. 따라서 필자는 아이디어를 생성 및 조직하는 과정은 물론, 단어를 선택하고 문장을 연결하며 특정한 수사적 표현 등을 사용하는 등의 여러 문제들을 거의 동시에 해결하면서 글을 써야 한다. 이처럼 작문을 수행할 때 요구되는 구체적인 사고, 기능 등을 작문 능력이라 한다.

1980년대에 작문 연구가들은 아이디어의 생성, 조직, 표현의 측면에 주목하여 필자에게 요구되는 작문 능력에 대한 평가 기준을 설정하였다. 물론 평가의 세부 기준들은 평가의 목적, 학생들의 발달 수준, 학생들이 작성하는 글의 종류 등에 따라 달라져야 함을 강조하였다.

표 9-2에 제시된 퍼브스(Purves, 1984)의 작문 평가 기준은 국내에도 소개되었으며 가장 일반적으로 사용되고 있다.

표 9-2 퍼브스(Purves, 1984)의 작문 평가 기준

범주	평가 기준			
내용과 사고	① 정보의 풍부성 ⑤ 종합적 사고	② 정보의 정확성 ⑥ 비판적 사고	③ 정보의 관련성 ⑦ 대안의 제시	④ 추론적 사고
조직	⑧ 글의 구조	⑨ 구성의 일관성	⑩ 구성의 통일성	
표현과 문체	⑪ 표현의 객관성	⑫ 표현의 공정성	⑬ 표현의 유창성	

퍼브스가 제시한 평가 기준은 본질적으로 내용과 형식이라는 두 가지 차원의 접근이다. 내용은 '내용과 사고'로, 형식은 '조직, 표현, 문체'로 구분이 되며

그 비중은 비슷하다. 다만 이는 학습자의 특성이나 개별 문종들의 특성을 고려하지 않은, 작문 수행과 관련된 일반적인 사항들을 제시한 것이기에 평가의 목적과 문종 등에 따라 달라질 수 있다는 것에 유의해야 한다.

다음으로 국내외에서 널리 알려진 것은 국제교육성취도평가학회(International Association for the Evaluation of Educational Achievement: IEA)의 작문 평가 기준(1988, 박영목(1999)에서 재인용)이다. 국제교육성취도평가학회에서는 세계 각국의 학생들이 작성한 글과 각 나라에서 적용하고 있는 작문 평가 기준에 대한 분석을 토대로 하여 학생들의 작문 능력을 구성하는 요인과 평가 기준을 그림 9-4와 같이 제시하였다.

작문 능력의 구성	요인 평가 기준
A. 텍스트 구조화 기능	
가. 인지적 기능(의미 처리 작용)	
1) 아이디어 생성 ➤	아이디어 질과 범위
2) 아이디어 조직 ➤	내용의 조직과 전개
나. 사회적 기능(사회적 상호작용)	
1) 표현의 기준 및 관습에 대한 숙달 ➤	문체 및 어조의 적절성
B. 텍스트 산출 기능	
가. 텍스트 관련 문법적 기능 ➤	어법 및 문장 구조의 적절성
나. 심동적 기능 ➤	글씨

그림 9-4 국제교육성취도평가학회(1988)의 작문 평가 기준

국제교육성취도평가학회는 앞의 퍼브스의 기준보다 기능적인 요소들을 중심으로 평가 기준을 설정하였다. 이 또한 하위 내용들은 각 나라의 특색과 평가의 맥락에 따라 달라질 수 있음을 전제로 하였다.

위 두 가지 기준들은 작문 능력을 구성하는 주요 하위 기능들에 대한 실증적 분석을 토대로 하여 마련된 것들이다. 이러한 기준들을 종합하여 표 9-3의 박영목(1999)은 작문 평가 시 활용할 수 있는 평가 기준을 더욱 세분화하여 제시하였다. 이는 현재 국내에서 가장 많이 사용되고 있는 평가 기준이다.

표 9-3 박영목(1999)의 작문 평가의 일반적 기준

평가 범주 및 평가 항목	척도			점수	
• 내용 창안 범주					
1) 내용의 풍부성	1	2	3	(	)
2) 내용의 정확성	1	2	3	(	)
3) 내용 사이의 연관성	1	2	3	(	)
4) 주제의 명료성과 타당성	1	2	3	(	)
5) 사고의 참신성과 창의성	1	2	3	(	)
• 조직 범주					
1) 글 구조의 적절성	1	2	3	(	)
2) 문단 구조의 적절성	1	2	3	(	)
3) 구성의 통일성	1	2	3	(	)
4) 구성의 일관성	1	2	3	(	)
5) 세부 내용 전개의 적절성	1	2	3	(	)
• 표현 범주					
1) 어휘 사용의 적절성	1	2	3	(	)
2) 문장 구조의 적절성	1	2	3	(	)
3) 효과적 표현	1	2	3	(	)
4) 개성적 표현	1	2	3	(	)
5) 맞춤법, 띄어쓰기, 글씨	1	2	3	(	)

기능 중심으로 작문 능력을 평가하면 주로 내용의 생성(아이디어 생성), 조직, 표현에 초점을 맞추게 된다. 여기에 평가의 목적과 글의 종류 등을 고려하여 생성의 하위 요소(풍부성, 정확성, 참신성 등), 조직의 측면(글의 구조, 통일성, 전개 방식 등), 표현의 구체적 방법(어휘 및 문장의 적절성, 참신성, 정확성 등) 등을 세분화하기도 하고, 특정 부분에 가중치를 부여하기도 하는 등의 변화가 있을 수 있다. 따라서 작문 능력에 대한 평가를 계획할 때에는 위에서 제시한 평가 기준들을 일방적으로 따르기보다는 수업의 목적과 의도, 작문 수업의 진행 과정, 학생들의 수준 등을 폭넓게 고려하여 가장 적합한 방식으로 평가 기준을 조정하거나 변형하는 것이 필요하다.

(2) 작문 태도

우리나라의 작문 교육 연구에서는 주로 인지주의적 관점을 반영한 '과정 중심 연구'가 활발히 수행되었으나(이재승, 2005), 외국의 경우에는 1990년대부터 작문의 정의적 영역에 대한 연구도 다양하게 진행되고 있었다(윤준채, 2009). 작문의 정의적 영역에는 작문 동기가 성취감 및 자아 효능감에 미치는 영향에

대한 연구(Pajares, 2003), 학습자의 작문 주제에 대한 흥미와 관심이 작문 성취에 미치는 영향에 대한 연구(Hidi & Boscolo, 2006), 작문에 대한 태도가 성취에 미치는 영향에 대한 연구(Wilson & Trainin, 2007) 등이 있다. 이러한 연구들이 일관되게 주장하는 것 중 하나는 학습자의 정의적 요소가 작문 성취에 있어서 중요한 역할을 담당한다는 것이다.

비중은 적지만 우리나라에서도 이와 유사한 연구 결과들이 2000년대부터 발표되기 시작하였다. 초등학생을 위한 작문 동기 검사 도구 개발(이재승 외, 2006), 읽기 동기와 작문 동기의 상관성 연구(박영민, 2007), 동료 협의를 통한 작문 태도 신장 연구(이성은 외, 2002), 국어 교사의 작문 동기 구인 탐색 연구(박영민, 2008) 등이 대표적 사례들이다.

그렇다면 과연 작문의 태도는 무엇을 의미하며 그것은 어떻게 측정(혹은 평가) 할 수 있을까? 교육학 일반에서 태도에 대한 정의로 자주 인용하는 사례로는 '주어진 대상과 관련하여 일관되게 호의적으로 혹은 비호의적으로 반응하려는 학습된 성향'(Fishbein & Ajzen, 1975: 6)을 들 수 있다. 이를 구체화하여 페티와 카시오포(Petty & Cacioppo, 1981: 7)는 태도를 '어떤 사람, 대상, 혹은 문제에 대해 지니고 있는 일반적이면서도 지속적인 긍정적 혹은 부정적 느낌'으로 규정하기도 하였다. 이와는 달리 이글리와 체이큰(Eagly & Chaiken, 1993: 1)은 태도를 '특정 대상에 대해 좋아한다거나 혹은 싫어한다고 평가함으로써 드러나는 심리적 경향'으로 정의하였다. 이처럼 태도에 대한 교육학에서의 논의들은 주로 '교육'(Fishbein & Ajzen, 1975)과 '심리'(Petty & Cacioppo, 1981; Eagly & Chaiken, 1993) 중 어느 것에 더 중점을 두느냐의 차이에 따른 것이라고 할 수 있다.

국어 교육 일반에서는 태도를 흥미, 동기, 가치관 등을 포괄하는 용어로 사용하고 있다. 즉, 지식 및 기능으로 대표되는 인지적 영역과는 대비되는 정의적 영역의 하위 요소로 간주하고 있는 것이다. 이에 국어과 교육과정에서는 태도를 '어떤 유형의 언어적 실체·행위·현상에 대한 개인의 선택에 영향을 미치는 학습된 성향'으로 규정하고 있다.

이러한 연구 논의들을 종합하여 윤준채(2009: 280)는 작문 태도를 '작문과 관련하여 사람들로 하여금 일관되게 호의적인 혹은 비호의적인 감정적 반응을 일으키게 하는 학습된 성향'으로 규정하였다.

하지만 작문 태도는 상당히 미묘하고 복잡한 심리적 작용을 전제로 하기 때문에 그것을 측정하는 방식 또한 기존과는 다른 방식을 취할 수밖에 없다. 작문 능력은 학습자의 작문 수행 과정이나 그 결과물을 토대로 평가할 수 있지만, 학습자의 흥미와 태도, 가치관 등과 같은 정의적 영역은 그렇게 평가할 수 없기 때문에 많은 연구자들은 '설문 조사'와 같은 방법을 사용하고 있다. 예를 들면, '보거나 들은 것을 글로 쓸 때 어떤 감정을 느끼나요?'라는 질문에 대해 '1.아주 좋다, 2.좋다, 3.좋지 않다, 4.아주 좋지 않다'와 같이 답하게 하는 것이다. 이처럼 설문 조사는 특정한 의도를 함의하고 있는 문항들을 제시하여 각각의 문항에 대해 학습자들이 즉각적인 반응을 보이도록 유도하여 그 결과를 수치적으로 환산하는 방식이다. 그림 9-5와 그림 9-6은 이와 관련된 국내외 설문 조사 문항의 사례이다.[5]

그림 9-5 초1부터 고3까지 학습자들의 작문 태도를 측정하기 위한 표준화된 도구 개발의 사례(McKenna et al., 2000). 초등학교 저학년 학습자도 이해할 수 있도록 반응의 정도(긍정/부정)를 그림으로 표현하였다.

---

5   일반적으로 설문 조사는 특정 사안에 대한 사람들의 인식이나 성향 등을 파악하기 위한 방법으로 활용된다. 구체적인 설문 문항들은 평가자 혹은 연구자의 의도 및 목적에 따라 다양하게 구성될 수 있다.

1. 글쓰기는 우리의 생활에 반드시 필요하다.
2. 글쓰기는 나의 생각을 표현하는 데 중요한 방법이다.
3. 사람들은 서로 의사소통을 하기 위해 글을 쓴다.
4. 글쓰기는 나에 대하여 더 많은 것을 나타내게 한다.
5. 글쓰기는 나에 대해 많은 생각을 해 보는 기회를 갖게 한다.
6. 쓴 글에 대해 친구들이나 선생님 등과 토의하는 것은 더 좋은 글을 쓰기 위해 꼭 필요하다.
7. 맞춤법, 띄어쓰기, 문장 부호는 글을 잘 쓰기 위한 중요한 요소이다.
8. 쓰기 시간은 재미있으며, 쓰기 시간이 기다려진다.
9. 나는 글쓰기를 즐거워하며 좋아한다.
10. 나는 글로 쓰고 싶은 이야기가 많다.
11. 글쓰기를 통해 내 생각과 감정을 표현하는 것은 즐거운 일이다.
12. 나는 내가 본 것, 들은 것, 느낀 것 등에 대하여 무엇이든 글로 쓸 수 있다.
13. 내가 쓴 글을 읽으면 마음에 든다.
14. 내가 쓴 글을 여러 사람들(선생님, 부모님, 친구들 등)이 읽어 봐 주는 것이 좋다.
15. 학교에서 글쓰는 시간이 더 많으면 좋겠다.
16. 나는 글을 더 잘 쓸 수 있으면 좋겠다.
17. 글쓰기 주제가 주어지면 생각을 정리한 후에 쓴다.
18. 글을 쓸 때 처음 시작하는 부분을 쓸 때가 어렵다.
19. 쓰고 싶은 내용을 적절히 정리하는 것이 어렵다.
20. 쓰고 싶은 내용을 적당하게 표현하는 것이 어렵다.
21. 평소에 글을 쓰면서 예상 독자에 대해 자주 생각한다.
22. 글을 잘 쓰기 위해 평소에 신문이나 추천 도서, 권장 도서 등을 즐겨 읽는다.
23. 글을 잘 쓰기 위해 겪은 일이나 떠오르는 생각이 있으면 항상 기록하는 습관을 가지고 있다.
24. 글을 쓰기 위해 집중하는 태도를 가진다
25. 내가 쓴 글을 다시 읽고 고쳐 쓰려는 태도를 가진다.

그림 9-6 작문 태도 분석을 위한 국내 설문 문항의 예 2(오택환, 2009)[6]

이러한 설문 조사 문항들은 즉각적인 반응을 종합하여 작문에 대한 응답자의 심리, 정서 등을 추정하는 자료로 활용된다. 학습자의 작문에 대한 인식, 성향(긍정적/부정적, 자신감/두려움 등)은 물론, 작문 수업 전반에 대한 학습자의 태도 등을 확인하고, 이를 바탕으로 작문 지도의 방향이나 수업을 설계하는 데 참고할 수도 있다. 이때 중요한 것은 설문의 결과는 학습자의 현재 상황을 보여 주고 있을 뿐 그것이 항구적이거나 불변하는 것은 아니라는 점이다. 작문 태도는 '학습된' 성향이므로 교수자의 교육적 처치를 통해 긍정적인 방향으로 개선할 수 있음을 간과해서는 안 된다.[7]

. . . .

6   그림 9-6은 설문 문항만 제시한 것으로 각각의 문항에 대해 5점 척도(전혀 그렇지 않다~매우 그렇다)로 반응을 요구하였다.
7   '작문 태도가 이전보다 긍정적으로 변화하면 과연 실제 작문 능력도 향상될까?'라는 물음에 대해 아직 신뢰할 만한 답을 제시한 연구는 부재하다. 다만 인지적인 부분 외에 정의적인 부분도 교육

3) 어떻게 평가할 것인가

(1) 간접 평가

과거에는 작문 평가 방법으로 간접 평가(indirect writing assessment)를 자주 사용하였다. 그러나 간접 평가는 학습자가 자신의 생각을 어떻게 표현하는지, 교수자가 학습자의 작문 수행 과정에서 어떤 교육적 처치를 해야 하는지 등에 대한 구체적인 방법을 제한한다는 점에서 비판을 받아 왔다. 이런 점 때문에 국어교육 전반에서는 직접 평가에 대한 필요성을 강조하고 있지만, 시간과 비용 등의 현실적인 문제로 인해 지금도 간접 평가 방식이 활용되고 있다. 물론 간접 평가에서도 제한적이나마 학습자의 작문에 대한 지식이나 능력 등을 평가할 수 있다.

다음은 작문에 대한 간접 평가 방식을 채택하고 있는 대학수학능력 시험의 문항들이다.

우리나라의 연간 1인당 커피 소비량은 세계 평균의 2배 이상일 정도로 우리나라 사람들은 커피를 마시는 일에 관심이 많다. 이러한 관심이 커피 사랑에만 머물지 않고, 일회용 컵 회수 방안처럼 커피로 인한 사회적 문제에 대한 관심으로 이어지는 현상은 바람직하다. 하지만 커피로 인한 사회적 문제를 논할 때, 상대적으로 관심을 받지 못하고 있는 것이 있다. 커피를 만든 후 남는 커피 찌꺼기, 바로 '커피박(coffee 粕)'이다. 여러 면에서 커피박에 대한 우리 사회의 관심은 낮은 편이다.

우선, 커피박을 잘못 처리하고 있는 사람이 많다. 추출 직후의 커피박을 싱크대 배수구에 버리거나 흙에 버리기도 하는데, 이는 잘못된 처리 방법이다. 배수구에 버린 커피박에서 나온 카페인은 하수 처리 과정에서 완벽히 걸러지지 않은 채 강물에 흘러 들어가 부정적으로 작용할 수 있다. 그리고 흙에 버린 커피박은 토양과 식물에 악영향을 줄 수 있다.

또한, 커피박이 다양한 분야에서 재활용될 수 있다는 사실을 모르는 사람도 많다. 커피박은 일상에서 탈취제나 방향제로 이용된다. 그뿐만 아니라 건축 분야에서 합성 목재를 대신하는

재료로 쓰이거나 농업 분야에서 혼합 및 발효 과정을 거쳐 비료로 사용되기도 한다. 최근에는 바이오에너지의 원료로 활용될 수 있다는 점도 부각되고 있다.

끝으로, 커피박 수거 시설이 매우 부족하다는 점도 아쉬운 부분이다. 커피박을 그냥 버리지 않고 분리배출해야 한다는 것을 알게 되더라도 수거 시설이 있어야 실천으로 이어질 수 있다. 커피박 수거 시설을 곳곳에 마련한다면, 커피박 분리배출에 대한 시민들의 관심이 높아지는 효과가 있을 것이다.

[A]

44. 다음은 초고를 읽은 교지 편집부 학생의 조언이다. 이를 반영하여 [A]를 작성한다고 할 때, 가장 적절한 것은?

"초고 2~4문단에서 문단별로 문제 삼고 있는 점을 해결할 수 있는 방안을 각각 언급하고, 우리 사회가 지녀야 할 태도를 커피에 대한 사랑과 관련지으며 마무리하는 게 좋겠어."

① 커피에 대한 사랑은 커피박에 관심을 갖는 태도로 이어질 필요가 있다. 다양한 재활용 분야와 수거 시설 확충의 중요성을 아는 것이 진정한 커피 사랑의 시작이다.
② 커피박의 올바른 처리 방법과 재활용 분야를 홍보하고, 수거 시설 확충을 제도화할 필요가 있다. 커피박에도 관심을 갖는 책임감 있는 태도가 커피 사랑의 참된 자세이다.
③ 커피를 마시지 않는 사람들은 왜 커피박에 관심을 가져야 하는지 의아해할 수 있다. 하지만 공동체의 문제 해결을 위해 가치관이 다르더라도 포용하는 태도가 필요하다.
④ 우리나라의 커피 소비량은 앞으로도 늘어날 것으로 보인다. 따라서 커피박의 바람직한 처리 방법과 재활용 분야를 알리고, 커피박 수거 시설을 확충하는 것이 필요하다.
⑤ 커피박 수거 시설의 설치는 시민들에게 커피박의 쓰임새를 알리는 효과가 있다. 사랑할수록 관심을 표현하듯이, 커피에 대한 사랑을 커피박에 대한 관심으로 표현해야 할 것이다.

그림 9-7 2023학년도 대학수학능력시험 국어 영역(화법과 작문) 44번 문항

에서는 중요하기 때문에 이 둘을 별개로 간주해야 한다는 주장도 있다.

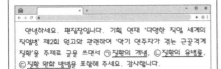

안녕하세요. 편집장입니다. 기획 연재 '다양한 직업 세계의 직업병' 제2회 원고와 관련하여 '악기 연주자가 겪는 근골격계 질환'을 주제로 글을 쓰면서 ㉠질환의 개념, ㉡질환의 유병률, ㉢질환 완화 방법을 포함해 주세요. 감사합니다.

<초고>

직업성 질환 중 하나인 근골격계 질환은 근육, 신경, 뼈와 주변 조직 등 근골격계에 발생하는 손상 또는 통증을 말한다. 사무직의 요통이 대표적인 예이다. 악기 연주자들도 연주를 할 때 주로 사용하는 부위에 근골격계 질환을 겪는다.

악기 연주자들의 근골격계 질환 유병률을 악기군과 부위의 범주로 나누어 차이를 살펴보면 다음과 같다. 먼저 악기군별로 보면, 다른 악기 연주자들보다 건반 악기 연주자들의 유병률이 가장 높았다. 피아니스트 ○○○ 씨는 오랜 시간 건반에 손을 얹고 손가락을 과도하게 사용하다 보니 손목과 손가락에 통증이 심하다고 고충을 토로하며, 주변의 건반 악기 연주자들도 흔히 겪는 질환이라고 덧붙였다. 다음으로 부위별 유병률을 보면 목, 어깨, 팔꿈치, 손목과 같은 상지 부위에서 유병률이 가장 높았고, 부위로 구체적인 유병률은 악기군에 따라 차이를 보였다. 악기군에 따른 근골격계 질환의 전체 부위 유병률 순위와 부위별 유병률 순위는 일부 차이를 보였다.

악기군별로 차이는 있지만, 연습 중 휴식, 운동, 연주 자세, 연주 기간 등이 근골격계 질환의 유병률에 영향을 미친다. 그렇다면 악기 연주자의 근골격계 질환 완화를 위한 방법은 무엇일까? 악기 연주자들이 실천할 수 있는 방법 중 특히 도움이 되는 것은 연습 중의 규칙적인 휴식이다. 이와 관련하여 근골격계 질환에 영향을 미치는 요인에 대한 악기 연주자의 인식 개선이 필요하다. 또한 근골격계 질환 완화에 도움이 되도록 적절한 운동을 하는 것도 필요하다.

43. 초고에서 ㉠~㉢을 작성할 때 활용한 글쓰기 방법으로 가장 적절한 것은?

① ㉠: 질환의 개념을 묻고 답하는 방식으로 제시했다.

② ㉡: 두 범주를 설정하여 범주별로 질환 유병률의 차이를 제시했다.

③ ㉡: 악기 연주자의 질환 경험 사례를 악기군별로 제시했다.

④ ㉢: 질환 완화 방법을 질환의 부위별로 분석하여 제시했다.

⑤ ㉢: 질환 완화에 효과가 있는 운동의 과정을 단계별로 제시했다.

그림 9-8 2022학년도 대학수학능력시험 국어 영역(화법과 작문) 43번 문항

그림 9-7의 문항은 글의 맥락과 '편집부 학생의 조언'을 바탕으로 빈칸에 적합한 내용을 답지에서 고르도록 하여 '통일성(coherence)'에 대한 판단 능력을 간접적으로 평가하고 있다. 그림 9-8도 글을 통해 '글쓰기 전략'에 대한 이해 및 적용 능력을 간접적으로 평가하고 있다.

물론 이 두 문항들은 모두 학습자의 작문 과정이나 결과물을 토대로 이루어진 것이 아닌 지문 읽기를 통해 간접적으로 평가하고 있다는 점에서 한계가 있다. 즉, 그림 9-7의 문항을 해결했다고 해서 곧 학습자가 통일성 있는 글을 작성할 수 있는 능력을 가졌다고 단정할 수 없다는 것이다. 다만 이러한 간접 평가 방식은 대단위 작문 평가에서 용이하고, 신뢰도 높은 결과를 얻을 수 있다는 장점 때문에 여전히 유효한 평가 방식으로 채택되고 있다.

(2) 직접 평가

직접 평가(direct writing assessment)는 간접 평가와는 달리 학습자의 작문 수행이나 작문 결과물을 토대로 이루어진다는 점에서 간접 평가보다는 타당도가 높다. 또한 직접 평가는 작문 수행 과정을 보다 정확히 판단할 수 있으며 어떤 교육적 처치가 필요한지에 대해 유용하게 활용될 수 있다. 하지만 간접 평가에 비해 더 많은 시간과 비용이 들고, 평가자의 부담이 크다는 단점이 있다. 직접 평가의 대표적인 유형에는 총체적 평가와 분석적 평가가 있다.[8]

① 총체적 평가

총체적 평가(holistic assessment)는 글을 각 요소로 세분화하여 평가하지 않고, 전체적인 관점에서 일괄적으로 평가하는 방식이다. 총체적 평가에서는 글의 모든 요소는 서로 얽혀 있으며, 이들의 중요성은 모두 비슷하다고 가정한다. 그래서 학습자의 작문 결과물을 하위 요소(단어 – 문장 – 문단 등)나 과정(내용 생성 – 조직 – 표현 등) 등으로 구분하지 않고 종합적으로 판단하여 점수화(혹은 등급화)한다. 쿠퍼와 오델(Cooper & Odell, 1977)은 이러한 특성을 '분절적인 측면을 판단하기 위해 멈추지 않는 것'으로 규정한다. 이들은 총체적 평가의 방법으로 7가지를 제시하고 있다.

- **에세이 비교 평가**(essay scale): 글의 수준에 따라 평가의 기준이 되는 사례들을 선정하고 그 글과 비교하여 평가하는 방식.
- **분석적 척도에 의한 평가**(analytic scale): 쓰기 능력의 하위 요소를 나타내는 분석적 평가 기준을 선정하고 각각을 상·중·하로 구분하는 방식. 분석적 평가와 유사하지만, 하위 항목 분류가 보다 크게 설정되고 등급도 상·중·하로 구분한다는 점에서 분석적 평가와 차이가 있다.
- **이분법 척도에 의한 평가**(dichotomous scale): 분석적 척도에 의한 평가와 유사하지만, 각 등급을 '예/아니요'로 구분하여 총점을 부여한다는 점에서 차이가 있다.

---

8 다음 장에서 다룰 결과 평가 및 과정 평가도 기본적으로는 학습자의 작문 수행 및 결과물을 토대로 이루어진다는 점에서 직접 평가에 해당한다.

- **특질 분석에 의한 평가**(feature analysis): 글의 구조, 통일성 등과 같은 주요 평가 요소를 1개 선정하여 이를 중심으로 글 전체를 평가하는 방식.
- **주요 특질 평가**(primary trait scoring): 특질 분석에 의한 평가와 유사하나 2개 이상의 주요 요소를 선정하여 평가하는 방식.
- **보편적인 인상 평가**(general impression marking): 평가자가 전문가적인 안목으로 글을 읽고 직관에 따라 평가하는 방식. 작문 평가에서는 가장 전통적인 방식이며 지금도 사용되고 있다.
- **반응 중심 평가**(center of gravity response): 평가자가 글을 읽고 난 후 몇 가지 물음을 제기하여 학습자로 하여금 그에 답을 함으로써 이를 평가하는 방식. 평가보다는 교수·학습을 위한 방법으로 활용되기도 한다.

쿠퍼와 오델은 여러 총체적 평가의 유형을 제시하였지만 에세이 비교 평가, 특질 분석에 의한 평가, 주요 특질 평가, 보편적인 인상 평가 등은 기준이 되는 글의 선정과 평가의 하위 항목 구분 등에서만 차이가 있을 뿐, 크게 보면 모두 평가자의 안목과 식견을 중심으로 이루어진다는 점에서 유사하다. 이처럼 총체적 평가에서 중요한 것은 결국 평가자 자신의 글에 대한 관점과 안목이라 할 수 있다.

최근에는 총체적 평가의 방법을 보다 정교화하려는 시도들이 나타났다. 이는 평가의 기준을 '성취 수준'으로 제시하여 각각에 대해 점수(혹은 등급)를 부여하는 방식이다. 즉, 작문의 결과물이 도달해야 하는 수준을 제시하여 평가자가 그에 부합하는지 여부를 종합적으로 판단하도록 하는 것이다. 표 9-4는 주요 특질 평가의 방법을 성취기준으로 재구성하여 제안한 사례이다.

표 9-4 총체적 평가의 채점 기준 사례(박영민 외, 2016: 402-403)

평가 기준	점수
• 글의 중심 내용이 명확하고 구체적이며, 세부 내용이 중심 내용에 부합한다. • 글의 구조가 체계적이고 독자의 이해를 돕는 데에 효과적으로 제시되어 있다. • 내용을 정확하고 효과적으로 전달할 수 있는 단어가 선택되었고, 주목할 만한 새로운 표현들이 있다. • 맞춤법이나 문법적 오류가 없다.	5
• 글의 중심 내용이 명확하고 구체적이나, 세부 내용 중에서 중심 내용에 부합하지 않는 내용이 있다. • 글의 구조가 체계적이고 자연스럽다. • 내용을 자연스럽게 전달할 수 있는 단어가 선택되었다. • 띄어쓰기 정도에 오류가 있으나 내용 전달에 크게 무리를 주지 않는다.	4

• 글의 중심 내용이 드러나지만 명확하지 않고, 제시한 세부 내용 중에서 중심 내용에 부합하지 않는 내용이 있다. • 글의 도입이나 결론이 명확하게 드러나지 않지만, 독자가 이해하는 데 큰 무리는 없다. • 부적절한 단어들이 포함되어 있으나 내용 전달에 크게 무리를 주지 않는다. • 띄어쓰기 외에 문법적 오류들이 있으나 내용 전달에 크게 무리를 주지 않는다.	3
• 글의 중심 내용이 드러나지만 명확하지 않고, 세부 내용 대부분이 중심 내용에 부합하지 않는다. • 문단의 구분은 이루어져 있으나 '서론–본론–결론'의 구조가 거의 드러나지 않는다. • 부적절한 단어들로 인하여 독자에게 혼란을 준다. • 맞춤법, 문법적 오류들로 인하여 내용 전달이 어려운 부분들이 있다.	2
• 글의 중심 내용이 명확하지 않고, 세부 내용이 거의 없다. • 문단의 구분이 이루어져 있지 않아서 독자가 글을 이해하는 데에 혼란을 준다. • 선택한 단어가 매우 제한적이며 오류가 많다. • 맞춤법, 문법적 오류들이 많아서 내용 파악이 어렵다.	1

사실 총체적 평가는 물론, 뒤에서 설명할 분석적 평가에서도 모든 글에 적용할 수 있는 단 하나의 평가 기준이나 방법을 제시하는 것은 불가능하다. 그렇기에 교육적 의도와 목적에 따라 적합한 기준과 방법을 선정하는 것이 중요하다. 배향란(1995: 292)은 총체적 평가의 장점에 대해 다음과 같이 제시하였다.

첫째, 교육과정을 중심으로 타당도가 높은 평가를 실시할 수 있다.

둘째, 평가에 소요되는 시간과 노력이 절감되고 비교적 효율성 높은 평가를 시행할 수 있다.

셋째, 글을 전체적으로 평가함으로써 작문 능력을 종합적으로 평가할 수 있고, 글의 구조나 통일성 등과 같은 작문의 주요 요소에 대해 보다 집중적으로 지도를 할 수 있다.

넷째, 총체적 평가 역시도 분석적 평가만큼이나 신뢰성이 높다. NAET나 ETS의 연구 결과에 따르면 신뢰도는 .80이상으로 보고되고 있다. 이는 분석적 평가와 거의 유사한 신뢰도이다.[9]

다섯째, 평가의 기준이 되는 글과 평가 기준에 대한 제시는 학습자에게 좋은 피드백 자료가 될 수 있다.

----

9 이 점에 대해서는 다소 이견이 있을 수 있지만 외국의 연구뿐만 아니라 국내의 연구에서도 이와 유사한 내용이 보고된 바 있다. 배향란(1995) 참조.

작문 평가의 과정에서 총체적 평가 방법을 사용할 때에는 다음과 같은 절차를 밟는 것이 효과적이다. 우선 작문 학습의 목표와 직결되는 평가 목표를 설정한 다음에 평가 목표와 관련되는 작문 과제를 부여하여 학습자로 하여금 글을 쓰게 한다. 이후 평가 목표를 고려하여 무엇에 중점을 두어 평가할 것인가를 결정한다. 평가자들이 서로 협의하여 등급 수와 등급 판정의 기준을 결정하면, 몇 편의 글을 표집하여 평가자들이 함께 등급을 판정하고 평가자들 간의 차이를 분석하여 등급 기준을 보다 명료화한다. 이후 학습자들이 작성한 글 전체를 평가자들이 개별적으로 평가한 다음에 각 평가자들이 부여한 점수를 합산하여 학습자 개인별 점수를 산출한다.

② 분석적 평가

분석적 평가(analytic asssessment)는 작문에 요구되는 능력이나 기능 등의 여러 구성 요소에 대하여 개별적으로 평가를 하는 방식이다. 분석적 평가에 대한 연구는 디드리히(1974), 스팬델과 스티긴스(Spandel & Stiggins, 1990) 등에 의해 시작되었으며, 아이오와 작문 평가(Iowa Writing Assessment)에서 아이디어/내용, 조직, 어조, 담화 관습을 주요한 요소로 제안함에 따라 이 네 가지가 분석적 평가의 대상으로 자리 잡았다. 대체로 분석적 평가 방법은 아래와 같이 작문 기능을 하위 요소(내용, 조직, 표현, 형식 및 어법)로 구분한다. 분석적 평가 기준으로 가장 널리 사용되고 있는 것은 표 9-3에서 제시했던 박영목(1999)의 '작문 평가의 일반적 기준'이다. 표 9-5는 이를 '설득적 글'의 성격에 맞게 일부 변경 및 조정하여 제시한 것이다.

표 9-5 논설문의 평가 기준 사례(김라연, 2007)

평가 범주	점수	평가의 항목
제기된 주장의 성격	30점	주장은 명확한가?
		주장은 타당한가?
		주장은 신뢰로운가?
		주장은 참신한가?
		주장은 일관성이 있는가?

주장에 대한 근거	25점	근거는 적절한가?
		근거는 신뢰로운가?
		근거는 구체적인가?
		다양한 근거를 제시하고 있는가?
내용의 구성	15점	서론-본론-결론의 구성으로 잘 짜여 있는가?
		각 문단의 내용은 전체와 유기적으로 연결되어 있는가?
		내용의 전개는 적절하고 타당한가?
독자에 대한 고려	20점	예상 독자를 고려하였는가?
		독자에게 생각의 변화를 가져오는가?
표현 방식	10점	문장은 적절하고 정확한가?
		문장의 연결은 논리적인가?
		추측이나 개인의 느낌은 배제되었는가?

표 9-3은 일반적 기준을 제시했기 때문에 각 항목의 평가 비중을 동일하게 두었으나 표 9-5는 논설문의 목적을 고려하여 특정 요소에 더 많은 비중을 두었다. 이처럼 글의 종류 및 평가의 목적에 따라 각각의 기준들은 그 비중이 달라질 수 있다. 따라서 평가자는 다양한 평가 기준들을 참조하여 목적에 부합하도록 기준들을 재설정해야 작문 평가의 타당도를 높일 수 있다.

작문 평가에서 분석적 평가 방법을 사용할 때에는 다음과 같은 절차를 밟는 것이 효과적이다.

1. 작문 학습의 목표와 직결되는 평가 목표를 설정한다.
2. 평가 목표를 고려하여 분석적 평가의 항목과 평가 척도를 결정한다.
3. 평가자들이 서로 협의하여 평가 항목별 평가 기준을 정한다.
4. 몇 편의 글을 표집하여 평가자들이 읽고 각자 항목별로 점수를 부여한다. 그리고 평가자들 간의 차이가 큰 항목들을 확인하고, 그 원인을 분석하여 기준을 보다 명료화한다.
5. 평가자들 사이에 기준 설정에 대한 이견이 조정되면 전체 학습자에 대한 평가를 실시한다. 평가자들의 항목별 점수를 합산하여 학습자 개인별 점수를 산출한다.

분석적 평가는 글의 특성을 세부 항목별로 제안함으로서 작문 결과물을 판단할 수 있는 근거를 제공한다. 평가에 대한 명료한 기준이 존재하기 때문에 교수자와 학습자 모두에게 작문 수업 및 작문 과제에 대한 진단적 정보를 제공해 줄 수 있다. 또한 보다 구조적이고 상세한 피드백을 제공해 줄 수 있다는 장점도 있다. 아울러 몇몇 연구자들은 총체적 평가보다 분석적 평가가 보다 높은 객관성과 신뢰도를 확보할 수 있다고 주장하기도 한다(Spandel & Stiggins, 1990).[10]

그러나 앞의 평가 기준을 자세히 살펴보면 과연 분석적 평가가 총체적 평가보다 높은 객관성을 담보할 수 있을지에 대해 의문을 제기할 수 있다. '주장은 참신한가?', '예상 독자를 고려했는가?' 등의 항목은 어떤 객관적인 기준으로 평가할 수 있는 것이 아닌 평가자의 관점과 안목에 따라 평가가 이루어질 수밖에 없는 요소들이다. 이런 점으로 인해 동일한 평가 기준을 활용하여 교사 집단에서 이루어진 분석적 평가에서도 교사 간에 유의한 상관성을 발견하지 못했다는 연구가 발표되기도 하였다.[11] 즉, 분석적 평가가 항상 총체적 평가보다 평가의 '객관성'을 담보하는 것은 아니라는 것이다.

따라서 분석적 평가든 총체적 평가든 평가의 객관성 및 신뢰도를 담보하기 위한 방법으로 다수의 평가자들이 사전에 충분한 협의를 통해 평가의 기준이나 방법에 대해 공통된 인식을 갖춘 후, 각각의 평가에 대해 적정 오차 범위를 정하고 그 범위 안에서 산출된 결과를 합산하여 평가 점수를 부여하는 것을 권장한다. 다수에 의한 합의된 기준을 통해 적정 범위 안에서 산출된 결과를 토대로 작문 평가를 수행하도록 유도하고 있는 것이다.

4) 언제 평가할 것인가

작문 평가는 평가가 이루어지는 시기에 따라 결과 평가와 과정 평가로 나눌 수 있다. 전통적으로 작문 평가는 결과물을 토대로 이루어지는 것이 일반적이었다. 하지만 글 자체보다는 작문을 수행하는 학습자의 인지 및 수행 능력 등에

---

10   앞서 언급했듯이 이와 반대되는 결과를 보고하는 연구도 상당수 존재한다. 결국 총체적 평가와 분석적 평가 중 어느 것이 더 타당도와 신뢰도가 높은지에 대해서는 연구자들마다 견해가 다르다고 할 수 있다.

11   국내에서는 김라연(2007)이 대표적이다.

직접적으로 도움을 주는 것이 더욱 효과적이라는 주장이 제기되면서 작문 평가에서도 과정 평가에 대한 관심이 높아졌다. 또한 최종 결과물에 대해 수치화·등급화된 점수를 부여하는 것 외에도, 작문 수행의 전 과정에서 각각에 대해 진단하고 적절한 피드백을 제공하는 것 역시 평가로 간주하고 있다.

(1) 결과 평가

결과 평가는 학습자가 완성해 낸 결과물(보통 완성된 한 편의 글)을 대상으로 이루어지는 평가이다. 평가자는 평가 목표와 내용을 고려하여 학습자에게 작문 과제를 부과하고, 학습자들은 제시된 과제에 따라 글을 완성해서 제출하면 그것을 평가 대상으로 삼는다. 대표적인 사례로는 앞서 살펴보았던 총체적 평가와 분석적 평가의 기준들을 최종적인 결과물에 대해 적용하는 것을 들 수 있다. 즉, 결과 평가는 어떤 평가 기준이든 최종 결과물에 대해 적용·실시하는 것을 의미한다.

작문 결과 평가	작문 과정 평가
최종 결과물을 토대로 총체적 혹은 분석적 평가 등을 적용한 경우	작문 단계별 생산물(포트폴리오, 프로토콜, 면담 등)을 대상으로 다양한 평가 방식을 적용한 경우

학교 현장에서는 시간적·물리적 제약으로 인해 최종 결과물을 토대로 일회적인 평가가 이루어지곤 했다. 그리고 이러한 결과 평가 방식은 동서양을 막론하고 전통적으로 널리 사용되었던 것도 사실이다. 하지만 학습자의 작문 능력 신장을 위해서는 작문 수행의 각 과정별로 적절한 평가 및 그에 따른 교육적 처치가 이루어져야 한다는 견해가 여러 전문가들로부터 지지를 받으면서, 결과 평가보다는 과정 평가를 권장하는 추세로 변화하고 있다.

(2) 과정 평가

과정 평가는 작문 수행의 전 과정을 평가의 대상으로 삼으면서 교육적 진단과 처방을 지속적으로 제공하는 것을 의미한다. 즉, 과정 평가는 매 과정마다 학습자의 작문 수행에 관한 다양한 정보를 수집하고 그에 적합한 진단과 처방을 제시하여 작문 교수·학습의 효과성을 극대화하고자 제안된 것이다. 과정 평가에는 여러 가지 방법들이 있는데, 여기서는 가장 대표적으로 활용되는 포트폴리오를 활용한 평가와 프로토콜을 활용한 평가에 대해 살펴보고자 한다.

① 포트폴리오를 활용한 평가

포트폴리오(portfolio: 자료철)를 활용한 작문 평가는 일정 기간에 걸쳐 학습자가 작문에 참여하여 만들어 낸 결과물을 하나의 목적을 가지고 모으는 것에서 출발한다. 학습 활동의 결과로 모아진 자료들은 학습 과업을 어느 정도 수행할 수 있는지 측정하는 데 사용됨과 아울러, 학습자에 대한 타당하고 신뢰할 만한 정보를 제공해 준다(한철우 외, 2003: 220-221).

포트폴리오는 학습자들의 사고와 아이디어, 언어와 관련된 발달과 성취 결과 등을 지속적으로 저장해 나가는 것을 의미한다. 무엇보다도 포트폴리오는 언어 사용자로서 학습자들의 발달을 점검하는 강력한 도구로 활용될 수 있다. 엘보우와 벨라노프(Elbow & Belanoff, 1986)는 작문 수업에서 포트폴리오 평가를 위한 하나의 모델로 자유롭게 쓰기와 계획하기, 지도 교사와 동료들 간의 토

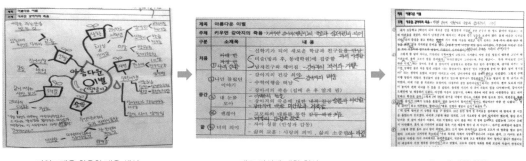

마인드맵을 활용한 내용 생성 개요 작성에 대한 첨삭 초고에 대한 첨삭

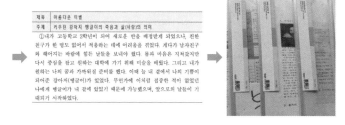

최종 완성본 작성 포트폴리오 정리

그림 9-9 '이별'이라는 제재로 내용 생성부터 최종 완성본까지 작문 과제를 수행한 과정과 각각에 대한 교수자의 첨삭 지도를 포트폴리오로 정리한 사례. 박호관(2014) 참조.

의, 고쳐쓰기와 편집하기의 방법으로 작문 평가를 촉진하는 평가 시스템을 제안했다.

그림 9-9처럼 포트폴리오를 활용한 작문 평가를 위해서는 먼저, 학습자가 한 편의 글을 작성하는 과정에서 산출한 일련의 자료들을 수집해야 한다. 그리고 교사는 그 자료들을 토대로 학습자의 작문 수행 과정을 지속적으로 점검하고, 그에 따라 적절한 교육적 처치를 제공해야 한다. 학습자는 작문 과정에서 산출된 자료들을 모으고 정리하는 과정에서 자신의 작문 활동을 점검할 수 있고, 교사 또한 지속적이고 신뢰할 만한 자료를 토대로 평가를 진행할 수 있다는 것이 포트폴리오를 활용한 작문 평가의 장점이다. 아울러 자기 평가, 동료 평가 등을 수시로 병행하면서 진행하거나, 복수의 평가자가 협의를 통해 공동으로 평가를 진행하는 등 다양한 평가 방법을 복합적으로 적용할 수 있다는 장점도 지닌다.

② 프로토콜을 활용한 평가

작문 교육의 관심이 결과 중심에서 과정 중심으로 변화함에 따라 작문 과정을 보다 심층적으로 이해하고 평가하기 위해 고안된 것이 바로 프로토콜을 활용한 평가이다. '프로토콜(protocol)'이란 사건, 경험, 발화 등이 일어나고 있는 중에 또는 일어난 직후에 기록한, 다듬지 않은 원래 그대로의 기록(녹음 또는 전사)을 말한다(서울대학교 국어교육연구소, 1999: 771-772). 프로토콜 분석은 프로토콜을 활용하여 학생이 글을 써 나가는 과정 중 머릿속에서 일어났던 생각의 흐름을 이해하고 그에 적절한 교육적 처치를 하기 위해 시행한다.

프로토콜에는 여러 가지 방법들이 있다. 다음은 작문 교육에서 사용하는 대표적인 방법들이다(김평원, 2011: 14-18)

생성 주체	시기		특징
	실시간 분석	사후 분석	
학습자	• 실시간 자기 기록법 • 사고 구술법	• 직후 자기 기록법 • 자기 회상법	• 학생 스스로 과정을 기록
교수자	• 실시간 질문법	• 직후 면담법	• 교사가 관찰하면서 기록

• **실시간 자기 기록법**(on-line self record method): 글을 쓰는 동안 일어나는 사

고 과정에 대해 간단하게 쓰게 하는 방법. 이 방법은 교수자의 입장에서는 프로토콜을 만들어 내는 번거로운 작업을 하지 않아도 된다는 점에서 편리하다. 하지만 학습자 스스로 작문 활동과 동시에 떠오르는 생각, 느낌 등을 모두 기록해야 한다는 점에서 프로토콜의 내용이 제한적일 수밖에 없다는 단점이 있다.

- **사고 구술법**(think-aloud method): 학생이 자신의 생각을 직접 구술하는 방법. 이 방법은 교수자가 원하는 최종 상태의 결과물을 실시간으로 제공한다는 장점이 있지만, 작문과 그 사고 과정을 바로바로 구술해야 한다는 점에서 학습자에게는 어려움이 있다.

- **직후 자기 기록법**(post-hoc self record method): 작문 행위가 끝난 다음에 글을 쓰는 동안 일어나는 사고 과정을 추적해서 간단하게 적게 하는 방법. 실시간 자기 기록법에 비해 작문 활동에 방해가 되지 않는다는 장점은 있지만, 기억에 의존하며 작성하기 때문에 생생한 정보를 얻기 어렵다는 단점이 있다.

- **자기 회상법**(self recall method): 글을 다 쓴 다음에 학습자 스스로 자기가 쓴 과정에 대해 세밀하게 회상하게 하는 방법. 글을 다 쓴 다음에 순서대로 자신이 했던 사고 행위를 말해 보게 할 수도 있고, 문장이나 문단을 끊어서 그때 무슨 생각을 했는지를 말해 보게 할 수도 있다.

- **실시간 질문법**(on-line question method): 작문 과정을 교수자가 직접 지켜보면서 실시간으로 학습자에게 질문을 하여 교수자가 원하는 정보를 얻는 방법. 작문 과정이 진행되는 동안 적절한 시기에 학습자에게 질문을 한 후, 이를 종합하여 작문 과정을 추론한다. 이 방법은 사고 구술법에 비해 학습자의 입장에서 쉽게 받아들여질 수 있는 방법이지만, 학습자의 자연스러운 글쓰기 행위를 방해할 수 있기 때문에 자세한 양상까지 파악하기 어렵다는 단점이 있다.

- **직후 면담법**(post-hoc interview method): 작문이 끝난 다음에 교수자가 학습자와 면담을 함으로써 학습자의 작문 과정을 추론해 보는 방법. 자기 회상법이 학습자 스스로 하는 것인 반면, 직후 면담법은 교수자가 중심이 되어 그 과정을 추론해 보는 것이라는 점에서 차이가 있다.

다음은 직후 자기 기록법을 사용한 사례이다.

길

홍○○

광부 루이스 우루수아는 칠흑 같은 갱도 안에서 희망을 놓지 않았다. 그의 강인한 리더십 덕분에 카니발리즘의 현실화를 막았고 동료 전원을 구출할 수 있었다. 위기상황에서 일방향적 소통은 무리를 하나로 만든다. 그리고 마침내 살길을 찾는다. 명령, 카리스마, 불가항력으로 수식되는 일방향의 힘이다. 경상도 남자는 말수가 적다고 한다. '밥도, 애는?, 자자'로 정리되는 생활 어록은 가정 내에서 일종의 권력이다. 침묵도 소통이라는 관점에서 볼 때, 대화의 여백이 주는 공포마저 느껴진다. 마치 비포장도로를 내달리듯 투박한 의사전달이다.

고상준 대표는 화법 강사로 활동한다. 매번 자신을 (고상)하고 (준)수한 남자로 소개하는 그는 달변가다. 발성부터 청중을 대하는 자세까지 일목요연한 강의를 해 왔다. 그의 의사소통방식은 고속도로를 내달리는 격이다. 주행 중에 사고가 나더라도 전방위 에어백 시스템이 있어서 걱정 없다. 반대 토론자의 공격을 막는 법을 미리 알고 있기 때문이다.

(하략)

길

홍○○

('길'이란 제재에 대해 일반적으로 가질 수 있는 뻔한 생각은 버려야겠다. 오솔길이나 집으로 가는 길 등 물리적인 '길'은 쓰지 말자.)

광부 루이스 우루수아는 칠흑 같은 갱도 안에서 희망을 놓지 않았다. 그의 강인한 리더십 덕분에 카니발리즘의 현실화를 막았고 동료 전원을 구출할 수 있었다. (광부들의 극한 상황을 위한 단어 선택-카니발리즘의 유혹) 위기상황에서 일방향적 소통은 무리를 하나로 만든다. 그리고 마침내 살길을 찾는다. 명령, 카리스마, 불가항력으로 수식되는 일방향의 힘이다. (길은 어디론가 통한다. '통함'의 의미를 소통으로 해석하자. 소통은 사람들 사이의 커뮤니케이션으로 한정해서 생각해야지. 인간과 자연, 우주 등과의 교감은 너무 거리가 멀다. 의사소통으로서의 '길'에서도 어떤 의미를 찾아야 한다. 현상만 설명하는 작문은 깊이가 없다. 어떤 것이 있을까. 일반적으로 아는 길들... 포장도로, 고속도로, 산길, 오솔길, 등산로 등의 특성과 의사소통의 성격을 관련짓자.) 경상도 남자는 말수가 적다고 한다. (비포장길은 거칠고 퉁명한 이미지다. 투박한 의사소통의 대명사, 경상도 남자를 예로 들자. 침묵이 권력이라는 점을 연관 짓자. 침묵도 의사소통의 한 수단 아닌가.) '밥 도, 애는?, 자자'로 정리되는 생활 어록은 가정 내에서 일종의 권력이다. (경상도 남자의 특성이 드러나는 예—'밥 도, 자자') 침묵도 소통이라는 관점에서 볼 때, 대화의 여백이 주는 공포마저 느껴진다. 마치 비포장도로를 내달리듯 투박한 의사전달이다.

　　고상준 대표(포장길은 잘 빠진 길이다. 속도가 붙는다. 따라서 의사소통에 뛰어난 사람을 상징한다. 프레젠테이션 전문가가 좋은 예일 것이다. 고상준 대표를 예로 들어 보자. 대외적으로 유명인사는 아니기에 글로 쓰기에는 모험이다.)는 화법 강사로 활동한다. 매번 자신을 (고상)하고 (준)수한 남자로 소개하는 그는 달변가다. 발성부터 청중을 대하는 자세까지 일목요연한 강의를 해 왔다. 그의 의사소통방식은 고속도로를 내달리는 격이다. 주행 중에 사고가 나더라도 전방위 에어백 시스템이 있어서 걱정 없다. 반대 토론자의 공격을 막는 법을 미리 알고 있기 때문이다.

(하략)

　　프로토콜은 필자가 의미를 구성하는 과정을 추적하는 것으로, 글을 쓰는 동안 학습자들이 어떤 생각을 하고 있는지를 추론하는 방법이다. 따라서 프로토콜을 활용한 작문 평가 방법의 목적은 수행의 과정을 더욱 심층적으로 이해하고 작문의 과정에서 일어나는 인지적 측면을 세밀히 분석하여 그에 적합한 진단과 교육적 처치를 내리는 것이다. 다만 프로토콜 평가는 학습자 개인별로 이루어져야 하기 때문에 교수·학습에 모두 적용하는 데는 어려움이 있다. 따라서 연구자들은 작문에서 프로토콜을 사용할 때 다음의 사항들을 유의해야 한다고 지적한다(김평원, 2011: 19).

　　첫째, 프로토콜은 교수자나 학습자 모두 익숙하지 않기 때문에 처음에는 쉬운 화제 혹은 과제를 택해 몇 차례 연습을 한 후에 본격적으로 실시하는 것이 좋다.

　　둘째, 학습자들이 자신의 행동이 평가를 받고 있다는 생각을 갖지 않도록 한다. 만약 평가를 받고 있다고 생각한다면 실제로는 생각하지 않았던 것이나 생각했던 것을 고의로 조작 및 은폐할 수 있기 때문에 프로토콜 자체를 신뢰할 수가 없게 된다.

　　셋째, 학습자들이 교수자를 신뢰할 수 있는 분위기를 형성해야만 한다. 특히 학습자들이 편안하게 대답할 수 있도록 해야만 자신이 했던 작문 상황에 몰입하여 그 과정을 진술할 수 있게 된다.

넷째, 학습자가 어려워하면 교수자는 중간중간에 단서를 주거나 질문을 던져서 회상을 도와주는 것이 좋다.

이 장에서는 작문 평가의 유형을 주체, 대상, 방법, 시기로 구분하고 각각에서 적용할 수 있는 대표적인 사례들을 제시하였다. 다만 각각의 사례들은 상호 배타적이지 않으며 다양한 방식으로 조합하여 사용될 수 있음에 유의해야 한다. 언제나 단 하나의 절대적인 방식이란 존재하지 않는다.

4   작문 자동 채점 기술 어디까지 왔는가

지금까지 살펴본 작문 평가의 여러 유형과 방법들은 모두 사람에 의해 수행되는 것을 전제로 한다. 하지만 최근에는 발달된 기술을 활용하여 사람 대신 컴퓨터 프로그램이 작문 평가의 일부 혹은 전체를 수행하도록 하는 연구가 활발히 진행되고 있다.

사람에 의한 작문 평가에서의 가장 큰 난점은 비용과 시간의 문제, 그리고 다수의 평가자들에 대한 신뢰도 확보의 문제 등이다. 특히 이러한 문제들은 대단위 작문 평가에서 더욱 두드러진다. 이에 외국에서는 1960년대부터 'Automated Essay Scoring(AES)', 'Automated Writing Evaluation(AWE)', 'Automated Essay Feedback(AEF)' 등의 다양한 명칭으로 컴퓨터를 활용한 자동 채점 관련 연구를 수행하고 있는데, 이러한 연구들은 기계 학습(machine learning) 알고리즘을 활용하고 있다는 점에서 공통적이다. 기계 학습이란 데이터를 기반으로 특정한 패턴이나 원리를 추론하고, 추가적인 데이터를 통해 추론값을 정교화하거나 예측 가능성을 높이는 등의 과정을 연구하는 인공지능의 한 분야이다. 현재 기계 학습을 활용한 자동 채점은 다음과 같은 두 가지 유형으로 분류할 수 있다.

먼저 작문 평가에 유의미한 요소(채점 자질)를 입력하고 각각에 가중치를 부여하여 이를 토대로 채점을 수행하도록 하는 유형이다. PEG(Project Essay Grade)는 페이지(Page, 1966; 1994; 2003)에 의해 개발된 최초의 글쓰기 자동 채점 프로그램으로 2003년까지 개선된 프로그램을 발표하고 있다(Shermis et al., 2016).

표 9-6 PEG 자동 채점 프로그램 개요(박종임 외, 2022: 44)

시스템	PEG
개발 연도	1966
개발자/개발 기관	Ellis Page
채점 자질	단어 비율, 평균 문장 길이, 주어-서술어 위치, 문단 수 등
적용된 주요 기법	NLP, 중다회귀분석
피드백 제공	×
인간 채점과의 상관관계	0.81-0.89

표에서와 같이 문장 길이, 주어-서술어 위치, 문단 수 등 채점과 관련된 주요 요소(채점 자질)와 각각에 대한 가중치를 입력하고 이를 토대로 특정 글을 통계적으로 측정하여 채점을 진행하도록 하는 것이 PEG 자동 채점의 특징이다. 이런 유형의 자동 채점 방식을 적용하고 있는 것은 ETS(Educational Testing Service)에서 개발한 e-rater, Vantage Learning에서 개발한 IntelliMetric, 메릴랜드 대학에서 개발한 BETSY(Bayesian Essay Test Scoring sYstem) 등이 있다. 현재 각 개발사는 주요 채점 요소 및 가중치에 대한 사항 중 극히 일부만을 공개하고 있으며 장르(genre), 내용 구성, 의미 전개 등의 복잡한 요소에 대해서는 비밀에 부치고 있다.

두 번째 유형은 작문 자동 채점에서 인공신경망을 활용한 딥러닝(Deep-Learning) 기술을 적용한 연구들이다. 인공신경망을 활용한 딥러닝 기술이란 인간의 뇌를 모방한 신경망 네트워크를 기반으로 컴퓨터가 인간처럼 판단하고 학습하여 데이터를 분류하거나 군집화하는 데 사용하는 기술이다. 즉 다수의 학생 글을 포함한 방대한 작문 자료(빅데이터)를 바탕으로 작문 평가자에 의해 높은 평가 혹은 낮은 평가(등급을 세분화하는 것도 가능)를 받은 글들에서 각각의 특성과 차별점 등을 프로그램이 스스로 찾아내고 이후 더 많은 데이터가 축적될수록 이를 정교화하여 아직 평가가 이루어지지 않은 다른 글에서도 평가를 자동적으로 수행하는 기술이다. 기존의 자동 채점 기술이 이미 설정된 요소에 가중치를 부여하는 방식으로 채점이 이루어졌다면 인공신경망을 활용한 딥러닝 기술은 많은 데이터를 기반으로 스스로 비슷한 부류(유사한 등급)의 특성들을 추출하여 이를 토대로 채점을 진행하는 기술이라 할 수 있다.

신과 기얼(Shin & Gierl, 2021)은 두 가지 자동 채점 기술을 비교하는 연구를 수행하였다. 이 연구에서는 설득적 글쓰기, 서사적 글쓰기 등을 대상으로 연구를 진행했는데 딥러닝 기술이 더 효과적임을 주장하였다. 이와 유사하게 메이필드와 블랙(Mayfield & Black, 2020) 역시 구글에서 개발한 딥러닝 기술(BERT 모델)과 기존의 자동 채점 기술의 효과성을 비교하였다. 연구 결과 철자법, 주어-서술어 불일치 등의 비교적 단순한 영역에서는 기존의 자동 채점 기술이 더 효과적이었지만, 복잡한 영역, 특히 문체(style)나 어조(voice) 등의 섬세하고 정교한 부분에서의 작문 평가에서는 딥러닝 기술이 더 효과적이라고 주장하였다.

표 9-7 다양한 자동 채점 프로그램과 그 특징(박종임 외, 2022:52–53)

자동 채점 시스템	방법론	장점
Project Essay Grader(PEG)	다중선형회귀분석	에세이의 점수 예측
Intelligent Essay Assessor(IEA)	잠재 의미 분석	전이 관계와 더 깊은 의미론적 내용을 포착하고 수량화하기 위해 에세이 분석
e-rater	NLP, 통계	에세이의 문법, 구조, 스타일에 대한 피드백 제공, 87%의 정확도 보임
Intellimetric	NLP, 통계, 인공지능(딥러닝)	정확한 점수를 부여하기 위해 인공지능 기법 도입, 웹 기반 도구
MarkIt	다중선형회귀분석, 벡터 공간 계산	단어의 의미 정합을 위해 에세이의 웹 구문, 절, 명사구 분석
Granding in Indian context	인공지능, NLP, 선형회귀분석	모국어 특징으로 인한 오류를 해석하는 피드백 제공
Online dynamic examination application plugin	WordPress	학생, 교사 등 사용자 유형 지원, MCQ와 장답형 질문 구분

| Toward the use of semi-structured annotators for AEG | 최근접 이웃 알고리즘 | 다양한 등급 부여 제도 제공 |
| Enacting textual entailment and ontologies for automated essay granding in chemical domain | NLP | 서로 다른 도메인에서 텍스트를 처리하기 위한 온톨로지 옵션 제공 |

　　현재 자동 채점 연구는 다양한 작문 과제에서의 채점 자질을 선별하고 각각의 요소들에 가중치를 부여하는 등의 작업을 정교화하는 연구와 딥러닝 기술을 활용하는 연구가 각각 진행되고 있다. 전자의 경우 여러 개발사에서 이미 상용화를 진행하고 있지만 주요한 내용(채점 자질, 가중치 등)은 비공개로 하여 그 전모를 확인하기 어렵고, 후자는 이제 본격적인 연구가 진행되는 상황이라고 할 수 있다. 다만 IT 기술이 발전하고 데이터의 수집과 분석, 활용 등이 더욱 활성화됨에 따라 작문에서의 자동 채점은 어떤 방식으로든 교육 현장에 곧 도입될 것으로 예상된다. 따라서 어떤 방식의 자동 채점이 도입될 것인가에 대한 고민보다는 과연 평가 전문가로서 교사의 역할은 어떻게 변화하며, 그에 따라 작문 교사에게 중요한 역량이란 무엇인가에 대한 진지한 고민과 성찰이 필요할 때라고 할 수 있다.

생각해 봅시다

1   이 장에서 다룬 작문 평가의 여러 가지 유형은 반드시 어느 한 가지만 적용해야 하는 것은 아니다. 평가 주체 – 평가 내용 – 평가 방법 – 평가 시기 등은 다양한 방식으로 조합이 가능하다. 이 장에서 소개된 다양한 평가의 유형들을 적용하여 가상의 작문 수업에 적합한 작문 평가를 설계해 보자.

2   이 장에서 설명한 평가 유형들을 작문 교과서에 나온 평가의 사례에 적용해 보자. 또한 그것을 수정·보완할 경우 어떤 방식이 가능한지에 대해 논의해 보자.

3   이 장에서 다룬 분석적 평가 방법을 수정·보완하여 정보 전달의 글쓰기와 설득하는 글쓰기에 적용할 수 있는 평가 기준에 대해 논의해 보자.

4   다음은 어떤 학생이 쓴 글이다. 과정 평가 차원에서 학생에게 어떻게 피드백을 할지 표현해 보자.

> 아침마다 근사한 아침을 차려주시는 우리 아버지는 정말 다정하시고 학교 앞까지 나를 바래다 주신 일도 많다. 중학교 때 내 생일엔 정성스럽게 직접 만든 열 가지도 넘는 정성스러운 반찬에 내가 좋아하는 음식들을 아침부터 실컷 먹고 등교한 기억도 있고 비가 오는 날에는 늘 우산을 들고 학교 앞으로 마중을 오신곤 했다. 지금은 하늘나라에 가셨지만 아버지를 떠올리면 음식과 우산이 생각난다.

참고문헌

김라연(2007), 「총체적 쓰기 평가와 분석적 쓰기 평가의 상관 연구」, 『이중언어학』 35, 103-126.

김종백·우은실(2005), 「자기평가 중심 학습이 초등학생의 쓰기 능력 및 효능감에 미치는 영향」, 『교육심리연구』 19(1), 205-221.

김평원(2011), 「프로토콜 분석을 활용한 쓰기 과정 지도 및 평가: 논술 텍스트 생산 과정 모형을 중심으로」, 『새국어교육』 87, 5-35.

박영목(1999), 「작문 능력 평가 방법과 절차」, 『국어교육』 99, 1-29.

박영목(2008), 「쓰기 평가 연구의 주요 과제」, 『작문연구』 6, 9-37.

박영목 외(2014), 『화법과 작문』, 천재교육.

박영민(2007), 「중학생 읽기 동기와 쓰기 동기의 상관 분석」, 『작문연구』 5, 105-134.

박영민(2008), 「국어교사의 쓰기 동기 구성 요인」, 『배달말』 42, 305-339.

박영민·김승희(2007), 「쓰기 효능감 및 성별 차이가 중학생의 쓰기 수행에 미치는 효과, 『국어교육학연구』 28, 327-359.

박영민 외(2016), 『작문 교육론』, 역락.

박종임 외(2022), 『컴퓨터 기반 서·논술형 평가를 위한 자동채점 방안 설계(I)』(연구보고 RRE 2022-6), 한국교육과정평가원.

박호관(2014), 「자아 성찰적 글쓰기의 교육 내용과 교수·학습 사례 분석: 대구대 공통교양 「글쓰기와 커뮤니케이션」을 중심으로」, 『우리말글』 63, 69-101.

배향란(1995), 「쓰기의 총체적 평가 방법 연구」, 『청람어문교육』 13, 280-315.

서수현(2008), 「요인 분석을 통한 쓰기 평가의 준거 설정에 대한 연구」, 고려대학교 박사학위 논문.

서울대학교 국어교육연구소(1999), 『국어교육학사전』, 대교출판.

성태제(2009), 『현대교육평가』, 학지사.

오택환(2009), 「고등학생 필자의 쓰기 태도 발달에 관한 연구」, 『국어교육연구』 45, 125-148.

윤준채(2009), 「초등학생 필자의 쓰기 태도 발달 연구」, 『작문연구』 8, 277-297.

이성은 외(2002), 동료 협의를 통한 생활문 쓰기가 쓰기 능력 및 쓰기 태도에 미치는 효과, 『열린교육연구』 10, 57-74.

이은자(2009), 「교사 첨삭 피드백의 원리와 방법」, 『작문연구』 9, 123-152.

이은자(2010), 「글쓰기 능력 향상을 위한 첨삭 피드백: 고쳐쓰기 지도 모형」, 『새국어교육』 86, 279-305.

이재승(2005), 「작문 교육 연구의 동향과 방향」, 『청람어문교육』 32, 99-122.

이재승 외(2006), 「초등학생용 쓰기 동기 검사 도구 개발과 활용 방안」, 『청람어문교육』 34, 129-159.

임천택(2005), 「쓰기 지식 생성을 위한 자기 평가의 교육적 함의」, 『새국어교육』 71, 285-309.

임택균(2014), 「동료 평가 활동이 쓰기 태도에 미치는 효과」, 『석당논총』 60, 181-215.

정희모·이재성(2009), 「대학생 글에 대한 총체적 평가와 분석적 평가의 결과 비교 연구」, 『청람어문교육』 39, 251-273.

한철우 외(2003), 『과정 중심 작문 평가』, 원미사.

Bandura, A.(1997), *Self-Efficacy: The Exercise of Control*, W. H. Freeman and Company.

Behizadeh, N. & Engelhard Jr, G.(2011), "Historical View of the Influences of Measurement and Writing Theories on the Practice of Writing Assessment in the United States", *Assessing Writing* 16(3), 189-211.

Cooper, C. R. & Odell, L.(1977), *Evaluating Writing: Describing, Measuring, Judging*, NCTE.

Diederich, P. B.(1974), *Measuring Growth in English*, NCTE.

Eagly, A. H. & Chaiken, S.(1993), *The psychology of Attitudes*, Harcourt Brace Jovanovich College Publishers.

Elbow, P. & Belanoff, P.(1986), "Portfolios as a Substitute for Poficiency Examinations", *College Composition and Communication* 37(3), 336-339.

Hidi, S. & Boscolo, P.(Eds.)(2006), *Writing and Motivation*, Elsevier.

Fishbein, M. & Ajzen, I.(1975), *Belief, Attitude, Intention, and Behavior: An Introduction to Theory and Research*, Addison-Wesley.

McKenna, M. C. & Kear, D. J.(1990), "Measuring Attitude toward Reading: A New Tool for Teachers", *The Reading Teacher* 43(9), 626-639.

Kusnic, E. & Finley, M. L.(1993), "Student Self-Evaluation: An Introduction and Rationale, *New Directions for Teaching and Learning* 1993(56), 5-14.

Mayfield, E. & Black, A. W.(2020), "Should You Fine-Tune BERT for Automated Essay Scoring?", *Proceedings of the 15th Workshop on Innovative Use of NLP for Building Educational Applications*, 151-162. Seattle, WA, USA: Association for Computational Linguistics.

Pajares, F.(2003), "Self-Efficacy Beliefs, Motivation, and Achievement in Writing: A Review of the Literature, *Reading & Writing Quarterly* 19(2), 139-158.

Petty, R. E. & Cacioppo, J. T.(1981), Attitudes and Persuasion: Central and Peripheralroute to Attitude Change, Springer-Verlag.

Purves, A. C.(1984), "The Teacher as Reader: An Anatomy", *College English* 46(3), 259-

265.

Shermis, M. D., Burstein, J., Elliot, N., Miel, S. & Foltz, P. W.(2016). "Automated Writing Evaluation: An Expanding Body of Knowledge". In C. A. MacArthur, S. Graham & J. Fitzgerald(Eds.), *Handbook of Writing Research*(pp. 395-409). The Guilford Press.

Shin, J., & Gierl, M, J.(2021). "More Efficient Processes for Creating Automated Essay Scoring Frameworks: A Demonstration of Two Algorithms", *Language Testing* 38(2), 247-272.

Spandel, V. & Stiggins, R. J.(1990), *Creating Writers: Linking Assessment and Writing Instruction*, Longman.

Wilson, K. M. & Trainin, G.(2007), "First-Grade Students' Motivation and Achievement for Reading, Writing, and Spelling", *Reading Psychology* 28(3), 257-282.

3부

작문 교육의 실제

10장 정보 전달의 글쓰기

최근 들어 정보의 양태가 급속도로 변화하고 있다. 빅데이터(big data)의 출현은 정보 생성과 수용의 국면이 질적으로 달라졌음을 단적으로 보여 주는 사례이다. 정보의 규모가 방대해지고 생성 주기가 짧아졌으며 형태 또한 다양해진 것이다.

정보 전달의 글쓰기는 이러한 정보의 대량화와 다양화에 큰 영향을 받고 있다. 정보 전달의 글쓰기에서 정보를 수집·선별하고 조직하여 글로 써내는 과정뿐만 아니라, 많고 다양한 정보를 여러 가지 기호로 시각화하는 작업도 중요해졌다. 따라서 정보 전달의 글쓰기 교육은 더욱 확장될 필요가 있다. 정보의 바다에서 적절한 정보를 선택하고 그것을 효과적으로 변형하여 다양한 형태로 제시하는 전 과정을 폭넓게 다루어야 한다. 궁극적으로는 정보 전달의 목적이 독자와 상황 맥락에 대한 고려를 통해 달성될 수 있음을 알아야 한다.

이 장에서는 정보 전달의 글이 어떤 글인지, 그 특성은 무엇인지를 밝히고, 교육과정에서는 이것을 어떻게 다루어 왔는지 살필 것이다. 또한 정보 전달의 글을 쓸 때에 유의할 점을 과정과 결과의 측면에서 보고자 한다. 나아가 정보 전달의 글의 구체적인 유형을 통해 해당 문종을 어떻게 가르칠지 살펴볼 것이다.

1 정보 전달의 글쓰기란 무엇인가

정보 전달의 글쓰기는 사실 정보의 제시를 주된 목적으로 하는 글쓰기이다. 우리 사회가 정보화 사회로 진입함에 따라 정보 전달의 글쓰기는 더욱 빈번해지고 있으며 그만큼 중요해지고 있다. 정보 전달의 글은 우리가 일상에서 가장 익숙하게 접하는 유형의 글이기도 하다. 공공기관에서 보낸 공고문, 학교에서 가정으로 보낸 가정통신문, 신문 기사, 제품의 안내서나 사용설명서 등은 모두 정보 전달의 글에 해당한다.

그런데 정보 전달의 글쓰기가 무엇인지 살피기에 앞서, 모든 글은 일정한 의미나 정보를 전달하고 있지 않은가 하는 의문이 들 수 있다. 예를 들어 조세희의 『난장이가 쏘아올린 작은 공』을 읽으며 우리는 1970년대 한국 사회의 어두운 이면과 당시 생활상에 대한 사실과 정보를 얻을 수 있다. 그럼에도 이 글을 정보 전달의 글로 분류하지 않고 문학 작품인 소설로 분류하는 이유는 무엇일까? 다시 말해 정보 전달의 글이 다른 글과 차별화되는 특성은 무엇일까?

정보 전달의 글은 가장 익숙한 글임에도 막상 그 개념과 특성의 경계를 명확하게 구분 짓기 어렵다.[1] 따라서 '가장 많은 하위 종류를 지녔으나 그중에 무엇을 떠올려야 하는지 딱히 꼬집어 말할 수 없는, 그래서 가장 특징이 없는 그냥 글'(김혜정, 2011: 136) 혹은 '문학과의 대응 관계 속에서 비문학이나 논픽션(nonfiction)과 유사한 장르'(이순영, 2011)로 인식되곤 한다.

그러나 '정보 전달'은 많은 학자에 의해 뚜렷한 특징을 지닌 담화의 한 유형으로 오랜 시간 지속적으로 언급되어 왔다. 수사학에서 베인(Bain, 1867)이 최초로 담화의 양식(mode)[2]을 설명, 설득, 묘사/서사/시의 세 가지로 유형화한 이래(6장 참조) 담화를 유형화하는 방식과 용어에 대해 다양한 논의가 진행되었다. 이 중 제임스 키니비(James Kinneavy)는 수사학에서 전통적으로 언급되어 온 의사소통의 삼각형(communication triangle)을 바탕으로 담화를 의도(aim)에 따라 표현적, 지시적, 문예적, 설득적의 네 가지로 유형화하였다(Kinneavy, 1980: 38-39).

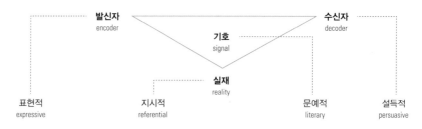

그림 10-1 의사소통의 삼각형에 따른 담화 유형 구분(Kinneavy, 1980: 61)

그림 10-1에서 정보 전달의 글쓰기는 실재에 주목한 지시적 글쓰기에 해당한다. 정보 전달의 글쓰기는 다른 담화 유형에 비해 필자 외부의 실재가 중요하다는 특징을 지닌다. 정보 전달의 글쓰기에서 필자는 자신의 외부에 있는 세계 혹은 대상에 주목하고 이에 대한 정보를 전달하고자 하는 의도를 가진다.

정보 전달 글쓰기의 의도는 글의 내용과 형식에 영향을 미친다. 키니비는

1　학계에서는 '정보 전달의 글'의 명명과 범위에 대한 논쟁이 지속되고 있다. 이는 '정보 텍스트'의 개념역에 대한 두 가지 입장을 통해 확인할 수 있다(권이은, 2015). 하나는 정보 전달의 목적을 지닌 다양한 유형의 텍스트를 모두 정보 텍스트로 보는 입장으로, 논픽션과 설명적 텍스트뿐 아니라 비서사물(non-narrative)까지도 포괄하는 것이다. 다른 하나는 정보 텍스트를 설명적 서술 방식 또는 정보 텍스트만의 고유한 구조를 가진 텍스트로 제한하는 것이다. 이 장에서는 국어과 교육과정 내에서 후자의 관점에서 정보 전달의 글쓰기를 살펴보고자 한다.

2　베인 이전의 18~19세기에는 전통적으로 '형식(form)'이라는 용어가 사용되었으며, 문학에서는 '장르(genre)' 혹은 '유형(type)'이라는 용어를 사용하였다(Kinneavy, 1980: 36).

의사소통의 삼각형과 담화 유형

의사소통의 삼각형은 의사소통을 '발신자', '수신자', '실재', '기호'의 네 요소 간 상호관계로 설명한다. 발신자는 표현하거나 전달하고자 하며, 수신자는 그것을 이해하고 감상한다. 실재는 존재의 외부에 위치한 세계로, 발신자와 수신자가 의사소통을 통해 논하고자 하는 대상에 해당한다. 기호는 이와 같은 소통 구조에서 일어나는 의미의 생산과 수용을 매개한다.

그림 10-1에서 확인할 수 있듯이, 키니비는 의사소통의 각 요소에 따라 담화 유형을 표현적, 설득적, 지시적, 문예적의 네 가지로 구분하였다. 다시 말해, 글을 쓸 때 초점을 발신자(필자)에 두면 표현적 글쓰기, 수신자(독자)에 두면 설득적 글쓰기, 실재에 두면 지시적 글쓰기, 글 자체의 내재적 특징에 두면 문예적 글쓰기라는 것이다.

이러한 담화 유형 구분은 많은 연구자들에 의해 지지되었으며, 의사소통의 목적에 따라 담화를 구분해 온 우리 교육과정의 방식과 유사하다.

지시적 담화의 하위 유형과 이에 대한 사례를 탐구적(exploratory) 담화(예: 특정 대상에 대한 정의, 문제 해결 방안, 진단 등), 과학적(scientific) 담화(예: 논증 및 일반화를 통한 증명 등), 정보적(informative) 담화(예: 뉴스 기사, 보고서, 요약문 등)로 제시했다. 해당 유형 및 사례를 통해 확인할 수 있듯이, 정보 전달의 글쓰기는 대상을 사실적으로 지시하기 위해 정확성, 객관성, 명확성을 강조한다. 정보 전달의 글쓰기는 정보의 논리적인 배열과 구조를 특징으로 하며, 대상을 효과적으로 설명하기 위한 논리 전개 방식, 간결하고 명료한 문장 및 명시적인 어휘 사용이 강조된다.

한편 정보 전달의 글쓰기는 '정보성'의 수준이 높게 요구되는 글쓰기이다.[3] 정보성은 필자가 작성한 글이 독자에게 예측 가능한지 여부와 새로움의 정도에 관여하는 요인으로(김태옥·이현호, 1995: 30), 정보성이 높은 글은 예측이 어렵고 새로운 내용을 담고 있다는 특징을 지닌다. 이에 따라 정보 전달의 글을 쓰는 필

---

3   드보그랑드와 드레슬러(De Beaugrande & Dressler/김태옥·이현호 역, 1991: 3)는 텍스트다움의 정도를 뜻하는 텍스트성(textuality)을 응집성(cohesion), 통일성(coherence), 의도성(intentionality), 용인성(acceptability), 정보성(informativity), 상황성(situationality), 상호텍스트성(intertextuality)의 7가지 기준으로 제시하며, 어떤 텍스트가 이 기준들 중 하나라도 충족시키지 못한다면 그 텍스트는 소통적이지 않은 것이라고 보았다. 한편, 꼭 정보 전달 목적의 글이 아니더라도 모든 텍스트는 최소한 약간의 새로운 정보라도 들어 있게 마련이라는 점에서 정보성을 지닌다. 그렇지 않다면 예외적인 몇몇 경우를 제외하고, 필자가 굳이 글을 생산할 까닭이 없기 때문이다(김태옥·이현호, 1995: 30).

자는 현실의 많은 사안 가운데 어떤 정보를 선택하는 것이 효과적일지에 대한 고민을 쓰기 과정의 첫 번째 관문으로 마주하게 된다. 글의 내용이 예측 가능하고 제시된 정보가 지나치게 자명한 경우 독자의 주목을 끌기 어려우며, 글의 내용이 새로워 독자의 기대와 예측을 뒤엎는다 하더라도 그것이 과도하면 독자에게 인지적 부담을 줄 수 있다. 정보 전달의 글을 쓰는 필자는 독자의 배경지식, 읽기 동기 및 흥미, 상황 맥락 등의 요인을 고려하고, 글의 내용이 독자에 의해 예측 가능한가, 글에 제시된 정보가 새로운가에 대해 질문해야 한다.

오늘날 정보 전달의 글쓰기는 초중등 문식성 교육에서 상당히 주목받고 있다. 보고서 쓰기, 설명문 쓰기 등의 정보 전달의 글쓰기가 교과 수업에서 학습 방법이나 평가 방법으로 빈번하게 활용되어 교과 학습의 토대로 작용하기 때문이다. 이런 점에서 정보 전달의 글쓰기는 교과 글쓰기(disciplinary writing), 학습을 위한 쓰기(writing to learn)와 밀접한 관련을 맺는다. 교과 글쓰기는 학생들이 학교의 교과 수업에서 다양한 학문적 지식과 개념을 습득하고 이해하는 과정에서 수행하는 글쓰기이고, 학습을 위한 쓰기는 학생들이 습득한 지식을 복습하고 자신의 이해를 확장하는 과정에서 활용되는 글쓰기이다. 정보 전달의 글쓰기는 학교 교과 수업에서 빈번하게 활용되는 대표적인 쓰기 활동이다.

종합하면 정보 전달의 글쓰기는 정보 전달의 목적을 전제로 하며, 이를 충족시키기 위해 글의 내용과 구조를 조절하는 과정을 통해 실현된다. 학생 필자는 정보 전달의 글쓰기를 통해 정보를 선별하고 논리적으로 구조화하여 글로써 정보를 표현하고 소통하는 방식을 배우게 된다.

2 교육과정에 정보 전달의 글쓰기는 어떻게 나타나 있는가

1) 정보 전달 글쓰기의 유형

정보 전달의 글쓰기는 오랜 시간 쓰기 관습과 양식을 구축해 왔지만, 이것이 국어과 교육과정에 명시된 것은 제6차 교육과정에서부터이다. 아래의 표는 제1차 교육과정부터 현행 교육과정까지 중·고등학교 수준에서 다루어진 정보 전달하는 글의 유형을 정리한 것이다.

표 10-1을 통해 국어과 교육과정에 정보 전달 글쓰기의 유형으로 소개, 보고, 설명 목적의 글쓰기가 지속적으로 제시되었음을 확인할 수 있다. 소개하는 글, 보고하는 글, 설명하는 글은 정보 전달 글쓰기의 대표적인 유형에 해당한다.

교육과정이 개정되는 과정에서 몇 가지 변화를 확인할 수 있다. 제1차, 제2차, 제3차 교육과정에 제시되었던 서식과 기록이 이후 교육과정에서 사라졌다. 제1차, 제6차, 제7차, 2007 개정 교육과정에 기사문이, 제6차와 2007 개정 교육과정에 전기문, 기행문이 제시되었으나, 이후 교육과정에서 읽기 영역으로 이동하였다. 이러한 변화는 정보 전달 글쓰기의 교육 내용을 보다 선명하게 제시하고자 하는 시도로 해석할 수 있다. 교내 게시, 편지 기타 통신문, 서식, 기록과 같이 쓰기 상황과 실용적 목적에 의해 규정되는 쓰기 유형을 삭제하고, 기사문, 전기문, 기행문과 같이 정보 전달 외에 설득, 표현의 목적을 함께 지니는 복합 목적의 글쓰기를 읽기 영역으로 이동시켜 정보 전달의 글쓰기의 본질을 명확히 드러내고 있다.

표 10-1 국어과 교육과정에 나타난 정보 전달의 글쓰기 유형

제1차 교육과정	보고문, 학급 일지, 교내 게시, 학교 신문의 기사 등
제2차 교육과정	편지, 기타 통신문, 기록·보고·설명
제3차 교육과정	서식, 기록, 보고서, 설명문, 실화
제4차 교육과정	사실, 지식, 의견 등을 내용으로 하여 논리적인 글
제5차 교육과정	–
제6차 교육과정	소개, 안내, 초청, 광고 등 생활에 필요한 글 보고서, 기사문, 설명문 등 정보 전달을 위한 글 전기문이나 기행문
제7차 교육과정	설명문, 보고문, 기사문, 안내문 등
2007 개정 교육과정	설명문, 보고문, 기사문, 전기문, 안내문 등
2009 개정 교육과정	정보 전달의 글
2015 개정 교육과정	정보를 전달하는 글, 보고하는 글
2022 개정 교육과정	소개하는 글, 보고하는 글, 설명하는 글, 정보를 전달하는 글

2) 제1차부터 2009 개정 국어과 교육과정에 제시된 정보 전달의 글쓰기

제1차 국어과 교육과정부터 2009 개정 국어과 교육과정까지 정보 전달의 글쓰기를 어떻게 다루었는지 살펴보도록 하겠다.

1. 자기의 생각을 분명히 드러낸 글을 쓰게 된다. 문장으로서 잘 째어진 바른 글을 쓰게 된다.
   답안(答案), 보고문(Report), 학급 일지(學級日誌), 여러 가지 규약(規約), 교내 게시(校內揭示), 취지서(趣旨書), 성명서(聲明書), 학교 신문의 기사(記事) 등.

2. 목적에 맞도록 편지나 실용문(實用文)을 쓰게 된다.
   ㄱ. 사교적(社交的)인 편지나, 실용적인 편지를 상대나, 경우나, 용건에 맞도록 바르게 쓴다.
   ㄴ. 포스타아, 게시(揭示), 선전문, 광고문 등을 적절하게 쓴다.
   ㄷ. 이력서(履歷書), 원서(願書), 신고서(申告書), 증서(証書) 등을 서식에 맞도록 쓴다.

제1차 국어과 교육과정 고등학교 〈국어 1〉 지도 내용

나. 다음 형식을 통하여 지도한다.
① 편지 기타 통신문
② 기록·보고·설명
③ 논설
④ 시가·수필·소설·희곡

제2차 국어과 교육과정 고등학교 〈국어 1〉 지도 내용

제1차와 제2차 국어과 교육과정을 통해 정보 전달의 글쓰기가 초기 교육과정에서 어떻게 다루어져 왔는지 확인할 수 있다. 제1차 국어과 교육과정에서 정보 전달의 글쓰기는 보고문, 학급 일지, 교내 게시, 학교 신문의 기사, 실용적인 편지, 각종 서식 쓰기 등으로 제시되었다. 그러나 해당 교육 내용이 문장 바르게 쓰기, 서식에 맞게 쓰기 수준에서 그치고 있으며, 광고문, 사교적 편지와 같은

설득적 글쓰기, 표현적 글쓰기와 나란히 제시되고 있어 정보 전달의 글쓰기가 독립적인 위상을 가지지 못했다. 제2차 국어과 교육과정에서 쓰기 형식이 설득적 글쓰기, 시가·수필·소설·희곡의 문예적 글쓰기와 같이 체계화되었으나, 정보 전달의 글쓰기는 편지 기타 통신문과 기록·보고·설명의 두 차원을 포괄하는 것으로 제시되었다. 이렇듯 정보 전달의 글쓰기가 단일한 쓰기 유형으로 제시되지 않는 경향은 제5차 교육과정까지 지속된다.

(나) 정보전달을 위한 글쓰기
① 소개, 안내, 초청, 광고 등 생활에 필요한 글을 쓴다.
② 보고서, 기사문, 설명문 등 정보 전달을 위한 글을 쓴다.
③ 전기문이나 기행문을 쓴다.

제6차 국어과 교육과정 고등학교 선택 과목 〈작문〉 내용

제6차 국어과 교육과정에서부터 정보 전달의 글쓰기가 명시되기 시작했다. 국어과 교육과정 내용 체계의 '쓰기의 실제'에서 정보 전달의 글쓰기를 확인할 수 있다. 이는 정보 전달을 위한 글쓰기가 처음으로 등장했으며, 교육과정 용어로 직접 제시되었다는 점에서 의의가 있다. 그러나 정보 전달을 위한 글을 쓸 때의 원리 및 전략 또는 고려할 점이 제시되지는 않았다. 정보를 전달하는 글의 하위 유형을 제시하거나 쓰기 과정의 일반 원리를 활용하여 정보 전달의 글을 쓰도록 했을 뿐이다. 한편 정보 전달 글쓰기의 하위 유형을 생활에 필요한 글, 정보 전달을 위한 글, 전기문 및 기행문으로 구분하고 있어 이전 교육과정과의 연계성을 확인할 수 있다.

(가) 정보 전달을 위한 글쓰기
① 작문의 원리와 전략에 관한 지식을 활용하여 정보 전달을 위한 글을 쓴다.
② 다양한 작문 과제에 대하여 설명문, 보고문, 기사문, 전기문, 안내문 등 여러 가지 종류의 글을 쓴다.

제7차 국어과 교육과정 고등학교 선택 과목 〈작문〉 영역별 내용 /
2007 개정 국어과 교육과정 고등학교 선택 과목 〈작문〉 세부 내용

제7차와 2007 개정 국어과 교육과정의 고등학교 선택 과목에서 정보 전달의 글쓰기 교육 내용은 두 차원으로 제시되었다. 하나는 일반 글쓰기의 원리 및 전략을 활용하여 정보 전달의 글을 쓰는 것이고, 다른 하나는 정보 전달의 글쓰기 하위 유형을 중심으로 정보 전달의 글쓰기를 수행하는 것이다. 이는 정보 전달의 글쓰기 교육 내용 전면에 작문의 원리를 배치했다는 점에서 이전의 문종 중심 접근과 차이를 보인다. 한편, 정보 전달의 글쓰기 하위 유형은 설명문, 보고문, 기사문, 전기문, 안내문으로 이전 교육과정과 유사하게 제시되고 있다.

[정보 전달]

- 정보 전달의 원리 -

(4) 정보를 수집·분류·체계화하여 청자나 독자가 이해하기 쉽도록 재구성한다.

(5) 정보를 전달하는 담화나 글의 구조와 내용 조직 원리를 이해하고 목적과 대상에 적합하게 내용을 구성한다.

(6) 사실적 정보를 전달할 때는 객관적인 관점으로 간명한 언어를 사용하는 태도를 지닌다.

- 정보 전달을 위한 작문 -

(11) 다양한 방법으로 자료를 수집하고 가치 있고 신뢰할 만한 정보를 선별하여 글을 쓴다.

(12) 정보의 속성에 적합하게 내용을 조직하여 글을 쓴다.

(13) 정보를 효과적으로 전달하기 위해 다양한 표현 방법을 활용하여 글을 쓴다.

(14) 정보의 효용성, 조직의 체계성, 표현의 적절성, 정보 윤리를 점검하여 고쳐쓴다.

2009 개정 국어과 교육과정 고등학교 선택 과목 〈화법과 작문〉 세부 내용

2009 개정 교육과정 이후부터 기존의 고등학교 선택 과목 〈작문〉이 〈화법과 작문〉이라는 통합 과목으로 제시되었다. 따라서 2009 개정 교육과정에서는 정보 전달의 일반 원리를 제시한 뒤, 그것을 각각 화법과 작문에 적용하는 형태

로 교육 내용을 구성하고 있다. 정보 전달의 글쓰기 교육 내용은 정보를 수집·선별·체계화하는 일련의 과정 수행하기, 정보의 속성에 적합한 글의 조직 및 내용 구성하기, 객관적인 관점에서 간명하게 표현하기 등으로 제시되고 있다.

3) 2015 개정 및 2022 개정 국어과 교육과정에 제시된 정보 전달의 글쓰기

2015 개정과 2022 개정 국어과 교육과정에서 정보 전달의 글쓰기 교육 내용은 더욱 체계화되었다. 다음의 두 표는 쓰기 영역의 내용 체계에서 정보 전달의 글쓰기에 대한 내용을 선별하여 정리한 것으로, 이를 통해 학생 필자의 발달 단계에 따른 정보 전달 글쓰기의 심화 양상을 확인할 수 있다.

초등학교			중학교 1~3학년	고등학교 1학년	화법과 작문
1~2학년	3~4학년	5~6학년			
• 주변 소재에 대한 글	-	• 설명하는 글 [목적과 대상, 형식과 자료]	• 보고하는 글 • 설명하는 글 [대상의 특성]	-	• 정보를 전달하는 글 [정보의 선별과 조직] • 보고하는 글 [절차와 결과]

2015 개정 교육과정의 쓰기 영역 내용 체계의 '정보 전달의 글쓰기'

초등학교			중학교 1~3학년	고등학교 1학년	독서와 작문
1~2학년	3~4학년	5~6학년			
• 주변 소재에 대해 소개하는 글	• 절차와 결과를 보고하는 글	• 대상의 특성이 나타나게 설명하는 글	• 복수의 자료를 활용하여 다양한 형식으로 쓴 글 • 대상에 적합한 설명 방법을 사용하여 쓴 글	• 공통국어2 공동 보고서	• 정보 전달, 논증, 정서 표현 및 자기 성찰의 유형별 작문과 독서 수행하기

2022 개정 교육과정의 쓰기 영역 내용 체계의 '정보 전달의 글쓰기'

정보 전달의 글쓰기는 전 생애적으로 활발하게 사용되는 글쓰기로, 문자 및 문장 쓰기를 하는 초등학교 저학년 단계에서 친숙하게 활용되며 고등학교 이후의 직업 세계에서도 가장 빈번하게 활용된다. 이에 따라 2015 개정과 2022 개정 국어과 교육과정의 내용 체계에서 정보 전달의 글쓰기 유형을 '소개하는 글', '보고하는 글', '설명하는 글' 등과 같이 학년군에 따라 순차적으로 제시하고 있으며, 특히 2022 개정 국어과 교육과정에서는 모든 학년군에 정보 전달의 글쓰기를 배치하고 있다.

2022 개정 국어과 교육과정의 정보 전달 글쓰기 교육 내용에서 가장 큰 변화는 두 가지이다. 첫째, 정보 전달 글쓰기의 학습 도구적 성격이 강조되었다. 예를 들어 보고서 쓰기의 경우, 2015 개정 교육과정에서 중학교 1~3학년군의 [9국03-03]으로 처음 제시되었는데 2022 개정 교육과정에서는 아래 학년군인 초등학교 3~4학년군의 [4국03-02]로 제시되고 있다. 이는 교과 학습의 기초가 되는 정보 전달의 글쓰기 역량을 강화하기 위해, 학교 수업에서 자주 활용되는 보고서 쓰기를 보다 이른 시기에 교육하고자 한 것으로 볼 수 있다. 이외에도 2022 개정 교육과정의 [6국03-01] 설명문 쓰기에서 타 교과 학습과 연계하여 학습에 필요한 쓰기 능력을 갖출 것을 강조하고 있다. 해당 성취기준의 해설 및 적용 시 고려사항을 통해 정보 전달의 글쓰기가 학습에 필요한 기본적인 쓰기 능력으로 조명되고 있음을 확인할 수 있다. 둘째, 정보 전달의 글쓰기와 관련한 디지털·미디어 교육 내용이 포함되었다. 2022 개정 국어과 교육과정은 디지털·미디어 환경의 변화를 반영하여 '매체'를 별도의 영역으로 신설하였으나, 매체 기반 글쓰기가 일상화되었으며 이것이 글쓰기 과정에서 명확히 분리될 수 없는 요소임에 따라 쓰기 영역에서도 매체를 활용한 글쓰기를 포함하여 다루고 있다. 2022 개정 교육과정의 중학교 1~3학년군 [9국03-02]는 '복수의 자료 활용', '다양한 형식으로 쓰기'를 중요한 교육 내용으로 명시하고 있다. 이는 정보 전달의 글쓰기 과정에서 디지털·미디어 매체를 활용하여 정보를 수집 및 통합하고, 문자 언어 외에 도표, 그림, 사진 등의 다양한 양식을 복합적으로 활용할 것을 강조한 것이다.

초등학교	1~2학년군	쓰기	[2국03-03] 주변의 사람이나 사물에 대해 짧은 글을 쓴다.
	3~4학년군	쓰기	[4국03-01] 중심 문장과 뒷받침 문장을 갖추어 문단을 쓴다. [4국03-02] 시간의 흐름에 따라 사건이나 행동이 드러나게 글을 쓴다.
	5~6학년군	쓰기	[6국03-03] 목적이나 대상에 따라 알맞은 형식과 자료를 사용하여 설명하는 글을 쓴다.
중학교	1~3학년군	쓰기	[9국03-02] 대상의 특성에 맞는 설명 방법을 사용하여 글을 쓴다. [9국03-03] 관찰, 조사, 실험의 절차와 결과가 드러나게 글을 쓴다. [9국03-06] 다양한 자료에서 내용을 선정하여 통일성을 갖춘 글을 쓴다.
고등학교	1학년	쓰기	-
	선택 과목	화법과 작문	[12화작03-01] 가치 있는 정보를 선별하고 조직하여 정보를 전달하는 글을 쓴다. [12화작03-03] 탐구 과제를 조사하여 절차와 결과가 잘 드러나게 보고하는 글을 쓴다.

2015 개정 국어과 교육과정의 '정보 전달의 글쓰기' 관련 성취기준

2022 개정 국어과 교육과정		
학교급 및 학년		(번호) 성취 기준
초등학교	1~2학년군	[2국03-03] 주변 소재에 대해 소개하는 글을 쓴다.
	3~4학년군	[4국03-02] 절차와 결과가 드러나게 정확한 표현으로 보고하는 글을 쓴다.
	5~6학년군	[6국03-01] 알맞은 내용을 선정하여 대상의 특성이 나타나게 설명하는 글을 쓴다.
중학교	1~3학년군	[9국03-01] 대상의 특성에 적합한 설명 방법을 활용하여 글을 쓴다. [9국03-02] 복수의 자료를 활용하여 다양한 형식으로 정보를 전달하는 글을 쓴다.
고등학교	공통국어1	-
	공통국어2	[10공국2-03-03] 신뢰할 수 있는 정보를 종합하여 복합양식 자료가 포함된 공동 보고서를 쓴다.
	선택 과목 〈독서와 작문〉	[12독작01-09] 과학·기술의 원리나 지식을 다룬 과학·기술 분야의 글을 읽고 과학·기술의 개념이나 현상을 설명하는 글을 쓴다. [12독작01-10] 글이나 자료에서 가치 있는 정보를 수집하고 효과적으로 조직하면서 정보를 전달하는 글을 쓴다. [12독작01-13] 다양한 글을 주제 통합적으로 읽고 학습의 목적과 교과의 특성을 고려하여 학습을 위한 글을 쓴다.

2022 개정 국어과 교육과정의 '정보 전달의 글쓰기' 관련 성취기준

2015 개정과 2022 개정 국어과 교육과정의 정보 전달의 글쓰기 관련 성취기준 목록을 통해 정보 전달의 글쓰기 교육 내용을 구체적으로 확인할 수 있다.

정보 전달의 글쓰기는 사실 정보를 체계적이고 명확하게 전달하는 것을 주된 목적으로 함에 따라, 정보 전달 글쓰기의 다양한 유형에 대해 익히는 것을 비롯하여 대상에 알맞은 형식과 자료의 사용, 대상의 특성에 맞는 설명 방법의 사용 등의 교육 내용이 제시되고 있다.

2022 개정 국어과 교육과정에서 정보 전달의 글쓰기 관련 성취기준에서 달라진 점은 내용 체계 분석에서 살핀 바와 같으며, 이외에 아래의 밑줄을 중심으로 학습자의 자기 주도성과 협력적 소통 역량에 대한 교육 내용이 포함되었음을 확인할 수 있다.

- **학습자의 자기 주도성**

  2015 개정: [6국03-03] 목적이나 대상에 따라 알맞은 형식과 자료를 사용하여 설명하는 글을 쓴다.

  2022 개정: [6국03-01] <u>알맞은 내용을 선정하여</u> 대상의 특성이 나타나게 설명하는 글을 쓴다.

- **학습자 간 협력적 소통**

  2015 개정: [12화작03-03] 탐구 과제를 조사하여 절차와 결과가 잘 드러나게 보고하는 글을 쓴다.

  2022 개정: [10공국2-03-03] 신뢰할 수 있는 정보를 종합하여 복합양식 자료가 포함된 <u>공동 보고서</u>를 쓴다.

위에서 확인할 수 있듯이, 2022 개정 국어과 교육과정의 [6국03-01]은 설명문 쓰기 과정에서 학습자가 관련 요소를 파악하여 알맞은 내용을 직접 선정하는 과정을 강조하고, [10공국2-03-03]은 공동 보고서 쓰기를 통해 학습자들이 협동 글쓰기를 수행하도록 하고 있다. 이러한 변화는 미래 사회에 필요한 역량을 함양할 수 있는 교육이 강조되면서, 2022 개정 교육과정의 총론에서 학습자의 자기 주도성을 강조하고 이전의 의사소통 역량을 협력적 소통으로 재정의한 상황을 배경으로 한다. 이처럼 2022 개정 국어과 교육과정에서 정보 전달의 글쓰기 교육 내용은 이전 교육과정과의 연계성을 유지하면서도 교육에 대한 시대의 요구와 변화하는 의사소통 환경을 두루 반영하고 있다.

3 정보 전달의 글, 어떻게 쓰는가

1) 정보의 수집과 선별

정보 전달의 글을 잘 쓰려면 다양한 자료를 조사하고 수집하여 글을 구성할 수 있어야 한다. 정보 전달의 글쓰기는 필자와 독자 간의 정보가 비대칭적인 상황을 전제로 하며, 필자가 독자에 비해 정보의 양과 질에 우위가 있는 상황에서 출발하기 때문이다. 따라서 자신의 머릿속에 있는 배경지식에만 집중하기보다는 풍부하고 정확한 정보를 수집하여 활용해야 한다. 이를 위해서는 정보를 수집할 수 있는 다양한 경로와 매체를 알고 각각의 장단점을 이해하여 알맞은 정보를 조사하고 찾을 수 있어야 한다.

정보 수집의 경로에는 전통적으로 책, 사전, 신문 등의 인쇄 매체, 혹은 방송 등의 영상 매체를 찾아보는 방법, 혹은 전문가 및 전문기관을 찾아가는 방법이 있다. 최근에는 인터넷을 통한 검색이 강조되고 있다. 그런데 인쇄 매체라 하더라도 그것이 사전인지, 일반 도서인지, 신문이나 잡지와 같은 정기 간행물인지에 따라 얻을 수 있는 정보의 성격과 신뢰성의 정도 등이 다르다. 예를 들어 '사물인터넷'의 정확한 의미를 알고 싶다면 개인 출판물을 보기보다는 사전을 참고하는 것이 적절할 것이다. 사전은 객관적이고 공식적인 의미를 규정하고 있기 때문이다. 그러나 이것이 최근에 생성된 개념이라면 사전보다는 정기 간행물이나 전문가가 저술한 도서를 참고하는 것이 적절할 수 있다. 정리하자면, 정보를 수집할 때 매체의 특성을 정확히 이해한다면 정보 수집의 효율성과 정보의 적절성을 높일 수 있다.

다양한 매체에서 정보를 수집한 뒤에는, 이것을 선별하고 종합하여 한 편의 글을 구성해야 한다. 정보 전달의 글쓰기에 있어 다양하게 수합한 자료를 인식하고 통합하는 쓰기 과정은 완성된 글의 질을 좌우한다. 실제로 많은 연구에서 학습자들이 정보 전달의 글을 쓸 때에 정보를 선택하고 조직하는 것에 가장 큰 어려움을 겪는다고 보고하고 있다. 따라서 정보 전달의 글쓰기는 읽기와 쓰기의 연계 속에서 접근해야 한다.

표 10-2 정보를 수집할 때 고려해야 할 매체의 특징

유형 및 방법	특징	유의 사항
인쇄 매체	전문적인 정보를 얻을 수 있고 정보의 신뢰성이 높음(◉ 사전류, 신문 및 정기 간행물, 도서)	정보 검색에 시간이 오래 걸림
인터넷 매체	정보 검색이 쉽고, 짧은 시간에 많은 정보를 찾을 수 있음	꼭 필요한 정보를 찾기 어렵고, 신뢰성이 떨어지는 자료가 있음
시청각 매체	직접 보여 주거나 들려줌으로써 실감 나고 생생한 정보를 전달할 수 있음	정보 전달을 위해 별도의 기자재나 매체가 필요
전문가 면담 및 전문기관 방문	구체적이고 상세한 정보를 얻을 수 있고, 원하는 방향의 정보를 정확하고 폭넓게 얻을 수 있음	준비 과정이 복잡하고, 조사자가 직접 방문해야 하며, 시간이 오래 걸림

　　필자는 글을 쓰기 위해 유사한 주제를 다룬 둘 이상의 자료를 읽는데, 이때의 읽기는 정보 전달의 글을 쓰기 위한 목적을 가진다. 필자는 유사하거나 다른 정보들을 연결해 보기도 하고 변형해 보기도 하면서 적극적으로 조정하여 종합적인 의미를 구성한다. 또한 자료를 읽으면서 내 주제가 다룰 가치가 있으며 타당한지 확인하고, 주제를 심화시켜 더 정교하게 만든다. 이와 같은 일련의 작업은 최근 연구되고 있는 담화 통합(discourse synthesis) 논의를 통해 이해할 수 있다. 담화 통합은 여러 글을 통해 한 편의 글을 생산하는 과정을 뜻한다. 물론 담화 통합은 정보 전달의 글쓰기에서만 나타나는 현상은 아니다. 이는 한 편의 글을 결과물로 완성하기 위하여 자료글을 읽고 참고하는 쓰기의 모든 과정에서 일어나는 현상이다. 그러나 정보 전달의 글쓰기에서는 여러 정보와 자료글을 읽는 과정이 필수적이기 때문에 이를 이해하는 것이 특히 도움이 된다.

　　학생들에게 여러 개의 자료글을 제시하고 그것을 활용하여 한 편의 통합적인 글을 쓰도록 했더니,[4] 학생들은 조직하기·선택하기·연결하기의 방법을 사용하고 있었다. 즉, 필자는 자료글에 대해 조직적 변형과 선택적 변형, 연결적 변형을 하며 담화를 통합한다.

4　담화 통합 연구자들은 실제로 학생 필자들에게 자료글 여러 편을 읽도록 한 뒤, 그것과 관련된 글 한 편을 직접 쓰도록 하는 식으로 연구를 진행했다(Spivey/신헌재 외 역, 2004; 이윤빈, 2013, 2017; 최승식, 2015). 예를 들어, 지역 축제에 대한 소개글을 쓰도록 하는 쓰기 과제를 제시한 뒤, 백과사전에서 자료글 여러 편을 발췌하여 제공하였다. 담화 통합의 양상 분석은 자료글들과 완성된 학생 글 간의 유사성과 차이점을 내용 및 형식 등의 측면에서 살펴보는 식으로 이루어졌다.

① 조직(organize): 글의 내용 구조가 어떻게 조직되었는가? 글의 내용이 전개된 양식이 어떠한가? (예를 들어, 수집·인과·연대기 등 중에 어떤 구조인가?)

② 선택(select): 자료글에서 어떤 내용을 선택했는가? 여러 자료글에서 공통적으로 등장하는, 즉 의미적 위계 수준이 높은 정보를 선택했는가?

③ 연결(connect): 필자가 선택한 내용을 어떻게 연결했는가? 독자의 이해를 돕는 방향으로 제시했는가? (예를 들어, 화제의 전환이 자연스러운가? 표지의 사용이 자연스러운가?)

(Spivey/신헌재 외 역, 2004를 정리)

담화 통합에 익숙하지 못한 학생 필자들은 어떤 모습을 보일까?

여러 자료글을 읽으면서 글의 의미를 통합하여 구성하는 것은 어려운 일이다. 보통 자료글에 압도되어 주관이 흔들리기 쉬운데, 이는 담화 통합에 익숙하지 못한 학생 필자들에게 흔히 일어나는 일이다.

담화 통합에 익숙하지 못한 학생 필자들이 정보 전달의 글을 어떤 식으로 쓰는지 확인하고, 쓰기 교육의 장면에서 유용하게 활용해 보자.

① 조직: 자료글의 조직 방식대로, 자료글이 제시된 순서대로 단순하게 연결한다. 혹은 정보 전달의 글이 전통적으로 취하는 방식대로 글을 쓴다.

② 선택: 담화 통합의 자료로 제시되는 글을 그대로 혹은 거의 그대로 선택하여 인용한다. 그러나 고학년이 될수록 여러 자료글에 공통적으로 등장하는 내용을 주로 선택하는 경향을 보인다.

③ 연결: 글을 그대로 옮기는 복사 전략 또는 관련 없는 내용을 제외하는 삭제 전략을 사용한다. 그러나 고학년은 정교한 요약하기 전략을 사용하여 스스로 연결을 만들어 가며 글을 완성한다.

즉, 정보 전달의 글을 쓸 때 필자는 여러 편의 자료글을 읽고 통합하는 과정을 통해 ① 글의 내용을 짜임새 있게 조직하고 자신의 글쓰기를 위한 새로운 조직 패턴을 만들며, ② 여러 자료글에서 중복되어 등장하는 정보를 의미적 위계가 높은 것으로 인지함과 동시에 자신의 배경지식과도 결합하여 복합적인 의미를 구성하여, ③ 궁극적으로 새로운 연결과 종합을 창출하여 글을 쓴다. 반면 발달 단계가 아직 어리거나 미숙한 필자는 조직, 선택, 연결을 저차원적인 수준에서 수행할 뿐이다.

이처럼 정보 전달의 글쓰기에서 정보를 수집하고 선별하는 활동은 굉장히 까다로운 인지 활동이면서, 복합적이고 통합적인 활동이다. 학습자들은 이러한 과정을 통해 추상적이고 논리적인 사고를 깊이 있게 체험할 수 있다. 따라서 정보 전달의 글쓰기 교육은 학교 교육이 아니면 의도적으로 개발하기 어려운 주제인 '앎에 대한 추상적인 사고'를 다루는 데에(박수자, 2008: 30) 전적으로 기여한다.

2) 정보를 전달하는 글의 구조

정보를 전달하는 글은 정보를 제공, 설명, 보고하는 것을 목적으로 한다. 이에 따라 정보를 전달하는 글은 일반적인 글 작성 방식인 처음-중간-끝의 짜임을 중심으로 살폈을 때, '처음'에서 전달하고자 하는 대상에 대해 간단히 밝히며 배경 정보를 제공하고, '중간'에서 전달하는 내용을 상세하게 밝히고 설명하며, '끝'에서 전체 내용을 요약하거나 중요한 내용을 강조하며 마무리한다는 특징을 지닌다. 구체적인 사례는 다음 절의 설명문에서 확인할 수 있다.

다른 유형의 글과 구분되는 정보를 전달하는 글의 특징은 글의 조직 방식에 있다. 정보를 전달하는 글은 설명, 순서, 비교 및 대조, 원인과 결과, 문제와 해결과 같은 구조를 활용한다. 정보를 전달하는 글을 읽는 독자가 글의 모든 내용을 기억하고 학습할 수 없으므로, 독자가 정보를 쉽게 기억하고 회상할 수 있는 방식으로 글의 내용을 조직하는 것이다. 이는 인간이 자신의 사고와 의사소통을 체계화하기 위해 반복적으로 사용하는 인지적·사회적 사고 방식을 바탕으로 한다(Mann & Thompson, 1988; Spivey/신헌재 외 역, 2004: 131).

국어과 교육과정에서는 정보를 전달하는 글이 지니는 특징을 '설명 방법'으로 명명하고, 이를 '정의, 예시, 비교와 대조, 분류와 구분, 인과, 분석'으로 제시하고 있다(교육부, 2022: 47).[5]

이 글에서는 정보 전달하는 글의 구조를 국어과 교육과정에 제시된 설명 방

5 2022 개정 국어과 교육과정에서 '설명 방법'은 읽기 영역의 "[9국02-05] 글에 사용된 다양한 설명 방법과 논증 방법을 파악하고, 그 타당성을 평가하며 읽는다."와 쓰기 영역의 "[9국03-01] 대상의 특성에 적합한 설명 방법을 활용하여 글을 쓴다." 성취기준을 통해 확인할 수 있다. 해당 성취기준의 해설에서는 설명 방법의 하위 유형을 "정의, 예시, 비교와 대조, 분류와 구분, 인과, 분석 등"(47쪽), "정의, 인과, 분석, 분류 등"(49쪽)으로 상술하고 있다. 그런데 이에 대해 설명 방법의 유형 간 개념적 층위가 맞지 않다는 지적이 있어(권태현, 2021: 243-244) 주목할 필요가 있다. 비교와 대조, 인과 등은 설명문의 조직 유형으로서 텍스트의 구조에 해당하고, 정의, 분류와 구분 등은 설명 방식에 해당하기 때문이다. 이 책은 지금까지의 국어과 교육과정에서 설명 방법이 해설된 내용을 따랐으나, 보다 엄격한 논의를 위해서는 추후 검토가 필요할 것이다.

수사학과 인지심리학에서 제시하는 글의 조직 유형

정보 전달의 글을 쓸 때, 전달하고자 하는 내용의 특성에 적합하도록 글의 구조를 조직하고 배열하여 논리를 세우는 것은 인지적인 사고가 요구되는 행위이다. 이러한 맥락에서 정보 전달의 글쓰기에서 정보를 조직하고 배열하는 문제는 수사학과 인지심리학의 논의를 참고할 수 있다.

수사학은 언어의 형식과 논증의 방식에 관심을 두었으며, 인지심리학에서는 정보 전달의 글을 읽은 독자가 정보를 어떻게 기억하며 머릿속에서 정보의 의미 구조를 어떻게 구축하고 있는가의 문제를 탐구한다. 이를 글쓰기에 활용한다면, 독자가 머릿속에서 의미 구조를 형성하는 방식으로 글의 내용을 조직함으로써 독자가 이해하기 용이한 방식으로 정보 전달의 글을 쓸 수 있다.

수사학과 인지심리학 기반의 연구에서 제시한 글의 조직 유형은 다음과 같다(김혜정, 2011: 48).

(1) 수사학
- 자연적 구성: 시간적 구성, 공간적 구성
- 논리적 구성: 인과, 논증, 비교-대조, 분류, 과정, 분석 등

- 하위 전개 방식: 정의, 예시, 인과, 유추, 열거, 인용

(2) 인지심리학[6]
- 수집(collection): 하나의 주제에 따른 하위 내용들을 대등한 수준으로 나열하여 조직
- 인과(causation): 원인과 결과의 형태로 조직
- 비교(comparison): 둘 혹은 그 이상의 주제에 대해 차이점과 유사점을 중심으로 조직
- 반응(response): 문제가 해결 방안에 선행할 때의 문제와 해결의 형태 혹은 질의와 응답의 형태로 조직
- 기술(description): 주제와 관련하여 해당 주제의 속성, 세부 사항, 배경 등 더 많은 정보를 주면서 조직

수사학과 인지심리학에서 제시하는 글의 조직 유형은 글의 구조를 이해하고 도출하기 위한 다양한 접근법으로 이해할 수 있다. 교육 상황에서는 둘 중 어느 한 관점을 일관성 있게 도입하기보다는 일반적으로 활용되는 양식을 중점적으로 다룬다.

법을 중심으로 살펴보고자 한다. 각 설명 방법의 개념과 특징을 확인하고, 예시 글을 통해 구체적인 사용태를 확인할 것이다. 설명 방법의 개념과 특징은 김혜정(2011)을 바탕으로 제시하였고, 예시글을 통해 각 설명 방법의 내용 조직과 담화 표지의 사용을 확인할 수 있다. 또한 공통의 소재가 설명 방법에 따라 달리 다뤄지는 양상을 확인함으로써 설명 대상에 적합한 설명 방법이 무엇인지 함께 살펴볼 수 있다.

....

6 인지심리학 기반의 유사형식론 논의에서 가장 빈번하게 거론되는 메이어(Meyer, 1975)의 조직 유형 분류를 참고하였다. 한편 메이어(2003)는 정보적 혹은 설명적 텍스트에 빈번하게 사용되는 글의 구조를 다음의 5가지로 제시했다: (1) 기술(description), (2) 시간적 구성(sequence), (3) 비

① 분류[7]와 분석

- 대상의 속성, 세부 사항 등에 대해 분류·분석하여 더 많은 정보를 주는 조직
- '분류'는 대상을 일정한 기준에 따라 범주화한 뒤 이를 바탕으로 쓰는 것을 뜻하고, '분석'은 대상을 작은 부분으로 나눈 뒤 각 부분의 특징과 부분 간의 관계가 드러나게 쓰는 것을 뜻한다.

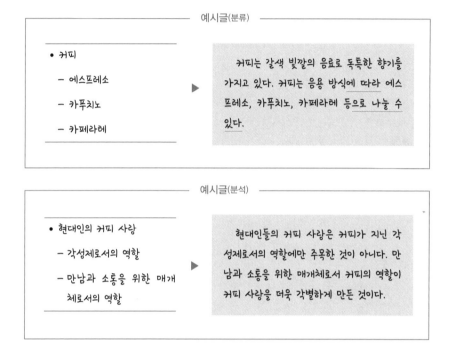

② 비교와 대조

- 둘 혹은 그 이상의 주제에 대해 유사점이나 차이점을 제시하는 조직
- '비교'는 공통점이나 유사점을 중심으로, '대조'는 차이점을 중심으로 두 대상을 견주어 나타낸다.
- 언어 표지: 유사한, 반면, 같은, 또한 등

....

교/대조(compare/contrast), (4) 문제 해결(problem-solution), (5) 인과 관계(cause-effect).

7 『철학사전』(임석진 외, 2009)에서는 '분류(分類, classification)'와 '구분(區分, division)'을 구별하여 설명한다. 여기에 따르면 '구분'은 유개념에 포함되어 있는 종개념으로 나누는 것이고, '분류'는 구분의 특수한 경우로서 구분의 총계를 가리키는 것이다. 즉, 구분이 유개념을 종개념으로 나누는 것이라면 분류는 많은 종개념을 합친 것으로, 그 방향이 반대이다. 이러한 차이로 작문 교재에 따라 '구분'과 '분류'를 구별하여 제시하기도 하고, 이를 뚜렷이 구별하지 않기도 한다.

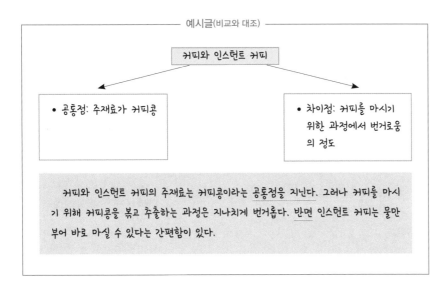

예시글(비교와 대조)

커피와 인스턴트 커피

- 공통점: 주재료가 커피콩
- 차이점: 커피를 마시기 위한 과정에서 번거로움의 정도

커피와 인스턴트 커피의 주재료는 커피콩이라는 <u>공통점을 지닌다.</u> 그러나 커피를 마시기 위해 커피콩을 볶고 추출하는 과정은 지나치게 번거롭다. <u>반면</u> 인스턴트 커피는 물만 부어 바로 마실 수 있다는 간편함이 있다.

③ 시간·공간·논리의 변화

- 하나의 주제에 따른 하위의 세부 내용들을 대등한 수준으로 나열했을 때, 이렇게 조직된 내용이 하나의 기술(description) 형태로 나타내는 조직
- '시간 나열 구조(연대기 구조)'는 시간의 변화에 따라, '공간 나열 구조'는 공간의 변화에 따라, '논리 나열 구조'는 논리의 흐름에 따라 서술한다.
- 언어 표지: 첫째, 둘째, 다음, 후에, 마지막으로 등 시간 및 공간을 표현

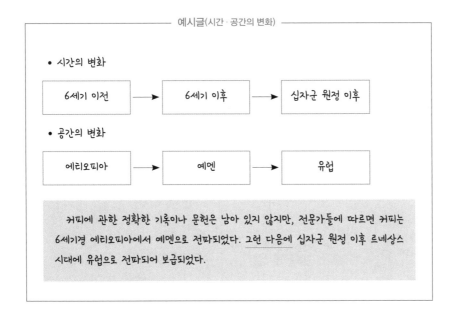

예시글(시간·공간의 변화)

- 시간의 변화

6세기 이전 → 6세기 이후 → 십자군 원정 이후

- 공간의 변화

에리오피아 → 예멘 → 유럽

커피에 관한 정확한 기록이나 문헌은 남아 있지 않지만, 전문가들에 따르면 커피는 6세기경 에리오피아에서 예멘으로 전파되었다. 그런 다음에 십자군 원정 이후 르네상스 시대에 유럽으로 전파되어 보급되었다.

④ 원인-결과

- 하나의 생각이 선행하거나 원인으로서 존재하고 다른 것이 결과나 효과로 존재할 때, 이들 간의 일반적인 관계를 나타내는 조직
- 언어 표지: 원인, 결과, 결과적으로, 왜냐하면 등

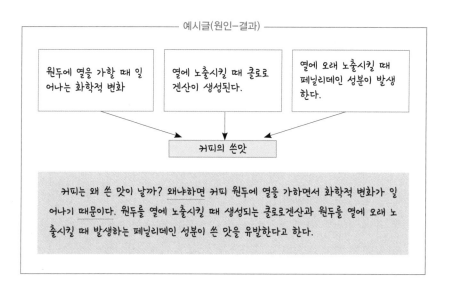

⑤ 문제-해결

- 문제가 해결 방안에 선행할 때에 문제 – 해결, 질문 – 응답, 발언 – 재현의 형태를 보이는 조직
- 이때 문제와 해결 사이에 반드시 내용이 겹침으로써 의미론적 관계를 지녀야 하며, 해결 방식의 일부가 문제의 한 국면에 해당해야 한다.
- 언어 표지: 결과, 문제, 해결, 해결하다 등

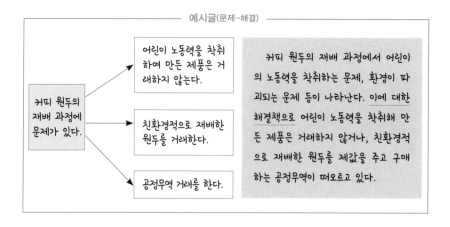

지금까지 교육 현장에서 일반적으로 활용되어 온 정보 전달하는 글의 조직 방식과 설명 방법을 살펴보았다. 이는 정보를 전달하는 글을 쓸 때에 자주 활용되는 쓰기 지식으로서, 정보 전달의 글쓰기에 요구되는 장르 지식에 해당한다. 학습자는 대상의 속성과 특징을 고려하여 알맞은 조직 방식과 설명 방법을 선택할 수 있어야 한다. 단순한 정보의 나열 대신 대상을 설명하기에 적합하면서도 독자의 흥미를 끌 수 있는 방식으로 작성할 수 있어야 한다.

한편 정보를 전달하는 글의 구조는 다른 담화 유형에 비해 복잡하다는 특징을 지닌다. 정보를 전달하는 글은 두 가지 이상의 조직 방식을 결합한 경우가 많기 때문이다. 이에 따라 학습자는 쓰기 상황에 따라 하나의 지배적인 구조를 사용하거나 여러 구조를 복합적으로 선택하여 활용할 수 있어야 한다.

3) 정보를 전달하는 글의 표현

(1) 복합양식의 활용

정보 전달의 글은 전달하고자 하는 바를 효과적으로 제시하기 위하여 언어적·비언어적 방법을 활용한다. 언어적 방법으로 내용 조직 유형을 활용하거나 사실적인 서술 태도를 드러내기 위해 명확하고 객관적인 표현을 사용할 수 있다. 비언어적인 방법으로는 주제를 드러내기에 효과적인 사진 및 그림을 삽입하고, 세부적인 정보를 시각적으로 나타내는 도표·지도·표·그래프 등을 활용할 수 있다. 이외에 글씨의 크기나 색깔을 조절하여 필자의 의도를 강조하기도 한다(Tompkins/이재승 역, 2012: 223).

이와 같은 방법들은 정보 전달의 글쓰기에서 글을 어떻게 표현하고 제시하는가의 문제와 관련된다. 국어 교육에서는 언어를 매개로 하는 이해와 표현의 과정에 주목하면서 그림, 도표 등을 보조 자료로 활용하여 왔다. 그러나 최근에는 읽고 쓰기의 대상으로 복합양식(multimodal) 텍스트가 적극 고려되고 있다. 복합양식 텍스트는 이미지, 소리, 동작 등 다양한 기호가 복합적으로 작용하는 것으로서, 인쇄 매체를 통한 문자 언어 중심의 단일한 양식과 대조되는 텍스트 개념이다. 복합양식 텍스트를 다루기 위해서는 텍스트를 디자인하는(designing) 능력이 필요하다. 이는 텍스트 쓰기와 다른 차원의 개념으로, 다복합양식적 텍스트 세계 안에서 디자이너의 목적과 기호에 따라 매체, 기호, 텍스트를 선택하고 변형하고 창조하는 행위이다(정혜승, 2008: 151-155).

작문을 디자인으로 보는 관점에서 두드러지는 새로운 개념으로 '기호 변환(transmediation)'과 '배치(layout)'가 있다. 기호 변환이란 어떤 내용을 하나의 기호 체계에서 다른 기호 체계로 전환하는 것(Suhor, 1984)으로, 필자가 특정 내용을 전달하기 위해 기호화되어 있는 기존의 지식·정보를 다른 형태의 기호로 변환하는 것이다. 필자는 텍스트로 제시된 정보를 목적에 맞게 영상, 음악 등의 다른 기호로 변환하고 복합적으로 구성하여 제시할 수 있다.

이 과정이 끝난 후 변환된 기호를 주어진 지면에 적절하게 배치하는 과정이 이어진다. 배치는 필자가 알고 있던 것을 차용하여 새로운 형태로 조합하고 정리하는 것이다(Barton/김영란 외 역, 2014). 가령 안내문에서 중요한 내용을 뽑아 제목으로 올려 두는 등의 방식으로 중요한 정보가 한눈에 들어오도록 정보를 분할하고 구성 요소를 배열하여 전달 체계에 영향을 주는 것을 뜻한다.

신문/방송 및 디자인 분야에서는 정보를 다양하게 가공하고 있다. 정보 디자인 분야에서는 인포그래픽을 통해 정보를 전달한다. 인포그래픽(infographic)은 '인포메이션(information)'과 '그래픽(graphic)'의 합성어로, 그래픽을 기반으로 정보와 데이터, 지식의 패턴과 경향을 시각적으로 표현한 것이다. 과거에는 텍스트의 이해를 돕기 위해서 이미지를 부차적인 수준에서 활용하였으나, 정보를 시각화하여 전달하는 것이 여러 장점을 지님을 알고 이를 이용하기 시작한 것이다. 그림 10-2를 통해 일반적인 설명식 기사문(왼쪽)과 디자인의 장점이 전면으로 부각된 인포그래픽의 사례(오른쪽)를 비교해 보자.

인포그래픽은 최소한의 디자인 면적에 정보를 효과적으로 배치해야 한다. 그림 10-2의 인포그래픽은 중요도·빈도·선호도 등에 따라 정보를 다양한 형태·색상·크기의 시각 언어로 전략적으로 묶고 비교함으로써 정보 전달을 위한 디자인의 원리를 적극 구현하고 있다. 이러한 인포그래픽은 기사의 텍스트를 전부 읽지 않아도 대략적인 내용을 파악할 수 있어 정보를 습득하는 데 용이할 뿐만 아니라, 사람들의 관심을 유도하기 쉬워 주목성이 높다(윤주현, 2015: 162). 나아가 수많은 데이터를 한 장으로 요약해 표현함에 따라 페이스북이나 트위터 등의 소셜네트워크서비스(SNS)를 통해 빠른 확산이 가능하다(비주얼다이브, 2014: 26).

이상은 정보의 시각화에 방점을 둔 텍스트의 유형과 사례이다. 유념해야 할

1인 육류 소비량 年 43kg⋯ 30년 새 4배로

ㅣ 돼지고기 21kg 최다, 닭–쇠고기 順

⋯ 식습관 서구화 – 소득 증가 등 영향

식습관의 서구화와 소득 증가 등으로 한국인의 1인당 육류 소비량이 지난 30년 사이에 4배 가까이로 늘었다.

13일 농림축산식품부의 '2014 농림수산식품 주요 통계'에 따르면 2013년 기준으로 우리 국민의 1인당 평균 육류 소비량은 42.7kg인 것으로 집계됐다. 한 사람이 하루에 고기를 약 117g 먹은 셈이다.

가장 소비량이 많은 것은 삼겹살로 대표되는 돼지고기(연간 1인당 20.9kg)였다. 닭고기(11.5kg)와 쇠고기(10.3kg)가 그 뒤를 이었다.

농식품부에 따르면 한국인의 연간 육류 소비량은 지난 33년간 약 3.7배(277.9%)로 증가했다. 1980년 11.3kg에 그쳤던 1인당 육류 소비량은 ⋯ (하략)

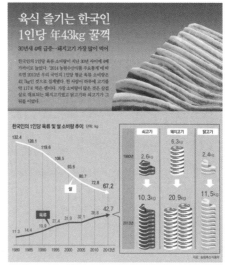

(「1인 육류 소비량 年 43kg⋯ 30년새 4배로」, 동아일보, 2015. 4. 14.)

그림 10-2 전통적 기사문과 복합양식의 기사문(인포그래픽) 비교

것은 텍스트를 시각적으로 구현하는 데 초점을 맞춰 시작하는 것이 아니라, 복합양식 텍스트의 형태와 디자인의 원리를 이해하고 필요한 정보를 파악·선별·분류하는 것에서 출발해야 한다는 것이다. 그럴 때 정보 전달의 목적을 달성하면서도 시각적으로 명료하게 구현된 텍스트를 쓰고 디자인할 수 있다.

(2) 사실적·객관적 표현과 쓰기 윤리

정보 전달의 글을 마무리하는 단계에서 반드시 점검해야 할 것은 '사실적이고 객관적으로 글을 썼는가'의 문제이다. 정보 전달의 글은 '이성적', '객관적', '사실적', '논리적'으로 써야 한다. 이는 '경험적 및 감성적', '주관적', '허구적', '비논리적'인 것과 반대되는 것이다. 따라서 정보 전달의 글을 쓸 때에는 모호하거나 중의적인 표현이나 주관적인 표현을 피하고, 사전적 의미를 중심으로 정확하게 의미를 전달해야 하며, 경우에 따라 전문용어를 활용하여 분명하게 의미를 전달해야 한다. 또한 사실에 근거한 정보와 자료를 제시하며 글을 써야 한다.

정보 전달의 글쓰기에서 표현과 관련된 문제는 본질적으로 쓰기 윤리와 관련된다. 쓰기 윤리는 쓰기를 수행하는 과정에서 필자가 지켜야 하는 기본적인 도리 또는 행위의 규범이다. 2022 개정 국어과 교육과정에서는 가치·태도에 쓰

기 윤리를 제시하고 있다. 교육과정의 성취기준 해설에 제시된 쓰기 윤리의 의미는 다음과 같다. 쓰기 과정에서의 인용 방법과 함께 디지털 의사소통 환경에서 독자에 대한 존중과 배려가 강조되고 있다.

> 쓰기 윤리는 필자가 글을 쓰는 과정에서 준수해야 할 윤리적 규범으로, 학습자가 글을 쓰는 과정 전반에서 이를 고려하도록 지도한다. 다른 사람의 글이나 자료를 인용하여 글을 쓸 때는 그 출처를 밝히도록 지도하는 데에 중점을 두며, 자신의 의견과 다른 사람의 의견을 구분하여 표시하고 지나치게 많은 부분을 인용하지 않도록 지도한다. 디지털 의사소통 환경 속에서 글을 쓰고 소통할 때에도 쓰기 윤리를 지키고 독자를 존중하고 배려하는 태도를 지녀야 한다는 점에 유의하도록 지도한다

2022 개정 국어과 교육과정의 성취기준 해설에 제시된 쓰기 윤리의 의미

교육과정의 내용 체계에서는 학년군별로 쓰기 윤리를 상세하게 밝히고 있다. 예컨대 5~6학년은 '쓰기 윤리 준수', 중학교 1~3학년군은 '윤리적 소통 문화 형성'을 제시하고 있다. 또한 정보 전달의 글쓰기에서 쓰기 윤리의 문제와 관련한 성취기준은 다음과 같다. 정보 전달의 글쓰기가 '객관적인 정보의 공유와 소통'을 지향해야 하며, 이를 위해 '쓰기 윤리를 지키며 자료 활용'해야 함이 명시되고 있다.

> [9국03-02] 복수의 자료를 활용하여 다양한 형식으로 정보를 전달하는 글을 쓴다.
> 　해설: 이 성취기준은 둘 이상의 자료를 활용하여 다양한 형식으로 보고서나 설명문을 쓰는 데에 필요한 능력을 기르기 위해 설정하였다. 객관적인 정보의 공유와 소통을 위해 다양한 정보를 담고 있는 복수의 자료 활용하기, 정보를 전달하는 글의 내용을 생성하는 과정에서 책, 신문, 인터넷 등 다양한 매체에서 정보 수집하기, 수집한 정보의 중요도 분석하기, 수집한 정보 통합하기, 쓰기 윤리를 지키며 자료 활용하기, 문자 언어와 함께 도표, 그림, 사진 등을 활용하여 정보를 전달하기 등을 학습한다.

2022 개정 국어과 교육과정에서 쓰기 윤리 관련 성취기준

모든 쓰기 상황에서 쓰기 윤리가 고려되어야겠지만, 정보 전달의 글쓰기 상황에서 쓰기 윤리에 대한 고려는 더욱 중요하고 직접적이다. 정보 전달의 글쓰기에서 인용 및 출처 표기, 관찰·조사한 내용을 사실대로 쓰기가 지켜지지 않을 경우, 왜곡된 정보 전달로 이어지기 때문이다. 뿐만 아니라 정보 전달 글쓰기의 대표 유형인 기사문 혹은 보고서, 학술 논문은 일반 대중에게 파급력이 큰 글쓰기이므로 쓰기 윤리에 더욱 유의해야 한다. 학생 필자들은 쓰기 윤리의 중요성에 대한 인식의 차원을 넘어, 쓰기 과정 전반과 쓰기 결과물에 쓰기 윤리를 적용할 수 있어야 한다(강민경, 2011: 178).

인용과 표절은 정보 전달의 글을 쓸 때 고려해야 할 중요한 쓰기 윤리이다. 인용은 다른 글을 자신의 글 속에 끌어 씀을 뜻하는데, 정보 전달의 글을 쓸 때에 여러 자료글을 찾아 읽고 통합하는 과정이 필수적이기에 더욱 유의해야 한다. 필자는 글의 신뢰도를 높일 수 있는 자료를 인용해야 하며, 인용의 범위와 출처를 정확하게 밝혀야 한다. 이것이 지켜지지 않을 경우 표절 시비가 생길 수 있다. 표절은 인용하고자 하는 글의 고유한 내용을, 원저작자의 승인을 받지 않고 끌어오거나 의도적으로 그 출처를 밝히지 않고 자기 것인 양 쓴 것이다. 표절은 그 대상과 방식에 따라 표 10-3과 같이 표절의 유형을 분류할 수 있다.

표 10-3 표절의 다양한 유형(이인재, 2010: 282를 정리)

텍스트 표절	• 타인의 저작물을 활용할 때, 출처를 밝히지 않고 자신의 것처럼 그대로 복사하는 경우 • 가장 흔하게 발생하는 유형으로, 직접적인 표절에 해당한다.
말바꿔쓰기 표절	• 타인의 저작물을 말바꿔쓰기(paraphrasing)한 뒤, 출처를 표시하지 않은 경우 • 타인의 글을 요약하여 활용하거나 새로운 자료와 시각을 덧붙이는 경우에도 출처를 표시해야 한다. 단어를 바꾸거나 문맥이 달라졌더라도 원저작물의 핵심 아이디어가 살아 있다면 출처를 명기해야 한다.
모자이크 표절	• 타인의 저작물에 있는 단어나 아이디어를 인용 표시하지 않은 채 자신의 단어나 아이디어와 적절하게 섞어 쓰는 경우 • 타인의 아이디어나 글을 차용하되 문장을 바꾸거나 편집·변형하여 자신의 것처럼 만드는 것, 혹은 특정 부분만 인용하고 다른 부분은 출처를 명기하지 않은 것 역시 표절에 해당한다.
자기 표절	• 자신이 쓴 저작물이어도 출처를 밝히지 않고 마치 새로운 것처럼 다시 쓰는 경우 • 특히 연구 상황에서의 글쓰기에서 자기 표절은 기만행위로 볼 수 있다. • '자기 표절'이라는 용어보다는 '중복 게재' 혹은 '텍스트 재활용'이라는 표현이 적절하다는 입장도 있다.

최근 쓰기 환경의 변화로 인해 인터넷에서 글을 복사한 뒤 문서창에 붙여 다듬는 식으로 글을 쓰는 경우가 많은데, 이렇게 복사하여 붙인 내용을 어느 정도로 다듬는가에 따라 표절 정도가 달라진다. 원칙적으로는 자료의 일부를 삭제함으로써 내용을 요약하거나, 정의하는 것 역시 출처를 밝히지 않으면 표절에 해당한다(강민경, 2011: 194).

가은아(2009)에서는 쓰기 윤리의 범주를 '정직하게 쓰기, 진실하게 쓰기, 사실대로 쓰기, 배려하며 쓰기'로 나누며 쓰기 윤리 점검 문항을 제시하였다. 표 10-4에서는 그중 모든 글쓰기와 관련된 '정직하게 쓰기'와 정보 전달의 글쓰기와 직접적으로 관련된 '사실대로 쓰기'를 보여 준다. 이를 통해 정보 전달의 글쓰기에서 특히 주의하고 점검해야 할 윤리적 문제를 살필 수 있다.

표 10-4 쓰기 윤리 점검 문항(가은아, 2009: 244)

범주	글의 유형	점검 항목	예	아니요
정직하게 쓰기	모든 글	올바른 인용 방법을 사용하였는가?		
		인터넷 등에서 짜깁기를 하지 않았는가?		
		참고 자료의 출처를 정확히 기록하였는가?		
		전에 썼던 글을 다시 사용하지는 않았는가?		
		인용한 글과 자신의 글을 명확히 구분하여 썼는가?		
		다른 사람의 글이나 아이디어를 무단으로 가져오지는 않았는가?		
사실대로 쓰기	보고서, 설명문, 기사문 등	데이터를 올바르게 해석하고 활용하였는가?		
		실험, 관찰, 조사의 과정이나 결과를 사실대로 썼는가?		

우리나라 중학생 951명을 대상으로 쓰기 윤리 실태를 조사한 연구(박영민·최숙기, 2008)에 따르면 '나는 경험하지 않은 일을 경험한 것처럼 글을 쓴 적이 있다.'라는 문항에 827명(87.2%)의 학생들이 그러한 경험이 있거나 많다고 응답했다. 또한 강민경(2011: 204)에서 중학생들을 대상으로 '참고 자료를 활용하여 소개하는 글쓰기'를 실시한 결과, 참고 자료를 제대로 이해하지 못하고 그대로 쓴 경우가 많은 것으로 나타났다. 두 사례는 정보 전달의 글의 기본 전제에 배치된다는 점에서 쓰기 윤리에 어긋난다. 정보 전달의 글은 자신이 잘 알고 있는

대상에 대해 그것을 잘 모르는 독자의 이해를 돕기 위해 써야 하므로, 경험한 적이 없거나 잘 모르는 내용으로 글을 쓰는 것은 쓰기 윤리의 기본에 어긋난다.

국어 교사는 정보 전달의 글쓰기에 자료 조사의 과정이 필연적으로 수반됨을 인지하여, 학생들이 인용과 표절의 경계를 명확히 인식하고 그간의 수용 및 생산을 자가 점검해 보도록 지도해야 한다.

4 정보 전달의 글에는 어떤 것이 있으며, 어떻게 가르치는가

1) 설명문

표준국어대사전에서 설명문은 "읽는 이들이 어떠한 사항에 대해 이해할 수 있도록 객관적이고 논리적으로 서술한 글. 문학 작품 이외의 실용적인 문장"으로 정의하고 있다. 이때 첫 번째 문장은 협의로서의 설명문을, 두 번째 문장은 광의로서의 설명문을 가리킨다. 협의의 설명문은 정보 전달의 목적하에 설명의 양식을 지니는 글로서, 글의 목적과 양식이 긴밀하게 연계된 좁고 구체적인 개념이다. 한편 광의의 설명문은 설명적인 글(expository text)을 뜻한다. 설명의 형태를 갖춘 비문예적인 문장을 통칭하며, 안내문, 보고서, 기사문 등을 포괄한다. 여기에서는 쓰기 교육과정의 관점에 따라 협의의 설명문을 다룬다.

설명문을 쓸 때 중요한 것은 무엇일까? 설명문은 화제에 대해 풍부하고 타당한 내용을 갖추어야 하며, 전달하고자 하는 내용을 조리 있게 드러내야 한다. 2022 개정 교육과정에서는 "[9국03-01] 대상의 특성에 적합한 설명 방법을 활용하여 글을 쓴다."를 통해 설명문의 논지 전개 방식과 구조를 체계적으로 이해하고 쓸 수 있도록 강조하고 있다. 따라서 설명문 쓰기 교육은 설명문의 일반적인 구조에 대한 분석을 통해 진행되곤 한다. 설명문은 설명할 내용을 체계적으로 전달하기 위해 일반적으로 '처음 – 중간 – 끝(도입 – 전개 – 정리)'의 3단 구조를 갖춘다.

표 10-5 설명문의 구조 예시(노미숙 외, 2013: 269)

처음	1문단	[설명 대상 제시]		두려움과 호기심의 대상인 블랙홀
중간	2문단	[설명 내용 1]		블랙홀의 의미
	3문단	[설명 내용 2]		천문학자들은 블랙홀이 생기는 원인을 두 가지로 설명하고 있음
		4문단	[상세한 설명]	별이 일생의 마지막 단계에서 폭발하면서 강력한 수축을 일으킴
		5문단	[상세한 설명]	우주 대폭발의 순간에 우주의 물질들이 크고 작은 덩어리로 뭉침
	6문단	[설명 내용 3]		블랙홀의 위치를 확인하는 방법이 있음
		7문단	[상세한 설명]	엑스선 탐지하기
		8문단	[상세한 설명]	별들의 움직임을 관찰하기
	9문단	[설명 내용 4]		대부분의 은하에는 블랙홀이 있으며 태양계는 블랙홀로부터 안전함
끝	10문단	[요약과 덧붙이는 말]		블랙홀의 실체와 블랙홀 연구의 필요성

표 10-5는 교과서에 수록된 설명문을 분석한 것으로, 설명문의 전형적인 구조를 보여 준다. '처음'에서는 설명 대상(블랙홀)을 제시하면서, 이에 대해 설명이 필요함을 밝히고 있다. 이어 '중간'에서 설명 대상을 본격적으로 분석하면서 상세한 설명을 제공한다. 이 부분에서 대상을 효과적으로 설명하기 위한 방법으로 정의, 분석, 묘사, 분류, 예시, 비교/대조, 서사, 과정, 인과 등의 내용 전개 방식을 적절하게 선택하는 것이 중요하다. 표 10-5에서도 블랙홀을 정의하고, 블랙홀이 생기는 원인 및 위치 확인 방법을 분류와 과정을 통해 상세하게 설명하였다. 마지막으로 '끝'에서는 대상의 두드러진 점을 요약하여 마무리한다.

한편 설명문 쓰기 교육이 실천적으로 이루어지기 위해서는 구체적인 수행의 원리를 고려해야 한다. 실제 설명의 상황에서는 화제에 따라 독자에게 요구되는 인식의 유형 및 과정이 상이하기 때문이다. 가령 지각과 기억을 목적으로 하는 설명적 글을 쓸 때에는 일관된 관념을 통한 지각적 유의미성이 있는 내용을 선택하며, 감각 기관을 통한 확인이 용이하도록 의미를 배정할 수 있다. 반면 파악을 목적으로 하는 설명적 글쓰기에서는 특수한 논리 체계를 갖춘 형식적 사고를 구축해야 하므로 내용을 선택할 때에는 개념의 타당성을, 의미를 배정할 때에는 개념들 간의 논리적 합리성을 고려할 수 있다. 따라서 필자는 설명 대상의 특수성에 따라 설명 목적을 구체화하고, 설명 대상과 설명 목적, 설명 방법 간의 관련을 고려하여 설명적 글을 쓸 수 있어야 한다(이정찬, 2013).

실제 학생 필자의 설명문 쓰기 장면 들여다보기

설명문 쓰기 교육에서는 학생들이 설명문의 기본 구조를 이해하고, 대상의 특성과 쓰기의 상황 맥락을 고려하여 이 구조를 변용할 수 있도록 지도한다. '처음-중간-끝'의 구조는 간단해 보이지만, 실제 학생들은 안정적으로 이 구조를 활용하는 데 어려움을 겪는다. 초·중등 학생들이 쓴 설명문을 분석한 결과, 공통적으로 나타나는 구조는 아래의 표와 같았다(Fuller, 1997; Donovan, 2001; Hayes, 2011; 이순영, 2016).

구분	학생 글	학생 글 분석
사슬(chain) 구조	나는 색칠하기를 좋아하는데 왜냐하면 지루하지 않기 때문이다(①). 나는 고양이 색칠하기를 좋아한다(②). 나는 집에서 검정색 고양이를 키운다(③). 그의 이름은 까미이다(④).	① ↓ ② ↓ ③ ↓ ④
바퀴(wheel) 구조	나는 애슐리를 좋아하는데 그녀는 멋지기 때문이다(①). 나는 애슐리를 좋아하는데 그녀는 나랑 놀기 때문이다(②). 애슐리는 나의 친구이다(③). 나는 사람들을 좋아하고 애슐리는 그중 하나이다(④). 그녀는 멋지다(⑤).	① ↑ ⑤ ← 애슐리 → ② ↓ ↓ ④ ③
회전하는 바퀴 (wheel-with-fanning) 구조	나는 공룡을 좋아하는데 그들은 크기 때문이다(①). 그리고 그들은 무섭다(②). 나는 렉스를 좋아한다(③). 그는 굉장히 컸다(④). 그는 고기를 먹었다(⑤). 트리케라톱스는 굉장히 멋진 공룡이다(⑥). 그는 식물을 먹었다(⑦). 그는 얼굴에 세 개의 뿔을 가지고 있었다(⑧). 그는 그의 목에 방패를 가졌다(⑨). 스테고사우르스도 또한 풀을 먹는 동물이었다(⑩). 그는 … (⑪).	① ↑ ⑩ ← 공룡 → ② ↓ ↓ ⑥ ③ ↓↓↓ ↓↓ ⑦⑧⑨ ④⑤

실제 초·중등 학습자가 작성한 설명문의 구조(Fuller, 1997: 26-28)

위 표의 사슬 구조는 각각의 문장이 지엽적인 연결고리를 통해 이어지고 있다. 각 문장은 앞 문장의 화제를 부분적으로 공유하지만, '색칠하기'에서 '고양이'로 일관성 없이 바뀌면서 포괄적인 주제를 형성하지 못하여 한 편의 글로 느껴지지 않는다. 바퀴 구조는 '내가 소개할 친구(애슐리)'라는 글을 관통하는 주제를 가지고 있다. 그러나 이것은 바퀴의 중심부인 허브(hub) 차원에 그치고 있다. 학생 글의 모든 문장은 애슐리에 대한 소개와 설명이지만, 각각은 새로운 내용의 나열에 그칠 뿐이다. 구체적인 설명으로 정교화되고 있지 못하며, 문장 간의 연결 관계를 찾아볼 수 없다. 사슬 구조와 바퀴 구조는 설명문 쓰기의 미숙한 형태로 볼 수 있다. 국내외의 연구 결과에 따르면 저학년 학생이 쓴 설명문의 대다수는 사슬 구조 혹은 바퀴 구조를 보였다. 회전하는 바퀴 구조는 적어도 하나 이상의 바퀴살을 정교화한 것으로, 쓰기 교육에서 목표로 하는 설명문의 구조이다. 학습자들은 쓰기 교육과 쓰기 경험이 누적될수록 회전하는 바퀴 구조의 글을 쓰는 경향을 보였다.

통일성 있는 주제와 응집성 있는 구조를 갖춘 설명문을 쓰기 위한 전략으로, 쓰기 과정 동안 화제를 정교화하는 질문을 지속하는 방법이 있다(Hayes, 2011: 375). 앞의 학생 글을 예로 들어 살펴보자. 필자는 '공룡'을 주제로 인식한 뒤 '나는 공룡이 커서 맘에 든다'라는 의견을 떠올리고 그것을 쓰기 시작한다. 필자는 이 문장을 정교화할지 고민하였으나, 정교화하지 않고 다른 하위 화제로 넘어가기로 결정한다. 이런 식으로 '그리고 그들은 무섭다'까지 작성한다. 그런데 '나는 렉스를 좋아한다'의 대목에서 필자는 이를 자세히 설명하기로 결정한다. 이제 공룡은 화제에서 밀려나고 렉스가 새로운 하위 화제로서 제시되며 '그는 굉장히 컸다', '그는 고기를 먹었다'의 설명이 추가된다. 필자는 계속하여 새로운 하위 화제인 트리케라톱스와 스테고사우르스에 대해 써 내려가며 설명문을 정교화한다.

설명문 쓰기의 과정에서 설명하고자 하는 내용을 지속적으로 점검하고 정교화하는 시도는 설명문의 내용을 풍부하게 하며, 이러한 과정은 설명문의 구조를 갖추는 것으로 이어진다. 설명문 쓰기에 대한 성공적인 경험을 통해 학습자들은 설명문을 어떻게 쓰는지 배울 뿐만 아니라 다른 내용 영역에 대한 지식을 얻기도 한다(Tompkins/이재승 역, 2012: 224)

2) 기사문

기사문은 어떠한 사실을 알리는 글이다. 주로 신문에 실려서 사회에서 일어난 여러 가지 소식 중 보도할 가치가 있는 중요한 사안을 신속하게 전달한다. 기사문은 전달되는 매체에 따라 유형을 다양하게 나눌 수 있으며, 그 형태와 속성도 매체의 영향을 받는다. 예를 들어 방송, 인터넷 매체의 기사는 인쇄 매체인 신문에 실리는 기사와 다르다. 방송 기사는 구어체를 쓰며 길이도 짧다. 인터넷 기사는 형식에 제한이 없으며 지면의 구애를 받지 않기 때문에 다양한 보조자료를 활용할 수 있으며 길게 쓸 수 있다. 세부 목적에 따라 특성 및 구성의 방식도 달라지는데, 육하원칙에 의거한 사실 보도 중심의 피처 기사, 심층 취재를 통해 사건을 보도하는 해설, 논설, 비평 기사 등으로 나뉜다(이석주 외, 2002). 쓰기 교육에서는 전통적이며 표준화된 형태인 인쇄 매체에 실린 기사문을 기본형으로 본다. 따라서 전통적인 기사문의 형태와 구조를 알고 기사문 쓸 때의 태도를 이해하는 것을 교수·학습의 주안점으로 삼고 있다.

먼저 기사문의 형태와 구조를 살펴보도록 하자. 기사문의 구조는 대체적으로 '제목(표제와 부제)', '전문', '본문'의 세 부분으로 구성된다. 이러한 기사문의 구조는 언제부터 나타난 것일까? 다음 자료를 통해 '독립신문'에 실린 기사문과 오늘날의 기사문을 대조해 보도록 하자.

· 자료 1 '독립신문'에 실린 기사문

잡보   셔빙고 사눈 빅정언이 츙쳥도 덕산째에 논이 잇눈듸 그 논은 삼되지 나려오눈 논이라 흉년히 엇던 사롬이 그 논을 삿다 흐고 논 문셔를 돌라 흐나 빅씨가 말흐기를 그 논은 우리집에 삼되지 잇눈 것이라 내가 팔지 아니 흐엿거눌 누가 팔니요 셜령 몰으고 삿시면 돈 준 사롬의게 가셔 돈을 차지라 흐직 시비가 되야 한셩 지판쇼에 지판신지 되야 스실 흐야 본직 그 논이 빅씨의 논이요 삿다눈 사롬은 허무흔 사롬의게 투매 흐눈것을 삿눈지라 지판쇼에셔 빅씨를 익여 주엇더니 다시 공등 지판쇼에 논 삿돈눈 사롬이 졍 흐고 빅씨의 논 문셔를 쎅스랸다 흐나 고등 지판쇼에셔 이 일을 주셰히 스실 흐야 보면 응당 한셩 지판쇼에셔 걸쳐 흔 것이 올흔 양으로 결쳐 훌듯 흐다고 누가 편지 흐엿더라

(독립신문, 1897. 12. 21. 잡보면)

· 자료 2 오늘날의 기사문

국내산 발효차 '갈산' 중국 보이차만큼 많다
기사입력 2018/03/06 15:36 송고

g당 발효차 0.33% 보이차 0.40%···혈중 콜레스테롤 개선 효능

국내산 발효차·중국 보이차와 갈산[하동녹차연구소 제공]

국내산 발효차에도 갈산 성분이 중국 보이차만큼 많은 것으로 분석됐다.

경남 하동녹차연구소는 국내 발효차와 중국 보이차의 갈산 함량을 분석한 결과 국내 발효차 0.33%(3.3mg/g), 보이차 0.40%(4.0mg/g)로 나타났고 6일 밝혔다.

발효하지 않은 녹차의 갈산 함량은 0.11%(1.1mg/g)에 불과하다.

국내 발효차는 홍차·백차·황차·미생물 발효차 등이다.

갈산은 체지방 감소와 혈중 콜레스테롤 개선 효능이 있는 것으로 알려졌다.

발효차 판매업체가 중국 보이차의 다이어트 효과를 홍보할 때 갈산을 표준물질로 사용하고 있다.

분석 결과를 보면 차를 만드는 방법에 따라 갈산 함량이 다르며 녹차보다 발효차, 보이차의 갈산 함량이 더 높은 것으로 나타났다고 녹차연구소는 설명했다.

하동녹차연구소 관계자는 "다이어트나 건강을 위해 안전성이나 출처가 분명하지 않은 중국 보이차보다 안전한 국내 발효차를 마셔도 그 효과는 충분하다"라고 강조했다.

(「국내산 발효차 '갈산' 중국 보이차만큼 많다」, 연합뉴스, 2018. 3. 6.)

독립신문이 발행되던 당시에만 하더라도 기사문은 이야기체에 가까우며 서사의 양식을 보인다. 현재의 기사문은 작은 지면에 중요 사실을 알려 주는 동시에 독자가 짧은 시간에 내용을 빠르게 파악하기에 적합한 형태이다. 이는 이른바 역(逆)피라미드 형태로, 가장 중요한 내용부터 먼저 서술하는 두괄식 기사 작성법이다. 기사문은 신속하게 정보를 전달하기 위하여 자연스럽게 그런 양식을 취하게 된 것으로 보인다. 오늘날 대부분의 기사는 역피라미드 형태로 작성되며, 이는 한국을 포함한 전 세계의 주도적 양식이자 방송과 인터넷 뉴스에까지 보편화된 형태이다(이재경 외, 2001: 415). **자료 2**의 기사문 구조를 개괄적으로 살펴보면 다음과 같다.

표제 (부제)	신문 기사문의 큰 제목 (큰 제목을 보충하는 작은 제목)	국내산 발효차 '갈산' 중국 보이차만큼 많다 (9당 발효차 0.33% 보이차 0.40%…혈중 콜레스테롤 개선 효능)
전문	기사문의 전체 내용을 압축적으로 요약한 것	국내산 발효차에도 갈산 성분이 중국 보이차만큼 많은 것으로 분석됐다.
본문 (삽화)	기사문의 본문 (기사문의 이해를 도울 시각 자료)	경남 하동녹차연구소는 국내 발효차와 중국 보이차의 갈산 함량을 분석한 결과…(중략) 국내산 발효차·중국 보이차의 갈산[하동녹차연구소 제공]

위의 표는 기사문의 구조 및 기능을 실제 기사문과 연계하여 분석한 결과를 제시한 것이다. 기사문의 표제(헤드라인)는 독자들의 흥미와 관심을 집중시켜야 하기 때문에 짧고 강렬하게 작성한다. 전문은 간단히 요약된 기사의 도입부로, 전체 내용을 압축적으로 요약하여 제시한 것이다. 독자들이 전문만 읽는 경우도 많기 때문에 전문에 해당 기사가 무엇을 말하려는지 명확하게 드러나야 한다. 또한 전문을 읽은 뒤 기사문 전체를 다 읽을지 결정하는 경우도 있으므로 독자의 흥미를 끄는 전문을 쓸 필요가 있다(조철래, 2015: 27). 이때 기사에 대한 독자의 지속성을 유지하는 데 기여할 수 있는 구체적인 전략에는 기사 내용 요약하기, 비교·대조하기, 장면 묘사하기, 통계 수치 내세우기, 일화나 우화 소개하기 등이 있다(김숙현, 1994).

기사문의 본문은 '누가, 언제, 어디서, 어떻게, 무엇을, 왜'의 육하원칙(5W1H)에 따라 작성한다. 육하원칙은 노벨상 수상 작가인 러디아드 키플링(Rudydard Kipling)이 창안한 개념으로, 육하원칙을 따르면 사실에 기반을 둔 중요한 사실을 순서대로 혹은 사실관계를 중심으로 쓸 수 있다(조철래, 2015: 27). 이를 통해 중요한 정보를 정확하고 공정하며 균형 잡힌 시각에서 전달하는 기사문이 될 수 있다. 『미디어 글쓰기』에서는 기사문 쓰기의 원칙을 다음과 같이 제시한다.

> 첫째, 육하원칙에 충실하라. 가장 효과적으로 간단명료하게 내용을 전달할 수 있기 때문이다.
>
> 둘째, 사실관계를 중심으로 쉽게 써라. 신문기사는 과장하지 말고 사실에 충실하게 보도해야 하며, 어렵고 난해한 기사는 독자에게 환영받지 못하기 때문이다.
>
> 셋째, 간결하게 쓰라. 단문 위주의 명료한 문장일수록 읽기 좋으며 한 문장에 하나의 주제만 들어간 것이 명료하다. (예 '~해야 한다, ~을 바란다'와 같은 동사, '확실히, 아마, 단호히' 등의 양태 표현은 지식의 신뢰성을 제한할 수 있다.)
>
> 넷째, 사건의 중요성과 의미를 담아라. 독자가 궁금해 할 사안에 대해 뉴스가 충분히 설명해 주어야 한다.
>
> 다섯째, 주어와 술어, 수식어를 제자리에 두라.
>
> (조철래, 2015: 24-26)

기사문이란 정확성과 객관성을 담보한 글이다. 물론 기사문은 신문이 지니고 있는 상품으로서의 상업적 속성과 사회문화적 영향 관계 속에서 그 특성이 변질되어 나타나곤 한다(이은희, 2003: 116). 브링커(Brinker/이성만 역, 2004)는 기사문의 제보적 기능이 의견 강조적인 언어 기술 방법과 양립할 수 있음에 따라 뉴스 텍스트가 여러 전략을 통해 가치 판단을 배제하려 함에도 이것이 평가의 요소를 완전히 배제하고 있는 것은 아니라고 보았다. 그때그때의 여러 사건 중 어떤 것을 기사문의 주제로 선택할 것인지, 그것을 내보낼 것인지 등에서 가치 평가가 개입되기 때문이다.

그럼에도 기사문은 정보 전달과 제보를 주목적으로 하는 글이기 때문에 중립적인 위치에서 내용을 전달하기 위해 다양한 쓰기 전략을 구사해야 한다. 명시적인 언어로 평가하는 것, 감정 호소를 피하고 오로지 사태를 전달하기만 하는 것, 중립적인 서술 방식을 취하는 것, 간접 화법의 문법 형태의 문장으로 보도하는 것, 인용 표현을 통해 언급된 사실에 대한 책임은 인용된 발화자에게 양도하는 것 등이 이에 해당한다.

따라서 기사문을 쓸 때에는 사회적으로 중요한 대상이나 사건을 택하여 정확한 사실에 근거해 서술해야 하고, 대립하는 의견이 있을 경우에는 최대한 공정하고 균형 잡힌 시각에서 접근하여 설명해야 한다.

3) 보고서[8]

보고서란 어떤 일의 진행 과정이나 현황, 혹은 조사 및 연구의 결과를 알리기 위한 목적을 가지고 일정한 형식에 맞추어 쓴 글로서, 흔히 리포트(report)라고도 한다. 보고서 쓰기는 공적인 성격의 글쓰기이자 실용적 글쓰기에 해당하며, 졸업 이후 실생활에서 가장 빈번하게 사용되는 글쓰기이기도 하다. 직업 및 학문 세계에서 제안하고 보고하고 교섭하는 일이 보고서를 매개로 이루어지기 때문에 업무의 성패가 보고서에 달려 있다고 해도 과언이 아니다.

보고서는 상황 및 목적에 따라 그 유형이 다양하며 형식성이 강한 글이기도 하다. 따라서 학습자들은 일반적이고 보편적인 유형의 보고서 쓰기를 학습한 뒤, 이를 실제적인 쓰기 상황에 전이시키고 확장하여 상황과 목적에 알맞은 보고서를 쓸 수 있어야 한다.

보고서는 목적 및 조사 방법에 따라 다양한 유형으로 나타난다. 먼저 목적에 따라 경과 보고서와 결과 보고서로 나눌 수 있다. 경과 보고서는 어떤 사건이나 실험 등에 대해 그 경과 및 결과를 알릴 목적으로 작성한 글로서 실험 보고서, 답사 보고서 등이 이에 해당한다. 결과 보고서는 어떤 의문에 대한 관련 자료나 사실들을 분석하여 그 결과를 제공하기 위한 목적을 지닌 글로서 조사 보

---

8 보고서 쓰기는 세상에 대한 자신의 앎을 글로 표현하고 타인과 공유하는 쓰기 행위라는 점에서 매우 본질적인 학습 활동에 해당한다. 이 글에서는 정보 전달의 글의 하위 유형으로서의 보고서, 즉 장르적 차원에서 보고서의 형식과 특징을 이해하는 데 초점을 두었다. 13장에서 다루는 보고서는 학습 행위로서의 보고서, 타 교과와 연계된 교과 통합적인 차원에서의 보고서에 초점을 맞추고 있다.

고서 등이 관련된다. 한편 조사 방법에 따라 조사 보고서, 답사(견학) 보고서, 관찰 보고서, 실험(실습) 보고서로 나누기도 한다. 2022 개정 교육과정에서는 교과 학습과 관련한 보고서 유형으로 체험 학습 보고서, 과학 실험 보고서, 조사 보고서를 제시하였다.

표 10-6 조사 방법에 따른 보고서의 유형

조사 보고서	어떤 사실에 대한 조사를 정리하기 위하여 문헌 찾기, 인터넷 검색, 인터뷰, 설문 등의 방법을 통해 쓴 보고서(예 게임 이용자에 대한 실태 조사)
답사 보고서	특정한 장소에 직접 방문하여 알게 된 사실을 정리한 보고서(예 안동 지역에 방문하여 지역 방언을 조사)
관찰 보고서	특정 문제에 대해 일정 기간 깊이 있게 관찰하고 기록하여 이를 정리한 보고서. 해당 현상을 인위적으로 조작하지 않고, 있는 그대로 기술하는 것이 중요(예 송이버섯의 생장 과정을 관찰)
실험 보고서	주로 과학 분야에서 많이 활용됨. 가설을 입증하기 위한 실험 계획과 실험 과정을 기록하고, 실험 결과를 해석하여 결론을 이끌어 낸 보고서(예 의료용 전자기기의 안전성에 대한 실험 및 조사)

비즈니스 커뮤니케이션 분야에서는 보고서의 범위를 넓게 보아 설득적 성격이 가미된 제안서나 기획서를 보고서의 하위 유형으로 포함하기도 한다. 제안서는 일의 진행이나 내용에 대한 문제의식을 바탕으로 제안하는 내용을 담은 글이며, 기획서는 아이디어나 기획을 제안하는 글이다. 이는 보다 적극적인 목적을 가진 보고서에 해당한다.

여기에서는 초·중등학교에서 보편적으로 다루는 보고서 유형을 중심으로 보고서의 특징과 구성에 대해 살펴볼 것이다. 초·중등학교에서는 '학습을 위한 보고서'(체험 학습 보고서, 과학 실험 보고서, 조사 보고서 등)와 '의사 결정을 위한 보고서'(학교 밖 혹은 직장에서의 보고서)로 나누며, 전자를 중심으로 교육하고 있다. 이때 학습을 위한 보고서는 과제 기반 학습의 과정에서 산출된 보고하는 글로, 목적에 부합하는 정보 수집을 바탕으로 정보를 체계적으로 구조화하여 명료하게 표현한 글을 가리킨다. 학습자들은 특정한 주제에 대해 수집하고 정리한 자료를 바탕으로 독자가 이해하기 쉬운 글을 써야 한다.

우선 좋은 보고서를 작성하기 위해서는 과제가 요구하는 바를 정확히 인식하여 주제문을 작성하고, 주제를 살릴 수 있는 자료를 폭넓게 수집·정리하여 해석하는 것이 중요하다.

보고서를 쓸 때 필자가 스스로 과제의 폭을 좁혀 주제를 찾아야 할 때도 있다. 이때 다룰 대상을 좁히고 그것에 대한 관점을 세워서 주제문으로 정리할 수 있어야 한다. 예를 들어 주어진 과제가 '우리나라의 교통 시스템 문제 해결'에 대한 연구 보고서를 작성하는 것이라면, 먼저 주제문을 상세화할 필요가 있다. 우리나라의 교통 시스템은 그 유형이 다양하며 지역·이용자에 따라 각각의 특징과 문제점이 상이하여, 이 주제를 그대로 사용하기에는 범위가 지나치게 넓기 때문이다. 그러므로 자신이 관심을 가지고 흥미를 느끼는 방향으로 좁혀서 주제문을 정리해야 한다. 이 경우에는 도로 관리가 소홀하고 도로의 밀도가 낮은 농촌 지역의 도로 상황으로 범위를 좁혀 '농촌 지역의 도로 체계 개선을 위한 디자인적 접근법'과 같이 구체적인 주제문을 작성할 수 있다.

또한 보고서는 분석적이어야 하며 내용이 풍부하고 구체적일수록 좋다. 이를 위해서는 보고서에서 알리고자 하는 내용을 살릴 수 있는 자료를 찾는 것이 중요하다. 인터넷을 통해 자료를 수집하는 상황이 빈번해지고 있으므로, 수많은 자료 가운데 목적에 맞는 자료가 무엇인지 중요도를 판단하고 수집한 자료가 신뢰성 있는 것인지 판별하는 작업 또한 필수적이다. 한편 자료가 내 생각을 대신해 주는 것이 아니므로 자료를 단순히 요약해서 그대로 넣는 것이 아니라 해석한 내용을 넣는 것이 중요하다. 보고서는 단순한 사실 보고나 자료 제출을 넘어, 사태에 대한 분석이나 해석을 보여 주기도 한다. 따라서 좋은 보고서, 남들이 쓴 것과 차별화된 보고서를 쓰기 위해서는 보고서가 읽는 사람을 위한 글임을 유념해야 한다.

보고서는 목적에 따라 조금씩 형식의 차이를 보이지만, 대체로 '표지 – 목차 – 본문 – 참고문헌'의 형식을 지니고 있다.

- **표지**: 보고서의 첫인상에 해당하는 부분으로 제목과 부제, 작성자의 소속 및 이름을 쓴다. 제목은 보고서의 주제와 내용을 핵심적으로 드러내야 한다.
- **목차**: 보고서 본문의 전체적인 구조와 전개를 알려 주는 부분이다. 각 장, 절, 항 등의 제목이 순서대로 들어가는데, 특히 보고서의 분량이 많을 때에는 필수적으로 제시하는 것이 바람직하다. 보고서의 목차 잡기는 독자를 고려하여 보고서의 짜임새를 안내하는 작업으로, 개요 짜기와는 다르다는 것에 유의해야 한다.

표지	목차

표지

농촌 지역의 도로 체계 개선을
위한 디자인적 접근법 보고

제출자: ○○○

목차

Ⅰ. 서론
 1. 조사의 필요성
 2. 조사의 목적
Ⅱ. 본론
 1. 농촌 지역의 도로 체계 실태
  1) 현재의 도로 체계
  2) 문제점
 2. 농촌 지역의 도로 체계 개선을 위한 방법
  1) 국내외 사례
  2) 디자인적 접근법
Ⅲ. 결론

본문

Ⅰ. 서론
 1. 조사의 필요성
 본 조사는 농촌 지역의 도로 체계 개선을 위해 기획되었으며, 도로의 현황 및 불편과 안전의 문제를 파악하여 개선 방안을 제시하는 것을 주요 목적으로 ……

참고문헌

〈참고문헌〉
○○ 지역사무소(2015). ○○ 지역의 도로 안전사고 보고서. 부산: ○○ 지역사무소.
……
〈부록〉
전국 도로 지도
도로 밀도 조사표

(김광선, 2012의 보고서를 재구성)

• **본문**: 보고서의 본문에 들어가야 할 주요 내용으로는 조사 동기 및 목적, 조사 대상, 조사 기간 및 방법, 조사 내용, 조사 결과, 소감 및 제언 등이 있다. 이들은 보고서를 쓰는 데 활용한 조사 방법에 따라 구체적인 내용이 다를 수 있으며, 각각은 별도의 장으로 구성하는 것이 바람직하다. 논지를 전개하면서 문제가 해결되었을 때마다 소결론을 제시하여 정리한다거나 소제목을 달아 본문의 내용을 선명하게 제시하는 것이 좋다. 보고서의 본문이 '서론 – 본론 – 결론'의 흐름으로 구성됨에 따라 '서론 – 본론 – 결론'의 3단 구성 체제로 작

성하는 것이 보편적이나, 전달하고자 하는 내용에 따라 다양하게 구성하여 활용할 수 있다. 예를 들어 실험 보고서를 작성자의 의도와 강조점에 따라 '서론 – 실험 이론 – 실험 장치 및 방법 – 실험 결과 – 고찰 – 결론'의 6단 구성으로 작성할 수도 있으며, 조사 보고서를 '조사 개요 – 주요 조사 결과'의 2단 구성으로 작성할 수도 있다.

- **참고문헌**: 참고문헌에는 보고서 내에 직접 인용된 모든 자료를 명시한다. 참고문헌은 '저자, 출판연도, 서명, 출판지, 출판사'를 제시하는 것이 일반적이다. 본문에 싣지 못한 자료가 있다면 참고문헌의 뒤에 부록을 추가할 수도 있다.

나아가 보고서는 자료를 인용하여 글을 쓰기 때문에 쓰기 윤리를 지키는 것이 중요하다. 연구 과정이나 결과를 조작하여 자신에게 유리하게 써서는 안 된다. 연구 결과를 보고하는 과학적 글쓰기에서 나타날 수 있는 쓰기 윤리의 문제로는 데이터의 선별 보고, 결과의 선별 보고, 미확인된 결과 제시, 미완결된 실험 보고, 결과의 중요성에 대한 과장, 결과 및 그 중요성에 대한 자기 기만이 있다(신형기 외, 2006). 또한 보고서는 상대에게 어떠한 판단의 근거를 제공하는 것이므로 정확한 내용을 객관적인 태도로 기술하는 것이 중요하다. 자료의 인용이 정확해야 하고, 특히 실험이나 현장조사의 경우 자료가 정확해야 하며, 통계를 제시할 경우 출처를 정확하게 제시해야 한다. 또한 저작권 등 매체 자료 이용 윤리를 준수해야 한다.

최근 비즈니스 커뮤니케이션 분야에서 보고서 쓰기가 중요하게 다뤄지면서, 서식 사전, 보고서 사례집 등을 통해 보고서 쓰기에 실제적인 도움을 받을 수 있다. 그러나 이러한 자료를 활용함과 동시에, 보고서가 읽는 이를 위한 글임을 알고 상대의 요구와 기대치를 고려하여 좋은 보고서를 쓸 수 있어야 한다.

생각해 봅시다

1 『난장이가 쏘아올린 작은 공』이 정보 전달의 글쓰기로 분류되지 않는 이유에 대해 정보 전달 글쓰기의 목적, 내용, 형식의 특징을 바탕으로 설명해 보자.

2 정보 전달 글쓰기의 주제는 세상 만물, 세상만사가 될 수 있다. 그러므로 교사는 학습자들에게 적절한 쓰기 과제를 제시할 필요가 있다. 아래에 제시된 표는 초등학교 학습자들이 선호하는 쓰기 주제와 아리스토텔레스의 인식론에서 논의된 인식의 단계이다. 성별과 발달 단계 등 다양한 요인을 고려하여 초·중등 학습자에게 적절한 정보 전달의 글쓰기 과제 목록을 만들어 보자.

• 초등학교 1학년 학생들이 선택한 설명 대상 빈도(이순영, 2016: 123)

성별 ＼ 설명 대상	운동 경기	물건	음식	동물	없음	합계
남	58(40.6%)	6(4.2%)	14(9.8%)	45(31.5%)	20(14.0%)	143(100%)
여	17(13.9%)	11(9.0%)	24(19.7%)	62(50.8%)	8(6.6%)	122(100%)
합계	75(28.3%)	17(6.4%)	38(14.3%)	107(40.4%)	28(10.6%)	265(100%)

• 아리스토텔레스의 인식론(이정찬, 2013: 51)

인식 대상	(현재의) 사물이나 현상	(과거의) 사물이나 현상	(과거, 혹은 현재의) 사물이나 현상	(추상적) 개념이나 원리	(추상적) 개념이나 원리
인식 방법	감각 기관	기억	재구성	논리 체계	일반화, 타당화
인식 단계	확인	재인	경험	학문적 인식	기술

3 보고하는 글쓰기는 일반 교과 수업에서 빈번하게 활용하는 글쓰기이므로, 보고하는 글이 실
   제로 활용되는 타 교과 수업과 연계하여 교수·학습하면 더 효과적이다. 2022 개정 교육과
   정에서 보고하는 글쓰기와 직·간접적으로 관련된 성취기준 혹은 교육 내용을 아래 1)-4)
   항목별로 찾아보자. 그리고 이 중 하나를 선택하여 교과 융합 수업을 위한 교수·학습 지도
   안을 구성해 보자.

   1) 국어과 쓰기 영역
   2) 국어과 내 타 영역
   3) 타 교과: 수학, 사회, 과학 등
   4) 범교과 학습 주제

참고문헌

가은아(2009), 「중·고등학생을 위한 쓰기 윤리 교육의 방향과 지도 방안」, 『작문연구』 8, 231-250.

강민경(2011), 「설명적 텍스트 쓰기 양상 분석을 통한 쓰기 윤리 교육 내용 탐색」, 『국어교육학연구』 42, 175-214.

교육부(2015), 『국어과 교육과정』, 교육부 고시 제2015-74호 [별책 5].

교육부(2022), 『국어과 교육과정』, 교육부 고시 제2022-33호 [별책 5].

권이은(2015), 「초등학생의 정보 텍스트 독해 양상 연구」, 고려대학교 박사학위 논문.

권태현(2021), 「설명문 텍스트 구조의 특성과 교육 내용 분석」, 『철학·사상·문화』 35, 235-259.

김광선(2012), 「농촌 대중교통 및 도로체계 개선 방안」(정책연구보고-P168), 한국농촌경제연구원.

김숙현(1994), 『기사, 취재에서 작성까지』, 범우사.

김태옥·이현호(1995), 「담화 연구의 텍스트성 이론과 적합성 이론」, 『담화와 인지』 1, 1-78.

김혜정(2011), 「'정보전달' 텍스트의 특성과 교수 학습 방법」, 『국어교육』 136, 37-66.

노미숙 외(2013), 『중학교 교사용 지도서 국어 ③~④』, 천재교육.

박수자(2008), 「설명적 텍스트의 인터페이스와 독자의 이해」, 『텍스트언어학』 24, 27-53.

박영민·최숙기(2008), 「중학생 쓰기 윤리 실태 연구」, 『청람어문교육』 37, 41-79.

비주얼다이브(2014), 『인포그래픽 완전 정복: 정보를 디자인하는 인포그래픽 제작 가이드』, 정보문화사.

서울대학교 대학국어편찬위원회(2009), 『대학국어: 글읽기와 글쓰기』, 서울대학교 출판부.

신형기 외(2006), 『(모든 사람을 위한) 과학 글쓰기: 정확하게 명쾌하게 간결하게』, 사이언스북스.

윤주현(2015), 『비주얼 스토리텔링: 정보 디자인의 새로운 실험, 10년의 기록』, 홍디자인.

이석주 외(2002), 『대중 매체와 언어』, 역락.

이순영(2011), 「교사들의 텍스트 유형별 선호와 인식 연구: '정보 텍스트'에 대한 논의를 중심으로」, 『국어교육학연구』 42, 499-532.

이순영(2016), 「초등학교 1학년의 설명문 쓰기 능력 연구: 취학 첫 학기 아동의 초기 문식성 발달의 관점에서」, 『교육과정평가연구』 19(2), 107-131.

이윤빈(2013), 「담화 종합을 통한 텍스트 구성 양상 연구: 쓰기 과제 표상과 텍스트 구성의 관계를 중심으로」, 연세대학교 박사학위 논문.

이윤빈(2017), 『담화 통합 글쓰기: 과제 표상과 텍스트의 구성』, 박문사.

이은희(2003), 「신문과 국어교육」, 『국어교육학연구』 17, 109-137.

이인재(2010), 「연구진실성과 연구윤리」, 『윤리교육연구』 21, 269-290.

이재경 외(2001), 「한국 신문의 逆피라미드형 기사 도입과 정착에 관한 연구」, 『한국언론학보』 46(1), 413-440.

이정찬(2013), 「설명적 글쓰기 내용 구성 연구: 설명 목적과 내용 구성 원리를 중심으로」, 서울대학교 박사학위 논문.

임석진 외(2009), 『철학사전』, 중원문화.

정혜승(2008), 「문식성(literacy)의 변화와 기호학적 관점의 국어과 교육과정 모델」, 『교육과정연구』 26(4), 149-172.

조철래(2015), 『미디어 글쓰기』, 커뮤니케이션북스.

최승식(2015), 「설명문 쓰기의 담화종합 과정 연구」, 고려대학교 박사학위 논문.

Bain. A.(1867), *English Composition and Rhetoric: A Manuel*, University of California Libraries.

Barton, D., 김영란 외 역(2014), 『문식성: 문자 언어 생태학 개론』, 연세대학교 대학출판문화원.

Brinker, K., 이성만 역(2004), 『텍스트언어학의 이해: 언어학적 텍스트분석의 기본 개념과 방법』, 역락.

De Beaugrande, R. A. & Dressler, W., 김태옥·이현호 역(1991), 『담화·텍스트 언어학 입문』, 양영각.

Donovan, C. A.(2001), "Children's Development and Control of Written Story and Informational Genres: Insights from One Elementary School", *Research in the Teaching of English* 35(3), 395-447.

Fuller, F. D.(1997), *Development of Topic-Comment Algorithms and Text Structures in Written Compositions of Students in Grades One through Nine, doctoral dissertation*, University of Washington.

Hayes, J. R.(2011), "Kinds of Knowledge-telling: Modeling Early Writing Development", *Journal of Writing Research* 3(2), 73-92.

Kinneavy, J.(1980), *A Theory of Discourse*, Norton.

Mann, W. C. & Thompson, S. A.(1988), "Rhetorical Structure Theory: Toward a Functional Theory of Text Organization", *Text-Interdisciplinary Journal for the Study of Discourse* 8(3), 243-281.

Meyer, B. J.(1975), *The Organization of Prose and Its Effects on Memory*, North-Holland Publishing Co.

Meyer, B. J.(2003), "Text Coherence and Readability", *Topics in Language Disorders* 23(3), 204-224.

Spivey, N. N., 신헌재 외 역(2004), 『구성주의와 읽기·쓰기: 읽기·쓰기·의미 구성의 이론』, 박이정.

Suhor, C.(1984), "Towards a Semiotics-based Curriculum", *Curriculum Studies* 16(3), 247-257.

Tompkins, G. E., 이재승 외 역(2012), 『글쓰기 어떻게 가르칠 것인가』, 박이정.

• 인터넷 자료

동아일보, 「1인 육류 소비량 年 43kg… 30년새 4배로」, 2015년 4월 14일. http://news.donga.com/InfoGraphics/View/3/all/20150414/70686202/9#replyLayer(2023년 8월 3일 검색).

시사상식사전, 박문각. https://terms.naver.com/entry.nhn?docId=2805345&cid=43667&categoryId=43667(2023년 8월 3일 검색).

연합뉴스, 「국내산 발효차 '갈산' 중국 보이차만큼 많다」, 2018년 3월 6일. http://www.yonhapnews.co.kr/bulletin/2018/03/06/0200000000AKR20180306132700052.HTML?input=1195m(2023년 8월 3일 검색).

11장 설득하는 글쓰기

'펜이 칼보다 강하다'는 말이 있다. 때로는 한 편의 글이 물리적인 폭력보다도 사람들에게 강한 영향력을 미칠 수 있다는 의미이다. 최치원이 황소의 난이 발생했을 때 황소를 토벌하기 위해 지은 〈토황소격문(討黃巢檄文)〉은 이를 잘 보여 준다.

> 아, 요순시대로부터 오늘에 이르기까지 양심을 저버리고 충의를 잃은 너 같은 무리가 어느 시대인들 없었겠느냐? 그러나 잠깐 동안 못된 짓을 하다가 필경에는 섬멸되고 말았느니라. 너는 헤아릴 수 없는 악행을 저지르면서도 뉘우치는 마음은 조금도 없으니, 온 천하의 사람들이 모두 너를 죽이려고 생각하지 않겠는가? 땅 속의 귀신들도 너를 목 베어 죽이자고 하는 의논을 끝마쳤으리라.
>
> (심재기, 2006: 14)

황소가 이 격문을 읽다가 자기도 모르게 앉았던 자리에서 굴러떨어졌다는 일화가 전해 오고, 당시 중국인들 사이에서는 "황소를 격퇴한 것은 칼이 아니라 최치원의 글이다."라는 이야기가 떠돌았다고 한다.

이 장에서는 설득하는 글쓰기가 무엇이며, 설득력 있는 글을 어떻게 쓸 수 있는지 알아볼 것이다. 또한 그동안 교육과정에서 설득하는 글쓰기가 어떻게 다루어졌는지 개관하고, 설득하는 글의 대표적인 유형을 중심으로 설득하는 글쓰기의 교육 내용을 탐색해 보려고 한다.

1 설득하는 글쓰기란 무엇인가

표준국어대사전에 따르면 설득이란 '상대편이 이쪽 편의 이야기를 따르도록 여러 가지로 깨우쳐 말하는 것'을 뜻한다. 다시 말해 설득자가 원하는 방향으로 다른 사람의 태도나 행동에 영향을 주되, 위협이나 강제에 의해서가 아니라 상호 이해와 동의를 통해서 이루어지는 소통 행위이다. 그러므로 설득은 각기 다른 환경에서 지내면서 다른 경험과 생각을 갖게 된 사람들이 더불어 살아갈 수 있는 조건이 된다.

다른 사람의 마음을 바꾸는 것은 쉬운 일이 아니다. 설득의 대상이 되는 수용자의 입장에서 볼 때, 설득은 대체로 다음과 같은 과정을 거친다. 먼저 수용자는 설득하는 사람의 주장에 주의를 기울여야 하고, 그 내용을 이해해야 한다. 그리고 설득이 효력을 발휘하기 위해서는 그 주장에 동의하거나 적어도 그 입장을 양해할 수 있어야 한다. 수용자가 설득의 내용을 이해했더라도 설득하는 사람의 주장을 받아들이기를 거부할 수도 있는데, 이를 '설득 저항'이라 한다. 수용자가 설득자의 주장을 받아들였다면 새로운 입장에 따라 행동할 기회가 나타날 때까지 그 태도를 기억 속에 저장하여 유지, 즉 '파지(把持, retention)'해야 한다. 이러한 과정 중에서 어느 한 단계라도 성공적으로 이루어지지 않는다면 수용자에게 설득의 효과가 일어나기 어렵다. 그림 11-1은 설득이 일어나는 단계를 설득 과정의 효과에 관한 기존의 논의를 바탕으로 정리한 것이다.

그림 11-1 설득이 일어나는 단계(Petty & Cacioppo, 1986: 61)

설득 과정에서 설득하는 사람이 수용자에게 어떻게 비춰지는가, 수용자가 심리적으로나 사회적으로 어떠한 상태에 놓여 있는가, 어떤 내용이 어떤 방식과 어떤 매체를 통해 전달되는가 등의 조건에 따라 설득의 효과는 영향을 받게 된다. 설득의 효과는 수용자가 설득자의 주장을 받아들여 기존 태도를 변화시키거나 더 강화시키거나 또는 새로운 태도를 형성하는 것 등으로 나타난다. 그리고 이렇게 형성된 태도는 파지를 통해 유지되다가 기회가 주어졌을 때 행동으로 실현된다.

이처럼 설득은 내 의견을 내세우는 것이 전부가 아니며 내 의견을 상대방에게 강요하는 것도 아니다. 상대방이 내 생각에 귀 기울이고 나와 협력하도록 상대방의 마음을 움직이는 것인 만큼, 내 주장이 합리적이고 윤리적인지 먼저 살펴보아야 하며 상대방의 생각을 헤아리고 상대방의 관점에서 내 주장을 다시 돌아보아야 한다. 필자가 글을 통해 독자를 설득하고자 한다면 이러한 점들을 고려하여 주장에 대해 입증할 책임은 물론이고 다양한 측면에서 설득을 위한 노력을 기울여야 할 것이다.

고대 그리스 수사학은 청중의 마음을 움직이기 위해서는 다양한 요인이 종합적으로 작용해야 한다는 점을 분명히 인식하고 있었

<용어 설명>

입증 책임(burden of proof) 소송에서 어떤 사실이 증명되지 않음으로써 불리한 판단을 받을 가능성이 있는 당사자가 그 불이익을 면하기 위하여 해당 사실을 증명할 수 있는 증거를 제출할 책임이 있음을 의미하는 법률 용어이다. 토론, 특히 정책 토론에서는 찬성 측이 현재 상황의 변화의 필요성을 제기한 만큼 그것을 입증할 책임이 있다. 설득하는 글쓰기에서도 마찬가지로 필자는 자신이 제기한 주장에 대해 입증할 책임이 있다.

다. 아리스토텔레스는 수사학을 '주어진 경우에 가능한 모든 설득 수단을 찾아내는 능력'이라고 정의하고, 청중을 설득하기 위해 필요한 세 가지 전략으로 '로고스(logos), 파토스(pathos), 에토스(ethos)'를 제시하였다(Aristoteles/천병희 역, 2017: 31). 이 세 가지는 오늘날까지 설득하는 말하기는 물론이고, 설득하는 글쓰기와 다양한 미디어 광고 등에서 설득의 중요한 요소로 받아들여지고 있다.

- **로고스:** 보편적인 법칙과 행위 규범을 인식하고 그것을 따르는 이성을 의미한다. 타당한 근거에 입각해서 논리적으로 설득해야 한다고 생각하는 것이 로고스와 관련된 관념이다.
- **파토스:** 설득할 때 상대방에게 불러일으켜야 할 감정을 뜻한다. 적절한 감정이 불러일으켜진 상태가 되면, 다른 생각을 받아들이거나 어떤 행동을 하기로 결심할 가능성이 높아진다. 설득은 결국 상대방의 마음을 움직이는 일이므로 파토스는 설득의 중요한 요소로 작용한다.
- **에토스:** 설득하는 사람이 보여야 하는 성격을 의미하는 것으로, 그가 다른 사람들에게 어떤 사람으로 비춰지는가 하는 것이다. 약속을 잘 지키지 않는 사람이 약속을 지켜야 한다고 주장하면 들을 사람이 없는 것처럼, 설득하는 사람은 상대방에게 신뢰감과 호감을 주어야 한다. 설득하는 글쓰기를 할 때는 독자를 분석하는 것도 중요하지만 필자가 자신의 이미지를 글 속에서 어떻게 구축할지도 중요하다.

설득의 세 가지 기술인 로고스, 파토스, 에토스를 살펴본 이유는 주장을 뒷받침하는 논리적인 근거만으로 설득이 성취되는 것은 아니기 때문이다. 설득의 맥락에 따라 차이는 있겠지만, 설득이 이루어지기 위해서는 '이성적 설득'과 함께 '감성적 설득'과 '인성적 설득'도 필요하다. 그런데 감성이나 인성에 의한 설득은 그 자체가 설득의 주요 근거가 되어서는 안 된다(Breton & Gauthier/장혜영 역, 2006: 27). 대체로 눈앞에 있는 청중을 설득하는 연설에서는 파토스와 에토스가 상대적으로 더 부각되는 경향이 있고, 일반적인 설득하는 글쓰기에서는 로고스가 가장 중요한 요소로 간주된다. 물론 어느 경우에서든 타당한 근거 없이 상대방의 정서를 자극하거나 설득하는 사람의 권위에 의존하는 설득은 바람직한 설득이 아니다.

그런 점에서 설득의 핵심은 논증(argument)이라 할 수 있다. 넓은 의미에서 논증은 청중이나 독자를 설득할 수 있는 근거들을 제공하는 과정이라 할 수 있으며, 글쓰기에서 논증은 설득하는 글의 주된 진술 방식이 된다. 설득하는 글은 대체로 논증을 기본으로 하되, 글의 주제나 하위 유형에 따라 개념을 정의하고 대상을 비교하고 상황을 분석하는 등의 설명을 부가적인 진술 방식으로 사용한다. 여기서 논증이란 '일련의 명제들(a set of claims)로서, 하나 혹은 그 이상의 명제[전제(premise)]가 다른 명제[결론(conclusion)]에 대한 이유(reason)로 내세워지는 것'(Govier, 2014), 또는 '이미 옳다고 믿는 전제와 그 전제에 의해 입증되는 결론으로 이루어진 진술들의 집단'(Damer, 1987)을 의미한다. 다시 말해, 진술 방식으로서의 논증은 전제와 결론으로 구성되고 전제는 결론이 도출되는 논리적인 뒷받침 역할을 한다는 것이다.

논증의 이론적 구성 요소인 '결론'과 '전제'는 국어과 교육과정에서 '주장, 이유, 근거'로 구분된다. 윌리엄스와 콜럼(Williams & Colomb/윤영삼 역, 2008)은 이유와 근거를 다음과 같이 구별하였다. '이유(reason)'는 필자가 생각해 낸 것이고, '근거(evidence)'는 바깥세상에서 끌어온 것이다. 다시 말해 이유는 필자가 무엇 때문에 그러한 주장을 하는지 자신의 생각을 밝히는 것이고, 근거는 필자의 생각을 뒷받침할 수 있는 객관적인 자료를 제시하는 것이다. 따라서 근거는 확실하고 믿을 만하며 독자가 확인할 수 있는 정보여야 하고, 필자는 근거를 만들어 내는 것이 아니라 근거를 찾아서 보고해야 한다. 예를 들어, '대학생들이 술 마시는 것을 완전히 금지하기보다는 과음할 위험이 있는 학생들을 가려내 개별 상담을 하는 데 힘을 기울여야 한다.'가 주장이라면, '왜냐하면 전체 학생 중 과음으로 음주 사고를 일으키는 학생은 극히 일부이기 때문이다.'가 필자가 그러한 주장을 하는 이유에 해당한다. 그 근거로는 '의학협회 학술지에 실린 연구 보고서에 따르면 전체 학생 중 5분의 1도 되지 않는 학생들이 거의 모든 음주 사고를 일으킨다고 한다.'와 같은 정보를 제시할 수 있다.

정리하자면, 설득하는 글쓰기의 목적은 필자가 의도하는 방향으로 독자의 태도나 행동에 영향을 미치는 것이다. 설득하는 글을 쓰기 위해서는 다양한 측면, 즉 이성적 설득뿐만 아니라 감성적 설득과 인성적 설득의 전략을 활용할 수 있다. 설득하는 글은 논증을 주된 진술 방식으로 사용하며, 주장, 이유, 근거가 필수적인 구성 요소이다.

2 교육과정에 설득하는 글쓰기는 어떻게 나타나 있는가

국어과 교육과정에서는 설득하는 글쓰기에 관한 교육 내용을 어떻게 제시하고 있을까? 설득하는 글쓰기는 정보 전달의 글쓰기와 함께 오랫동안 쓰기 영역의 대표적인 교육 내용으로 다루어져 왔다. 먼저 국어과 교육과정에서 다루고 있는 설득하는 글쓰기의 유형에는 어떤 것들이 있는지 살펴보고, 역대 국어과 교육과정에서 설득하는 글쓰기의 교육 내용으로 어떤 것들을 다루어 왔는지 확인해 보자.

1) 설득하는 글쓰기의 유형

'설득하는 글' 또는 '주장하는 글'은 국어과 교육과정에서 내용 체계가 제시되기 시작한 제6차 교육과정부터 현재까지 목적에 따라 글의 실제를 분류할 때 사용하는 용어로 언급되고 있다. 논설문은 제1차 국어과 교육과정에서부터 지금까지 설득하는 글의 유형으로 제시되고 있는 설득하는 글의 가장 대표적인 유형이라 할 수 있다. 표 11-1은 제1차 국어과 교육과정부터 2022 개정 국어과 교육과정까지 중·고등학교 수준에서 다루어진 설득하는 글의 유형을 정리한 표이다. 전체적으로 살펴보면, 논설문, 건의문, 연설문, 비평문이 가장 많이 다루어졌다.

표 11-1 국어과 교육과정의 설득하는 글의 유형

제1차, 제2차 교육과정	논설문, 논문, 선전광고문
제6차 교육과정	설득을 위주로 하는 글, 논증을 위주로 하는 글
제7차 교육과정	논설문, 건의문, 연설문, 광고문
2007 개정 교육과정	논설문, 건의문, 연설문, 선언문, 비평문, 독자 투고문, 시평, 논증하는 글
2009 개정 교육과정	논설문, 건의문, 시평, 사설
2015 개정 교육과정	논설문, 건의문, 비평문, 시평, 사설
2022 개정 교육과정	논설문, 비평문, 연설문

2) 제1차부터 2009 개정 국어과 교육과정에 제시된 설득하는 글쓰기

좀 더 구체적으로 교육과정의 변천에 따라 설득하는 글쓰기의 교육 내용이 어떻게 변화하고 발전해 왔는지 살펴보자.

> 7. 논설, 논문 쓰기에 익숙해진다.
>   명석(明晳)한 사고방식(思考方式)으로 논지(論旨)가 뚜렷한 논문이나 논설을 쓸 수 있게 한다.
>   제목(題目)의 선정(選定), 재료의 수집, 논지(論旨)의 전개, 예증(例證)의 효과, 강조(强調)의 의의(意義) 등 논문을 쓰는 데 기초가 되는 것을 확실히 알도록 한다.

제1차 국어과 교육과정 고등학교 〈국어 1〉 지도 내용

제1차 국어과 교육과정에서는 논설과 논문 쓰기를 설득하는 글쓰기에 관련된 주요 내용으로 다루었다. 이 시기에는 초등학교(국민학교)와 중학교에서도 논설, 논문 그리고 광고문 쓰기를 교육 내용으로 제시하였다. 제2차와 제3차 국어과 교육과정은 논설문을 글의 주요 형식으로 언급하기는 했지만, 학년별 지도 사항에서는 설득하는 글쓰기를 독립적으로 다루지 않았다.

> 2) 작문
> 자) 산문의 진술 방식에는 설명, 논증, 묘사, 서사 등이 있음을 알고 이에 따라 한 개의 문단이나 한 편의 글을 짓는다.

제4차 국어과 교육과정 고등학교 〈국어 II〉 내용

제4차 국어과 교육과정도 제2차, 제3차 교육과정과 마찬가지로 설득하는 글쓰기를 독립적으로 다루지 않았다. 대신 고등학교에 위와 같은 지도 사항이 제시되었다. 이를 통해 수사학에 토대를 둔 이 시기의 교육 내용이 진술 방식과 같은 작문의 구성 요소에 초점을 맞추고 있음을 확인할 수 있다.

> 2. 내용
>
> - 쓰기 -
>
> 아) 일상 생활에서 문제를 찾아 서로 의견을 주장하고, 각 의견의 이유나 근거
> 에 대하여 토론한 후, 이를 종합하면서 자기의 주장이 분명히 드러나는 글
> 을 쓰기

제5차 국어과 교육과정 중학교 1학년 내용

> 2. 내용
>
> - 쓰기 -
>
> 사) 하나의 주제나 소재에 대하여 각각 설명하는 글, 묘사, 서술하는 글, 주장
> 하는 글을 쓰고, 내용의 선정, 전개 방법, 결론의 도출 방법 등의 차이를 논
> 의하기

제5차 국어과 교육과정 중학교 2학년 내용

과정 중심 교육과정이 도입된 제5차 국어과 교육과정은 글의 유형을 각각 다루기보다는 보편적인 작문의 과정을 지도하는 데 초점을 맞추었다. 그리고 토론하기와 주장하는 글쓰기를 통합하거나, 주장하는 글을 설명하는 글 등 다른 글과 비교하는 교육 내용이 설정되었다. 한편 중학교에서 '주장, 이유, 근거'가 명시된 교육 내용이 처음으로 등장하였다. 이는 현재까지 설득하는 글쓰기의 필수적인 교육 내용으로 자리 잡고 있다.

> (다) 논증 및 설득을 위한 글쓰기
> ① 설득을 위주로 하는 다양한 형식의 글을 쓴다.
> ② 논증을 위주로 하는 다양한 형식의 글을 쓴다.

제6차 국어과 교육과정 고등학교 선택 과목 〈작문〉 지도 내용

제6차 국어과 교육과정부터는 모든 학교급에서 설득하는 글쓰기가 분명하게 드러나는 내용들이 제시되기 시작했다. 다만 고등학교 선택 과목에 제시된

설득을 위주로 하는 글과 논증을 위주로 하는 글이 어떻게 구별될 수 있는지는 명확하지 않은데, 각각 논설문과 논문을 염두에 둔 설명이라고 짐작할 수 있다.

(나) 설득을 위한 글쓰기
① 작문의 원리와 전략에 관한 지식을 활용하여 설득을 위한 글을 쓴다.
② 다양한 작문 과제에 대하여 논설문, 연설문, 건의문, 광고문 등 여러 가지 종류의 글을 쓴다.

제7차 국어과 교육과정 고등학교 선택 과목 〈작문〉 영역별 내용

제7차 국어과 교육과정에서 선택 과목의 설득하는 글쓰기 관련 교육 내용을 살펴보면, 작문의 실제에 해당하는 내용으로 설득하는 글의 다양한 하위 유형이 반영되고 있다. 또한 이때 처음으로 작문의 '전략'이라는 개념이 도입되었다.

2007 개정 국어과 교육과정의 선택 과목 교육 내용도 제7차와 거의 동일하며, 설득하는 글의 하위 유형에 대한 예시만 '논설문, 비평문, 선언문, 연설문 등'으로 다소 달라졌다. 이전 교육과정과 비교해 볼 때, 2007 개정 국어과 교육과정 이후부터는 설득하는 글쓰기에 관련된 성취기준이 훨씬 다양하고 구체적으로 제시되기 시작했다. 이때부터 모든 학년 혹은 학년군에 관련 성취기준이 적어도 하나씩은 배치되었으며, 성취기준들 사이의 위계도 더욱 체계화되었다.

[설득]

- 설득의 원리 -
(15) 논증의 원리와 방법을 이해하고 새로운 주장을 입증할 책임이 자신에게 있음을 안다.
(16) 설득하는 담화나 글의 구조와 내용 조직의 원리를 이해하고 청자와 독자를 고려하여 내용을 구성한다.
(17) 논리적 오류의 유형을 이해하고 내용의 신뢰성·타당성·공정성을 파악한다.

- 설득을 위한 작문 -
(22) 주장하는 내용과 관점이 명료하게 글을 쓰며 글의 영향과 사회적 책임을

> (23) 언어 공동체의 쓰기 관습을 고려하여 적합하고 타당한 논거를 들어 글을 쓴다.
>
> (24) 독자나 글의 유형에 적합하고 설득력 있는 표현 전략을 활용하여 주장하는 글을 쓴다.
>
> (25) 논거의 타당성, 조직의 효과성, 표현의 적절성을 점검하여 고쳐 쓴다.

2009 개정 국어과 교육과정 고등학교 선택 과목 〈화법과 작문〉 세부 내용

2009 개정 국어과 교육과정은 고등학교에서 '논증의 원리', '내용 조직의 원리', '표현 전략', '쓰기 관습' 등 설득하는 글쓰기를 위해 학습자가 익혀야 할 원리와 전략을 이전 교육과정보다 자세하게 설명하며 강조하였다. 또한 선택 과목 〈화법과 작문〉에서 다루는 설득에 관한 성취기준이 모두 7개로 전후 교육 과정에 비해 많은 편인데, 이 중 '설득의 원리'에 속하는 성취기준은 화법과 작문에 공통으로 해당되는 것으로 설정되어 있다.

3) 2015 개정 및 2022 개정 국어과 교육과정에 제시된 설득하는 글쓰기

다음의 두 표는 가장 최근에 차례로 개정된 2015 개정과 2022 개정 국어과 교육과정의 쓰기 영역 내용 체계에서 설득하는 글의 유형에 관련된 내용을 따로 뽑아 정리한 것이다. 최근 두 교육과정의 내용 체계는 학년별 위계를 제시하였다는 점이 특징인데, 설득하는 글의 유형 역시 학년에 따라 '의견을 표현하는 글', '주장하는 글', '설득하는 글', '논증하는 글' 등으로 구분하였다.

초등학교			중학교 1~3학년	고등학교 1학년	화법과 작문
1~2학년	3~4학년	5~6학년			
-	• 의견을 표현하는 글	• 주장하는 글 [적절한 근거와 표현]	• 주장하는 글 [타당한 근거와 추론]	• 설득하는 글	• 설득하는 글 [논거와 설득 전략] • 비평하는 글 [필자의 관점] • 건의하는 글 [현안 분석 및 해결]

2015 개정 교육과정의 쓰기 영역 내용 체계에 제시된 설득하는 글쓰기의 유형

초등학교			중학교 1~3학년	고등학교 1학년	독서와 작문
1~2학년	3~4학년	5~6학년			
-	• 이유를 들어 의견을 제시하는 글	• 적절한 근거를 들어 주장하는 글	• 타당한 근거를 들어 주장하는 글	• 공통국어 1 사회적 쟁점에 대한 자신의 견해를 나타내는 글 • 공통국어 2 논증이 효과적으로 나타나는 글	• 정보 전달, 논증, 정서 표현 및 자기 성찰의 유형별 작문과 독서 수행하기

2022 개정 교육과정 쓰기 영역 내용 체계에 제시된 설득하는 글쓰기의 유형

다만 2015 개정 교육과정에서는 선택 과목 〈화법과 작문〉에서 '비평하는 글'과 '건의하는 글'을 별도로 다룬 것에 비해, 2022 개정 교육과정의 선택 과목 〈독서와 작문〉에서는 설득하는 글의 구체적인 장르를 명시하지 않고 '논증하는 글'에 관한 일반적인 내용을 다루는 성취 기준을 하나만 제시했다는 차이가 있다. 이는 2009 개정 교육과정 이후로 교육 과정 내용의 간소화를 지향하는 흐름과 관련이 있다.

하지만 다음의 성취기준 목록을 보면, 2015 개정 교육과정의 고등학교 선택 과목에서 다루었던 '비평하는 글'과 '건의하는 글' 관련 내용이 2022 개정 교육과정에서는 중학교 〈국어〉와 고등학교 〈공통국어〉로 이동했다고도 볼 수 있다. 2022 개정 교육과정에서 관련된 두 성취기준 [9국03-04]와 [10공국1-03-01]은, 다른 성취기준들에 비해 '의견 차이가 있는 사안' 또는 '사회적 쟁점'으로 글쓰기의 맥락이 좀 더 구체적으로 제시되어 있으면서, '사회·문화적 맥락'이나 '내용 전개의 일반적 원리' 등 서로 다른 교육 내용과 관련되어 있다. 그러므로 2022 개정 교육과정의 설득하는 글쓰기 관련 내용이 핵심적인 교육 내용의 지속적인 반복과 심화를 기조로 하는 '나선형 교육과정'을 보다 충실하게 구현한 것으로 평가할 수 있다.

초등학교	3~4학년군	[4국03-03] 관심 있는 주제에 대해 자신의 의견이 드러나게 글을 쓴다.
	5~6학년군	[6국03-04] 적절한 근거와 알맞은 표현을 사용하여 주장하는 글을 쓴다.

중학교	1~3학년군	[9국03-04] 주장하는 내용에 맞게 타당한 근거를 들어 글을 쓴다.
고등학교	1학년	[10국03-02] 주제, 독자에 대한 분석을 바탕으로 타당한 근거를 들어 설득하는 글을 쓴다.
	선택 과목 〈화법과 작문〉	[12화작03-04] 타당한 논거를 수집하고 적절한 설득 전략을 활용하여 설득하는 글을 쓴다. [12화작03-05] 시사적인 현안이나 쟁점에 대해 자신의 관점을 수립하여 비평하는 글을 쓴다. [12화작03-06] 현안을 분석하여 쟁점을 파악하고 해결 방안을 담은 건의하는 글을 쓴다.

2015 개정 국어과 교육과정 설득하는 글쓰기 관련 학년별 성취기준

초등학교	3~4학년군	[4국03-03] 대상에 대한 자신의 의견과 그렇게 생각한 이유가 드러나게 글을 쓴다.
	5~6학년군	[6국03-02] 적절한 근거를 사용하고 인용의 출처를 밝히며 주장하는 글을 쓴다.
중학교	1~3학년군	[9국03-03] 주장을 뒷받침할 수 있는 타당한 근거를 들고 적절한 표현을 사용하여 주장하는 글을 쓴다. [9국03-04] 의견 차이가 있는 사안에 대해 자료를 수집하고 사회 문화적 맥락을 고려하며 주장하는 글을 쓴다.
고등학교	공통국어1	[10공국1-03-01] 내용 전개의 일반적 원리를 고려하여 사회적 쟁점에 대한 자신의 견해를 정교하게 표현하는 글을 쓴다.
	공통국어2	[10공국2-03-02] 논증 요소에 따른 분석을 바탕으로 효과적으로 내용을 조직하여 논증하는 글을 쓴다.
	선택 과목 〈독서와 작문〉	[12독작01-11] 글이나 자료에서 타당한 근거를 수집하고 효과적인 설득 전략을 활용하여 논증하는 글을 쓴다.

2022 개정 국어과 교육과정 설득하는 글쓰기 관련 학년별 성취기준

2022 개정 국어과 교육과정의 설득하는 글쓰기 관련 내용에서 가장 주목할 만한 변화는 논증의 요소를 '주장, 이유, 근거'의 3요소 체계로 확정하여 다른 영역과 통일하였다는 점이다. 국어과 교육과정은 제5차 교육과정기부터 주장을 뒷받침하는 이유와 근거를 교육 내용으로 명시하였지만, 이때부터 최근까지 이유와 근거는 논거와 함께 위계적인 개념으로 받아들여졌다(이삼형·이선숙, 2011). 즉, 논증의 요소를 주장과 근거의 2요소 체계로 보고, 저학년에서는 이유를 고학년에서는 근거를 제시하도록 가르치고 고등학교에 가서는 '논거'라는

개념을 학습하는 식이었다. 다음은 2022 개정 교육과정에서 논증의 요소를 '주장, 이유, 근거' 그리고 '반론에 대한 반박'으로 설명하고 있는 성취기준 해설 내용이다.

[10공국2-03-02] 이 성취기준은 논증 요소를 중심으로 글을 쓸 수 있는 능력을 기르기 위해 설정하였다. 논증의 요소는 주장과 그 주장을 지지하는 객관적 자료인 근거, 근거를 바탕으로 주장을 가능하게 하는 주관적 요인인 이유, 예상되는 반론과 이에 대한 반박 등을 포함한다. 논증 요소와 이들 요소 간의 관계, 연역과 귀납 등의 논증 방법을 활용하여 효과적으로 내용 조직하기 등을 학습한다.

듣기·말하기 영역에서는 2015 개정 교육과정에서 이미 논증의 요소를 '주장, 이유, 근거' 3요소 체계로 설명했지만, 쓰기 영역에서는 여전히 '주장, 근거'의 2요소 체계로 설명해서 유기적으로 연결되어야 할 두 영역의 교육 내용이 불일치하는 문제가 있었다. 그러나 2022 개정 교육과정에서는 그러한 문제가 해소되었다.

3 설득하는 글, 어떻게 쓰는가

이 절에서는 설득하는 글쓰기의 원리에 해당하는 설득하는 글의 요소, 전략, 구조 등에 대한 이해를 바탕으로 설득하는 글을 잘 쓰는 방법을 정리해 보자. 먼저 글의 필수적인 구성 요소인 '주장'과 '근거'에 관련하여 주장을 어떻게 결정하고 표현해야 하는지 그리고 설득력 있는 근거는 어떤 요건을 갖추어야 하는지에 대해 알아볼 것이다. 다음으로 '이성적 설득', '인성적 설득', '감성적 설득'으로 나누어 설득하는 글쓰기에서 활용되는 설득의 전략들을 살펴보고, 설득하는 글의 전형적인 구조인 '문제 – 해결 구조'를 중심으로 설득하는 글을 전개하는 방식을 알아볼 것이다. 마지막으로 설득력을 높이기 위해서는 어떻게 표현하는 것이 좋은지 검토하려고 한다.

1) 주장과 근거의 요건

(1) 주장의 요건

'주장'은 설득하는 글의 핵심이다. 논쟁의 여지가 있는 어떤 문제에 대해 필자는 자신의 관점을 수립하고 독자에게 생각이나 행동의 변화를 요구하게 되는데, 필자가 독자에게 하는 이러한 요구가 곧 주장이다. 주장은 독자가 동의해 주기를 바라는 진술인 만큼 독자가 관심을 가질 만하고 또 가져야만 하는 주제에 대한 진술이어야 한다.

주장에는 '사실 명제', '정책 명제', '가치 명제' 세 가지가 있다. 이 세 가지의 명제는 표현되는 방식과 입증해야 할 초점이 서로 다르다. 그런데 중요한 것은 이 명제들은 모두 입증을 필요로 하는 진술들이라는 점이다. 입증될 필요가 없는 명제는 주장이 될 수 없다.

- **사실 명제**: 참임을 입증할 수 있는 사실을 진술한 명제. (📵 독도는 대한민국의 영토이다. 조기 영어 교육은 모국어 습득에 방해가 된다.)
- **정책 명제**: 정책 즉 현실의 문제에 대한 해법을 제안하는 명제. '무엇을 해야 한다' 혹은 '해서는 안 된다'와 같은 형태로 표현된다. (📵 교내에 CCTV를 설치해야 한다. 동물 실험을 금지해야 한다.)
- **가치 명제**: 가치 판단이나 평가를 담고 있는 명제. '무엇이 좋다' 혹은 '나쁘다', '무엇이 옳다' 혹은 '그르다'와 같은 형태로 표현된다. (📵 남녀공학이 교육에 좋다. 선의의 거짓말은 필요하다.)

사실 명제는 그것이 참인지 거짓인지를 가려야 하는 명제로서 실제 사실에 부합하는지 입증해야 하는 명제이다. 학술 논문의 주장은 대체로 사실 명제이다. 정책 명제는 어떤 문제에 대한 해법을 제시하고 그 해법이 효과적임을 입증하는 명제로서 사설이나 칼럼과 같은 논설문에서 가장 두드러지게 사용된다. 가치 명제는 무엇에 대해 칭찬하거나 비판하는 명제로서 가치를 판단하는 원칙이나 기준을 제시하여 그 평가가 타당함을 입증해야 하는 명제이다. 가치 명제는 '~해야 한다'라고 진술되지는 않지만, 정책 명제의 의미를 암시적으로 나타내기도 한다. 또한 이러한 명제들은 한 편의 글에서 각각 하나의 주장으로 제기될 수도 있으나, 경우에 따라서는 복합적으로 사용될 수도 있다. 가령 하나의 사실 명제가 주장으로 제기되고 입증된 다음, 그것이 정책 명제나 가치 명제의 근거로 활용되는 경우도 있다.

어떤 종류의 명제든 주장은 다음과 같은 요건을 갖추어야 한다(Willams & Colomb/윤영삼 역, 2008: 170-175). 먼저, 주장은 논쟁의 여지가 있고 누군가 '이의'를 제기할 수 있는 것일 때 독자의 관심을 유발할 수 있다. 이미 잘 알고 있는 뻔한 사실이나 대부분이 동의하는 일상적인 교훈이 주장으로 제시된다면 독자들은 굳이 시간을 들여 그 글을 읽어야 할 이유를 느끼지 못할 것이다. 앞서 주장은 반드시 입증을 필요로 하는 진술이라고 했는데, 이는 달리 말하면 반증의 가능성을 가지고 있는 진술이라는 의미가 되기도 한다. 따라서 필자가 자신의 주장을 충분히 입증하지 못하는 경우에 그 주장은 반박을 통해 잘못된 주장으로 판단될 수도 있다. 필자가 주장을 제기하면서 독자에게 생각이나 태도를 바꾸기를 요구하는 것처럼, 필자 자신도 자신의 생각에 반대하는 독자의 주장을 열린 태도로 경청해야 하며, 그것이 타당하다면 받아들일 수도 있어야 한다.

다음으로 주장은 타당한 근거를 통해 충분히 입증된다면 독자가 기꺼이 받아들 수 있을 만한 것이어야 한다. 그러므로 주장은 윤리적이고 공정해야 한다. 일부에게만 이익이 돌아가고 그 대가로 많은 사람들이 피해를 보게 되는 주장이거나, 더 중요한 가치를 훼손하는 주장은 독자들에게 거부당할 수밖에 없다. 또한 많은 사람들에게 이익을 줄 수 있는 주장이라도 그것이 실현 가능성이 없는 허무맹랑한 주장이라면 독자는 그러한 주장을 진지하게 받아들이지 않을 것이다.

마지막으로 주장은 신중하고 사려 깊은 것이어야 한다. 어떤 문제에 대해 너무 단순한 해결책을 제시하면 독자는 필자가 그 문제를 제대로 이해하고 있지 못하고 있다고 판단할 것이다. 문제를 충분히 검토하고 반대 의견을 가진 사람들의 입장도 파악해야 눈앞의 문제를 해결하느라 더 큰 문제를 만드는 주장을 하지 않을 수 있다. 이렇듯 주장은 필자의 생각의 깊이를 보여 준다. 따라서 필자는 자신의 주장을 내세우기 전에 성급하게 판단해서는 안 되고, 관련된 문제들을 주의 깊게 검토해야 한다.

(2) 근거의 요건

'근거'는 설득의 기반이다. 영어에서 근거에 해당하는 단어에는 'basis', 'ground', 'foundation' 등이 있는데, 이 단어들이 대체로 '토대'와 관련된다는 점만 보더라도 근거의 성격을 짐작할 수 있다. 설득을 단단하게 뒷받침할 수 있는 근거는 독자가 신뢰하고 동의할 수 있는 정보로서, 객관적인 사실(사실 논거), 필자가 아닌 다른 믿을 만한 사람의 의견(소견 논거), 필자와 독자가 공유하는 진리나 당위(선험 논거) 등이 있다. 구체적으로 사실 논거에는 필자나 필자 주변 사람의 경험, 뉴스에 보도된 사건, 역사적 사건 등의 사례나 통계 자료, 실험이나 조사 결과, 학술 연구의 결과 등이 있고, 소견 논거로는 관련자의 증언이나 권위 있는 사람의 말이 있다.

설득력 있는 근거는 타당성, 신뢰성, 공정성, 풍부성 등의 요건을 갖추어야 한다. 먼저 '타당성(妥當性)'은 전제에서 결론 또는 근거에서 주장까지의 연결이 이치에 맞음을 의미한다. 논리에 바탕을 둔 설득이 아니라 동정에 호소하거나 위협을 가하는 설득은 타당성이 떨어지고, 논리적 오류가 포함된 논증 역시 타당성이 없다. 논리학에서는 타당성을 추론의 형식적 올바름으로 규정하여 '건전성(健全性)'과 구별하기도 한다. 예를 들어 아래의 (가)와 (나) 논증을 비교해 보자.

(가) [전제1] 모든 동물은 언젠가는 죽는다.
     [전제2] 곰은 동물이다.
     [결론] 그러므로 곰은 언젠가는 죽는다.

(나) [전제1] 모든 사람은 영원히 죽지 않는다.
     [전제2] 이 고양이는 사람이다.
     [결론] 그러므로 이 고양이는 영원히 죽지 않는다.

두 논증은 '[전제1] 모든 A는 B다. [전제2] C는 A다. [결론] 그러므로 C는

B이다.'의 동일한 형식으로 되어 있다. 그러나 (가)는 말이 되고 (나)는 말이 되지 않는다. (나)가 말이 되지 않는 이유는 (나)의 모든 명제들이 거짓이기 때문이다. 논리학은 논증을 구성하는 개개의 명제의 진위에 상관없이 적어도 형식적으로 올바른 논증이라면 타당성이 있다고 보기 때문에 (가)와 (나) 모두 타당한 논증이라고 판단한다. 건전성은 전제들이 모두 참인 타당한 논증을 뜻하는데, 여기서는 (가)만이 건전성을 갖춘 논증에 해당한다. 그러므로 설득하는 글을 쓸 때는 타당성과 건전성을 모두 갖춘 논증을 사용해야 설득력 있는 글이 될 수 있다.

'신뢰성(信賴性)'은 근거로 제시하는 자료가 독자가 보기에 얼마나 믿을 만한가 하는 문제로, 주로 정보의 출처와 밀접하게 관련된다. 설득하는 글에서 제시하는 근거는 최대한 원래의 자료에 가까운 것을 제시하고 출처를 정확하게 밝히는 것이 좋다. 예를 들어 인터넷 블로그에서 누군가가 제시한 통계 자료를 근거로 사용하려고 할 때, 그 통계 자료의 출처가 어디인지 반드시 확인할 필요가 있다. 그렇지 않으면, 조사 방식이 제대로 되었는지, 너무 오래된 자료는 아닌지, 인용 과정에서 변형되지는 않았는지 등의 문제를 확인하기 어렵기 때문이다. 독자의 입장에서는 자료 자체뿐만 아니라 자료의 출처 역시 근거의 신뢰성을 판단하는 기준이 된다.

또한 '공정성(公正性)'도 신뢰성에 영향을 미치는 요건이다. 아무리 전문적인 연구 결과라도 연구자가 자신의 이익을 좇아 연구 결과를 왜곡하였다면, 그 연구는 공정하게 이루어진 것이 아니므로 신뢰할 만한 근거가 될 수 없다. 필자가 자신의 입장을 옹호하는 데 유리한 근거만 제시하고 불리한 근거를 감추는 것 역시 공정하지 못하다. 한 쪽의 입장에만 지나치게 치우쳐 공정한 태도를 보이지 않는다면 독자는 필자를 신뢰하지 않을 것이다. 따라서 공정성은 근거뿐만 아니라 주장과 이유를 포함하여 설득하는 글 전반에서 필자가 보이는 태도가 갖추어야 할 요건이 된다.

마지막으로 '풍부성(豐富性)'은 주장을 뒷받침하는 근거가 충분해야 한다는 것을 의미한다. 다섯 단락으로 설득하는 글을 쓰는 경우, 하나의 주장에 대한 세 가지의 근거를 본론의 세 단락에 나누어 기술하는 구조가 전형적이다. 근거를 한두 가지만 제시하면 근거가 충분하지 않은 것으로 간주되기 쉽다. 근거는 충분히 제시해야 하지만 무조건 많은 근거를 제시하기보다는 작문 맥락을 고려하여 더욱 설득력 있는 근거를 적절히 선택하고 효과적으로 배열하는 것이 중요하다. 또한 풍부성은 양적인 풍부함만을 의미하지 않는다. 근거는 설득하려는 문제에 대해 여러 측면을 고찰한 결과여야 하며, 다양한 출처와 유형의 자료여야 한다.

2) 설득의 전략

(1) 이성적 설득 전략

① 연역과 귀납

귀납과 연역은 논증의 대표적인 방법이다. 귀납은 구체적이고 경험적인 사실을 통해 결론을 도출하는 방법이다. 연역은 보편적인 법칙에서 특수한 주장을 새롭게 끌어내는 방법으로, 대전제 – 소전제 – 결론으로 이루어진 삼단논법이 대표적인 형태이다. 논증의 방법을 귀납과 연역의 두 가지로 나누는 분류는 아리스토텔레스로부터 시작되어 신(新)수사학자들의 논증 도식 연구로 계승되고 있는데, 실제 설득하는 말하기나 글쓰기에 사용되는 귀납과 연역의 하위 유형들은 무척 다양하다.

아리스토텔레스의 『수사학(The Art of Rhetoric)』에 따르면 어떤 종류의 연설에서든 보편적으로 사용되는 논증 중 대표적인 것은 '예증'과 '생략삼단논법'이다. 이때 '예증'은 귀납에 해당하고, '생략삼단논법'은 이름에서도 알 수 있듯이 연역에 해당한다.

먼저 예증이란 사람들이 설득하려고 하는 것과 유사한 한 가지 또는 여러 가지 경우를 제시하고 거기에서 주장의 정당성과 합법성을 끌어내는 것을 말한다(Breton & Gauthier/장혜영 역, 2006: 27-28). 예증에는 실제 사건을 말하는 경우와 지어내어 말하는 경우가 있는데, 전자는 '선례(先例)'이고 후자로는 '비유'와 '우화'가 있다. 아리스토텔레스는 이를 각각 **표 11-2**와 같은 예를 들어 설명하였다.

표 11-2 예증의 종류와 예(Aristoteles/천병희 역, 2017: 38, 192)

종류	예시
선례	디오니소스 1세는 독재(참주)를 갈망한다. 왜냐하면 그는 자신을 위한 호위대를 요구하기 때문이다. 과거에 페이시스트라토스도 호위대를 요구했고 국가에서 요구를 들어주자 참주가 되었다. 메가라의 테아게네스도 마찬가지였다.
비유	관리들을 추첨으로 선출해서는 안 됩니다. 그것은 경기에 적합한 자를 선별하는 대신 추첨으로 운동선수를 선발하는 것이나, 선원 중에서 추첨으로 선장을 선출하는 것과도 같습니다.
우화	말 한 마리가 풀밭을 독차지하고 있었습니다. 그때 사슴이 나타나 풀밭을 망쳐 놓는지라 말이 사슴에게 복수하고 싶어서 어떤 사람에게 사슴을 응징하도록 도와줄 수 있겠느냐고 물었습니다. 이 사람이 말했습니다. '네가 재갈을 물고, 내가 손에 창을 들고 네 등에 올라타게 해 준다면 그렇게 해 주지.' 말이 동의하자 그가 올라탔습니다. 그러나 말은 사슴에게 복수하기는커녕 그때부터 사람의 노예가 되었습니다. 그러니 여러분 적군을 응징하려다가 말과 같은 처지가 되지 않도록 조심하십시오.

다음으로 생략삼단논법이란 하나의 전제에서 출발하여 다른 새로운 명제를 추론해 내는 것으로, 삼단논법의 전제 가운데 하나를 생략하여 표현 효과를 높이려는 것이다(Breton & Gauthier/장혜영 역, 2006: 27-28). 예를 들어 '소크라테스는 죽는다. 인간이기 때문에'라고 한다면, 이 논증에는 '인간은 모두 죽는다'라는 대전제가 생략된 것이다. 이처럼 누구나 다 아는 사실이라면 생략하는 것이 효율적일 수 있다. 때로는 겉으로 드러내었을 경우에 오히려 의심을 살 만한 전제라서 전략적으로 생략하기도 한다(Reboul/박인철 역, 1999: 102). 생략삼단논법에도 매우 다양한 종류가 있는데, 그중 몇 가지를 소개하면 표 11-3과 같다.

표 11-3 생략삼단논법의 종류와 예(Aristoteles/천병희 역, 2017: 196-220)

종류	예시
금언(金言)을 사용한 논증	세상에 자유로운 사람은 아무도 없다. 사람은 돈의 노예가 아니면 필연의 노예니까.
반대를 사용한 논증	우리에게 본의 아니게 악행을 저지른 자들에게 화를 내는 것이 옳지 않다면, 강압에 못 이겨 선행을 베푼 자에게 우리가 감사할 의무도 없는 것이오.
정의(定義)를 사용한 논증	초인간적인 것은 무엇인가? 그것은 바로 신이거나 신의 작품이다. 그러니 신의 작품이 존재한다고 믿는 자는 신들도 존재한다고 믿어야 한다.
적용을 사용한 논증	헥토르가 파트로클로스를 죽인 것이 죄가 아니라면 파리스가 아킬레우스를 죽인 것도 죄가 아니다.
구분을 사용한 논증	모든 사람은 A, B, C의 세 동기에서 범죄를 저지른다. 그런데 내 경우 A와 B는 불가능하니 해당되지 않는다. 그리고 C 때문이라고는 고소인조차 주장하지 못할 것이다. (나는 동기가 없으므로 범죄를 저지르지 않았다.)
딜레마를 사용한 논증	네가 바른 말을 하면 사람들이 너를 미워할 것이고, 네가 그른 말을 하면 신들이 너를 미워할 것이다. (그러니 연설을 해서는 안 된다.)

② 논증 도식

아리스토텔레스의 수사학은 1960년대에 '신수사학'을 통해 계승, 발전되었는데, 이후 여러 연구자들은 아리스토텔레스의 논증 방법을 바탕으로 논증의 유형을 새롭게 정비하였다. 그 결과 '논증 도식(argumentative schema)' 즉, 논거로 진술된 것과 주장으로 진술된 것이 서로 관계를 맺는 관습적인 방식들이 다양하게 분류되고 있다. 표 11-4는 국어 교육 연구에서 가장 많이 활용되고 있는 킨포인트너(Kienpointner, 1992)의 이론을 중심으로 논증 도식을 설명한 것이다. 킨포인트너는 논증 방식을 '포함 도식'부터 '권위 도식'까지 여덟 가지로 나누었다. 표 11-4에서는 논증 도식의 선구적 연구인 페렐만과 올브레히츠-티테가(Perelman & Olbrechts-Tyteca, 1958)의 분류에는 포함되어 있으나 킨포인트너의 분류에는 빠져 있는 '분리 도식'을 추가하여 모두 아홉 가지를 제시하였다. 각 유형에 대한 설명은 두 이론을 대조하여 정리하였고, 각 유형의 예시는 김서윤(2016: 96-97)을 참고하여 일부를 수정하거나 추가한 것이다.

표 11-4 논증 도식의 종류와 특징

논증 도식	특징
포함 (subsumption)	정의(定義), 유-종 관계, 전체-부분 관계를 밝혀 주장을 뒷받침한다. 예 병역은 헌법이 정한 국민의 의무이다. 병역을 이행하는 것은 모든 대한민국 국민이 당연히 해야 할 일이므로 양심적 병역 거부는 불가하다.
비교 (comparison)	동일성과 유사성, 차이 등을 토대로 비교하여 주장을 뒷받침한다. 예 1 양심의 자유도 중요하지만 국가의 안전과 평화가 더 중요하므로 양심적 병역 거부는 불가하다. 예 2 질병이 있는 경우에 사회복무요원으로 병역을 이행하는 것과 마찬가지로 양심적 병역 거부자도 대체복무를 하면 된다. 예 3 원격 학습은 학습자들에게 더 많은 유연성과 편의성을 제공하기 때문에, 강의실 학습보다 더 효과적이다. 그러므로 원격 학습을 더 확대 실시해야 한다.
대립 (대당관계, opposition)	모순, 반대, 양립불가 관계를 밝혀 주장을 뒷받침한다. 예 평화와 인명 존중을 표방하는 정부가 국민들에게 병역 의무를 강제하는 것은 모순이므로 양심적 병역 거부는 정당하다.
인과 (causality)	원인-결과, 목적-수단 등의 연속적 관계를 바탕으로 주장을 뒷받침한다. 예 종교적 이유로 병역을 거부하는 것을 허용한다면 아무도 군대에 가려 하지 않을 것이고 국방 체계가 불안정해질 것이므로 양심적 병역 거부는 불가하다.
귀납적 예시 (inductive examples)	유사한 사례를 제시한 뒤 이를 근거로 보편적 명제를 끌어낸다. 예 종교 전쟁, 식민지 침략 전쟁, 이념으로 인한 내전 등 역사상의 전쟁들을 돌이켜 보건대 모든 전쟁은 그 명분이 어떠하든 참화만을 남길 뿐이므로 양심적 병역 거부는 정당하다.

설명적 예시 (illustrative examples)	어떤 명제를 지지하기 위해 대표성 있는 사례를 도입한다. 예 병역은 국가를 위해 봉사하는 신성한 기회이다. 옛 유럽의 귀족들은 '노블리스 오블리주' 정신으로 군대에 입대했다. 병역 대상자들도 자긍심을 가지고 병역의 의무를 다해야 한다.
유추 (analogy)	주제와 다른 영역에 속하지만 유사한 속성이 있는 상황에 빗대어 주장을 뒷받침한다. 예 1 운동선수가 자신의 신념 때문에 경기의 규칙을 따르지 않겠다는 것은 상상할 수 없다. 하물며 스포츠의 규칙도 그런데 개인적인 가치관을 이유로 법을 따르지 않겠다는 것은 허용될 수 없다. 예 2 새로운 언어를 배우는 것은 새로운 세계를 탐험하는 것과 같아서, 인내심과 열린 마음이 필요하다.
권위 (authority)	영향력 있는 사람, 권위자의 의견으로 주장을 뒷받침한다. 예 국제정치학자들의 최근 연구에 의하면 전쟁에 철저히 대비할수록 전쟁 발발 가능성은 더 낮아진다고 한다. 그러므로 평화를 지지한다면 오히려 병역의 의무를 이행하는 것이 옳다.
분리 (dissociation)	하나의 의미를 분리하여 새로운 의미를 드러냄으로써 주장을 뒷받침한다. 예 1 양심적 병역 거부는 국민의 신성한 의무에 대한 거부가 아니라 의무를 다할 기회의 확장에 대한 요청이다. 그러므로 병역 제도를 보완한다면 받아들여질 수 있다. 예 2 백신에 화학 물질이 들어 있다는 이유로 백신 접종에 반대하는 것은 타당하지 않다. 왜냐하면 우리가 먹는 음식에도 화학 물질은 들어 있으며 모든 화학 물질이 인체에 유해한 것은 아니기 때문이다.

논증 방법은 연구자에 따라 수십 가지로 분류되기도 하지만 표 11-4는 설득하는 글에서 대체로 많이 사용되고 서로 구별하기 쉬운 것들을 소개하였다. 이중에 설명적 예시 도식과 유추 도식은 귀납에 해당하고, 나머지는 대체로 연역에 해당한다고 볼 수 있다. 논증 도식은 논증하려는 주제, 즉 논제의 성격에 따라 혹은 논제에 대한 필자의 태도에 따라 다르게 선택될 수 있는데, 다양한 논증 도식을 사용한 텍스트가 질적으로 더 우수한 경우가 많다고 한다(민병곤, 2003: 71). 필자는 자신의 주장을 뒷받침할 수 있는 적절한 논증 도식을 다양하게 선택할 수 있어야 한다. 그러기 위해서는 여러 가지 논증 도식이 활용된 글을 읽고 논증 도식의 표현 방식에 익숙해지는 것이 도움이 된다.

(2) 인성적 설득 전략과 감성적 설득 전략

① 인성적 설득 전략

설득은 인간을 향한 호소인 만큼 논리적인 타당성만으로 이루어지지는 않는다. 이성적 설득이 갖추어지지 않은 상태에서 감성적인 설득이나 인성적인 설득으로 독자의 마음을 움직이려는 접근은 분명히 잘못된 것이지만, 감성적인 설득과 인성적인 설득을 간과하고서는 설득에 성공하기 어렵다. 독자는 필자에 대한 믿음을 가질 때 필자의 의견을 진지하게 검토할 것이고, 특정한 감정을 느낄 때 필자의 의견을 이해하고 수용하는 것을 넘어서서 자신의 태도와 행동을 바꾸려고 할 것이기 때문이다. 그러므로 설득하는 글을 쓸 때 필자는 자신의 글이 논리적으로 설득력을 갖추도록 노력해야 할 뿐만 아니라, 필자 자신이 글 속에서 독자에게 어떤 사람으로 비춰지는지 돌아보아야 한다. 또한 독자가 자신의 글을 읽는 동안 어떤 감정을 느끼게 될지도 고려할 필요가 있다.

인성적 설득 전략은 아리스토텔레스가 연설가의 성격 즉, '에토스'로 설명한 내용에서 유래한다. 아리스토텔레스에 따르면 연설가는 청중을 설득하기 위해 '지혜', '미덕', '호의'에 해당하는 세 가지 자질이 필요하다(Aristoteles/천병희 역, 2017: 127). 지혜가 없는 사람은 어떤 사안에 대해 제대로 알지 못해서 그릇된 의견을 가질 것이고, 미덕이 없는 사람은 옳고 그름을 알고서도 개인의 이익에 흔들릴 것이며, 호의가 없는 사람은 청중이나 독자에게 최선인 주장을 하지 않을 것이라고 여겨지기 때문에 신뢰와 호감을 얻기 힘들다.

에토스는 이후에 '공신력(公信力, credibility)'이라는 개념으로 설득 커뮤니케이션 연구자들에 의해 다루어졌다. 공신력의 구성 요소는 '전문성', '신뢰성', '선의' 등이 주로 언급된다. 먼저 전문성은 주장하는 분야에 대해 필자가 정확하고 풍부한 지식을 가지고 있거나, 학위나 자격증 등을 소지하여 그 분야에 대해 논할 자격이 있음을 의미한다. 신뢰성은 필자가 아무런 사심 없이 사실과 의견을 제시하고 있는 것으로 받아들여지는지를 의미한다(Gass & Seiter, 1999). 글에서 전문적인 지식이 조리 있게 설명되고 주제에 대한 깊고 넓은 이해가 드러나며 다양한 측면에서 문제가 검토되고 논증이 논리적이고 치밀할 때, 독자는 필자의 전문성과 신뢰성을 인정하고 필자의 의견에 귀를 기울일 것이다.

그런데 학생 필자의 경우에는 어떤 분야에 공인된 전문성을 인정받기는 힘들 수도 있다. 이런 경우에는 '성실성'이 부족한 전문성을 보완할 수 있다. 자료 조사를 철저하게 해서 충실한 자료를 제시하면, 독자는 그 정보가 충분히 믿을 만한 것으로 인정하는 동시에 필자가 그 문제를 진지한 자세로 대하고 있다고 생각할 것이다. 또한 '관련성'을 드러내는 것도 도움이 된다. 필자가 자신이 직접 겪었거나 자신의 주변에서 일어난 문제에 대해 이야기한다면 독자는 필자가 잘 알고 있는 문제에 대해 이야기하고 있음을 인정할 것이다. 공신력이 높은 사람, 즉 권위 있는 사람의 의견을 인용하고 그 출처를 명확하게 밝히는 것도 필자의 전문성을 보완하는 전략의 하나이다.

공신력을 구성하는 또 다른 요소인 선의(善意, good will)는 타인에 대한 배려와 존중을 의미한다. 타인을 염려하고 그에게 진심에서 우러나온 관심을 보여주는 것이 바로 선의를 드러내는 것이다(McCroskey & Teven, 1999). 선의는 글속에서 다른 사람의 생각이나 감정에 대한 이해를 표명하고, 그의 입장에서 생각하고 그의 처지를 공감하고 있음을 나타내는 것으로 드러난다. 필자의 주장이 필자 개인의 이익을 위해서가 아니라 '공익성'을 갖는 것임을 부각하고, 더 나은 결과를 위해 자신의 이익을 양보하는 자세를 보인다면 독자는 필자가 이기적인 사람이 아니라 선의를 가진 사람이라고 판단하고 필자의 주장을 존중할 것이다.

또한 선의는 독자의 질문이나 반론을 예상하고 소통하려는 노력을 통해서도 나타난다. 필자가 자신의 주장에 반대하는 의견에 대해서 무조건 반박하기보다는 상대방의 입장에 대해서 이해하고 두 입장 사이의 타협점을 찾으려고 노력하는 태도를 보인다면, 필자의 주장에 반대하는 독자 역시 그와 같은 태도로 필자의 주장을 대할 것이다. 아무리 합당한 주장과 근거를 제시하더라도 다른 사람의 의견을 배척하고 자신의 견해만을 옳은 것으로 강조하는 글은 독자의 호감을 얻을 수 없으며 오히려 반감을 살 수 있다. 논증의 상황이란 갈등이 존재하는 상황이며, 주장에 대한 이견은 자연스럽고 당연한 것이다. 그러므로 필자는 논증을 통해 어떤 선택이 다른 선택보다 낫다는 점을 독자에게 설득하려고 해야지, 결코 자신의 선택이 절대적으로 타당하다고 단정해서는 안 된다(김상희, 2011: 42).

② 감성적 설득 전략

감성적 설득 전략은 아리스토텔레스가 청중의 감정 즉, '파토스'로 설명한 내용에 관련된 것이다. 감정은 사람들이 자신의 판단과 의견을 바꾸게 하는 힘을 가지고 있기 때문에, 글을 통해 독자에게 특정한 감정을 유발하면 독자를 효과적으로 설득할 수 있다. 물론 감정에 대한 호소는 설득의 논리를 갖춘 후에 그것을 강화하는 역할을 해야지, 과도하게 사용될 경우에는 '감정에 호소하는 오류'가 되어 오히려 역효과를 낳을 수도 있다.

감성적 설득 전략을 활용한 광고의 예

유니세프 TV 캠페인 – 아프리카에 사는 마티(2013)

내래이션 1(여자 아이): 아프리카에 살고 있는 마티, 마티는 내 동생이랑 동갑이에요. 하지만 마티는 내 동생보다 키도 작고 몸무게도 훨씬 가벼워요. 아프리카에 사는 친구들은 먹을 게 많이 부족해서 병에 걸리기도 쉽대요. 나는 밥 먹기 싫어서 맨날 투정 부리는데, 마티 얘기를 듣고 나는 많이 미안했어요.

내래이션 2(남성): 해마다 300만 명의 어린이들이 영양실조로 목숨을 잃습니다. 한 달에 3만원씩 1년이면 영양실조에 걸린 어린이 35명을 구할 수 있습니다. 지구촌 모든 어린이가 건강한 세상, 당신이 만들 수 있습니다. 지금 유니세프로 전화주세요.

감성적 설득 전략은 광고에서 많이 활용된다. 후원금을 모집하는 이 광고의 시리즈는 큰 눈망울을 가진 가냘픈 아이가 시청자를 응시하는 이미지를 보여 주고 반드시 아이의 이름을 언급하는 것이 특징이다. 이미지와 이름 그리고 그 아이와 관련된 이야기는 우리가 도와주어야 할 아프리카 어린이들을 지구 반대편의 존재가 아닌 손에 닿을 듯한 눈앞의 존재로 바꾸어 놓는다. 한편 이 광고는 동정심과 죄책감을 유발하는 데에서 그치지 않고, 이른바 '전능함의 논증'도 활용하고 있다. 여러 생명을 구하고 더 나은 세상을 만드는 일을 바로 당신이 할 수 있다고 주장하는 것이다. 그리고 시청자가 후원금을 내는 행동을 선택했을 때의 결과를 아주 구체적으로 말해 줌으로써 독자로 하여금 문제 해결에 대한 희망과 자신의 행동에 대한 만족감을 경험하게 한다. 요컨대 이 광고가 취하고 있는 감성적 설득 전략은 문제 상황에 감정적으로 몰입하게 하여 심적 고통을 준 다음, 시청자가 선택할 수 있는 문제 해결 방안을 명확하게 제시하여 부담감에서 벗어나게 하는 매우 전략적인 구조 안에서 실현되고 있다.

설득하는 글에서 독자에게 불러일으켜야 할 가장 기본적이고 중요한 감정은 '공감'이다. 필자는 자신의 입장과 감정에 공감함으로써 독자가 자신의 주장에 동조하게 해야 한다. 이를 위해서는 독자가 '현장감'을 느끼도록 어떤 사안에 관련된 상황을 구체적으로 기술하는 것이 효과적이다. 필자가 다루는 문제가 독자에게 생생하게 느껴진다면 그렇지 않은 경우보다 더 강한 감정이 유발될 것이다. 이렇게 유발된 감정의 수준은 어떤 행위를 하려는 동기의 강도로 연결된다. 예를 들어 학생 체벌을 반대하는 주장을 펴면서 독자들이 실제로 겪었음직한 구체적인 체벌 상황들을 제시한다면 독자들은 자신이 학창 시절에 체벌로 인해 겪었던 고통과 수치심을 생생히 떠올릴 것이며, 이러한 감정의 발현을 통해 필자의 주장

에 강한 공감을 느끼고 동의를 표시할 수 있게 될 것이다(김상희, 2011: 53)

감성적 설득 전략은 강력한 효과를 발휘할 수도 있지만 반대로 강한 반감을 살 수도 있다. 따라서 이 전략은 인간의 감정에 대한 이해와 타자에 대한 공감 능력을 바탕으로 섬세하게 사용되어야 한다. 그럼에도 감성적 설득 전략이 중요한 이유는 '경쟁하는 가치 사이의 갈등은 이성으로 해결될 수 없'기 때문이다(남인용, 2015). 최선의 이성적 설득으로도 극복할 수 없는 '설득 저항'이 있게 마련이고, 어떤 주제에 관해 확고한 가치관을 가지고 있는 독자에게 그 가치관에 상반된 선택을 하게 만들기란 매우 어려운 일이다. 이런 경우에 감성적 설득 전략은 상호 이해와 양보의 가능성을 열어 주는 설득 전략으로 기능할 수 있다.

3) 설득하는 글의 구조

(1) 문제-해결 구조

일반적으로 문학 작품을 제외한 글들은 몇 가지의 대표적인 텍스트 전개 방식을 가지고 있다. 독서 연구에서 제시한 분류 체계에 따르면, 글들은 보통 시간 순서, 원인 – 결과, 비교 – 대조, 정의 – 예시, 문제 – 해결 등의 구조 중 하나를 사용한다(Armbruster & Anderson, 1981). 설득하는 글은 기본적으로 '문제 – 해결'의 구조를 주로 취한다. 문제 – 해결 구조는 글에서 다룰 문제 상황을 먼저 제기한 후, 그 문제의 해결 방법을 구체적으로 제시하는 두 단계로 나누어진다. 2015년 개정에 의한 〈화법과 작문〉 교과서에서도 다음과 같이 '설득하는 글의 내용 조직 원리'로 문제 – 해결 구조를 다루고 있다.

- **문제**: 무엇이 문제인지, 어떤 점에서 심각한지, 어느 범위까지 다룰 것인지 등을 제시하는 단계
- **해결**: 문제를 해결하기 위한 구체적인 방법이 무엇인지, 그 방법의 기대 효과가 무엇인지, 그 방법이 실현 가능한 것인지 등을 제시하는 단계

문제 – 해결 구조에서 좀 더 발전된 형태는 '문제 – 원인 – 해결' 구조이다. 해결책을 제시하기 전에 문제의 원인을 규명하는 단계가 추가되고, 해결책은 규명된 원인으로부터 도출된다. 문제의 원인을 따지다 보면 표면적인 문제에

가려진 근원적인 문제가 드러날 수도 있고, 근원적인 문제가 드러나면 그에 대응하는 근본적인 해법을 제안할 수도 있다. 그렇기 때문에 원인을 분석하는 부분은 설득하는 글의 전개를 강화하는 중요한 요소로 기능할 수 있다.

다음으로 실제의 설득하는 글을 분석하여 찾아낸 '문제 – 해결' 구조의 다양한 형태들을 살펴보자. 신문 사설의 단락 간 의미 구조를 분석한 한 연구는 우리나라의 사설들이 대체로 '배경 – 문제 – 해결 – 마무리(평가)'의 구조로 되어 있음을 밝혔다(신지연, 2006: 319). 이는 도입부와 종결부가 문제 – 해결 구조를 감싸고 있는 형태이다. 그런데 신문에 실리는 사설이나 칼럼 등의 설득하는 글을 살펴보면 문제 제기에 비중을 두는 글이 있고 해법 제시에 비중을 두는 글이 있음을 알 수 있다. 서로 구별되는 두 유형을 각각 '문제 제기 논증 구조'와 '문제 해결 논증 구조'라고 한다.

문제 제기 논증은 무엇이 문제이고 그 문제가 왜 중요한 문제인지 논증하는데 집중한다면, 문제 해결 논증은 문제에 대한 해결책을 주장하고 그 타당성을 논증하는 것을 주요 내용으로 삼는다(Willams & Colomb/윤영삼 역, 2008: 138). 자료 1과 자료 2는 각각 문제 제기 중심의 칼럼과 문제 해결 중심의 칼럼을 골라 내용 전개 방식을 분석해 본 것이다.

· 자료 1 문제 제기 중심의 글

내용 전개 방식	한건수, 「이주민과 선주민」, 한국일보, 2009. 8. 23.
현실 소개(배경) ↓	[1단락] 국내 체류 외국인이 100만 명을 넘어, 한국 사회에 과제를 안겨 주고 있다.
알려진 문제 소개 ↓	[2단락] 민족으로서의 한국인과 국민으로서의 한국인을 구별해야 하는 새로운 상황이 대두하고 있다. [3단락(예시)] 한민족이지만 대한민국 국민이 아닌 사람도 있고, 한민족이 아니지만 대한민국 국민인 사람도 있다.
기존의 해결책 소개 ↓	[4단락] 정부와 시민 사회는 한국 사회를 '다문화 사회'로 만들어 나가자고 한다.
문제 제기 ↓	[5단락] 우리는 어떤 고민과 토론을 거쳐 다문화 사회를 선택한 것일까? [6단락(상술)] 다문화 사회가 저절로 만들어지는 것일까?
문제 분석 ↓	[7단락] 물론 정부와 시민 사회가 이주민을 지원하고 있다. [8단락] 그러나 선주민인 한국인들의 준비는 강조되지 않고 있다.
제언(마무리)	[9단락] 우리가 꿈꾸는 다문화 사회가 모래성이 되지 않으려면, 선주민 한국인들의 관심과 노력이 절실하다.

· 자료 2 문제 해결 중심의 글

내용 전개 방식	이항, 「생태계 복원의 위험성」, 한겨레, 2005. 7. 14.
현실 소개(배경) ↓	[1단락] 최근 '생태 복원'이라는 이름 아래 지자체에서 야생 동물을 자연 방생하고 있다.
문제 제기 ↓	[2단락] 이러한 일은 생태계를 교란할 수 있어 위험하다. 세계자연보전연맹(IUCN)은 다음과 같은 지침을 권고하고 있다.
해결 방안 ① ↓	[3단락] 첫 번째 단계로 야생동물이 살아갈 수 있는지 타당성을 조사해야 한다.
해결 방안 ② ↓	[4단락] 두 번째 단계로 외래 병원체에 감염되어 있는지 확인해야 한다.
해결 방안 ③ ↓	[5단락] 마지막으로 방생 동물을 모니터링하고 보고할 수 있어야 한다.
요약 및 제언(마무리)	[6단락] 야생 동물 방사를 통제할 수 있는 국가적 지침을 만들어야 한다.

문제 제기 논증 중심의 글(자료 1)은 독자들에게 문제에 대한 인식을 촉구하는 글이다. 주로 중요한 문제임에도 문제의 심각성이 제대로 다루어지지 못하고 있는 상황을 다룬다. 그래서 문제에 따른 손실이나 피해가 크거나, 미래에 그 영향이 더 커질 것이거나, 잘못된 대처로 문제를 근본적으로 해결하지 못하고 있다는 근거를 제시하면서 그 문제가 중요한 문제임을 논증한다. 또한 문제를 제대로 알리기 위해 문제의 원인이나 문제의 다양한 측면을 분석하고, 문제의 구체적인 상황을 예로 드는 내용을 주로 포함한다.

문제 해결 논증 중심의 글(자료 2)은 어떤 문제에 대한 최선의 해결 방안을 제시하고, 독자에게 그 방안을 실천하거나 지지할 것을 촉구하는 글이다. 그래서 필자가 제안하는 해결 방안이 다른 해결 방안에 비해 더 나은 점을 논증하는 것이 중요하다. 자료 2의 예시에서는 '세계자연보전연맹'이라는 권위 있는 집단이 권고했다는 점을 들어 필자가 제시하는 해결 방안의 신뢰성을 높였다.

물론 최선의 해결 방안을 제시하기 위해서는 문제에 대한 근본적인 이해가 바탕이 되어야 할 것이다. 그래서 문제 제기 논증과 문제 해결 논증이 연속적으로 이루어지는 것이 이상적일 수 있다. 그러나 신문의 사설과 칼럼과 같이 분량이 길지 않은 글을 쓸 때는 문제와 해결 두 가지를 모두 논증하는 것이 어렵기 때문에 어느 한 쪽에 초점을 맞추어 글의 내용을 전개하게 된다.

(2) 동기화 단계 구조

동기화 단계 구조는 화법 연구에서 청자의 심리 변화 과정을 반영한 내용 전개 방법이다. 동기화 단계 구조는 설득을 통해 청자로 하여금 어떤 행동을 실행하게 하는 동기가 형성되도록 하는 데 초점을 맞추고 있다. 각 단계는 다음과 같이 '주의 끌기 – 요구 – 만족 – 시각화 – 행동'으로 전개된다(박재현, 2013: 175).

- **주의 끌기**: 청자의 흥미와 호기심을 자극하여 독자의 관심을 끌어내는 단계
- **요구**(독자와 관련짓기): 다루려는 문제를 독자와 관련지어 설명함으로써 독자의 기대를 강화하는 단계
- **만족**(해결 방안 제시): 해결 방안을 제시하여 독자의 만족감을 높이는 단계
- **시각화**(확신 주기): 해결 방안이 독자에게 주는 이익을 구체화하는 단계
- **행동**(지침 주기): 구체적인 행동의 내용과 방법을 제시하고, 독자의 행동을 요구하는 단계

동기화 단계 구조도 '주의 끌기'와 '요구' 단계는 문제 제시를, 나머지 '만족', '시각화', '행동' 단계는 해결 방안 제시를 주된 내용으로 하기 때문에 크게 보면 문제 – 해결 구조를 취한다. 또한 이 구조는 문제에 대한 해결 방안과 그 해결 방안이 주는 혜택을 중점적으로 서술한다는 점에서 '문제 해결 논증 구조'와 유사하다.

나아가 청중의 유형에 따라 연설 내용의 구성을 달리해야 한다는 연구도 있다. 홀링워스(Hollingworth, 1935)는 '동기화 단계 구조'와 유사한 '시선 끌기 – 관심 유발 – 긍정적 인상 – 확신 – 행동지침'의 다섯 단계의 연설 내용을 설정하고, 청중이 문제에 관심을 가지고 있는 정도에 따라 청중을 분류한 다음, 각 청중 유형에 적합한 내용 구성을 설명했다(이창덕 외, 2010: 47 참고). 이러한 설명은 독자를 고려하여 설득하는 글을 쓸 때도 적용할 수 있다.

예를 들어, 필자가 다루는 문제에 대해 전혀 관심이 없는 독자를 대상으로 설득하는 글을 쓴다면 독자의 관심을 유발할 수 있는 내용으로 글을 시작해야 한다. 그러나 이미 그 문제에 대해 관심을 가지고 있는 독자를 대상으로 한다면 유익한 정보나 해결 방안을 제시하여 긍정적 인상을 주는 내용부터 시작해도 된다. 이런 경우에 문제 소개를 너무 자세하고 길게 하면 독자가 오히려 지루

내용 배열의 유형과 설득의 효과

한 문단 안에서 중심 내용의 위치에 따라 두괄식 문단과 미괄식 문단이 나뉠 수 있는 것처럼, 설득하는 글에서도 주장을 글의 앞부분에 배치하기도 하고 뒷부분에 배치하기도 한다. 일반적으로 주장이 앞에 오는 두괄식 구성이 설득에 적합하다고 여겨지지만, 설득 상황이나 독자의 특성에 따라 내용 배열의 효과는 달라진다. 독자가 주제에 대한 흥미와 알고자 하는 욕구가 부족한 경우에는 처음에 주장을 분명하게 제시하는 두괄식 구성이 효과적이고, 독자에게 익숙한 주제인 경우에는 독자가 내용을 잘 파악할 수 있으므로 미괄식 구성이 좀 더 효과적이라고 한다(Hovland et al., 1953).

로빈슨과 로스노우(Robinson & Rosnow, 1967)는 이러한 차이를 '초두 효과(primacy effect)'와 '최신 효과(recency effect)'로 설명하였다. 초두 효과는 가장 먼저 본 정보가 나중에 본 정보에 비해 더 깊은 인상을 남기게 되는 현상을 말하고, 최신 효과는 반대로 가장 최근, 다시 말해 가장 나중에 본 정보를 잘 기억하는 현상을 말한다.

연구 결과, 설득의 주제가 수용자에게 익숙하면서 그다지 중요한 주제가 아닐 때 혹은 주제가 흥미로울 때 초두 효과가 더 많이 나타난다고 한다. 수용자가 앞부분에는 호기심이나 익숙함 덕분에 집중하다가, 뒷부분으로 갈수록 주의를 많이 기울이지 않을 수 있기 때문이다. 반면에 주제가 수용자에게 중요하고 관심이 가지만 익숙하지 않을 때 최신 효과가 나타날 수 있다. 이런 경우에 수용자는 주제의 중요성을 인식하고 설득자가 제공하는 정보를 주의 깊게 검토하려 하며, 자신에게 유용한 정보를 찾기 위해 비교적 끝까지 집중하는 경향이 있기 때문이다.

이를 바탕으로 설득하는 글의 내용 배열을 생각해 보면, 글에 있는 정보가 단순하고 단조롭거나 반대로 글에서 다루는 내용이 너무 어렵고 복잡하다면 강조하고 싶은 내용을 앞부분에 배치해야 독자의 이해를 도울 수 있다. 글에서 다루는 내용이 독자의 흥미를 점점 고조시킬 수 있을 정도로 풍부하고 입체적이라면 강조하고 싶은 내용을 뒷부분에 배치하는 것도 효과적이다.

해할 수도 있다. 그리고 문제에 대한 관심을 가지고 있는 것은 물론 문제에 대한 관점을 필자와 공유하고 있는 독자라면 해결 방안에 대한 확신을 주고 행동에 대한 구체적인 지침을 주는 내용에 초점을 맞추어야 한다. 일간지에 칼럼을 쓸 때, 인터넷 개인 블로그에 글을 올릴 때, 또는 교내 게시판에 글을 게시할 때 글을 읽게 될 독자들의 특성이 달라지므로 글의 구성을 달리할 필요가 있다.

4) 설득하는 글의 표현

설득하는 글을 쓰고 그 글을 고쳐 쓸 때는 표현의 차원에서 다음과 같은 점들을 주의할 필요가 있다. 먼저 독자의 이해를 고려한 소통 전략을 구안해야 한다. 필자는 자신의 주장을 펼치기 전에 독자가 논제에 대해 흥미가 없거나 잘 모를 수도 있고, 어떤 독자는 필자의 주장에 대해 의문을 품거나 이의를 제기할 수도 있다는 것을 고려해야 한다.

필자가 독자를 고려하기 위해 사용할 수 있는 전략으로는 위치 정하기(positioning) 전략, 끌어들이기(attracting) 전략, 정보 조절하기(informing) 전략, 반응에 응답하기(replying) 전략 등이 있다(정혜승·서수현, 2009). 위치 정하기 전략은 독자에게 위치나 역할을 부여하고 필자와의 관계를 설정하여 독자가 글의 내용에 더 관심을 갖게 만드는 전략으로, '민주시민으로서 우리는', '선생님도 아시겠지만'과 같은 표현을 사용한다. 끌어들이기 전략은 독자의 흥미를 유발하고 필자의 생각에 동조하게 만드는 전략으로, 설득력을 높이기 위해 인지적 측면이나 감정적 측면에 호소하는 다양한 전략을 포함한다. 끌어들이기 전략은 앞서 살펴본 여러 가지 설득 전략과 깊은 관련을 맺고 있다. 정보 조절하기 전략은 독자가 이미 알고 있는 것을 고려하여 글에서 다룰 정보를 포함하거나 배제하는 전략이다. 반응에 응답하기 전략은 필자가 독자의 반응을 예측하여 글 속에서 미리 대응하는 전략이다. 여기에는 독자가 품을 수 있는 질문에 미리 답변하기, 독자의 우려에 대해 미리 언급하고 반박하기, 논쟁의 여지가 있는 부분에 대해 양보하고 조정하기 등이 포함된다.

다음으로 설득하는 글의 표현은 명료해야 하지만 지나치게 강한 어조나 단정적인 표현을 사용하는 것은 오히려 설득력을 떨어뜨릴 수 있다. 아무리 타당한 근거가 있다고 해도 추론에는 한계가 있을 수 있기 때문이다. 미국 헌법의 초안을 작성한 벤저민 프랭클린(Benjamin Franklin)은 "논쟁이 될 수 있는 것에 대해 말할 때 나는 언제나 겸손하게 망설이는 태도를 취한다. '분명히', '결코'와 같이 단정적인 어휘는 절대 사용하지 않는다."라고 말하기도 했다. '절대로, 반드시, 틀림없이, 예외 없이, 아무도 ~하지 않는다'와 같은 단정적인 표현은 '아마도, 대체로, 거의, 보통, 일반적으로, ~하는 경우가 많다, ~하는 경향이 있다' 등과 같은 표현으로 완화하는 것이 좋다. 이처럼 주장의 강도를 완화하는 어법은 분별력 있고 온화한 필자의 에토스를 드러낸다(Willams & Colomb/윤영삼 역, 2008: 181).

여기에서는 설득하는 글쓰기의 대표적인 유형으로 논설문, 건의문, 연설문에 대하여 살펴볼 것이다. 논설문의 개념에 대해서는 논의가 더 필요하나 '시사적인 현안이나 쟁점에 대해 자신의 관점을 수립하여 비평하는 글'을 논설문으로 보고 주로 신문의 사설과 칼럼을 바탕으로 논의한다. 건의문은 제7차 교육과정부터 현재까지 설득하는 글쓰기에서 거의 빠짐없이 다루어지고 있다. 연설은 화법 영역에서 다루고 있는데, 작문 영역에서 연설문 쓰기와 연계하여 지도할수 있다. 특히 연설문에는 고대 그리스 수사학에서 연원한 에토스와 파토스에 관련된 요소들이 부각되기 때문에 연설문에 대한 이해가 설득하는 글쓰기 전반을 이해하는 데 도움을 줄 수 있다.

1) 논설문

'논설문(論說文)'은 설득을 위한 글의 하위 유형으로 빠지지 않고 언급되는 대표적인 양식이다.[1] 일반적으로 논설문은 '어떤 주제에 관하여 자기의 생각이나 주장을 체계적으로 밝혀 다른 사람을 설득하려는 글 또는 어떤 문제를 제기하거나 해결하기 위해 합리적인 근거를 내세워 주장하는 글'로 정의된다. 이태준의 『문장강화』는 대중을 상대로 한 여론 형성이 논설문의 목적임을 분명히 하고, 논설문이 갖추어야 할 자질을 제시하고 있는데, 이 글에서는 논설문을 다음과 같이 설명한다.

---

1 논설문은 다른 하위 유형들에 비해 소통 맥락을 구체적으로 나타내지 못하기 때문에 건의문이나 연설문 등을 포괄하는 상위 개념으로 여겨지기도 한다(이영호, 2013: 434). 공식적인 글을 설명문, 논증문, 설득문으로 나눈 한 연구는 논설문이 설득문만을 뜻하기도 하고, 논증문과 설득문을 아울러 뜻하기도 하고, 때로는 공식적인 글 전체를 뜻하기도 한다고 설명한 바 있다(이대규, 1994: 317). 공식적인 글 전체를 논설문이라고 정의하는 것은 받아들이기 힘들다고 하더라도, 논설문이라는 개념을 설득하는 글의 포괄적인 개념으로 사용해야 할지, 건의문, 연설문, 논증문 등과 구별되는 특정한 하위 장르의 개념으로 정의해야 할지에 대해서는 앞으로 연구와 논의가 더 이루어져야 할 것이다.

논설문

종교, 예술, 정치, 경제, 교육, 과학 등 인류 문화에서 일정한 문제를 가지고 자기의 의견을 주장, 진술, 선전, 권유하는 글이다.

(중략) 문화 만반에 시사 일체에 어느 한 문제를 가지고 자기의 의견을 진술하고 주장하고 공명을 일으켜서, 민중이 감정적으로 의지적으로 자기를 따르게 하는 것이 논설이다. 논설문은 혼자 즐기려 쓰는 글은 아니다. 언제든지 민중을 독자로 한다. 대세를 자극해 여론의 선봉이 될 것을 이상으로 한다. 그러므로 논설문은,

(1) 공명정대할 것

(2) 열의가 있어, 먼저 감정적으로 움직여 놓을 것

(3) 확실한 실례를 들어 의심을 살 여지없이 신뢰를 받을 것

(4) 논리정연하여 공리공론(空理空論)이 없고 중언부언이 없을 것

(5) 엄연미(嚴然美)가 있을 것이다.

(이태준, 1947/2005: 178-179)

한편 한국어에서 '논설'이라는 개념은 역사적으로 개화기의 한글 신문 사설('논셜')에서 공식적으로 쓰이기 시작했다(김미형, 2002: 26). 이태준이 설명한 논설문의 목적에 비추어 보아도 논설문이 주로 신문에 실린 것을 짐작할 수 있다. 이러한 점에서 논설문이 신문 사설 그리고 칼럼이나 시론(時論)이라는 구체적인 양식과 밀접하게 관련된 텍스트 종류임을 확인할 수 있다. 2015 개정 국어과 교육과정은 "[12화작03-05] 시사적인 현안이나 쟁점에 대해 자신의 관점을 수립하여 비평하는 글을 쓴다."라는 성취기준을 제시하였다. 여기에서는 논설문을 포괄적인 개념이 아닌 교육과정의 '비평하는 글'이라는 구체적인 개념으로 파악하고, 대표적인 유형으로 신문의 칼럼을 살펴볼 것이다.

서론에서 주장을 밝히고, 본론에서 이유와 근거를 들어 논증하고, 결론에서 주장을 다시 강조하는 구조는 설득하는 글의 공통적인 구조이다. 거기에 앞서 살펴본 대로 문제에 초점을 맞추느냐 해결에 초점을 맞추느냐에 따라 문제 제기 논증 중심 구조와 문제 해결 논증 중심 구조가 나누어진다. 따라서 논설문은 대체로 표 11-5와 같은 요소들로 구성된다고 볼 수 있다. 이는 윌리엄스와 콜럼

의 논의(Willams & Colomb/윤영삼 역, 2008: 138)를 바탕으로 삼고, 우리나라 논설문 분석 연구들을 참고하여 정리한 것이다.

표 11-5 논설문의 구조

서론	• 도입–공감대 형성 • 배경–문제 진술 • 주장–해법 진술
본론	• 문제 제기 논증 • 문제 해결 논증 • 반론에 대한 반박 논증
결론	• 요약 • 강조 또는 제안

서론의 첫 부분이자 글의 첫 부분은 독자의 관심과 집중을 유도하는 '공감대 형성'으로 시작한다. 공감대 형성을 위해서는 보통 인상적인 에피소드를 소개하거나, 다른 사람의 말을 인용한다. 다음에는 필자의 주장에 배경이 되는 현실의 문제 상황을 제시해야 한다. 문제 상황을 제시하는 것은 논설문의 서론에 포함되어야 할 필수적인 요소이다. 이때 문제로 인한 손실을 간략하게 설명하면 독자가 문제를 더욱 심각하게 인식하게 된다. 서론의 마지막은 필자의 주장을 밝혀 본론에서 본격적으로 주장에 대한 뒷받침 내용을 제시할 것임을 드러낼 수 있다. 필자의 주장이 문제 제기로만 그치지 않고 해결 방안을 제시하는 것이라면, 서론에서 해법의 요지나 방향을 소개하는 것이 적당하다.

본론은 크게 문제 제기 논증, 문제 해결 논증, 반론에 대한 반박 논증 등 세 가지로 구성될 수 있다. 한 편의 설득하는 글에서 이 세 가지 요소 모두가 반드시 포함되어야 하는 것은 아니다. 문제 중심의 글이라면 문제 제기 논증에, 해결 중심의 글이라면 문제 해결 논증에 더 집중하면 된다. 다만 반론에 대한 반박 논증은 어떤 경우든지 글의 설득력을 높이기 위해 되도록 포함하는 것이 좋다. 이때 상대의 주장을 무조건 폄훼하기보다는 상대 주장의 장점이나 가치는 수용하되 한계를 정확하게 지적하는 것이 중요하다. 본론에서는 주장을 뒷받침하는 근거가 적어도 두 가지 이상 제시되어야 하는데, 윌리엄스와 콜럼의 논의에 따르면 근거는 필자가 그렇게 판단하는 이유(reason) 진술과 이유에 대한 객관적인 근거(evidence) 보고로 구분될 수 있다. 대개 하나의 이유가 그에 대한 근거와 함께 하나의 단락으로 구성된다.

결론에서는 지금까지의 논의를 간단히 요약하고 필자의 주장을 새로운 표현으로 재진술 또는 강조한다. 이를 위해 필자의 주장을 지지하는 명언이나 속담을 인용하는 것도 도움이 된다. 같은 표현이 반복되는 것을 피할 수 있을 뿐 아니라, 필자의 관점에 대한 사회적 지지를 얻음으로써 설득력을 강화할 수 있기 때문이다. 만약 본론에서 필자가 제기한 문제의 중요성을 입증했다면, 결론에는 그 문제에 대한 해결 방안을 제안하면서 글을 마무리하면 된다. 해결 방안을 구체적으로 제안하기 어려운 경우에는 해결을 촉구하거나 해결 방안을 강구할 때 중요하게 고려해야 하는 점을 강조할 수도 있다.

다음으로 실제로 신문에 실린 칼럼을 분석하여 논설문의 구조가 실제 텍스트에서 어떻게 실현되는지 살펴보자. 다음의 글은 시인 김선우가 기고한 칼럼으로 수필과 같은 분위기로 시작하고 정서적인 호소를 포함하고 있는 한편, 사실과 통계로 근거를 보고하며 반론에 대한 반박도 포함하고 있다. 글의 구조를 분석해 보면 다음과 같다(송지언, 2015).

이왕이면 '착한 초콜릿'

1 집 앞 슈퍼마켓을 지나는데 호화롭게 포장된 밸런타인데이 초콜릿들이 요란하다. (중략) 여자들이여, 사랑을 고백하려고 지금 그대가 사 들고 가는 그것이 피 묻은 초콜릿이라면?

2 알다시피 초콜릿의 원료가 되는 카카오는 원산지가 중남미인데 대규모 재배를 시작하면서 아프리카로 이동했다. (중략) 새로운 이야기도 아니지만, 그 카카오 농장에서 일하는 100만 명 중 25만 명가량이 5세에서 14세 사이의 어린이들이다. 카카오나무 묘목을 심고 농약과 비료를 살포하고 코코아를 따고 분쇄하는 그 모든 과정에 학교에 가지 못한 가난한 어린이들의 좌절된 꿈과 피눈물이 배어 있다면 지금 내 입속에서 녹고 있는 초콜릿이 여전히 달콤하기만 할까. (중략)

3 대규모 농장 경영은 어린이 노동 착취뿐 아니라 필연적으로 맹독성 농약을 사용하게 돼 그 과정에서 생산지의 자연환경은 말할 수 없이 파괴될 수밖에 없다. 주민의 건강을 해치는 것은 물론 그렇게 생산된 작물은 소비자의 건강마저

---

1 [도입부] 길거리에 밸런타인데이 초콜릿들이 요란하다.
[문제 진술 – 주장1] 밸런타인데이 초콜릿은 피 묻은 초콜릿이다.

2 [이유] 노동하는 아프리카 어린이들의 피눈물이 배어있다.
[근거] 25만 명의 가난한 어린이들이 카카오 농장에서 일한다.

3 [이유] 맹독성 농약에 의해 자연과 인간이 병든다.
[이유] 현지 농부들에겐 가혹한 푼돈만이 쥐어진다.

위협한다. 그리고 노동한 사람 따로, 돈 버는 사람 따로인 불공정무역 구조 속에 피땀 흘려 일한 현지의 농부들에겐 가혹한 푼돈만이 쥐어진다. 한국의 젊은이들에겐 즐거운 날이지만 밸런타인데이의 이면에 서린 슬픔 또한 사실이며 현실이다. (중략)

4 사실 가난한 나라의 아동 노동이 근절되지 않는 것은 대물림되는 빈곤의 악순환 때문이다. 다른 나라의 빈곤 문제까지 우리가 어떻게 챙기느냐고? 나비 효과를 기억하자. 세계는, 동과 서는, 남과 북은, 당신과 나는 이어져 있다. 인터넷에서 '공정무역 초콜릿'을 한번 쳐 보라. 일상의 자투리 시간을 쪼개 조금만 관심을 가진다면 자기 몸집만 한 농약통을 멘 일곱 살 어린이의 피딱지 않은 손에 낫 대신 연필과 노트를 쥐여 줄 수 있는 방법이 있다. 그것은 세계를 지배하는 불공정무역의 관행에 균열을 만드는 방법으로, 보통 사람들인 우리가 할 수 있는 '착한 소비', '윤리적 소비'가 곧 그것이다.

5 소비자 개인의 선택에 맡겨지는 '윤리적 소비'가 전 세계 빈부 격차를 줄이는 근본적인 대책이 될 수는 없지만, '개념 있는' 소비를 하는 것만으로도 지상의 누군가를 도울 수 있다는 것은 퍽 근사한 일 아닌가. '공정무역 초콜릿'의 거래량을 1%만 올려도 1억 명 이상의 가난한 사람들이 극심한 빈곤에서 벗어날 수 있다는 통계를 보면 가슴이 뛴다. (중략) '개념 있는' 소비 취향이 당신을 특별하게 만들 수 있는 밸런타인데이다.

(김선우, 경향신문, 2011. 2. 14.)

> **4** [반론] 다른 나라의 빈곤까지 우리가 어떻게 챙기나?
> [반론 반박] 세계는 이어져 있다.
> [해법 진술 – 주장2] 윤리적 소비를 하자.

> **5** [이유] 개념 있는 소비만으로도 누군가를 도울 수 있다.
> [근거] 공정무역 초콜릿의 거래량을 1%만 올려도 1억 명 이상의 가난한 사람들이 극심한 빈곤에서 벗어날 수 있다.

학생들이 처음 논설문의 구조를 익힐 때는 전형적인 구조의 텍스트를 분석해 보는 것에서 출발하면 되지만, 나중에는 다양하고 개성적인 구조를 접해 보는 것이 글을 쓰는 단계에서 도움이 될 것이다. 전형적인 구조를 토대로 작문 연습을 하는 것은 손쉽게 구조적인 글을 쓰도록 도와주기도 하지만, 자칫 직접 쓴 글이 틀에 박힌 글에 머무르게 될 위험도 있기 때문이다. 따라서 학습자는 표 11-5와 같은 전형적인 구조를 개요 틀로 삼아 학습하고, 논설문의 구조에 익숙해진 다음에는 전형적인 개요에서 벗어나 더욱 개성적이고 창의적인 논설문 쓰기에 도전해 볼 수 있다.

2) 건의문

건의문은 '개선이 필요한 문제 상황에 대해 의견을 제안하여 독자로 하여금 문제를 해결하도록 행동의 변화를 요구하는 글'이다(최지은·전은주, 2012: 172). 건의문의 필자는 문제 상황을 인식하고 해결하고자 하는 의지와 자기 나름의 대안을 가지고 있으나, 문제를 해결할 능력이나 권한이 없다. 그래서 그 문제를 해결할 수 있는 개인이나 집단을 독자로 선택하여 문제 해결을 위해 구체적인 행동을 해 줄 것을 요청하는 글을 쓴다. 건의문은 개인적 혹은 사회적인 문제가 발생했을 때, 이를 해결하기 위한 하나의 도구가 된다는 실제적인 효용이 있다. 또한 특정한 실제 독자가 있고, 글이 설득의 목적을 달성했는지 직접적으로 확인할 수 있다는 점에서 맥락성이 두드러지는 글이라 할 수 있다.

건의문은 문제 분석과 해결 방안을 필수적인 내용 요소로 갖는다. 건의문은 불편함을 호소하는 것만으로 그쳐서는 안 되고 구체적인 요구 사항이 있어야 하는데, 이는 문제의 분석을 바탕으로 도출된 합리적이고 실현 가능한 해결 방안을 제안하는 것이어야 한다. 또한 건의문은 대체로 공식적인 편지의 양식으로 구성된다. 일반적인 건의문의 구조는 다음과 같다.

표 11-6 건의문의 구조

처음	• 받을 사람 • 첫인사 • 자기소개 • 글을 쓴 동기
중간	• 문제 설명(문제 분석) • 요구 사항(해결 방안) • 요구 근거 및 기대 효과
끝	• 부탁과 감사 • 끝인사 • 날짜 • 필자 서명

처음 부분에서는 받을 사람에게 인사를 전한 다음, 자신이 누구인지를 간단히 소개하고, 왜 이런 글을 쓰게 되었는지를 밝히는 것이 좋다. 중간 부분에서는 문제를 분석하여 설명하고, 요구 사항을 그 근거 및 기대 효과와 함께 제시하여

건의문의 필수 요소를 배열한다. 이때 요구 사항은 공익성, 공정정, 합리성, 실현 가능성을 갖는 것이어야 하고, 독자가 공감할 수 있는 내용이 있어야 한다. 끝부분에서는 부탁, 감사, 기대의 말 등을 전하며 끝인사를 한다. 필요에 따라 날짜와 필자 서명으로 끝맺는다.

다음은 건의문의 간단한 예시이다(김승현 · 장지혜, 2017).[2] 표 11-6과 비교해 보면 건의문을 어떻게 전개해야 하는지 쉽게 파악할 수 있다. 밑줄 친 ㉠은 '문제 설명', ㉡은 '요구 사항', ㉢은 '기대 효과'를 서술한 부분이다.

건의문

안녕하세요? 우리 학교의 발전을 위해 애써 주시는 교장 선생님께 감사드립니다. 저희는 지난달 방과후학교 기타반에 대한 만족도를 조사하였습니다. 이를 바탕으로 건의드리고자 합니다.

수업 장소와 수업 시간 등에 대해서도 건의드릴 내용이 있습니다만, 가장 시급한 문제는 다음과 같습니다. 현재 방과후학교 기타반 수업은 ㉠수업 내용의 수준에 대한 만족도가 낮습니다. ㉡그러므로 수준별로 다른 반을 개설해 주세요. ㉢그러면 방과후학교 기타반 수업 참여도가 높아질 것입니다.

지금까지 저희들의 건의문을 읽어 주셔서 감사합니다. 저희들의 의견을 긍정적으로 검토해 주시기를 부탁드립니다. 감사합니다.

2015년 ○월 ○일
방과후학교 기타반 학생 일동

건의문에서 ㉡이 주장이라면 그 주장을 뒷받침하는 근거는 크게 두 가지로 나누어 살펴볼 수 있다. 하나는 필자가 제기하는 문제가 중요하고 심각하다는 근거로, ㉠에서 문제로 인한 손실을 설명함으로써 표현되었다. 다른 하나는 필자가 요구하는 사항이 문제 해결에 효과적이라는 근거로, ㉢에서 제시되었다.

고등학생을 대상으로 건의문 쓰기 양상을 조사한 연구에 따르면 학생들이

---

2 이 예시는 2015학년도 학업성취도 평가 중학교 국어 영역 서답형 6번으로, 주어진 자료와 조건에 따라 밑줄 친 ㉠을 작성하여 건의문을 완성하는 문제였다. 원래 문제에는 건의문의 단락 나누기가 적절히 되어 있지 않아서 건의문의 구조를 기준으로 글을 세 문단으로 나누어 수정하였다.

건의하는 글을 쓸 때 요구 사항을 쓰지 않는 학생은 거의 없지만, 근거를 제대로 쓰지 못하는 학생은 상대적으로 많다고 한다(최지은·전은주, 2012: 185). 예를 들어 아래의 글은 고등학생이 쓴 건의문의 일부인데, 요구에 대한 타당한 근거를 제시하기보다는 감정적으로 호소하는 데에 그치고 있다. 문제로 인한 손실로는 개인적인 불만을 토로했고, 요구 근거나 기대 효과는 구체적으로 제시하지 않았다.

교복에 대하여 불만입니다. 안에 흰 티만을 입어야 하는 이유가 없잖습니까? 옷 안에 색깔 티도 입게 해 주어야 됩니다. 또 교복 위에 점퍼 같은 것도 못 입는 이유가 뭡니까? 꼭 학교 밖에서만 입고 학교 안에서 못 입게 하는 건 싫습니다.

게다가 이렇게 요구 사항을 감정적으로 표현하다 보면 표현의 명료성과 정중함도 부족해지기 쉽기 때문에 주의해야 한다. 공식적인 문서인 건의문은 적절한 형식과 표현을 잘 갖추는 것도 중요하다. 독자의 마음을 움직이려면 진지한 자세로 간결하고 명확하게 자신의 생각을 표현해야 하고, 문제 해결의 권한이 있는 독자를 존중하여 정중하고 격식을 갖춘 표현을 쓸 수 있어야 한다. 고등학생의 건의문 쓰기 양상을 살펴보면 대부분이 학생들이 건의문의 끝 부분에 써야 할 끝인사와 필자 서명 등을 쓰지 않았다고 한다(최지은·전은주, 2012: 179-182). 건의문에서 처음과 끝 부분을 편지 형식에 따라 작성하고 예의를 갖추는 이유는 그것이 필자와 독자 사이에 우호적인 관계 맺음을 위한 전략이기 때문이다.

건의하기는 매우 구체적이고 실제적인 상황 맥락 속에서 이루어지는 의사소통이다. 학생들이 건의하는 글을 잘 쓰려면 맥락을 파악하고 전략적으로 활용하는 맥락 민감성이 있어야 한다. 이런 맥락 민감성이 부족하다면 그 원인은 학생들에게 실제적인 글쓰기 경험이 부족하기 때문일 수 있다. 따라서 건의하는 글쓰기 수업에서는 학생들이 글쓰기를 통해 사회적 실천에 참여하는 경험을 해 봄으로써, 공식적인 글쓰기의 격식을 익히도록 해야 한다. 또한 독자의 관점에서 자신이 쓴 글을 돌아보고 타자의 입장에서 문제와 해법을 점검하는 기회를 갖는 것이 중요하다.

다음은 '국민 신문고 공개제안 사이트'[3]에 올라온 실제 건의문이다. 이 글은 화재가 발생했을 때 사람들이 연기 때문에 시야가 막히면 당황하게 되어서 대피로를 찾기 어렵게 된다는 사실에 주목하였다. 현 상황의 문제를 분석하여 피해를 야기하는 원인이 무엇인지 찾아낸 것이다. 이를 토대로 실내에 연기가 가득 차 있어도 시야를 확보할 수 있고 심리적으로도 영향을 받지 않으면서 사람들에게 대피로를 안내할 수 있는 방법이 무엇일까 고민한 결과로 로봇 청소기를 활용하는 방안을 제안하였다. 그런데 왜 로봇 청소기일까 하는 의문이 생기기도 한다. 이러한 방안이 얼마나 효과적이고 실현 가능한지는 현재 활용되고 있는 유사한 기술이 있는지 조사해 봄으로써 점검할 수 있을 것이다.

안녕하십니까. ○○고등학교 재학 중인 이△△입니다. 실내 다중 이용 시설에서 화재가 발생하였을 때 어떠한 기술을 이용해 사람들을 효율적으로 대피시킬 수 있을지에 대해 아이디어를 고안해 보았습니다. 기술적 도입 가능성과 실현 가능성이 궁금합니다. 답변 부탁드립니다.

현 상황: 백화점과 같은 실내 다중 이용 시설에서 화재가 발생하였을 때, 연기로 인해 시야 확보가 어려워 비상구를 찾아 대피하기에 어려운 문제가 생깁니다. 시야가 확보되지 않으면 사람들은 집단적인 패닉 상태에 빠지게 되어 이성적 판단이 어려워지고 비상구를 찾지 못하게 됩니다. 급박한 대피 상황에서 데이터만을 토대로 이성적 판단을 통해 사람들을 대피시킬 수 있는 방법이 필요합니다.

개선 방안: 이성적인 판단을 내려 보다 많은 사람을 대피시킬 수 있는 기기로 로봇 청소기를 생각했습니다. 로봇 청소기는 탑재된 라이다(Light Detection and Ranging) 센서를 이용해 자신이 속해 있는 장소를 매핑하여 시스템 내에 해당 공간을 입체적으로 구현해 냅니다. 어느 위치에서 어느 동선이 가장 합리적인 대피로인지 판단하고 사람들을 대피시키는 로봇 청소기는 연기가 자욱한 화재 상황에서 시야의 한계를 극복하고 많은 사람을 대피시킬 수 있을 것입니다. 또한 실내 환풍 시스템에 접속하여 연기의 흐름을 파악해 어느 지역으로 화재 연기가 많이 흡입되고 있는지를 정보로 사용할 수도 있어서 보다 유동적이게 연기가 적게 나고 있는 탈출 경로로 사람들을 안내할 수 있을 것입니다.

기대 효과: 로봇을 사용하기에 이성적이고 확실한 판단하에 안전한 대피 상황을 만들어 낼 수 있을 것입니다. 이 방법을 통해 효율적이고 신속한 대피가 가능할 것이라 예상합니다. 다시 말해 많은 사람의 생명을 지킬 수 있다는 의미입니다.

---

3   https://www.epeople.go.kr/nep/prpsl/opnPrpl/opnpblPrpslList.npaid.

3) 연설문

　연설(演說, speech)은 한 사람의 화자가 여러 사람의 청자인 청중을 상대로, 새로운 지식과 정보를 전달하거나 자신의 주장을 설득하거나 즐거움을 주기 위한 말하기이다. 한 사람이 수많은 사람을 대상으로 일방적으로 말하는 전형적인 일대다(一對多) 담화이며, 공식적인 성격이 강한 담화이다. 연설문은 연설에서 말할 내용을 미리 원고로 준비하는 글을 말한다. 연설은 아리스토텔레스 수사학이 직접적으로 다루었던 장르로서, 고대 그리스에서 사용된 연설의 기본적인 전략들은 현대의 연설에도 그대로 계승되고 있다.

　연설은 설득하는 말하기의 성격을 강하게 갖지만 연설의 종류에 따라서 그 특징은 조금씩 다르다. 전통적으로 연설은 아리스토텔레스의 분류에 따라 정치적 연설(deliberative speech), 사법적 연설(judicial speech), 제의적 연설(epideictic speech)로 나누어지며, 각 연설은 그 목적과 대상이 다르다. 정치적 연설은 그리스 시대에 의회에서 정치인들이 미래에 시행할 정책을 놓고 효용을 따지던 장르를 말한다. 사법적 연설은 법정에서 과거의 사건 또는 한 사람이 저지른 과거의 행동에 대해 잘잘못을 가리기 위해 배심원을 상대로 이루어지던 연설 장르를 의미한다. 마지막으로 제의적 연설은 장례식이나 취임식과 같은 각종 의식에서 이루어지는 연설로서, 대체로 의식이 일어나고 있는 현재에 의미를 부여하고, 미덕을 칭찬하거나 악덕을 비난하며, 청중들에게 즐거움을 주거나 공동체의 통합을 유도하는 장르이다.

　오늘날 정치적 연설과 사법적 연설은 '설득 연설'로 분류된다. 제의적 연설 중에서 만찬이나 연회에서 청중을 환영하거나 축하하며 우호적인 분위기를 조성하는 데 목적을 두는 '환담(歡談) 연설'은 지금도 자주 이루어지고 있다. 아울러 강의나 강연과 같이 청중에게 유익한 정보를 제공하기 위한 목적으로 이루어지는 연설을 '정보 전달 연설'로 별도로 분류하기도 한다(이창덕 외, 2010).

　연설을 성공적으로 수행하기 위해서는 먼저 연설의 목적과 상황 맥락에 따라 그에 맞는 내용과 표현을 갖춘 연설문을 작성해야 한다. 특히 연설은 많은 사람을 직접 대면하여 이루어지는 공식적인 말하기인데, 즉흥적으로 말하는 경우에는 중요한 내용을 빠트리거나 잘못 전달할 수도 있고 말실수를 할 수도 있기 때문에 문제가 발생하기 쉽다. 그러므로 연설문을 미리 작성하고 여러 번 검토하여 숙지하는 것이 준비 과정에서 매우 중요하다.

연설문을 작성할 때는 문어체가 아닌 구어체로 작성하되 격식체로 쓰고, '합니다'체의 아주 높임을 선택하는 것이 바람직하다. 비격식체를 사용하면 공식적인 맥락에 적합하지 않고 청중에게 신뢰감을 주기 어렵다. 그리고 청중은 글이 아닌 말을 듣고 필자의 생각을 이해해야 하기 때문에 문장은 간결하고 명료하게 작성하는 것이 기본이다. 또한 생동감을 주고 깊은 인상을 남기기 위해 비유법, 설의법, 도치법, 대구법 등의 수사적 표현을 적극적으로 활용하기도 한다. 뿐만 아니라 연설문을 작성할 때는 청중 앞에서 말할 상황을 고려하여 시간에 맞추어 말할 수 있도록 원고의 분량과 말할 속도를 조절해야 한다. 그리고 말하다가 잠시 쉴 곳 또는 '청중이 숨을 돌릴 수 있는 곳'도 고려하여 준비하는 것이 좋다(이창덕 외, 2010).[4]

다음으로 연설문의 구조에 대해 살펴보자. 환담 연설이나 정보 전달 연설이 아닌 설득에 초점을 둔 연설문의 경우, 일반적으로 표 11-7과 같은 구조로 이루어진다(임칠성 외, 2004: 39). 이 구조는 설득하는 글의 일반적인 구조를 바탕으로 하기 때문에 논설문의 구조와도 유사하다. 앞서 살펴보았던 '동기화 단계 구조'도 설득하는 말하기에 바탕을 둔 설명이므로 연설문의 구조로 참고할 수 있다.

표 11-7 연설문의 구조

서론부	• 청중의 주의 집중시키기 • 핵심적인 메시지 소개하기
본론부	• 핵심 요점 1 → 하위 요점 → 뒷받침 자료 • 핵심 요점 2 → 하위 요점 → 뒷받침 자료 • 핵심 요점 3 → 하위 요점 → 뒷받침 자료
결론부	• 내용 요약 • 핵심적 내용 강조 • 청중의 실천 촉구

한편 로마 시대의 명연설가 키케로(Cicero)는 연설을 표 11-8과 같이 7부분으로 나누어 설명하였다. 일단 도입과 결론을 제외한 가운데 부분을 살펴보면

---

4   연설문은 연설의 내용을 모두 써서 완성한 전문(全文) 원고와 핵심 내용만을 표시한 표제어 원고가 있다. 일반적으로 전문 원고를 준비해서 연설을 하는 것이 보통인데, 능숙한 화자는 현장에서 청중의 반응에 따라 말할 내용을 조절할 수 있는 표제어 원고를 더 선호하기도 한다.

주제와 관련된 배경을 설명한 다음, 주장을 제시하여 독자의 이해를 돕고, 주장의 의미를 명확히 한 뒤, 근거를 제시하며 반론을 반박함으로써 주장을 강화하는 과정으로 되어 있다. 이러한 순서는 연설을 듣는 청중의 입장에서 연설자의 논지를 파악하기 쉽도록 자연스럽게 논지를 전개한 것이라고 볼 수 있다.

표 11-8 키케로의 연설 구조(Borchers/이희복 외 역, 2007: 68)

도입	주제를 소개하고 청중에게 연설자의 바른 의도를 분명히 말한다.
서술	주제에 대한 근접한 배경 정보를 제공한다.
제안	화자의 논제를 제공한다.
구분	연설의 주된 개념이나 요점을 약술하여 논제를 분명히 한다.
확인	주장을 뒷받침하는 내용을 제시한다.
반증	잠재적인 거부를 극복하기 위한 내용을 말한다.
결론	청중의 감정에 마지막으로 호소한다.

그렇다면 연설문은 어떻게 표현하는 것이 좋은지 좀 더 알아보자. 연설의 도입부는 청중이 주목하게 하고, 연설자의 의견을 받아들일 마음의 준비를 하게 하며, 연설자에 대해 호감을 갖게 하는 것을 목표로 한다. 그래서 여기에서는 청중들이 귀하게 여기는 가치를 언급하는 경우가 많다. 필자 역시 이러한 가치를 귀하게 여긴다는 것을 드러내면서 청중과의 공감대를 형성하고 신뢰를 구축한다.

아래의 연설문은 청중이 고귀하게 생각하는 가치들을 대변하고 청중을 한 나라의 국민으로 통합하는 상징으로 역사적 사건을 언급하고 있다. 이러한 역사적 사건은 논설문에서 독자의 관심을 유발하기 위해 에피소드를 제시하는 것과는 구별된다.

저는 오늘 우리 역사에서 자유를 위한 가장 위대한 행진으로 기억될 이 자리에 여러분과 함께하게 되어 기쁩니다. 100년 전, 우리 위대한 미국인이 노예 해방령에 서명했습니다. 지금 우리는 그를 상징하는 자리에 서 있습니다.

— 마틴 루터 킹, 〈나에게는 꿈이 있습니다〉의 도입부

도입부에서는 청중 또는 청중에 관련된 것을 칭송하고, 연설자 자신에 대해서는 겸손하게 표현하기도 한다. '저는 뛰어난 연설가가 아닙니다'라든가 '무슨 말부터 시작해야 할지 모르겠습니다'와 같은 겸손의 표현으로 연설을 시작하는 경우를 흔히 볼 수 있다. 수사학에서는 연설을 잘하기 위해서는 자신만의 말문을 여는 방식을 익히는 것이 필요하다고 했는데, 이러한 겸손의 표현이 바로 이 방식의 하나이다. 겸손의 표현은 연설이 시작되는 순간 연설자와 청중 사이의 긴장감을 완화하는 효과가 있다. 또한 '나는 누구를 대신하여 이 자리에 섰다'는 표현도 많이 들을 수 있다. 자신이 여러 사람의 이야기를 대변한다는 표현은 여러 사람의 청중 앞에 선 한 사람의 연설자가 자신의 위치를 겸손하게 표현하는 방식인 동시에, 자신의 주장을 한 개인의 견해가 아닌 여러 사람의 공통된 견해라고 표현함으로써 자신의 주장에 힘을 싣는 방식이다.

연설의 결론부는 연설자의 주장을 강조하여 청중에게 각인시키고, 청중의 감정에 호소함으로써 설득력을 강화하는 것을 목표로 한다. 결론부가 연설문 전체에서 가장 감정적으로 고조되는 부분인 만큼, 특히 여러 가지 수사법이 동원되는 경우가 많다. 논리적 증명보다 감정의 고조가 더욱 강조되어야 하기 때문에 접속사 생략법이 자주 사용되기도 한다(Borchers/이희복 외 역, 2007: 69). 표현의 아름다움과 감동을 잘 보여 주는 아래 예시는 비유법, 반복법과 함께 접속사 생략법을 활용하였다.

> 저는 이러한 믿음을 안고 남부로 돌아갈 것입니다. 이러한 믿음이 있으면 우리는 절망이라는 산을 깎아 희망이라는 돌을 만들 수 있을 것입니다. 이러한 믿음이 있으면 우리는 이 시끄러운 불협화음을 형제애라는 아름다운 교향곡으로 바꿀 수 있을 것입니다. 이러한 믿음이 있으면 함께 일하고 함께 기도하고 함께 투쟁하면서 함께 감옥에 갈 것이요, 함께 자유를 위해 싸울 것입니다. 우리가 언젠가 자유로워지리라는 사실을 알기 때문입니다.
>
> ― 마틴 루터 킹, 〈나에게는 꿈이 있습니다〉의 결론부

또한 결론부가 청중에게 행동을 촉구하기 위해 활용하는 감성적 설득 전략의 대표적인 형태는 '이상적인 미래'의 모습을 제시하는 것이다. 이는 청중이 연설자의 주장을 받아들이면 그에 상응하여 청중의 욕구들이 충족되는 보상을

약속한다는 의미를 내포하고 있다(김현국, 2001: 288-289). 그러므로 연설자가 그려 보이는 미래가 청중에게 희망과 만족감을 불러일으킨다면 설득 효과도 더 커질 것이다. 킹 목사가 '흑인 소년, 소녀들이 백인 소년, 소녀들과 형제자매처럼 손을 마주 잡게 되리라는 꿈'을 이야기할 때, 그것은 많은 이들이 바라는 간절한 소망이기도 하기에 허황되기보다는 진실하게 느껴진다.

마지막으로 연설문이 다른 글과 구별되는 한 가지 특징이 있다. 연설문이 청중 앞에서 낭독되는 순간, 필자는 청중의 눈앞에 직접 노출된다. 이는 일반적으로 필자가 글을 통해 독자와 간접적으로 만나는 것과 매우 다른 상황이다. 필자의 에토스가 글을 통해 만들어진 이미지로 독자에게 전달되는 반면, 연설자의 에토스는 글을 통해 만들어지는 동시에 그 사람의 실제 모습에 의해 독자에게 전해지기도 한다. 아리스토텔레스는 지혜와 미덕과 호의를 갖춘 사람의 주장이 존중받을 수 있다고 했다. 그렇기 때문에 '언행일치의 삶'은 연설문에서 백 마디 말보다도 강력한 설득력을 발휘할 수 있다.

생각해 봅시다

1 설득하는 글과 관련된 성취기준을 새롭게 제시하고 위계에 맞게 배열해 보자.

학교급 및 학년		성취기준
초등학교	1~2학년군	
	3~4학년군	자신의 의견과 그렇게 생각한 이유가 드러나게 글을 쓴다.
	5~6학년군	
중학교	1~3학년군	
고등학교	공통국어	
	선택 과목	

2 신문 칼럼을 한 편 읽고 논설문의 구조에 따라 내용을 분석해 보자.

서론	• 도입-공감대 형성 • 배경-문제 진술 • 주장-해법 진술	
본론	• 문제 제기 논증 • 문제 해결 논증 • 반론에 대한 반박 논증	
결론	• 요약 • 강조 또는 제안	

3 다음은 연설문의 일부이다. 각 부분에 사용된 설득 전략을 찾아보자.

(가) 이제 장애인들을 위해 할 수 있는 가장 현명한 일 중 하나는 질병을 예방하고 치료할 수 있는 연구에 투자하는 것입니다. 현재 25만 명의 미국인이 척추 손상을 입고 있고, 우리 정부는 우리 가족인 이들을 부양하기 위해 87억 달러를 쓰고 있습니다. 그러나 그들의 삶을 실질적으로 향상시키고 치료하기 위한 연구에는 1년에 4천만 달러만을 쓰고 있습니다. 우리는 더 현명하고 더 나은 행동을 할 수 있습니다.

(나) 오늘 우리가 연구에 투자하는 돈은 우리 가족 구성원의 내일의 삶의 질을 좌우할 것입니다. 나는 재활 훈련을 하는 동안 그레고리 패터슨이라는 젊은이를 만났습니다. 그는 뉴저지의 뉴왁을 달리고 있었는데, 어느 갱이 쏜 유탄이 차의 창문을 뚫고 날아와서 목에 맞아 척추 손상을 입었습니다. 5년 전이었으면 그는 죽었을 것입니다. 그러나 연구 덕분에 그는 아직 살아 있습니다.

(다) 56년 전 루즈벨트 대통령은 "국가 방위에는 비행기, 배, 총, 폭탄 등을 만드는 것 이상이 포함되어 있습니다. 나라가 건강하지 않으면 우리는 강한 나라가 될 수 없습니다."라고 말했습니다. 그는 오늘도 같은 말을 할 것입니다. 그는 휠체어가 없이는 거의 움직일 수 없는 사람도 이 나라를 절망에서 건질 수 있음을 보여 주었습니다.

— Borchers/이희복 외 역, 『수사학 이론』(2007) 중

* 이 연설은 미국의 영화 배우 크리스토퍼 리브(Christopher Reeve)가 1996년에 한 연설의 일부이다. 그는 영화 〈슈퍼맨〉의 주연 배우였으나 불의의 사고로 전신 마비가 된 이후 의료 보호 확대를 촉구하는 사회운동에 힘썼다.

참고문헌

김미형(2002), 「논설문 문체의 변천 연구」, 『한말연구』 11, 23-71.

김상희(2011), 「논증적 글쓰기의 수사학적 접근: 에토스와 파토스의 표현 기술을 중심으로」, 『수사학』 14, 27-59.

김서윤(2016), 「고등학생 필자의 논증 도식 사용 양상과 시사점」, 『새국어교육』 109, 93-126.

김승현·장지혜(2017), 「건의문 쓰기에 나타난 중학생의 쓰기 능력 실태에 관한 분석적 접근: 2015년 NAEA 중학교 국어과 쓰기 서답형 문항 반응 분석을 중심으로」, 『작문연구』 32, 117-155.

김현국(2001), 「연설문의 문체 연구: 대통령 취임사를 중심으로」, 『청람어문교육』 23, 243-297.

남인용(2015), 『광고와 설득』, 커뮤니케이션북스.

민병곤(2003), 「논증적 텍스트의 생산 과정에서 논증 도식의 운용 양상에 대한 분석 및 교육적 시사」, 『국어교육학연구』 18, 184-221.

박재현(2013), 『국어 교육을 위한 의사소통 이론』, 사회평론아카데미.

송지언(2015), 「작문 교과서의 논설문 수록 양상과 개선 방안」, 『국어교육』 150, 295-328.

신지연(2006), 「논증 텍스트의 단락 간 의미구조」, 『텍스트언어학』 21, 307-327.

심재기(2006), 『영락에서 탕평까지: 한국의 명문』, 서울대학교 출판부.

이대규(1994), 「논설문 지도 방법」, 『국어교육』 85, 317-333.

이삼형·이선숙(2011), 「주장과 근거 관련 용어의 재범주화: 2007년 개정 교육과정과 교과서를 중심으로」, 『국어교육』 136, 233-256.

이영호(2013), 「논증 텍스트 유형에 기반한 논증적 글쓰기 교육의 위계화 방안 연구」, 『어문연구』 41(1), 419-442.

이창덕 외(2010), 『화법 교육론』, 역락.

이태준, 임형택 해제(1947/2005), 『문장강화』, 창비.

임칠성 외(2004), 『말꽝에서 말짱되기』, 태학사.

정혜승·서수현(2009), 「필자의 독자 고려 전략과 텍스트 실현 양상: PAIR 전략을 중심으로」, 『작문연구』 8, 251-275.

최지은·전은주(2012), 「고등학생의 건의문 쓰기 양상과 지도 방안」, 『새국어교육』 90, 171-200.

Aristoteles, 천병희 역(2017), 『수사학/시학』, 숲.

Armbruster, B. B. & Anderson, T. H.(1981), "Content Area Textbooks", *Reading Education Report* 23.

Borchers, T., 이희복 외 역(2007), 『수사학 이론』, 커뮤니케이션북스.

Breton, P. & Gauthier, G., 장혜영 역(2006), 『논증의 역사』, 커뮤니케이션북스.

Damer, T. E.(1987), *Attacking Faulty Reasoning*, Wadsworth.

Gass, R. H. & Seiter, J. S.(1999), *Persuasion, Social Influence, and Compliance Gaining*, Pearson/Allyn & Bacon.

Govier, T.(2014), *A Practical Study of Argument*(7th ed), Wadsworth.

Hollingworth, H. L.(1935), *The Psychology of the Audience*, American Book Company.

Hovland, C. I., Janis, I. L. & Kelley, H. H.(1953), *Persuasion and Communication: Psychological Studies of Opinion Change*, Yale University Press.

Kienpointner, M.(1992), "How to classify arguments". In F. H. van Eemeren, R. Grootendorst, J. A. Blair, C. A. Willard(Eds.), *Argumentation Illuminated*, ISSA.

McCroskey, J. C. & Teven, J. J.(1999), "Goodwill: A Reexamination of the Construct and Its Measuremet", *Communication Monographs* 66(1), 90-103.

Perelman, C. & Olbrechts-Tyteca, L.(1958), *Traité de l'Argumentation: La nouvelle rhétorique*, Presses universitaires de France.

Petty, R. E. & Cacioppo, J. T.(1986), "The Elaboration Likelihood Model of Persuasion", *Advances in Experimental Social Psychology* 19, 123-205.

Reboul, O., 박인철 역(1999), 『수사학』, 한길사.

Robinson, E. J. & Rosnow, R. L.(Eds.)(1967), *Experiments in Persuasion*, Academic Press.

Willams, J. M. & Colomb, G. G., 윤영삼 역(2008), 『논증의 탄생 글쓰기의 새로운 전략』, 홍문관.

• 기사 자료

김선우, 「이왕이면 '착한 초콜릿'」, 경향신문, 2011년 2월 14일.

이항, 「생태계 복원의 위험성」, 한겨레, 2005년 7월 14일.

한건수, 「이주민과 선주민」, 한국일보, 2009년 8월 23일.

12장 표현적 글쓰기

"3년 동안 일기를 계속해 쓴 사람은 장래에 뭔가 이루어 놓을 사람이다. 10년 동안 계속해 쓴 사람은 이미 무엇인가를 이루어 놓은 것과 같다."

이는 미우라 아야코(三浦綾子)가 쓴 〈빙점(氷點)〉이라는 소설의 한 구절로, 일기 쓰기의 중요성을 잘 보여 준다. 일기는 표현적 글쓰기의 대표적 양식으로서 표현적 글쓰기가 무엇이며 어떠한 교육적 가치를 지니는지 알 수 있게 해 준다. 어렸을 때 우리는 자의든 타의든 일기 쓰기를 했고, 성인이 되어서도 꾸준히 일기를 써 온 사람을 볼 수 있다. 그만큼 일기 쓰기는 우리에게 친숙하면서도 중요한 글쓰기이다.

그러나 일기 쓰기가 그렇듯 표현적 글쓰기에 대해서는 체계적으로 배웠다는 느낌이 들지 않는 것이 사실이다. 이 장에서는 표현적 글쓰기가 무엇이며, 어떠한 특징을 지니고 있는지 살펴볼 것이다. 아울러 그간 교육의 장에서는 표현적 글쓰기를 어떤 위상에서 어떠한 가치를 두고 다루어 왔는지 교육과정을 중심으로 탐색해 보고자 한다. 또한 표현적 글쓰기의 대표적 유형들을 중심으로 이러한 글쓰기가 어떻게 이루어지며, 이를 교육적으로 어떻게 지도해야 할지 살펴본다.

1 표현적 글쓰기란 무엇인가

표현적 글이란 필자 개인의 경험을 중심으로 자기의 감정과 정서를 표현한 글이다. 그러나 표현(express)이라는 말의 어원에 '눌러서 밖으로 내보낸다'는 의미가 담겨 있다는 점에서 모든 글은 표현적이라고 말할 수 있다. 그래서 작문 교육에서 말하는 표현적 글쓰기의 의미를 분명하게 파악하기 위해서는 다른 종류의 글쓰기와 비교가 필요하다.

국어과 교육과정을 살펴보면, 담화나 글의 유형이 크게 '정보 전달·설득·친교·정서 표현'으로 제시되고 있음을 확인할 수 있다. 쓰기 목적에 따라 글의 유형을 정보 전달의 글쓰기, 설득하는 글쓰기, 친교적 글쓰기, 정서 표현의 글쓰기로 구분한다. 로만 야콥슨(Roman Jakobson)은 언어 전달 행위에서 나타나는 구성 요소 여섯 가지를 발신자와 수신자, 관련 상황, 메시지, 접촉, 약호 체계로 보았고, 이는 각각 감정 표시(emotive) 기능, 능동적(conative) 기능, 지시(referential) 기능, 시적(poetic) 기능, 친교(phatic) 기능, 메타언어적(metalingual) 기능 등 여섯 가지 언어 기능에 대응된다고 하였다(Jakobson/신문수 편역, 1989: 54-

63).[1] 이 가운데 발신자(addresser)에 초점을 두고 있는 감정 표시적 기능이 표현적 글쓰기와 가장 직접적으로 관련이 있다고 볼 수 있고, 접촉(contact)에 초점을 두고 있는 친교 기능도 일부 관련이 있다.

한편, 제임스 브리튼(James Britton)을 비롯한 영국의 작문학자들은 인간의 쓰기 능력 발달을 연구하면서 실제 적용 가능한 쓰기 유형들을 새롭게 제시하고자 하였다. 이들은 1966년부터 1971년까지 영국의 11~18세 학습자를 대상으로 쓰기 능력 발달을 위계화할 수 있도록 글을 수집하여 분석하였는데, 이때 분류의 틀로 삼은 글쓰기의 유형은 업무적(transactional), 문예적(poetic), 표현적(expressive) 쓰기이다(Britton et al., 1975: 74-91).

이 세 가지 유형에는 각각 글쓰기는 문제 해결의 과정이고, 언어란 예술의 재료이기도 하며, 인간에게는 표현의 욕구가 있다는 관점이 반영되었다. 브리튼이 제시한 이 세 가지 글쓰기 유형에 대해 좀 더 자세히 설명하면서 이와 대비되는 표현적 쓰기가 무엇인지 밝혀 보려 한다.

첫째, 업무적 쓰기는 정보를 전달하거나 조언·설득·훈계할 목적으로 사실을 기록하는 글, 의견을 교환하는 글, 생각을 설명하는 글, 사업 거래를 위한 글 등을 포함한다. 브리튼은 소통적(communicative)이라는 용어 대신에 업무적(transactional)이라는 용어를 사용했는데, 모든 글은 기본적으로 소통의 성격을 띠기 때문이며, 업무(transaction)라는 말에는 알리거나 기록하거나 지시하거나 확신시키는 일을 포함할 수 있다고 판단하였기 때문이다(Britton et al., 1975: 18).

둘째, 문예적 쓰기는 예술의 재료인 언어를 선택·조합하여 자족적인 언어 구조물을 짓는 글쓰기를 뜻한다. 앞서 야콥슨은 언어의 기능을 설명하면서 언어 전달 행위에서 메시지 자체에 초점을 둘 경우 시적(poetic)인 기능이 드러난다고 하였다. 문예적 쓰기는 다양한 문학적 요소나 장치를 활용하여 정형화된 양식으로 구현한다. 이러한 요소나 장치로는 운문에서의 운율, 산문에서의 플롯 등을 들 수 있으며, 이를 통해 사회에서 통용되는 다양한 장르의 문예물, 즉 문학 작품을 생산할 수 있다.

셋째, 표현적 쓰기란 자아(self)와 밀접한 연관을 갖는다. 즉, 이러한 글은 필자의 내면을 문자로 나타냄으로써 자아를 드러낸다. 자아를 드러내는 글은

----

1   야콥슨의 언어 전달 행위에서 언어의 6가지 기능에 대한 설명 및 그림은 1장 3절 참조.

독자를 크게 의식하지 않고 쓰기 때문에 업무적 쓰기보다는 덜 명료하며 덜 격식적인 특성을 갖는다. 자아의 표현 욕구를 발산하면서 자아를 드러내는 이러한 글쓰기에는 자유 연상 글쓰기, 일기, 사적인 편지, 자서전 등이 포함된다.

이를 현재의 교육과정에 나타난 글쓰기 유형과 대비해 보면 표 12-1과 같다.

표 12-1 브리튼의 글의 분류와 교육과정의 분류 대비

교육과정의 분류 \ 브리튼의 분류		업무적 쓰기	문예적 쓰기	표현적 쓰기
쓰기	정보 전달의 글쓰기			
	설득하는 글쓰기			
	친교적 글쓰기			
	정서 표현의 글쓰기			
문학	창작			

표 12-1에서 알 수 있는 바와 같이 업무적 글은 정보 전달이나 설득적 글쓰기처럼 사회적인 관계 속에서 의사소통의 목적을 달성하기 위해 이루어지는 글에 대응되며, 문예적 글은 문학 영역의 창작이나 쓰기 영역의 정서 표현의 글과 대응된다. 이 장에서 살펴볼 표현적 글쓰기는 브리튼의 표현적 쓰기에 대응되며, 이는 교육과정의 분류에 따르면 정서 표현의 글이나 친교의 글에 해당한다.

브리튼은 다른 글쓰기 유형과 대비되는 표현적 쓰기의 위상을 다음과 같이 설명한다. 쓰기 능력 발달 과정이라는 시각에서 보면, 인간은 표현적 쓰기에서 출발하여 업무적 쓰기나 문예적 쓰기로 분화·발달해 간다. 즉, 인간은 초기에 미분화 상태의 글인 표현적 쓰기를 하다가 차차 업무적 쓰기나 문예적 쓰기가 가능하도록 발달한다는 것이다. 이러한 분화 과정은 필자 자신의 정체성을 어떻게 정립하는가에 따라 달라지는데, 필자가 참여자(participant)로서의 역할을 띨 경우 업무적 쓰기 유형에 가깝게 되고, 관객(spectator)의 역할을 띨 경우 문예적 쓰기에 가깝게 된다고 보았다. 표현적 쓰기는 이 두 가지의 역할이 분화되지 않고 모두 나타나는 글쓰기이다. 예를 들어보자.

① 아침부터 해가 쨍쨍 내리쬐었다. ② 난 '오늘 같은 날 수영장에 가면 참 좋겠

다'라고 생각했다. ③ 역시 하루 종일 뜨거운 해가 내 몸에서 땀을 줄줄 나게 했다. ④ 바람도 조금 불었지만 바람까지 뜨거웠다. ⑤ 정말 더운 하루, 여름이 빨리 갔으면 좋겠다.

(김명순, 2002: 11에 인용된 학생 글)

위 글은 더운 여름을 나고 있는 필자가 경험한 바를 쓴 표현적 글이다. 이 글에는 두 개의 관점이 존재한다. ①, ③, ④는 경험 세계를 관객의 관점에서 서술하고 있다면, ②와 ⑤는 경험 세계에 능동적으로 개입하는 참여자의 관점을 취하고 있다. 이처럼 표현적 쓰기에서는 필자가 경험 세계에 대해 관객에서 참여자로, 참여자에서 관객으로의 이동이 자유롭게 나타난다(김명순, 2002: 11-12).

학습자는 경험 세계가 성장하면서 참여 욕구가 점점 커져 가고, 이러한 참여 욕구를 표현하기 위해 표현적 쓰기에서 업무적 쓰기로 옮겨간다. 그러면서 개인적이면서 자기 노출적인 표현을 삼가고, 객관성을 담보할 수 있는 명시적인 서술을 지향하게 된다. 아울러 자신의 경험 세계에서 얻는 느낌이나 생각을 직접적으로 드러내기보다 거리를 두고 관객의 처지에서 문예적 쓰기를 추구하기도 한다. 그리고 언어의 규칙과 정형화된 양식에 주의를 기울이며 선택·배열·조합을 통해 언어 구조물을 완성해 간다. 이처럼 학습자는 성장하면서 한편으로는 참여자로서의 글쓰기를, 또 한편으로는 관객으로서의 글쓰기를 익혀 나가는 것이다. 이상의 발달 과정을 도식화하면 그림 12-1과 같다.

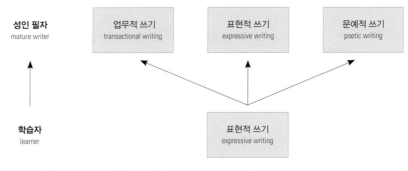

그림 12-1 쓰기 발달 위계에서의 표현적 쓰기(Britton et al., 1975: 83)

그림 12-1은 표현적 쓰기가 다양한 글쓰기의 모체가 된다는 것을 보여 준다. 학습자가 성장하면서 규범과 질서를 갖춘 다양한 글을 쓸 필요가 생기고 이를 배우기도 하는데, 표현적 쓰기가 그 바탕이 될 수 있는 것이다.

이상의 내용을 정리하면, 표현적 쓰기는 표현의 대상이 자기 자신인 글로서 자신의 경험 세계와 생각을 독자를 의식하지 않고 자유롭게 쓴 글이다. 이때 언어(글)의 기능은 야콥슨의 분류에 따르면 표현적 기능에 해당한다. 언어 행위의 구성 요소 중 발신자에 초점이 놓여 있기 때문이다. 따라서 독자를 가정하고 맥락을 고려하여 쓰는 의사소통 목적의 글과는 차이가 있는 사적인 글쓰기라고 할 수 있다. 이러한 글쓰기는 한 개인이 사회화 과정을 통해 습득하는 공적인 글쓰기, 즉 업무적 쓰기나 문예적 쓰기로 나아가는 토대가 된다.

2 교육과정에 표현적 글쓰기는 어떻게 나타나 있는가

교육과정에서는 표현적 글쓰기를 직접적으로 언급하고 있지는 않다. 따라서 표현적 글쓰기에 해당하는 부분을 추출하여 교육과정에서 표현적 글쓰기를 어떻게 수용하여 교육하고자 했는지 살펴보고자 한다.

제1차와 제2차 고등학교 교육과정에서는 글을 크게 세 가지로 구분하고 있으며, 이를 다시 하위 유형으로 다음과 같이 설명하고 있다.

> (1) 남의 이야기를 듣고 적는 경우
>   강의의 노우트, 회의의 기록, 강연 등의 요점을 필기한 것을 발표하기 위하여, 바르게 듣고 빨리 쓰는 기술이 필요하며, 이는 듣기와 관계가 깊다.
> (2) 문장을 보고 적는 경우
>   문장을 보고 필요한 부분을 옮겨 적거나, 서식대로 원서나 신고서 등을 쓰는 경우를 말하며 읽기와 관계가 깊다.

> (3) 자기 말로 적는 경우
> 　　남에게 읽히려고 하거나, 또는 자기를 표현하기 위하여 자기 말로 적는,
> 　　쓰기의 본질적인 면이다.
> 〈실용적인 면〉
> ① 순전히 자기 말로 적는 경우……편지, 일기
> ② 보고서 등 관용 문구를 따라서 쓰는 경우……이력서, 원서, 각종 신고서,
> 　　계약서, 전보문, 규약문 등
> 〈창작적인 면〉
> ① 창작……시가, 수필, 소설, 설화, 희곡 등
> ② 논설……논문 쓰기

제2차 국어과 교육과정 고등학교 〈국어Ⅰ〉 '쓰기' 영역 지도 내용

위의 내용에 따르면 쓰기의 본질적인 면은 '(3) 자기 말로 적는 경우'에 해당한다. 여기에서 주목할 점은 '남에게 읽히기 위해 쓴 글', 즉 의사소통을 목적으로 하는 글뿐 아니라 '자기를 표현하는 글' 역시 쓰기의 본질적인 면임을 지적하였다는 점이다. 남이 읽기를 바라는 목적이 아니더라도 글쓰기가 가능하며, 이러한 글쓰기가 의사소통을 위한 글쓰기 못지않게 중요한 비중을 차지함을 보여 주고 있다.

한편, 위의 내용을 보면 본질적인 글쓰기는 다시 실용적인 글과 창작적인 글로 구분된다. 이는 인간이 성장하는 과정에서 표현적 쓰기가 업무적 쓰기와 문예적 쓰기로 분화·발전한다고 설명한 브리튼의 분류와 어느 정도 대응되는 측면이 있다.[2] 다시 말해 학습자가 성장할수록 글쓰기의 양상이 다양해지는데, 실제 생활에서 필요한 글쓰기와 그것과는 무관한 창작 글쓰기로 분화된다고 본 것이다.

이전까지는 글쓰기의 유형 분류가 없었으나 제6차 교육과정부터 표 12-2와 같이 일정한 틀을 가지고 쓰기 양식을 분류하려는 시도가 나타났다.

2　실용적인 글쓰기에 '일기'가, 창작적인 글쓰기에 '논문'이 포함되어 있는 것은 현재의 통념으로는 받아들이기 어렵다. 그래서 위 분류가 브리튼의 분류와 딱 들어맞는다고 말할 수 없고, 꼭 그럴 필요도 없다.

표 12-2 제6차부터 2015 개정 교육과정까지 제시된 쓰기의 유형

	제6차 교육과정	제7차 교육과정	2007 개정 교육과정	2009 개정 교육과정	2015 개정 교육과정
쓰기의 실제	정보 전달 설득 친교 및 정서 표현	정보 전달 설득 정서 표현 친교	정보 전달 설득 사회적 상호 작용 정서 표현	정보 전달 설득 친교 및 정서 표현	정보 전달 설득 친교 · 정서 표현

표 12-2에서 확인할 수 있듯이 정보 전달, 설득, 친교, 정서 표현이라는 유형은 2015 개정 교육과정까지 글쓰기를 분류하는 꽤 견고한 틀로 자리 잡았다. 그러나 정보 전달이나 설득 유형과 비교했을 때 친교와 정서 표현 유형은 상대적으로 그 지위가 불안정하여 하나로 묶인 형태(친교 및 정서 표현)로 나타나거나, 그 명칭이 '친교→사회적 상호작용→친교'로 바뀌는 등 유동적이었다.

그렇다면 교육과정에서 나타난 표현적 글쓰기의 하위 유형에는 어떤 것들이 있었을까? 2007 개정 교육과정에서는 개별 양식으로 아래와 같은 유형들이 제시된 바 있다.

표 12-3 2007 개정 교육과정에 나타난 텍스트의 종류(김정자, 2006: 180)

텍스트 \ 학년	1	2	3	4	5	6	7	8	9	10
정보 전달	• 소개하는 글	• 요약문	• 설명문	• 요약문	• 기사문 • 알리는 글	• 설명문	• 설명문 • 실험 보고서	• 요약문 • 학급 신문	• 홍보하는 글	• 전기 • 해석하는 글
설득	• 의견을 제시하는 글	• 요청하는 글	• 주장하는 글	• 제안하는 글	• 찬성(반대)하는 글	• 연설문 • 추천하는 글	• 건의하는 글	• 의견을 제시하는 글	• 논증하는 글	• 시평(時評)
사회적 상호 작용		• 쪽지글	• 칭찬하는 글	• 소식을 주고받는 글	• 사과하는 글	• 축하하는 글	• 격려 · 위로하는 글	• 문자 메시지, 전자 우편	• 조언 · 충고하는 글	• 공식적인 인사말
정서 표현	• 그림 일기	• 일기	• 감상문	• 그림책	• 이야기	• 기행문	• 수필	• 자서전	• 영상물	• 예술 작품평

표현적 글쓰기는 표 12-3에서 '사회적 상호작용'과 '정서 표현' 유형을 포괄한다고 볼 수 있다. 이 시기에만 '사회적 상호작용'이라는 명칭이 사용되었고 나머지 시기에는 '친교'라고 명명되었다. 친교의 글이나 정서 표현의 글은

일상에서 자연발생적으로 나타난다는 점이 특징이다. 자연발생적이라는 의미는 '쪽지'나 '문자 메시지' 등을 떠올려 보면 이해할 수 있다. 특별히 교육받지 않고도 일상생활에서 자연스럽게 습득되고 통용된다. 그래서 정서 표현의 글은 매우 이른 시기부터 쓰기 시작하며, '일기'부터 '감상문', '기행문' 등으로 다양해진다.

2015 개정 교육과정에서는 표현적 글쓰기의 하위 유형들을 아래와 같이 주요하게 다루었다.

초등학교			중학교 1~3학년	고등학교 1학년	선택 과목 〈화법과 작문〉
1~2학년	3~4학년	5~6학년			
• 겪은 일을 표현하는 글	• 마음을 표현하는 글	• 체험에 대한 감상을 표현한 글	• 감동이나 즐거움을 주는 글	• 정서를 표현하는 글	• 친교 표현의 글[독자 고려] • 정서 표현의 글[진정성] • 성찰하는 글[체험의 기록]

2015 개정 국어과 교육과정 '쓰기' 영역 내용 체계 중 표현적 글쓰기

초등학교에서 고등학교 1학년까지의 공통 교육과정에서는 '체험'을 중시하며 그 가운데 나타난 '정서'를 표현하되 다른 사람에게 감동이나 즐거움을 주는 '목적'의 글을 표현적 글로 규정하고 있다. 선택 과목인 〈화법과 작문〉에서는 표현적 글쓰기를 크게 친교 표현, 정서 표현, 성찰하는 글로 나누어, 각각 독자를 고려하는 글, 진정성이 담긴 글, 체험의 기록이라는 핵심적인 요소를 반영한 글쓰기로 다루었다. 친교 표현의 글은 가족 간 편지를 주고받는 사적인 소통뿐 아니라 감사·축하·격려와 같은 공적인 영역에서의 소통을 포함한다. 또한 정서 표현의 글은 경험에서 얻은 정서를 표현하여 독자에게 즐거움과 감동을 주는 글이므로 공통 교육과정의 성취기준을 반복·심화한 것이다. 성찰하는 글은 일상의 체험을 기록하는 습관을 중시하여 글쓰기의 생활화를 지향하고 있음을 알 수 있다.

2022 개정 교육과정에서도 표현적 글쓰기는 크게 변화하지 않았다. 표 12-4와 같이 학년군별로 1개의 성취기준을 안배하여 지속적으로 표현적 글쓰기가 이루어지도록 하고 있다.

표 12-4 2022 개정 국어과 교육과정 중 표현적 글쓰기 관련 학년별 성취기준

초등학교	1~2학년군	[2국03-04] 겪은 일을 표현하는 글을 자유롭게 쓰고, 쓴 글을 함께 읽고 생각이나 느낌을 나눈다.
	3~4학년군	[4국03-04] 목적과 주제를 고려하여 독자에게 마음을 전하는 글을 쓴다.
	5~6학년군	[6국03-03] 체험한 일에 대한 감상을 나타내는 글을 쓴다.
중학교	1~3학년군	[9국03-05] 자신의 삶과 경험을 바탕으로 정서를 진솔하게 표현하는 글을 쓴다.
고등학교	〈공통국어1〉	[10공국1-03-02] 다양한 언어 공동체의 특성을 고려하며 필자의 개성이 드러나는 글을 쓴다.
	선택 과목 〈독서와 작문〉	[12독작01-12] 정서 표현과 자기 성찰의 글을 읽고 자신의 정서를 진솔하게 표현하거나 자신의 삶을 성찰하는 글을 쓴다.

2022 개정 교육과정에서 표현적 글쓰기의 교육 내용과 특징을 정리하면 다음과 같다.

첫째, 내용과 형식에서 자유로움을 강조하고 있다. 자신이 겪은 일을 내용과 형식에 제한 없이 작성하도록 함으로써 글쓰기에 대한 인지적 부담을 줄이고, 글쓰기의 결과를 독자와 공유함으로써 감동과 즐거움을 나누는 데 활동의 목적이 있음을 밝혔다.

둘째, 특별한 경험이 아니라 일상의 경험을 글쓰기 소재로 삼도록 하였다. '5~6학년 성취기준 적용 시 고려 사항'에서 이 점을 강조하고 있는데, 아무래도 특별한 경험은 신기한 것, 사물의 표면에만 주목하게 할 가능성이 있기 때문이다. 그러나 삶에서 우러나오는 글은 일상생활을 관찰하고 그 속에서 글감을 찾는 것이다. 아무리 보잘것없고 작은 것이라도 그것을 자기의 삶이나 평소에 가지고 있던 생각과 연관 지어 보면 훌륭한 글감이 될 수 있다(이오덕, 1988: 98).

셋째, 정서를 표현하는 글쓰기의 유형으로 수필, 편지, 영상, 만화 등을 언급하고 있다. '중학교 성취기준 적용 시 고려 사항'에서 자신의 경험을 토대로 진솔하게 정서를 표현하는 글쓰기 유형으로 제시하고 있다. 지금까지 표현적 글쓰기는 일기, 감상문, 수필과 같이 문자 언어에 국한되는 경향이 있었는데, 개정된 교육과정에서는 영상이나 만화 등 다양한 매체 언어를 활용하도록 하고 있다.

넷째, 성찰적 글쓰기가 강조되고 있다. 작문 교육의 위계로서는 가장 마지막 단계에 해당하는 선택 과목 〈독서와 작문〉에 성찰적 글쓰기를 배치하고 있는데 이러한 구성은 이전 교육과정과 크게 다르지 않다. 2015 개정 교육과정에서는 일상을 기록하는 습관에 초점이 놓여 있었다면 이번 교육과정에서는 독서와 결합한 성찰적 쓰기가 강조되고 있다.

3 표현적 글쓰기, 왜 가르치는가

1) 글쓰기의 동기 유발

우리는 표현적 글쓰기가 여타의 글쓰기 유형에 비해 어렵지 않고 일상에서 흔하게 쓰이고 있음을 경험적으로 알고 있다. 이는 첫째, 글을 쓰는 대상이 '나'라는 점에서 글감에 대한 탐색이 용이하기 때문이다. 일반적으로 글을 쓰기 위해서는 글감을 찾아야 하며, 글감에 대한 충분한 이해와 자신만의 관점을 수립하기 전에는 글을 시작하기가 쉽지 않다. 그러나 표현적 글쓰기의 글감은 자기 자신이므로 시간과 공간의 제약 없이 글감을 찾을 수 있으며, 이에 따라 글의 주제도 쉽게 선정될 가능성이 높다.

둘째, 쓰기의 상황 맥락에서 자유롭다. 상황 맥락을 구성하는 요소는 글의 목적과 주제, 예상 독자 등을 꼽을 수 있다. 그런데 표현적 글쓰기는 예상 독자를 의식하지 않고 글을 쓰기 때문에 이러한 부담을 덜 수 있다. 일차적인 독자는 필자 자신이 되므로 의사소통 상황을 가정하고 독자를 의식하여 글의 주제나 목적을 상정하지 않아도 된다. 자신의 경험과 생각을 글로 옮겨서 자신의 정서를 표현하는 것이 표현적 글쓰기의 주목적이기 때문이다.

셋째, 글의 형식적 자율성이 있다. 여타의 글쓰기 유형은 사회마다 통용되는 글쓰기 관습과 규범이 존재하기 때문에, 말을 그대로 문자로 옮겨 놓는다고 글이 되는 경우는 많지 않다. 그러나 자연발생적 글쓰기에 가까운 표현적 글쓰기의 경우, 문자를 활용해 글을 쓸 수 있는 사람이라면 자신의 생각과 느낌을 그대로 글로 옮겨 놓는 것으로 한 편의 글을 쓸 수 있다.

이러한 이유로 표현적 글쓰기는 쓰기 교육의 초기 단계에서 중요하게 다루어지고 있다. 교육과정에서 표현적 글쓰기와 관련된 성취기준은 초등학교 저학년에서부터 배치되어 꾸준히 쓰기 교육의 한 자리를 지키고 있다. 특히 표현적 글쓰기의 대표적 글감인 '필자의 생활 경험'은 글자를 익히고 단어와 문장을 쓸 수 있는 초등학교 저학년의 주요한 글감으로 제시되고 있다.

[제1차 교육과정] (1학년) 자신의 경험을 그림과 글자로 나타내게 한다.
[제2차 교육과정] (1학년) 자신의 경험을 즐겨서 그림이나 글자로 나타내도록 한다.
[제3차 교육과정] (1학년) 경험을 글로 써 보기
[제4차 교육과정] (3학년) 경험을 소재로 하여 글을 짓는다.
[제5차 교육과정] (2학년) 인상 깊었던 일을 글로 쓰고, 쓴 것을 보며 친구들에게 이야기한다.
[제6차 교육과정] (2학년) 겪은 일을 글로 쓰려는 태도를 가진다.
[제7차 교육과정] (1학년) 즐거웠던 경험이나 상상한 일에 대해 그림일기를 쓴다.
[2007 개정 교육과정] (1학년) 인상 깊었던 일을 정리하여 그림일기를 쓴다.
[2009 개정 교육과정] (1~2학년군) 인상 깊었던 일이나 겪은 일을 글로 쓴다.
[2015 개정 교육과정] (1~2학년군) 인상 깊었던 일이나 겪은 일에 대한 생각이나 느낌을 쓴다.
[2022 개정 교육과정] (1-2학년군) 겪은 일을 표현하는 글을 자유롭게 쓰고, 쓴 글을 함께 읽고 생각이나 느낌을 나눈다.

표현적 글쓰기와 관련된 초등학교 국어과 교육과정 성취기준

대체로 초등학교 1학년 성취기준에서 단어나 문장 수준의 쓰기 다음으로 제시되어 있는 글쓰기 유형이 바로 자신의 경험을 쓰는 것이다. 즉, 단어와 문장과 같이 아직 완결된 글의 수준에 도달하지 않은 성취기준을 제외하면 대체로 쓰기 영역에서 학습자가 처음으로 만나는 글이란 표현적 글쓰기이다. 표현적 글쓰기에서 비로소 완결성을 갖춘 한 편의 글이라는 인식을 갖는다는 말이다. 이때 학습자에게 제시된 글쓰기 양식이 '그림일기'이다. 그림일기는 문자 언어에 익숙하지 않은 학습자가 그림이라는 보조 도구를 통해 자신의 경험을 표현할 수 있도록 돕는 교육용 글쓰기 양식이다.

이와 같이 초보적인 단계에서부터 등장하는 표현적 글쓰기는 학습자가 성장함에 따라 다양하고 전문화된 글쓰기 양식으로 분화되어 가는 초석이 된다. 표현적 글쓰기의 필자는 독자나 글의 목적과 같은 상황 맥락에서 자유로울 수 있는데, 이후 점차 필자와 독자의 관계 설정이나 글쓰기의 목적을 의식하면서 좀 더 복잡한 글쓰기 양식으로 나아갈 수 있게 된다. 이러한 점에서 표현적 글쓰기는 교육적 접근이 용이하면서 다른 글쓰기로의 교육적 전이력이 높다(김명순, 2002: 17-19).

인간이라면 누구나 자기표현의 욕구가 있고 이러한 욕구가 가장 잘 드러난 유형이 표현적 글쓰기이다. 그렇기에 자발적이면서도 능동적인 글쓰기를 가능케 하는 쓰기 동기 측면에서 표현적 글쓰기의 의의를 찾을 수 있다(최숙기, 2006: 223-226). 글쓰기 유형 가운데 쉽고 친숙한 표현적 글쓰기는 작문 교육의 초기 단계부터 비중 있게 다룰 수 있으며, 이를 바탕으로 좀 더 공적이고 형식적인 제약이 있는 의사소통을 위한 글쓰기 혹은 문제 해결의 글쓰기로 나아갈 수 있다. 비단 초등학교 단계뿐 아니라 대학의 글쓰기에서도 글쓰기의 출발점을 표현적 글쓰기로 삼아야 한다는 주장 역시 이러한 맥락에서 이해할 수 있다(김미란 2013: 318-346). 표현적 글쓰기가 학습자들의 동기를 유발하므로 표현적 글쓰기에서 출발하여 학술적 글쓰기로 나아가는 작문 교육을 설계할 수 있다.

2) 자기 발견과 성찰

'자기 자신을 되돌아보고 깊이 살핀다'는 성찰(省察)의 일반적인 의미에서 알 수 있듯이, 표현적 글쓰기는 성찰과 긴밀한 관계가 있다. 표현적 글쓰기는 나 자신을 대상으로 하며 나의 생각과 경험에서 글감을 찾고 이를 표현하기 때문에, 자연스럽게 자신이 한 일을 돌이켜 보고 그것을 깊이 생각하는 활동이 포함된다.

그렇다면 나를 표현하는 글쓰기에서 성찰은 어떻게 이루어지는 것일까? 내가 지금까지 살아온 이야기를 글로 쭉 쓰거나 내 인생의 10대 사건을 선정하는 등, 자기를 표현하는 활동을 바탕으로 글을 쓰면 성찰이 이루어진 것일까? 이와 관련하여 성찰의 과정을 짚어 보고 이러한 과정을 촉진할 수 있는 작문 교육에 대해 논의해 보자.

성찰이란 성찰하는 주체와 성찰되는 대상의 분리, 즉 '자기'와의 거리 두기를 전제로 한다(한래희, 2014: 343). 다시 말하면 성찰이 이루어지는 기본 전제 조건은 '글을 쓰는 나'와 '글의 대상이 되는 나'의 분리이다. 그래야 내가 어떤 사람인지 발견할 수 있는 가능성이 열린다. 그러나 이미 밀착해 있어서 나와 친밀해져 버린 나 자신을 발견하기란 쉽지 않다. 그래서 자기 자신을 낯설게 하고 그 속에서 불편함이나 어색함 등의 원인을 알아내서 내가 어떤 사람인지 찾는 자기 발견의 기회가 필요하다. 일기 쓰기가 성찰의 기능을 할 수 있는 이유도 여기에 있다. 자기 자신이 쓴 일기의 독자는 일정한 시간이 지난 후의 자기 자신인 셈이다. 자기가 쓴 글 속에서 자신의 낯섦을 대면함으로써 미처 몰랐던 자기 자신을 발견하는 것이다.

한편 글을 쓰면서 자아와 세계의 부딪침을 통해 자신을 발견할 수 있다고 보기도 한다. 즉, 그저 자기 자신의 내면으로만 파고드는 것이 아니라 타자와 세계와의 만남에서 나타나는 자신의 판단과 결정을 종합하여 자기 자신의 정체성을 발견할 수 있다는 것이다. 살면서 겪게 되는 다양한 선택의 상황에서 어떤 사람이 내리는 판단에는 그 자신만의 신념과 가치관이 담겨 있기 마련이다. 이러한 신념이나 가치관이 지속적으로 발현되어 나의 일상을 주도한다면 이를 자신의 정체성으로 규정지을 수 있다(이정찬, 2017: 85). 그래서 표현적 글쓰기는 필자가 자기 생활과 체험에서 나타난 행동의 선택에 주목하고, 이러한 선택의 기저를 이루는 자신의 신념을 포착하도록 함으로써 자기 발견을 실행한다.

표현적 글쓰기는 필자가 나를 대상으로 표현하는 글이지만, 나와의 거리 두기가 전제되어야만 의미를 발견할 수 있다. 이때의 의미란 성찰의 결과인 자기 발견, 즉 자아정체성을 파악하는 것이다. 특히 청소년기는 자아정체성을 형성하는 시기이므로 자기 자신이 어떤 사람인지 알아 가는 일이 중요한데, 여기에 표현적 글쓰기가 기여할 수 있다.

3) 인성 교육

인성 교육이란 인간이 인간다움을 갖출 수 있도록 길러 내는 교육을 뜻한다. 표현적 글쓰기 교육은 이러한 인성 교육의 한 방법으로 자리 잡아 왔다. 전통적으로 글쓰기는 의사소통의 수단이라는 관점보다는 자신의 내면을 수양하고 덕을 쌓는 수행이라는 관점에서 다루어졌다.[3] 이러한 관점에서 보면 자신이 본 대로 한 대로 자신의 삶을 쓰는 글, 다시 말하면 삶을 바로 보고 삶을 이야기 하는 표현적 글을 인성 교육의 측면으로 설명할 수 있다.

표현적 글쓰기가 인성 교육의 수단으로 의미가 있기 위해서는 전제 조건이 필요한데, 그것은 바로 그 글이 정직해야 한다는 점이다. '글이 있기 전에 말이 있고, 말이 있기 전에 삶이 있다'고 할 때, 곧 '글은 삶에서 나온다'고 말할 수 있 다. 그렇기에 정직하게 자신의 삶을 본 대로 들은 대로 한 대로 쓰는 글이 진정 한 글쓰기이며, 이러한 글만이 자신도 변화하고 다른 사람도 감동시키는 인성 교육을 가능하게 한다. 정직한 자기표현의 글이 학생들이 참된 사람으로 성장 하는 데 어떻게 도움을 줄 수 있는지 아래 글을 참고해 보자.

> 내 동생 지희는 거의 1년 동안 목이 아파 왔다. 병원에 가도 안 되어서 엄마하 고 같이 태백 기도원에 가 있다. 그래서 아버지하고 나하고 둘이 밥해 먹고 있 다. 나는 밥을 먹다가도 동생을 생각하면 눈물이 난다. 오늘도 반찬은 김치, 멸 치 이 두 가지로 먹는다. 아버지는 직장에 나가야 하기 때문에 아침에 밥을 지 으면 하루 동안 먹어야 한다. 밥이 모자라면 저녁에는 굶든지 사 먹는다. 나는 엄마의 반찬 솜씨와 밥을 먹어 봤으면 좋겠다. 동생과 놀이터에 가서 그네도 같 이 타며 즐겁게 놀고 싶다. 나는 엄마하고 동생하고 같이 살고 싶다.
>
> (이오덕, 1997: 112-113)

위 글은 머릿속으로 지어낸 글이 아니라 자신의 삶에서 우러난 글, 꼭 쓰고 싶었던 자기의 삶과 경험을 아무런 틀에 매이지 않고 마음껏 쓴 글이다. 이렇게 쓴 글에는 진심이 잘 드러나 있고 읽는 사람에게 감동을 준다. 반면에 거짓으로 지어낸 글, 겉멋을 부린 글은 아무런 감동을 줄 수 없을 뿐 아니라 자신도 성장 시킬 수 없다. 자기표현의 글은 이처럼 정직하고 진실한 모습을 띨 때 학습자 역 시 정직하고 진실한 사람으로 자라나게 한다. 이것이 필자의 삶을 가꾸는 인성

---

3 레토릭(rhetoric)의 번역어인 수사학(修辭學)의 '수사(修辭)'는 주역(周易)의 '수사입기성 소이거 업야(修辭立其誠, 所以居業也.[말(글)을 닦고 뜻을 바로 세우는 것은 대업을 성취하는 근거이다.])'에 서 나온 말로서, 글의 아름다움이란 윤리적 실현에 도움이 될 때 이루어지는 것임을 보여 준다(김 월회, 2005).

삶을 가꾸는 글쓰기

이오덕(李五德, 1925~2003): 1944년부터 43년 동안 교직에 몸담으면서 학생들의 글쓰기를 지도하였고, 1986년 교직을 떠난 후 글쓰기 지도와 관련된 다양한 책을 저술하였다.

이오덕의 대표적 저서인『삶을 가꾸는 글쓰기 교육』을 비롯하여 다양한 글쓰기 관련 저서에서 그가 일관되게 주장하는 바는 '글쓰기가 삶을 가꾸는 수단이 되어야 참 글쓰기가 된다'는 것이다. 이때 삶을 가꾸는 글의 전제 조건은 바로 자기가 한 일을 쓰게 하는 것이다. 이오덕은 글쓰기란 어린이의 마음을 지켜 주고 키워 가며, 일하기를 즐기는 사람이 되게 하고, 흙의 사상을 가꾸며, 살아가는 사람으로서 마땅히 가져야 할 생각을 키우며, 민주주의로 살아가게 하고, 진실을 찾으며, 생명의 존엄함을 깨닫도록, 깨끗한 우리말로, 하고 싶은 말을 마음껏 쓰게 하는 것을 지향해야 한다고 하였다.

교육으로서의 글쓰기 교육이라 할 수 있다.

4) 치유의 글쓰기

개인적인 감정을 자유롭게 쓸 수 있는 글쓰기가 바로 표현적 글쓰기이며, 이러한 표현적 글쓰기는 자신의 내면에 있는 상처를 치유할 수 있다. 사람은 살아가면서 외부로부터 갈등이나 위협 등을 겪게 되는데, 이 과정에서 발생한 상처를 정리하지 않으면 어딘가에 쌓인다. 이렇게 저장된 생각이나 감정들이 장기간 지속되면 병적인 문제를 일으킬 수 있다. 따라서 이를 치유하기 위해서는 쌓여 있던 생각과 감정을 밖으로 끄집어내야 하는데, 이때 글쓰기가 생각과 감정을 쏟아 내는 효과적인 수단이 될 수 있다(이봉희, 2007: 236-238).

이처럼 자기 자신의 생각과 감정을 자유롭게 쏟아 낼 수 있는 글쓰기 양식을 저널(journal)이라 부른다. 저널이라고 하면 신문(잡지)을 먼저 떠올리지만, 여기에서 저널이란 일기에 가까운 글 양식을 뜻한다. 일기가 그날 겪었던 일에 대한 생각이나 느낌을 기록하는 의미가 강하다면, 저널은 치료를 주된 목적으로 하여 생각이나 느낌을 기록한다는 점에서 차이가 난다. 그렇기에 저널 쓰기

미국의 쓰기 치료 연구소 'Center for Journal Therapy' 홈페이지(https: //journaltherapy.com)에서는 자기표현의 글쓰기를 통해 치유, 성장, 변화할 수 있다고 소개하고 있다.

에는 상황과 치료 목적에 맞게 '보내지 않은 편지'라든지 '타임캡슐'과 같은 다양한 기법들이 활용될 수 있다(Adams/강은주·이봉희 역, 2006).

자신의 감정이나 느낌을 여과 없이 표현하는 글쓰기가 갖는 효과는 다음과 같다. 앞서 설명한 바와 같이 상처란 정돈되지 않은 과거의 충격이나 갈등이 무의식적으로 내면화된 결과인데, 이를 글로 옮겨 내는 과정에서 시각화가 가능해진다. 이렇게 시각화된 글은 문제와 자기 자신을 거리두기하는 것으로써 표현적 글쓰기가 갖는 성찰적 기능을 실행할 수 있게 된다. 다시 말하면 자신이 저장해 두었던 문제를 객관화하고 이를 새로운 시각으로 이해하고 받아들일 수 있게 한다. 이러한 과정에서 치유가 일어난다고 보는 것이다.

바이키(Karen A. Baikie)와 빌헬름(Kay Wilhelm)은 표현적 글쓰기가 정서적으로나 신체적으로 어떠한 유익함이 있는지 입증하는 연구를 진행했다. 실험 참가자들에게 지금까지 살아오면서 삶에 영향을 준 중요한 사건을 글로 써 보도록 하였고 철저하게 비밀 보장을 약속했다. 실험 결과 표현적 글쓰기는 심리적·신체적 건강에 유익한 영향이 있음을 확인했다. 특히 트라우마 경험에 대한 글쓰기는 안전한 치료 방법으로서 단독으로 진행하거나 전통적 치료 행위와 병행할 수 있다고 보았다(Baikie & Wilhelm, 2005).

한편, 이주 여성을 대상으로 한 '자신의 삶을 주제로 한 한국어 쓰기 워크숍'도 이러한 치유 효과를 입증한 연구이다(원진숙, 2010). 언어의 장벽과 문화적 차이로 인해 내적인 상처를 입은 이주 여성들이 자신의 경험을 글로 옮기고 이를 다른 이주 여성과 소통함으로써 치유가 이루어졌다고 보고하고 있다.

1) 자서전

자신의 일생을 글쓰기의 대상으로 삼아 쓴 글을 뜻하는 자서전은, 영어로 'autobiography'라고 부르는 데에서 알 수 있듯이, 전기(傳記, biography)의 일종이지만 글쓰기의 대상이 바로 자기 자신이라는 점에서 차별성을 보인다. 누군가의 일생을 기록으로 남긴 전기 쓰기도 오래된 전통이 있지만, 자서전 글쓰기 역시 유구한 역사적 전통을 가진 문화적 양식으로 자리 잡아 왔다. 시대와 지역에 따라 다르게 형성되어 온 자서전에 대한 관점을 살펴보면 자기 인생을 조망하는 다양한 시각을 확인할 수 있다.

먼저 자서전이란 과거의 나를 돌아보고 자신의 삶을 진솔하게 고백하는 글이라는 관점이 있다. 이러한 시각은 근대 이전 서양에서 확인할 수 있다. 필립 르쥔(Philippe Lejeune)은 『자서전의 규약(On Autobiography)』이라는 책에서 자서전이 지켜야 할 몇 가지 규칙으로 일인칭으로 서술되면서 작가와 화자, 그리고 주인공이 동일해야 한다는 점을 들고 있다. 이러한 규칙은 소설과 자서전을 가르는 중요한 기준임과 동시에, 자서전에는 오직 진실만을 담아야 한다는 것을 보여 준다. 자서전의 주인공은 작가 자신이므로 그 글을 통해 그 사람의 성격, 취향, 살아온 행적들이 그대로 노출된다. 그런데 그 가운데는 성격의 결함이나 부도덕한 행위, 털어놓기 어려운 일화 등이 있을 수 있다.

> 그와 같은 고백을 함으로써 내가 나의 인생 역정 중 치러야 했던 대가를 생각해 보라. 때때로 열정의 광기에 사로잡혀서 보지도 듣지도 못한 채 여인들을 사랑하면서도, 또 육체의 발작적인 흥분에 사로잡혀서도 나는 단 한 번도 그녀들에게 나의 미친 짓을 고백할 수 없었다. 가장 내밀한 친밀함을 나누는 경우에도 단 한 가지 그것만은 구할 수 없었다.
>
> (Lejeune/윤진 역, 1998: 85에서 재인용)

앞의 글은 르죈이 자서전의 규약을 설명하면서 그 사례로 소개한 장 자크 루소(Jean Jacques Rousseau)의 『고백록(Les Confessions)』이다. 이 『고백록』에는 루소 자신의 부끄러운 일화들이 나와 있다. 이를테면, 빗을 부러뜨렸다는 누명을 쓰고 랑베르시에 목사의 딸에게 볼기를 맞았다든지, 루소 자신이 리본을 훔치고 하녀인 마리옹에게 누명을 씌웠다는 등의 누구에게도 이야기하기 어려운 부끄러운 일이 적혀 있는 것이다. 루소는 이러한 사건을 마음속에 묻어 두지 않고 아무도 없는 빈 곳에서 글쓰기를 매개로 고백하였다.

그렇기에 자서전은 부끄럽고 은밀한 내면의 고백이 될 수 있다. 동일하게 자신의 내면을 고백하는 글인 일기는 비공개를 전제로 하지만, 자서전은 남이 읽도록 약속된 양식이다. 이러한 자서전 쓰기의 규약과 관련해서 서양의 사회 문화적인 관습을 이해할 필요가 있다. 절대자인 신에게 자신의 죄를 고백함으로써 죄를 용서받고자 하는 욕망이 자서전에 투영되어 있는 것이다. 일기처럼 사적인 비공개의 글이 아닌 자서전은 고해성사를 하는 성도의 마음처럼 내면을 털어놓음으로써 자유를 얻는 속죄의 고백이 될 수 있다. 정리하면, 자서전 글쓰기는 글 속의 주인공과 작가가 동일한 인물이라는 규칙을 지켜 자신의 고백을 통해 반성과 참회를 행하는 글쓰기라는 시각이 존재한다. 이러한 글쓰기에서 글의 내용이 진실해야 한다는 점은 중요한 규약이다.

또한 나에 대한 글쓰기는 미래에 이러하고자 하는 나에 대한 글쓰기로 이루어지기도 한다. 이러한 글은 앞서 언급했던 자서전의 화자와 주인공이 동일해야 한다는 규칙을 비껴가는 탁전(托傳) 형태의 자서전으로, 근대 이전 동양의 자서전 글쓰기 전통 중 하나였다. 탁전이란 가상의 인물을 등장시켜 그 인물에 대한 일생을 기록한 글인데, 그 가상의 인물에 필자가 투영되어 있다. 즉, 허구적인 인물이긴 하나 그 인물은 다름 아닌 필자이므로 나에 대한 글쓰기라고 볼 수 있다. 이러한 탁전 계열의 글은 살아온 삶만을 보여 주는 것이 아니라 살아갈 삶을 표방한다는 점이 특징이다. 이를 두고 카와이 코오조오(川合康三)는 동아시아 전통의 자서전을 '이러한 나'가 아닌 '이러하고 싶은 나'를 드러낸 글쓰기라고 부른다(川合康三/심경호 역, 2002).

우리나라의 대표적인 탁전으로는 이규보(1168~1241)가 지은 「백운거사전(白雲居士傳)」이 있다.

백운거사(白雲居士)는 선생의 자호(自號)이니, 그 이름을 숨기고 그 호를 드러낸 것이다. 그가 이렇게 자호하게 된 취지는 선생의 백운어록(白雲語錄)에 자세히 기재되었다.

집에는 자주 식량이 떨어져서 끼니를 잇지 못하였으나 거사는 스스로 유쾌히 지냈다. 성격이 소탈하여 단속할 줄을 모르며, 우주를 좁게 여겼다. 항상 술을 마시고 스스로 혼미하였다. 초청하는 사람이 있으면 곧 반갑게 나가서 잔뜩 취해 가지고 돌아왔으니, 아마도 옛적 도연명(陶淵明)의 무리리라. 거문고를 타고 술을 마시며 이렇게 세월을 보냈다. 이것은 그의 기록이다. 거사는 취하면 시를 읊으며 스스로 전(傳)을 짓고 스스로 찬(贊)을 지었다.

그 찬은 이러하다.

"뜻이 본래 천지의 밖에 있으니, 하늘과 땅도 그를 얽매지 못하리로다. 장차 원기(元氣)의 모체(母體)와 함께 무한한 공허의 세계에 노니리로다."

(한국고전번역원 데이터베이스)

위 작품에서 이규보는 스스로를 백운거사라 칭하면서 흰 구름과 같이 어디에도 얽매이지 않는 자유분방한 삶을 살겠노라는 의지를 표명했다. 이처럼 탁전으로서 나에 대한 글쓰기란 자기 삶의 의미를 스스로 규정하고, 이를 바탕으로 앞으로의 삶을 새롭게 기획하는 것임을 알 수 있다. 이를 위해 관습적으로 인물의 전형을 삶의 모델로 설정하고 이에 비추어 자신이 지향하는 바람직한 삶을 서술하고 있다. 즉, 자서전이라고 해서 비단 자신의 지나온 행적만을 기록하는 것이 아니라 앞으로 전개될 삶의 포부를 드러내는 기능도 할 수 있는 것이다.

아울러 나에 대한 글쓰기를 고난과 극복의 과정으로 바라보는 시각도 있다. 이때 인생 곡선 그래프를 내용 생성의 도구로 활용하곤 한다. 인생 곡선 그래프는 삶의 시간 흐름을 x축으로 삼고, 인생의 전환점 중 실패하거나 고난을 겪었을 때를 −로, 성공하거나 고난을 극복했을 때를 +로 표시하여 인생의 굴곡을 시각화하는 것이다. 자서전 쓰기에 대한 이러한 시각에는 '성공의 플롯'이 있다. 주인공이 목표에 도달하기 위해 고통과 극복이 반복되는 플롯이 나타나며, 과거의 불행과 현재의 행복이 대비되는 특징이 있다(최인자, 2000).

자서전 쓰기의 핵심은 고통의 깊이와 그것의 극복 과정이다. 남들이 경험하기 어려운 고통을 겪고 그것을 극복했을 때, 과거의 불행이 현재의 행복과 극

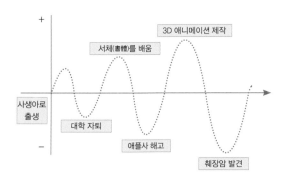

그림 12-2 스티브 잡스의 인생 곡선

명하게 대비되면서 이야기의 흥미를 더하게 된다. 이러한 점에서 스티브 잡스(Steve Jobs)의 인생을 담은 2005년 스탠포드 대학 졸업식 축사는 자서전으로서도 매우 흥미로운 내용이다. 그는 축사에서 인생에 찾아온 세 번의 고난을 중심으로 이를 극복하는 과정을 하나의 이야기로 엮어 냈다. 그가 겪은 고난도 매우 특별하지만, 이를 극복하여 얻어 낸 성취도 남다르기에 이야기가 진행될수록 더 몰입하게 된다.

이처럼 자서전은 조망하는 시각에 따라 상당히 다른 내용의 나에 대한 글쓰기가 전개될 수 있다. 2009 개정 교육과정에서는 자서전 쓰기를 "이제까지 살아온 과거의 경험을 현재의 시간 속으로 편입시켜 성찰의 대상으로 삼고, 앞으로의 삶을 진지하게 계획해 보는 쓰기"(중학교 1~3학년군 내용 성취기준)로 제시한 바 있다. 아직 인생의 성장기에 있는 학습자들에게 살아온 과거는 단지 반성에서 머무르는 것이 아니라 앞으로의 삶을 계획하는 데 쓰임이 있다. 즉, 자신의 과거를 돌아보고 자신의 강점과 약점을 파악하며, 소질과 적성에 맞는 진로를 탐색하는 과정으로 자서전을 활용할 수 있는 것이다. 근대 이전 동양의 자서전이 자신의 삶을 되돌아보고 '이러하고 싶은 나'를 표방하였던 전통을 계승하여, 교육적인 차원에서 미래의 삶을 기획하는 자서전 쓰기를 실행할 수 있다.

자서전의 내용 생성을 위해서는 자신의 일생을 몇 단계로 구분하고 각 단계에서 주요한 사건들을 기록하는 연보 작성, 그리고 인생의 주요 사건들을 기쁨과 슬픔으로 계량화하여 시간 순으로 나열하고 이를 선으로 연결하는 인생 곡선 그래프 등을 활용할 수 있다. 중·고등학교 학생들을 대상으로 하는 자서전인 경우, 내용이 과거에만 머물러 있지 않고 앞으로의 삶으로 이어질 수 있도록 삶의 포부를 표현할 수 있는 활동, 예컨대 인생의 좌우명이나 좋아하는 문구를 선택하고 이를 중심으로 자신의 미래를 그려 보도록 하는 활동 등을 기획할 수 있다.

(김종철 외, 2013: 40-41)

2) 수필

작문 교육에서 '수필'이라는 문학 갈래를 직접 언급하고 있지는 않지만, 글쓰기의 실제 유형 중에는 수필에 포함될 만한 것들이 제시되어 있다. 수필(隨筆)은 글자 그대로 '붓 가는 대로 쓴 글'이라는 점에서 정해진 형식이나 규정이 없는 매우 개방적인 글이다. 그러나 그간 이루어졌던 수필에 대한 논의를 종합해 보면 수필에 대한 개념과 특징, 수필 쓰기의 교육 방법을 확인할 수 있다.

수필은 문학의 중요한 속성인 형상성을 띤다. 인물이 등장하여 사건이 전개되거나 대상에 대한 세밀한 관찰과 묘사가 담겨 있는 수필 갈래는 관념의 조작으로 이루어지는 철학적인 글과는 구분되는 것이다. 그러나 수필의 또 다른 특징 중 하나는 사실에 기반을 두고 있다는 점이다. 수필은 필자가 겪고 보고 느낀 실제 경험 세계를 다룬다. 이처럼 등장인물이나 배경, 사건이 가공된 허구의 세계가 아니라 실제 세계라는 점에서 소설과도 구분된다. 수필과 소설은 형상성을 띤다는 점에서 공통점이 있지만, 실제 세계를 기반으로 하고 있는가에 따라서 둘을 구별할 수 있는 것이다(김대행, 2000: 195-200).

그러나 필자의 경험을 글로 옮겼다고 해서 모두 수필이 될 수 있는 것은 아니다. 수필로서의 가치를 지니기 위해서는 필자 나름대로의 주제를 표현해야 한다. 즉, 자신이 겪은 일을 통해 어떤 감동, 통찰, 교훈을 얻었는지 직접적으로 제시해야 한다. 문학의 여타 갈래들이 주제를 직접적으로 드러내지 않는 반면, 수필은 이를 드러낸다는 점에서 차이가 있다. 자신이 깨달은 바를 다른 사람에게 알리고자 한다는 교훈성이 있으므로 수필은 문학 갈래 중 교술(敎述) 갈래로 분류되기도 한다(조동일, 1992). 정리하자면, 수필은 실제 존재하는 세계를 바탕으로 해서 필자의 깨달음을 전달한다는 특징이 있다(김성룡, 2005: 133-138).

2022 개정 교육과정 중에서 [2국03-04]의 "겪은 일을 표현하는 글", [6국03-03]의 "체험한 일에 대한 감상을 나타내는 글", [9국03-05]의 "자신의 삶과 경험을 바탕으로 정서를 진솔하게 표현하는 글", [10공국1-03-02]의 "필자의 개성이 드러나는 글", [12독작01-12]의 "자신의 삶을 성찰하는 글" 등은 수필이라는 문학 갈래로 보아도 무방하다.

따라서 수필 쓰기 교육은 필자가 실제 경험했던 일을 글감으로 삼아 서술하고, 자신이 성찰한 결과와 느낌을 표현한다는 두 단계로 구분하여 진행할 수 있다.

(1) 나와 같이 징역살이를 한 노인 목수 한 분이 있었습니다. 언젠가 그 노인이 내게 무얼 설명하면서 땅바닥에 집을 그렸습니다. 그 그림에서 내가 받은 충격을 잊을 수 없습니다. 집을 그리는 순서가 판이하였기 때문입니다. 지붕부터 그리는 우리들의 순서와는 거꾸로였습니다. 먼저 주춧돌을 그린 다음 기둥, 도리, 들보, 서까래, 지붕의 순서로 그렸습니다. 그가 집을 그리는 순서는 집을 짓는 순서였습니다. 일하는 사람의 그림이었습니다.

(2) 세상에 지붕부터 지을 수 있는 집은 없습니다. 그럼에도 불구하고 지붕부터 그려온 나의 무심함이 부끄러웠습니다. 나의 서가가 한꺼번에 무너지는 낭패감이었습니다. 나는 지금도 책을 읽다가 '건축'이라는 단어를 만나면 한동안 그 노인의 얼굴을 상기합니다. 교실과 공장, 종이와 망치, 의상과 사람, 화폐와 물건, 임금과 노동력, 이론과 실천……. 이러한 것들이 뒤바뀌어 있는 우리의 사고를 다시 한 번 반성케 하는 교훈이라고 생각합니다.

(신영복, 1996)

앞의 글은 필자가 겪은 일화를 소개하는 내용으로 시작하여, 그 일화가 자신에게 준 깨달음을 전달하는 형태로 끝을 맺고 있다. 필자는 목수가 집을 그리는 방식이 자신과 다름을 발견하였고, 일하는 사람이 그리는 그림과 그렇지 않은 사람의 그림이 갖는 차이를 이론과 실천의 차원까지 확대하여 우리의 현실을 반성해야 한다는 교훈을 전한다. 이처럼 수필은 필자 실제의 세계를 표현하는데(비전환표현), 필자의 경험이나 관찰을 글감으로 삼아(형상성), 독자에게 감동이나 즐거움을 전할 목적(교훈성)을 띤 글이라 할 수 있다.

따라서 수필 쓰기 교육은 평소에 누구든지 겪고 있거나 부딪치는 경험을 곰곰이 생각해 보고 쓰도록 해야 한다. 필자 자신이 주체적으로 무엇인가 해 본 경험을 글감으로 삼게 하면, 할 말이 많아지고 자연스럽게 글쓰기로 이어질 수 있다. 필자의 어떠한 경험도 수필의 글감이 될 수 있지만, 다른 사람도 공감할 수 있고 가치를 공유할 수 있는 깨달음이 담겨야 좋은 수필이 된다. 이를 위해서는 필자 나름의 주관성이 담긴 글을 써야 한다. 주관성이란 대상이나 사태를 바라보는 자신만의 관점에서 드러난다(최시한, 2001: 81-83). 수필은 사실 세계를 바탕으로 하고 있기는 하지만, 실제 사실을 객관적인 정보를 담아 옮기는 것이 아니라 필자의 관점에 따라 새롭게 이해하고 수용한 결과를 담아야 한다.

3) 자기소개서

자기소개서는 나를 누군가에게 소개할 목적으로 쓴 '나에 대한 글쓰기'이다. 글쓰기의 대상인 나에 대해서 사실을 바탕으로 글을 쓴다는 점에서 앞서 살펴본 자서전과 유사하다. 그러나 자기소개서는 자서전과 달리, 외부의 요청이 있을 때 비로소 쓰게 되는 비자발적인 글이다. 그렇기에 요청의 주체인 예상 독자를 적극적으로 의식하면서 글을 쓴다는 특징이 있다. 자기소개서는 독자가 내 글을 읽고 나에 대해 호감이나 긍정적인 반응이 생기도록 해야 하는 목적성을 띤 실용적인 글이다.

자기소개서는 여러 가지로 나누어 볼 수 있다. 우선 '나에 대한 글쓰기'의 일종이므로 자신의 삶을 서술하기 위해 어느 정도 거리를 두고 살펴야 하며, 그 과정에서 의미를 발견한다는 점에서 자기 성찰의 글로 볼 수 있다(김근호, 2010: 305). 또한 이미 자신이 속해 있는 단체 내에서 자기를 알리는 친교 목적에서 자기소개서를 쓸 수도 있다(최지은·전은주, 2009: 442). 그러나 대부분의 자기소개서는 나에 대한 정보를 제공하고, 상대가 나를 선택하도록 하는 설득의 목적을 띤다. 대학 입시나 취업을 위한 자기소개서가 이에 해당한다.

이처럼 자기소개서는 강한 목적성을 띤 실용적인 글이므로 이러한 특성에 부합하는 작문 교육이 이루어져야 한다. 2022 개정 교육과정의 "[12직의01-02] 직무 공동체의 다양한 소통 문화와 직무 환경 변화에 적합하게 자기를 소개하고 면접에 참여한다."라는 성취기준에서 확인할 수 있듯이 자기소개서는 작문 맥락에 대한 분석이 어느 글보다 더 정확하게 이루어져야 한다. 즉, 글을 쓰는 목적을 분석하고 예상 독자를 고려하는 것과 같은 작문 맥락에 대한 파악이 매우 중요하다. 입학이나 취업이라는 특수한 상황에서 대학이나 기업이 요구하는 인재상이나 조건을 충족하도록 글을 써서 자신을 돋보이게 해야 글을 쓴 목적을 달성할 수 있기 때문이다.

이를테면 자기소개서는 자유롭게 글을 쓰기보다는 지정된 양식과 요구되는 내용에 맞추어 쓰도록 하고 있다. 대학 입시를 위한 자기소개서는 아래와 같은 질문 목록에 답하는 형태로 내용을 작성해야 하며, 그 분량까지 제한하고 있다.

---

1. 고등학교 재학기간 중 학업에 기울인 노력과 학습 경험을 통해 배우고 느낀 점을 중심으로 기술해 주시기 바랍니다. (1,000자 이내)
2. 고등학교 재학기간 중 본인이 의미를 두고 노력했던 교내 활동(3개 이내)을 통해 배우고 느낀 점을 중심으로 기술해 주시기 바랍니다. (1,500자 이내)
3. 학교생활 중, 배려, 나눔, 협력, 갈등 관리 등을 실천한 사례를 들고, 그 과정을 통해 배우고 느낀 점을 기술해 주시기 바랍니다. (1,000자 이내)

2018년도 한국대학교육협의회 자기소개서 공통 문항

이처럼 자기소개서의 경우 주어진 조건에 맞추어 글을 쓰지 않으면 아예 자격을 잃기 때문에 작문 맥락을 파악하는 것이 중요하다. 따라서 자기소개서 쓰기를 지도할 때는 쓰기 맥락을 파악하도록 해야 한다. 자기소개서는 독자로부터 분명한 평가를 받는 글이기 때문이다. 따라서 평가의 주체가 누구이며, 자기소개서에 요구하는 내용이 무엇이고, 왜 그러한 내용을 요구하는지 의도를 파악하는 일이 중요하다. 지원하는 학교나 회사의 평가자가 원하는 인재가 무엇

이며, 그들의 요구 사항이 무엇인지 파악하여 충실하고도 효율적으로 표현하는 일이 자기소개서의 성패를 좌우한다. 이러한 맥락을 파악하기 위한 방법의 하나로 평가자의 입장이 되어 보는 활동을 기획해 볼 수 있다. 이를 통해 대학이나 기업의 선발자 입장에서 왜 내가 그곳에 필요한지를 성찰해 보도록 한다. 그럴 때 내가 기여할 수 있는 것, 나만의 강점들을 더 잘 발견할 수 있게 된다.

아울러 질문이 의도하고 있는 내용에 따라 자기의 삶을 효과적으로 표현할 수 있어야 좋은 자기소개서가 될 수 있다. 그렇다면 자기소개서가 갖추어야 할 장르 지식을 바탕으로 자신의 삶을 살 표현할 수 있는 전략을 알아보도록 하자.

먼저 자기소개서를 요청한 기관이나 단체에서 요구하는 가치를 구체화할 필요가 있다. 이때 자신의 경험을 이야기로 서술함으로써 이를 구체화할 수 있다. 예를 들어 대학 입시에서 요구하는 자기소개서의 경우 '배려, 나눔, 협력, 갈등 관리'와 같이 추상적인 가치들을 언급하며 그 사례를 기술하라고 요구한다. 필자는 자신의 삶에서 이러한 가치를 잘 보여 준다고 판단되는 사건을 뽑아서 이야기로 엮어 낼 수 있어야 한다. 이야기의 중심에는 구체적인 사건이 담겨야 하며, 그 사건의 핵심이 평가자가 요구하는 가치에 잘 부합해야 좋은 평가를 받을 수 있다. '성실'을 글자 그대로 쓰는 것이 아니라, '학창 시절 한 번도 지각이나 조퇴를 해 본 적이 없다.'라는 구체적인 이야기를 통해 보여 주는 것이다. 따라서 관건은 자신의 삶에서 평가자가 요구하는 해당 가치를 잘 드러내는 사례를 선택하여 이야기로 엮어 내는 데 있다.

저는 학급에서 '에너지 도우미'로 불립니다. 아버지께선 제가 밤늦게까지 공부를 하다 스탠드 등을 켜 놓고 잠이 들면 항상 조용히 오셔서 불을 꺼 주십니다. 이런 일이 자주 생기다 보니 어느 날 아버지께서 "에너지 절약을 위해 이제부터라도 필요 없는 전기를 줄이는 것이 어떻겠니?"라고 말씀하셨습니다. 그때부터 제 눈에는 밝은 곳에 켜져 있는 형광등같이 낭비되는 에너지가 눈에 보이기 시작했습니다. 학교에서도 전에는 그냥 지나쳤던 불필요한 형광등을 끄고, 에어컨이 켜진 채 교실 창문이 열려 있으면 저희 반이 아닐지라도 저는 창문을 닫기 시작했습니다. 다른 반의 교실 창문을 닫다가 오해를 받은 적도 있었습니다. 하지만 이 오해는 곧 '행복한 오해'였습니다. 제 행동을 오해한 친구에게 설명하였고 제 행동에 고개를 끄덕였던 그 친구 역시 에너지 절약을 실천하게 되었

설득 커뮤니케이션을 활용한 자기소개서의 내용 생성 전략

자기소개서가 나를 누군가에게 효과적으로 알리는 설득적인 성격을 지닌다는 관점에서 설득 커뮤니케이션 전략을 활용하여 글을 쓸 수 있다. 마치 광고 회사에서 상품을 홍보하듯이 자기 자신을 광고하기 위해 다음과 같은 과정에 따라 내용을 생성해 나갈 수 있다(김윤정, 2014: 257-232).

목표 수립 → 속성 분석 → 문제 기회 정립 → 세부 전략 → 이미지 설정

설득 커뮤니케이션 전략을 적용한 자기소개서 작성 단계(김윤정, 2014: 257)

'목표 수립' 단계에서는 자기소개서의 목표를 인식해야 한다. '속성 분석'은 자신에 대한 객관적 정보를 정리하는 단계로서 성격 유형 분석 방법인 MBTI 등을 활용하여 다채롭게 자신의 성격을 확인한다. '문제 기회 정립'은 SWOT 분석*을 통해 자신의 장점과 단점을 바탕으로 자기에게 찾아온 기회와 위협 요인을 분석해 보는 활동을 하는 단계이다.

'세부 전략'은 자신이 원하는 곳으로 진출하기 위해 성격적 측면, 대인 관계 측면, 일상생활 측면, 학업 측면에서 전략을 생각하는 단계이다. '이미지 설정' 단계에서는 자신이 되고 싶은 목표를 광고 카피와 같이 창의적으로 표현한다. 이러한 일련의 활동 단계를 거치면서 자기소개서 쓰기에 필요한 내용들을 생성할 수 있다.

* SWOT: 강점(Strength)과 약점(Weakness), 기회(Opportunity)와 위협(Threat)의 첫 글자를 따서 만든 용어로, 기업의 내부적인 사정과 외부적인 환경을 분석하는 틀로 활용된다.

강점: 내가 유리한 점/나의 재능/특별한 기술/잘하는 것	약점: 경쟁력이 없는 부분/전문성이 부족한 부분/노력 대비 결과가 나쁜 것/남에게 보이고 싶지 않은 이미지
기회: 아직 내가 도전해 보지 않은 것/ 더 발전시킬 수 있는 재능/정신력 부분에서 앞서는 것	위협: 새로운 정책이나 규칙으로 인해 나에게 불리한 것/외부 환경 변화로 어려워진 점

SWOT을 통한 자기 분석 활동(김윤정, 2014: 259)

기 때문입니다. 보이지 않는 곳에서 에너지를 절약하는 작은 습관이 모여 정작 큰 에너지를 필요로 하는 상황이 닥쳤을 때, 유용하게 에너지가 활용될 수 있다는 믿음을 가지고 저는 지금도 에너지 나눔과 절약을 실천하고 있습니다.

(권순희 외, 2017: 90)

위 글은 '나눔, 배려, 협력, 갈등 관리 실천 사례 예시글'로, 필자는 가정과 학교에서 있었던 몇몇 일화를 통해 에너지 절약이 몸에 밴 자신의 습성을 이야기하고 있다. 이로써 자신이 배려하는 삶을 살고 있음을 보여 주는 것이다. 이처럼 필자가 직접적으로 배려한다는 표현을 쓰지 않아도 독자가 구체적인 이야기를 통해 배려를 떠올릴 수 있도록 해야 한다. 구체적인 경험을 쓰려면 그 경험이 진실해야 한다. 필자가 직접 겪어 보지 않은 일을 쓸 때는 글이 생명력을 얻을 수 없기 때문이다. 솔직한 삶의 이야기 속에 평가자가 요구하는 가치나 성품이 담겨 있을 때 자기소개서로서 좋은 평가를 받을 수 있다.

또한 자기소개서 쓰기에서 중요하게 지도해야 할 점은 내용의 진실성이다. 자기소개서를 통해 원하는 곳에 선발되고자 하는 욕심 때문에 거짓으로 자신의 삶을 포장해서는 안 된다. 설사 자신에게 실패의 경험이 있었다 하더라도 그것을 성공으로 거짓되게 포장하기보다는, 그러한 실패를 그대로 인정하고 이를 통해 무엇을 배우게 되었는지 솔직하게 기술하는 것이 더 좋은 평가를 받을 수 있다.

생각해 봅시다

1 글쓰기를 분류하는 기준에는 여러 가지가 있다. 교육과정에서 글쓰기를 분류하는 기준과 브리튼 외(1975)가 분류한 기준을 비교해 보고, 무엇이 더 타당한지 말해 보자.

2 2004년 국가인권위원회는 초등학생의 일기장 검사가 아동의 인권을 침해한다고 밝힌 바 있다. 이에 대해서 일기 쓰기의 교육적 효과를 무시했다는 반응과 아동 인권을 고려한 합리적 결정이라는 반응이 나왔다. 교사가 되었을 때 학생들의 일기 쓰기를 지도할 것인가? 만약 그렇게 할 것이라면 혹은 그렇게 하지 않을 것이라면 그 이유는 무엇인지 말해 보자.

3 최근에 읽은 자서전을 소개해 보자. 그 자서전은 어떠한 시각에서 인생을 조망했는지 분석해 보자.

4 (가)와 (나)를 읽고 아래 활동을 해 보자.

> (가) 자연은 우리의 보물이자 생명의 근원이다. 그러나 우리가 살고 있는 현대 사회에서는 산업화와 무분별한 개발로 인해 자연환경이 위협을 받고 있다. 순수한 공기나 신선한 물, 다양한 생물들이 점점 사라지고 있다. 자연보호를 소홀히 한다면 생태계가 더욱 파괴될 것이다. 깨끗한 공기가 없고 다양한 생물들이 살지 못하는 나라는 망한다고 한다. 앞으로의 미래 사회를 책임질 주인공으로서 우리는 자연보호의 중요성을 알고 환경을 보호하는 데 힘써야 한다. 우리가 살아가는 지구는 우리의 자식들과 그들의 자식들에게 물려줄 소중한 자산이

다. 우리는 미래 세대에게 깨끗하고 아름다운 지구를 전해 주기 위해 오늘부터라도 자연을 가꾸고 보호해야겠다.

(나) 오늘 비가 왔다. 우리 집 바로 앞에 밭이 있는데 나는 재미있을 것 같아 맨발로 걸어 보았다. 흙은 쑥쑥 들어갔고 물렁물렁한 느낌이었다. 거기엔 잡돌이 많아서 따가워 죽는 줄 알았다. 그래서 더는 못 걷고 그냥 슬리퍼를 신고 왔다. 그런데 문제가 생겼다. 발에 붙어 있던 조그만 잡돌들이 슬리퍼에 끼여서 걸으면 조금씩 따갑고 아팠다. 그냥 참고 집에까지 오려고 했는데 너무 불편해서 정욱이 집 앞에 물이 고여 있는 곳에서 발도 씻고 슬리퍼의 돌도 씻어 내었다. 그때서야 좀 편해졌다. 그런데 갑자기 선생님의 말씀이 떠올랐다. '불편한 생활이 행복한 생활이다.'라고 하는 말이다. 왜 이런 말이 떠올랐는지 모르겠다. 선생님은 우리가 좀 불편하게 살아야 자연을 더 보호할 수 있다고 한 것 같다.

— 이호철, 『갈래별 글쓰기 교육』(2015)에 나오는 학생 글 수정

(1) 표현적 글쓰기 차원에서 볼 때 (가)와 (나) 중 어느 글이 더 좋은 글이라고 생각하는지 말해 보자.

(2) 수필 쓰기의 특징과 지도 요령을 고려하여 어떻게 수정하도록 지도하면 좋을지 말해 보자.

참고문헌

권순희 외(2017),「고교 교육 정상화에 기여하는 바람직한 정보 제공 방향 연구」, 이화여대 입학처.

김근호(2010),「서사 표현으로서 자기소개서 쓰기의 본질」,『작문연구』10, 303-336.

김대행(2000),『문학교육 틀짜기』, 역락.

김명순(2002),「표현적 쓰기의 특징과 지도 방향」,『국어교육』109, 1-32.

김미란(2013),「표현주의 쓰기 이론과 대학의 글쓰기 교육」,『반교어문연구』35, 317-350.

김성룡(2005),「수필 교육 변천사」,『국어교육론 3』, 한국문화사.

김윤정(2014),「설득 커뮤니케이션 전략을 활용한 자기소개서 쓰기 교수·학습 모형의 개발과 적용」,『국어교육학연구』49(1), 245-278.

김정자(2006),「국어과 교육과정 개정 시안의 〈쓰기〉 영역 내용 검토」,『작문연구』3, 169-197.

김종철 외(2013),『중학교 국어 ⑥』, 천재교육.

김월회(2005),「말 닦기와 뜻 세우기(1): 고대 중국인의 수사 담론과 그 저변: 修辭立其誠」,『동아문화』43, 123-140.

신영복(1996),『나무야 나무야』, 돌베개.

심경호(2010),『나는 어떤 사람인가: 선인들의 자서전』, 이가서.

원진숙(2010),「삶을 주제로 한 자기 표현적 쓰기 경험이 이주 여성의 자아 정체성 형성에 미치는 영향에 관한 한국어 쓰기 사례 교육 연구」,『작문연구』11, 137-164.

이봉희(2007),「저널치료: 새로운 일기 쓰기」,『새국어교육』77, 235-264.

이오덕(1988),『삶을 가꾸는 글쓰기 교육』(6판), 한길사.

이오덕(1997),『글쓰기 어떻게 가르칠까: 교사와 부모를 위한 글쓰기 지도 길잡이』(2판), 보리.

이정찬(2017),「자기표현 글쓰기 교육의 비판적 검토: 수사와 탐구 그리고 정체성」,『작문연구』33, 65-94.

이호철(2015),『이호철의 갈래별 글쓰기 교육』, 보리.

조동일(1992),『한국문학의 갈래 이론』, 집문당.

주재우(2012),「장르 중심의 쓰기 교육 연구: '자서전 장르'를 대상으로」,『작문연구』14, 137-158.

최숙기(2006),「자기 표현적 글쓰기(expressive writing)의 교육적 함의」,『작문연구』5, 205-239.

최시한(2001),『수필로 배우는 글읽기』, 문학과지성사.

최인자(2000),「장르의 역동성과 쓰기 교육의 방향성」,『문학교육학』5, 27-52.

최지은·전은주(2009), 「자기소개서 쓰기 지도를 위한 교육 내용 선정 방안」, 『새국어교육』 82, 439-463.

한래희(2014), 「자아 이미지와 서사적 정체성 개념을 활용한 자기 성찰적 글쓰기 교육 연구」, 『작문연구』 20, 335-378.

Adams, K., 강은주·이봉희 역(2006), 『저널치료: 자아를 찾아가는 나만의 저널쓰기』, 학지사.

Baikie, K. A. & Wilhelm, K.(2005), "Emotional and Physical Health Benefits of Expressive Writing", *Advances in Psychiatric Treatment* 11(5).

Britton, J. et al.(1975), *The Development of Writing Abilities(11-18)*, Macmillan Education.

Jakobson, R., 신문수 편역(1989), 『문학 속의 언어학』, 문학과지성사.

Lejeune, P., 윤진 역(1998), 『자서전의 규약』, 문학과지성사.

川合康三, 심경호 역(2002), 『중국의 자전문학』, 소명출판.

三浦綾子, 이정예 역(1990), 『빙점』, 청목.

• 인터넷 자료

한국고전번역원 데이터베이스. http://db.itkc.or.kr.

13장 학습을 위한 글쓰기

어릴 때 우리를 힘들게 했던 과제 중에 독후감 쓰기가 있다. 책을 읽는 것도 만만치 않은데 다 읽고 나서 독후감을 써야 하니 여간 귀찮은 일이 아니었다. 그런데 책을 읽고 나서 그냥 책장을 덮어 버리는 것과 책 내용을 떠올리고 느낀 바를 적어 나가는 것은 독서의 효과에서 큰 차이가 있었다. 책을 읽기만 하면 책의 내용을 금방 잊어버리게 되지만 독후감을 쓰면 글의 내용을 훨씬 잘 기억하게 되고 나름의 의미도 남길 수 있었던 것이다.

이러한 쓰기의 효과는 학습 상황에도 마찬가지로 적용된다. 즉, 쓰기는 학습한 내용을 기억하고 의미를 생성하는 훌륭한 도구의 역할을 할 수 있다. 학습한 내용을 필기하고 체계적으로 정리하며 나름의 생각을 써 나가는 작업은 학습 효과를 극대화하는 데 기여한다. 이 장을 통해 쓰기와 학습이 어떠한 관련을 맺고 있으며, 학습을 위한 글쓰기에는 어떠한 유형이 있는지 알아보자.

1 교육과정에 학습을 위한 글쓰기는 어떻게 나타나 있는가

쓰기가 학습에서 중요한 역할을 한다는 사실은 오래 전부터 인정되어 왔다. 그런데 국어과 교육과정에서 학습을 위한 글쓰기를 부각하기 시작한 것은 비교적 늦은 시기인 2007 개정 교육과정부터라 할 수 있다. 이러한 경향은 이후 교육과정 개정에 따라 조금씩 양상을 달리하여 나타나고 있지만, 학습 도구로서 쓰기가 지닌 중요성은 여전히 강조되고 있다.

(3) 글의 유형

(마) 학습을 위한 글 쓰기

① 작문의 원리와 전략에 관한 지식을 활용하여 학습을 위한 글을 쓴다.

② 다양한 작문 과제에 대하여 보고서, 요약문, 개요, 논술문 등의 글을 쓴다.

학습을 위한 글은 학습한 내용을 정리하거나 지식을 정교화, 내면화, 확장하기 위한 목적으로 쓰는 글이다. 범교과 작문에 대한 강조는 쓰기가 갖는 학습 도구로서의 성격에서 비롯되었다고 볼 수 있다. 글쓰기 과정은 다양한 학습의 계기를 포함하고 있다. 예컨대, 글을 쓰는 과정에서는 개념 구체화하기, 지식과 경험 관련짓기, 기존 지식과 새 지식 연결하기, 지식들 간의 공통점과 차이점 발견하기 등과 같은 다양한 지적 활동이 이루어진다. 이러한 활동 과정을 통해 교과에서 배운 지식은 확장되고 정교화되는 것이다. 한편, 학습한 내용을 실제 글로 써 봐야 자신이 얼마나 잘 이해하고 있는지 그렇지 못한지를 확인할 수 있다.

2007 개정 국어과 교육과정 고등학교 선택 과목 〈작문〉 세부 내용 및 해설

제시된 교육과정 해설을 살펴보면 학습을 위한 글쓰기에는 학습한 내용을 정리하거나 지식을 확장하기 위한 학습 도구로서의 성격이 분명하게 나타난다. 글을 쓰는 과정에는 개념의 구체화나 지식 간의 연결과 같은 학습의 계기가 포함되기 마련이며, 글쓰기를 통해 학생들은 다양한 지적 활동을 수행하고 학습 내용에 대한 이해 정도를 확인할 수 있다. 국어과 교육과정에서는 학습을 위한 글쓰기 양식으로 요약문, 보고서, 논술문을 제시하고 있는데, 이는 정보의 정리나 정교화, 새로운 내용의 창출과 깊은 관련을 맺고 있다.

(3) 읽기 목적에 따라 적절한 방법으로 글의 내용을 요약한다.
　요약하기는 읽기 능력과 상관성이 높은 종합적인 독해 활동이다. 요약할 때에는 요약의 목적, 요구되는 분량, 정보의 중요도 등을 고려하여 글의 내용을 자신의 말로 재구성해야 한다. 중심 내용의 선정, 세부 내용이나 반복되는 내용의 삭제, 상위 수준으로의 일반화, 중심 내용의 재구성 등의 전략을 적용하도록 지도한다. 설명하는 글이나 주장하는 글은 위계적으로 요약하기, 이야기로 된 글은 줄거리를 간추리며 요약하기 등의 활동을 할 수 있다.

2009 개정 국어과 교육과정 중학교 1~3학년군 읽기 영역 세부 내용

(3) 관찰, 조사, 실험한 내용을 절차와 결과가 드러나게 보고하는 글을 쓴다.
　보고하는 글을 쓰는 능력은 학교나 직업 세계에서 매우 중요한 의미를

지닌다. 보고하는 글은 연구의 목적과 필요성, 기간, 대상, 방법, 결과 등을 포함해야 하고, 제시되는 내용과 결과가 사실에 근거해야 하며, 기술 방식 또한 명료하고 간결해야 한다. 보고하는 글을 지도할 때는 그림, 사진, 도표 등을 활용하여 절차와 결과가 잘 드러나게 내용을 구성하는 방법, 관찰, 조사, 실험 과정 및 결과를 보고하는 과정에서 요구되는 쓰기 윤리 준수하기 등도 강조하여 지도한다.

2009 개정 국어과 교육과정 중학교 1~3학년군 쓰기 영역 세부 내용

요약문과 보고서 쓰기와 관련된 성취기준은 2009 개정 교육과정에서 구체적으로 제시되고 있다. 인용된 교육과정 해설에서 잘 나타나듯이 요약하기는 읽기 자료에 대한 종합적인 독해 활동에 해당하며, 글의 내용을 자신의 말로 재구성하는 행위는 자료에 대한 이해 수준을 집약적으로 드러낸다. 이런 측면에서 요약하기는 학습을 위한 쓰기의 가장 기본적인 활동에 해당한다. 보고서와 관련해서 교육과정에서는 학습 상황에서 흔히 수행하게 되는 관찰, 조사, 실험의 내용을 연구 목적과 방법, 결과 등의 절차에 따라 쓰도록 제시하고 있다. 이러한 과정에서 보고서의 내용을 효과적으로 전달하기 위한 시각 자료의 활용과 인용 표절 등과 연관된 쓰기 윤리 준수 또한 강조하는 입장을 드러내고 있다.

나. 성취기준

(1) 논리적 사고와 의사소통

'논리적 사고와 의사소통' 성취기준은 학문 활동에 필요한 정보를 효과적으로 수집하여 체계적으로 분석하고 이를 목적과 대상에 맞게 조직하여 전달하는 능력에 중점을 두어 설정하였다. 학술 정보를 이해하는 활동과 보고서 쓰기나 발표 등 정보를 표현하는 활동을 통해 학문 활동에 필요한 실제적인 의사소통 능력을 신장하는 데 주안점을 둔다.

[12심국01-01]학업에 필요한 정보를 수집하여 분석한다.
[12심국01-02]대상과 목적을 고려하여 정보를 체계적으로 조직한다.
[12심국01-03]정보를 정확하고 논리적으로 전달한다.

2015 개정 국어과 교육과정 고등학교 선택 과목 〈심화 국어〉 성취기준

학습을 위한 글쓰기와 관련해 2015 개정 교육과정의 〈심화 국어〉에서는 학문 목적의 글쓰기와 관련된 성취기준을 도입하였다.[1] 이는 학생들이 상급 학교에 진학했을 때 학습과 연구에 요구되는 쓰기 능력을 갖춰 학업을 원활히 수행하도록 만들려는 목적을 띠고 있다. 이를 위해 교육과정에서는 학술 정보를 이해하는 활동과 보고서 쓰기와 같은 표현 활동을 제시하고 있다. 이는 학업에 필요한 정보 수집과 분석, 정보의 체계적 조직과 논리적 전달과 같은 교육 요소에 대한 강조로 연결된다.

[12독작01-13] 다양한 글을 주제 통합적으로 읽고 학습의 목적과 교과의 특성을 고려하여 학습을 위한 글을 쓴다.

　이 성취기준은 하나의 주제나 화제에 대해 다양한 관점과 형식을 보이는 글을 읽고 글에 드러난 정보를 비판적으로 수용하고 재구성하는 과정을 통해 주제나 화제에 관하여 학습하기 위한 글을 쓰는 능력을 기르기 위해 설정하였다. 동일한 주제나 화제에 대해 다양한 관점을 지닌 글을 비교·대조하면서 분석하기, 교과의 특성을 고려한 정보 전달 방식 파악하기, 학습 목적을 고려하여 내용 요약하기, 교과의 개념이나 원리를 효과적으로 설명하는 글 쓰기, 다양한 표나 그래프를 분석하고 해석하는 글 쓰기, 실험·조사의 과정과 결과가 드러나게 보고하는 글 쓰기 등을 학습할 수 있다.

2022 개정 국어과 교육과정 고등학교 선택 과목 〈독서와 작문〉 세부 내용 및 해설

2022 개정 교육과정 〈독서와 작문〉에서는 읽기와 쓰기의 연계를 통해 다양한 관점을 지닌 글을 읽고 글에 나타난 정보를 비판적으로 재구성하면서 학습 목적에 맞는 글을 생산하는 능력을 강조하고 있다. 학습을 위한 글쓰기는 학습 대상과 관련된 지식과 정보를 요구하기 마련이며 이는 다양한 관점과 형식을 나타내는 글들을 읽고 이해하는 주제 통합적 읽기를 통해 해결될 수 있다. 예를 들어 지구 온난화 문제와 관련된 글을 쓰려고 한다면 지구 온난화의 전개 과정을 다룬 과학적 자료, 기후협약 체결과 같이 지구 온난화 문제를 해결하기 위

1　2015 개정 교육과정에서는 고등학교 선택 과목 체계를 일반선택 과목과 진로선택 과목으로 양분하였다. 일반선택 과목에는 기존의 체계에 해당하는 〈화법과 작문〉, 〈독서〉 등이 있으며, 진로선택 과목에는 취업을 준비하는 학생을 위한 〈실용 국어〉와 진학을 준비하는 학생을 위한 〈심화 국어〉가 있다.

한 국제정치적 접근 방안과 관련된 자료, 지구 온난화 문제 해결에 무관심한 사람들을 고발하는 문학 작품 등 다양한 관점과 형식의 자료들을 활용할 수 있다. 이때 중요한 것은 글을 쓰게 된 학습 목적과 해당 교과의 특성에 대한 고려이며 이에 따라 자료의 선별과 활용 방식, 글의 형식에 대한 선택 등이 이루어져야 한다.

교과 학습에서 쓰기는 배운 지식을 정리하고, 지식과 지식을 연결하며, 이해의 심화와 지식의 확장을 이끄는 효율적인 수단에 해당한다. 학생들은 쓰기를 통해 자신의 이해 수준을 확인하며, 사고를 심화하고 정교화하는 효과를 거둘 수 있다. 이런 측면에서 국어 교육에서는 학생들의 학습 능력을 향상시키는 데 큰 기여를 할 수 있는 쓰기의 교육적 가능성에 주목하고, 이를 체계화하기 위해 학습을 위한 글쓰기에 주목하고 있다. 국어 교과는 다른 교과 학습에 기초가 되는 도구 교과로서의 성격을 지니고 있으며, 학습을 위한 글쓰기는 이러한 국어 교과의 특성을 실현하는 데 중요한 역할을 담당할 수 있다. 따라서 학습을 위한 글쓰기의 본질과 유형, 교육 내용 및 방법에 대해 탐구하는 것은 중요한 의미를 지닌다.

2 학습과 쓰기는 어떤 관계가 있는가

1) 학습과 쓰기의 관계

(1) 학습의 도구

학습이란 배움을 통해 학습자에게 발생하는 내적인 변화를 뜻한다. 이런 관점에서 보면 학습은 교사의 일방적인 지식 전달에 의해서는 달성될 수 없으며, 진정한 학습은 학습자 스스로에 의한 의미 구성을 통해서만 가능하다. 글쓰기는 학습 과정에서 학습자 스스로 문제를 해결하고 학습 내용을 깊이 있게 이해하기 위한 도구가 될 수 있다.

학습은 일반적으로 수업을 통해 이루어진다. 수업은 교사와 학생, 수업 대상의 세 가지 요소로 구성되며, 교사는 수업 대상을 학생들에게 접근 가능하도록 만드는 것을 주 임무로 한다. 교사의 수업 행위는 수업 대상과 학생 사이의 매개 작업이라 할 수 있으며, 교사는 학생들이 학습 목표를 달성할 수 있게 수업 중에 행위하도록 만들어야 한다. 교사는 학생 대신 행위할 수 없으며 교사의 영향은 활동의 주체인 학생이 자신의 활동을 통해 스스로 변화할 때 작용할 수 있다(Sünkel/권민철 역, 2005: 107-109, 149-151).

그렇다면 학습 상황에서 학생들에게 행위하도록 만드는 방법에는 무엇이 있을까? 우선은 교사와 학생 간에 이루어지는 대화를 들 수 있다. 교사의 질문에 학생이 답하거나 혹은 학생의 질문에 교사가 답하는 것은 학생이 지식을 일방적으로 수용하는 것에서 벗어나, 스스로 생각하도록 만들 수 있다. 하지만 구두로 이루어지는 문답 행위는 말하기의 특성상 비교적 간단한 문제를 해결하는데 적합하다. 학습 내용과 관련하여 보다 깊이 있는 탐구가 이루어지기 위해서는 쓰기 활동이 필요하다. 쓰기를 통해 학생들은 학습 내용과 관련된 문제점을 파악하고 생각을 정리하며, 이를 글로 표현함으로써 학습 상황에 몰두하는 계기를 마련할 수 있다. 이런 측면에서 쓰기는 학습 내용에 대한 심화된 이해를 가능하게 하는 학습 도구로서의 역할을 한다.

(2) 사고력 발달의 매개체

학교 교육은 학습자들의 사고력 향상을 중요한 교육 목표로 삼고 있다. 사고는 한마디로 정의하기 힘든 매우 폭넓은 의미를 지니고 있다. 사고는 때로는 인간의 의식 작용 일체를 가리키기도 하고, 때로는 정의적인 요소를 제외한 인지적 요소를 지칭하기도 하며, 어떤 경우에는 인지적 요소 가운데에서도 조직, 해석, 평가하는 고등정신 능력만을 의미하기도 한다. 학교 교육에서 학생들의 사고력을 신장시켜야 한다고 할 때, 이러한 사회적 요구의 실체는 단순한 정보 수용 능력이 아닌 정보를 주체적으로 다룰 수 있는 고등정신 능력을 가리키는 것으로 파악해야 한다(성일제 외, 1987: 54). 교과 학습과 글쓰기의 연계는 이러한 고차적 사고 능력을 개선하기 위한 효율적인 접근 방법이 될 수 있다.

글쓰기가 학습자의 사고력 발달에 효과적인 도구가 된다는 것은 쓰기 수행을 통해 학습자들이 적용력, 분석력, 종합력, 평가력과 같은 고차적 사고력을 발달시킬 수 있다는 뜻이다. 이는 글쓰기와 사고력 사이에 존재하는 관련성에서 그 연원을 찾을 수 있다. 글쓰기는 의미를 구성하는 행위이자, 목적에 맞게 지식을 변형하고 구성하는 인지적 과정이며, 다양한 가능성들 중에서 대안을 선택하는 협상의 과정에 해당한다(박영목, 2008: 246-249). 즉, 학습자는 글쓰기를 하는 과정에서 문제를 해결하기 위하여 상황을 분석하고 지식을 적용하며 최선의 방안을 선택하는 등의 다양한 인지적 활동을 수행한다. 이를 통해 학습자는 자연스럽게 사고력을 발달시킬 수 있다.

(3) 학습자의 역할 전환

글쓰기는 학습자를 지식의 수용자에서 새로운 담론의 생산자로 만들 수 있다는 점에서 교육적 의의를 지닌다. 지식의 수용자로서의 학습자는 학습 내용을 고정된 지식의 체계로서 받아들인다. 반면, 담론의 생산자로서의 학습자는 학습된 지식을 새로운 사태에 적용시켜 그 의미를 탐구함으로써 학습 내용에 대한 심화된 이해에 이를 수 있다. 비록 여기에는 학습자의 많은 인지적 노력이 요구되지만, 이러한 노력은 지식 전달 수업으로는 이룰 수 없는 학습자 내면의 인지적 변화를 가능하게 만든다. 이때 글쓰기는 학습자의 변화를 끌어내는 효과적인 도구로서 역할을 한다.

예를 들어 『춘향전』을 가르치는 수업 상황을 생각해 보자. 교사가 『춘향전』의 구절에 대해 풀이를 하고 내용을 정리하며 문학사적 의의를 전달하는 데 그친다면, 학습자는 지식의 수용자 역할에 머물 수밖에 없다. 그런데 학습자에게 『춘향전』에 나타난 '춘향'과 '이도령'의 사랑에 대해 평가하는 글을 쓰게 한다면 적극적인 의미 탐구와 새로운 해석이 가능해진다. 학습자들은 쓰기 과정에서 개인적 경험과 가치관에 따라 춘향과 이도령의 사랑에 대해 다양한 견해를 표명하면서 『춘향전』의 의미에 대한 새로운 담론의 생산자 역할을 할 수 있다. 즉, 쓰기는 학습 문제와 관련해 학습자들의 의미 생성을 촉진하고 주체적 반응을 끌어냄으로써 학습자의 역할을 근본적으로 변화시키는 도구로서의 위상을 갖는다.

2) 쓰기가 학습에 미치는 효과

글쓰기가 학습 능력과 사고력 발달에 중요한 영향을 미친다는 사실은 학교 교육에서 쓰기의 역할에 대한 관심을 증폭시켰다. 교과 과정 내의 쓰기에 대한 연구가 활발히 진행되기 시작했으며, 이를 통해 학교 교육에서 쓰기가 수행되는 양상과 그 효과가 밝혀졌다.

학교 교육에서 쓰기가 수행되는 양상과 관련된 대표적 연구로는 1970년대 초 영국에서 제임스 브리튼(James Britton) 외 4인의 연구자가 공동으로 수행한 프로젝트를 들 수 있다. 이들은 영국 중등학교 교과 과정 내에서 실행되는 글쓰기의 양상을 살펴보았다. 중등학교의 글쓰기는 표현적 쓰기 능력을 기초로 하여, 개인적 요소가 사라지고 실제 세계가 대상이 되는 업무적 쓰기(transactional writing)와 개인적 요소가 내면화되어 특별한 자기표현의 세계를 창조하는 문예적 쓰기(poetic writing)로 발달하는 양상을 보였다. 특히 학년과 과목에 따라 각 쓰기 유형이 차지하는 비중은 차이가 나지만 중등학교의 쓰기에서는 업무적 쓰기가 중심적인 역할을 하는 것으로 밝혀졌다. 이는 지식의 이해에 초점을 둔 학교 교육의 모습을 잘 반영하는 현상이라 할 수 있다(Britton et al., 1975).[2]

브리튼 외의 연구 성과에 뒤이어 교사들의 수업 중 쓰기 활용에 대한 관찰 연구가 이어졌다. 영국에서는 1976년 마틴 니스트랜드(Martin Nystrand)와 동료들이, 미국에서는 1981년 아서 애플비(Arthur N. Applebee)가 수업 중 쓰기 활동에 대한 보고서를 발표했는데, 이 두 연구의 발견과 결론은 매우 유사하였다. 이들의 연구는 교과 수업에서의 쓰기 활동이 정보의 재생에 치중하는 요구들로 한정되어 있으며, 학습 내용에 대한 심화된 사고를 위해 정보를 활용하는 데까지는 이르지 못하고 있음을 보여 주었다. 쓰기 과제는 수업 내용을 정리하고 질문에 답하도록 지시하는 것이 대부분이었으며 학습 내용을 정교화하거나 분석적인 사고를 촉진하는 사례는 거의 나타나지 않았다(Indrisano & Squire, 2000: 220-221).

학교에서의 쓰기 효과에 대한 연구는 제임스 마셜(James D. Marshall)에 의해 이루어졌다. 마셜은 11학년 3개 학급을 대상으로 문학 수업에서 쓰기가 지닌 효과를 분석하였다. 그는 학생들에게 짧은 이야기 네 편을 읽게 하고, 쓰기의 유형을 짧은 단답형에 해당하는 제한된 쓰기(restricted writing), 필자의 가치나 경험에 바탕을 둔 개인적 쓰기(personal writing), 텍스트에서의 추론에 기반

---

2 브리튼의 글쓰기 유형 구분에 대해서는 12장을 참조.

한 공식적 쓰기(formal writing), 쓰기를 수행하지 않은 경우의 네 가지로 구분하여 그 효과를 비교하였다. 쓰기 후 테스트는 이야기 내용과 관련된 한 단락 정도 분량의 독자 반응을 서술하는 것이었는데, 학생들은 제한된 쓰기보다는 폭넓은 서술이 가능한 개인적 쓰기와 공식적 쓰기와 같은 확장적 쓰기를 수행한 경우에 더 높은 점수를 획득하였다. 이 연구를 통해 마셜은 확장적 쓰기가 현재의 문학 반응뿐만 아니라 이후 반응의 질을 개선시키는 데에도 명확한 효과가 있다고 주장하였다(Marshall, 1984).

교과 수업에서의 쓰기 유형과 효과에 대한 종합적인 연구는 주디스 랭거(Judith A. Langer)와 아서 애플비에 의해 이루어졌다. 이들은 샌프란시스코 지역의 중산층 출신 학생들이 다니는 중등학교에서 교사와 학생들을 대상으로 하여 수업에서의 쓰기 활동이 학습에 어떤 영향을 미치는지에 대해 2년여에 걸쳐 조사하였다. 영어, 사회, 과학 등 각 과목 교사들이 대학 프로젝트 팀과 협력하여 그들의 수업에서 쓰기를 효과적으로 활용하는 방안에 대해 토론하고 이를 실행하였다. 그리고 연구자들은 수업 관찰과 학생들의 프로토콜 자료, 과제물 등을 통해 쓰기 활동이 학습에 어떤 영향을 미치는지를 분석하였다. 그 결과를 보면 과목의 특성이나 교사의 수업 목표에 따라 효과적인 쓰기 과제의 유형은 다를 수 있지만,[3] 쓰기가 학생들의 사고를 촉진하고 학습 능력을 향상시키는 데 중요한 역할을 하는 것으로 밝혀졌다. 특히 질문에 답하기(study questions), 필기하기(note-taking), 요약하기(summary writing), 에세이 쓰기(essay writing)와 같은 학습을 위한 쓰기 유형 가운데 에세이 쓰기가 다른 것에 비해 사고 구술의 양이 두 배나 되고 다양한 추론 작용과 유연한 사고를 끌어내는 것으로 드러났다(Langer & Applebee, 1987).

그러나 에세이 쓰기가 학습자들의 사고를 활성화시킨다고 해서 무조건적으로 이를 학습 상황에 도입하는 것은 적절하지 못하다. 학습 상황에서 학생들이 수행해야 하는 쓰기 유형은 교사가 학생들에게 요구하는 학습 목적과 양상에 따라 결정되는 것이 바람직하다. 다양한 쓰기 과제는 각기 다른 방식으로 학생들에게 생각과 경험, 정보를 활용할 것을 요구한다. 예를 들어 이전 내용을 복

---

3   이를테면 과학 과목 교사들은 지식의 정리를 위주로 하는 일지나 노트 쓰기를 선호하는 데 비해, 사회나 언어 과목 교사들은 학생들이 정보를 활용하여 사고를 확장할 수 있는 에세이 쓰기를 더 선호했다.

습할 때는 요약하기가 적절하며, 새로운 아이디어들의 통합과 재구조화가 필요할 때는 분석적 쓰기가 적합하다. 학생들의 쓰기 수행은 학습 맥락과 조화를 이룰 때 그 효과가 극대화된다. 따라서 교사는 학습 상황과 맥락을 고려하여 학습 목표를 달성하기 위해 쓰기가 어떤 역할을 할 수 있는지를 충분히 고려한 후, 수업에서 쓰기를 활용해 나가야 한다.

3   작문 교육은 교과 학습에서 어떤 역할을 할 수 있는가

1) 교과 학습의 특성과 글쓰기

교과 내용은 특정 학문의 지식을 바탕으로 구성되는 만큼 교과 학습은 해당 학문의 영향을 받을 수밖에 없다. 역사, 정치, 물리 등 학교에서 가르치는 개별 과목의 내용은 역사학, 정치학, 물리학 등 해당 학문이 지닌 지식의 구조와 긴밀하게 연관된다. 그리고 이들 개별 학문은 연구 대상이나 연구 방법, 추구하는 지식의 성격 등에 따라 인문과학, 사회과학, 자연과학으로 분류되기도 한다. 학교에서 가르치는 개별 교과는 이러한 영역 속에 위치한다.

교과 학습에서 학생들이 배우는 지식은 인문과학, 사회과학, 자연과학이 추구하는 지식의 성격에 의해 많은 영향을 받는다. 과학은 사물이나 현상에 내재하는 법칙을 설명하는 것을 목적으로 한다. 자연과학은 자연 현상에 내재한 법칙을 탐구하기 위해 엄밀성을 기반으로 하여 성립된다. 이로 인해 자연과학이 주는 대답은 항상 어떤 조건이나 방법하에서 현상들이 어떻게 발생하며 어떤 관련을 맺고 있는가에 한정되며, 이 또한 관찰과 실험에 의해 측정된 수치로 뒷받침된다. 자연과학이 지닌 이러한 엄정한 절차와 정확성의 추구는 대상에 대한 설명력을 높이는 요인이 된다(Nagel/전영삼 역, 2001a: 19-64).

자연과학이 추구하는 방법적 엄밀성은 자연과학의 영역에만 한정되지 않고 사회과학이나 인문과학에도 많은 영향을 끼쳤다. 사회 현상의 법칙을 탐구하는 사회과학에서는 설문 조사 등을 통해 수집한 자료를 통계학적 방법을 사용해 분석하거나 인공적인 상황을 조성한 실험실 연구,[4] 현장 실험 연구[5] 등을 진행하여 지식의 객관성을 높이고자 한다. 또한 인문 현상을 다루는 인문과학에서는 대상에 대한 주체적 관점과 독창적 해석을 강조하는 것 외에 어떤 대상이 발생하게 된 이유를 관련된 자료를 토대로 추론해 나가는 작업[6]을 수행하기도 한다(Nagel/전영삼 역, 2001b: 747-838, 911-1007). 이처럼 특정 학문 영역은 학문적 문제 해결을 위해 영역별로 분화된 개념과 방법을 사용하기 때문에 배타적인 특성을 가지며, 이는 교과 학습에도 많은 영향을 미친다.

교과 학습에서는 학문적 특성과 교육 목표에 따라 쓰기의 양상이 다르게 나타난다. 즉, 자연과학과 관련된 과목에서는 수치로 표현된 공식을 정리하고 객관적인 데이터를 분석하는 쓰기가 필요하다면, 사회과학과 관련된 과목은 설문조사나 인터뷰를 통해 자료를 수집하고 경향을 분석하는 쓰기가 중요하다. 또한 인문과학과 관련된 과목에서는 독창적 관점을 내세우고 합리적 추론을 전개하는 쓰기가 중요한 역할을 할 수 있다. 물리 과목에서 실험이나 관찰 활동 후에 이와 관련된 사항을 정리한 실험 보고서를 쓰거나, 사회 과목에서 여론을 파악하고 해결 방안을 제안하는 조사 보고서를 쓰거나, 역사 과목에서 역사적 사건의 발생 원인과 결과, 의의를 담은 보고서를 쓰는 활동 등은 이런 예에 해당한다.

이처럼 교과 학습과 관련된 글쓰기는 학습 내용이나 상황 맥락에 따라 다양하게 전개된다. 그런데 이러한 점을 고려하면 쓰기가 학습을 위한 효과적인 도구가 될 수 있음을 인정하더라도, 국어 교육 내에서 학습을 위한 글쓰기를 어떻

---

4 가령 존 달리(John Darley)와 빕 라타네(Bibb Latane)가 실행한 비상 사태와 관련된 실험을 들수 있다. 달리와 라타네는 구멍이 뚫린 방에 배우 역할을 맡은 두 명과 실험 대상이 된 한 명의 사람을 두고 구멍으로 인체에 무해한 가짜 연기를 흘려보냈다. 두 배우는 연기가 방 안 가득 채워져도 아무런 반응을 보이지 않도록 지시받았는데, 이런 상황에서 피실험자가 어떤 반응을 나타내는지가 관찰되었다. 이는 다수가 무시하는 비상 사태에서 사람이 어떻게 반응하는지를 탐구한 실험 연구이다. 이와 관련된 자세한 내용은 Slater/조중열 역(2005) 참조.

5 토론이 글쓰기에 미치는 영향을 알아보기 위해 학교 현장에서 실제 자료를 수집해 분석하는 방법이 이에 해당한다. 이 경우에는 보통 토론과 글쓰기를 병행한 실험집단과 글쓰기만 수행한 통제집단으로 나누어 실험을 실시하고 그 결과를 비교·분석하는 방법을 사용한다.

6 가령 작가가 문학 작품을 창작한 이유를 설명하기 위해 작가의 생애를 조사하고, 작가의 작품에 대한 언급과 비평가들의 논평을 수집하며, 작품이 창작된 사회·문화적 상황을 분석한 후, 이를 토대로 창작 동기를 추론하는 작업이 이에 해당한다.

게 수용해야 하느냐에 대한 문제가 발생한다. 쓰기 수행이 학습에 큰 도움을 준다면, 학생들의 쓰기 능력 향상을 국어 교육에서 중요하게 다루어야 한다.

2) 국어 교과에서 학습을 위한 글쓰기의 역할

학습을 위한 글쓰기는 교과 학습과 관련된 문제를 학습자의 능동적 의미 구성에 의해 해결해 나가는 도구이다. 학습을 위한 글쓰기는 학습의 도구로 기능하기 때문에 그 구체적 적용 방향은 대상이 되는 교과 내용에 영향을 받는다. 그러나 학생들의 언어 수행 능력을 향상시키는 것이 국어 교과의 중핵적 목표이고, 그 가운데 작문 능력이 중요한 비중을 차지하고 있음을 고려하면, 학습을 위한 글쓰기의 기본 능력은 국어 교과에서 담당하는 것이 타당하다. 국어 교과에서 학습을 위한 글쓰기 교육의 방향은 크게 세 가지로 구분할 수 있다.

첫째, 국어 교과 내의 학습을 심화하는 수단으로 학습을 위한 글쓰기를 활용할 수 있다. 국어 교과는 고유한 교과 지식을 지닌 내용 교과이면서 언어 사용을 통해 의사소통과 교과 학습 능력의 바탕을 마련하는 도구 교과로서의 성격 또한 지니고 있다. 국어 교과의 이러한 복합적 성격을 고려하면 국어 교과에서 학습을 위한 글쓰기는 우선 문법이나 문학과 관련된 지식을 효과적으로 탐구하는 교과 내 영역에서 이루어질 수 있다. 즉, 문법 영역에서 남북한 언어 차이의 실태와 극복 방안을 탐구하는 보고서를 쓰게 하거나 문학 영역에서 작품에 나타난 인물의 가치관을 평가하는 비평문을 쓰게 하는 것이 이에 해당한다. 학생들은 이러한 글쓰기를 수행함으로써 교과 내 지식에 대한 심화된 이해에 도달할 수 있다.

둘째, 다른 교과 학습에 도움이 되는 쓰기 능력을 향상시키는 방향을 추구할 수 있다. 이 경우 국어 교과에서 학습을 위한 글쓰기 교육은 다른 교과의 학습과 관련된 쓰기 양상을 반영하되, 내용 탐구가 아닌 쓰기 수행에 초점을 맞춰 설계되어야 한다. 다른 교과의 학습 내용을 도입하더라도 학생의 흥미와 수준을 고려해 교과 내용에 대한 이해 여부가 쓰기를 수행하는 데 지장을 주어서는 안 되며, 쓰기를 통해 탐구한 내용을 절차에 따라 독자에게 전달하는 방식에 익숙하도록 만드는 데 초점을 두어야 한다.

그림 13-1에 제시된 교과서의 내용은 학생들이 일상생활에서 경험하기 쉬

운 과학 현상에 의문을 제기하고, 이를 과학적 절차에 의해 탐구한 사례이다. 여기에서는 얼음을 오래 보존하기 위한 실험 내용을 실험 목적, 실험 과정, 실험 결과 등의 순서에 따라 보고서 형식으로 완성하는 방법을 가르치고 있다. 또한 실험 내용을 독자들에게 설명하기 위해 사진이나 도표를 활용하도록 함으로써 전달 효과도 고려하고 있다. 이처럼 국어 교과에서 학습을 위한 글쓰기 교육은 내용 이해가 아니라 쓰기의 방법을 익히는 데 초점이 놓여 있으며, 이는 타 교과 학습을 위한 쓰기에도 전이될 수 있다고 간주된다.

셋째, 국어 교과에서 학습을 위한 글쓰기 교육은 교과 통합적 방향을 추구할 수 있다. 현대사회에서 나타나는 지식의 파편화 경향은 실제 세계의 반영이라기보다 학자들이 만든 인공적 상황의 결과물이며, 따라서 현상을 올바르게 설명하기 위해서는 사실에 기반한 이론들을 연결함으로써 지식을 통합할 필요가 있다는 주장이 제기되고 있다(Wilson/최재천·장대익 역, 1998: 39-47). 이를 교육적 국면에서 생각해 보면 교과는 인간과 세계의 현상을 각 학문의 논리에 따라 구분해 놓은 것으로, 학습자가 경험하는 현실은 여러 교과의 내용과 중첩되

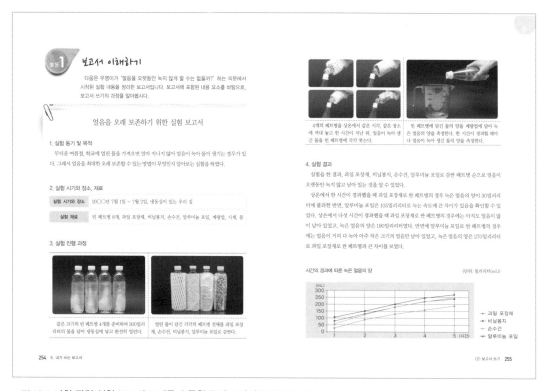

그림 13-1 과학 관련 실험 보고서 쓰기를 수록한 국어 교과서(이상형 외, 2015: 254-255)

는 경우가 많다. 따라서 학습자를 중심에 둔다면 교과의 학습 내용이 굳이 개별 교과의 내용 영역 내에만 제한될 이유가 없다. 오히려 서로 관련을 지닌 다른 교과와의 연대를 통해 교육적 효과를 극대화하는 방안을 모색할 필요가 있는 것이다(박인기, 2009).

이러한 교과 통합적 교육은 쓰기를 통해 효과적으로 실현될 수 있다. 학습을 위한 글쓰기에서 교과 간 통합은 교과 내용 간의 상호 관련성을 기반으로 성립된다. 예를 들어 문학과 역사, 언어와 사회 등 여러 교과의 내용을 관련지어 범교과적 학습을 기획하는 것은 얼마든지 가능하며, 그 교육적 효과도 클 것이다. 물론 교과 통합이 단순히 소재적 차원에서의 결합만으로 이루어진다면 문제가 있겠지만, 교과 간 학습 목표나 내용이 유사한 부분을 출발점으로 삼아 다양한 방식으로 접근한다면 교육적 가치가 있는 쓰기 교육이 가능하다.

교과 통합의 쓰기를 구성할 때에는 교육적 관점을 명확히 하는 것이 필요하다. 가령 『허생전』을 활용하여 교과 통합 쓰기를 기획한다면 역사 교과의 관점에서는 『허생전』을 제시하고 이를 통해 조선후기 사회의 변화된 모습을 파악하게 만드는 활동을 하는 데 비해(이대희, 2002: 69), 국어 교과에서는 『허생전』에 대한 올바른 감상을 위해 역사적 지식을 결합하는 방식을 활용해야 한다. 이처럼 교과 통합에 기반을 둔 교육은 그 목적이 어디에 놓이는가가 중요하게 작용하며, 그에 따라 학습을 위한 글쓰기의 방향이 달라질 수밖에 없다.

학습을 위한 글쓰기는 학습자로 하여금 교과 학습과 관련된 문제를 쓰기를 통해 해결하도록 함으로써 학습 내용에 대한 심화된 이해를 끌어내는 학습 도구로서 기능을 한다. 학습자는 학습을 위한 글쓰기를 수행하는 과정에서 사고의 활성화와 의미 구성을 경험하고, 이를 통해 학습 내용과 관련된 심화된 이해에 도달하게 된다. 이런 측면에서 학습 도구로서 학습을 위한 글쓰기의 효과를 극대화하기 위해서는 학습자의 능동적인 의미 구성을 촉진할 수 있는 교육적 방안을 마련할 필요가 있다.

학습을 위한 글쓰기의 유형은 다양하게 구분될 수 있겠지만 여기에서는 국어과 교육과정의 체계를 따라 요약문, 보고서, 논술문의 세 가지로 나누어 살펴보고자 한다. 요약문은 자료에 대한 이해에, 보고서는 정보의 탐색과 정리에, 논술문은 관점의 정립과 논증하기에 중심을 둔 글쓰기라 할 수 있다.

1) 요약문

학습은 배운 내용에 대한 이해를 기반으로 성립한다. 이때 요약문 작성은 학습 내용을 정리하고 이해 정도를 확인하는 데 매우 효과적인 방법이다. 특히 학습이 글 자료를 중심으로 전개될 때 요약하기는 학습 효과를 극대화하는 데 중요한 역할을 한다.

요약하기는 글의 핵심이 되는 내용을 찾아 주제가 잘 드러나게 압축적으로 재구성하여 제시하는 것이다. 요약하기를 통해 학습자는 글의 중심 내용을 적절히 파악하여 학습된 지식을 확인하고, 이를 바탕으로 확장적 쓰기를 할 수 있다.

요약하기와 관련된 규칙은 삭제, 선택, 일반화, 재구성의 네 가지가 있다. 삭제는 잉여적인 정보를 제거하는 행위이고, 선택은 가치 있는 정보를 선정하는 행위이다. 요약을 할 때 우리는 전체 논지에 비추어 중요한 정보는 가려내고, 핵심적이지 않은 정보는 버리는 작업을 수행해야 한다. 일반화는 구체적인 정보들을 그것을 포함하는 상위 개념의 말로 묶어 내는 행위이다. 요약은 전체 글을 압축하는 행위이므로 일련의 세분화되고 구체적인 정보를 상위어로 바꾸는 것이 필수적이다. 마지막으로 재구성은 글에서 직접 언급되지는 않더라도 중심 내용의 구성을 위해서 필요한 정보를 창출하는 행위에 해당한다. 삭제나 선택은 '⟨a, b, c⟩ → b'처럼 글에 나타난 정보를 제시하는 행위임에 비해, 일반화나 재구성은 '⟨a, b, c⟩ → d'처럼 글에 나타난 정보를 새롭게 대체하는 행위라는 점에서 차이를 지닌다(Van Dijk/정시호 역, 2001 : 80-89).[7]

요약하기 활동과 관련된 프로토콜 분석에 의하면 요약하기의 규칙은 다음과 같이 좀 더 구체화될 수 있다.

① 사소한 내용은 삭제한다.
② 중요한 내용이라도 반복적이고 잉여적인 것은 삭제한다.
③ 항목의 목록들은 상위어로 대체한다.
④ 행동의 하위 요소의 목록은 포괄적 행동으로 대체한다.
⑤ 글 속에 주제문이 있으면 이를 선택한다.
⑥ 글 속에 주제문이 없다면 스스로 창출한다.

(Brown & Day, 1983: 6-7)

요약하기의 규칙 중 삭제나 선택은 글에 명시적으로 제시된 정보를 조직하는 활동이어서 비교적 쉽다. 이에 비해 일반화나 재구성은 글에 나타나지 않은 내용을 창출해야 하므로 상대적으로 어려운 편에 속한다. 따라서 요약하기를 수행할 때는 인지적 부담이 적은 활동부터 시작하는 것이 바람직하다. 다시 말해 글을 요약하기 위해서는 먼저 핵심이 되는 내용을 선택하고, 사소하거나 잉여적인 내용을 삭제하는 작업이 필요하다. 여기에서 학생들은 글과 관련된 핵심어를 확인하고 각 단락의 중심 문장을 밑줄 긋기 등을 통해 선택하는 작업을 수행할 수 있다. 이를 거치고 나면 전체 글의 단락별 요지를 파악할 수 있다. 이 과정에서 정보의 선택과 삭제는 단락 내에서만 이루어지는 것은 아니며, 논지 전개 과정에 따라 단락의 중요도를 판별하여 부가적인 내용을 담은 단락을 삭제하는 작업도 이루어질 수 있다.

선택과 삭제 작업이 원활하게 이루어졌다면 다음으로 학생들은 글의 내용을 압축적으로 제시하기 위해 세부적인 정보들을 상위어로 대체하는 작업을 수행해야 한다. 이 과정에서 일반화의 정도는 요약이 필요한 상황 맥락에 따라 적정한 수준에서 이루어질 수 있다. 학생들은 글의 핵심을 효과적으로 드러내기 위해 필자의 의도를 고려하거나 자신의 배경지식 등을 활용하여 정보를 재구성해야 한다. 이는 글 내용에 대한 합리적 추론을 바탕으로 하며, 재구성이 원활하

7　인용한 자료에서는 요약하기의 규칙을 생략, 선택, 일반화, 구성 혹은 통합으로 번역하여 제시하고 있는데, '생략', '구성 혹은 통합'은 교육과정의 성취기준을 따라 '삭제', '재구성'으로 제시하였다.

게 이루어질 때 글을 온전히 이해할 수 있다.

요약하기가 삭제와 선택, 일반화와 재구성의 순서로 이루어져야 하는 것은 아니다. 그러나 요약하기의 수준을 살펴본 연구에 의하면, 저학년의 경우에는 주로 삭제와 선택의 규칙을 사용하는 데 비해 고학년의 경우에는 일반화와 재구성의 규칙을 활용하여 더 우수한 요약문을 작성하는 것으로 나타났다(Brown & Day, 1983: 7-16). 즉, 요약하기의 수준을 높이기 위해서는 원글에 제시된 정보를 직접적으로 제시하는 것에 그치지 말고 독자의 이해를 반영하는 활동이 필요하다. 따라서 요약하기를 지도할 때는 학생들이 일반화와 재구성의 규칙을 적극적으로 활용하도록 이끌어야 한다.

요약문은 그 자체로 완결된 글이 되어야 한다. 영화의 줄거리를 친구에게 얘기할 때 친구가 영화를 직접 보지 않고도 전체 내용을 파악할 수 있게 해야 하는 것처럼, 요약문은 독자가 원글을 읽지 않더라도 요약문을 통해 핵심을 파악할 수 있도록 완결성을 갖추어야 한다. 이 과정에서는 전체 글의 논지에 비추어 내용 간의 연결 관계를 나타내는 것이 중요한데, 이는 담화 표지의 적절한 사용을 통해 달성될 수 있다. 또한 요약문의 분량은 요약하기의 목적이나 맥락에 따라 달라질 수 있다. 원래

> **용어 설명**
>
> 담화 표지 내용 간의 관계나 성격을 드러내기 위해 사용된 보조적 언어 요소를 말한다. 여기에는 '이러한'처럼 언급된 내용을 가리키는 지시어, '그러나', '예컨대'처럼 연관 관계를 나타내는 접속어, '~을 알아보자', '지금까지 ~에 대해 살펴보았다'와 같이 의미의 구도를 보여 주는 개관어 등이 있다(한국어문연구소 외, 2006: 491-495).

글의 내용을 충실히 담아야 한다면 선택하는 정보의 양을 늘리거나 구체적 정보를 제시해야 하고, 주제문 수준에 가깝게 핵심만 드러내야 한다면 더 많은 삭제와 일반화 과정이 필요하게 된다. 마지막으로, 요약문은 독자의 언어로 표현되어야 한다. 원글의 내용을 인용하는 데 급급한 요약문에서는 제대로 된 의미 구성이 이루어질 수 없으며, 독자가 자신의 말로 재진술할 때 원글에 대한 이해가 명확해진다. 이처럼 요약문이 갖추어야 할 요소들을 종합적으로 제시하면 **표 13-1**과 같다.

요약문은 그 자체로 대상이 되는 글에 대한 독자의 이해 수준을 파악하는 효과적인 도구가 될 수 있다. 표 13-1에 제시된 것처럼 요약문은 충실하고 정확하며 체계적이고 완결성을 갖출 때 의미를 지닐 수 있다. 또한 실제 쓰기 양상과 연관시켜 생각해 보면 요약문은 전체 글의 일부로 포함되어 텍스트의 의미를 형성하는 데 중요한 역할을 하기도 한다. 즉, 보고서 등을 쓸 때에는 다양한 자료들을 읽고 이를 압축하여 필요한 부분에 활용하는 능력이 매우 중요하다. 이러

표 13-1 요약문 쓰기 평가 기준(송지언, 2015: 2)

평가 기준		평가 내용
내용	충실성	요약의 목적이나 과제의 요구에 부합하는 정도로 내용을 충분히 포함하거나 적절히 생략하였나?
	정확성	요약문이 원래의 내용에 비해 틀리거나 모호한 내용을 얼마나 포함하고 있는가?
조직	체계성	적절한 분류 기준 또는 서술 방식을 활용하여 원래의 내용을 얼마나 체계적으로 제시하였나?
	완결성	요약의 목적이나 과제의 요구에 적합한 한 편의 완결된 글이 되도록 문단을 구성하고 전개하였나?
표현	응집성	담화 표지(응집성 장치)를 정확하게 효과적으로 사용하였나?
	유창성	적절하고 풍부한 어휘를 사용하였나? 아니면 동일한 표현을 반복하거나, 부정확한 표현을 사용하였나?

한 경우에는 쓰기 맥락에 따라 요약하기의 양상이 얼마든지 달라질 수 있다. 요약문 쓰기에서 우선 중요한 것은 대상 글을 정확하게 이해하고 충실하게 반영하는 것이며, 이것이 다른 글을 구성하는 자료로 도입될 때에는 쓰기 맥락에 따라 적절하게 활용되어 전체 의미를 형성하는 데 효과적으로 기여할 수 있도록 해야 한다.

2) 보고서

보고서는 관찰, 조사, 실험 등을 수행하여 알게 된 지식과 정보를 체계적으로 정리하여 관련 분야에 관심 있는 독자에게 도움을 주기 위해 작성하는 글이다. 학습 상황에서 보고서 쓰기는 학생들로 하여금 관련된 지식을 탐구하여 더욱 체계적이고 심화된 정보를 구성하도록 만드는 매개체 역할을 한다. 보고서는 기술 대상과 목적 등에 따라 다양한 양상을 띨 수 있는데, 여기에서는 사회 현상 탐구와 관련된 조사 보고서와 자연 현상 탐구와 관련된 실험 보고서를 다룬다.

(1) 조사 보고서

인간은 살아가면서 수많은 문제 상황과 마주하게 되는데, 이를 해결하기 위해서는 조사를 통해 문제 요인을 분석하고 대책을 마련해야 하는 경우가 많다.

이는 교과 학습에서도 마찬가지여서 학생들은 교과와 연관된 특정 문제를 해결하기 위하여 다양한 조사와 분석 작업을 수행할 필요가 생긴다. 예를 들어 국어 과목에서 청소년의 욕설 남용 현상을 분석하거나, 윤리 과목에서 집단 따돌림 문제를 다루거나, 사회 과목에서 지역 사회의 발전 방안을 모색하는 등의 과제는 보고서 쓰기를 통해 적극적 학습이 이루어질 수 있다.

조사 보고서는 일반적으로 서론, 본론, 결론의 세 부분으로 구성된다.

- **서론**: 문제를 제기하고, 조사 목적 및 필요성과 조사 방법 등을 제시한다. 문제 삼고 있는 대상이 무엇인지를 밝히고, 무엇을 목적으로 어떤 방법을 사용하여 문제에 접근하고자 하는지를 밝힌다.
- **본론**: 조사 내용을 제시하고, 조사 대상과 관련된 분석 및 해석 작업을 수행한다. 독자가 쉽게 이해할 수 있도록 조사 내용을 체계적으로 기술하며, 조사 목적과 연관시켜 조사 내용을 분석하고 필자의 관점을 드러낼 수 있는 평가적 안목을 보인다.
- **결론**: 본론의 핵심 내용을 정리하고, 문제 현상과 관련된 제안이나 대안, 전망 등을 제시한다.

조사 보고서에서 조사 내용과 방향을 결정짓는 핵심적인 요소는 조사 방법이라 할 수 있다. 사회 현상을 탐구하는 조사 방법으로는 흔히 문헌 조사, 관찰 조사, 인터뷰, 설문 조사 등이 사용된다.

- **문헌 조사**: 조사 대상과 관련된 서적, 신문 및 잡지 기사, 연구물 등을 활용하여 정보를 얻는 방식. 예전에는 인쇄 자료를 통해 정보를 구하는 방식이 일반적이었지만, 요즘은 온라인을 통해 폭넓은 정보를 손쉽게 획득할 수 있는 통로가 구축되었다. 문헌 조사는 대상과 관련된 자료를 얻는 가장 기본적인 방법에 해당한다.
- **관찰 조사**: 조사 대상을 면밀히 살펴 인식하게 된 사실을 위주로 정보를 얻는 방식. 조사 대상과 거리를 두고 살펴보는 외부 관찰과 조사 대상의 내부로 직접 들어가 사태를 파악하는 참여 관찰로 나눌 수 있다. 참여 관찰은 문화기술지 혹은 민족지학적 방법이라고도 불리는데, 아프리카 원주민의 문화를 파악

하기 위해 관찰자가 그 부족의 구성원이 되어 내부에서 정보를 수집하는 방식이 이에 해당한다.

- **인터뷰**: 조사 대상과 관련해 도움을 줄 수 있는 인물을 선정하여 대화를 나누고, 그 과정에서 기록하고 정리한 내용을 바탕으로 정보를 얻는 방식. 상호 소통을 통해 심층적 정보를 획득할 수 있는 장점이 있다.
- **설문 조사**: 조사 대상과 관련된 폭넓은 정보를 획득하고 통계적 처리를 통해 계량화하는 방식. 사회 현상을 연구하는 방법론으로서 널리 활용되고 있다. 문헌 조사가 간접적인 자료 획득에 그치고 관찰 및 인터뷰가 정보의 양적 측면에서 한계를 지닌다면, 설문 조사는 조사 대상과 관련된 직접적인 정보를 보다 폭넓게 획득할 수 있다는 장점을 지닌다.

조사 보고서는 조사 목적에 따라 다양한 조사 방법이 함께 활용될 수 있다. 예를 들어 학교에서의 상벌점 제도 개선 방안을 다루는 조사 보고서를 작성한다면 상벌점제에 대한 학생들의 인식을 설문 조사로 파악하고, 상벌점제의 시행 효과를 담임 교사나 생활지도 교사와의 인터뷰를 통해 심층적으로 분석할 수 있다. 설문 조사 결과는 통계적 처리를 거쳐 시각 자료를 활용해 압축적으로 제시할 수 있으며, 인터뷰 내용 중 중요한 부분은 전사 기록을 발췌하여 독자에게 제공할 수 있다. 이처럼 조사 보고서에서는 조사 목적에 따라 효과적인 조사 방법을 활용하는 것이 필요하다. 또한 독자에게 유용한 정보를 전달할 수 있도록 수집된 자료를 분석하고 의미 있는 내용을 도출하는 필자의 평가적 안목이 중요한 역할을 한다. 학생들이 학습 상황을 바탕으로 조사 보고서를 작성하도록 가르치기 위해서는 조사 목적의 설정, 조사 방법의 선택, 수집된 자료의 분석, 의미 있는 결론 도출에 초점을 맞추어 지도해야 한다.

조사 보고서 작성을 위한 설문 조사

적절한 설문 조사는 조사 보고서를 작성하는 데 결정적으로 기여할 수 있다. 예를 들어 학교 폭력 문제와 관련된 조사 보고서를 작성하기 위하여 설문지를 통해 학생들에게서 필요한 자료를 수집한다면 구체적이고 현장감 있는 조사 보고서를 완성할 수 있을 것이다.

설문 조사는 '조사 기획 → 문항 작성 및 척도 개발 → 설문지 설계 → 자료 수집 → 자료 분석 → 분석 결과 해석 및 보고'의 단계를 거친다. 이 가운데 설문 조사에서 가장 핵심적인 역할을 하는 것은 '문항 작성 및 척도 개발'이라고 할 수 있다. 설문 조사 문항은 다른 어떤 요소보다 조사 결과에 심대한 영향을 미치며, 문항은 초점화, 간결성, 명확성을 갖추어야 한다. 즉 설문 문항은 조사 목적과 관련해 측정하려는 요소가 무엇인지를 분명히 드러내야 하고, 문항의 의미가 응답자 누구에게나 동일하게 이해되도록 명확하고 간결하게 표현되어야 한다.

설문 문항의 형식은 질문이 제시되고 대답을 골라 선택하는 구조된 질문과 자유기술을 하는 비구조화된 질문으로 구분할 수 있다. 비구조화된 질문의 경우에는 다양한 응답을 얻을 수 있지만 의미 해석에 어려움이 있는 반면에, 구조화된 질문은 응답자가 조사자의 의도를 쉽게 이해하도록 만들고 수집된 자료 분석이 용이하다는 장점을 지닌다.

〈리커트 척도〉

Q 1. 나는 ABC 스마트폰에 대하여 만족하고 있다.

① 매우 그렇다. ② 대체로 그렇다. ③ 보통이다. ④ 대체로 그렇지 않다. ⑤ 전혀 그렇지 않다.

〈강제 순위 척도〉

최근 우리 사회의 청소년 문제가 날로 심각해지고 있다는 우려가 커지고 있습니다. 아래의 청소년 문제들 가운데 가장 심각하다고 생각하는 문제부터 1번으로 시작하여 번호를 매겨 주십시오.

_____ ① 학교 폭력　　　　_____ ② 약물 남용　　　　_____ ③ 인터넷 중독

_____ ④ 청소년 가출　　　_____ ⑤ 스마트폰 중독　　_____ ⑥ 청소년 흡연

〈형용사 체크 리스트〉

귀하의 직업을 설명하는 단어 앞의 ( ) 안에 ✓ 표시하시기 바랍니다. 해당되는 항목이 여러 개일 경우 모두 ✓표시하세요.

1. ( ) 쉽다.　　　　2. ( ) 임금이 낮다.　　3. ( ) 변화한다.

4. ( ) 안전하다.　　5. ( ) 안정적이다.　　6. ( ) 유쾌하다.

7. ( ) 기술적이다.　8. ( ) 노력해야 한다.　9. ( ) 품위가 없다.

설문 조사 문항 예시

제시된 사례는 구조화된 설문 문항의 예시이다. 구조화된 설문 문항에서 응답 범주는 조사의 질을 좌우하는 중요한 요인이 되며, 조사자는 탐구하고자 하는 바가 누락되지 않도록 신중히 문항을 설계해야 한다. 또한 조사자는 조사 목적과 내용에 따라 적절한 척도 유형을 선택해야 한다. 제시된 사례는 설문 조사에서 흔히 사용되는 척도 유형이다. 리커트 척도는 이슈에 대한 동의의 강도를 측정하기에 유용하고, 강제 순위 척도는 대상에 대한 선호도를 측정하는 데 유리하며, 형용사 체크 리스트는 대상에 대한 인식을 파악하는 데 유용하다.

조사자는 조사 목적에 적합한 설문 문항을 작성한 후 설문지를 구성한다. 이때 응답자가 편리하게 대답할 수 있도록 사유 과정과 논리 순서를 고려해야 한다. 특히 객관적이고 흥미로운 질문은 전반부에, 민감하거나 어려운 질문은 후반부에 배치해야 한다. 작성된 설문지는 사전 테스트를 통해 문제점을 파악하고 이를 보완한 후에 본 조사에서 사용하는 것이 효율적이다.[8]

(2) 실험 보고서

우리가 살아가는 세계의 사물이나 현상에는 특정한 질서와 법칙이 존재한다. 그리고 과학은 실험을 통하여 이를 탐구하고 설명하고자 노력한다. 과학에서는 대상에 존재하는 법칙을 설명하기 위해 가설을 설정하고 이를 실험을 통해 증명하고자 하는데, 실험 보고서는 이러한 실험 과정과 결과를 기술하는 내용을 담는다. 실험은 법칙을 증명하는 수단이므로 그 과정은 주의 깊게 설계되고 통제된 절차를 따라야 하며, 결과는 측정된 수치 등을 통해 객관적으로 표상되어야 한다. 실험 결과의 신뢰성은 엄정한 절차와 정확성을 추구함으로써 확보될 수 있기 때문에 실험 보고서 또한 이러한 엄밀성을 바탕으로 작성되어야 한다.

실험 보고서 작성과 관련하여 가장 널리 활용되는 글쓰기 형식은 IMRAD 방식이다. 이는 실험 과정과 결과를 공유하기 위한 기본적인 틀의 역할을 하며, 독자들이 효과적으로 정보를 전달받을 수 있도록 한다. IMRAD 방식은 서론(Introduction), 재료 및 방법(Material and Methods), 결과(Results), 토의(Discussion)로 구성되며, 마지막에 참고문헌(References)이 추가될 수 있다. 해당 부분에서 기술될 내용은 표 13-2와 같다.

---

8   이상의 내용은 김경호(2014: 44-104)를 참조.

표 13-2 IMRAD 방식과 작성 내용[9]

단계	작성 내용	주안점
1. 서론	실험 배경, 실험 목적, 기존 연구 내용 검토 등을 서술	• 독자에게 해당 실험의 목적 인식과 흥미 유발
2. 재료 및 방법	실험 기구 및 실험 재료, 실험 조건 및 실험 순서 등을 서술	• 다른 실험자도 동일한 실험을 재현할 수 있도록 객관적이고 구체적으로 서술
3. 결과	실험 결과와 이에 도달하는 과정을 서술	• 시각적 자료를 활용해 실험 결과를 효과적으로 전달 • 실험 결과에 대한 정직한 서술
4. 토의	실험 결과 해석, 의미 부여, 향후 과제 등을 서술	• 실험 결과에 대해 독자가 이해할 수 있도록 의미 설명 • 실험 결과가 예상과 다를 경우 그 원인에 대한 분석 제시
5. 참고문헌	실험 진행 시 참고한 서적, 연구물, 인터넷 자료 등을 제시	• 참고문헌 작성 규칙 준수

IMRAD 방식을 적용하여, 중학교 과학 시간에 배우는 화학 반응의 규칙과 에너지 변화 단원과 관련해 '슬러시가 만들어지는 원리'라는 제목의 실험 보고서에 들어갈 내용을 생각해 보자.

표 13-3 IMRAD 방식의 사례[10]

단계	작성 내용
1. 서론	• 무더운 여름철 슬러시를 먹으며 더위를 식힌 경험 제시 • 높은 외부 기온에도 슬러시가 계속 만들어질 수 있는 현상에 대한 궁금증 제기 • 슬러시가 만들어지는 원리 규명을 실험의 목적으로 제시
2. 재료 및 방법	• 실험 재료 제시: 음료수, 컵, 나무젓가락, 드라이아이스, 에탄올(83% 농도), 스티로폼 그릇, 망치, 신문지, 면장갑, 온도계 • 실험 방법: ① 음료수가 담긴 컵을 스티로폼 그릇에 넣기 → ② 신문지를 펴고 망치로 드라이아이스 곱게 부수기 → ③ 부순 드라이아이스 조각을 컵 주변에 채우고 에탄올 붓기 → ④ 1분 뒤 온도 측정 → ⑤ 음료수를 저으면서 변화 관찰하기
3. 결과	• 시간에 따른 온도 변화를 도표로 제시하기 • 음료수의 변화 상태를 기술하고 사진으로 제시하기
4. 토의	• 음료수의 온도가 낮아지는 현상을 물질의 변화와 열흡수를 통해 설명 • 열흡수와 관련된 일상의 다른 현상을 제시해 법칙을 확대 적용
5. 참고문헌	• 참고한 자료를 정리해 제시

9　김성수 외(2013: 115-118)를 참고해 정리.

10　서울과학교사모임(2016: 146-149)을 참고해 정리.

제시된 사례에 잘 나타나듯이 IMRAD 방식에 따라 실험 보고서를 작성하면 실험의 과정과 결과, 그 의미를 독자들에게 효과적으로 전달할 수 있다. 또한 학생들은 간접적으로만 이해하고 학습 이후에는 쉽게 잊어버리는 과학 원리를 직접적으로 경험하고 정리해 오랫동안 기억할 수 있게 된다. 이처럼 실험 수행과 실험 보고서 작성은 과학적 호기심과 탐구 정신을 기르는 효과적인 교육 수단이다.

실험 보고서는 실험 내용과 결과를 독자에게 정확하게 알리고 이해시키는 데 목적을 둔다. 실험이 절차에 따라 잘 진행되고 의미 있는 결과가 도출되었다 하더라도, 이를 독자에게 제대로 전달하지 못한다면 실험의 의의는 반감될 수밖에 없다. 따라서 실험자가 실험 과정과 결과를 효과적으로 전달하기 위해서는 표현에 유의하여야 한다. 실험 보고서는 문장 표현에 있어서 명확성, 간결성, 객관성을 갖출 필요가 있다.[11]

첫째, 실험 보고서의 문장 표현이 명확성을 지니기 위해서는 과학적 사실 판단을 분명한 단어로 표현하고, 문장 성분을 분명하게 나타내야 하며, 수식어의 위치를 피수식어의 앞에 두는 데 유의하여야 한다.

---

① S파는 파동 진행 방향과 매질 진동 방향이 수직이어서 액체나 고체 상태 물질은 파동을 <u>전달하지 못할 수 있다.</u> → <u>전달하지 못한다.</u>

② 피 속에는 '헤모글로빈'이라는 물질이 있어서 산소를 운반한다. <u>헤모글로빈이 결합하면 붉은색, 분리되면 푸른색을 띤다.</u> → <u>헤모글로빈이 산소와 결합하면 피는 붉은색을, 산소와 분리되면 피는 푸른색을 띤다.</u>

③ 한국의 공룡 화석은 보통 퇴적암 층에서 발견된다. → 1. '<u>보통의 퇴적암 층에서 발견된다.</u>' 혹은 2. '<u>퇴적암 층에서 보통 발견된다.</u>'

---

①을 보면 S파는 액체나 고체 물질에서 전달되지 못하는 것이 분명한데 유보적 표현을 써서 혼란을 초래하고 있으므로 명확한 표현으로 바꾸어야 한다.

....

11   실험 보고서의 문장 표현 규범과 관련된 내용은 정희모 외(2006: 99-121)를 참고하였고, 본문에 제시된 사례는 서울과학교사모임(2016)의 내용을 활용하였다.

②는 필요한 문장 성분이 생략된 경우로 문장 성분을 명확히 해야 의미가 제대로 전달된다. ③은 수식어에 의해 의미의 중의성이 발생한 경우에 해당한다. '보통'이 '퇴적암'을 수식한다면 1번처럼 표현하고, '보통'이 '발견된다'를 수식한다면 2번처럼 표현하여 의미를 명확히 해야 할 것이다.

둘째, 실험 보고서의 문장 표현이 간결성을 지니기 위해서는 문장을 길게 쓰지 않고 간결하게 쓰되, 문장 간 연결 관계를 잘 고려해야 한다.

(가) 물의 비열은 1kcal/(kg℃)로, 다른 물질보다 그 값이 커서 온도를 변화시키려면 많은 열량을 흡수하거나 방출해야 하므로 온도를 변화시키기가 어려운데 모래는 물보다 열용량이 작아서 같은 태양열을 받아도 모래가 물보다 더 빨리 온도가 높아지거나 낮아지므로 한여름에 모래사장을 걷기 어렵다.

↓

(나) 물의 비열은 1kcal/(kg℃)로, 다른 물질보다 그 값이 크다. <u>그래서</u> 물의 온도를 변화시키려면 많은 열량을 흡수하거나 방출해야 하므로 온도를 변화시키기가 어렵다. <u>이에 비해</u> 모래는 물보다 열용량이 작아서 같은 태양열을 받아도 모래가 물보다 더 빨리 온도가 높아지거나 낮아진다. <u>이런 이유 때문에</u> 한여름에 모래사장을 걷기 어렵다.

제시된 사례의 (가)는 필요 이상으로 문장을 길게 늘어놓아 무엇을 말하고자 하는지 파악하기가 힘들다. 이에 비해 (나)는 문장을 간결하게 써서 해당 문장의 의미를 파악하기 쉽고, 담화 표지를 적절하게 사용하여 문장 간 의미 파악도 용이하다.

셋째, 실험 보고서의 문장 표현이 객관성을 지니기 위해서는 단정적이거나 과장된 표현을 사용하지 않아야 한다.

이번 실험을 통해 침팬지의 행동 방식과 관련해 다음과 같은 특성이 밝혀졌다. …… 따라서 침팬지가 실험 조건과 같은 상황에서 <u>어떤 반응을 보일지는 명확히 예측할 수 있다.</u>
→ <u>어떤 반응을 보일지에 대해 예측 가능성이 높아졌다.</u>

실험 보고서를 작성할 때 흔히 빠지기 쉬운 함정이 결과에 대한 과장이라 할 수 있다. 실험 결과는 정확하게 기술되어야 하며, 실험의 의의는 과장되지 않

아야 한다. 제시된 사례에서 침팬지의 행동을 실험을 통해 관찰했다 하더라도, 그 결과가 침팬지 전체의 특성으로 일반화될 수 있을지와 야생의 침팬지가 똑같은 행동을 나타낼지는 알 수 없다. 따라서 실험 결과의 의의는 신중하게 표현되어야 독자의 오해를 방지할 수 있다.

실험 보고서는 과학적 현상을 실험을 통해 탐구하여 그 결과를 독자에게 효과적으로 전달하려는 목적을 지니고 있다. 이로 인해 실험 보고서는 본질적으로 실용적인 측면이 두드러질 수밖에 없다. 실험 보고서가 IMRAD의 정형화된 형식을 지니고 명확한 표현을 추구하는 것 등은 이러한 경향을 잘 나타낸다. 따라서 실험 보고서 쓰기를 교육할 때에는 해당 장르가 요구하는 규범적 측면을 학생들이 잘 이해하고 따를 수 있도록 가르쳐야 한다.

3) 논술문

(1) 논술의 개념과 유형

논술(論述)은 사전적으로 논리적 서술 행위란 뜻을 지니고 있다. 글쓰기는 본질적으로 논리적 질서를 기반으로 성립되므로 이런 측면에서 보면 논술은 쓰기 자체를 뜻한다고 해도 무방할 정도로 의미가 넓다. 논술이란 말이 우리에게 특별한 의미를 지니게 된 것은 입시에서 논술이 중요한 평가 수단으로 쓰이기 시작하면서부터이다. 1981년 입시에서 시작된 선다형(選多型) 위주의 학력고사와 내신 중심 선발은 고등학교 교육의 질적 저하와 대학의 학생선발권을 침해한다는 비판을 받았다(송순재 외, 2007: 15-20). 이를 보완하기 위해 1986년도 입시부터 논술고사가 실시되면서 논술이라는 말이 본격적으로 사용되었다. 대학 입시라는 틀 속에서 논술문은 제시된 문제에 답하는 과정에서 생산된 글을 가리키게 되었는데, 논술이란 말에는 정감적 표현 대신에 논리적 진술이 요구된다는 것을 강조하기 위한 의도가 담겨 있었다(김은전, 1985: 446). 논술고사는 1986년 도입된 이래 공백 기간을 거칠 때도 있었지만 대학 입시와 학교 교육에 큰 영향력을 행사해 왔다.

논술이 사고력 향상을 끌어내는 교육적 수단이라는 의의가 있음에도 불구하고, 입시에 도입된 논술은 학생들의 수준에서 벗어난 문제 상황을 위주로 함으로써 학교 교육을 왜곡하는 결과를 가져왔다. 이런 문제점을 극복하고 논술의 교육적 의의를 강조하기 위해 쓰기의 목표와 과정에 초점을 맞춘 논술의 개념화가 이루어졌다. 이와 관련된 정의를 살펴보면, "논술은 주어진 과제를 논리적 과정을 통해 해결하고 그 결과를 언어로 서술하는 글쓰기"(서울대학교 국어교육연구소, 1996: 42), "논술은 문제를 해결하는 글쓰기"(김대행 외, 2008: 12), "논술은 비판적 읽기와 창의적 문제 해결하기를 기반으로 한 논리적 글쓰기"(김영정, 2006: 155) 등으로 나타난다. 이러한 언급에서 드러나듯이 논술은 입시에서 평가 도구로 사용되는 글이 아니라, 논리적 과정을 통해 문제 해결을 지향하는 글을 지칭하는 용어로 보아야 한다. 논술의 개념을 폭넓게 인식할 때 논술의 교육적 정당성이 확보될 수 있으며, 학습 상황에서 중요한 역할을 할 수 있다.

논술의 유형은 크게 단독과제형과 자료제시형의 두 가지로 나눌 수 있다. 단독과제형 논술은 논제를 주고 그에 대한 견해를 자유롭게 쓰는 형태이고, 자료제시형 논술은 읽기 자료를 주고 그와 연관된 논제에 대해 쓰는 형태이다.

- 우리나라에 영어공용화를 시행하자는 주장에 대한 자신의 생각을 밝히시오.
- 우리 사회가 직면한 가장 심각한 사회 문제를 들고, 그 해결 방안을 논술하시오.
- 신재생 에너지 사용의 현황을 파악하고, 사용 확대에 대한 자신의 생각을 밝히시오.

단독과제형 논제의 예

단독과제형 논술은 읽기 자료 없이 논제를 주고 학생들이 탐구를 통해 문제를 해결하도록 하는 유형이다. 여기에서 학생들은 논제와 관련해 탐구해야 할 사항을 정하고, 이와 관련된 자료를 수집하며, 관점을 정립하여 해결 방안을 제시하는 과정을 거쳐야 한다. 제시된 논제에서 영어공용화, 당면한 사회 문제, 신재생 에너지 사용 확대와 관련된 글을 쓰기 위해서 필자는 사고의 제한 없이 다양한 자료를 섭렵하고 문제를 분석하며, 이를 통해 해결 방안을 제시하는 작업을 수행해야 하는 것이다. 이러한 방식은 학생들이 자신의 생각을 자유롭게 펼쳐 나가게 만들지만, 다양한 자료를 찾아 읽고 이를 적용할 수 있는 능력을 갖추고 있지 않을 때에는 자칫 피상적인 접근에 그치게 된다.

(가) 밝은 세계에서는 숨기고 은폐해야 하는 하나의 원시적 충동이 내 자신 속에 살고 있다는 사실을 새롭게 발견해야만 했던 시절이 왔다. 어떤 사람이나 그렇듯이, 천천히 눈뜨는 성(性)에 대한 감정이 나에게도 하나의 적이자 파괴자로, 금기로, 유혹과 죄악으로 들이닥쳤다. … (이하 〈데미안〉에서 사춘기에 마주하게 된 주인공의 혼란한 내면을 서술한 부분)

(나) 마거릿 미드는 1935년과 1939년 사이 다섯 번의 조사 여행에 참여했고, 여덟 개의 다른 사회를 연구했다. 미드의 첫 조사 연구는 사모아에서 이루어졌는데, 그녀는 1925년, 그곳에서 8개월을 보냈다. 마거릿 미드는 이 연구에서 사춘기 시절 청소년이 겪는 고민과 방황이 모든 인간이 겪는 자연적 과정인지, 사회·문화적 환경 때문에 나타나는 현상인지 알고자 했다. … (이하 〈인류학의 거장들〉에서 사춘기의 혼란은 신체 발달에 따른 자연스러운 현상이 아니라 해당 사회의 문화의 영향에 의해 발생한다는 내용을 담은 부분)

(다) 1990년대에 미국 국립 보건원에서는 백여 명의 청소년을 대상으로 사춘기 뇌의 전반적인 발달 과정을 촬영한 바 있다. 그 결과 인간의 뇌는 12세에서 25세 사이에 대대적으로 재구조화되는 것으로 밝혀졌다. … (이하 〈아름다운 십 대의 뇌〉에서 사춘기의 특성은 수천 세대에 걸친 진화 과정의 산물이라는 내용을 담은 부분)

[논제] '사춘기'라는 화제에 대해 자료에서 제시한 관점을 정리하고, 사춘기와 관련된 자신의 생각을 밝히시오.

자료제시형 논제의 예[12]

자료제시형 논술은 읽기 자료를 제공하고 그와 연관된 논제를 풀어 나가는 유형이다. 제시된 인용문을 살펴보면 우선 사춘기라는 화제와 관련해 인문학, 사회과학, 자연과학과 관련된 자료를 다양하게 제공하고 있음을 확인할 수 있다. 그다음으로 자료와 관련된 이해를 확인하는 질문과 이를 토대로 사춘기와 관련된 필자의 생각을 밝히는 과제를 제시하고 있다. 이는 자료제시형 논술이 자료에 대한 분석적 이해와 그에 바탕을 둔 합리적 추론을 중요시하는 특성을 잘 드러낸다. 여기에서 읽기 자료는 사전에 선택된 것이기 때문에 글쓰기에서 필자의 능동성은 제한받을 수밖에 없다. 하지만 읽기와 쓰기를 연계하고 이를 통해 글쓰기의 실마리를 끌어낸다는 점에서 장점을 지닌다.

논술은 학습 문제에 대한 탐구를 통해 학생들의 사고력을 향상시킬 수 있는

----

12 자세한 내용은 박영목 외(2014: 238-246)를 참조.

중요한 교육적 수단이다. 학습 상황에서 학생들은 교과에서 부딪치는 문제를 논술을 통해 해결함으로써 자신의 사고를 확장하고 심화된 이해에 도달할 수 있다. 입시 논술이 문제가 되는 것은 학생들의 수준에서 벗어나는 문제 상황을 제시함으로써 의미 구성을 어렵게 만들어 논술이 지닌 교육적 효용성을 감소시키는 데 있다. 따라서 논술의 교육적 효과를 극대화하기 위해서는 학습자들이 활발한 탐구를 진행하고 이를 통해 새로운 의미를 구성할 수 있게 만드는 노력이 요구된다.

(2) 논술 교육의 방법

교육 선진국들과 비교할 때 우리 교육이 갖는 문제점은 '논술 시험은 있지만, 논술 교육은 없다.'는 말로 요약할 수 있다. 교육 선진국들에서는 읽기와 쓰기 교육이 중요하다는 인식을 바탕으로 공교육 현장에서 읽기, 쓰기, 토론 교육이 일상화되어 있다. 그리고 그 연장선상에서 논술 교육이 시행되고 있다. 따라서 우리 교육 현장에서도 제대로 된 논술 교육을 시행하기 위해 교과 과정 내에서 학생들의 사고 과정을 활성화시키고 이를 글로 표현하는 데 중점을 둔 교수·학습이 이루어져야 한다. 이는 크게 세 가지 방향으로 나누어 살펴볼 수 있다.

첫째, 학생들이 학습 문제와 관련해 적극적으로 의미를 구성할 수 있는 학습 환경을 조성해야 한다. 앞서 언급한 것처럼 논술의 본질은 문제 해결에 있는데, 진정한 학습은 학생들이 질문을 제기하고 이를 탐구하여 해결해 나가는 능동적 과정에서 일어난다. 이는 학습자에 의한 의미 구성을 강조하는 구성주의 교육관과 상통한다. 구성주의 교육에서는 학습자들이 활발한 활동을 통해 의미를 구축하는 학습 환경을 조성하는 것을 중시하며, 학습을 지적 혼란과 이를 극복하려는 노력의 과정으로 보기 때문에 질문 제기와 학습자 스스로에 의한 해결을 강조한다(강인애, 1999: 29-30). 교실에서 논술 교육을 활성화하는 데 있어 이러한 학습 환경의 조성이 무엇보다 중요하다.

둘째, 읽기와 쓰기의 긴밀한 연계를 통한 교육적 접근이 필요하다. 학습 상황에 기반한 논술은 학습된 교과 지식을 전제로 이와 관련된 더 많은 자료 읽기를 요구한다. 읽기는 쓰기와 긴밀한 연관성을 지닌다. 읽기는 텍스트의 내용을 생성하는 기본 바탕이 되며, 쓰기를 위한 읽기는 필자의 뚜렷한 목적의식 아래 자료를 해석하는 과정을 수반한다. 즉, 제대로 된 논술문을 산출하기 위해서는 쓰기 목적에 맞는 적합한 자료를 수집하고, 이를 읽기를 통해 이해하며, 필요한 부분을 쓰기에 적용하는 행위가 필수적이다. 따라서 읽기와 쓰기 수행의 연계를 통해 읽은 자료의 핵심을 요약하고, 이를 쓰기에 적절히 활용할 수 있도록 지도해야 한다.

셋째, 학생들 간의 상호작용을 통해 문제를 해결하는 협력 학습을 활성화해야 한다. 논술에서 요구하는 과제는 고차적 사고와 다양한 정보 해석 등을 필요로 하는 경우가 많다. 이는 학생들에게 과도한 인지적 부담을 줄 수 있으며, 나아가 과제 수행을 포기하는 경우도 발생할 수 있다. 이런 문제점을 해결하는 데는 동료와의 상호작용을 통해 학습 부담을 나누고 협의하는 과정이 도움이 된다. 예를 들어 학습 과제를 해결하기 위해 동료와의 토론을 시행한 경우 학생들은 학습 과제의 내용을 더욱 구조화하고 풍부하게 산출하였으며, 글에 대한 동료 평가를 실시한 경우 독자의 입장을 고려해 내용을 구체화하고 자신의 생각을 더욱 명확하게 나타내는 경향을 보였다(이영호, 2012: 155-241).

올바른 논술 교육을 위해서는 학교 교육에서 읽기와 쓰기의 연계, 학생 간의 협력 활동 강화 등을 통해 학습자 중심의 교수 학습 문화를 조성하는 일이 시급하다. 지식정보화 사회에서는 지식을 많이 아는 것보다 지식을 올바르게 활용하고, 타인과의 소통을 통해 이를 확장하는 일이 더 중요하다. 따라서 학교 교육 또한 학생들이 다양한 자료를 탐구하고 해석하며, 타인과 토론하고 글로 표현하는 능력을 길러 줄 수 있도록 변화해야 한다. 이러한 사고와 소통 능력의 향상은 교과 학습과 연계한 올바른 논술 교육을 통해 효과적으로 달성할 수 있다.

외국의 논술 교육

교육 선진국에서는 글쓰기를 학생들의 학업 성취와 사고 능력을 발달시키는 중요한 도구로 여긴다. 미국과 프랑스를 위시한 많은 나라가 입학이나 졸업 시험의 일환으로 우리의 논술 시험에 해당하는 쓰기 평가를 실시하고 있으며, 학교 현장에서 이와 관련된 교육을 실천하고 있다. 이들 나라에서 논술 교육을 어떻게 시행하고 있는지 살펴보는 것은 우리 논술 교육의 방향을 모색하는 데 도움을 줄 수 있다.

우리나라에서 논술 교육과 관련해 가장 많이 언급되는 사례는 프랑스의 '바칼로레아'이다. 바칼로레아는 프랑스의 고등학교 졸업 인증과 함께 대학 입학 자격을 부여하는 시험이다.

- 역사가는 객관적일 수 있는가?
- 기술이 인간 조건을 바꿀 수 있는가?
- 무엇을 비인간적 행위라 하는가?

위에 제시된 사례는 바칼로레아 철학 영역의 시험 문항이다.[13] 바칼로레아는 철학을 공통 필수로 부과하는데, 여기에서는 철학적 지식을 묻는 것이 아니라 인문, 예술, 과학, 정치, 윤리 등의 다양한 영역과 관련된 철학적 문제를 제기하고 이에 대해 필자의 주장을 펼치도록 하고 있다. 주어진 논제에 답하기 위해서 학생들은 자신의 입장을 정하고, 이를 정당화하는 글을 써내야 한다. 이 과정에서 학생들은 자신들이 배운 각종 지식과 독서 경험 등을 활용하여 논리적으로 설득해야 한다. 배경지식이나 독서 경험이 부족한 경우 제대로 된 글을 쓸 수 없다.

여기서 우리가 주목해야 할 것은 바칼로레아 시험 방식이 아니라 이것을 가능하게 만드는 프랑스의 교육 방법이다. 프랑스의 중등학교에서는 모든

교과 과정이 암기식이 아니라 책을 읽고 토론하며 글을 쓰는 방식으로 이루어진다. 수업이 이렇게 진행되다 보니 바칼로레아는 교육과정과 관련 없는 것이 아니라 공교육의 연장선상에 위치하게 된다(박정희, 2007: 17-20). 바칼로레아가 200년이 넘는 기간 동안 지속될 수 있었던 이유는 바로 교육 현장과의 연계성에 있다.

미국의 경우 가장 대표적인 대학입학 자격시험은 SAT이다. SAT는 'SAT 논리력 시험(SAT Reasoning Test)'과 'SAT 과목 시험(SAT Subject Test)'으로 구성되는데, 우리의 논술 시험에 해당하는 것은 SAT 논리력 시험 가운데 작문 영역이며, 작문 영역은 쓰기 기능과 관련된 객관식 문항과 실제 쓰기를 수행하는 에세이로 구성된다.

많은 사람들은 성공과 성취의 사다리를 타고 올라가기 위해서는 과거를 잊고, 억압하고, 단념해야 한다고 믿는다. 그러나 어떤 사람들은 그와 반대의 견해를 갖고 있다. 오래된 기억은 과거를

---

13 이 사례들은 바칼로레아 철학 시험 문제와 모범 답안을 정리한 최병권·이정옥 편(2003)에서 가져왔다.

고려하여 현재와 과거를 통합하는 기회가 될 수 있다고 본다.

— 사라 로렌스-라이트풋(Sara Lawrence-Lightfoot), 『나는 강을 알고 있었다: 상실과 자유의 삶』 중

[과제] 기억은 과거로부터 배워서 현재 성공하려는 사람의 노력에 방해가 되는가 아니면 도움이 되는가? 이 이슈에 대한 당신의 입장을 정하고 에세이를 쓰시오. 추론과 독서, 학습, 경험, 관찰에서 얻어진 사례들로 당신의 입장을 지지하시오.

위에 제시된 사례는 SAT 작문 영역의 에세이 쓰기 과제이다.[14] 여기에서는 과거에 대한 기억이 현재의 노력에 어떠한 영향을 끼치는지에 대해 학생들에게 독서나 경험 등의 근거를 활용하여 견해를 정당화하도록 요구하고 있다. 미국의 공교육에서는 읽기와 쓰기가 강조된다. 학교에서는 책읽기가 교과 과정의 중요한 부분을 차지하며, 아예 교과서 없이 학생들이 책을 읽어 오는 것으로 수업을 진행하기도 한다. 또한 각 과목에서 학습이 이루어진 후에는 교사가 학생들에게 쓰기 과제를 부여하는 경우가 흔하다. 이처럼 미국의 공교육에서는 읽기와 쓰기에 대한 강조를 통해 SAT 작문 영역의 에세이 평가가 가능한 교육 환경을 조성하고 있다(박정희, 2007: 23-24).

IB(International Baccalaureate) 교육

학습에서 글쓰기의 역할을 강조한 교육 모델의 하나로 IB 교육을 들 수 있다. IB 교육은 비판적 사고력과 논리적 탐구 방법을 가르치는 데 중점을 두고 개발된 국제적으로 인정받는 교육과정으로, 유·초등 프로그램(PYP: Primary Years Program), 중학교 프로그램(MYP: Middle Years Program), 고등학교의 대학 준비 프로그램(IBDP: IB Diploma Program), 직업 관련 프로그램(CP: Career-relates Program)으로 구성되어 있다.

이 가운데 중학교 프로그램(MYP)은 언어와 문학·개인과 사회 등의 8개 교과로 구성되며, 수업은 토론과 발표 중심의 형태로 진행되고, 학생들은 학습의 성과를 집약시킨 개인 프로젝트와 지역 사회와 연관된 지역 프로젝트를 수행해야 한다. 고등학교의 대학 준비 프로그램(IBDP)은 수준별 교육과정을 제공하는 제1언어와 수학 및 컴퓨터 등의 6개 교과로 구성되며, 학생들은 범교과적이고 통합적인 사고력을 기를 수 있도록 필수적으로 지식론(TOK: Theory of Knowledge), 확장형 에세이(EE: Extended Essay), 창의·활동·봉사(CAS: Creativity, Action, Service)를 이수하여야 한다(이기명, 2021: 61-63).

IB 교육은 지식 전달 위주의 교육과 선다형 중심의 평가 방식에 대한 비판적 인식이 증가하면서 이를 극복하기 위한 대안으로 주목받고 있다. IB 교육

---

14 미국의 논술 교육에 대해 살핀 조석희(2007: 54)에서 제시한 SAT 에세이 시험 사례를 재인용하였다.

은 학습자 중심의 교육을 지향하고 있으며 이를 실현하기 위해 학생들의 주체적이고 능동적인 지식 탐구를 강조하고 있다. 이로 인해 IB 교육에서는 학습 과정에서 글쓰기의 역할을 매우 중시하는데 이를 집약적으로 보여 주는 것이 IBDP의 확장형 에세이이다. 확장형 에세이는 학생들이 자신이 수강한 6개 교과 분야와 관련된 연구 문제를 스스로 설정하고 이를 해결해 나가는 탐구 중심의 작문 과제에 해당한다. 학생들은 확장형 에세이를 쓰는 동안 교사와 세 차례 이상의 면담을 진행하고, 글쓰기를 수행함으로써 능동적인 지식 생산자가 되는 경험을 할 수 있게 된다(곽수범, 2019:19-22).

최근 우리 사회에서는 IB 교육에 대한 관심이 증가하고 있다. 2023년 기준, 전국 8개 교육청의 220여 개 학교에서 이를 도입해 운영 중이며, 대학 신입생 선발 시 IB 이수 성적을 반영하려는 정책적 고려도 진행되고 있다. 이러한 관심에는 우리 교육의 중심을 지식의 단순한 이해에서 능동적·창의적 구성으로 전환하려는 고심이 담겨 있으며, 여기에서 학습을 위한 글쓰기의 역할 강화는 중요한 구심점이 되고 있다.

생각해 봅시다

1 교과 통합적 관점에서(두 개 이상의 교과를 연계) 학생들이 학습할 내용과 관련된 쓰기 수행 과제를 설계해 보자. 그리고 이것이 지닌 교육 목표와 의의를 설명해 보자.

2 본문에 제시된 요약하기 규칙을 참고하여 아래 글을 250자 정도 분량(공백 포함)으로 요약해 보자. 그리고 요약문을 본문에 제시된 평가 기준을 바탕으로 평가해 보자.

인공지능이 비약적으로 발전하면서 갑자기 똑똑해진 것은 불과 최근 몇 년 사이의 일이다. '빅데이터(Big Data)'와 '딥러닝(Deep Learning)'이라는 두 날개 덕분이다. 어느 순간부터 빅데이터라는 말을 심심치 않게 듣는다. 빅데이터를 분석해 인간의 생각과 행동 패턴을 예상하는 전문가도 미디어에 종종 등장한다.

빅데이터는 말 그대로 방대한 규모의 데이터다. 디지털 세상이 되면서 매시간 매초 어마어마한 양의 데이터가 다양하게 쌓이고 있다. 인터넷과 모바일 기기 사용이 보편화되면서 사람들의 일거수일투족이 데이터화되고 있다. 한 사람이 하루를 어떻게 보냈는지 알려면 인터넷 검색 기록, SNS, 이메일, CCTV 등 그가 남긴 데이터만 살펴봐도 충분하다.

하지만 빅데이터가 단순히 많은 양을 의미하지는 않는다. 데이터의 종류도 이전과 질적으로 다르다. 예전에는 없었거나 있더라도 수집, 분석할 수 없었던 수많은 종류의 데이터가 추가되었다. 예를 들면 비디오나 사진, 이미지 같은 비정형 데이터 같은 것들이다.

그런데 이렇게 많은 양과 종류의 데이터가 있더라도 이를 수집, 가공, 분석하는 처리 능력이 없다면 아무 소용이 없다. 게다가 처리 속도가 느리다면 그 또한 무용지물일 것이다. 딥러닝 기술이 이를 해결했다. 딥러닝은 인간의 뇌가 사물을 인식하는 과정을 모방한 신기술이다. 말하자면 뇌 속의 뉴런 네트워크와 같다. 인공지능이 수많은 데이터를 읽어 들이고 그 속에 숨어 있는 패턴을 스스로 찾아내 빅데이터를 재빨리 분류하고 분석해 내는 방식이다.

마이크로소프트는 개 사진을 제시하면 컴퓨터가 품종을 알아맞히는 딥러닝 기술 '프로젝트 아담'을 2014년 공개한 바 있다. 아담에게 사진을 주면서 어떤 개인지 하나하나 알려 주는 것이 아니라 아담 스스로 수많은 데이터를 통해 학습하여 개를 구분한다. 아담은 사진을 보고 웰시 코기 종임을 아는 수준을 뛰어넘어 카디건 웰시 코기인지 펨브로크 웰시 코기인지까지 구분할 수 있을 정도다.

　똑똑한 인공지능 덕분에 우리가 사는 세상이 점점 멋지게 변하고 있는 것처럼 보인다. 그런데 점점 더 인간을 닮아 가고 있는 인공지능이 혹시 닮는 것을 넘어서 인간을 배반하지는 않을까? 인공지능이 인간 세상을 파괴하는 건 과연 SF 영화에만 등장하는 이야기일까? 지금까지 우리는 인공지능의 선한 면, 지킬 박사의 얼굴을 보았다. 이제 인공지능의 또 다른 면, 하이드 씨의 얼굴을 볼 차례다.

　　　　　　　　　　　　　　　—KBS 명견만리 제작팀, 『명견만리: 윤리, 기술, 중국, 교육 편』(2016) 중[15]

3　아래에 제시된 문제 중 하나를 선택하여 현황 분석과 해결 방안 마련을 위한 설문지를 본문의 내용을 참고하여 작성해 보자.

> • 청소년의 욕설 남용 문제
> • 중등학교에서의 학교 폭력 문제
> • 청소년의 스마트폰 중독 문제
> • 중등학교에서의 상벌점 제도 개선 문제

4　현재 시행되고 있는 대입 논술고사의 사례를 조사하고, 이를 작문 교육의 관점에서 평가해 보자.

15　KBS 명견만리 제작팀(2016: 86-88)의 내용을 '요약하기'의 목적에 맞게 발췌하여 재구성하였다.

참고문헌

강인애(1999), 「구성주의 인식론: 발명된 현실」, 한국교원대학교 초등교육연구소 편, 『구성 주의와 교과교육』, 문음사.

곽수범(2019), 「IB 교육과정 도입에 관한 국제 동향과 비판적 고찰 I」, 『리터러시연구』 10, 1-31.

교육과학기술부(2011), 『국어과 교육과정』, 교육과학기술부 고시 제2011-361호[별책 5].

교육부(2015), 『국어과 교육과정』, 교육부 고시 제2015-74호[별책 5].

김경호(2014), 『설문조사』, 한국학술정보.

김대행 외(2008), 『고등학교 논술』, 대한교과서.

김성수 외(2013), 『과학기술의 상상력과 소통의 글쓰기』, 박이정.

김영정(2006), 「통합교과형 논술의 특징」, 『철학과 현실』 69, 155-168.

김은전(1985), 「논술고사란 무엇인가」, 『국어교육』 53, 443-448.

박영목(2008), 『작문 교육론』, 역락.

박영목 외(2014), 『독서와 문법』, 천재교육.

박인기(2009), 「교과의 생태와 교과의 진화: 교과의 개념에 대한 패러다임 변화와 국어교과 의 진화 조건」, 『국어교육학연구』 34, 309-343.

박정희(2007), 「외국의 논술교육 사례연구」, 『동서철학연구』 44, 5-33.

서울과학교사모임(2016), 『교과서 과학 실험 노트: 선생님이 알려 주는 초중등 핵심 과학』, 국민출판.

서울대학교 국어교육연구소(1996), 『논술, 출제와 평가의 실제』, 한샘출판.

성일제 외(1987), 『사고력 신장을 위한 프로그램 개발 연구』, 한국교육개발원.

송순재 외(2007), 『대학입시와 교육제도의 스펙트럼』, 학지사.

송지언(2015), 「독서–작문 통합 교육을 위한 요약문 쓰기 수업 탐색」, 『독서연구』 36, 9-38.

신형기 외(2006), 『(모든 사람을 위한) 과학 글쓰기: 정확하게 명쾌하게 간결하게』, 사이언스 북스.

이기명(2021), 「IB의 국내 공교육 도입 추진 쟁점 분석」, 『학습자중심교과교육연구』 21, 59-79.

이대희(2002), 「고등학교 국사과 역사적 사고력 신장을 위한 수행평가 방안」, 『역사교육논 집』 29, 43-80.

이삼형 외(2015), 『중학교 국어 ③』, 동아출판.

이영호(2012), 『국어교과논술교육론』, 월인.

정희모 외(2006), 『모든 사람을 위한 과학 글쓰기: 정확하게 명쾌하게 간결하게』, 사이언스 북스.

조석희(2007),「미국의 논술교육」,『교육개발』, 159, 한국교육개발원.

최병권·이정옥 편(2003),『세계의 교양을 읽는다: 바칼로레아의 예리한 질문과 놀라운 답변들』, 휴머니스트.

한국교원대학교 한국어문연구소 외(2006),『독서 교육 사전』, 교학사.

KBS 명견만리 제작팀(2016),『명견만리: 우리가 준비해야 할 미래의 기회를 말하다: 윤리, 기술, 중국, 교육 편』, 인플루엔셜.

Britton, J. et al.(1975), *The Development of Writing Abilities(11-18)*, Macmillan Education.

Brown, A. L. & Day, J. D.(1983), Macrorules for Summarizing Texts: The Development of Expertise, *Journal of Verbal Learning and Verbal Behavior* 22(1), 1-14.

Langer, J. A. & Applebee, A. N.(1987), *How Writing Shapes Thinking: A Study of Teaching and Learning*, National Council of Teachers of English.

Marshall, J. D.(1984), "The Effects of Writing on Students' Understanding of Literary Texts", *The Annual Meeting of the National Council of Teachers of English* 21(1).

Nagel, E., 전영삼 역(2001a),『과학의 구조 I: 과학적 설명 논리의 문제들』, 아카넷.

Nagel, E., 전영삼 역(2001b),『과학의 구조 II: 과학적 설명 논리의 문제들』, 아카넷.

Indrisano, R. & Squire, J. R.(Eds.)(2000), *Perspectives on Writing: Research, Theory, and Practice*, Taylor & Francis.

Slater, L., 조증열 역(2005),『스키너의 심리상자 열기: 세상을 뒤바꾼 위대한 심리 실험 10장면』, 에코의 서재.

Sünkel, W., 권민철 역(2005),『수업현상학』, 학지사.

Van Dijk, T. A., 정시호 역(2001),『텍스트학』, 아르케.

Wilson, E. O., 최재현·장대익 역(1998),『통섭』, 사이언스북스.

찾아보기

집필진 소개

권순희 • 5장 「변화된 문식 환경과 작문 교육의 역할」, 7장 「작문 교과서」 집필
이화여자대학교 국어교육과 교수
서울대학교 국어교육과 박사
「남북한 초등학교 쓰기교육 내용 비교」(2017, 공저)
「초·중·고 북한 이탈 학생의 쓰기 양상 분석」(2016, 공저)
「문학적 글쓰기를 통한 총체적 사고력 신장 방안」(2011)

김경주 • 8장 「작문 교수·학습 방법」 집필
한국교육과정평가원 연구위원
서울대학교 국어교육과 박사
「표현 교육의 맥락에서 보는 이해와 표현의 요구와 외연」(2014)
「국어과 수업 전문성의 관점에서 보는 국어 교사의 수업 행위와 그 의미」(2012)
「국어과 수업 전문성 신장을 위한 초등교사 연수프로그램 개발에 대한 연구」(2010)

송지언 • 2장 「쓰기 이론의 전개」, 11장 「설득하는 글쓰기」 집필
홍익대학교 국어교육과 교수
서울대학교 국어교육과 박사
「한국어 쓰기 교육을 위한 '세 문장 쓰기' 과제 개발 연구」(2017, 공저)
「평가자에 따른 작문 평가 결과의 비교 연구」(2016)
「작문 교과서의 논설문 수록 양상과 개선 방안」(2015)

이영호 • 1장 「쓰기의 본질 및 쓰기 발달 단계」, 13장 「학습을 위한 글쓰기」 집필
계명대학교 국어교육과 교수
서울대학교 국어교육과 박사
「최명길의 상소문에 나타난 글쓰기 방법 연구」(2016)
「자기 발견을 위한 중등학교 글쓰기 교육의 방향」(2014)
『국어교과논술교육론』(2012)

이윤빈 • 3장 「쓰기의 과정」, 4장 「쓰기의 전략」 집필

덕성여자대학교 차미리사교양대학 교수

연세대학교 국어국문학과 박사

『담화통합 글쓰기: 과제표상과 텍스트의 구성』(2017)

『대학 글쓰기 연구와 텍스트 해석』(2015, 공저)

「필자의 쓰기 수준에 따른 유형별 텍스트의 화제 구조 분석 연구」(2014)

이정찬 • 6장 「작문 교육과정」, 9장 「작문의 평가」 집필

한국교육과정평가원 연구위원

서울대학교 국어교육과 박사

「자기표현 글쓰기 교육의 비판적 검토-수사(修辭)와 탐구 그리고 정체성」(2017)

「근대적 문종 인식으로서 '설명'의 출현과 그 배경」(2015)

『근대 국어 교과서를 읽는다』(2015, 공저)

『문제해결을 위한 글쓰기와 발표』(2014, 공저)

주재우 • 2장 「쓰기 이론의 전개」, 12장 「표현적 글쓰기」 집필

전북대학교 국어교육과 교수

서울대학교 국어교육과 박사

「남북한 초등학교 쓰기교육 내용 비교」(2017, 공저)

「고전 속 도덕적 딜레마를 활용한 논술교육 연구」(2017)

『고전을 활용한 글쓰기교육』(2013)

변경가 • 10장 「정보 전달의 글쓰기」 집필

서원대학교 국어교육과 교수

이화여자대학교 국어교육과 박사

「초·중등 학습자의 쓰기 개념화 양상 연구」(2017)

「초·중·고 북한 이탈 학생의 쓰기 양상 분석」(2016, 공저)

「초등학생의 국어 능력에 대한 교사의 인식 양상」(2014, 공저)